SAP® Smart Forms

SAP PRESS ist eine gemeinschaftliche Initiative von SAP SE und der Rheinwerk Verlag GmbH. Ziel ist es, Anwendern qualifiziertes SAP-Wissen zur Verfügung zu stellen. SAP PRESS vereint das fachliche Know-how der SAP und die verlegerische Kompetenz von Rheinwerk. Die Bücher bieten Expertenwissen zu technischen wie auch zu betriebswirtschaftlichen SAP-Themen.

Hauser, Deutesfeld, Rehmann, Szücs, Vogt
SAP Interactive Forms by Adobe
3. Auflage 2015, 799 S., geb.
ISBN 978-3-8362-3720-8

Englbrecht, Wegelin
SAP Fiori – Implementierung und Entwicklung
2015, 575 S., geb.
ISBN 978-3-8362-3828-1

Frambach, Hoeg
Floorplan Manager für Web Dynpro ABAP
2. Auflage 2014, 527 S., geb.
ISBN 978-3-8362-2786-5

Albrecht et al.
Business Rule Management mit ABAP
2015, 550 S., geb.
ISBN 978-3-8362-3743-7

Arlitt, Dunz, Gahm, Majer, Westenberger
Besseres ABAP
2015, 497 S., geb.
ISBN 978-3-8362-2939-5

Aktuelle Angaben zum gesamten SAP PRESS-Programm finden Sie unter *www.sap-press.de.*

Werner Hertleif, Rinaldo Heck, Thomas Karas,
Tobias Trapp, Christoph Wachter

SAP® Smart Forms

Das umfassende Handbuch

Rheinwerk
Publishing

Liebe Leserin, lieber Leser,

vielen Dank, dass Sie sich für ein Buch von SAP PRESS entschieden haben.

Mehr als dreizehn Jahre sind nun vergangen, seit die erste Auflage dieses Buches erschienen ist, und immer noch wird SAP Smart Forms in vielen Unternehmen eingesetzt. Doch wen wundert's? Mit SAP Smart Forms steht dem Kundigen schließlich ein äußerst vielseitiges Werkzeug zur Verfügung, um maßgeschneiderte Formulare zu entwickeln.

Da jedoch selbst der Kundigste nicht alle Ecken und Winkel der Lösung kennen kann und es sogar einige geben soll, die mit SAP Smart Forms noch nicht vertraut sind, stellen wir Ihnen mit der vierten Auflage erneut einen bewährten Helfer zur Seite, mit dem Sie für alle Detailfragen gewappnet sind. Ganz gleich, ob Sie Hilfe bei den ersten Schritten mit SAP Smart Forms benötigen oder tief in die technischen Details eintauchen möchten: Das Autorenteam bleibt Ihnen keine Antwort schuldig! Sie sind Personaler? Dann werden Sie sich sicher über die Informationen zum HR-Formulare-Workplace freuen, die in dieser Auflage neu aufgenommen wurden.

Wir freuen uns stets über Lob, aber auch über kritische Anmerkungen, die uns helfen, unsere Bücher zu verbessern. Scheuen Sie nicht, mich zu kontaktieren. Ihre Fragen und Anmerkungen sind jederzeit willkommen.

Ihr Martin Angenendt
Lektorat SAP PRESS

Rheinwerk Verlag
Rheinwerkallee 4
53227 Bonn

martin.angenendt@rheinwerk-verlag.de
www.sap-press.de

Auf einen Blick

Lektorat Martin Angenendt, Janina Schweitzer
Korrektorat Monika Paff, Langenfeld
Herstellung Martin Pätzold
Typografie und Layout Vera Brauner
Einbandgestaltung Nadine Kohl
Titelbild iStockphoto:12852708©svengine
Satz Typographie & Computer, Krefeld
Druck und Bindung Beltz Bad Langensalza GmbH, Bad Langensalza

Gerne stehen wir Ihnen mit Rat und Tat zur Seite:

martin.angenendt@rheinwerk-verlag.de bei Fragen und Anmerkungen zum Inhalt des Buches
service@rheinwerk-verlag.de für versandkostenfreie Bestellungen und Reklamationen
stefan.proksch@rheinwerk-verlag.de für Rezensionsexemplare

Bibliografische Information der Deutschen Nationalbibliothek
Die Deutsche Nationalbibliothek verzeichnet diese Publikation in der Deutschen National-
bibliografie; detaillierte bibliografische Daten sind im Internet über *http://dnb.d-nb.de*
abrufbar.

ISBN   978-3-8362-3692-8

© Rheinwerk Verlag GmbH, Bonn 2015
4., aktualisierte und erweiterte Auflage 2015

Inhalt

TEIL II   Fortgeschrittene Anwendung

8 Rahmenprogramm, Datenbeschaffung und Formularausgabe 329

TEIL III Bewährte Methoden

10 Best Practices 455

11 SAP Smart Forms in dokumentorientierten Prozessen 581

Anhang 659

Einleitung

Für jedes Unternehmen spielen Dokumente mit einheitlichem Design (Formulare) eine zentrale Rolle:

▸ als verbindendes Glied zwischen Geschäftspartnern (z. B. in der gesamten Auftragsabwicklung von der Bestellung über die Rechnung bis hin zur Mahnung)

▸ im innerbetrieblichen Geschäftsablauf (z. B. im Rahmen der Lohn- und Gehaltsabrechnung oder bei Qualitätsberichten)

Formulare verbessern durch ihren immer gleichen und reproduzierbaren Aufbau die Erkennbarkeit der enthaltenen Informationen. Damit sind sie ein wichtiger Grundstock einer funktionierenden Kommunikation. So gleichartig die Ausgabe eines Formulars über die Zeit auch ist (z. B. bei einer Rechnung), so unterschiedlich können aber die verschiedenen Arten von Formularen sein, die für den Ablauf des Geschäftsbetriebs erforderlich sind. Die Ausgabe und damit die Verteilung der Formulare kann traditionell über Drucker erfolgen oder über elektronische Medien wie Fax, E-Mail und das Internet.

SAP-Tools zur Formulargestaltung

Für eine betriebswirtschaftliche Organisationssoftware ist es ein wichtiges Kriterium, wie sie den oben genannten Anforderungen an das Formularwesen gewachsen ist. Entsprechend viel hat sich auch bei SAP in den letzten Jahren entwickelt:

▸ Über lange Zeit (bis SAP-Basis-Release 4.6B) war *SAPscript* die allumfassende Lösung zur Formulargestaltung innerhalb des SAP-Systems, entsprechend viele Formulare sind auch noch bei den Anwendern im Einsatz.

▸ Mit Release 4.6C präsentierte SAP einen würdigen Nachfolger mit der Bezeichnung *SAP Smart Forms*. Mit seiner grafischen Oberfläche bot Smart Forms auch weniger geübten Anwendern einen leichten Zugang. Dadurch verringerte sich zum einen der Aufwand für die Erstellung und Pflege von Formularen. Zum anderen konnten auch erstmals Anwender ohne Programmierkenntnisse Formulare anpassen.

▸ Kurz nach der Einführung von Smart Forms entschloss sich SAP zu einer strategischen Partnerschaft mit Adobe im Bereich der Formularverarbeitung. Es entstand das Produkt *SAP Interactive Forms by Adobe* als Zusammenspiel zwischen der SAP-Technologieplattform *SAP NetWeaver* und dem *Adobe LiveCycle Designer*. Inzwischen ist auch die Kurzbezeichnung *SAP Interactive Forms* üblich (die wir auch im Weiteren verwenden).

Die beiden letztgenannten Technologien sind sicher erste Wahl, wenn es heute darum geht, neue Formulare für SAP-Anwendungen zu erstellen.

Von Seiten der SAP werden SAP Interactive Forms heute als die priorisierte Lösung angesehen (mit Ausnahme von Anforderungen im Massenausdruck). Fragt sich also, warum Smart Forms sich trotzdem so großer Beliebtheit erfreut. Schon deshalb ist es reizvoll, die beiden Lösungen miteinander zu vergleichen; möglicherweise auch als kleine Hilfestellung, um für Ihr nächstes Projekt das passende Tool zu wählen.

Abgrenzung zu interaktiven Anwendungen

Wir kümmern uns in diesem Buch um das eher klassische Verständnis von Formularen, also um Funktionen, die mittelbar oder unmittelbar mit einem gedruckten Ergebnis der Ausgabe zu tun haben.

In Ergänzung dazu bieten insbesondere SAP Interactive Forms weitergehende Funktionen, die für interaktive Prozesse gedacht sind. Hierbei kann der Anwender innerhalb einer Prozesskette die Inhalte eines Formulars im Dialog bearbeiten. Im Falle einer solchen interaktiven Bearbeitung im Dialog wird das Formular mit zusätzlichen, eingabefähigen Elementen versehen und dann z. B. über eine Webanwendung zur Verfügung gestellt. Der Anwender ergänzt den Inhalt und sendet die Informationen automatisch an das SAP-System zurück. Hier ein paar Beispiele für mögliche Anwendungsfälle: Lieferbestätigung durch Kunden, formalisierte Rückmeldungen im Rahmen der Qualitätssicherung oder auch die Datenerfassung über mobile Endgeräte.

SAP sieht für SAP Interactive Forms eine große Zukunft bei solchen interaktiven Prozessen. Es gibt auch Assistenten, um z. B. passende Web-Dynpro-Schnittstellen zu erstellen.

Auch Smart Forms enthält Techniken zur (interaktiven) Web-Einbindung. Da sie in den vergangenen Jahren aber keine überzeugende Verbreitung gefunden haben, sind sie auch nicht Inhalt des Buches. Aber natürlich stehen auch unter Smart Forms die gängigen elektronischen Ausgabeformate zur Verfügung (wie XML, PDF), gegebenenfalls auch über passende Konvertierungsroutinen.

SAP Smart Forms versus SAP Interactive Forms by Adobe

Beginnen wir mit wichtigen Gemeinsamkeiten:

▶ In beiden Lösungen erfolgt das Formulardesign mit einer grafischen Oberfläche, die den heute üblichen Standards entspricht. Natürlich gibt es zwischen den Lösungen Unterschiede in der Leistungsfähigkeit und im Bedienungskomfort.

▶ Beide Systeme trennen zwischen Datenbeschaffung und Formulardesign. Auch die Schnittstelle zur Übergabe von Daten aus der Anwendung an das Formular ist sehr ähnlich aufgebaut (was gegebenenfalls auch eine Migration erleichtert).

▶ Diese Ähnlichkeit geht so weit, dass ein Datenbeschaffungsteil zu Smart Forms auch für SAP Interactive Forms verwendet werden kann. Oder auch umgekehrt: Über minimale Anpassungen können Smart-Forms-Entwickler auch auf die Programme zurückgreifen, die SAP für die Datenbeschaffung von SAP Interactive Forms ausgeliefert hat.

▶ Letztendlich ist für die SAP-Anwendung, in der das Formular eingebunden wird, kaum erkennbar, welches Tool gerade die Ausgabe übernimmt. Die Anwendung entscheidet über das Ausgabemedium (Druck, E-Mail, Fax etc.) und übergibt die erforderlichen Daten. Technisch betrachtet ist in beiden Fällen ein ABAP-Funktionsbaustein das Bindeglied.

Kommen wir zu den Unterschieden zwischen beiden Systemen. Die Unterschiede ergeben sich in erster Linie aus der Tatsache, dass bei SAP Interactive Forms ein separates PC-Programm für das Formulardesign eingesetzt wird, während Smart Forms hingegen auf eine Integration mit SAP NetWeaver und ABAP setzt.

Beginnen wir mit Eigenschaften, die SAP Interactive Forms auszeichnen:

▶ Als Design-Tool kommt der *Adobe LiveCycle Designer* zum Einsatz. Das ist eine leistungsfähige Windows-Anwendung, die auf dem lokalen PC des Formularentwicklers läuft. Das Tool bietet umfangreiche grafische Gestaltungsmöglichkeiten wie z. B. Kästen mit abgerundeten Ecken, Farbverläufe, erweiterte Schriftgestaltung oder auch Funktionen, um Text in beliebigem Winkel zu drehen.

▶ SAP Interactive Forms bieten eine Reihe von Zusatzfunktionen aus der professionellen Formularentwicklung, wie z. B. digitale Signierung und Versionshistorie.

▶ Mit *FormCalc* und *JavaScript* stehen gleich zwei formularinterne Programmiersprachen zur Verfügung. Hiervon werden sich also auch Entwickler angesprochen fühlen, die nicht direkt aus dem ABAP-Umfeld kommen.

▶ Daten werden immer über die definierte Schnittstelle ausgetauscht, sie ist die einzige Verbindung zwischen Design-Tool und dem SAP-NetWeaver-Backend. Ein sauberes Design der Schnittstellen ist also Grundlage der Formularentwicklung.

▶ Die starke Unterstützung durch SAP zeigt sich nicht zuletzt in der Vielzahl der vorbereiteten Formulare, die mit den SAP-Anwendungen ausgeliefert werden. Das erleichtert natürlich die Anpassung an firmenspezifische Belange: Wenn die vom Endanwender gewünschte Funktionalität schon in den Vorlagen zu finden ist, ist das eine nicht zu unterschätzende Arbeitserleichterung.

Auf Seiten von Smart Forms zählt vor allem die Tatsache, dass die Lösung komplett in SAP NetWeaver integriert ist:

▶ Es sind keine Zusatzinstallationen auf dem lokalen PC erforderlich. Alle Formularentwicklungen sind direkt an das SAP-Entwicklungs- und Transportsystem angeschlossen.

▶ Die grafische Oberfläche der Design-Tools entspricht dem gängigen Look & Feel von SAP-Dynpro-Anwendungen. Die angebotenen Gestaltungsmöglichkeiten sind auf die Anforderungen üblicher Geschäftskorrespondenz ausgerichtet.

▶ Alle Prozessschritte zur Ausgabe eines Formulars laufen vollständig über den ABAP-Teil von SAP NetWeaver, ohne besondere Konfiguration (insbesondere ein Java-Stack ist nicht erforderlich). Daraus folgt eine hohe Performance und Eignung für Massenverarbeitung.

▶ ABAP steht auch innerhalb des Formulars als Programmiersprache zur Verfügung, hier dürften sich also bisherige ABAP-Entwickler schnell zuhause fühlen. Alle SAP-Backend-Funktionalitäten können direkt aus dem Formular angesprochen werden, z. B. zur Definition interner Variablen oder auch zum Lesen zusätzlicher Daten, die in der Schnittstelle möglicherweise nicht zur Verfügung stehen. Ein Doppelklick mit der Maus führt wie üblich auf die jeweils nächste Detailebene.

Beide Lösungen zur Formularentwicklung haben ihren Charme. Freuen wir uns, dass SAP die Wahlmöglichkeit zwischen zwei so leistungsstarken Technologien bietet. Und wir hoffen, die kleine Übersicht hat Sie darin bestärkt, Smart Forms noch näher kennenzulernen.

| **Weitere Informationen** | **[«]** |

Weitere Details zu den Unterschieden zwischen den beiden Technologien finden Sie auch am Ende von Kapitel 13, »Migration zu SAP Interactive Forms by Adobe«, in dem wir ansonsten auf die Migration zwischen den beiden Tools eingehen.

Inhalt der vierten Auflage

Den neueren und von SAP priorisierten SAP Interactive Forms zum Trotz: Smart Forms ist eine anwenderfreundliche und beliebte Lösung zur Erstellung von Formularen. Das zeigt nicht zuletzt das breite und langjährige Interesse an diesem Fachbuch. Die erste Auflage erschien im Frühjahr 2002.

Durch den großen zeitlichen Abstand zur Erstauflage wird jede Überarbeitung zu einer Herausforderung:

▸ Auch wenn es seitens SAP keine bedeutenden Neuerungen bei Smart Forms gibt, wurden im Laufe der Jahre doch viele Funktionen der Tools überarbeitet und verbessert. Schon zur dritten Auflage im Jahr 2011 wurden deshalb alle Kapitel komplett überarbeitet, die es schon in den ersten Ausgaben gab.

▸ Seit der dritten Auflage haben wir auch weitere Co-Autoren hinzugezogen, die auf Basis ihres Praxiswissens zu Smart Forms völlig neue Themen abdecken. Denn was ist ein Formular ohne ein funktionierendes Umfeld? Neu hinzu kamen z. B. Abschnitte zur SAP-Druck-Workbench, zur Anwendung von Smart Forms in dokumentenorientierten Prozessen, aber auch Kapitel 13 zur Migration zu SAP Interactive Forms.

▸ Im Vergleich zu den vergangenen Auflagen entfallen sind dagegen Themen, die heute nicht mehr so relevant sind. Hier sind z. B. die Migration von SAPscript-Formularen oder auch die Liste der Preconfigured Smart Forms zu nennen. Auch auf das Kapitel zum Einsatz von Smart Forms in (interaktiven) Webanwendungen haben wir verzichtet. Zum einen hat Smart Forms da keine große Verbreitung gefunden; zum anderen sind SAP Interactive Forms dafür auch eindeutig besser aufgestellt. Leser, die trotzdem Interesse an den genannten Themen haben, möchten wir auf die SAP-Bibliothek verweisen oder auf unsere vorherigen Buchauflagen. Entsprechende Teile der Vorauflage stehen als PDF-Download auf der Homepage des Verlags zur Verfügung. Auf der Seite zum Buch unter *www.sappress.de/3808/* können Sie auf dieses Material zugreifen. Es steht Ihnen im Bereich MATERIALIEN ZUM BUCH zum Download zur Verfügung.

▶ Für die aktuelle vierte Auflage wurden alle Kapitel nochmals überarbeitet und in Teilen erweitert. Die abgebildeten Screenshots wurden auf SAP-Systemen mit SAP NetWeaver 7 und im aktuellem SAP-GUI-Theme Corbu neu erstellt.

▶ In dieser Auflage ganz neu hinzugekommen ist Kapitel 12 über die Anwendung von Smart Forms in SAP ERP HCM, dem SAP-Modul für die Personalverwaltung. Ziel ist es, Ihnen die ansprechende Gestaltung von Formularen z. B. für die Personalabrechnung und in der Zeitwirtschaft über den HR-Formular-Workplace näherzubringen.

Den überarbeiteten und gewachsenen Inhalt finden Sie eingeteilt in folgende drei Themenschwerpunkte:

▶ Teil I: Basiswissen

▶ Teil II: Fortgeschrittene Anwendung

▶ Teil III: Bewährte Methoden

Natürlich wollen wir in allen Bereichen die notwendigen Kenntnisse vermitteln, und das kann zum Teil nur schrittweise erfolgen. Nutzen Sie also die einzelnen Kapitel des Buches, um Ihre Kenntnisse kontinuierlich und anwendungsbezogen zu erweitern. Alle Kapitel enthalten nachvollziehbare Übungsbeispiele, sodass Sie das neu erworbene Wissen eigenständig erproben können.

Zielgruppen des Buches

Das Buch richtet sich an Entwickler, technische Berater, Projektleiter oder auch Administratoren, die bei zukünftigen Arbeiten Wissen zu Smart Forms benötigen. Mit dem Buch erhalten Sie das technische Basiswissen zur Formularerstellung mit Smart Forms.

Handhabung des Buches: Der richtige Einstieg

Mit Smart Forms sind SAP-Anwender in der Lage, Formulare selbstständig zu erstellen bzw. anzupassen, dies bleibt also nicht mehr nur Aufgabe von Experten. Insbesondere diesen Anwendern wollen wir in den einführenden Kapiteln 1 bis 6 mit dem notwendigen *Basiswissen* zur Seite stehen:

▶ Neueinsteigern wollen wir zu Beginn natürlich einen einfachen Einstieg in Smart Forms vermitteln: Beginnen Sie also mit dem Schnelleinstieg in **Kapitel 1**. Nehmen Sie sich hierfür einen halben Tag Zeit.

▶ Auch wenn die meisten Werkzeuge zu Smart Forms in hohem Maße intuitiv zu bedienen sind, lohnt es sich doch, **Kapitel 2** durchzuarbeiten (um z. B. auch den einen oder anderen Tipp mitzunehmen). Natürlich können Sie dieses Kapitel zunächst auch überspringen und erst bei Bedarf darauf zurückkommen.

▶ Wenn Sie schon etwas mit den Werkzeugen von Smart Forms experimentiert haben, werden Sie vermutlich gleich mit dem Design von Formularen beginnen wollen. In **Kapitel 3** finden Sie alle Grundlagen zum Formularlayout.

▶ In **Kapitel 4** zeigen wir dann, wie Sie die gewünschten Texte und Grafiken über passende Knotentypen ausgeben.

▶ Nahezu jedes Formular hat die Aufgabe, variable Daten auszugeben, deren Inhalt erst bei der Ausführung des Formulars bekannt ist. Den Weg dorthin finden Sie in **Kapitel 5**. Auch Anwender ohne Datenbankerfahrungen/ Programmierkenntnisse können anhand dieses Kapitels die notwendigen Zusammenhänge erlernen.

▶ Ein Formular besteht aus einzelnen Textelementen, Datenfeldern etc. In **Kapitel 6** sorgen wir für die richtige Ablauflogik, damit sowohl die Seiten des Formulars als auch die darin enthaltenen Daten in der richtigen Reihenfolge ausgegeben werden (z. B. Rechnungspositionen vor der Rechnungssumme).

So leistungsfähig die Grundbausteine in Smart Forms auch sind, sind damit noch längst nicht alle Möglichkeiten ausgeschöpft. An *fortgeschrittene Anwender* richten sich die Kapitel in Teil II:

▶ Sie können direkt im Formular Programmcode einfügen, um z. B. Summen zu ermitteln oder auch zusätzliche Daten direkt aus der SAP-Datenbank zu lesen. Das erfolgt mithilfe von ABAP-Code. Für **Kapitel 7** sollten Sie also bereit sein, sich mit dieser SAP-spezifischen Programmiersprache zu befassen, bzw. Grundkenntnisse der Programmierung mitbringen. Erfahrene ABAP-Entwickler finden dazu den einen oder anderen Hinweis zu Besonderheiten, die im Umfeld von Smart Forms gelten.

▶ Für die Ausgabe eines Formulars ist ein Rahmenprogramm erforderlich, das im Wesentlichen zwei Aufgaben erfüllt: die Daten für das Formular zu beschaffen sowie die Formularausgabe anzustoßen und zu steuern. Sollten Sie als Programmentwickler zur Erstellung eines solchen Rahmenprogramms hinzugezogen werden, bietet Ihnen **Kapitel 8** alle notwendigen Grundlagen.

▶ Fragt sich noch, wie sich Smart-Forms-Formulare in die sonstigen SAP-Anwendungen einbinden lassen. Der Weg über die Druck-Workbench ist ein Beispiel dafür. In **Kapitel 9** sehen Sie, welche Einstellungen dort notwendig sind, um Druckvorgänge zu steuern bzw. komplexe Ausgabedokumente zur erstellen (wie z. B. eine E-Mail mit Anschreiben).

Der letzte Teil III bietet *bewährte Methoden,* um Smart Forms praxisorientiert einzusetzen. Es handelt sich hier um eine Sammlung eigenständiger, in sich geschlossener Themen, die Sie nach Bedarf erarbeiten können. Das für Smart Forms relevante Basiswissen aus Teil Iwird aber vorausgesetzt.

▶ In **Kapitel 10** sind häufig benötigte Technologien und Vorgehensweisen aus der Projektarbeit zusammengefasst, z. B. die Verwaltung von Grafiken und Texten oder SAP-Technologien wie Nachrichtensteuerung und Post Processing Framework. Es folgen Umsetzungsbeispiele, z. B. das Erstellen eines Formulars für viele Zwecke, Etikettendruck, Versand per Fax oder E-Mail. Als Abschluss werden Themen der Produktivsetzung beschrieben, wie Transport und Übersetzung sowie Druck- und Spool-System.

Durch den Einsatz externer Output-Management-Systeme bietet sich die Möglichkeit, das Layout und den Druck von Smart Forms aus dem SAP-Backend-System zu verlagern. Smart Forms unterstützt dieses Szenario über XML-Datenströme, und wir erläutern, was dabei zu beachten ist.

▶ Technologien für die Einbindung von Smart Forms bei dokumentenorientierten Prozessen wollen wir in **Kapitel 11** beschreiben. Besonders interessant ist hierbei die Nutzung der verschiedenen Technologien zur Ablage von Dokumenten und deren Integration in Geschäftsprozesse. Hier soll ein Beispiel (diesmal aus der Personalentwicklung) die Verstrickung mit anderen Technologien und deren einfache Anwendung verdeutlichen.

▶ Über den HR-Formular-Workplace werden Formulare in das SAP-Modul für Personalverwaltung (HCM) eingebunden, z. B. für Anwendungen in der Personalabrechnung und Zeitwirtschaft. Folglich wird in **Kapitel 12** zunächst der HR-Formular-Workplace vorgestellt, woraus sich Funktionen für die Entwicklung, Konfiguration und Aktivierung der gewünschten Formulare ergeben. Ein Beispiel aus der Zeitwirtschaft rundet das Kapitel ab.

▶ Auf die Unterschiede zwischen Smart Forms und SAP Interactive Forms sind wir ja weiter oben schon eingegangen. Trotzdem mag es Gründe geben, ein vorhandenes Formular zu migrieren. Im letzten Kapitel, **Kapitel 13**, zeigen wir, was auf dem Weg zu SAP Interactive Forms zu beachten ist und wie Sie weitgehende Kompatibilität erreichen können.

Im Anhang finden Sie Ausdrucke zu den verwendeten Formularen bzw. Programmen sowie eine kurze Einführung in das Flugdatenmodell, auf dem viele Beispiele im Buch basieren. Nützlich ist sicher dort auch die Auswahl an SAP-Hinweisen aus dem SAP Corporate Portal (auch unter der alten Bezeichnung SAPNet bekannt).

Generelle Hinweise

Folgende Hinweise sollten Sie bei der Arbeit mit dem Buch beachten:

▸ Der eigentliche Name der Lösung, die wir hier vorstellen, ist *SAP Smart Forms* oder kurz *Smart Forms*. Wir verstehen darunter bewusst eine Bezeichnung für die gesamte Lösung zur Formularerstellung im SAP-System. Innerhalb von Smart Forms werden u. a. Formulare und Stile erstellt. Smart Forms ist also aus dieser Sichtweise *nicht* das einzelne Formular. Im Rahmen der Gesamtlösung stehen verschiedene Teilwerkzeuge zur Verfügung, die wir Ihnen im Zuge des Buches vorstellen werden (z. B. den *Form Builder* und den *Style Builder*).

▸ Mit Smart Forms entwerfen Sie u. a. *Formulare* und *Stile*. Diese allgemeinen Begriffe haben natürlich auch in anderen Zusammenhängen eine Bedeutung. Um solche abweichenden Anwendungsfälle kenntlich zu machen, werden wir jeweils erweiterte Begriffe verwenden und dann z. B. von *Formularvordrucken* sprechen.

▸ Die Funktionen innerhalb von Smart Forms sind auf verschiedenen Wegen erreichbar: Über den Menüweg, über die Funktionstasten oder per Maus über entsprechende Tasten oder Symbole am Bildschirm.

Häufig werden wir auch Begriffe im Zusammenhang mit *Auswählen* benutzen. Damit kann je nach Situation ein Menüweg, ein Symbol oder ein Button auf dem Bildschirmbild oder auch ein Mausdoppelklick gemeint sein. Die Bedeutung ergibt sich jeweils aus dem Zusammenhang.

▸ Wir beschränken uns vorzugsweise auf die Nennung des jeweiligen Menüpfades. Aus diesem Menüeintrag ergibt sich häufig auch die Belegung der Funktionstasten. Auf das passende Symbol werden Sie meist intuitiv stoßen.

▸ Beim Aufruf zentraler Transaktionen nennen wir beides, den Eintrag im Menü-Baum von SAP Easy Access und den Transaktionscode.

▸ Menüwege, die sich nicht auf SAP Easy Access beziehen, sondern auf den SAP-Einführungsleitfaden, kennzeichnen wir durch den Vorsatz »IMG:«.

► Smart Forms ist eine grafisch orientierte Lösung zur Formularerstellung, in der insbesondere auch die Maus als nützliches Eingabeinstrument vorgesehen ist. Bei Hinweisen auf Aktivitäten mit der Maus sprechen wir teilweise von *linker* bzw. *rechter Maustaste* und gehen dabei von der gängigen Maustastenbelegung aus. Wir wissen jedoch, dass die Bedeutung der Maustasten für Linkshänder umgekehrt sein kann: Wir bitten um Verständnis, dass wir darauf im Text nicht gesondert hinweisen.

TEIL I
Basiswissen

Anwender, die sich erstmals mit Formularen und deren Erstellung über Smart Forms befassen, erhalten in diesem Kapitel einen kompakten Einstieg in das Thema. Zu Beginn vermitteln wir etwas Theorie in Sachen Formularlayout, und dann geben wir kleine nachvollziehbare Übungsbeispiele: Wir hoffen, Sie werden gleich vertraut mit dem Tool.

1 Schnelleinstieg

SAP Smart Forms ist anwenderfreundlich: Es gibt eine grafische Oberfläche, die dem gängigen Look & Feel von SAP entspricht und damit den Einstieg erleichtert. Trotzdem ist es angebracht, mit etwas Formulartheorie zu beginnen: Umso besser wird Ihnen danach die Ablauflogik von Smart Forms am Beispiel unserer Flugrechnung einleuchten. Anhand dieses Beispiels werden Sie die wichtigsten Gestaltungsfunktionen kennenlernen, aber auch die Arbeit des Rahmenprogramms sehen, das die Ausgabe des Formulars steuert und dabei die passenden Daten zur Verfügung stellt. Den Abschluss bildet eine Übersicht mit allen Grundelementen, aus denen sich ein Smart-Forms-Formular zusammensetzt.

1.1 Generelles zur Formularentwicklung

Die Formularverarbeitung über Smart Forms enthält drei grundlegende Elemente:

- ein Formular mit den eigentlichen Angaben zur Seitenaufteilung, den enthaltenen Texten, Daten etc.
- einen Stil (*Smart Style*) mit Vorgaben zur Formatierung, wie z. B. Schriftgrößen, Ränder, Zeilenabstand
- ein ABAP-Rahmenprogramm, das die im Formular benötigten Daten bereitstellt und die Ausgabe des grafisch erstellten Formulars veranlasst

Bei einer Formularentwicklung über Smart Forms müssen Sie diese drei Elemente aufeinander abstimmen. Sicherlich wird der Schwerpunkt der gängigen Formularentwicklungen darauf liegen, vorhandene Formulare und Stile auf die Anforderungen des jeweiligen Geschäftsbetriebs abzustimmen.

Diese Aufgabe wird dadurch vereinfacht, dass ein einzelnes Rahmenprogramm mehrere Formulare ansprechen kann, solange die dort ausgegebenen Daten weitgehend übereinstimmen. Solche generellen Datenbereitstellungsroutinen können Sie überall dort im SAP-System erstellen, wo Ausgaben über Formulare erfolgen sollen (gegliedert nach Applikationen, z. B. Bereitstellung aller Daten, die im Rahmen der Rechnungsstellung erforderlich sind).

Als Smart-Forms-Anwender können Sie sich also in erster Linie dem Entwurf des Formulars widmen. Dabei müssen Sie sich mit zwei grundlegenden Themen auseinandersetzen:

▶ mit dem Layout des Formulars (siehe Abschnitt 1.1.1)
▶ mit der Ablauflogik im Formular (siehe Abschnitt 1.1.2)

1.1.1 Layout des Formulars

Unter dem Oberbegriff *Layout* werden alle Einstellungsmöglichkeiten zusammengefasst, die mit der Anordnung von Elementen auf dem Formular zusammenhängen. Wenn Sie sich gängige Formulare ansehen, werden Sie feststellen, dass sie wiederkehrende Ausgabebereiche enthalten; diese wiederkehrenden Bereiche sind Teil des Layouts.

[zB] | **Layout des Rechnungsformulars**

Nehmen wir z. B. ein Rechnungsformular. Üblicherweise sind dort Ausgabebereiche für Kopf- und Fußzeilen enthalten, und es gibt ein Adressfenster, falls das Formular an einen Geschäftspartner versandt werden soll. Viele Formulare enthalten darüber hinaus einen Bereich zur Ausgabe beliebig vieler Positionen (eben die Rechnungspositionen).

Diese Ausgabebereiche auf dem Formular werden im SAP-System als *Fenster* bezeichnet. Abbildung 1.1 zeigt als Beispiel ein Rechnungsformular, das wir in den Übungen des kommenden Kapitels verwenden werden. Abbildung 1.1 stammt ursprünglich aus dem *Form Painter*, einem grafischen Werkzeug von Smart Forms. Sie enthält zwei unterschiedliche Seitenlayouts, auf die wir später eingehen werden.

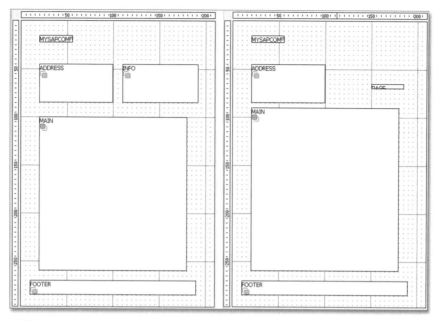

Abbildung 1.1 Layout der Seiten im Beispielformular

Betrachten Sie zunächst die Rechtecke, die auf jeder Seite eingezeichnet sind. Es handelt sich hierbei um die erwähnten Ausgabebereiche (Fenster). Nur innerhalb eines solchen Fensters können Informationen ausgegeben werden (als Text, Daten oder Grafiken). Diese Informationen müssen so formatiert sein, dass sie die Grenzen der Fenster nicht überschreiten. Auf diese Weise ist z. B. sichergestellt, dass eine Formularausgabe auf vorgedrucktem Papier (Briefvordruck) die vorgegebenen Begrenzungen einhält.

Die Abbildung dieses groben Layouts mag anfangs vielleicht etwas befremdlich wirken, da die eigentlichen Inhalte noch fehlen. In Anhang C.2 haben wir zum Vergleich ein Muster zum Inhalt der Rechnung beigefügt.

Dieses Formular – in Abbildung 1.1 und in Anhang C.2 – hat die Aufgabe, Flugbuchungen eines Kunden mit Preisen in tabellarischer Form als Rechnungspositionen auszugeben (dafür ist das große Fenster MAIN in der Mitte vorgesehen). Die weiteren Fenster enthalten Angaben zum Firmenlogo, zur Kundenadresse und zu sonstigen Merkmalen (wie Sachbearbeiter, Kundennummer, Zeichen, Datum etc.).

Abbildung 1.1 aus dem Form Painter enthält nicht nur eine, sondern zwei Seiten, die üblicherweise als *Erst-* und *Folgeseite* bezeichnet werden. Dies ist – zumindest bei Formularen im Briefverkehr zwischen Geschäftspartnern –

übliche Praxis. Eine Erstseite dürfte immer vorhanden sein und wird z. B. auf einem vorgegebenen Briefbogen ausgedruckt. Ist nicht genug Platz auf der ersten Seite, um alle Positionen unterzubringen, so wird eine entsprechende Zahl von Folgeseiten erzeugt (und möglicherweise auf anders gestaltetem Papier ausgegeben).

Die Seitenaufteilung mit den Fenstern in Abbildung 1.1 unterscheidet sich in unserem Fall nur geringfügig: Die rechte Folgeseite enthält kein INFO-Fenster mehr; stattdessen ist dort in dem Balken nur die Seitennummer ausgegeben, wie wir noch sehen werden.

1.1.2 Ablauflogik des Formulars

Abbildung 1.2 zeigt den Ablauf der Formularausgabe in einer grafischen Darstellung. Die Grafik verdeutlicht den wichtigen Unterschied zwischen *Entwurfs-* und *Ausgabeseiten*. Die Entwurfsseite FIRST beschreibt hier die erste Seite der Ausgabe: Ihr folgt normalerweise auch nur eine Ausgabeseite. Die Entwurfsseite NEXT dagegen repräsentiert die Folgeseiten und kann folglich beliebig viele Ausgabeseiten hervorrufen. Wenn wir also im Weiteren von einer *Seite* sprechen, die mit Smart Forms erstellt wird, so meinen wir implizit immer eine *Entwurfsseite*.

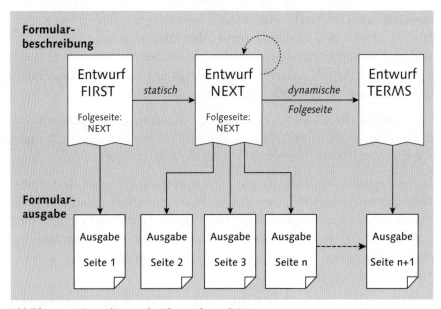

Abbildung 1.2 Formularausgabe über mehrere Seiten

Bei der Ausgabe des Formulars werden die im Layout festgelegten Fenster mit den echten Daten der Anwendung gefüllt. Bei der Abwicklung über Erst- und Folgeseiten muss die Ausgabesteuerung von Smart Forms selbstständig entscheiden, wann eine neue Ausgabeseite mit dem Layout einer Folgeseite begonnen werden muss.

Im Fall der Rechnung ist der Weg dieser Entscheidungsfindung natürlich naheliegend: Wenn die Rechnungspositionen (bzw. die dazugehörigen Zwischen- oder Gesamtsummen) auf der aktuellen Ausgabeseite keinen Platz mehr finden, muss eine weitere Ausgabeseite folgen. Deshalb spielen die Rechnungspositionen im Beispielformular eine besondere Rolle und müssen in einem besonderen Fenster vom Typ *Hauptfenster* ausgegeben werden (in unserem Beispiel der Flugrechnung ist MAIN als Hauptfenster markiert, siehe Abbildung 1.1).

Sobald ein Hauptfenster während der Ausgabe gefüllt ist und gleichzeitig noch Daten für die Ausgabe anstehen, wird von Smart Forms automatisch eine neue (statische) Ausgabeseite eröffnet. Im Unterschied zu allen anderen Fenstern vom Typ *Nebenfenster* darf ein Hauptfenster immer nur einmal im gesamten Formular vorkommen.

Die Abfolge mit Erst- und Folgeseite entspricht sicher dem gängigsten Fall einer Formularlogik. Grundsätzlich kann ein Formular unter Smart Forms aber beliebig viele Entwurfsseiten enthalten (z. B. die allgemeinen Geschäftsbedingungen als ergänzende Anlage, in Abbildung 1.2 bezeichnet als TERMS). In diesem Fall müssen weitere Kriterien gefunden werden, um einer Ausgabeseite die richtige Entwurfsseite zuzuordnen: Das wird als *dynamischer Seitenwechsel* bezeichnet.

1.1.3   Daten im Formular

Wir gehen bisher davon aus, dass mit der Ausgabe des Formulars auch die gewünschten Daten zur Verfügung stehen. Dafür sorgt das übergeordnete Rahmenprogramm nach einem Verfahren, das vom Formular logisch getrennt ist.

Diese Trennung von Datenbereitstellung und Formular ist typisch für Smart Forms und zugleich ein großer Vorteil: Bei einer Änderung der Logik oder der Ausgabeform muss immer nur das Formular angepasst werden, nicht jedoch das Rahmenprogramm mit seiner ABAP-Codierungsarchitektur (siehe Abbildung 1.3).

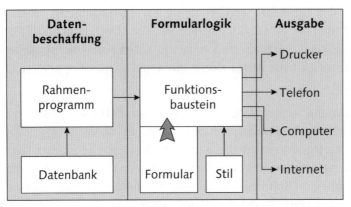

Abbildung 1.3 Trennung von Daten und Formular

Aus der grundsätzlichen Trennung von Formular und Datenbeschaffung im Rahmenprogramm ergibt sich, dass zwischen beiden eine definierte Schnittstelle vorhanden sein muss, um die erforderlichen Daten zu übertragen. Diese Rolle übernimmt ein *Funktionsbaustein*, der bei Aktivierung eines Formulars immer automatisch im Hintergrund generiert wird. Er enthält alle Definitionen, die das Rahmenprogramm für die Übergabe der Daten und die dann folgende Ausgabe des Formulars benötigt.

[»]

Hintergrund

Sollten Sie bislang mit der ABAP-Entwicklungsumgebung des SAP-Systems keinen Kontakt gehabt haben, helfen Ihnen die folgenden Informationen: ABAP ist die SAP-eigene Programmiersprache, mit der die meisten Anwendungen des SAP-Systems erstellt wurden. Ein ABAP-Funktionsbaustein kapselt Programmcodes als eigenständige Einheit, die dann von unterschiedlichen Anwendungsprogrammen aufgerufen werden kann. Das Formular wird bei seiner Aktivierung komplett in einen solchen Funktionsbaustein übersetzt und lässt sich dann, wie jeder sonstige Funktionsbaustein, aus einem beliebigen ABAP-Programm aufrufen.

Obwohl wir immer wieder auf die Vorteile der Trennung von Datenbeschaffung und Formular zurückkommen werden, sei der Hinweis gegeben, dass Sie auch dem Formular selbst zusätzlich die Möglichkeit mitgeben können, individuelle Daten zu beschaffen und auszugeben. Dadurch kann sich ein anderer Vorteil ergeben: Durch diese individuelle Datenbeschaffung muss nicht bei jedem kleineren Datenzusatz das Rahmenprogramm überarbeitet werden. Ein vorhandenes Rahmenprogramm lässt sich also in diesem Fall weiterverwenden. Das kann für die weitere Standardisierung durchaus vorteilhaft sein, denn es wirkt einer Überfrachtung des Rahmenprogramms mit individuellen Anpassungen entgegen.

1.1.4 Ausgabe

Der letzte Schritt einer Formularentwicklung ist im Normalfall die Einbindung in das übrige SAP-System. Das erfordert in den meisten Fällen Einstellungen im Customizing (z. B. im Zuge der Nachrichtensteuerung). Diese Einstellungen steuern bei einem betriebswirtschaftlichen Vorgang insbesondere die Art des verwendeten Formulars sowie dessen Ausgabezeitpunkt. Neben der üblichen Ausgabe über den Drucker stehen auch Fax und E-Mail als Versandmedien zur Verfügung.

Zusätzlich wurde mit *XML for Smart Forms* (XSF) eine zertifizierte Schnittstelle zu Smart Forms implementiert, um einen Datenaustausch über das offene Standard-XML-Format zu ermöglichen. Die Ausgabe im XML-Format ermöglicht die Darstellung aller Formulare im Webbrowser und damit auch einen aktiven Datenaustausch mit dem Anwender über das Internet.

1.1.5 Werkzeuge

Die Werkzeuge zur Bearbeitung eines Formulars können Sie direkt über die Transaktion SMARTFORMS aufrufen, oder Sie wählen WERKZEUGE • FORMULARDRUCK • SMARTFORMS über das SAP-Easy-Access-Menü (siehe Abbildung 1.4).

Abbildung 1.4 Aufruf über SAP-Easy-Access-Menü

Je nach Anforderung stehen innerhalb der Transaktion verschiedene grafische Tools zur Verfügung, um das Design eines Formulars zu erstellen:

▶ Im *Form Builder* ist die gesamte Formularlogik über einen Hierarchiebaum abgebildet, dessen Zweige aus einzelnen *Knoten* bestehen, z. B. Knoten für globale Einstellungen, Fenster, Texte oder für Grafiken. Die Attribute dieser Knoten beschreiben letztendlich die Funktionen eines Formulars. Änderungen erfolgen durch Auswahl und Anpassung eines Knotenattributs oder einfach per Maus (z. B. mit Drag & Drop).

▶ Im *Form Painter* und *Table Painter* können Sie Formularfenster bzw. sonstige Bereiche direkt per Maus anlegen und in ihren Maßen bestimmen (gegebenenfalls auch durch einfaches Nachzeichnen von einem Formularvordruck).

Sie können einzelne Knoten oder auch das gesamte Formular testen und auf Fehler hin überprüfen lassen. Dabei weist Smart Forms auch auf mögliche Fehlerursachen hin.

1.1.6 Weitere Schritte

Nach dieser kurzen Übersicht stellen wir die konkrete Vorgehensweise in der Formularentwicklung anhand eines Beispiels vor (siehe Abschnitt 1.2). Dabei werden Sie die wichtigsten Funktionen kennenlernen, die Smart Forms beim Design eines Formulars bietet. Am Ende dieser Einführung finden Sie noch eine tabellarische Übersicht zu allen Grundelementen eines Formulars (siehe Abschnitt 1.3, »Knotentypen in der Übersicht«).

1.2 Übungsbeispiel

Hier nun eine Art Schnellkurs, um zu zeigen, wie Sie mit Smart Forms ein neues Formular erstellen und ausgeben können. Dieses Formular basiert mit leicht geändertem Inhalt auf einem Schulungsbeispiel, das im SAP-Training verwendet wird. Das Beispiel ist in allen ausgelieferten Systemen ab ERP-Release 4.6C enthalten (sowohl in IDES als auch im Standard-Auslieferungssystem).

1.2.1 Voraussetzungen

Das Beispielformular verwendet keine Daten aus einem eigentlichen SAP-Modul, sondern basiert auf dem *SAP-Flugdatenmodell*, das nur im Rahmen von Schulungen oder für Produktpräsentationen verwendet wird. In den zugehörigen Tabellen wird der Flugbetrieb verschiedener Fluggesellschaften mit Kunden, Flugplänen, Buchungen etc. beschrieben. Mit Bezug auf die

Beispielanwendungen hier haben wir in Anhang B die wichtigsten Informationen zum Flugdatenmodell zusammengestellt.

Das Formular in diesem Beispiel entspricht einer Rechnung für Flüge, die ein Kunde bei verschiedenen Fluggesellschaften gebucht hat; wir bezeichnen es im Folgenden als *Flugrechnung*. Wie für jede erfolgreiche Formularausgabe mit Smart Forms benötigen Sie auch für die Flugrechnung primär zwei Komponenten:

▸ ein Formular, das unter Smart Forms erstellt wurde (SF_EXAMPLE_01)

▸ ein Rahmenprogramm, das die passenden Daten zur Verfügung stellt und die Ausgabe des Formulars veranlasst (hier ebenfalls als SF_EXAMPLE_01 bezeichnet)

Um nun ein Formular wie die Flugrechnung auszugeben, sind im Wesentlichen drei Schritte erforderlich:

1. Rufen Sie das Rahmenprogramm auf (z. B. über Transaktion SA38).
2. Wählen Sie dort die passenden Daten (z. B. den Kunden).
3. Lassen Sie die Ausgabe als Druckvorschau oder direkt über den Drucker erfolgen.

Solche Ausgaben werden wir in den folgenden Abschnitten noch häufig aufrufen, allein schon, um bei Änderungen am Formular oder dem Rahmenprogramm das Ergebnis zu kontrollieren.

Entsprechend gehen wir in einem ersten Übungsbeispiel vor:

1. Zunächst sehen wir uns das SAP-Musterformular SF_EXAMPLE_01 zur Flugrechnung an und führen damit Tests durch.
2. Für weitere Änderungen am Formular sollten Sie von dem Musterformular eine Kopie erstellen. Sie erhalten damit ein eigenes, individuelles Formular zur Flugrechnung, das Sie im Laufe der Zeit nach Belieben überarbeiten können.
3. Um die Grundfunktionen im Formulardesign mit Smart Forms zu erläutern, schlagen wir Ihnen einige Änderungen am neuen Formular vor.
4. Zum Abschluss dieser Einführung erstellen Sie dann ein eigenständiges Rahmenprogramm, auf dem die Übungsbeispiele in den weiteren Buchkapiteln beruhen.

Gründliche Bearbeitung des Übungsbeispiels	**[«]**
Nehmen Sie sich einen halben Tag Zeit für diese Übung. Danach haben Sie schon viele Komponenten einer erfolgreichen Formularpflege mit Smart Forms kennengelernt.	

Berechtigungen für das Übungsbeispiel

Um diese Übungsbeispiele am System nachzuvollziehen, müssen Sie die entsprechenden Berechtigungen in Ihrem Testsystem besitzen:

▸ In erster Linie benötigen Sie den Zugriff auf die Formularbearbeitung (Menüpfad WERKZEUGE • FORMULARE, in erster Priorität Transaktion SMARTFORMS).

▸ Auch wenn im Rahmen dieses Buches keine Änderungen an den Originalformularen und -programmen der SAP erfolgen, müssen Sie für die Erstellung des Formulars bzw. des zugehörigen Rahmenprogramms als Entwickler im System registriert sein (den entsprechenden Registrierungsschlüssel kann Ihnen ein Basismitarbeiter zur Verfügung stellen).

▸ Aus dem gleichen Grund benötigen Sie auch den Zugriff auf die ABAP-Entwicklungsumgebung (ABAP Workbench, Transaktion SE80).

1.2.2 Ausgabe des Musterformulars

Nach dieser kleinen Vorarbeit wechseln wir nun endgültig in die Welt von Smart Forms. Wählen Sie dazu im SAP-Menü WERKZEUGE • FORMULARDRUCK • SMART FORMS. Oder geben Sie einfach SMARTFORMS als Transaktionscode ein.

Abbildung 1.5 Einstiegsbild von Smart Forms

Das Eröffnungsbild zu Smart Forms (siehe Abbildung 1.5) bietet drei Optionen:

▸ **Radiobutton »Formular«**
Die erste und wichtigste Option ermöglicht die Bearbeitung der Formulare unter Smart Forms. Der Name des Musterformulars wurde in Abbildung 1.5 schon eingetragen; die hinterlegte Wertehilfe zeigt Ihnen bei Interesse eine Liste aller im System angelegten Formulare.

▸ **Radiobutton »Stil«**
Mit der Option STIL kamen Sie schon in Berührung, als es um die Formatierung der Absenderzeile ging. Dort finden Sie die enthaltenen Absatz- und Zeilenformate, die spezifisch für Smart Forms anzulegen sind.

▸ **Radiobutton »Textbaustein«**

Mit der letzten Option TEXTBAUSTEIN können Sie mandantenunabhängige Textbausteine pflegen, die speziell für Smart Forms vorgesehen sind.

Bevor Sie jetzt erstmals das Formular aufrufen, wählen Sie den Menüpfad SMART FORMS • GENERIEREN. Das ist wichtig für den Fall, dass in Ihrem System noch niemand einen Blick auf das Formular geworfen hat. Bei diesem Vorgang wird der passende Funktionsbaustein im Hintergrund erzeugt, der später für die Tests benötigt wird.

Da die Flugrechnung von SAP standardmäßig ausgeliefert wird, lässt sich das Originalformular nur bedingt bearbeiten. Sie werden deshalb später in diesem Beispiel eine individuelle Kopie der Flugrechnung erstellen. Für den ersten Einblick wählen Sie nun den Button ANZEIGEN. Dadurch wechseln Sie in das Bearbeitungsbild zum Formular, das über den Form Builder dargestellt wird.

Öffnen Sie dort noch zusätzlich den Form Painter, ein grafisches Design-Werkzeug zum Formular. Hierfür wählen Sie den Menüpfad HILFSMITTEL • FORM PAINTER AN/AUS oder den gleichnamigen Button in der Symbolleiste. Dann sollte Ihr Bildschirm wie in Abbildung 1.6 aussehen.

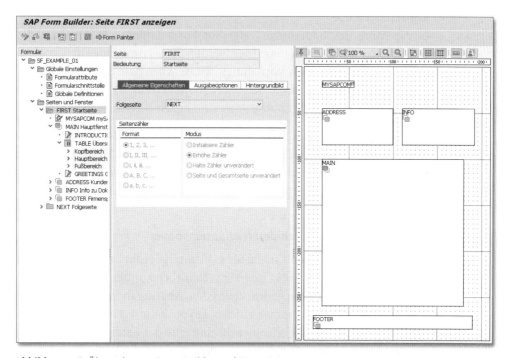

Abbildung 1.6 Übersicht von Form Builder und Form Painter

Die Anzeige in Abbildung 1.6 besteht aus drei Bereichen:

▶ **Form Painter**

Auf der rechten Seite des Formulars sehen Sie den Form Painter mit seiner grafischen Übersicht zur Aufteilung der aktuellen Seite; hier sind einzeln abgetrennte Bereiche zu erkennen (die *Fenster*). Die Seitenaufteilung zeigt schon wichtige Einteilungen wie bei einem gängigen Geschäftsbrief: Sie sehen Fenster für die Anschrift, für den Fußbereich und in der Mitte ein Fenster zur Ausgabe von Positionen. In unserem Fall werden es Flugbuchungen sein. Auf dem Musterausdruck in Anhang C.2 werden Sie die Fenster mit ihren echten Daten sicherlich gleich wiedererkennen.

▶ **Hierarchie**

Auf der linken Seite zeigt der Form Builder in einem *Navigationsbaum* die Hierarchie aller Elemente des Formulars (inklusive der Fenster, die Sie auch im Form Painter rechts gesehen haben). Jedes Formularelement wird durch einen Knoten im Navigationsbaum repräsentiert. Diese *Knoten* bilden den Leitfaden zur Abarbeitung des Formulars, über sie werden alle Funktionen im Formular gesteuert. Den einzelnen Knoten können weitere Knoten untergeordnet sein. Daraus resultieren *Teilbäume* oder auch *Zweige*, die sich per Mausklick auf- und zuklappen lassen.

▶ **Knotenattribute**

In der Mitte des Bildschirms zeigt der Form Builder die Attribute des gerade ausgewählten Knotens: Hier werden Sie als Anwender in den meisten Fällen Ihre Eingaben vornehmen. Diese *Knotenattribute* sind thematisch geordnet auf mehrere Registerkarten verteilt. Die Registerkarten AUSGABEOPTIONEN und BEDINGUNGEN sind in fast allen Knoten vorhanden.

Die grundsätzliche Bedienung des Navigationsbaums dürfte spätestens seit dem Einstieg über das *SAP-Easy-Access-Menü* bekannt sein. Sie können jeden Knoten durch Mausdoppelklick im Navigationsbaum anwählen; alternativ können Sie auch einen Fenster-Knoten direkt im Form Painter auswählen.

Eine kurze Klettertour durch den Navigationsbaum

Im Zweig SEITEN UND FENSTER sehen Sie z. B. untergeordnet zwei Seite-Knoten mit der Kurzbezeichnung FIRST und NEXT. Natürlich können mit dem Formular auch mehr als zwei Seiten gedruckt werden. Ab Ausgabeseite 2 wird in diesem Beispiel automatisch immer auf das Layout von NEXT zurückgegriffen. Wenn Sie per Mausdoppelklick abwechselnd eine der beiden Seiten wählen, aktualisieren sich automatisch die zugehörigen Knotenattribute, aber auch die grafische Layoutdarstellung der jeweiligen Seite im Form Painter.

Öffnen Sie im Navigationsbaum die untergeordneten Zweige zur Seite FIRST. Die nächste Ebene enthält eine Aufteilung dieser Seite in einzelne Abschnitte, die wir schon weiter oben als *Fenster* bezeichnet haben. Genau diese Fenster werden mit Lage und Größe auch im Form Painter abgebildet. Wenn Sie per Mausklick eines der Fenster im Navigationsbaum wählen, wird es automatisch auch im Form Painter markiert (was auf dem umgedrehten Weg allerdings auch funktioniert).

Angaben zur Adresse

Öffnen Sie nun den Fenster-Knoten ADDRESS, der für die Ausgabe im Anschriftenfenster vorgesehen ist. Darunter existieren zwei weitere Knoten:

▸ ADDR_INCL ist für die Ausgabe einer Absenderzeile zuständig.

▸ Der untere Knoten ADDRESS ist für die Ausgabe der Kundenanschrift zuständig.

Wählen Sie bei den Attributen zum Knoten ADDR_INCL (Absenderzeile) die Registerkarte ALLGEMEINE EIGENSCHAFTEN. Die Auswahlliste zum Eingabefeld TEXTTYP zeigt, dass es unterschiedliche Möglichkeiten gibt, einen Text in das Formular einzubinden. Im gewählten Fall ist je nach SAP-Versionsstand entweder TEXTBAUSTEIN oder INCLUDE vorbelegt, um z. B. einen SAPscript-Text einzubinden. Der Abschnitt darunter enthält den direkten Verweis auf den Standardtext SF_ADRS_SENDER mit der Absenderangabe in kleiner Schrift (der zugehörige Inhalt wird im Textfenster als Vorschau eingeblendet).

Option »nur auf erster Seite« ausgeben [«]

Auf der Registerkarte BEDINGUNGEN ist das Attribut NUR AUF ERSTER SEITE gesetzt. Unser Textbaustein wird also auch bei einer Rechnung mit mehreren Seiten nur einmal ausgegeben. Deshalb sehen Sie im Formularbaum vor dem Text-Knoten das Sonderzeichen ♣ .

Der Knoten mit der Bezeichnung ADDRESS bewirkt dann die eigentliche Ausgabe der jeweils aktuellen Adresse, auf die wir später noch zurückkommen.

Einstellungen zum Gesamtformular

Sie haben sich nun schon etwas im Layout des Formulars orientiert. Der Vollständigkeit halber möchten wir noch auf den obersten Zweig GLOBALE EINSTELLUNGEN im Navigationsbaum hinweisen. Hier sind Einstellungen hinterlegt, die das Formular als Ganzes betreffen. Im Knoten FORMULARSCHNITT-STELLE finden Sie z. B. alle Parameter für den Datenaustausch mit dem zugehörigen Rahmenprogramm.

Wenn Sie den Unterknoten FORMULARATTRIBUTE anwählen, erscheint der Name des Formulars und dahinter der Status AKTIV oder INAKTIV. Nur bei einem aktiven Formular ist auch ein Funktionsbaustein erzeugt worden, der ja alle Einstellungen des Formulars widerspiegelt und die Ausgabe über das Rahmenprogramm ermöglicht.

Funktionsbaustein zum Formular testen

Mit der Aktivierung des Formulars wird automatisch im Hintergrund ein Funktionsbaustein angelegt, der später vom Rahmenprogramm für die Ausgabe aufgerufen wird. Wir wollen diesen Funktionsbaustein einem Schnelltest unterziehen, wobei jedoch noch keine Daten zur Ausgabe kommen. Für den Schnelltest müssen Sie folgende Einzelschritte ausführen:

1. Wählen Sie im Form Builder den Menüpfad FORMULAR • TESTEN oder die Funktionstaste F8. Es erscheint der Name des erzeugten Funktionsbausteins. Dies ist gleichzeitig das Eingangsbild zum *Function Builder*, über den üblicherweise Funktionsbausteine im SAP-Entwicklungssystem gepflegt werden (die Testfunktion, die wir hier verwenden, ist also nur von dort ausgeliehen).

[»] | **Meldung »Es wurde noch kein Funktionsbaustein generiert«**

Falls das System Es WURDE NOCH KEIN FUNKTIONSBAUSTEIN GENERIERT meldet, haben Sie die Generierung vergessen, die wir am Anfang unserer Einführung beschrieben haben. Bitte holen Sie dies jetzt nach, indem Sie den Menüpfad SMART FORMS • GENERIEREN aufrufen.

2. Wählen Sie nun den Menüpfad FUNKTIONSBAUSTEIN • TESTEN • IN DER TEST-UMGEBUNG oder die Funktionstaste F8. Eventuell erscheint jetzt die Meldung »Der Testrahmen zu /1BCDWB/SF00000189 wurde neu generiert, aber es traten Fehler auf«. Diesen Hinweis können Sie ignorieren, beachten Sie stattdessen die Liste aller Parameter, die der Funktionsbaustein als Schnittstellenparameter von seinem Rahmenprogramm erwartet. Theoretisch könnten Sie hier auch Daten vorgeben, wir verzichten aber auf eine Eingabe, denn in den meisten Fällen wird man die Datenbereitstellung über das echte Rahmenprogramm vorziehen.

3. Wählen Sie als Nächstes den Menüpfad FBAUSTEINE • AUSFÜHREN oder die Funktionstaste ⌐F8⌐. Es erscheint nun noch die Abfrage zum Drucker. Auch wenn Sie über DRUCKANSICHT gehen wollen, erwartet das System hier einen Eintrag. Bestätigen Sie Ihren Default-Arbeitsplatzdrucker oder einfach LOCL.

4. Wählen Sie dann den Button DRUCKANSICHT oder wieder die Funktionstaste ⌐F8⌐.

Jetzt sehen Sie als Ausgabeergebnis eine Flugrechnung mit minimalen Formularinhalten. Da wir ohne Daten ausgeben, ist z. B. keine Anschrift enthalten, und auch die Liste der Flugbuchungen ist leer (wohin die Daten gehören, lässt sich jedoch leicht nachvollziehen). Der Inhalt des Fensters INFO (oben rechts) ist nur deshalb komplett mit allen Angaben zu sehen, weil diese fest im Formular hinterlegt sind.

Wir haben soeben den Weg zur Testfunktion sehr ausführlich über die Menüwege beschrieben. Am schnellsten geht es aber, indem Sie einfach viermal hintereinander die Funktionstaste ⌐F8⌐ betätigen. Zusätzlich hat SAP für den Aufruf auch Symbole in der Symbolleiste des Form Builders etc. vorgesehen. Über mehrmaliges Betätigen der Funktionstaste ⌐F3⌐ kehren Sie zurück zur Formularbearbeitung.

Formular über Rahmenprogramm ausgeben

Für die richtige Ausgabe der Flugrechnung muss zusätzlich ein passendes Rahmenprogramm aufgerufen werden. Es handelt sich dabei um einen gewöhnlichen Report, der entsprechend über Transaktion SA38 oder das Anwendungsmenü SYSTEM • DIENSTE • REPORTING ausgeführt werden kann. Der Name dieses passenden Reports zur Flugrechnung ist wieder SF_EXAMPLE_01.

1. Starten Sie die Ausführung des Reports wie üblich über das Symbol 🕒, die Funktionstaste ⌐F8⌐ oder über das Menü.

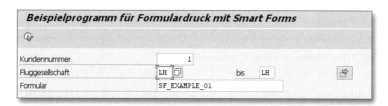

Abbildung 1.7 Beispielprogramm für Formulardruck

2. Es erscheint ein Selektionsbild zur Abfrage von Flugdaten (siehe Abbildung 1.7):

   ▶ Wählen Sie die Kundennummer und die Fluggesellschaft wie in der Abbildung vorgeschlagen (dafür sollten auch in Ihren Tabellen Daten enthalten sein).

   ▶ Das Selektionsbild erlaubt auch die Vorgabe des passenden Formulars. Vorgegeben ist bereits SF_EXAMPLE_01, sodass die Ausgabe gestartet werden kann.

3. Es folgt das übliche Spooldialogbild. Wählen Sie Ihren gängigen Arbeitsplatzdrucker oder einfach LOCL, um das Formular über Ihren lokalen (Windows-)Drucker auszugeben. Wenn Sie Papier sparen möchten, können Sie auch auf die Druckansicht zurückgreifen, die Sie über den gleichnamigen Button im Dialogbild aufrufen können.

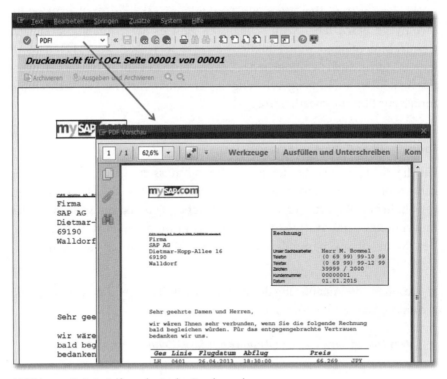

Abbildung 1.8 Beispielformular in der Druckvorschau

Einen Ausschnitt zum Ergebnis zeigt Abbildung 1.8: Wir haben dabei zusätzlich »PDF!« in das Kommando-Feld der SAP-Standard-Druckvorschau eingegeben. Mit dieser Funktion wird der Inhalt der Ausgabe direkt in eine PDF-

Datei umgewandelt und über eine Dialogbox im Adobe-Reader-Dialog angezeigt. Dort stehen Ihnen weitere nützliche Funktionen zur Verfügung (z. B.
Suche und Seitenübersicht). Sie können die Datei auch direkt auf Ihrem lokalen PC sichern.

Jetzt haben Sie erstmals einen Eindruck davon, was die Flugrechnung in
ihrer Grundausstattung schon bietet. In Anhang C.2 befindet sich ein Ausdruck des Formulars zum Vergleich mit Ihrer Installation. Nach diesem ersten Erfolg nehmen wir jetzt einige Änderungen am Formular vor, um Ihnen
weitere Smart-Forms-Funktionen vorstellen zu können. Dazu müssen Sie
aber zunächst eine Arbeitskopie von der Mustervorlage erstellen.

1.2.3 Eigenes Formular als Arbeitskopie erstellen und aktivieren

Um Änderungen an der Flugrechnung vorzunehmen, müssen Sie von dem
bisher verwendeten Musterformular eine Kopie erstellen. Mit diesem neuen
Formular können Sie dann nach Belieben experimentieren.

1. Öffnen Sie wieder das Einstiegsbild zu Smart Forms im SAP-Menü über
   WERKZEUGE • FORMULARDRUCK • SMART FORMS (Transaktion SMART-
   FORMS), und geben Sie wieder das Musterformular SF_EXAMPLE_01 vor.

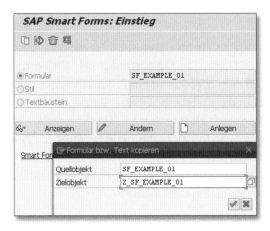

Abbildung 1.9 Formular kopieren im Einstiegsbild zu Smart Forms

2. Wählen Sie dann im Menü des Einstiegsbildes SMART FORMS • KOPIEREN
   oder klicken Sie auf das Symbol ⌷ in der Symbolleiste.
3. Wie in Abbildung 1.9 werden Sie nach dem Namen des Zielformulars
   gefragt. Wählen Sie einen Namen aus dem Kundennamensraum (also
   beginnend mit Z oder Y). Unser Vorschlag zur Benennung ist Z_SF_

EXAMPLE_01, wie in Abbildung 1.9 dargestellt wird. Verwenden Sie möglichst ebenfalls diesen Namen, da wir uns auf dieses neue Beispielformular im Laufe des Buches noch häufiger beziehen werden.

4. Nach der Bestätigung des Namens werden noch einige Eigenschaften des neuen Formulars abgefragt, die für eine korrekte Einbindung des Formulars in die SAP-Entwicklungsumgebung sorgen (siehe Abbildung 1.10).

Abbildung 1.10 Objektkatalogeintrag zum Formular

Mit Ihrem Anmeldenamen werden Sie automatisch als Verantwortlicher des neuen Formulars vorgeschlagen.

Noch wichtiger ist die Zuordnung zu einem *Paket* (die frühere Bezeichnung dafür lautete *Entwicklungsklasse*). Dieser Eintrag bestimmt, wie Ihr Formular im System abgelegt wird und ob es z. B. später in ein Produktivsystem gelangen soll. Letzteres ist (noch) nicht das Ziel dieser Übung. Betrachten Sie stattdessen Ihre Versuche zunächst einfach als Privatsache. Hierfür existiert in allen SAP-Installationen das Paket $TMP. Es macht das neue Formular zu einem *lokalen Objekt*, für das grundsätzlich kein Transport in andere SAP-Installationen vorgesehen ist. Für die Arbeit mit einem Formular in diesem Paket existieren ansonsten aber keine Einschränkungen.

Sie können das Kürzel $TMP einfach per Hand eingeben oder per Maus den Button LOKALES OBJEKT wählen. Im letzteren Fall wird danach sofort auch das Eingabebild geschlossen, und Sie befinden sich wieder im Einstiegsbild. Der neue Formularname wird jetzt direkt im Einstiegsbild zur weiteren Bearbeitung vorgeschlagen.

Sie haben über die Kopierfunktion zwar jetzt ein neues Formular erzeugt, dieses Formular lässt sich aber erst nach einer Aktivierung wirklich verwenden (d. h. ausgeben). Gehen Sie wie folgt vor, um das Formular zu aktivieren:

1. Öffnen Sie das neue Formular mit einem Klick auf den Button ÄNDERN im Änderungsmodus.

2. Kontrollieren Sie zunächst den Status des Formulars über den Knoten FOR-MULARATTRIBUTE im Navigationsbaum des Form Builders. Hinter dem Namen des Formulars ist der Status als *inaktiv* gekennzeichnet.

3. Aktivieren Sie Ihr Formular über den Menüpfad FORMULAR • AKTIVIEREN oder über das entsprechende Symbol in der Symbolleiste. Bei diesem Vorgang wird das gesamte Formular einer Prüfung unterzogen und dann auf den Status AKTIV gesetzt. Dabei wird automatisch auch ein zugehöriger Funktionsbaustein generiert.

4. Testen Sie das Formular wie im letzten Abschnitt beschrieben. Sie haben hierfür zwei Möglichkeiten:

   ▸ Führen Sie über viermaliges Betätigen der Funktionstaste F8 einen Schnelltest des Funktionsbausteins ohne Daten durch.

   ▸ Testen Sie das Formular über das Rahmenprogramm SF_EXAMPLE_01 im Reporting: Wählen Sie hierfür die Selektionsparameter wie bei der ersten Ausgabe, aber vergessen Sie nicht, dort den Namen des Formulars (Z_...) anzupassen.

1.2.4 Änderungen am eigenen Formular

In dem kopierten Formular Z_SF_EXAMPLE_01 sollen jetzt die folgenden Änderungen vorgenommen werden:

▸ Ändern und Verschieben der enthaltenen Grafik
▸ Ändern von Texten auf dem Rechnungsformular

Nach jeder Änderung sollten Sie das Formular erneut testen und zur Kontrolle auch ausgeben.

Grafik ändern und verschieben

Auf dem bisherigen Ausdruck, aber auch in der grafischen Anzeige des Form Painters haben Sie gesehen, dass die Flugrechnung in der linken oberen Ecke eine Grafik enthält. Sie werden jetzt eine andere Grafik wählen und gleichzeitig ihre Position im Formular ändern.

1. **Neue Grafik zuordnen**
   Wählen Sie zunächst den Knoten zur Grafik aus. Sie finden ihn auf der Seite FIRST im Knoten MYSAPCOM oder durch Anwahl mit der Maus des

zugehörigen Fensters im Form Painter. Sofort aktualisieren sich auch die Knotenattribute im mittleren Bereich des Bildschirms.

Auf der Registerkarte ALLGEMEINE EIGENSCHAFTEN ist der Name der Grafik eingetragen und kann entsprechend geändert werden. In diesem Feld steht auch die Wertehilfe über die Funktionstaste F4 zur Verfügung, um auf alle im System hinterlegten Grafiken zuzugreifen.

Wählen Sie die Voreinstellungen im Selektionsbild wie in Abbildung 1.11 dargestellt (d. h. RASTERBILD SCHWARZ/WEISS anwählen). Daraufhin werden alle passenden, im System hinterlegten Grafiken angezeigt.

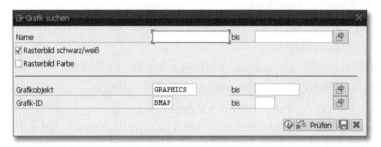

Abbildung 1.11 Grafik selektieren

Wählen Sie z. B. die Grafik SAPSCRIPT_SMALL_DOG. Die ist zwar nur in Schwarz-Weiß hinterlegt, dürfte aber in allen SAP-Systemen vorhanden sein. Wir werden in späteren Abschnitten noch gelegentlich darauf zugreifen. Nach der Übernahme ins Formular betätigen Sie mit ↵. Erst dann wird der neue Inhalt mit seinem Format auch in den Form Painter übernommen.

2. **Größe der Grafik anpassen**
Offensichtlich ist diese Grafik recht klein. Über das Knotenattribut AUFLÖSUNG im Abschnitt TECHNISCHE EIGENSCHAFTEN können Sie die Größe aber nachträglich anpassen. Experimentieren Sie mit den hinterlegten Auflösungen, oder wählen Sie einfach den Wert »75«. Für unser Beispielformular ist das eine passende Größe.

[»] | **Auflösung**

Die Auflösung der Grafik wird in *Dots per Inch* (dpi) angegeben. Wird der Punktabstand verringert, verteilen sich die Punkte der Grafik auf eine entsprechend größere Fläche. Die Grafik wird dann zwar größer ausgegeben, die Darstellung ist dann wegen der geringeren Auflösung aber auch gröber.

Bei einer nachträglichen Änderung der Auflösung hin zu kleineren Werten geht immer die Genauigkeit im Ausdruck verloren. Im produktiven Formular sollten Sie deshalb eine Grafik verwenden, die schon im Original eine geeignete Größe hat. Ohne die direkte Eingabe einer Auflösung bei den Knotenattributen übernimmt das System automatisch die Größe aus den Daten der Originalgrafik.

3. **Position der Grafik ändern**

Zusätzlich sollten Sie die Position der Grafik ändern, damit es zum Schluss so aussieht, wie in Abbildung 1.12 dargestellt.

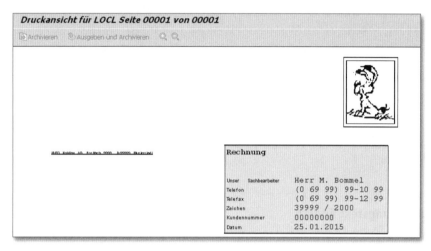

Abbildung 1.12 Druckansicht zum Formular mit Grafik

Wählen Sie dazu bei den Knotenattributen die Registerkarte AUSGABEOPTIONEN. Die Lage ist über Koordinaten zum linken und oberen Rand einstellbar. Beachten Sie, dass die Grafik bei großen Werten auch »vom Papier fallen« kann (allerdings wird Sie eine spätere Gesamtprüfung mit einer Warnung darauf hinweisen). Ändern Sie den linken Rand z. B. auf »17 cm«, den oberen Rand auf »0,5 cm«, und bestätigen Sie mit ⏎.

Zusätzlich sehen Sie bei den Knotenattributen auch die Breite und Höhe der Grafik. Beide Angaben sind vom System aufgrund der vorher gewählten Auflösung aus der Originalgröße der Grafik berechnet worden. Sie können die Werte hier also nicht direkt ändern.

Auch im Form Painter sehen Sie sofort die neue Position der Grafik, zudem können Sie die Grafik dort auch direkt per Maus verschieben. Setzen Sie dazu den Mauscursor auf das Grafikfenster, und bewegen Sie das Fenster bei gedrückter Maustaste. Jetzt ändern sich parallel dazu auch die Einträge in den Feldern der Knotenattribute.

4. **Kurzbezeichnung zum Knoten anpassen**

   Jeder Knoten hat ein Kürzel und eine Bezeichnung. Da Sie die Grafik geändert haben, passen diese Begriffe nicht mehr zum Knoten. Ändern Sie die Einträge auf GRAPHIC und LOGO; so werden die Namen der Knoten unabhängig vom konkreten Namen der Grafik. Aktivieren Sie das Formular (es wird dabei automatisch auch gesichert).

[»] | **Position der Grafik auf der Folgeseite anpassen**

Es gibt im Formular die Seite NEXT, die bei der Ausgabe des Formulars ab der zweiten Seite verwendet wird, falls die Anzahl der Flugbuchungen nicht auf die erste Seite passt. Wählen Sie auf dieser Seite ebenfalls den Grafik-Knoten an, und verschieben Sie ihn nach rechts.

Haben Sie sich darüber gewundert, dass die Grafik auf dieser Seite noch links steht, aber der Inhalt der Grafik und auch die Kurzbezeichnung des Knotens schon wie auf der Seite FIRST geändert worden sind? Das ist kein Versehen, sondern eine beabsichtigte Funktion in Smart Forms, die Sie noch häufig vorteilhaft einsetzen werden!

Rechnungstext ändern

Mit diesem Schritt erhalten Sie die Möglichkeit, die Texte der Rechnung, die vor bzw. nach der Liste der Flugbuchungen ausgegeben werden, Ihren Wünschen entsprechend anzupassen. Die Texte befinden sich zusammen mit der Tabelle der gebuchten Flüge im Fenster MAIN, dem wohl wichtigsten Fenster im Formular.

Befinden sich viele Flüge auf der Rechnung des Kunden, reicht unter Umständen der Platz auf einer Seite nicht aus. Die Formular-Prozessierung von Smart Forms erkennt diesen Umstand und eröffnet automatisch eine weitere Ausgabeseite. Diese Überprüfung erfolgt aber nur für ein einziges (und damit besonderes) Fenster im Formular, nämlich das *Hauptfenster* (in unserem Beispiel das Fenster MAIN). Diese Sonderstellung erkennen Sie am zugehörigen Knotenattribut HAUPTFENSTER auf der Registerkarte ALLGEMEINE EIGENSCHAFTEN.

Öffnen Sie, wie in Abbildung 1.13 zu sehen ist, den Knoten INTRODUCTION unterhalb von MAIN und dann die Registerkarte ALLGEMEINE EIGENSCHAFTEN bei den Knotenattributen. Über einen kleinen Texteditor können Sie hier direkt den Einleitungstext zur Rechnung ändern.

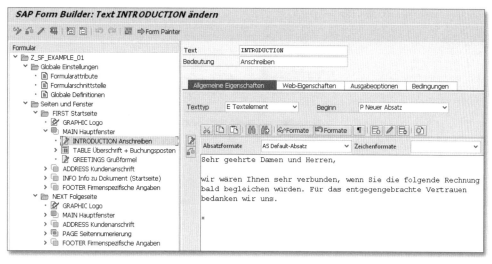

Abbildung 1.13 Texte im Hauptfenster bearbeiten

Editor [«]

In Abbildung 1.13 wird für die Bearbeitung des Textes der übliche SAP-interne Editor aufgerufen (auch als *SAPscript-Editor* bezeichnet): hier in der Version als *Inline-Editor*. Die Fullscreen-Version können Sie bei Bedarf über das Symbol 🖉 am linken Rand aufrufen. Falls sich in Ihrer SAP-Installation daraufhin Microsoft Word öffnet, beachten Sie bitte den Hinweis weiter unten.

Für die Formatierung der Texte in einem Text-Knoten stehen Absatz- und Zeichenformate zur Verfügung. Um nur ein einzelnes Wort oder Zeichen fett zu drucken, markieren Sie den entsprechenden Textteil (z. B. per Maus), und wählen Sie dann das passende Zeichenformat. Der Inline-Editor bietet Funktionen der Textbearbeitung, die Ihnen schon von gängigen Textprogrammen bekannt sein dürften und daher hier nicht näher erläutert werden müssen.

Absatz-/Zeichenformate [«]

Die hinterlegten Absatz-/Zeichenformate müssen zuvor in einem *Stil* (als *Smart Style*) definiert worden sein. Um zu sehen, welcher Stil aktuell im Formular zugeordnet ist, wählen Sie im Navigationsbaum bei den globalen Einstellungen den Knoten FORMULARATTRIBUTE und dort die Registerkarte AUSGABEOPTIONEN.

Vielleicht sieht es bei Ihnen auf dem Bildschirm schon etwas anders aus, als in Abbildung 1.13 gezeigt: Denn in aktuellen SAP-NetWeaver-Versionen ist Microsoft Word als Editor voreingestellt und wird als sogenannte *Inplace*-Anwendung aufgerufen (siehe Abbildung 1.14).

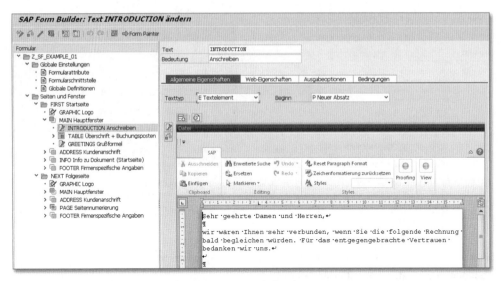

Abbildung 1.14 Text-Knoten mit MS Word als Editor

Der bisher übliche, SAP-interne Editor kann bestimmte Sonderzeichen bzw. Sprachen (z. B. Hebräisch) nicht optimal darstellen (siehe z. B. SAP-Hinweis 587150). Deshalb bietet SAP seit Einführung von Unicode die Möglichkeit, auf Microsoft Word als Editor umzustellen. Da mit diesem Wechsel aber leider auch funktionale Einschränkungen verbunden sind (siehe SAP-Hinweis 742662), werden wir weiterhin vor allem mit dem SAP-Inline-Editor arbeiten.

[»] **Microsoft Word als Standardeditor**

Seit SAP-NetWeaver-Version 7.1 ist Microsoft Word als Standardeditor voreingestellt. Um wieder zum SAP-Inline-Editor zu wechseln, müssen Sie eine Einstellung in Transaktion I18N (= Internationalisierung) ändern oder direkt Programm RSCP-SETEDITOR ausführen (über die Transaktionen SA38 oder SE38). Deaktivieren Sie dort im Bereich MS WORD ALS EDITOR das Ankreuzfeld SMART FORMS, und übernehmen Sie die Einstellung mit der Funktionstaste [F8]. Bitte beachten Sie, dass die Änderung des Editors dann für alle Anwender von Smart Forms gilt.

Doch jetzt zurück zum Inhalt des Formulars: Über den Knoten GREETINGS erreichen Sie nach gleichem Verfahren auch den Text am Ende der Rechnung.

Positionen ausgeben

Zwischen den beiden Text-Knoten INTRODUCTION und GREETINGS muss schlüssigerweise die Ausgabe der Flugbuchungen erfolgen (siehe Abbildung 1.15).

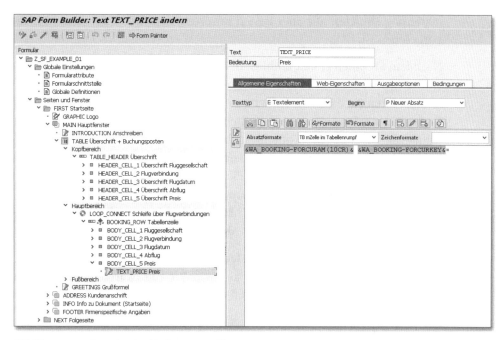

Abbildung 1.15 Ausgabe der Rechnungspositionen

Öffnen Sie den Knoten TABLE: Darunter finden Sie drei weitere, über den Typ des Knotens erzeugte Strukturelemente mit der festen Bezeichnung Kopf-, Haupt- und Fußbereich.

Wie Sie sich leicht vorstellen können, befinden sich im Kopfbereich die einzelnen Spaltenüberschriften zur Liste der Positionen. Schauen Sie sich die Sache etwas näher an:

Unterhalb des Kopfbereichs sehen Sie den Knoten TABLE_HEADER; das zugehörige Symbol ▭▭▭ soll uns zeigen, dass hier eine Zeile beschrieben wird, die aus einzelnen Spalten besteht. Folglich finden Sie darunter fünf weitere Knoten, die die auszugebenden Spaltenüberschriften als Text-Knoten enthalten. Jede Spalte wird hier also durch einen eigenen Knoten abgebildet.

Öffnen Sie z. B. den Text TEXT_HEAD_PRICE im letzten Knoten HEADER_CELL_5 und dort die Registerkarte ALLGEMEINE EIGENSCHAFTEN. Verschieben Sie den Text PREIS durch zweimaliges Betätigen der ⇥-Taste nach rechts, damit er bei der späteren Ausgabe direkt über den eigentlichen Preisangaben steht. (Vielleicht haben Sie es bei der ersten Ausgabe schon gesehen: Der Text der Überschrift war bisher zu weit links im Vergleich zur Ausgabe der konkreten Preise und Preiseinheit.) Eigentlich würde sich hier eine rechtsbündige Formatierung anbieten, die aber im Stil unseres Beispielformulars (noch) nicht vorgesehen ist.

Nachdem Sie einen ersten Einblick in die Überschriftenzeile erhalten haben, werfen wir als Nächstes einen Blick auf die Ausgabe der eigentlichen Positionen. Öffnen Sie dazu den HAUPTBEREICH unterhalb des Knotens TABLE. Dort finden Sie wieder einen neuen Knotentyp mit dem Symbol ⚙, und wie der Name LOOP_CONNECT des Knotens auch schon andeutet, wird hier eine sogenannte *Schleife* durchlaufen. Der Knotentyp sorgt also ganz selbstständig dafür, dass die Positionen unserer Flugrechnung Zeile für Zeile ausgegeben werden (wie das genau funktioniert, werden wir in Abschnitt 6.2, »Dynamische Datenausgabe«, noch ausführlich erläutern). Betrachten Sie jetzt die Spalteninhalte, z. B. für die Ausgabe des Preises je Flug:

▶ Unterhalb von LOOP_CONNECT finden Sie wieder einen Knoten mit Zeilenbeschreibung (mit Namen BOOKING_ROW). Wie zu erwarten, sind darunter wieder die Spalten der Zeile. Hier wird also die eigentliche Ausgabe der Buchungen gesteuert.

▶ Im Unterknoten BODY_COL5 erfolgt z. B. die Ausgabe des Preises mit Betrag und Währung. Wie schon bei der Ausgabe der Kundenadresse gesehen, werden dafür wieder Felder eingesetzt.

Abschluss

Zum Abschluss der Änderungen führen Sie folgende Aktivitäten durch:

1. Aktivieren Sie das Formular (es wird dabei automatisch auch gesichert).

2. Geben Sie die neue Version der Flugrechnung wieder über das Programm SF_EXAMPLE_01 aus, und achten Sie dabei auf die richtigen Angaben zum Formularnamen, beginnend mit Z_.

3. Kontrollieren Sie die Position der Grafik, die geänderten Texte und die Spaltenüberschrift bei den Positionsdaten.

Exkurs: Knoten verwalten

Bevor Sie die Formularbearbeitung verlassen, schlagen wir noch einen kleinen Exkurs vor, um Ihnen weitere Funktionen zur Pflege von Knoten zu zeigen, die in der späteren praktischen Formularentwicklung Ihr »tägliches Brot« sein werden.

Sie haben bisher schon wichtige Knotentypen wie »Seite«, »Fenster«, »Grafik« und »Text« kennengelernt. Wir haben Ihnen aber noch nicht gezeigt, wie diese Knoten verwaltet werden können (Anlegen, Ändern, Löschen etc.). Hierfür existiert im Navigationsbaum, aber auch im Form Painter ein umfassendes Kontextmenü, wie es auch an anderen Stellen im SAP-System verwendet wird ist.

Bewegen Sie die Maus in den Navigationsbaum des Form Builders, und betätigen Sie auf einem beliebigen Knoten die rechte Maustaste: Es erscheint wie in Abbildung 1.16 das Kontextmenü mit allen Verwaltungsfunktionen, die zum aktuellen Knoten möglich sind.

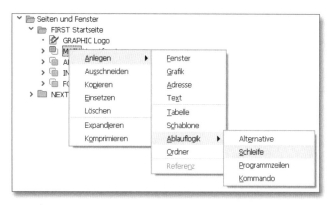

Abbildung 1.16 Funktionen zum Knoten im Kontextmenü

Hier sehen Sie eine Liste (fast) aller Knotentypen, die von Smart Forms angeboten werden. Wir werden diese Knotentypen unter anderem in Abschnitt 1.3 noch ausführlich beschreiben. Das Kontextmenü enthält immer nur die Knotentypen, die beim jeweils aktuell eingestellten Knoten als Unterknoten verwendbar sind. Abbildung 1.16 zeigt die Auswahl zum Knoten MAIN. Rufen Sie probehalber auch einmal die Liste bei einem Seite-Knoten auf (z. B. FIRST).

Im Laufe der praktischen Formularerstellung werden Sie häufig Knoten verschieben oder kopieren müssen (z. B. Text-Knoten). Anstatt die entsprechenden Funktionen im Kontextmenü zu nutzen, ist auch der direkte Weg über die Maus möglich und häufig schneller (Drag & Drop). Markieren Sie dazu den Ausgangsknoten, und ziehen Sie ihn bei gedrückter Maustaste an eine andere Stelle. Damit haben Sie den Knoten verschoben. Wenn Sie gleichzeitig die Funktionstaste ⌐Strg⌐ drücken, wird stattdessen eine Kopie an der Zielstelle erzeugt.

[»]

Elemente verschieben

Nicht jeder Knoten ist überall sinnvoll. Wenn Sie die Maus über »verbotene« Zonen des Navigationsbaums bewegen, ändert sich der Mauszeiger entsprechend.

In Einzelfällen kann der Form Builder nicht automatisch erkennen, wohin ein Knoten verschoben werden soll (z. B. unterhalb oder hinter einen vorhandenen Knoten). In diesem Fall erscheint eine zusätzliche Abfrage.

1.2.5 Eigenes Rahmenprogramm erstellen

Über unser Rahmenprogramm SF_EXAMPLE_01 haben Sie bisher alle Ausgaben anstoßen können. Da der Name des Formulars im Selektionsbild als Parameter abgefragt wird, konnten Sie auch das neue, kopierte Beispielformular von dort aufrufen.

Dieses Vorgehen zeigt, dass ein Rahmenprogramm die Ausgabe unterschiedlicher Formulare veranlassen kann. Die einzige Bedingung hierfür ist, dass die verwendeten Formulare ähnliche Daten verwenden, damit diese vom Rahmenprogramm sinnvoll zur Verfügung gestellt werden können. Da wir bisher nur ein Formular kopiert haben, ist die Bedingung in diesem Fall erfüllt.

Es ist vielleicht noch etwas störend, dass die Vorbelegung des Formularnamens bisher immer geändert werden musste, denn diese Vorbelegung ist im Rahmenprogramm fest hinterlegt. Da später ohnehin noch Änderungen am Rahmenprogramm vorgesehen sind, nehmen wir die Vorbelegung des Namens als Anlass, um schon jetzt ein individuelles Rahmenprogramm für die Formularausgabe zu erzeugen. Auch dies erfolgt üblicherweise als Kopie eines vorhandenen Rahmenprogramms. Dieses kopierte Rahmenprogramm können Sie dann nach Belieben ändern.

Schritte zum individuellen Programm

Für die Programmerstellung ist der *ABAP Editor* der Entwicklungsumgebung zuständig. Sie finden das Werkzeug im SAP-Menü unter WERKZEUGE • ABAP WORKBENCH • ENTWICKLUNG • ABAP EDITOR (Transaktion SE38).

Wählen Sie im Einstiegsbild den Namen des SAP-Musterprogramms und dann die Kopierfunktion über PROGRAMM • KOPIEREN. Unser Vorschlag zum Namen des Zielprogramms ist Z_SF_EXAMPLE_01 (siehe Abbildung 1.17).

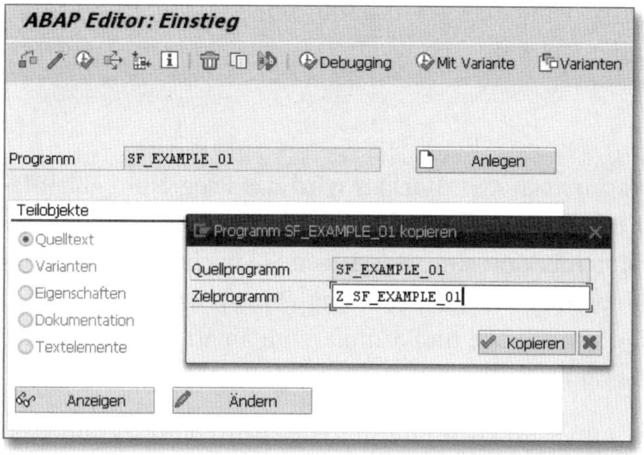

Abbildung 1.17 Programm über den ABAP Editor kopieren

Es folgt eine weitere Abfrage, wie in Abbildung 1.18 zu sehen ist. Das Programm enthält bisher keine weiteren eigenständigen Objekte. Gehen Sie deshalb weiter über den Button KOPIEREN. Abschließend erfolgt wieder die Abfrage zum Objektkatalogeintrag, die Sie schon von der Kopierfunktion zum Formular kennen (siehe Abbildung 1.10). Sie sollten auch dieses neue Programm nur als *lokales Objekt* verwenden (Paket $TMP).

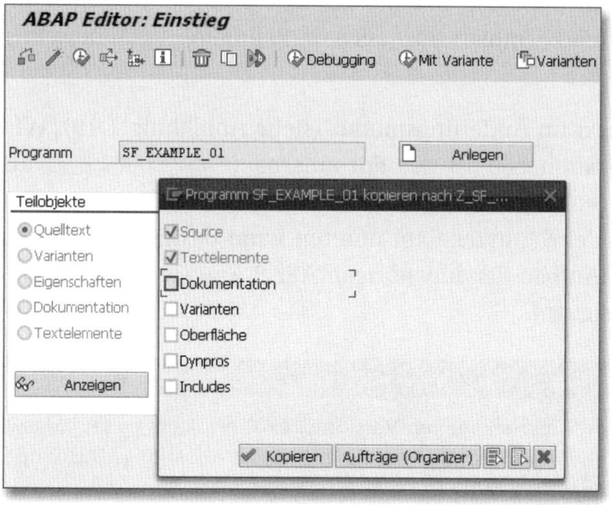

Abbildung 1.18 Optionen zur Programmkopie

Erst jetzt wird die Kopie endgültig erzeugt (siehe Hinweis in der Statuszeile am unteren Bildschirmrand). Das neu erstellte Programm wird sofort in das Eröffnungsbild der Transaktion übernommen. Prüfen Sie das Programm über das gleiche Symbol 🔁 wie unter Verwendung von Smart Forms. Es sollten keine Fehler gemeldet werden.

Programm starten

Über den Menüpfad PROGRAMM • AKTIVIEREN wird das Programm ablauffähig. Je nach Situation folgt ein weiteres Abfragebild, in dem die aktuellen Programmteile aber schon markiert sind. Bestätigen Sie nochmals; in der Statuszeile erscheint jetzt abschließend die Meldung OBJEKT WURDE AKTIVIERT. Eine Aktivierung muss – ähnlich wie im Formular von Smart Forms – immer erfolgen, wenn ein Programm neu angelegt oder geändert wurde.

Sie befinden sich noch immer im Eröffnungsbild des ABAP Editors und können das neue Programm auch direkt von hier ausführen (statt über Transaktion SA38, die wir bisher immer aufgerufen haben). Wählen Sie dazu PROGRAMM • AUSFÜHREN. Denken Sie bei der Wahl der Selektionsparameter an das richtige Formular (jetzt also wieder mit Z_ am Anfang). Das Ergebnis wird das gleiche sein wie bei dem letzten Versuch zur Ausgabe.

Erste Änderung am Quellcode

Kehren Sie zum Eröffnungsbild des ABAP Editors zurück. Sie sollen nun zum ersten Mal Quelltext aufrufen und bearbeiten. Es bietet sich natürlich an, den Namen des kopierten Formulars jetzt auch im Rahmenprogramm richtig vorzugeben.

Öffnen Sie den Quelltext im Änderungsmodus (siehe Abbildung 1.19). Wie Sie sehen, ist in Programmzeile 13 der Formularname SF_EXAMPLE_01 als Vorbelegung eingetragen. Die aktuelle Zeilennummer der Cursorposition wird als Hilfe auch in der Statuszeile am unteren Rand des Editor-Fensters angezeigt. Der genaue Aufbau der zugehörigen ABAP-Anweisung ist an dieser Stelle noch nicht relevant.

[»] | **Versionen des ABAP Editors**

Da auch der ABAP Editor in verschiedenen Versionen existiert, kann es sein, dass bei Ihnen die Anzeige etwas anders aussieht als in unserer Abbildung. Das wird aber nicht weiter von Bedeutung sein.

Schreiben Sie den neuen Formularnamen (z. B. Z_SF_EXAMPLE_01) zwischen die Hochkommata. Aktivieren Sie nochmals das Programm, und führen Sie es testweise erneut aus. Jetzt sollte im Selektionsbild der richtige Formularname vorgegeben sein.

```
ABAP Editor: Report Z_SF_EXAMPLE_01 ändern

⇦ ⇨  🔧 🔧 📋 ⊚  🔧 ✏ 🔧 🔧  🔧 🔧 ▭ i  🔧 🔧  Muster    Pretty Printer

Report        Z_SF_EXAMPLE_01                    inaktiv

  1  ⊟ *----------------------------------------------------------------*
  2    *       Report SF_EXAMPLE_01                                     *
  3    *----------------------------------------------------------------*
  4    *       Printing of documents using Smart Forms                  *
  5  └ *----------------------------------------------------------------*
  6    report z_sf_example_01.
  7
  8    data: carr_id type sbook-carrid,
  9          fm_name type rs381_fnam.
 10
 11    parameter:      p_custid type scustom-id default 1.
 12    select-options: s_carrid for carr_id     default 'LH' to 'LH'.
 13    parameter:      p_form  type tdsfname    default 'SF_EXAMPLE_01'.|
 14
 15    data: customer   type scustom,
 16          bookings   type ty_bookings,
 17          connections type ty_connections.
 18
 19    * get data
 20      select single * from scustom into customer where id = p_custid.
```

Abbildung 1.19 Formularnamen im Rahmenprogramm ändern

Das war es auch schon: Sie haben Ihr erstes eigenes Programm angelegt und geändert. Das neue Programm ist jetzt natürlich auch vom üblichen Reporting unter der Transaktion SA38 ausführbar.

1.3   Knotentypen in der Übersicht

Im vorangegangenen Abschnitt haben Sie Smart Forms über einen praktischen Einstieg kennengelernt. Sie haben gesehen, wie ein Formular im Form Builder über einen Navigationsbaum abgebildet wird. Jeder Zweig dieses Baums besteht aus beliebig vielen einzelnen Knoten, deren Attribute das Formular komplett beschreiben. Je nach gewünschter Aufgabe im Formular muss der zugehörige Knoten einen bestimmten Typ haben.

Der Navigationsbaum jedes Formulars besitzt zwei Wurzelknoten, die bei Neuanlage des Formulars automatisch angelegt werden:

▶ Der Zweig GLOBALE EINSTELLUNGEN enthält immer die Unterknoten FORMULARATTRIBUTE, FORMULARSCHNITTSTELLE und GLOBALE DEFINITIONEN, über die Sie übergreifende Attribute und Einstellungen pflegen.

▶ Im Zweig SEITEN UND FENSTER erstellen Sie die Seiten des Formulars mit allen erforderlichen Elementen als Unterknoten. Über deren Anordnung in der Gesamtstruktur »erkennt« Smart Forms auch die Reihenfolge, in der die Knoten bei der Ausgabe abgearbeitet werden sollen. Auf erster Ebene können Sie nur Seite-Knoten anlegen, darunter wiederum nur Fenster bzw. andere Knotentypen, die Eigenschaften eines Fensters annehmen können (Grafik, Adresse).

[»] | **Zweig »Globale Einstellungen«**

In den folgenden Buchkapiteln werden wir noch häufig auf die Unterknoten FORMULARATTRIBUTE, FORMULARSCHNITTSTELLE und GLOBALE DEFINITIONEN zurückkommen. Diese Knoten sind immer vorhanden; der Zugang erfolgt über den Zweig GLOBALE EINSTELLUNGEN.

Alle anderen Knoten, die zur Gestaltung des Formulars eingefügt werden, befinden sich unter dem Zweig SEITEN UND FENSTER. Wir wollen auch dies zukünftig nicht jedes Mal ausdrücklich erwähnen, wenn wir den Aufruf eines untergeordneten Knotens beschreiben.

Aus den bisherigen Ausführungen konnten Sie erschließen, dass neben dem Knotentyp auch die Positionierung der Knoten im Navigationsbaum entscheidenden Einfluss auf die Ausgabe hat. Da die Knoten innerhalb eines Zweigs Einfluss aufeinander haben, kann nicht jeder Knoten alle anderen Knoten als Unterknoten haben. Wir haben deshalb in Tabelle 1.1 zu allen Knotentypen nicht nur ihre Bedeutung, sondern auch die Typen der möglichen Unterknoten aufgelistet.

Knotentyp	Bedeutung	Mögliche Unterknoten
Knotentypen mit Layouteigenschaften (Layout-Knoten)		
Seite	Entwurfsseite des Formulars	Fenster-, Grafik- und Adresse-Knoten
Fenster	Ausgabebereich auf einer Seite; unterschieden nach Haupt-, Neben-, Kopien- und Abschlussfenster	Alle, bis auf Fenster- und Seite-Knoten
Schablone	Ausgabe einer statischen Tabelle	Alle, bis auf Fenster- und Seite-Knoten
Tabelle	Ausgabe einer dynamischen Tabelle mit beliebig vielen Anwendungsdaten	Alle, bis auf Fenster- und Seite-Knoten
Elementare Knoten (ohne Unterknoten)		
Text	Mit Ausnahme von Adressen werden alle Texte und Daten über diesen Knotentyp ausgegeben.	Keine

Tabelle 1.1 Übersicht der Knotentypen

Knotentyp	Bedeutung	Mögliche Unterknoten
Grafik	Platzieren von Grafiken im Formular (zusätzlich ein Hintergrundbild als direktes Attribut je Seite-Knoten)	Keine
Adresse	Einbinden einer Adresse; die Adressdaten werden dabei direkt aus Datenbanktabellen eingelesen und für die Druckausgabe aufbereitet.	Keine
Ablaufsteuerung		
Kommando	Sonderfunktionen wie SPRUNG AUF NEUE SEITE, RÜCKSETZEN ABSATZ-NUMMERIERUNG oder AUSGABE BESONDERER BEFEHLE ZUR DRUCKERSTEUERUNG	Keine
Schleife	Ermöglicht die wiederholte Abarbeitung aller Unterknoten; abhängig von der Anzahl an Datensätzen in einer internen Tabelle	Alle, bis auf Fenster- und Seite-Knoten
Tabelle	Dynamische Datenausgabe wie »Schleife«, zusätzlich mit Vorgaben zur Formatierung über Ausgabetabellen	Alle, bis auf Fenster- und Seite-Knoten
Alternative	Abhängig von einer Bedingung verzweigen	Direkte Unterknoten sind automatisch die Ereignis-Knoten TRUE und FALSE. Diese können alle Unterknoten, bis auf Fenster- und Seite-Knoten, haben.
Sonstige Knoten		
Ordner	Unterknoten organisatorisch zu Einheiten zusammenfassen	Alle, bis auf Fenster- und Seite-Knoten
Komplexer Abschnitt	Kann wahlweise einen Knotentyp »Schablone«, »Tabelle«, »Schleife« oder »Ordner« simulieren (nicht mehr verwenden)	Abhängig vom Modus der Simulation
Programmzeilen	ABAP-Programmcode z. B. als Konvertierungsroutinen	Keine

Tabelle 1.1 Übersicht der Knotentypen (Forts.)

Die Attribute der angelegten Knoten werden über mindestens drei Registerkarten beschrieben, die fast immer gleich lauten und sich nur teilweise im Inhalt der abgefragten Attribute unterscheiden:

- **Registerkarte »Allgemeine Eigenschaften«**
  Die erste Registerkarte beschreibt individuell den Inhalt oder die Bedeutung des Knotens. Der Aufbau der Registerkarte hängt stark vom Knotentyp ab. Einzelne Knotentypen verwenden allerdings statt ALLGEMEINE EIGENSCHAFTEN eine andere Bezeichnung für die Registerkarte.

- **Registerkarte »Ausgabeoptionen«**
  Diese Registerkarte beschreibt Attribute wie Position, Stil, Rahmen und Schattierung. Hier können Sie also z. B. einen Rahmen und eine Schattierung zum zugehörigen Knoten festlegen (einzige Ausnahmen hierbei sind Seite- und Programm-Knoten). Knotentypen, bei denen Textausgaben eine Rolle spielen, haben zudem das Attribut STIL (Text-Knoten, aber z. B. auch Schablone-Knoten). Eine Angabe zu diesem Attribut übersteuert den für das Formular zentral eingestellten Stil (für den jeweiligen Zweig).

  Je nachdem, wo ein Knoten eingefügt wird, hat er zusätzliche Ausgabeoptionen, z. B. wenn die Ausgabe über Zellen einer Schablone oder eine Ausgabetabelle erfolgt.

- **Registerkarte »Bedingungen«**
  Die Registerkarte ermöglicht es, Knoten nur unter bestimmten Bedingungen auszuführen. Es ist die schnellste Form, um eine individuelle Ablaufsteuerung zu erzeugen. (Dies ist bei allen Knotentypen möglich, mit Ausnahme des Seite-Knotens.)

Bei Text-Knoten gibt es eine weitere Registerkarte, WEB-EIGENSCHAFTEN, die wir bisher noch nicht angesprochen haben: Hier können Sie Attribute vergeben, die für den Einsatz von Smart Forms bei interaktiven Web-Formularen relevant sind. Solche Anwendungen sind aber nicht Inhalt der aktuellen Buchausgabe (wie schon in der Einleitung erläutert). Folglich wollen wir auch nicht auf diese speziellen Attribute eingehen und verweisen stattdessen auf die SAP-Bibliothek.

*Um Formulare unter Verwendung der Smart-Forms-Technologie zu
entwickeln, müssen Sie die entsprechenden Werkzeuge kennen. Auch
wenn die meisten davon auf den ersten Blick intuitiv bedienbar sind,
gibt es doch verschiedene Tipps und Tricks, die Ihnen das Leben
erleichtern. Werfen Sie einen Blick in die Werkzeugkiste.*

2   Werkzeuge

Zunächst geben wir Ihnen eine kurze Übersicht zu den generellen Werkzeugen, die zu Smart Forms gehören und die wir im Folgenden vorstellen wollen.

Beginnen wollen wir mit dem *Style Builder*, mit dem Sie grundlegende Formatierungen festlegen, die über mehrere Formulare hinweg gleich sein können (z. B. die verwendeten Schriften, Schriftgrößen und Abstände). Er spiegelt somit die Gestaltungsrichtlinien des Unternehmens wider. Die
Festlegung erfolgt über Absatzformate und Zeichenformate (also angelehnt
an sonstige Textverarbeitungsprogramme).

Zentrales Werkzeug für den Entwurf des eigentlichen Formulars ist der *Form
Builder*. Damit erstellen Sie grafisch das Layout des Formulars, und Sie legen
auch fest, wie und wo z. B. Texte und Grafiken im Formular ausgegeben werden. Zahlreiche Hilfsfunktionen unterstützen Sie beim Entwurf bzw. Test.

Der Form Builder enthält als weitere Werkzeuge den *Form Painter* für die
grafische Anzeige und Gestaltung des Seitenlayouts sowie den *Table Painter*
für den Entwurf von Tabellen und Schablonen.

2.1   Übersicht

Sie erreichen die Grundwerkzeuge der Formularbearbeitung über das SAP-
Easy-Access-Menü WERKZEUGE • FORMULARDRUCK. Abbildung 2.1 zeigt die
Einträge der zugeordneten Transaktionen und Bereichsmenüs.

Für den Zugriff auf Formulare, Stile und Textbausteine verwenden wir in
diesem Buch immer die zentrale Transaktion SMARTFORMS. Der Zugang

über die Transaktion SMARTSTYLES bietet einen eigenständigen Zugriff auf Stile, ansonsten gibt es aber keine inhaltlichen Unterschiede.

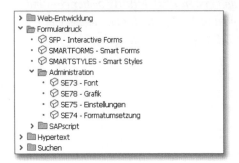

Abbildung 2.1 Bereichsmenü zum Formulardruck

Über das Bereichsmenü ADMINISTRATION haben Sie Zugriff auf folgende Transaktionen. Diese erreichen Sie natürlich auch direkt über die Eingabe der entsprechenden Transaktionscodes:

▸ **Font (Transaktion SE73)**
Hierüber erreichen Sie die Fontverwaltung der SAP-Druckausgabe. Dort steuern Sie u. a. die Einbindung von Soft-Fonts und Druckbarcodes, die dann über Print Controls im Formular angesprochen werden können. Für die Einrichtung dieser Elemente sind grundlegende Druckerkenntnisse sinnvoll (siehe Abschnitt 10.9, »Druck- und Spoolsystem«).

▸ **Grafik (Transaktion SE78)**
In ein Formular können Rastergrafiken (Bilder) eingebunden werden, wenn diese im Datenbanksystem vorhanden sind. Da im SAP-System keine eigene Transaktion zur Bearbeitung von Rastergrafiken enthalten ist, kann dies nur durch Einlesen vom lokalen Arbeitsplatz erfolgen (siehe Abschnitt 10.1, »Grafikverwaltung«).

▸ **Einstellungen (Transaktion SE75)**
Alle Grafiken und SAPscript-Texte werden über Merkmale (Objekt-Nr., ID) klassifiziert, wenn sie in den SAP-Datenbanktabellen abgelegt werden. Diese Merkmale müssen zunächst im System angelegt sein. Dies ist eine Aufgabe, die kaum in der normalen Smart-Forms-Entwicklung, sondern eher in der Basis-Administration anzusiedeln ist.

▸ **Formatumsetzung (Transaktion SE74)**
Diese Funktion ist nur im Rahmen der Entwicklung von SAPscript-Formularen relevant.

Das Bereichsmenü SAPSCRIPT enthält die Transaktionen zur Erstellung von Formularen unter SAPscript. Hier pflegen Sie auch SAPscript-Standardtexte. Diese haben eine ähnliche Bedeutung wie die Smart-Forms-Textbausteine und können auch in Smart-Forms-Formulare eingebunden werden.

Der übliche Weg zur Arbeit mit Smart Forms führt über die gleichnamige Transaktion (SMARTFORMS), Abbildung 2.2 zeigt das entsprechende Eröffnungsbild. Sie bearbeiten von dort Formulare, Stile oder Textbausteine. Jede Komponente ist durch einen Namen mit maximal 30 Zeichen identifiziert.

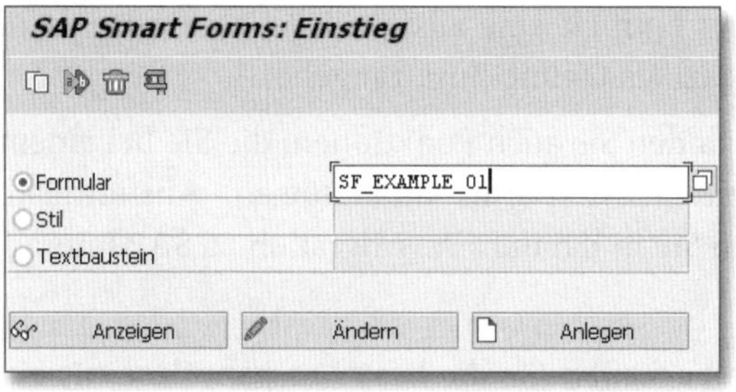

Abbildung 2.2 Eröffnungsbild von Smart Forms

Neben den Standardfunktionen für ANZEIGEN, ÄNDERN und ANLEGEN finden Sie im Eröffnungsbild auch Menüeinträge zu Sonderfunktionen wie KOPIE-REN, UMBENENNEN und LÖSCHEN. Beachten Sie, dass ein Formular oder Stil nach einer Umbenennung erneut aktiviert werden muss.

Über einen Transportauftrag kann ein aktiviertes Formular in weitere SAP-Systeme übertragen werden. Bei diesem Transport wird der zugehörige Funktionsbaustein nicht mit übertragen, er muss im Zielsystem erneut erzeugt werden. Dazu wählen Sie den Menüpfad SMART FORMS • GENERIE-REN. Der neu erzeugte Funktionsbaustein besitzt dann auch einen anderen Namen als im Quellsystem.

Generierung Funktionsbaustein zum Formular [«]

Bei der ersten Ausgabe des Formulars im Zielsystem wird auch der zugehörige Funktionsbaustein dort generiert. Direkt nach einem Transport werden Sie also eventuell noch keinen Funktionsbaustein finden.

Damit ein Formular überhaupt in einen Transportauftrag aufgenommen werden kann, müssen bestimmte Eigenschaften hinterlegt sein. Diese Eigenschaften finden Sie unter dem Menüpfad SPRINGEN • OBJEKTKATALOGEINTRAG.

Sie können dort z. B. auch das *Paket* ändern (frühere Bezeichnung dafür war *Entwicklungsklasse*).

Beachten Sie hier auch die Sonderfunktionen, die über den Menüpunkt HILFSMITTEL zur Verfügung stehen:

▶ Sie können dort Formulare, Stile oder Textbausteine als XML-Datei exportieren (herunterladen) und in einem anderen System wieder hochladen.

▶ Es stehen rudimentäre Funktionen für die Migration von SAPscript-Formularen und entsprechenden Stilen zur Verfügung. Bei Interesse: Die erste Auflage unseres Buches enthielt eine ausführliche Anleitung dazu. Sie finden diese Anleitung jetzt als Online-Zusatzangebot.

▶ Im Menüpunkt MIGRATION finden Sie auch Funktionen, die Sie bei einem möglichen Übergang zu Interactive Forms unterstützen. Ausführliche Informationen hierzu finden Sie in Kapitel 13, »Migration zu SAP Interactive Forms by Adobe«.

Über geeignete Formatvorlagen schaffen Sie die beste Ausgangslage für ein individuelles Formular mit Stil. Darum möchten wir Ihnen zunächst, bevor wir näher auf den *Form Builder,* das zentrale Werkzeug zur Formularbearbeitung, eingehen, einige Informationen zum *Style Builder* geben.

2.2   Style Builder

In einem Stil (*Smart Style*) definieren Sie Absatz- und Zeichenformate, die Sie dann in einem Smart-Forms-Formular zur Formatierung von Texten und Feldern verwenden können. Das zugehörige Werkzeug – den *Style Builder* – wollen wir Ihnen auf den nächsten Seiten vorstellen. Den Abschluss bildet wieder eine Übung, in der Sie auch grundlegende Formate für die Übungsbeispiele in späteren Kapiteln einrichten können.

2.2.1   Übersicht

Die im Stil enthaltenen Formate können in verschiedenen Formularen eingesetzt werden. Änderungen im Stil werden bei der nächsten Ausgabe eines Formulars, in dem dieser Stil verwendet wird, automatisch übernommen. Das Formular selbst muss also nicht mehr überarbeitet werden. Die Verwendung dieser zentralen Stile vereinfacht also das Formulardesign und unterstützt Sie gleichzeitig dabei, Vorgaben zur Corporate Identity des Unternehmens zu erfüllen.

Innerhalb des Formulars kann der Verweis auf den verwendeten Stil in verschiedenen Knoten erfolgen (jeweils auf der Registerkarte AUSGABEOPTIONEN):

▶ Eine übergeordnete Zuweisung für das gesamte Formular erfolgt im Knoten FORMULARATTRIBUTE.

▶ Durch Zuordnung zu einem Knotentyp mit Layoutvorgaben (z. B. Schablone) kann ein ganzer Zweig im Navigationsbaum mit einem abweichenden Stil versehen werden.

▶ Letztlich kann auch der Knoten des Ausgabeelements selbst mit einem eigenen Stil versehen werden (z. B. Adress- oder Text-Knoten).

Ein Stil umfasst Folgendes:

▶ Kopfdaten mit den Defaultwerten des Stils

▶ Absatzformate inkl. Einzüge und Abstände, Schriftattribute (z. B. fett oder unterstrichen), Tabulatoren sowie Nummerierung und Gliederung

▶ Zeichenformate inkl. Effekte (hochgestellt, tiefgestellt), Farben, Barcode und Schriftattribute

Anweisungen in Absatzformaten beziehen sich immer auf einen gesamten Textabsatz. Sollen innerhalb eines solchen Absatzes einzelne Zeichen anders formatiert werden, erfolgt dies über die Zeichenformate. Dieses Vorgehen dürfte Ihnen aus den gängigen Textverarbeitungsprogrammen bekannt sein und soll deshalb hier auch nicht weiter erläutert werden.

Nur ein Stil mit dem Status AKTIV kann in ein Formular eingebunden werden. Dazu muss der Stil unmittelbar aktiviert werden. Bei dieser Aktivierung überprüft das System den Stil auf Fehler hin und gibt gegebenenfalls eine Fehlerliste aus.

2.2.2 Funktionen

Den *Style Builder* rufen Sie entweder über das Smart-Forms-Einstiegsbild oder direkt über die Transaktion SMARTSTYLES im SAP-Menüpfad WERKZEUGE • FORMULARDRUCK auf. Wählen Sie den Stil SF_STYPE_01 und danach den Button ANZEIGEN.

Abbildung 2.3 zeigt das Bearbeitungsbild des Style Builders mit folgenden Elementen:

▶ Links finden Sie als Navigationshilfe einen Navigationsbaum (den *Stilbaum*), der auf oberster Ebene immer die drei festen Knoten KOPFDATEN,

ABSATZFORMATE und ZEICHENFORMATE enthält. Auf die Inhalte dieser Knotentypen gehen wir in den folgenden Abschnitten ausführlich ein.

▶ Rechts finden Sie auf den entsprechenden Registerkarten die Attribute zum ausgewählten Knoten (Abbildung 2.3 zeigt z. B. die Registerkarte STANDARDEINSTELLUNGEN zum Knoten KOPFDATEN).

▶ Unten rechts finden Sie eine VORSCHAU auf die Formatierung (z. B. Schriftart), die im aktuellen Format eingestellt ist.

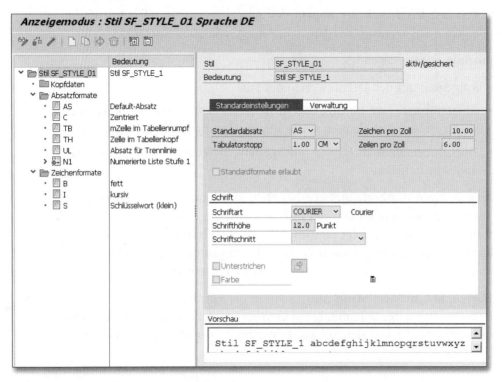

Abbildung 2.3 Bearbeitungsbild im Style Builder

Alle Bearbeitungsfunktionen zu einem Knoten (Anlegen, Kopieren, Löschen etc.) sind über das Kontextmenü (also durch Klick mit der rechten Maustaste) zu diesem Knoten erreichbar.

Abbildung 2.3 zeigt den gewählten Stil aber bisher nur im Anzeigemodus. Der Grund hierfür ist einfach: Der verwendete Stil wurde von SAP ausgeliefert und gepflegt. Sie sollten deshalb keine Änderungen daran vornehmen. Wenn Sie diesen Stil dennoch verändern möchten, können Sie ihn in den Kundennamensraum kopieren und diese Kopie, also einen neuen Stil, nach eigenen Vorstellungen erweitern.

2.2.3 Eigenen Stil durch Kopie erstellen

Um einen neuen Stil durch eine Kopie zu erstellen, wählen Sie wieder das allgemeine Einstiegsbild zu Smart Forms. Quelle der Kopie soll der bisher verwendete Stil sein.

Markieren Sie das Eingabefeld für Stile, und wählen Sie den Namen wie in Abbildung 2.4 gezeigt. Die Kopierfunktion erreichen Sie über den Menüpfad SMART STYLES • KOPIEREN oder über das Symbol □ in der Symbolleiste.

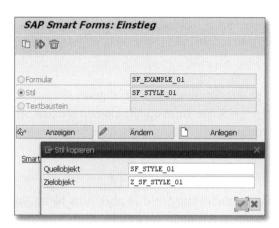

Abbildung 2.4 Stil kopieren

Das Feld QUELLOBJEKT wird vom System gefüllt. Wählen Sie das Ziel wieder im Kundennamensraum (beginnend mit Y oder Z). Nehmen Sie nach Möglichkeit unser Beispiel, denn diesen Namen werden wir noch häufiger verwenden.

Es folgt die schon bekannte Abfrage zum Paket: Wählen Sie wieder $TMP oder den Button LOKALES OBJEKT. Daraufhin wird die Kopie erzeugt und auch gleich in das Einstiegsbild übernommen.

Der neue Stil kann noch nicht verwendet werden, da er zunächst wie ein Formular aktiviert werden muss. Öffnen Sie den Stil über den Menüpfad SMART STYLES • ÄNDERN oder den entsprechenden Button. Wählen Sie dann im Bearbeitungsbild des Style Builders STIL • AKTIVIEREN.

Stil ins Formular einbinden

Um den neuen Stil zukünftig auch in unserer Flugrechnung verwenden zu können, muss dort die Zuweisung geändert werden:

1. Öffnen Sie deshalb das Beispielformular Z_SF_EXAMPLE_01 zur Flugrechnung.

2. Wählen Sie bei den Formularattributen die Registerkarte AUSGABEOPTIONEN, und ändern Sie dort den Stil auf den neuen Eintrag.

3. Aktivieren Sie anschließend das Formular, und testen Sie es wie in Kapitel 1, »Schnelleinstieg«, beschrieben (z. B. über viermaliges Betätigen der Funktionstaste F8).

[+] | **Stil lässt sich nicht in ein Formular übernehmen**

Wenn Sie einen neuen Stil angelegt haben, er sich aber trotzdem nicht in das Eingabefeld des Formulars übernehmen lässt, dann haben Sie vermutlich doch vergessen, den Stil zu aktivieren.

Wenn Sie den Stil zusätzlich auf untergeordneten Knoten zugewiesen haben, was eigentlich nur bei abweichenden Stilen sinnvoll ist, müssen Sie den Stil auch in diesen Knoten einzeln ändern.

Namen des Stils ändern

Sie können einen Stil auch umbenennen. Tun Sie dies aber nur, wenn Sie ganz sicher sind, dass der Stil in keinem Formular verwendet wird, bzw. stellen Sie zumindest nach einer Änderung sicher, dass auch alle Verweise in den anderen relevanten Formularen geändert werden.

Enthält ein Formular nämlich noch Einträge zu einem solchen verwaisten Namen, wird dies von der Formular-Gesamtprüfung nicht erkannt. Die Ausgabe des Formulars wird abgebrochen, aber die dann erzeugte Fehlermeldung wird wahrscheinlich kaum zur Ursachenfindung beitragen.

[»] | **Kürzel eines Formats nachträglich ändern**

Der Style Builder kennt keinen Verwendungsnachweis für Formate: Sie erhalten also keinen Hinweis, in welchem Formular ein Absatz- oder Zeichenformat bereits verwendet wird. Wenn Sie das Kürzel eines Formats nachträglich wieder ändern, bleiben eventuell betroffene Formulare weiter ausführbar: Allerdings erfolgen die betreffenden Formatierungen dann eher zufällig (es wird ein beliebiges anderes Format verwendet). Bei einer Gesamtprüfung im jeweiligen Formular werden die betreffenden Textstellen aber gefunden und aufgelistet.

Auf Basis des neuen Stils, den Sie soeben angelegt haben, stellen wir in den folgenden Abschnitten die wichtigsten Inhalte eines Stils vor. Sie können als abschließende Übung auch neue Formate anlegen, die später noch für Formatierungen in Text-Knoten benötigt werden.

2.2.4 Kopfdaten des Stils

Unter dem Knoten KOPFDATEN finden Sie im Style Builder übergreifende Vorgabewerte des jeweiligen Stils (siehe Abbildung 2.3).

Öffnen Sie die Registerkarte STANDARDEINSTELLUNGEN. Auf die hier verzeichneten Attribute wird das System immer zurückgreifen, wenn Sie in den eigentlichen Absatz- und Zeichenformaten keine individuellen Werte angeben. Zu finden sind hier die folgenden Standardvorgaben:

- **Feld »Standardabsatz«**
  Bei Neuanlage eines Text-Knotens im Formular wird immer und automatisch ein Standardabsatz zugewiesen; der zugehörige Eintrag im Text-Knoten lautet `Default-Absatz`. Über die Zuweisung des Standardformats bei den Kopfdaten des hinterlegten Stils ermittelt Smart Forms, welches konkrete Absatzformat angewendet werden soll.

  In Abbildung 2.3 ist AS als Standardabsatz zugewiesen. Zur Auswahl stehen alle im Stil bereits eingetragenen Formate. Die Zuweisung kann folglich auch erst erfolgen, wenn das gewünschte echte Absatzformat bereits im Stil vorhanden ist.

- **Feld »Tabulatorstopp«**
  Diesen Tabulatoren-Abstand verwendet Smart Forms, wenn keine Tabulatoren im Absatzformat definiert sind.

- **Bereich »Schrift«**
  Hierzu gehören Schriftart, Schriftgrad (Höhe), Schriftschnitt (fett/kursiv) sowie die Merkmale »unterstrichen« und »Farbe«.

- **Felder »Zeichen pro Zoll« und »Zeilen pro Zoll«**
  Diese Angaben werden benötigt, falls Sie im Stil Maßangaben in den Maßeinheiten CH (Zeichen) oder LN (Zeilen) verwenden möchten (z. B. für Ränder oder Einzüge). Die Definitionen der Maßeinheiten gelten dann nur für den Stil und nicht etwa in einem Formular. Dort können bei den Formularattributen eigene Definitionen vorgenommen werden.

Maßangaben   [«]

Verwenden Sie im Stil und im Formular die gleichen Definitionen, falls Sie mit CH und LN arbeiten wollen; ansonsten werden diese Maßeinheiten noch unübersichtlicher (wir kommen bei den Bearbeitungsfunktionen zum Form Builder in Abschnitt 2.3.1 noch darauf zurück). Ohne besonderen Grund sollten Sie die Systemvorgaben ohnehin nicht ändern, weil darauf auch die gängigen Drucker eingestellt sind.

2.2.5 Absatzformate pflegen

Ein Absatzformat enthält u. a. Informationen über Einzüge, Abstände, Schrifteinstellungen, Farbe des Textes und über Tabulatoren. Im Formular können Sie ein Absatzformat beliebig oft für die Formatierung von Texten oder Feldern einsetzen.

Viele der Angaben im Absatzformat (siehe Abbildung 2.5) sind in gleicher oder ähnlicher Form auch in gängigen Textverarbeitungsprogrammen üblich. Deshalb beschränken wir uns hier teilweise auf Kurzdarstellungen. Absatzformate können Sie auch zur Abbildung von gegliederten Textstrukturen verwenden (Nummerierungen und Gliederungen). Dieser Fall ist etwas komplexer, wir werden deshalb auch ausführlicher darauf eingehen.

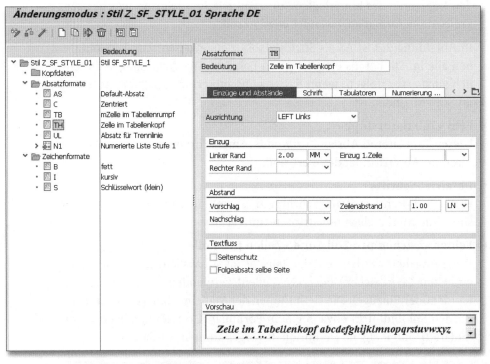

Abbildung 2.5 Absatzformat im Style Builder

In einem Stil können beliebig viele Absatzformate enthalten sein. Verwenden Sie für die Neuanlage wieder die Kopierfunktion. Suchen Sie dazu ein Format mit ähnlichen Eigenschaften: Positionieren Sie die Maus auf den entsprechenden Eintrag im Baum, und wählen Sie im Kontextmenü KOPIEREN. Vergeben Sie danach ein neues, zweistelliges Namenskürzel. Nach Bestätigung der Eingabe wird das neue Absatzformat an die Liste der bisherigen Absatzformate angefügt (siehe TH – ZEILE IM TABELLENKOPF in Abbildung 2.5).

Ränder und Abstände

Abbildung 2.6 zeigt die Angaben zu Rändern beispielhaft anhand von zwei Absatzformaten (A1 und A2).

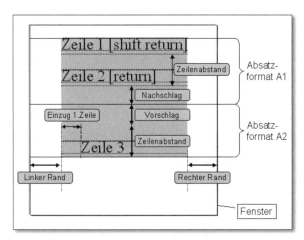

Abbildung 2.6 Eigenschaften im Absatzformat

Die Attribute zum Absatzformat haben folgende Bedeutung:

► **Ausrichtung**
Das Feld AUSRICHTUNG bestimmt die Orientierung des Textes im Absatz (links, zentriert, rechts oder Blocksatz).

► **Linker/Rechter Rand**
Diese Angaben im Bereich EINZUG bestimmen den Abstand zu den Rändern des Ausgabebereichs, dem der betreffende Text-Knoten zugeordnet ist (Fenster, gegebenenfalls auch Zelle einer Schablone/Ausgabetabelle).

► **Einzug (erste Zeile)**
Hiermit ist der Abstand des Textes zum linken bzw. rechten Rand gemeint. Die erste Zeile kann gegebenenfalls einen abweichenden Einzug haben. Dabei sind auch negative Werte möglich, die erste Zeile beginnt dann früher als der Rest des Absatzes.

► **Abstände**
Hiermit ist die Höhe des Zwischenraums zum vorherigen bzw. folgenden Absatz (Vorschlag/Nachschlag) gemeint. Das Feld ZEILENABSTAND

bestimmt den Zeilenabstand im aktuellen Absatz (siehe auch Hinweis zum Zeilenabstand weiter unten).

▸ **Textfluss**

Das Attribut SEITENSCHUTZ steuert in einem Hauptfenster, ob ein Absatz immer zusammenhängend auf einer Seite ausgegeben werden soll. Der Absatz wird gegebenenfalls nicht durch einen Seitenumbruch zerrissen. Das Attribut FOLGEABSATZ SELBE SEITE steuert, dass auch der Folgeabsatz zum aktuellen Absatz auf derselben Ausgabeseite erscheint; die beiden betreffenden Absätze bleiben also zusammen.

Die Einstellungen auf der Registerkarte SCHRIFT (Schriftart, Schriftgrad/-größe) gelten innerhalb eines Absatzes so lange, bis sie durch Angaben im Zeichenformat individuell übersteuert werden.

Zeilenabstand für Sondereffekte nutzen

Der Zeilenabstand im Absatzformat kann für besondere Effekte genutzt werden. Er kann nämlich auch sehr klein oder gar null sein. Die Auswirkung im letzten Fall ist folgende: Es wird immer in die gleiche Zeile gedruckt, egal wie lang ein Text ist. Das mag zunächst sinnlos erscheinen, bietet aber Möglichkeiten, um interessante Sonderfälle abzudecken:

▸ **Beispiel 1: durchgestrichener Text**

In diesem Fall soll ein Formulartext mit einem beliebigen anderen Zeichen überschrieben werden (siehe Abbildung 2.7).

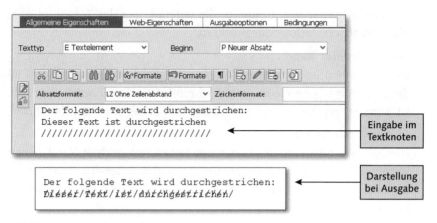

Abbildung 2.7 Durchgestrichener Text

Sie benötigen dafür in diesem Fall zwei Absatzformate:

- das erste mit der üblichen Formatierung und mit dem üblichen Zeilenabstand

- das zweite ohne jeglichen Abstand (LZ in Abbildung 2.7)

Im Formular erzeugen Sie einen Text-Knoten mit zwei Zeilen. In der ersten Zeile steht der eigentliche Text mit Standardformat, in der zweiten steht eine Serie von Sonderzeichen mit dem Absatzformat ohne Zeilenabstand.

Der Trick funktioniert auch mit Datenfeldern, die im Text eingebunden sind (z. B. um einen alten, nicht mehr gültigen Preis durchgestrichen anzudeuten). Sie können sogar mehr als zwei Zeilen übereinanderdrucken, indem Sie z. B. eine dritte Zeile mit anderem Sonderzeichen anlegen (aber auch wieder ohne Zeilenabstand).

- **Beispiel 2: durchgestrichene Linie**
Im Rahmen der Formularentwicklung kommt es immer wieder vor, dass Texte durch Querstriche voneinander getrennt sein sollen (die z. B. über die ganze Zeilenbreite gehen sollen). Dabei steht die Lage des Querstrichs nicht fest, sondern hängt von Textinhalten ab.

Die Linie soll üblicherweise immer genau bis zum rechten Rand des jeweiligen Fensters/Ausgabebereichs reichen. Der Tipp in diesem Fall ist folgender:

- Legen Sie wieder ein Absatzformat ohne Zeilenabstand an; vorzugsweise zusätzlich mit einer nicht proportionalen Schriftart (z. B. Courier).

- Definieren Sie dann im Formular ein Datenfeld mit großzügiger Länge (z. B. 100 Zeichen, die Länge hängt auch von der eingesetzten Schriftgröße ab). Weisen Sie dort das Sonderzeichen zu, mit dem der Strich erzeugt werden soll (z. B. 100 »=«-Zeichen).

- Im Text-Knoten binden Sie das Feld an der gewünschten Stelle ein und weisen das Absatzformat ohne Zeilenabstand zu.

Es passiert das Folgende: Die Sonderzeichen im Feld werden wie üblich ausgegeben. Normalerweise würde am Ende der Zeile ein Umbruch erfolgen und eine weitere Zeile eröffnet. In unserem Fall schreibt Smart Forms aber in der gleichen Zeile weiter, bis das ganze Feld ausgegeben ist. Auf dem Papier sieht man dieses mehrfache Drucken übereinander nicht. Das Ergebnis ist, dass der Strich exakt so breit ist, wie es das zugehörige Fenster erlaubt (funktioniert auch in Zellen von Tabellen oder Schablonen).

[»] **Zeilenabstand mit Maßeinheiten**

Sie können beim Zeilenabstand auch auf die Maßeinheit LN (Lines) zurückgreifen. Dies könnte zu der Annahme verführen, dass damit das System den Zeilenabstand automatisch aus der verwendeten Schriftgröße ableitet, wie dies bei modernen Textverarbeitungssystemen der Fall ist. Dem ist aber nicht so: Auch die Maßeinheit LN ist über die zentrale Definition bei den Kopfdaten mit einer festen Maßeinheit verknüpft. Sie müssen also bei unterschiedlichen Schriftgrößen zusätzlich auch einen passenden Zeilenabstand vergeben.

Tabulatoren

Für jedes Absatzformat können Sie beliebig viele Tabulatoren definieren. Wie Abbildung 2.8 zeigt, sind fünf Ausrichtungen hinterlegt. Die Ausrichtung der Tabulatoren innerhalb einer Zeile kann beliebig wechseln. Nach dem letzten im Absatzformat definierten Tabulator verwendet das System automatisch den Tabulatorabstand, der in den Kopfdaten des Stils hinterlegt ist. In der Praxis erfolgen tabellarische Formatierungen im Formular häufig auch mithilfe von Schablonen oder Ausgabetabellen.

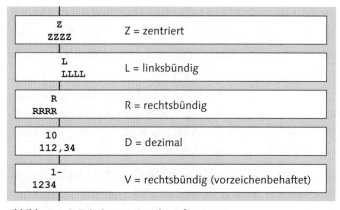

Abbildung 2.8 Tabulatoren im Absatzformat

Nummerierung und Gliederung

Sie können mehrere Absatzformate durch Bezüge aufeinander so anlegen, dass bei der späteren Ausgabe mehrstufige Gliederungen entstehen. Dabei muss je Gliederungsstufe genau ein Absatzformat vorhanden sein. In dieser Anwendung unterscheidet Smart Forms zwei Fälle:

▸ **Aufzählungen**

In diesem Fall wird innerhalb einer Stufe immer das gleiche Aufzählungszeichen verwendet.

▸ **Nummerierung**

Hier wird das Gliederungssonderzeichen automatisch vom System hochgezählt.

Diese und alle weiteren Vorgaben zu Gliederungsabsätzen können Sie auf der Registerkarte NUMMERIERUNG UND GLIEDERUNG machen. Abbildung 2.9 zeigt die Systematik anhand dreier Absatzformate mit dem entsprechenden Ausgabeergebnis.

Definition:		Aufzählung	linker Begrenzer	rechter Begrenzer	Nummernverkettung	Position
▽ N1	Liste Stufe 1	1, 2, 3, …				
▽ N2	Liste Stufe 2	1, 2, 3, …	.		ok	5 mm
N3	Liste Stufe 3	a, b, c, …	.	)	ok	10 mm

Ergebnis:		
1	Gliederungsabsatz N1	Alle Gliederungsebenen
1.1	Gliederungsabsatz N2	hier zusätzlich noch mit
1.1.a)	Gliederungsabsatz N3	einem linkem Rand von
1.1.b)	Gliederungsabsatz N3	25 mm für den Einzug
1.2	Gliederungsabsatz N2	auf Registerkarte
2	Gliederungsabsatz N1	»Einzüge und Abstände«

Abbildung 2.9 Gliederung im Absatzformat

Jede Gliederungsstufe besitzt ein eigenes Absatzformat. Durch Zuweisung eines obersten Absatzformats ergibt sich die Ebene der einzelnen Absatzformate (und damit auch die Zählweise bei den Gliederungszeichen). Diese Formate legen wir im folgenden Übungsbeispiel im System an, sodass wir später bei dem Design eines Formulars darauf zurückgreifen können.

2.2.6 Übungsbeispiel: Gliederung

Beginnen Sie mit dem Absatzformat für die oberste Ebene, und legen Sie zunächst über das Kontextmenü ein neues Absatzformat für die oberste Gliederungsstufe an (z. B. mit dem Kürzel N1). Ein neues Absatzformat wird in der Liste der bisherigen Absatzformate immer am Ende eingefügt. Oder wählen Sie ein vorhandenes Absatzformat aus, das nicht mehr benötigt wird. Im hier verwendeten Stil, der auf SF_STYLE_01 basiert, ist ein solches Absatzformat N1 schon vorhanden, das Sie auch weiterverwenden können.

Erstellen Sie dann ein Absatzformat für die nächstuntergeordnete Stufe (z. B. mit dem Kürzel N2). Nach der Neuanlage wird das Absatzformat wie üblich am unteren Ende der Liste gezeigt.

Ändern Sie nun auf der Registerkarte NUMMERIERUNG UND GLIEDERUNG zu diesem Absatzformat den Eintrag OBERSTER GLIEDERUNGSABSATZ, und tragen Sie dort das zuerst angelegte Absatzformat N1 ein. Das System vergibt daraufhin intern automatisch die Gliederungsstufe 2 für N2; in der Baumanzeige wird N2 jetzt als Knoten direkt unterhalb von N1 angezeigt.

Kontrollieren Sie jetzt nochmals den ersten Gliederungsabsatz N1: Dort wurde mit N1 bei OBERSTER GLIEDERUNGSABSATZ vom System automatisch ein Verweis auf sich selbst eingetragen. Damit ist dort gleichzeitig auch die Gliederungsstufe 1 gesetzt. Erzeugen Sie jetzt erneut ein Absatzformat für eine weitere untergeordnete Stufe, und weisen Sie dort wieder bei OBERSTER GLIEDERUNGSABSATZ das erste Absatzformat N1 zu. Das System vergibt jetzt automatisch intern die Gliederungsstufe 3 und ordnet folglich das neue Absatzformat auch im Baum unterhalb von N2 ein.

Nach dieser Übung haben Sie die notwendigen Absatzformate angelegt, um Texte gegliedert auszugeben (siehe Abbildung 2.9). Es fehlen nur noch die weiteren Angaben zur Formatierung, die wir in Abbildung 2.10 schon angedeutet haben. Darauf wollen wir jetzt näher eingehen.

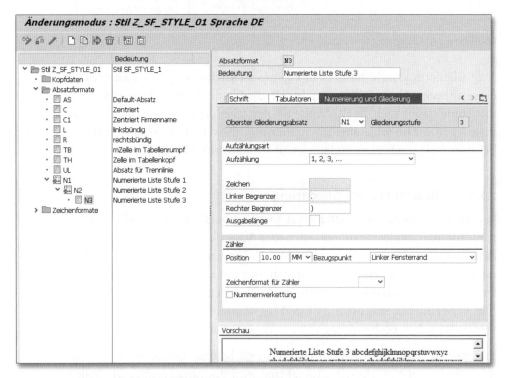

Abbildung 2.10 Attribute bei Nummerierung und Gliederung

Sonderkennzeichen der Gliederung

Üblicherweise wird jeder neue Absatz innerhalb einer Gliederung mit einem Sonderkennzeichen eingeleitet. Die Art dieses Zählers wählen Sie über das Attribut Aufzählung auf der Registerkarte Nummerierung und Gliederung. Beachten Sie die folgende Fallunterscheidung:

▸ Beim Eintrag Aufzählungszeichen bleibt das Sonderzeichen für jeden Absatz der Gliederung gleich. Sie können daher jedes Zeichen wählen, das über die Tastatur zur Verfügung steht.

▸ Alle anderen Einträge in der Auswahlliste führen zu einer nummerierten Liste, bei der gewählte Sonderzeichen während der Ausgabe mit jedem neuen Absatz automatisch hochgezählt werden. Das Absatzformat bestimmt nur die Art dieses Zählers, z. B. numerisch (1, 2, 3, ...) oder alphabetisch (A, B, C, ...). Wahlweise kann das Sonderzeichen auch einfach je Stufe wiederholt werden, z. B. bei (I, II, III, ...) Bei nummerierten Listen kann das System zusätzlich noch linke und rechte Begrenzer je Stufe anfügen (z. B. für Klammerung).

▸ Wahlweise können Sie auch ganz auf eine Kennzeichnung zur Aufzählung verzichten (Eingabefeld bleibt also leer); in diesem Fall sorgt die Gliederung ausschließlich für eine passende Formatierung (z. B. über Einzüge).

Für die Ausgabe des Zählers können Sie aus den folgenden Optionen der Registerkarte Nummerierung und Gliederung wählen:

▸ Die horizontale Ausgabeposition des Zählers können Sie relativ oder mit Abstand vom Fensterrand festlegen. Der Einzug des folgenden Textes ergibt sich immer aus den allgemeinen Einstellungen unter der Registerkarte Einzüge und Abstände.

▸ Für den Zähler können Sie eine abweichende Formatierung (z. B. fett) vorgeben. Das gewählte Zeichenformat muss allerdings im Stil schon angelegt sein.

▸ Bei allen Aufzählungsarten besteht die Option, dass der ausgegebene Zähler nicht nur die aktuelle Stufe wiedergibt, sondern auch den Zähler vom übergeordneten Absatz einschließt (Attribut Nummernverkettung).

Diese Eigenschaften finden Sie in Abbildung 2.10 wieder.

Gliederungsfunktionen testen

Die verschiedenen Ausgabemöglichkeiten zu Gliederungsstufen können Sie einfach mit verschiedenen Zeilen in einem Text-Knoten testen, die dann ihre

Gliederungstexte sein sollen. Legen Sie dazu in unserem Musterformular an beliebiger Stelle ein neues Fenster mit diesem Text-Knoten an, und weisen Sie den einzelnen Textzeilen ihre Absatzformate (N1, N2 ...) zu. Aktivieren Sie das Formular anschließend, und testen Sie die Ausgabe.

Wenn Sie eine Option in den Gliederungsabsätzen ändern und dann direkt überprüfen wollen, reicht die Änderung im Stil. Die nächste Ausgabe des Formulars wird diese Änderungen automatisch enthalten.

2.2.7 Zeichenformate

Über Zeichenformate können Sie Textteile innerhalb eines Absatzes mit speziellen Ausgabeattributen versehen. Ein Zeichenformat übersteuert die entsprechenden Vorgaben im Absatzformat (siehe Abbildung 2.11).

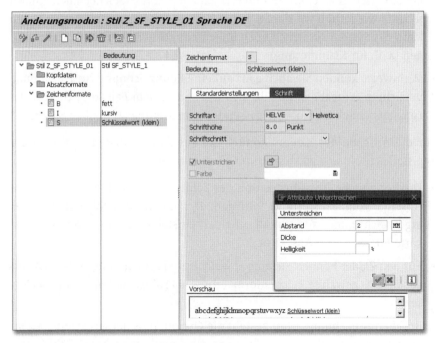

Abbildung 2.11 Zeichenformate im Style Builder

Die Angaben im Zeichenformat betreffen primär die Wahl einer Schriftart, deren Größe (Schriftgrad) und weitere Merkmale (z. B. fett und kursiv). Die angebotenen Auswahlmöglichkeiten hängen zum Teil von den installierten Schriftfamilien (Fonts) ab und damit letztlich von den verwendeten Ausgabegeräten (siehe auch Hinweise in Abschnitt 10.9). Bei Farbdruckern unterstützt Smart Forms insbesondere auch die Wahl von farbigen Schriften.

Die Option UNTERSTRICHEN bietet eine Besonderheit. Wenn Sie das Pop-up für Zusatzattribute über einen Klick auf das Symbol 📄 wie in Abbildung 2.11 öffnen, können Sie Abstand, Dicke und Helligkeit des Unterstrichs ändern. Überprüfen Sie aber, ob die vorgesehene Formatierung auch von Ihrem Drucker unterstützt wird.

Unterstrich wird nicht ausgegeben	[«]

Wenn Sie einen großen Abstand wählen, kann es passieren, dass der Unterstrich gar nicht mehr ausgegeben wird, weil Smart Forms dies in der Berechnung der Zeilenhöhe nicht berücksichtigt. Ein gutes Beispiel dafür ist unser Musterformular.

Dort sind die Titel wie »Unser Sachbearbeiter« und »Telefon« im INFO-Knoten des Formulars mit dem Format S (Schlüsselwort) versehen; aber bei der Ausgabe erscheint kein Unterstrich. Der Grund: Einen normalen Unterstrich erzeugen Sie mit einem Abstand von 0 mm. In unserem Fall (siehe Abbildung 2.11) hat aber das Zeichenformat S einen Abstand von 2 mm, und der ist zu groß für die Ausgabe. Ändern Sie den Wert daher auf den Normaleintrag 0 mm.

Zeilen mithilfe der Unterstreichen-Funktion durchstreichen	[+]

Beim Abstand des Unterstrichs sind auch negative Werte erlaubt. In diesem Fall wandert der Unterstrich nach oben in den eigentlichen Textbereich, und schon haben Sie einen Durchstreichen-Effekt (oder auch einen Strich über dem jeweiligen Wort). Ein Beispiel dazu sehen Sie in Abbildung 2.7.

Es müssen nicht alle Attribute des Zeichenformats gefüllt sein, gegebenenfalls werden die Vorgaben aus dem jeweils gültigen Absatzformat oder aus den Kopfdaten des Stils übernommen.

Barcode

Ein *Barcode* (Strichcode) besteht häufig aus einer Folge von senkrechten Strichen, die über entsprechende Geräte besonders zuverlässig gelesen werden können (siehe Abbildung 2.12). Eine Alternative dazu sind die neueren 2D-Barcodes, die aus unterschiedlich breiten Strichen oder Punkten bestehen und dadurch eine höhere Dichte an Nutzinformation enthalten können.

SAP bietet verschiedene Technologien, um Barcodes auszugeben: eine gute Übersicht dazu gibt SAP-Hinweis 1557674. Beispielsweise kann ein Barcode als Windows-TTF-Schrift realisiert sein, die sich dann wie sonstige Schriften in Smart Forms einbinden lassen (siehe SAP-Hinweis 201307). Üblicher sind allerdings andere Technologien, für die Smart Forms auch eine direkte Unterstützung bietet. Darauf wollen wir im Folgenden näher eingehen.

Abbildung 2.12 Barcode bei der Ausgabe

Falls Sie Text oder Zahlen als Barcode ausgeben möchten, sollten Sie zunächst im Style Builder ein neues Zeichenformat erstellen (wie oben schon beschrieben). Wählen Sie dann auf der Registerkarte STANDARDEINSTELLUNGEN den Namen des entsprechenden Barcode-Schlüssels. Die dort hinterlegte Höhe und Breite wird danach automatisch in die Anzeige übernommen (siehe Abbildung 2.13).

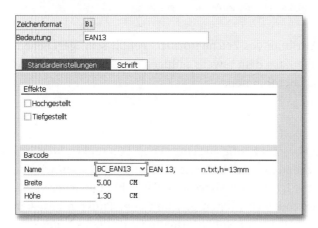

Abbildung 2.13 Zuweisung des Barcodes

Für einen Text im Smart-Forms-Formular ist ein Barcode nur eine spezielle Zeichenformatierung; entsprechend unterscheidet sich die Formatzuweisung im Text nicht von anderen Zuweisungen. Allerdings kann der Platzbedarf des Barcodes bei Ausgabe nicht immer richtig ermittelt werden, was zu falschen Berechnungen führen kann (z. B. im Seitenumbruch).

In der Druckvorschau wird ein Barcode nur schemenhaft in Form einer Standardgrafik angedeutet; allerdings entspricht die Größe der Grafik schon in etwa dem gewählten Barcode. Eine korrekte Ausgabe über PDF ist möglich, wenn die *neue Barcode-Technologie* zum Einsatz kommt, auf die wir im Folgenden noch näher eingehen.

Traditionell erfordert der Ausdruck von Barcodes auch entsprechende Hardware (z. B. SIMM-Zusatzmodule im Laser-Drucker). Die SAP-Dokumentation beschreibt ausführlich, welche Voraussetzungen ein Drucker mitbringen muss (siehe Abschnitt VORDEFINIERTE BARCODES im SAP-Druckerhandbuch BC-CCM-PRN). Je nach Verfahren sind auch Anpassungen in Transaktion SE73 erforderlich.

Auf eine interessante Alternative zu den vordefinierten Barcodes wollen wir im Folgenden kurz eingehen; sie wird bei SAP als *neue Barcode-Technologie* bezeichnet. Diese Technik ist vergleichbar mit Soft-Fonts bei der Schriftgestaltung, denn der Barcode wird als Grafik im Hauptspeicher des SAP-Systems erzeugt und von dort an den Drucker gesendet. Weitere Vorteile dieser Vorgehensweise bestehen in einer verbesserten Vorschau und darin, dass die Grafik zum Barcode auch übernommen wird, wenn Sie das Ergebnis der Formularausgabe in PDF umwandeln (siehe SAP-Hinweis 430887).

SAP-Hinweis 645158 nennt die unterstützten Druckertypen und beschreibt ausführlich, welche Arbeiten vorgenommen werden müssen, um einen solchen Barcode im System bekannt zu machen. Jeder Barcode hat darüber hinaus individuelle Attribute. Diese Attribute dienen z. B. dazu, Eigenschaften wie Ausrichtung, Höhe und Breite festzulegen. Wurde der Barcode mit diesen Angaben in der SAP-Fontpflege angelegt (Transaktion SE73), muss er im Style Builder nur noch einem Zeichenformat zugeordnet werden (dies geschieht wieder auf Registerkarte STANDARDEINSTELLUNGEN, Eingabefeld NAME, siehe hierzu ebenfalls Abbildung 2.13).

Folgende Barcode-Typen werden über die neue Technologie unterstützt: Code3, Code128, Interleaved 2of5, PDF417 und Code93. Falls Sie große Datenmengen übertragen möchten, dürften für Sie insbesondere 2D-Barcodes wie PDF417 sowie Datamatrix ECC 200 und QR Code 2005 von Interesse sein, die über aktuelle Support Packages zur Verfügung stehen (zum Einsatz von Barcodes im Formular siehe auch Abschnitt 5.2, »Felder als Platzhalter«).

2.2.8 Übungsbeispiel: Inhalt des Stils

Für einzelne Übungen mit unserem Formular zur Flugrechnung sind auch Erweiterungen im Stil sinnvoll, die Sie hier in einzelnen Schritten anlegen können.

Für die Ausgabe der Kopfinformationen zur Flugrechnung werden drei neue Absatzformate für den Formularkopf benötigt. Erzeugen Sie diese Absatzformate über das Kontextmenü: entweder durch Neuanlage oder als Kopie, z. B. von Absatzformat C (zentriert).

Verwenden Sie die Bezeichnung der neuen Absatzformate wie in Tabelle 2.1 genannt, und pflegen Sie die Attribute auf der Registerkarte EINZÜGE UND ABSTÄNDE bzw. SCHRIFT wie beschrieben.

Name des Absatzformats	Änderung gegenüber Absatzformat 'C'
L linksbündig	Ausrichtung »links«, linker Rand 3 mm
R rechtsbündig	Ausrichtung »rechts«, rechter Rand 3 mm
C1 zentriert, Firmenname	Vorschlag (im Abschnitt ABSTAND): 5 mm, Schrift »Times« mit Größe 36 Punkt und Schnitt »kursiv«

Tabelle 2.1 Neue Absatzformate

Nur beim Absatzformat C1 wird eine abweichende Schriftart vergeben. Dort ist zusätzlich eine Angabe zum VORSCHLAG erforderlich, um bei der gegebenen Schriftgröße auch einen passenden Abstand zum oberen Fensterrand zu erhalten.

Erstellen Sie zusätzlich ein neues *Zeichenformat* U (*Underline*), um in weiteren Übungen Texte auch unterstreichen zu können (ohne weitere Vorgaben zur Schriftart etc.). Vergessen Sie abschließend nicht, den Stil mit seinen Änderungen zu aktivieren.

2.3 Form Builder

Nun kommen wir zum zentralen Werkzeug für den Entwurf Ihrer Formulare: Mit dem *Form Builder* erstellen Sie grafisch das Layout des Formulars, und Sie legen auch fest, wie und wo z. B. Texte oder Grafiken ausgegeben werden. Diese Funktionen sowie die zahlreichen Hilfsfunktionen werden Sie in diesem Kapitel kennenlernen.

2.3.1 Bearbeitungsfunktionen

Der *Form Builder* bietet eine vollständige grafische Oberfläche, um das Layout eines Formulars und die zugehörige Formularlogik zu bearbeiten. Nur in Sonderfällen sind grundlegende ABAP-Kenntnisse erforderlich.

Für den Aufruf des Form Builders wählen Sie den SAP-Menüpfad WERKZEUGE • FORMULARE • SMART FORMS und an dieser Stelle dann das gewünschte Formular.

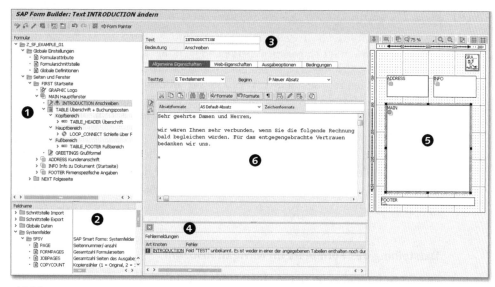

Abbildung 2.14 Bearbeitungsbild im Form Builder

In Abbildung 2.14 können Sie folgende Teilwerkzeuge des Form Builders erkennen:

- Der *Navigationsbaum* (siehe ❶ in Abbildung 2.14) links oben stellt das Formular hierarchisch dar, dabei ist jedes Formularelement durch einen Knoten repräsentiert. Der Navigationsbaum dient zum direkten Zugriff auf diese Elemente (Maus-Doppelklick) und zu deren Platzierung im Rahmen der Formularlogik.

- Die *Feldliste* ❷ links unten zeigt alle Daten, die aktuell im Formular definiert sind.

- Der mittlere Bildschirmbereich ermöglicht die Pflege der Attribute zum gerade gewählten Knoten im Navigationsbaum, hier werden die *Knotenattribute* ❸ dargestellt.

▸ Unterhalb der Knotenattribute erscheint ein eigenständiges Bildschirm-fenster *Fehlermeldungen* ❹, wenn im Rahmen einer Formularprüfung Feh-ler- oder Warnmeldungen aufgetreten sind.

▸ Der *Form Painter* ❺ rechts dient der grafischen Layouterstellung des For-mulars über Ausgabebereiche (Größe und Lage von Fenstern).

▸ Für die Eingabe von Texten zu einem Text-Knoten verwenden Sie den *Inline-Editor* ❻.

[»] **Inline-Editor**

Der Inline-Editor wird in vielen Modulen des SAP-Systems verwendet, in dem Texte vom Anwender eingegeben werden können. Bis auf einige Sonderfunktio-nen handelt es sich hierbei also um eine Standard-Anwendungskomponente, die Ihnen bereits bekannt sein dürfte. Wenn Sie sich trotzdem näher mit dem Inline-Editor und auch der Verwaltung von Texten im SAP-System befassen möchten, haben wir in Abschnitt 10.2 die relevanten Informationen zusammengestellt.

In der Abbildung ist der *Table Painter* zum Erstellen von Schablonen und Ausgabetabellen nicht zu sehen, denn er ist nur in den zugehörigen speziel-len Knotentypen aufrufbar (in Abschnitt 2.3.3, »Table Painter«, kommen wir darauf zurück).

Darstellung des Formulars im Navigationsbaum

Der Form Builder zeigt den Aufbau eines Formulars über Verzweigungen im Navigationsbaum. Für ein neu angelegtes Formular enthält die oberste Hier-archie folgende Knoten:

▸ **Globale Einstellungen**
Hiermit sind folgende Einstellungen gemeint:

  ▸ Formularattribute (siehe Abschnitt 3.2.1)

  ▸ Formularschnittstelle (siehe Abschnitt 5.3.1)

  ▸ Globale Definitionen (siehe Abschnitt 5.3.2)

▸ **Seiten und Fenster**
%PAGE1 Neue Seite (mit einem Hauptfenster MAIN)

Damit ist auch die Struktur des Navigationsbaums bereits vorgegeben:

▸ Im Zweig GLOBALE EINSTELLUNGEN können Sie keine weiteren Unterkno-ten einfügen; die Attribute der vorhandenen Knoten werden wir später noch ausführlich beschreiben.

▶ Das eigentliche Formular wird aufgebaut, indem Sie Knoten unterhalb von Seiten und Fenster anlegen (siehe Abbildung 2.14). Bei der Navigation durch die Struktur des Hierarchiebaums kann es hilfreich sein zu wissen, dass Unterknoten teilweise ihre Eigenschaften vom übergeordneten Knoten übernehmen (z. B. Ausgabebereiche).

Bei Knoten auf einer Ebene spricht man auch von *Vorgänger-* und *Nachfolgerknoten*. Die Bezeichnungen weisen schon darauf hin, dass diese Reihenfolge auch bei der Formularausgabe eine Rolle spielt (Prozessierung). Generell gilt, dass die Knoten im Navigationsbaum nacheinander von oben nach unten abgearbeitet werden, als wären im Baum alle Zweige aufgeklappt. Die genauen Regeln für die Abarbeitung und die individuelle Beeinflussung des Ablaufs erläutern wir in Kapitel 6, »Ablauflogik des Formulars«, ausführlich.

Der Entwurf eines Formulars ist also gleichbedeutend mit der Anlage und Pflege der einzelnen Zweige im Navigationsbaum. Um eine bestimmte Funktionalität im Formular zu erzeugen, erstellen Sie einen oder mehrere Knoten, wobei der Knotentyp jeweils der gewünschten Funktionalität entsprechen muss (z. B. für die Text- oder Grafikausgabe).

Zu jedem Knoten im Navigationsbaum zeigt der Form Builder ein grafisches Symbol (Icon), das direkt auf den hinterlegten Knotentyp schließen lässt. Abbildung 2.15 zeigt eine Aufstellung der wichtigsten Symbole.

	Seite		Text		Tabelle
	Hauptfenster		Grafik		Tabellenzeile
	Nebenfenster		Adresse		Tabellenzelle
	Kopienfenster		Kommando		Schleife
	Ordner		Alternative		Sortierstufe
	Schablone		Programmzeilen		Bedingung

Abbildung 2.15 Symbole im Navigationsbaum des Form Builders

In Sonderfällen erzeugt der Form Builder eigenständig neue Unterknoten im Navigationsbaum. Diese Knoten werden als *Ereignisknoten* bezeichnet und können nicht direkt vom Anwender angelegt werden. Sie werden ausgeführt, wenn bei der Ausgabe des Formulars bestimmte Ereignisse auftreten, z. B. zur Ausgabe von Fußzeilen, wenn ein bestimmter Ausgabebereich verlassen wird. Ereignisknoten stehen nur als Ergänzung bestimmter Knotentypen zur Verfügung (z. B. Schleife oder Ordner).

Bearbeitungsfunktionen im Navigationsbaum

Wenn Sie einen Knoten im Navigationsbaum auswählen, aktualisiert sich automatisch auch die Anzeige der zugehörigen Knotenattribute. Auf dieselbe Weise können Sie auch im Form Painter ein Fenster auswählen; das System markiert dann den zugehörigen Knoten im Navigationsbaum.

Welche Operationen beim jeweils ausgewählten Knoten zur Verfügung stehen, zeigt das zugehörige Kontextmenü (rechte Maustaste). Insbesondere, welche weiteren Knotentypen eingefügt werden können, hängt in hohem Maße von der Position ab, an der sich der Cursor im Navigationsbaum befindet. Einen Text-Knoten können Sie z. B. innerhalb von Fenstern oder Schablonen anlegen, aber nicht direkt auf einer Seite. Entsprechend unterscheiden sich auch die Einträge im Kontextmenü (siehe Abbildung 2.16). Die hinterlegten Funktionen sind selbsterklärend.

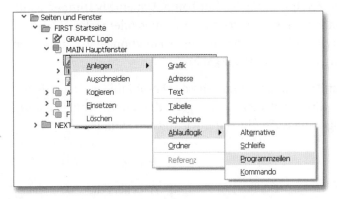

Abbildung 2.16 Bearbeitungsfunktionen im Navigationsbaum

Das Kontextmenü (wie in Abbildung 2.16) zeigt unter ANLEGEN eine Liste aller Knotentypen, die üblicherweise eingebunden werden können. Diese Liste werden wir in den folgenden Abschnitten noch ausführlich erläutern, wenn es um die Formularinhalte geht.

Knoten kopieren und verschieben

Eine regelmäßige Aufgabe beim Formularentwurf ist das Kopieren und Verschieben ganzer Knoten inklusive der zugehörigen Unterknoten. Dazu stehen im Kontextmenü die gängigen Funktionen für Ausschneiden, Kopieren und Einfügen über die Zwischenablage zur Verfügung. Noch komfortabler können Sie Knoten aber direkt mit der Maus per Drag & Drop verschieben: Mit der gedrückten linken Maustaste verschieben Sie den Knoten an eine andere Stelle im Baum. Wenn Sie zusätzlich die Funktionstaste `Strg` drü-cken, wird der Knoten kopiert. Je nachdem, ob beim angewählten Ziel ein Einfügen überhaupt zulässig ist, ändert sich bei diesem Vorgang auch der Mauszeiger.

Der Weg über die Zwischenablage ist nur innerhalb eines Formulars mög-lich. Um Teile eines Formulars in ein anderes Formular einzufügen, stehen die Funktionen TEILBAUM HERUNTERLADEN und HOCHLADEN im Menü HILFS-MITTEL zur Verfügung. In diesem Fall wird der Teilbaum als lokale Datei im XML-Format zwischengespeichert. Beim Hochladen wird der Inhalt dieser Datei dann in die Zwischenablage kopiert und kann von dort über die Tas-tenkombination `Strg` + `C` an der gewünschten Stelle im Zielformular ein-gefügt werden.

Knoten über mehrere Seiten kopieren

Sie können Knoten jedoch auch von einer Seite auf eine andere Seite kopie-ren. Das Verhalten des Systems hängt dann allerdings vom jeweiligen Kno-tentyp ab. Bei einem Fenster-Knoten wird z. B. der gesamte Inhalt wie ein Verweis mitgeführt, d. h., der Inhalt wird auch auf der neuen Seite ausgege-ben (etwa für durchgängige Beschriftungen in Kopf- oder Fußzeile). Der Name und Inhalt des Fensters wird auf die Zielseite übernommen; Lage und Größe des Zielfensters können geändert werden. Darauf werden wir bei der Vorstellung der einzelnen Knotentypen nochmals eingehen. Beim Text-Kno-ten wird dagegen immer auch der Inhalt mitkopiert: Der zugehörige Text kann also unabhängig von ursprünglichen Knoten geändert werden.

Kurzbezeichnung bei neuem Knoten

Mit dem Einfügen eines neuen Knotens wird vom Form Builder automatisch eine Kurzbezeichnung vergeben, die mit einem %-Sonderzeichen beginnt und abhängig vom jeweiligen Knotentyp durchnummeriert ist (z. B. %PAGE1). Das %-Sonderzeichen darf deshalb nicht am Anfang sonstiger Knoten verwendet werden.

Generell muss sich das Kürzel eines Knotens an die Vorgaben für technische Namen halten:

▸ Es darf nur aus Zahlen und Ziffern (ohne Umlaute) sowie dem Unterstrich (_) als Ersatz für das Leerzeichen bestehen.

▸ Jedes Kürzel muss mit einem Buchstaben beginnen.

Knoten löschen

Das Löschen eines Knotens betrifft den gesamten Zweig inklusive aller unter-geordneten Knoten. Das Löschen erfolgt ohne eine Sicherheitsabfrage. In den aktuellen Smart-Forms-Versionen gibt es eine Wiederherstellungsfunk-tion über BEARBEITEN • RÜCKGÄNGIG: Sie können damit das Formular stufen-weise bis hin zum letzten gespeicherten Zustand zurückführen. Diese Wie-derherstellungsfunktion müssen Sie jedoch vorher über den Menüpfad HILFSMITTEL • EINSTELLUNGEN aktivieren (siehe Abbildung 2.18).

Knotenattribute

Jeder Knoten besitzt mehrere Registerkarten zur Darstellung der zugehöri-gen Attribute. Die genaue Aufteilung ergibt sich aus dem aktuellen Knoten-typ. Auf den verschiedenen Registerkarten stehen die einzelnen Attribute des Knotens nach Themen sortiert zur Auswahl. Dabei kann ein bestimmtes Attribut auch durchaus den Aufbau ganzer Registerkarten ändern (z. B. eine Änderung beim Texttyp im Text-Knoten).

Ereignisknoten

Für einzelne automatische Abläufe erzeugt der Form Builder abhängig von den Attributen auch direkt Unterknoten im Navigationsbaum. Diese soge-nannten *Ereignisknoten* unterscheiden sich insofern von den üblichen Kno-tentypen, als sie fest vorgegeben sind und vom Anwender auch nur mit wenigen eigenen Attributen versehen werden können.

[zB] **Ordner-Knoten**

Beim Ordner-Knoten kann über die Registerkarte ZEITPUNKTE eine Funktion zu Kopf- und Fußzeilen aufgerufen werden. Der Form Builder erzeugt bei Aktivierung der Funktionen direkt zwei untergeordnete Knoten mit der Bezeichnung KOPFBE-REICH bzw. FUSSBEREICH, in die Sie dann weitere Unterknoten mit dem eigentlichen Inhalt einfügen können.

Gestaltung der Eingabefelder

Häufig kann ein Eingabefeld bei den Knotenattributen auf zwei Arten gefüllt werden:

▸ *statisch*, durch feste Vorgabe des Wertes
▸ *dynamisch*, durch Eintrag eines variablen Feldes

Dementsprechend müssen Sie gegebenenfalls auch die Gestalt des Eingabefeldes ändern. Abbildung 2.17 zeigt als Beispiel die Eigenschaften eines Text-Knotens vom Typ »Include-Text«.

Abbildung 2.17 Eingabemodus von Knotenattributen ändern

Die Attribute TEXTOBJEKT und TEXT-ID werden hier mit festen Werten vorbelegt. Die Pfeilspitzen-Symbole ▶ und ◀ am rechten Rand haben folgende Bedeutung:

▸ Das Symbol ▶ bedeutet, dass gegenwärtig die *Kurzversion* des Eingabefeldes angezeigt wird. Mit einem Klick auf den Pfeil wechseln Sie in die *Langversion*.

▸ Umgekehrt bedeutet das Symbol ◀, dass gegenwärtig die *Langversion* des Eingabefeldes angezeigt wird. Mit einem Klick auf den Pfeil wechseln Sie in die *Kurzversion*.

Nur in der *Kurzversion* steht auch die Wertehilfe F4 zur Auswahl vorgegebener Inhalte zur Verfügung. Die Attribute TEXTNAME und SPRACHE sind dagegen auf *Langversion* gestellt. In diesem Fall können auch die Namen von Datenfeldern eingetragen werden. Weil sich in diesem Fall der Inhalt des Feldes erst zur Laufzeit ergibt, spricht man von *dynamischer* Wertzuweisung. Der Textname in Abbildung 2.17 wird z. B. über das Datenfeld SENDER_NAME ermittelt. Bitte beachten Sie: Der Bezeichner ist zusätzlich in &-Sonderzeichen eingeschlossen, wie dies sonst nur bei der Ausgabe im Text üblich ist.

Leider ist das Eingabeverfahren nicht ganz einheitlich, denn in vielen anderen Fällen ist das Sonderzeichen & für Eingaben bei Knotenattributen nicht erforderlich (siehe auch Abschnitt 5.2, »Felder als Platzhalter«).

Erweiterte SAP-Zwischenablage [+]

Generell steht bei allen Eingaben zu Knotenattributen auch die erweiterte SAP-Zwischenablage (Strg + Y etc.) zur Verfügung. In der Praxis ist ihre Verwendung vor allem bei tabellarischer Eingabe (Table Controls) sinnvoll, z. B. bei der Registerkarte BEDINGUNGEN.

Grundeinstellungen zum Form Builder

Zum Form Builder und vor allem seinen zusätzlichen Werkzeugen können Sie eine Reihe von Grundeinstellungen hinterlegen und ihn somit an Ihre eigenen Arbeitsgewohnheiten anpassen. Über den Menüpfad HILFSMITTEL • EINSTELLUNGEN können Sie diese Einstellungen zentral für alle Werkzeuge vornehmen (siehe Abbildung 2.18).

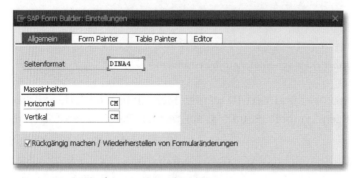

Abbildung 2.18 Einstellungen zum Form Builder

Die Vorgabe zum Seitenformat wird automatisch in jedes neue Formular übernommen, sie lässt sich dort (in Abbildung 2.18 auf der Registerkarte ALLGEMEIN) aber natürlich auch ändern.

[»] | **Eingabe im Feld »Seitenformat«**

An dieser Stelle ist keine F4 -Wertehilfe hinterlegt. Sie sollten trotzdem darauf achten, dass ein gültiger Wert eingetragen ist, da Sie sonst spätestens bei der Anlage des nächsten Formulars eine Fehlermeldung erhalten.

Eine Liste der aktuell im System hinterlegten Seitenformate finden Sie in der Spooladministration (Transaktion SPAD). Sie können dort auch individuelle Seitenformate anlegen (z. B. im Label-Druck immer wieder erforderlich).

Das gesamte Layout des Formulars ergibt sich später über die Lage und Größe von Seiten und Fenstern sowie durch deren Unterknoten. Über die Vorgabe im Bereich MASSEINHEITEN legen Sie an dieser Stelle fest, welche Einheit Sie üblicherweise im Formular verwenden möchten. Natürlich ist bei jedem Eingabefeld mit Maßangaben die Einheit erneut wählbar.

Tabelle 2.2 zeigt die Maßeinheiten, die im Form Builder zur Verfügung stehen.

Abkürzung	Bezeichnung
CH	Zeichen (Character), siehe Formularattribute
LN	Zeilen (Lines), siehe Formularattribute
CM	Zentimeter
MM	Millimeter
IN	Zoll (Inch, ca. 2,54 mm)
PT	Punkt (1/72 Zoll, üblich bei Schriftgrößen)
TW	Twip (1/20 Punkt, üblich bei Strichstärken)

Tabelle 2.2 Maßeinheiten im Form Builder

Die Angaben CH und LN sind lediglich umgerechnete Werte auf der Basis der Maßeinheit Zoll und individuell für jedes Formular bestimmbar (siehe Abschnitt 3.2, »Generelle Layoutvorgaben«).

Einheitliche Maßeinheiten pro Formular   [+]

Verwenden Sie im gesamten Formular möglichst einheitliche Maßangaben, um Umrechnungen zu vermeiden, die sonst regelmäßig erforderlich wären. Das ist nicht nur bequemer, Sie umgehen dadurch auch mögliche Fehlerquellen (vor allem dann, wenn die Bezüge der Knoten untereinander komplex werden).

Während der Formularbearbeitung haben Sie die Möglichkeit, beliebige Anpassungen stufenweise wieder rückgängig zu machen. Smart Forms führt dafür ein internes Log, das bis zum letzten gespeicherten Zustand zurückreicht. Sie aktivieren das Log, indem Sie den Haken bei RÜCKGÄNGIG MACHEN / WIEDERHERSTELLEN VON FORMULARÄNDERUNGEN setzen (siehe Abbildung 2.18). Bei komplexen Formularen mit vielen Änderungen kann die Funktion allerdings die Performance der Bearbeitung einschränken.

Auf die Einstellungsmöglichkeiten auf den Registerkarten FORM PAINTER und TABLE PAINTER gehen wir bei der Vorstellung der einzelnen Teilwerkzeuge ein.

2.3.2 Form Painter

Der *Form Painter* kann verwendet werden, um das Layout eines Formulars grafisch zu ändern oder auch nur zu überprüfen. Der Form Painter muss (abhängig von der letzten Einstellung) nach Start des Form Builders gesondert aufgerufen werden. Wählen Sie dazu den Menüpfad HILFSMITTEL • FORM PAINTER EIN/AUS oder den entsprechenden Button in der Symbolleiste.

Der Form Painter (siehe Abbildung 2.19) zeigt die im Navigationsbaum ausgewählte Entwurfsseite mit Seitenmaßen, mit den enthaltenen Fenstern und gegebenenfalls auch mit Hintergrundgrafik. Über einen einfachen Mausklick können Sie ein anderes Fenster wählen; gleichzeitig wird auch das entsprechende Element im Navigationsbaum markiert.

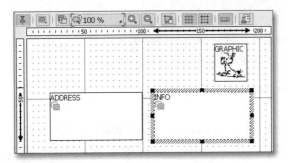

Abbildung 2.19 Fenster im Form Painter

Der Form Painter zeigt die Fenster nur mit einem symbolischen Rahmen, der die zugehörigen Maße widerspiegelt. Die Fenster sind also nicht zwangsläufig bei der Ausgabe gerahmt, hierzu sind entsprechende Einstellungen bei den Knotenattributen erforderlich. Auch Grafiken werden direkt angezeigt. Geschieht dies nicht, ist diese Funktion in Ihrer Installation möglicherweise aus Performancegründen ausgeschaltet. Gehen Sie in diesem Fall zu den Form-Builder-Einstellungen über den Menüpfad HILFSMITTEL • EINSTELLUNGEN, und deaktivieren Sie dort das Attribut PLATZHALTER FÜR GRAFIKEN auf der Registerkarte FORM PAINTER.

Wir betrachten nun die Einstellungen des Form Painters genauer. Der Form Painter besitzt eine eigene Symbolleiste, mithilfe derer die gebräuchlichsten Funktionen aufrufbar sind. Über das Symbol 🗔 (siehe Abbildung 2.19) können Sie den Form Painter in vielen Punkten an Ihre eigenen, individuellen Anforderungen anpassen (siehe Abbildung 2.20).

Abbildung 2.20 Einstellungen zum Form Painter

Wie Abbildung 2.20 zeigt, beziehen sich die meisten Einstellungen zum Form Painter auf die Gestaltung der grafischen Oberfläche. Die Bedeutung der einzelnen Attribute ist im Regelfall aus dem Zusammenhang erkennbar (wenn nicht, genügt ein kurzes Ausprobieren). Besonders nützlich sind die folgenden Einstellmöglichkeiten:

▶ Zur einfacheren Orientierung können Sie im Form Painter ein Grob- und Feinraster einblenden. Das Raster erkennen Sie dann als grau hinterlegte Striche bzw. Schnittpunkte; Sie können es gegebenenfalls über die Symbolleiste zuschalten. Auf der Registerkarte RASTER können Sie bei den Einstellungen den Abstand im Raster anpassen.

▶ Wie in gängigen Grafikprogrammen, kann die Position und Größe eines Fensters mithilfe der gedrückten linken Maustaste über Ziehpunkte (Handles) geändert werden. Die neuen Koordinaten eines geänderten Fensters kann der Form Painter dabei wahlweise auch automatisch auf das Feinraster ausrichten (siehe Attribut FENSTER AM RASTER AUSRICHTEN in Abbildung 2.20).

▶ Setzen Sie das Attribut FADENKREUZ, wenn Sie Ihr Formular grafisch ändern wollen. Die Koordinaten eines Punktes lassen sich dann direkt anhand der Lineale oben und links kontrollieren. Es wird damit auch einfacher, ein neues Fenster auf vorhandene Fenster auszurichten.

▶ Setzen Sie das Attribut FENSTER TRANSPARENT, wenn Sie überlappende Fenster im Formular haben (also Fenster, die ganz oder teilweise übereinanderliegen). Dadurch wird die Position der einzelnen Fenster besser erkennbar. Ansonsten besteht die Gefahr, dass ein großes Fenster kleinere Fenster komplett überdeckt, die damit nicht mehr sichtbar sind.

Diese Einstellung hat nur Einfluss auf die Anzeige im Form Painter. Bei der Ausgabe werden prinzipiell alle Fenster transparent übereinandergedruckt. Sie können also grundsätzlich beliebige Inhalte durch Verteilung auf mehrere Fenster übereinanderdrucken.

Die Anzeige als transparente Fenster müssen Sie auch dann setzen, wenn Fenster oder Schablonen auf Basis einer Hintergrundgrafik nachgezeichnet werden sollen. Hierfür finden Sie im Kontextmenü des Form Painters auch eine zusätzliche Funktion. Über die Funktion IN DEN HINTERGRUND wird ein Fenster so angeordnet, dass Sie andere (kleinere) Fenster mit der Maus wieder fassen können.

Ansonsten entsprechen die Funktionen im Kontextmenü des Form Painters den Funktionen, die Sie schon vom Navigationsbaum her kennen (für Seite- bzw. Fenster-Knoten).

2.3.3 Table Painter

Der Table Painter ermöglicht die Darstellung und Pflege des Layouts von Schablonen und Ausgabetabellen. Mithilfe dieser Knotentypen kann die formatierte Ausgabe von Texten und Daten vorgenommen werden, die sonst üblicherweise über Tabulatoren erfolgt. Die Eigenschaften der Knotentypen stellen wir ausführlich in Abschnitt 3.4, »Fenster-Knoten«, dar; hier ist nur wichtig, dass für beide Knotentypen die Ausgabe über Zeilentypen erfolgt, die wiederum in Spalten aufgeteilt sind. Daraus ergeben sich einzelne Zellen, in denen dann die Ausgabe der eigentlichen Information erfolgen kann. Mit dem Table Painter entwerfen Sie diese Zeilentypen auf grafischer Ebene.

Sie rufen den Table Painter im Schablone- und Tabelle-Knoten über die jeweils erste Registerkarte auf (siehe Abbildung 2.21, dort ist der Knoten TABLE aus unserem Beispielformular dargestellt).

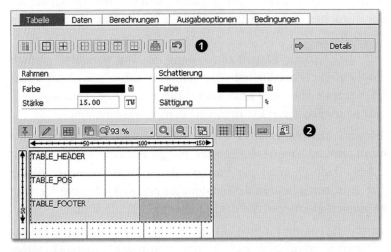

Abbildung 2.21 Table Painter

Im oberen Bereich des Fensters finden Sie die Symbolleiste mit den Funktionen zur Rahmengestaltung (siehe ❶ in Abbildung 2.21) sowie den bekannten Attributen für Farbe und Schattierung.

Der untere *Designbereich* ist so breit wie die zugehörige Tabelle bzw. Schablone; hier werden vorhandene Zeilentypen angezeigt. Sind noch keine Zeilentypen angelegt, erzeugt der Table Painter beim ersten Aufruf automatisch eine erste Zeile, deren Höhe dem Gesamtausgabebereich entspricht. Im Designbereich des Table Painters können Sie die Zeilentypen direkt per Maus gestalten. Oberhalb des Designbereichs stehen Ihnen dazu verschiedene Funktionen über eine Toolbar zur Verfügung ❷.

Zeilentypen gestalten

Ehe Sie mit der eigentlichen Gestaltung beginnen, wählen Sie zuerst den passenden Bearbeitungsmodus über das zweite Symbol 🖉 der Toolbar (mit der Bezeichnung ZEILEN UND SPALTEN ZEICHNEN):

▸ **Zeichnen**

Im Zeichnen-Modus können Sie die Abmessungen vorhandener Zeilen und Spalten per Maus ändern.

Modus »Zeichnen«   [zB]

Positionieren Sie z. B. die Maus auf einen der senkrechten Striche, die zwei Zellen einer Zeile trennen, und verschieben Sie diesen Strich dann bei gleichzeitig gedrückter linker Maustaste.

Sie können auch neue Zeilen oder Spalten anlegen: Ziehen Sie dazu einfach mit der Maus als Zeichenstift einen waagerechten oder senkrechten Strich in eine vorhandene Zeile. Halten Sie dabei wieder die linke Maustaste gedrückt.

Zu viele Infos können auch verwirren, deshalb lassen sich im Zeichnen-Modus die vorhandenen Rahmen und Schattierungen ausblenden (siehe drittes Symbol ⊞ in der Toolbar). Hilfreich für die Eingabe ist aber möglicherweise wieder die Anzeige des Lineals bzw. eines Rasters, wie wir es im Zusammenhang mit dem Form Painter beschrieben haben. Auch hier können Sie neue Spalten wieder direkt am Raster ausrichten lassen.

▸ **Markieren**

Im Markieren-Modus können Sie einzelne oder mehrere Zellen der Tabelle markieren und dann deren Eigenschaften anpassen, z. B. Farbe, Schattierung oder einen Rahmen zuordnen.

Weitere Bearbeitungsfunktionen sind über das Kontextmenü abrufbar (um z. B. vorhandene Zeilentypen zu kopieren oder umzubenennen).

Raster verwenden

Im Table Painter können Sie wie im Form Painter ein Raster hinterlegen, um die Zeilen- und Spaltenabstände automatisch ausrichten zu können. Die Grundeinstellungen nehmen Sie wieder über das zugehörige Symbol 🗗 in der Toolbar vor. Es ist meist vorteilhaft, wenn die folgenden Optionen gesetzt sind:

- ▸ Transparente Tabellen
- ▸ Fadenkreuz
- ▸ Tabellen am Raster ausrichten

Vordruck und Hintergrundbild

Insbesondere bei der Erstellung komplexer Schablonen kann es sinnvoll sein, einen Formularvordruck als Hintergrundbild einzubinden und dann eine passende Schablone davon abzuzeichnen.

Um ein solches Hintergrundbild auch im Table Painter zu sehen, muss die vertikale Ausrichtung der Schablone auf ABSOLUT (VON OBEN) eingestellt sein. Nur dann erscheint auf dem Bearbeitungsbild zur Schablone ein zusätzlicher Schalter mit der Bezeichnung HINTERGRUNDBILD. Wenn dieser Schalter aktiv ist, sehen Sie im Table Painter einen Ausschnitt der Hintergrundgrafik. Dieser Ausschnitt ist durch Position und Größe des übergeordneten Fensters bestimmt, in dem sich die Schablone befindet. Damit ist alles bereit, um Zeilen und Spalten nachzuzeichnen. (Es kann aber sein, dass Sie zwischendurch speichern und Smart Forms neu aufrufen müssen, damit das Hintergrundbild auch erkannt wird.)

Nicht grafische Ansicht

Über den Button DETAILS (siehe Abbildung 2.21) wechseln Sie in eine alternative (nicht grafische) Darstellung der Zeilentypen. Dort können Sie z. B. die Breite jeder Spalte direkt als Zahl mit Maßeinheit eingeben. Wenn Sie also den gewünschten Aufbau ohnehin schon mit Maßangaben vorliegen haben, dürfte dies sogar der einfache Weg sein, um die Aufteilung der Tabelle im System einzustellen.

Bei diesem Wechsel über den Button DETAILS werden alle Änderungen sofort in die Listendarstellung der Zeilentypen übernommen. Gleichzeitig wird die letzte Spalte so ausgerichtet, dass jede Zeile exakt die Breite der zugehörigen Schablone/Tabelle besitzt. Denn diese Voraussetzung muss bei beiden Knotentypen erfüllt sein und wird auch von der Prüfroutine des Knotens kontrolliert.

2.4   Formularinfo und Suche

Bei komplexen Formularen kann schon einmal die Übersichtlichkeit verloren gehen. In diesem Fall hilft eine Funktion, die als *Formularinfo* bezeichnet
wird. Damit ist gemeint, dass Smart Forms eine Liste mit allen Komponenten
des Formulars und deren Attributen erzeugt. Das zugehörige Anzeigefenster
tritt an die Stelle des Form Painters (siehe Abbildung 2.22). Wählen Sie den
Menüpfad HILFSMITTEL • FORMULARINFO, um die Ansicht in Abbildung 2.22
zu erhalten. Das Sammeln der Daten für diese Ansicht kann aber etwas Zeit
in Anspruch nehmen.

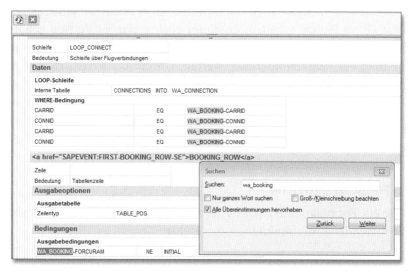

Abbildung 2.22 Formularinfo und Suche

Für die Formularinfo erzeugt Smart Forms intern eine temporäre HTML-
Datei, die sich auch gut als Dokumentation ausdrucken lässt. Durch Doppelklick auf einen Knoten in der Baumansicht von Smart Forms springen Sie
direkt zum zugehörigen Bereich in der Liste. Über das Kontextmenü erhalten
Sie verschiedene Funktionen eines Browserfensters.

Formularinfo   [+]

Mit der Formularinfo steht endlich auch eine mächtige Suchfunktion zur Verfügung (siehe Abbildung 2.22). Sie erreichen die Suche mit der üblichen Tastenkombination ⌜Strg⌟ + ⌜F⌟ (leider können Sie sie nicht über das Kontextmenü erreichen). Mithilfe der Suchinfo können Sie z. B. herausfinden, wo ein bestimmtes
Datenfeld im Formular angesprochen wird. Es ist sogar das ABAP-Coding aller Programm-Knoten in der Liste enthalten; es wird also auch jede dort verwendete
Variable gefunden.

2.5 Formulare prüfen, testen, aktivieren

Smart Forms unterscheidet zwischen gespeicherten Formularen (über Formular • Sichern) und Formularen, die zusätzlich aktiviert worden sind (über Formular • Aktivieren). Jedes Formular muss den Status aktiv besitzen, wenn es über ein Rahmenprogramm ausgegeben werden soll (dies gilt ebenso für Stile). Den Status des Formulars zeigt der Form Builder direkt hinter dem Namen des Formulars (z. B. nach Doppelklick auf den Knoten Formularattribute).

Wenn Sie Änderungen an einem aktiven Formular vornehmen und speichern, wechselt der Status wieder auf inaktiv. Dabei bleibt die letzte aktive Version noch im System erhalten. Zu dieser vorher aktiven Version gehört auch der generierte Funktionsbaustein. Wenn Sie also in dieser Situation die Ausgabe über ein Rahmenprogramm starten, kommt die letzte aktive Version zum Zuge. Das gilt auch für die Funktion zum Testen des Formulars!

Wenn Sie den Menüpfad Hilfsmittel • Zurück zu aktiver Version wählen, verwirft der Form Builder alle zwischenzeitlichen Änderungen und stellt die letzte aktive Version wieder her.

2.5.1 Formular aktivieren

Wenn Sie ein Formular aktivieren (siehe Abbildung 2.23), werden automatisch die folgenden Einzelfunktionen ausgeführt:

1. Gesamtprüfung des Formulars
2. Falls hierbei kein Fehler auftritt, werden die folgenden Schritte durchgeführt:

   ▸ Funktionsbaustein generieren
   ▸ vorher aktives Formular löschen
   ▸ Status aktiv bei der aktuellen Version des Formulars setzen

Die Gesamtprüfung zum Formular beinhaltet nacheinander alle Einzelprüfungen zu den enthaltenen Knoten. Zusätzlich überprüft der Form Builder das Zusammenspiel der Knoten untereinander. Darauf werden wir im weiteren Verlauf dieses Kapitel noch eingehen.

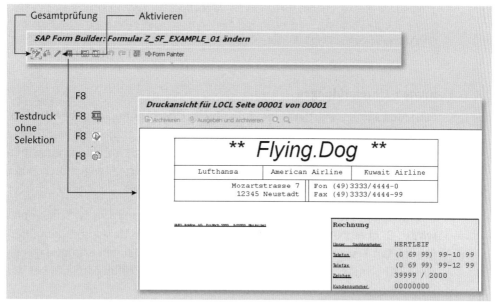

Abbildung 2.23 Formular prüfen, aktivieren, testen

Läuft die Formularprüfung nicht auf Fehler, wird ein passender Funktionsbaustein generiert, und das Formular wird auf den Status AKTIV gesetzt. Dabei wird die Aktivierung nicht durch eventuell auftretende Warnungen blockiert. Danach können Sie das Formular zusätzlich testen.

Fehlerliste

Falls der Form Builder nach Überprüfung eines Formulars oder Einzelknotens mit Hinweisen auf Fehler oder Warnungen reagiert, öffnet sich ein weiterer Anzeigebereich unterhalb der Knotenattribute (siehe Bearbeitungsbild des Form Builders in Abbildung 2.14). Dort sind alle Hinweise in einer Liste aufgeführt. Diese Liste enthält auch eine Angabe zum Knoten, in dem der Fehler aufgetreten ist. Um den Fehler zu beheben, wählen Sie diesen Knoten einfach per Maus an (per Doppelklick auf die zweite Spalte). Das System springt dann an die entsprechende Stelle im Navigationsbaum, und Sie können dort den Fehler beseitigen.

Meldungen werden auch nach Fehlerbehebung angezeigt	[+]

In Einzelfällen erkennt der Form Builder nicht, dass eine Fehlerursache schon behoben ist. In diesem Fall ist die zugehörige Meldung offensichtlich weiterhin im internen Programmspeicher vorhanden und wird bei der nächsten Überprüfung erneut angezeigt.

Sollten Sie dies vermuten, speichern Sie versuchsweise das Formular. Beenden Sie dann die Bearbeitung, und rufen Sie den Form Builder erneut auf. Die Prüfung meldet jetzt voraussichtlich keinen Fehler mehr.

Knoten-Einzelprüfungen

Für jeden Knoten existiert eine individuelle Überprüfung, die über das Prüfen-Symbol 🔎 bei den jeweiligen Knotenattributen aufgerufen wird. Eine Knotenprüfung empfiehlt sich vor allem dann, wenn an einem einzelnen Knoten größere Änderungen erfolgt sind. Ihr Vorteil gegenüber einer Gesamtprüfung ist vor allem die hohe Geschwindigkeit.

Der Inhalt der Prüfungen hängt vom jeweiligen Knotentyp ab. In Schablonen wird z. B. überprüft, ob die einzelnen Zeilen in ihren Maßen mit dem übergeordneten Fenster übereinstimmen. Im Programm-Knoten erfolgt dagegen ein ABAP-Syntaxcheck. Wir werden die jeweiligen Prüfungsinhalte bei der Darstellung der einzelnen Knotentypen erwähnen.

Formular-Gesamtprüfung

Über den Menüpfad FORMULAR • PRÜFEN wird das Formular einer Gesamtprüfung unterzogen. Diese Prüfung erfolgt automatisch auch bei jeder Aktivierung des Formulars. Sie beinhaltet folgende Schritte:

1. Einzelprüfungen aller Knoten
2. Zusätzliche Prüfungen, die nur im Gesamtzusammenhang einen Sinn ergeben

Tritt bei der Gesamtprüfung gleich zu Beginn ein Fehler in der Formularschnittstelle oder in den globalen Daten auf, wird nur der erste Fehler als Meldung ausgegeben, und die weitere Überprüfung des Formulars wird abgebrochen. In diesem Fall wäre zwangsläufig mit Folgefehlern zu rechnen, sodass alle weiteren Einzelprüfungen unsinnig sind.

Datenflussanalyse

Wie zu Beginn dieses Abschnitts erwähnt, beinhaltet die Gesamtprüfung auch eine Datenflussanalyse. Dabei überprüft der Form Builder, ob ein bestimmtes Feld, das in einem Text verwendet wird, zum Zeitpunkt der Ausgabe überhaupt einen definierten Wert besitzt. Da es aber keine direkte Verbindung zum zugehörigen Rahmenprogramm gibt, kann der Form Builder diese Überprüfung nur auf Basis von Annahmen leisten. Auf dieser Basis ist natürlich keine hundertprozentige Treffsicherheit möglich; gegebenenfalls gibt der Form Builder Warnungen als Hinweis aus.

In der Datenflussanalyse kommen folgende Annahmen zum Tragen:

▶ Für alle Parameter, die in der Formularschnittstelle definiert sind, wird grundsätzlich angenommen, dass entsprechende Daten vorhanden sind.

▶ Wurde eine Variable unter GLOBALE DEFINITIONEN angelegt (also nicht über die Formularschnittstelle), muss sie im Formular selbst mit Daten versorgt werden. Deshalb werden zusätzlich die folgenden Bedingungen überprüft:

  ▸ Ist ein Vorschlagswert bei der Definition vergeben worden? Die Prüfung erfolgt natürlich nur, wenn es sich um ein Feld handelt (kein strukturierter Datentyp).

  ▸ Ist die Variable als Ausgabeparameter in einem Programm-Knoten eingetragen, der vorher prozessiert wird? Falls ja, wird angenommen, dass sie dort auch mit Daten versorgt wird (es wird also nicht der eigentliche Programmcode überprüft).

  ▸ Handelt es sich um die Kopfleiste einer internen Tabelle und wird diese interne Tabelle in einem Knoten als Schleife durchlaufen?

Die Überprüfung endet ohne Warnung, wenn eine der Bedingungen erfüllt ist. Da bei dieser Datenflussanalyse auch die Reihenfolge der Abarbeitung wichtig ist, erfolgt sie einzeln für jeden Knoten.

Bei global definierten Daten berücksichtigt die Prüfung auch den Fall, dass eine Datenzuweisung von Laufzeitbedingungen abhängt (wenn eine vorherige Datenzuweisung z. B. mit einer Bedingung versehen ist). In einem solchen Fall erscheint eine Warnung mit der Einschränkung, dass ein Feld eventuell nicht gefüllt ist.

Arbeitsbereich im Schleife-Knoten   [+]

Im Schleife-Knoten wird üblicherweise ein eigenständiger Arbeitsbereich mit dem jeweils aktuellen Datensatz einer internen Tabelle versorgt. Diese Art der Datenzuweisung wird bei der Überprüfung nicht berücksichtigt. Es kommt deshalb immer wieder vor, dass ein Arbeitsbereich von der Gesamtprüfung des Formulars wegen fehlender Daten angemahnt wird. Um eine solche ungerechtfertigte und damit störende Warnung auszublenden, sollten Sie den Arbeitsbereich vorher als Ausgabeparameter zu einem Programm-Knoten angeben (oder einfach unter der Registerkarte INITIALISIERUNG bei den globalen Definitionen).

2.5.2 Formular testen

Beim Test eines Formulars wird in Wirklichkeit der erzeugte Funktionsbaustein getestet. Diese Funktionalität ist bei Smart Forms vom *Function Builder* ausgeliehen, einem Werkzeug der ABAP-Entwicklungsumgebung.

Wählen Sie für das aktivierte Formular den Menüpfad FORMULAR • TESTEN oder die Funktionstaste [F8], und Sie gelangen auf das Einstiegsbild des Function Builders (Transaktion SE37). Gehen Sie von dort mit der Funktionstaste [F8] oder dem Symbol 毌 in den Testmodus zum generierten Funktionsbaustein.

Einen besonders schnellen Aufruf der Testfunktion erreichen Sie durch viermaliges Betätigen der Funktionstaste [F8] (siehe auch Abbildung 2.23). Bei diesem Vorgang wird nicht das Rahmenprogramm zur Datenbeschaffung aufgerufen; entsprechend erhält der Funktionsbaustein auch keine Daten. Diese Testfunktion eignet sich daher vor allem zur Kontrolle des Layouts.

Bei komplexen Formularen mit Dateneinbindung sollten Sie zum Test den Weg über das Rahmenprogramm gehen. Wenn Sie das Rahmenprogramm in einem zweiten Bildschirmmodus offen lassen, ist der Aufruf sogar noch schneller als über die interne Testfunktion des Formulars (vorausgesetzt, das Rahmenprogramm existiert bereits wie in unserem Schnelleinstieg).

2.5.3 Formular generieren

Unter *Generieren* versteht man die Erstellung des passenden Funktionsbausteins zum Formular. Beim Aktivieren des Formulars wird diese Funktion automatisch mit ausgeführt, erst danach ist ein Test des Formulars über den Funktionsbaustein möglich.

Wenn Sie ein neu erstelltes Formular in ein weiteres SAP-System übertragen (z. B. per Transportauftrag), existiert dort zunächst noch kein Funktionsbaustein. Er wird aber automatisch generiert, wenn Sie das betreffende Formular erstmals über das zugehörige Rahmenprogramm aufrufen. Über den Menüpfad SMART FORMS • GENERIEREN im Einstiegsbild zu Smart Forms können Sie die Generierung auch manuell anstoßen (erst danach ist dann auch die Testfunktion zum Formular bzw. zum Funktionsbaustein aufrufbar).

Im Gegensatz zur Aktivierung müssen Sie das Formular hier nicht im Änderungsmodus aufrufen (es sind also keine weiteren Berechtigungen erforderlich). Sie können die manuelle Generierung jederzeit wiederholen; gegebenenfalls wird ein bereits vorhandener Funktionsbaustein überschrieben.

2.6   Formulardokumentation

Smart Forms enthält selbst keine Werkzeuge zur Dokumentation von Formularinhalten. Lediglich in Programm- und Text-Knoten können Sie Kommentarzeilen einfügen.

Smart Forms enthält auch kein direktes Änderungsmanagement. Es wird lediglich gespeichert, wann und durch wen die letzte Änderung erfolgt ist. Diese Informationen finden Sie auf der Registerkarte ALLGEMEINE EIGENSCHAFTEN bei den Formularattributen. Da die Dokumentation von Formularinhalten ein wichtiges Thema ist, wollen wir im Folgenden eine praktikable Lösung dafür beschreiben.

> **Kurzdokumentation**   [+]
>
> Erzeugen Sie zu selbst entworfenen Formularen zumindest eine Kurzdokumentation, die einen Verweis auf das zugehörige Rahmenprogramm enthält.

Sie haben vermutlich auch schon die Erfahrung gemacht, dass Dokumente nicht gelesen werden, wenn sie unabhängig vom eigentlichen Objekt – in diesem Fall dem Formular – gespeichert sind. Was liegt also näher, als auch für die Dokumentation eine Standardfunktion innerhalb des Formulars zu verwenden. Und da eignet sich natürlich der Text-Knoten (siehe Abschnitt 10.2) mit den im Folgenden genannten Eigenschaften:

▸ Für kurze Anmerkungen ist die Eingabe über den Inline-Editor ideal.

▸ Für umfassende Texte wechseln Sie zum SAPscript-Editor). Natürlich geht es auch über Microsoft Word. Die Microsoft-Textverarbeitung ist in neuen SAP-NetWeaver-Installationen ohnehin schon als Standardeditor für Smart Forms eingestellt (siehe Abschnitt 1.2.4, »Änderungen am eigenen Formular«).

▸ Für den Ausdruck des Textes wählen Sie ebenfalls den Weg über den Ganzseiteneditor.

Da der Text an dieser Stelle nur zur Dokumentation dienen soll, muss er bei Ausgabe des Formulars natürlich unterdrückt werden. Sie könnten dies erreichen, indem Sie alle Dokumentationszeilen mit dem Sonder-Absatzformat »/*« kennzeichnen. Dann stehen aber für die Formatierung des Textes keine weiteren Möglichkeiten zur Verfügung.

Deshalb ist es vorteilhafter, gleich den gesamten Text-Knoten über eine passende Bedingung als Kommentar zu kennzeichnen. Hierzu gehen Sie folgendermaßen vor:

1. Erstellen Sie für die Dokumentation ein eigenes Fenster, z. B. an oberster Stelle der ersten Formularseite.

2. Positionieren Sie das Fenster an eine abgelegene Stelle der Seite, z. B. oben rechts (nicht oben links, denn dort werden automatisch alle neuen Fenster angelegt).

3. Verknüpfen Sie den Fenster-Knoten mit einer Ausgabebedingung, die niemals erfüllt ist (z. B. `'A'` = `'B'` oder auch `'Text'` = `'Doku'`). Alternativ können Sie natürlich auch eine komplette Entwurfsseite nur für die Dokumentation anlegen, auf die dann aber keine andere Seite verweisen sollte.

4. Erzeugen Sie einen oder mehrere Text-Knoten unterhalb dieses Fensters; mehrere Knoten sind sinnvoll, wenn Sie z. B. die Grunddokumentation getrennt von den Änderungen führen wollen.

5. Erstellen Sie für die Dokumentation einen eigenen Stil, der die benötigten Absatz- und Zeichenformate enthält. Damit wird die Formatierung der Dokumentation unabhängig vom jeweiligen Formular. Ordnen Sie diesen Stil dann individuell den jeweiligen Text-Knoten zu. Achten Sie aber darauf, dass ein entsprechender Stil auch zu SAPscript angelegt sein muss, um den Text gegebenenfalls einzeln ausdrucken zu können.

Mit diesen Schritten haben Sie im Formular einen Text-Knoten eingebunden, der Ihre Dokumentation bestens aufnehmen kann und in keiner Weise den sonstigen Formularaufbau stört.

In Einzelfällen mag es auch sinnvoll erscheinen, Anmerkungen direkt zu einer Formularkomponente zu erfassen. Verwenden Sie dann einfach weitere Text-Knoten direkt an den jeweiligen Stellen, z. B. zu Beginn des jeweiligen Fensters (vergessen Sie nicht, jeweils eine Ausgabebedingung zu hinterlegen).

Nachdem Sie im vorherigen Kapitel die Werkzeuge der Formularbe-arbeitung kennengelernt haben, zeigen wir in diesem Kapitel, wie das Layout eines Formulars festgelegt wird. Dazu werden die einzelnen Seiten eines Formulars über die Ausgabebereiche beschrieben.

3   Layout des Formulars

Als übergeordnete Gestaltungselemente des Layouts haben Sie im Schnell-einstieg in Kapitel 1 bereits Seiten und Fenster kennengelernt. Mithilfe der Knotentypen »Tabelle« und »Schablone« können Sie die Fenster weiter struk-turieren und damit die passenden Ausgabebereiche für Grafiken, Texte oder Daten definieren.

Jede Layoutebene (Seite, Fenster, Schablone etc.) hat ihre individuellen Eigenschaften, die in den folgenden Abschnitten erläutert werden. Zunächst erläutern wir jedoch noch einige Grundlagen und geben einige Anmerkun-gen zu generellen Layoutvorgaben wie Maßeinheiten oder Rahmungen und Schattierungen, die Sie in nahezu jedem Knoten anwenden können.

3.1   Grundlagen

Zur Erinnerung zeigt Abbildung 3.1 noch einmal das Layout zu unserer Flug-rechnung (als Darstellung im Form Painter). Das Formularlayout in diesem Beispielformular enthält zwei Entwurfsseiten. Die Fensteraufteilung der bei-den Seiten unterscheidet sich aber nur geringfügig: Die zweite Seite enthält kein INFO-Fenster mehr, stattdessen ist dort eine Seitennummerierung vor-gesehen.

Es ist der Sinn eines Rechnungsformulars, alle Flugbuchungen eines Kunden mit ihren Preisen in tabellarischer Form in einem Fenster auszugeben. Diese Flugbuchungen werden im Hauptfenster MAIN aufgelistet. Es gibt weitere Fenster (als Nebenfenster) mit Angaben zum Firmenlogo, Absender, Kunden-adresse und sonstigen Merkmalen (wie z. B. Sachbearbeiter, Kundennum-mer, Zeichen, Datum; siehe auch Musterausdruck im Anhang C.2).

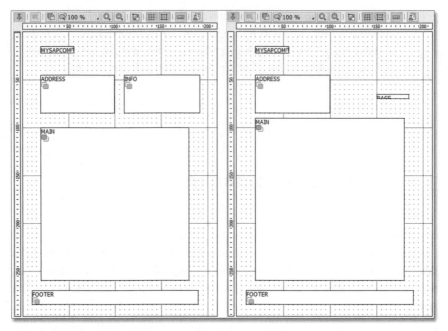

Abbildung 3.1 Layout des Beispielformulars

Die Seitenaufteilung der Flugrechnung entspricht dem wohl gängigsten Anwendungsfall. Nach Ausgabe einer Erstseite wird die Folgeseite so lange wiederholt, bis alle Daten (bei uns die Flugbuchungen) ausgegeben sind.

Der Form Painter zeigt in seiner Layoutdarstellung nur die angelegten Fenster als Ausgabebereiche, nicht aber die weitere Strukturierung über Schablonen und Ausgabetabellen. Insgesamt ergibt sich eine maximal dreistufige Gliederung der Ausgabebereiche (siehe Abbildung 3.2).

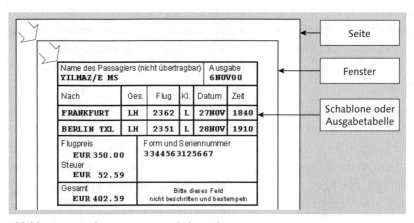

Abbildung 3.2 Definition von Ausgabebereichen

3.2   Generelle Layoutvorgaben

An verschiedenen Stellen im Formular können Sie generelle Layoutinformationen hinterlegen. Gemeint sind hiermit insbesondere verschiedene generelle Formularattribute bei den globalen Einstellungen und Rahmungen und Schattierungen bei den Ausgabeoptionen der verschiedenen Knotentypen.

3.2.1   Globale Einstellungen

Der Zweig GLOBALE EINSTELLUNGEN mit seinen drei Unterknoten FORMULARATTRIBUTE, FORMULARSCHNITTSTELLE und GLOBALE DEFINITIONEN ist bei jedem neu angelegten Formular bereits vorhanden. Hier können Sie einige grundlegende Parameter einstellen, die für das gesamte Formular gelten.

Für die Layoutgestaltung sind allerdings nur die Eintragungen im Knoten FORMULARATTRIBUTE relevant. Wählen Sie dort die Registerkarte AUSGABEOPTIONEN (siehe Abbildung 3.3).

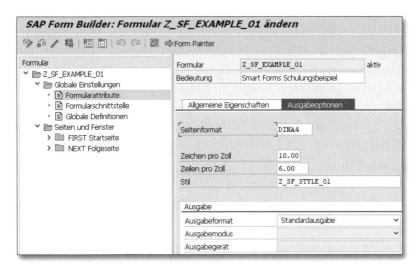

Abbildung 3.3 Generelle Formularattribute

Die Formularattribute, die Sie auf dieser Registerkarte einstellen können, sind die folgenden:

▸ **Seitenformat**

Das Seitenformat wird bei Neuanlage des Formulars aus den Grundeinstellungen des Form Builders übernommen (siehe Abschnitt 2.3, »Form Builder«). Diese Vorgabe lässt sich an dieser Stelle aber ändern. Über die Wertehilfe (F4-Taste) stehen alle Seitenformate zur Auswahl, die in der

Spooladministration (Transaktion SPAD) eingerichtet worden sind. Später können Sie für jede Seite individuell wählen, ob die Ausgabe der entsprechenden Seiten im Hoch- oder Querformat erfolgen soll.

[+] **Unterschiedliche Papierformate anwenden**

Es ist demnach nicht möglich, innerhalb eines Formulars unterschiedliche Papierformate auszugeben (z. B. ein Anschreiben und ein Etikett dazu). Falls das jedoch gewünscht ist, empfehlen wir folgende Lösungsmöglichkeit:

▸ Erstellen Sie zwei getrennte Formulare mit dem jeweiligen Seitenformat.

▸ Erstellen Sie ein passendes Rahmenprogramm, in dem beide Formulare direkt nacheinander aufgerufen werden. Die notwendigen Funktionen zur Einbindung werden Sie in Kapitel 8, »Rahmenprogramm, Datenbeschaffung und Formularausgabe«, kennenlernen.

▸ Über einen Kommando-Knoten können Sie gegebenenfalls auch noch den passenden Schacht am Drucker ansteuern (auf diesen Knotentyp gehen wir in Kapitel 6, »Ablauflogik des Formulars«, noch ein).

▸ **Zeichen pro Zoll**

Diese Angabe (Character per Inch, cpi) hat keine direkte Auswirkung auf die Ausgabe. Hier wird nur die Definition der Einheit CH (Character, Zeichen) vorgenommen, die bei Feldern mit horizontalen Maßeinheiten zur Auswahl steht. In unserem Beispiel in Abbildung 3.3 ist ein Wert von 10 Zeichen pro Zoll eingetragen: Wenn Sie auf dieser Basis irgendwo im Formular ein Fenster mit Breite »20 CH« definieren, wird daraus eine Breite von 2 Zoll errechnet (mit 1 Zoll = 2,54 cm also etwas mehr als 5 cm).

▸ **Zeilen pro Zoll**

Die gleiche Definition wie im vorherigen Punkt können Sie im Feld ZEILEN PRO ZOLL (Lines per Inch, lpi) für die vertikale Maßeinheit LN (Zeilen, Lines) vornehmen.

[»] **Vorschläge des Systems**

Die Vorschläge des Systems sind 10 cpi bzw. 6 lpi. Ohne zwingenden Grund sollten Sie den Eintrag nicht ändern, denn sie werden als Standardwerte von jedem Drucker unterstützt.

▸ **Stil**

Der hier zugewiesene Stil ist Grundlage aller Knoten mit Ausgabefunktionen (Texte, Adressen etc.), solange auf weiteren Unterknoten kein anderer individueller Stil zugewiesen wurde (z. B. in einer Schablone oder direkt auf Ebene eines Text-Knotens).

Stile sparsam verwenden **[+]**

Versuchen Sie, mit wenigen Stilen im Formular auszukommen. Nur so erreichen Sie eine durchgängige Gestaltung Ihrer Formulare und verringern gleichzeitig den Pflegeaufwand.

Der Abschnitt AUSGABE in Abbildung 3.3 definiert unter anderem das gewünschte Zielformat. Im Feld AUSGABEFORMAT stehen folgende Zielformate zur Auswahl:

▶ **Standardausgabe**

Diese Einstellung ist immer die richtige Wahl, wenn Sie ein Formular erstellen, das gedruckt werden soll. In diesem Fall wird das Ergebnis der Formularausgabe an die SAP-Spoolverwaltung weitergegeben. Die zugehörigen Daten im Spooler liegen dann im OTF-Format vor, das auch von SAPscript erzeugt wird. Die Spoolverwaltung konvertiert die Daten dann weiter in ein Format, das vom jeweiligen Drucker oder z. B. auch Fax erwartet wird (siehe auch Kapitel 9, »Druck-Workbench und Korrespondenz-Tool«).

Das OTF-Format wird aber auch verwendet, wenn das Formular abschließend noch in ein anderes Format konvertiert werden soll, um z. B. als PDF-Anhang einer E-Mail versendet zu werden. Diese Konvertierung findet dann üblicherweise im Rahmenprogramm statt. Die Standardausgabe ist also die richtige Wahl in allen Fällen, die wir in den einführenden Kapiteln zum Basiswissen behandeln wollen.

▶ **XSF-Ausgabe**

Bei diesem Eintrag erhalten Sie eine Ausgabe im XSF-Format, das sich z. B. zur Anbindung externer Systeme eignet (siehe Abschnitt 10.10 und Abschnitt 10.11).

Als zusätzlicher Parameter muss in diesem Fall ein *Ausgabemodus* eingetragen werden. Je nach Wahl werden die Daten wie bei der Standardausgabe zum Spool gesendet oder an das Rahmenprogramm zurückgegeben (über einen entsprechenden Exportparameter der Formularschnittstelle, siehe Kapitel 8, »Rahmenprogramm, Datenbeschaffung und Formularausgabe«, und Abschnitt 10.10).

▶ **XSF-Ausgabe + HTML**

Mit dieser Option werden zusätzlich zum XSF-Format noch HTML-Daten erzeugt, mit denen die Darstellung im Webbrowser möglich wird. Ein Anwender könnte ein solches Webformular z. B. im Anhang einer E-Mail erhalten.

Dieses Format ist vor allem interessant, wenn zusätzlich interaktive Funktionen genutzt werden sollen. In diesem Fall kann der Anwender eigene Daten direkt im Webbrowser eingeben, die zum SAP-System zurückgemeldet werden (hierbei werden Services des ICF, Internet Communication Framework, genutzt). Die zugehörige URL sollte in diesem Fall im untersten Eingabefeld der Abbildung 3.3 eingetragen werden, der Feldname ändert sich in diesem Fall von AUSGABE-GERÄT auf BSP-SEITE. Ein Beispiel für diese Anwendung ist das SAP-Demoformular SF_WEBFORM_02 (siehe auch Anhang C.1).

Vorhandene Formulare, die für Druckanwendungen erstellt wurden, können nachträglich mit geringem Aufwand für die Webanwendung erweitert werden, z. B. indem die zusätzlichen Attribute für die jeweiligen Eingabefelder gesetzt werden (siehe Registerkarte WEB-EIGENSCHAFTEN zum Text-Knoten).

Webformulare werden allerdings nicht in Teil Idieses Buches behandelt; wir werden deshalb auch nicht auf die zugehörigen Webattribute in den einzelnen Knoten eingehen.

[»]

Ausgabeparameter

Die im gleichnamigen Feld eingetragenen Ausgabeparameter sind statisch im Formular hinterlegt. Bei Bedarf können die Parameter über die Schnittstelle geändert werden (sie würden also zur Laufzeit vom Rahmenprogramm übersteuert).

3.2.2 Rahmen und Schattierungen

Alle wählbaren Knotentypen – mit Ausnahme des Programm-Knotens – besitzen unter den Knotenattributen eine Registerkarte AUSGABEOPTIONEN mit einem Abschnitt RAHMEN UND SCHATTIERUNG (siehe Abbildung 3.4).

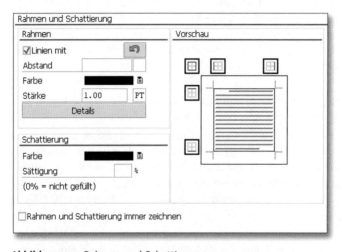

Abbildung 3.4 Rahmen und Schattierung

Hier wiederum sind folgende Abschnitte zu finden:

▸ **Abschnitt »Schattierung«**
Hier werden Hintergrundfarbe und Sättigung für den vom Knotenelement umschlossenen Ausgabebereich eingestellt, als Farbe oder auch einfach nur als Grauwert. Das Verhalten des Systems hängt allerdings auch von den Einstellungen in übergeordneten Knoten ab (z. B. übersteuert die Schattierung im Fenster eine Schattierung im untergeordneten Text-Knoten).

> **Inverse Schrift** [+]
>
> Wenn Sie einen Text mit 100 % schwarzer Farbe »schattiert« ausgeben, dann erscheint bei Ausgabe nur ein schwarzer Balken in Länge der jeweiligen Textzeile; wählen Sie stattdessen eine weiße Schriftfarbe im Zeichenformat, um die Ausgabe mit inverser Schrift zu erhalten.

▸ **Abschnitt »Rahmen«**

Mithilfe von Vorgaben zur Linie können Sie das gesamte Knotenelement (z. B. Fenster, Text) mit einem Rahmen versehen. Die Angaben zum Abstand beziehen sich auf den äußeren Rand des übergeordneten Ausgabebereichs, hängen also auch vom dort verwendeten Knotentyp ab.

Statt kompletter Rahmen können Sie in aktuellen Smart-Forms-Versionen auch einzelne Seiten auswählen und dort gegebenenfalls sogar unterschiedliche Strichstärken und Farben zuweisen (über den Button DETAILS öffnet sich ein entsprechendes Eingabefenster).

> **Spezielle Rahmungen** [+]
>
> Nur einfache Linien werden direkt unterstützt. Sind spezielle Rahmungen erforderlich, z. B. solche mit doppelten Linien, sollten Sie dafür eigene Fenster anlegen, die gegebenenfalls nur die Darstellung des Rahmens zur Aufgabe haben. Über solche Fenster können Sie mithilfe von Grauwerten auch sehr breite Rahmen erzeugen. Bei der Ausgabe überlagern sich dann die einzelnen Vorgaben.

▸ **Abschnitt »Vorschau«**

In der Vorschau rechts sehen Sie, welche Ränder gerade gesetzt sind: Durch Anklicken mit der Maus können Sie auch dort die relevanten Seiten aktivieren und deaktivieren. Wählen Sie z. B. nur eine Seite aus, wenn Sie nur einen senkrechten oder waagerechten Strich auf dem Formular ausgeben wollen (das zugehörige Fenster muss nicht unbedingt weitere Daten enthalten).

Da ein Fenster-Knoten nur angedruckt wird, wenn auch Inhalte zur Verfügung stehen, geht bei einem leeren Fenster der Rahmen bzw. der Hintergrund verloren. Um das zu vermeiden, sollten Sie das Attribut RAHMEN UND SCHATTIERUNG IMMER ZEICHNEN setzen.

3.3 Seite-Knoten

Die folgenden Angaben zur Flugrechnung lassen sich auf die Layouts fast aller Formulare übertragen (siehe auch Abbildung 3.1):

▸ Die Ausgabe besteht aus einer oder mehreren Seiten. Die erste Seite ist die Startseite; mit ihr beginnt die Abarbeitung (Prozessierung) des Formulars. Wenn bei der Ausgabe nicht alle auszugebenden Daten im Hauptfenster einer Seite Platz finden, wird automatisch vom System die Ausgabe einer weiteren Seite angestoßen. Welche Seite dies ist, ergibt sich aus dem Parameter FOLGESEITE der jeweils aktuellen Seite.

▸ Die übliche Bezeichnung der Entwurfsseiten ist:

  ▸ FIRST – erste Seite (mit NEXT als Folgeseite)

  ▸ NEXT – diese Seite wird ab Ausgabeseite 2 verwendet

[zB] **Flugrechnung**

Für unsere Flugrechnung bedeutet das, dass auf der ersten Entwurfsseite (siehe Seite-Knoten FIRST) die Kundenanschrift ausgegeben wird. Im Hauptfenster MAIN folgen dann nach einem einleitenden Text alle Flugbuchungen in einer Ausgabetabelle, wobei die Ausgabelänge von der Anzahl der Flugbuchungen abhängt (dynamische Tabelle). Falls auf der ersten Seite nicht genügend Platz für alle Posten ist, wird die Tabelle mit Wiederholung der Spaltenüberschriften auf der nächsten Seite mit dem Seitenlayout von Knoten NEXT fortgesetzt.

Der Seitenumbruch wird automatisch ausgelöst, wenn der Platz für die Positionenliste im Hauptfenster nicht mehr ausreicht. Alternativ können Sie mithilfe von Sprungbefehlen auch einen manuellen Seitenwechsel erzwingen. Das ist z. B. erforderlich, wenn nach der letzten Seite mit Datenausgabe noch eine Seite mit den Geschäftsbedingungen folgen soll (siehe Kapitel 6, »Ablauflogik des Formulars«).

3.3.1 Entwurfsseite neu anlegen

Zu einem Formular können Sie beliebig viele Entwurfsseiten anlegen. Bei mehr als zwei Seiten müssen Sie zusätzlich auch eine individuelle Ablauflogik für den dynamischen Seitenwechsel hinterlegen.

Eine neue Entwurfsseite legen Sie über ANLEGEN • SEITE im Kontextmenü einer vorhandenen Seite an. Der zugehörige neue Seite-Knoten wird sofort als ausgewählte Seite im Navigationsbaum und im Form Painter angezeigt. Jede neue Seite zeigt zunächst auf sich selbst als Folgeseite.

Wenn Sie eine Seite als Kopie einer vorhandenen Seite erstellen, wird der gesamte Seiteninhalt mit übernommen. Die Fenster, die auf der ersten Seite bereits angelegt waren, befinden sich mit gleichem Namen dann auch auf der kopierten Seite. Über die identischen Namen weist der Form Builder auch den gleichen Inhalt zu (wie ein Verweis, siehe Abschnitt 3.4, »Fenster-Knoten«).

3.3.2 Attribute zum Seite-Knoten

Wichtigster Eintrag auf der Registerkarte ALLGEMEINE EIGENSCHAFTEN ist die Angabe zur Folgeseite. Bei einem Formular mit zwei Entwurfsseiten ist dies immer diejenige Entwurfsseite, die ab Ausgabeseite 2 gelten soll. Auf der Registerkarte ALLGEMEINE EIGENSCHAFTEN zum Seite-Knoten können Sie auch Parameter zur Seitennummerierung vorgeben. Darauf werden wir in Abschnitt 6.4, »Abfolge und Nummerierung der Ausgabeseiten«, noch ausführlich eingehen.

Die Registerkarte AUSGABEOPTIONEN (siehe Abbildung 3.5) enthält grundlegende Druckattribute, um die Ausgabe einer Seite einzurichten:

▸ **Seitenformat**
Über diese Angabe wählen Sie nur zwischen Druck in Hoch- und Querformat. Sie können also für jede Entwurfsseite nur die Druckrichtung wechseln, nicht das eigentliche Papierformat. Das Papierformat ist für das ganze Formular bei den Formularattributen eingestellt (siehe auch Hinweise in Abschnitt 3.2.1, »Globale Einstellungen«). In Abbildung 3.5 werden alle Seiten auf Papiergröße DIN-A4 ausgegeben.

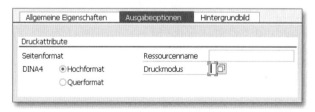

Abbildung 3.5 Seiteneinrichtung mit Ausgabeoptionen

▸ **Ressourcenname**
Über diese Angabe geben Sie eine individuelle Papierquelle vor, von der aus der Drucker sein Papier bezieht (z. B. zur direkten Ansteuerung eines Schachts/Papierfachs, in dem Formularvordrucke liegen). Es handelt sich bei diesen Einträgen um sogenannte *Print Controls*, die in der Druckerverwaltung (Transaktion SPAD) hinterlegt sind. Hier eine Auswahl möglicher Einträge (siehe auch F1-Hilfe zu diesem Feld):

  ▸ TRY01 (Erstes Papierfach)

  ▸ TRY02 (Zweites Papierfach)

- TRY03 (Drittes Papierfach)

- TRYEN (Umschlagdruck)

- TRYMN (Manueller Papiereinzug)

- TRYME (Manueller Einzug für Briefumschläge)

Vergewissern Sie sich, dass die Print Controls für Ihren Zieldrucker gepflegt sind, damit die Schachtwahl erfolgreich sein kann (siehe auch Abschnitt 10.9, »Druck- und Spoolsystem«).

- **Druckmodus**

  Dieses Attribut ist relevant für Drucker, die in der Lage sind, Papier doppelseitig zu bedrucken. Zur Auswahl stehen folgende Angaben:

  - *S*: Neue Seite im Modus SIMPLEX beginnen (einseitig auf Vorderseite)

  - *D*: Neue Seite im Modus DUPLEX beginnen (beidseitig)

  - *T*: Neue Seite im Modus TUMBLE DUPLEX (beidseitig, aber Rückseite »auf dem Kopf«)

Ohne Angabe in den Feldern RESSOURCENNAME und DRUCKMODUS werden die Einstellungen aus dem Ausgabegerät übernommen. Aber diese Attribute führen natürlich nur zum Erfolg, wenn der Drucker die notwendigen Voraussetzungen mitbringt und die entsprechende Anpassung in Transaktion SPAD hinterlegt ist (siehe auch Abschnitt 10.9, »Druck- und Spoolsystem«).

[+]	**Textformular verwenden**
	Sowohl für Schachtwahl als auch für Druckmodus ist es einfach und hilfreich, zum Test ein kleines Formular mit mehreren Seiten anzulegen und dann zu schauen, wo und wie das Papier beim Drucker gezogen wird (auf allen relevanten Druckertypen überprüfen).

Über die Registerkarte HINTERGRUNDBILD können Sie der gesamten Seite eine Grafik zuordnen, das Vorgehen entspricht dem beim Anlegen eines Grafik-Knotens (siehe Abschnitt 4.3, »Grafiken und Hintergrundbild«).

3.4 Fenster-Knoten

Über die Fenster-Knoten wird jede Entwurfsseite eines Formulars in Ausgabebereiche eingeteilt (siehe Abbildung 3.1). Eine direkte Zuordnung von elementaren Knotentypen (z. B. Text-Knoten) zur Seite ist nicht möglich. Einzige Ausnahme hierbei sind Grafik- und Adresse-Knoten, die gleichzeitig die Eigenschaften eines Fensters enthalten können.

Im Folgenden werden wir Ihnen detailliert die Eigenschaften der verschiedenen Fenstertypen erläutern.

3.4.1 Eigenschaften der Haupt-/Nebenfenster

Die Position und Größe eines Fensters ist auf der Seite frei wählbar. Der Eintrag der Ränder bzw. der Höhe und Breite erfolgt auf der Registerkarte Ausgabeoptionen. Sie können die Fenster im Form Painter auch per Maus positionieren, die alphanumerischen Knotenattribute werden dann automatisch mitgeführt.

Verschiedene Fenster können sich auch überlappen oder sogar komplett übereinanderliegen. Dadurch können Sie die Inhalte der Fenster auch ganz bewusst übereinander ausgeben (z. B. Text über Grafik). Die Fenster haben keine Abhängigkeiten untereinander. Folglich sind im Navigationsbaum alle Fenster auf gleicher Ebene unter einem Seite-Knoten angelegt. Diese Ebene wird auch im grafischen Form Painter zur Bearbeitung angeboten.

Auf der Entwurfsseite kann es zwei unterschiedliche Kategorien von Fenstern geben, Hauptfenster und Nebenfenster. Allerdings darf es im Formular immer nur ein Hauptfenster geben. (Das wird aber von der Formularprüfung nicht überwacht, sodass Sie selbst darauf achten müssen.)

Um ein Fenster zum Haupt- oder Nebenfenster zu machen, nehmen Sie den entsprechenden Eintrag im Feld Fenstertyp auf der Registerkarte Allgemeine Eigenschaften vor (siehe Abbildung 3.6):

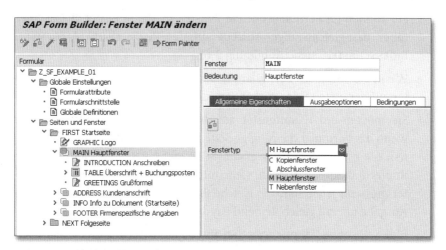

Abbildung 3.6 Haupt-/Nebenfenster

▸ **Nebenfenster**

Über diesen Fenstertyp geben Sie Text und Daten in einem fest vorgegebenen Ausgabebereich aus. Auf jeder Seite können Sie beliebig viele Nebenfenster anlegen. Texte und Daten, die nicht in ein Nebenfenster passen, werden abgeschnitten, ein Seitenumbruch ist nicht vorgesehen.

Existiert ein Nebenfenster mit gleichem Kürzel auf mehreren Seiten (erzeugt über die Kopierfunktion), wird auf jeder Seite der gleiche Inhalt ausgegeben (immer wieder mit der ersten Zeile beginnend). Die direkten Knotenattribute des Fensters können allerdings verschieden sein, z. B. eine unterschiedliche Lage und Größe aufweisen.

[»] **Nebenfenster**

In der Kategorie »Nebenfenster« gibt es zwei Fenstertypen mit zusätzlichen Eigenschaften, das *Kopienfenster* und das *Abschlussfenster*. Auf deren Zusatznutzen werden wir später noch näher eingehen; wir wollen hier zunächst nur die Grundfunktionen beschreiben.

▸ **Hauptfenster**

In einem Hauptfenster geben Sie Texte und Daten aus, die sich über mehrere Seiten erstrecken können (Fließtext). Sobald ein Hauptfenster vollständig gefüllt ist, wird der restliche Inhalt im Hauptfenster auf der Folgeseite ausgegeben. Der Seitenumbruch erfolgt dabei automatisch in Abhängigkeit von der Anzahl der Datensätze.

Weitere Besonderheiten der Hauptfenster sind folgende:

▸ Sie können im Formular nur ein Fenster als Hauptfenster auszeichnen (über das gleichnamige Attribut auf der Registerkarte ALLGEMEINE EIGENSCHAFTEN, siehe Abbildung 3.6).

▸ Wenn Sie ein neues Formular erstellen, ist immer auch ein Hauptfenster auf der ersten Seite vorhanden (dieses wird automatisch angelegt).

▸ Sie müssen ein Hauptfenster auf den ersten beiden Seiten anlegen, wenn das Formular die gängige Seitenfolge besitzt (gegebenenfalls können Sie es zuerst auf der ersten Seite einrichten und dann über die Kopierfunktion übertragen, siehe folgender Abschnitt). Das Hauptfenster muss auf jeder Seite die gleiche Breite haben, damit die zeilenweise Ausgabe überall gleichbleibend ist, die Höhe ist beliebig.

▸ Eine Seite ohne Hauptfenster darf als Folgeseite nicht auf sich selbst verweisen (sonst entsteht eine Endlosschleife). Die Smart-Forms-Ausgabe wird allerdings sicherheitshalber nach drei Seiten abgebrochen.

3.4.2 Fenster neu anlegen

Um ein neues Fenster anzulegen, wählen Sie ANLEGEN • FENSTER im Kontext-menü zu einem Seite-Knoten oder im Form Painter. Bei Letzterem können Sie auch direkt die Lage und Größe grafisch einstellen. Die Lage und Größe des Fensters tragen Sie auf der Registerkarte AUSGABEOPTIONEN ein, oder sie wird automatisch vom Form Painter dorthin übernommen.

Beim Zeichnen über den Form Painter sollten Sie Hilfsmittel wie Raster und Fadenkreuz verwenden, um ein durchgängiges Design zu gewährleisten (siehe auch Abschnitt 2.3, »Form Builder«).

Sie können ein neues Fenster auch als Kopie eines vorhandenen Fensters anlegen (z. B. per Mausklick zusammen mit Betätigung der [Strg]-Taste). Soweit dies innerhalb einer Seite geschieht, vergibt der Form Builder für das kopierte Fenster wie bei einer direkten Neuanlage einen zufälligen neuen Namen. Er übernimmt neben den Knotenattributen (z. B. Position) aber auch die Inhalte des Fensters als Unterknoten. Auch diese Unterknoten werden mit einem neuen Namen als Kopie angelegt und können dann individuell von Ihnen geändert werden.

Die Kopie eines Fensters über Seitengrenzen hinweg führt hingegen zu einem etwas anderen Ergebnis. Über die Kopierfunktion (z. B. per Mausklick zusammen mit Betätigung der [Strg]-Taste) können Sie ein Fenster auf mehreren Seiten gleichzeitig anlegen. Es besitzt dann auf allen Seiten auch die gleiche Kurzbezeichnung. Sie erzielen diesen Effekt gleichzeitig für alle Fenster, wenn Sie eine Seite komplett kopieren.

Smart Forms geht in diesem Fall davon aus, dass immer der gleiche Inhalt des Fensters ausgegeben werden soll. Enthält das Fenster weitere Unterknoten, so sind diese auch auf allen Seiten im Navigationsbaum abgebildet. Der Inhalt ist auf allen Seiten der gleiche (wie ein Verweis darauf). Wenn Sie z. B. Änderungen an einem Unterknoten auf der Seite FIRST vornehmen, sind diese gleichzeitig auch auf der Seite NEXT wirksam.

Unterscheiden können sich dagegen die direkten Knotenattribute der jeweiligen Fenster wie Lage, Größe, Umrahmung und Bedingungen. Sie können ein Fenster auf der Seite NEXT also mit einer anderen Lage oder einer anderen Größe oder auch unter anderen Bedingungen als auf der Seite FIRST ausgeben. Beachten Sie dabei auch Folgendes:

▶ Da beide Fenster den gleichen Inhalt haben, wird der Inhalt bei der Ausgabe abgeschnitten, falls ein Fenster auf einer Seite zu klein gewählt ist (gilt bei Nebenfenstern).

▶ Bei einem Hauptfenster muss die Breite auf allen Seiten gleich sein, da sonst die tabellarische Ausgabe nicht möglich wäre.

Diese Art von Knoten (mit Verweis bei den Unterknoten) können Sie nur über die Kopierfunktion erstellen. Ein neu angelegtes Fenster, dem Sie den gleichen Namen wie einem vorhandenen Fenster geben, wird vom Form Painter abgewiesen.

Die Prüfung eines Fensters erzeugt Fehlermeldungen in folgenden Situationen:

▶ wenn das Fenster nicht auf die übergeordnete Seite passt

▶ wenn das Hauptfenster nicht auf allen Seiten gleich breit ist

3.4.3 Übungsbeispiel: Fenster erzeugen

In unserer Flugrechnung haben wir als Logo des ausstellenden Reisebüros die Grafik eines Hundes hinterlegt. Wir fügen jetzt einen passenden Text zum Absender der Rechnung hinzu.

Erzeugen Sie am oberen Papierrand ein neues Fenster SENDER, in das Sie später Text eingeben können. Als Fenstertyp wird »Nebenfenster« vorgeschlagen. Übernehmen Sie diesen Vorschlag, und vergeben Sie Namen und Positionsdaten wie in Abbildung 3.7 (linker Rand 2 cm, Breite 15 cm). Der Rand des Fensters schließt mit der Grafik ab, wenn Sie die Koordinaten so wählen, wie wir es vorschlagen.

Experimentieren Sie auch einmal mit den Angaben in den Abschnitten RAHMEN und SCHATTIERUNG auf der Registerkarte AUSGABEOPTIONEN. Allerdings werden die Ergebnisse nicht direkt im Form Painter angezeigt, sondern erst bei der tatsächlichen Ausgabe oder über den Formulartest (die Druckvorschau ist dabei ausreichend). Sie sollten jedoch zum Abschluss keine Farbe/Schattierung stehen lassen, denn in diesem Fenster werden Sie als Nächstes eine Schablone erstellen, deren Musterfunktion sich nicht mit den Schattierungen verträgt.

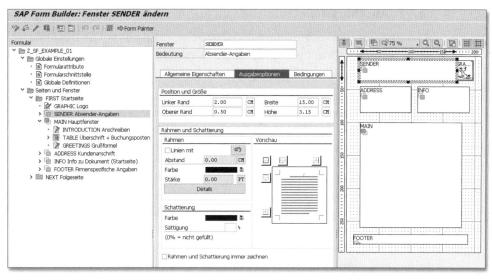

Abbildung 3.7 Fenster anlegen

3.4.4 Kopienfenster

Das *Kopienfenster* gehört zur Kategorie »Nebenfenster«, es hat nur eine zusätzliche Eigenschaft. Wenn Sie mehrere Exemplare eines Formulars ausgeben, kann es sinnvoll sein, dass die Kopien auch als solche gekennzeichnet werden. Beispiel: Das erste ausgedruckte Exemplar soll auf jeder Seite den Schriftzug »Original« tragen, alle Folgeexemplare an gleicher Stelle den Text »Kopie«.

Für diese Anforderung muss die Ausgabesteuerung wissen, was gerade im Druck ist. Die Ausgabe des Inhalts hängt also vom Status der Druckaufbereitung ab.

Das Kopienfenster besitzt einige individuelle Attribute, die gesetzt werden können und die sich aus der Seitenablaufsteuerung ergeben. Wir werden das Kopienfenster deshalb erst in Abschnitt 6.4.3, »Sonderfall: Kopienfenster«, ausführlich vorstellen.

Anzahl der Exemplare steuern	[«]

Das Kopienfenster kommt zum Einsatz, wenn Sie mehrere Kopien von Ihrem Formular drucken wollen. Die gewünschte Anzahl der Exemplare kann über die Formularschnittstelle vorgegeben werden (siehe Kapitel 8, »Rahmenprogramm, Datenbeschaffung und Formularausgabe«) oder direkt im Spooldialog, wie bei Ausgabe der Flugrechnung (siehe Feld EXEMPLARE, ANZAHL im Dialog DRUCKEN, der bei jeder Ausgabe über das Druckprogramm erscheint).

3.4.5 Abschlussfenster

Es kommt vor, dass schon auf der ersten Seite eines Formulars Daten ausgegeben werden sollen, die erst bei der Prozessierung des Formulars zur Verfügung stehen.

<table>
<tr><td>[zB]</td><td>Summen berechnen und auf erster Seite drucken</td></tr>
</table>

Wir ziehen wieder das Beispiel der Flugrechnung zurate: Die einzelnen Buchungen enthalten in der Datenbank auch das Gewicht zum Gepäck. Ein Gesamtgewicht ist zunächst nicht vorhanden, würde sich aber durch Addition der Einzelgewichte ergeben. Die Berechnung könnte über die gleiche Schleife erfolgen, die auch die Positionen der Rechnung ausgibt. Allerdings stünde dann die Summe erst auf der letzten Seite des Formulars zur Verfügung, nicht aber auf der ersten.

In einem solchen Fall hilft das *Abschlussfenster*. Die Prozessierung überspringt erst einmal alle Fenster dieses Typs im Navigationsbaum, bis das Ende des Formulars erreicht ist. Erst dann werden alle Abschlussfenster mit den dann schon ermittelten Daten abgearbeitet. In Abschnitt 6.2, »Dynamische Datenausgabe«, werden wir die Gewichtsberechnung als Übungsbeispiel durchführen. Das Abschlussfenster hat keine speziellen Attribute.

3.5 Schablonen und Ausgabetabellen

In Tabelle-Knoten können Sie über das Layout von Schablonen und Ausgabetabellen ein Fenster weiter unterteilen, um eine tabellarische Darstellung zu erhalten. Solche Darstellungen werden häufig auch mithilfe von Tabulatoren erzeugt. Die feste Vorgabe über ein Layout bietet aber viele Vorteile beim Entwurf und vor allem bei der späteren Pflege des Formulars. Wir erläutern zunächst die Unterschiede und die Gemeinsamkeiten zwischen beiden Gestaltungsformen.

3.5.1 Unterschiede von Schablonen und Tabellen

Die wichtigsten Unterscheidungsmerkmale zwischen den beiden Knotentypen sind anhand von Abbildung 3.8 gut zu erkennen:

▸ **Schablonen**
Schablonen besitzen ein festes Layout und eine feste Größe; die Art und Anzahl der Zellen wird zur Laufzeit des Programms nicht geändert. Sie eignen sich insbesondere zur Abbildung von Vordrucken (z. B. Flugticket, Steuerformular).

▶ Ausgabetabellen

Ausgabetabellen werden über Tabelle-Knoten erzeugt und sind in allen Höhenangaben dynamisch. Die Anzahl der Datensätze, die später ausgegeben werden, ist beim Design des Formulars nicht bekannt. Die Länge der Ausgabetabelle ergibt sich deshalb erst zur Laufzeit über die Menge und die Art der Daten. Die enthaltenen Daten werden üblicherweise über Schleife-Knoten ausgegeben (wie z. B. bei den Positionen der Flugrechnung).

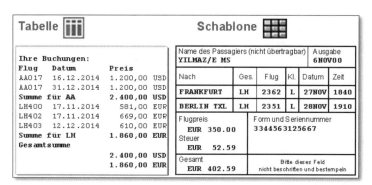

Abbildung 3.8 Unterschiede zwischen Ausgabetabellen und Schablonen

Schablonen werden vor allem in Nebenfenstern verwendet. Tabelle-Knoten werden dagegen üblicherweise im Hauptfenster eingesetzt, das ebenfalls dynamisch ist und auch automatisch für den passenden Seitenumbruch sorgt.

Bedeutungen des Begriffs »Tabelle« [«]

Der Begriff *Tabelle* wird auch unter Smart Forms mit verschiedenen Bedeutungen genutzt. Hier eine kurze Übersicht, um Verwirrungen zu vermeiden:

- ▶ Wenn das Ergebnis der Ausgabe über ein Formular gemeint ist (also das, was auf dem Papier erscheint), spricht man von einer *Ausgabetabelle*. Allerdings heißt der Knoten, der für diese Ausgabeform sorgt, nicht Ausgabetabelle, sondern einfach *Tabelle*.

- ▶ Sie werden es später noch häufig mit Tabellen zu tun haben, die zur Speicherung von Daten im SAP-System dienen. Dort spricht man dann entweder von *internen Tabellen* oder *Datenbanktabellen* – abhängig davon, wo sich die Daten befinden. Über die eingebaute Funktion einer Schleife kann der Tabelle-Knoten auch direkt auf Daten der internen Tabellen zugreifen. In diesem Fall werden also Daten aus *internen Tabellen* über *Ausgabetabellen* zu Papier gebracht.

- ▶ Auch das, was eine Schablone im Layout beschreibt, wird im normalen Sprachgebrauch häufig als *Tabelle* bezeichnet.

3.5.2 Gemeinsamkeiten von Schablonen und Tabellen

Trotz der genannten Unterschiede haben beide Knotentypen auch viele Gemeinsamkeiten, insbesondere bei der Pflege im Formular. Die wichtigste Gemeinsamkeit ist der zeilenweise Aufbau der Schablonen bzw. der Ausgabetabellen über *Zeilentypen*:

- ▶ Jeder Zeilentyp lässt sich über Spalten in beliebig viele Zellen aufgliedern. Diese Zellen dienen später als Ausgabebereiche für die eigentlichen Informationen (wie kleine, aneinandergereihte Fenster).

- ▶ Durch Aneinanderreihung mehrerer Zeilentypen entsteht die gesamte Schablone bzw. Ausgabetabelle. Bei der Schablone wird die zugehörige Reihenfolge fest definiert; bei der Ausgabetabelle ergibt sie sich aus dem Aufbau und der Anzahl der ausgegebenen Datensätze.

- ▶ Das Prinzip der Zeilentypen macht es u. a. auch möglich, dass beim Design der Table Painter als gemeinsames Werkzeug verwendet werden kann (siehe Details dazu in Abschnitt 2.3, »Form Builder«).

3.5.3 Anwendungsbereich von Ausgabetabellen

Ausgabetabellen werden üblicherweise verwendet, wenn die Anzahl der benötigten Zeilen beim Entwurf des Formulars nicht bekannt ist. Auf die Ausgabetabellen bzw. den zugehörigen Tabelle-Knoten werden wir daher ausführlich im Zusammenhang mit Schleifen im Hauptfenster zurückkommen (siehe Kapitel 6, »Ablauflogik des Formulars«).

Es wird jedoch leicht vergessen, dass Sie den Tabelle-Knoten durchaus auch sinnvoll für die reine Layoutgestaltung einsetzen können, also ohne den dynamischen Zugriff auf Daten. Darauf werden wir am Ende dieses Kapitels in Abschnitt 3.5.8, »Ausgabetabelle ohne direkten Datenzugriff«, nochmals eingehen.

Die Arbeit mit diesen Knotentypen wird zunächst exemplarisch am Schablone-Knoten gezeigt, den wir dann auch vorteilhaft in die Flugrechnung einbringen werden.

3.5.4 Schablone anlegen

Einen Schablone-Knoten können Sie nur als Unterknoten eines Fensters anlegen. Bei den Knotenattributen definieren Sie über beliebig viele Zeilentypen das Layout der Schablone. Das Design kann über den grafischen Table

Painter erfolgen oder direkt, indem Sie die Maße für die Spaltenbreiten und die Zeilenhöhen eingeben.

Der Knotentyp erzeugt selbst keine inhaltlichen Ausgaben; dafür müssen weitere Unterknoten zur Schablone angelegt werden. In diesem Fall übernimmt jede einzelne Schablonenzelle die Funktion eines Ausgabebereichs. Es können auch die gleichen Inhalte wie in einem Fenster ausgegeben werden (Texte, Felder, Grafiken).

Im Schablonenlayout beschreiben Sie Folgendes:

- Anzahl der Zeilen und Spalten (Zellen)
- Höhe jeder Zeile
- Breite der einzelnen Zellen
- Ausrichtung der Tabelle im Fenster
- ob und an welcher Stelle Trennlinien bzw. Rahmen dargestellt werden

Das erstellte Layout der Schablone dient häufig nur zur leichteren Positionierung der ausgegebenen Inhalte. Sie können dieses Layout über Trennlinien und Rahmen allerdings auch selbst mit ausgeben. Nutzen Sie dabei auch die Funktion »Muster«, die wir auch im folgenden Übungsbeispiel vorstellen.

3.5.5 Übungsbeispiel: Schablone-Knoten einrichten

Zur Flugrechnung haben wir zuletzt ein Fenster SENDER angelegt, um Angaben zum Absender ausgeben zu können. Wir strukturieren dieses Fenster nun über eine Schablone und lassen dort den Namen und die Anschrift des Reisebüros sowie eine Liste von Fluggesellschaften erscheinen. Wie dieser Bereich aussehen könnte, zeigt Abbildung 3.9.

Abbildung 3.9 Schablone mit Absenderangaben

Erzeugen Sie deshalb einen neuen Schablone-Knoten unterhalb des SENDER-Fensters über den Pfad ANLEGEN • SCHABLONE im zugehörigen Kontextmenü. Abbildung 3.10 zeigt den Vorschlag des Systems.

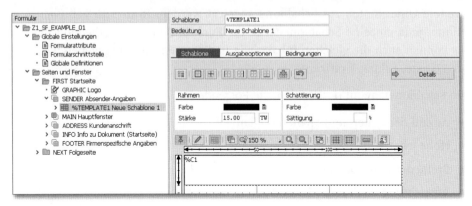

Abbildung 3.10 Vorschlag »Neue Schablone«

Geben Sie »SENDER_DETAILS« als Namen des Knotens im Feld SCHABLONE ein, und ergänzen Sie eine Kurzbeschreibung im Feld BEDEUTUNG. Die neue Tabelle soll drei Zeilentypen enthalten, Sie können also mit der Maus schon einmal zwei weitere Zeilentypen anlegen (entweder über die Option EINFÜGEN LEERE ZEILE … im Kontextmenü oder waagerechtes Ziehen der Maus, wobei Sie die linke Maustaste gedrückt halten). Dann vergeben Sie sinnvolle Namenskürzel für die neuen Zeilentypen; zusätzlich soll die Breite der Spalten in unserem Fall vorgegeben sein. Wechseln Sie deshalb in die nicht grafische Darstellung über den Button DETAILS (siehe Abbildung 3.10); dadurch ergibt sich die Darstellung wie in Abbildung 3.11.

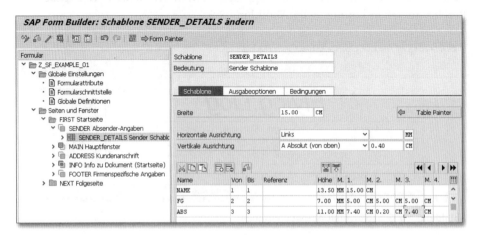

Abbildung 3.11 Schablone für Absenderangaben (Details-Sicht)

In Abbildung 3.11 sind bereits die erforderlichen Angaben zum Layout des Beispiels eingetragen. Die ersten Attribute (wie Breite oder Ausrichtung) betreffen die Positionierung der Schablone und sind überwiegend selbsterklärend. Bezugspunkt ist immer die linke obere Ecke des übergeordneten Fensters. Die Schablone muss immer komplett in das übergeordnete Fenster passen. Beachten Sie deshalb beim Design die folgenden Grenzwerte:

- ▶ Die Breite der Schablone darf zusammen mit dem linken Rand die Fensterbreite nicht überschreiten.

- ▶ Die Summe aller angelegten Zeilen ergibt die Schablonenhöhe; sie darf zusammen mit dem vertikalen Abstand die Fensterhöhe nicht überschreiten.

Die Einhaltung der Grenzwerte wird von der Prüffunktion des Knotens überwacht, allerdings mit einer Einschränkung: Als VERTIKALE AUSRICHTUNG könnten Sie auch AKTUELL eintragen. Dann hängt die Lage der Schablone von den vorherigen Ausgaben im gleichen Fenster ab. Das kann eine kritische Einstellung sein, wenn Sie zuvor z. B. einen Text ausgeben, der je nach Situation eine unterschiedliche Zeilenzahl haben kann. Wenn die Schablone dann nicht mehr komplett in das zugehörige Fenster passt, wird die Formularausgabe mit einer Fehlermeldung abgebrochen (oder die Schablone fällt komplett weg, falls gar kein Platz mehr im Fenster ist).

Wählen Sie deshalb möglichst den Eintrag ABSOLUT (VON OBEN) im Feld VERTIKALE AUSRICHTUNG. In diesem Fall wird die Schablone nicht durch andere Knoten im gleichen Fenster verschoben, zumal in Nebenfenstern normalerweise ohnehin eine vorgegebene Position eingehalten werden soll. Über die absolute Positionierung können Sie auch mehrere Schablonen im gleichen Fenster unterbringen. Diesen Sonderfall werden wir in Abschnitt 3.5.7, »Mehrere Schablonen kombinieren«, noch ansprechen.

Zeilentypen einrichten

Im Beispiel zur Flugrechnung ist für die Ausgabe der Absenderangaben eine Schablone mit drei Zeilen zuständig (siehe Abbildung 3.11). Später sollen in den zugehörigen einzelnen Zellen der Name des Reisebüros (Zeilentyp NAME), eine Liste der vertretenen Fluggesellschaften (FG) sowie die Anschrift des Reisebüros (ABS) erscheinen.

Jeder Zeilentyp ist mit passenden Spalten angelegt. Die Gesamtbreite entspricht der Breite des übergeordneten Fensters. Zusätzlich muss in jeder Zeile die Summe der einzelnen Spalten mit der Breite der gesamten Schablone übereinstimmen. Die eingestellte Höhe einer Zeile gilt für alle Zellen dieser Zeile.

Über die Spalten VON und BIS ist eingestellt, für welche Ausgabezeilen der Schablone ein Zeilentyp gelten soll. Die Nummerierung beginnt bei 1. Die Intervalle der Zeilendefinitionen dürfen sich weder überschneiden noch Lücken aufweisen. In unserem einfachen Fall entspricht jedem der eingegebenen Zeilentypen genau eine Zeile bei der Ausgabe.

Da Schablonen üblicherweise sehr systematisch aufgebaut sind, kommt es bei komplexen Schablonen regelmäßig vor, dass verschiedene Ausgabezeilen einen gleichartigen Zeilentyp besitzen. Stehen diese Zeilen bei der Ausgabe direkt untereinander, können Sie den passenden Zeilentyp als Mehrfachzeile nutzen: Bei der Angabe »2« in der Spalte VON und »4« in der Spalte BIS würden also insgesamt drei Zeilen ausgegeben.

Stehen die gleichartigen Zeilen im abzubildenden Layout nicht direkt hintereinander, müssen Sie einen neuen Zeilentyp anlegen. Dort können Sie dann den ursprünglichen Zeilentyp als Referenz eintragen. Das System übernimmt dabei automatisch die Angaben für die Zellenhöhe und -breite aus dem bisherigen Zeilentyp.

[+] **Schablonen- und Fensterbreite**

Bei Neuanlage einer Schablone führt der Table Painter eine nützliche Initialisierung durch: Die Breite der Schablone wird auf den Wert des übergeordneten Fensters gesetzt, und gleichzeitig wird ein erster Zeilentyp mit genau einer Zelle angelegt, was ebenfalls den Dimensionen des Fensters entspricht.

Sie werden es vielleicht selbst bemerkt haben: Wenn die Maßangaben zu den Bereichen in der Schablone ohnehin vorgegeben sind, wie in unserem Fall, dann kann die direkte Pflege der Angaben in der Details-Sicht (wie in Abbildung 3.11) der einfachere Weg sein. Zumal Sie hier auch die Parameter wie VON und BIS oder REFERENZEN direkt eintragen können (in der grafischen Ansicht geht es nur über das Kontextmenü).

Pflege über den Table Painter

Schauen Sie sich die Schablone abschließend noch einmal im Table Painter an (siehe Abbildung 3.12).

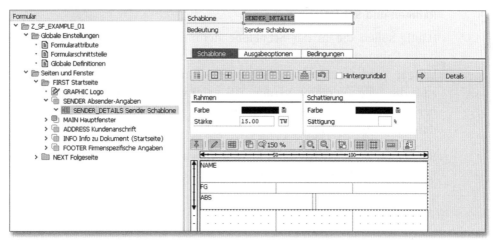

Abbildung 3.12 Schablone im Table Painter

Die grundsätzlichen Funktionen zur Bedienung dieses Tools hatten wir ja schon in Abschnitt 2.3, »Form Builder«, erläutert.

In aktuellen Smart-Forms-Versionen kann der Table Painter auch mit Zeilentypen umgehen, für die Wiederholungen gelten sollen (über eine Von-/Bis-Angabe) oder bei denen eine Referenz eingetragen ist. In diesem Fall erscheint z. B. die Zahl der Wiederholungen in Klammern hinter dem Feldnamen.

Zeilentypen mit mehreren Zeilen [zB]

Sie können die Funktion der Zeilenwiederholung selbst ausprobieren, indem Sie zum Test z. B. die Liste der Fluggesellschaften doppelt ausgeben, also von Zeile 3 bis 4. Die zugehörigen Parameter wie Zeilen oder Referenz können Sie über das Kontextmenü zuordnen (oder wie vorher in der alternativen Details-Sicht). Denken Sie jedoch daran, die Eingabe abschließend wieder auf das vorgeschlagene Layout mit einer Zeile zurückzusetzen (für die weiteren Übungen).

Schablonenbreite in Zeilen übernehmen [+]

Bei der Definition von Schablonen ist es wichtig, dass alle Spalten einer Zeile zusammen genau die Breite ergeben, die als Schablonenbreite eingetragen ist. Bei einer großen Anzahl Spalten kann das in der Details-Sicht eine aufwendige Berechnung sein. Diese Rechenaufgabe löst der Table Painter im Handumdrehen: Ein kurzer Aufruf genügt, und schon ist in allen Zeilen die letzte Spalte bündig auf die Schablonenbreite ausgerichtet.

Rahmen und Schattierung

Häufig sollen die in der Schablone definierten Zellen (Ausgabebereiche) durch Rahmen auch auf dem späteren Ausdruck zu sehen sein. Ähnlich wie bei der Rahmenfunktion zum Fenster können deshalb bei der Schablone auch die Zellen gerahmt werden. Das kann wieder durch das Setzen einzelner Ränder erfolgen oder alternativ (und als zusätzliche Vereinfachung) durch Zuweisung kompletter, vordefinierter *Muster*.

Betrachten wir zunächst die Änderungsmöglichkeiten, die Sie für die einzelnen Zellen im Table Painter haben:

1. Dazu sollten Sie über das Stift-Symbol 🖉 zunächst in den Anzeigemodus schalten (siehe Abbildung 3.12).

2. Danach können Sie mit der Maus einzelne Zellen der Schablone markieren: Wenn Sie den Mausklick zusammen mit der `Strg`-Taste ausführen, können Sie mehrere Zellen markieren; wenn Sie die Maustaste zusammen mit der `⇧`-Taste betätigen, ist die ganze Zeile markiert.

3. Wählen Sie nun die passende Umrahmung über die Symbole in der oberen Symbolleiste. Die Auswirkungen sollten direkt im Layoutfenster zu sehen sein (schalten Sie gegebenenfalls vorher die Rasteranzeige aus).

4. Sie können für die so markierten Zellen auch wie üblich die Farbe/Schattierung wählen. Bei Vergabe der gleichen Werte für mehrere Zellen nacheinander müssen Sie gegebenenfalls zusätzlich die Eingabe über das Symbol 🏛 aktivieren.

Muster

Über die Funktion »Muster« können Sie vorgegebene Schemata zur Rahmung abrufen. Wählen Sie dazu das erste Symbol ▦ in der oberen Symbolleiste zum Table Painter (siehe Abbildung 3.13).

Sie können wahlweise auf Muster mit oder ohne Gesamtrahmen zurückgreifen. Der Aufbau der Muster wird sich Ihnen leicht erschließen. Bitte beachten Sie, dass bei der Übernahme eines Musters auch die eingestellte Farbe/Schattierung auf den Wert zurückgesetzt wird, der aktuell bei FARBE und SÄTTIGUNG eingestellt ist.

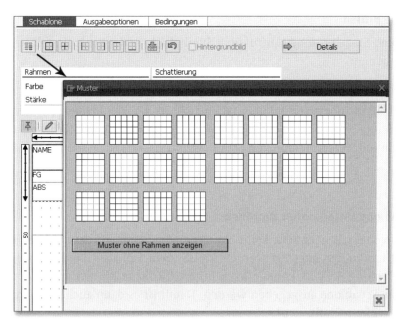

Abbildung 3.13 Muster zur Schablone auswählen

In unserem Übungsbeispiel sollen alle Zellen gerahmt sein; gehen Sie folgendermaßen vor, um das richtige Muster anzuwenden:

1. Wählen Sie das zweite Muster in der ersten Zeile; Sie können hierbei die Version mit oder ohne Rahmen wählen. Den Rahmen hatten wir schon im übergeordneten Fenster vergeben, er wird also auf jeden Fall ausgegeben.

2. Nachdem Sie ein Muster per Maus ausgewählt haben, wird das Bearbeitungsbild automatisch geschlossen.

3. Sie befinden sich nun wieder auf der übergeordneten Ebene zur Bearbeitung von Knotenattributen. Vergeben Sie hier zusätzlich eine Linienstärke (z. B. »10 TW«).

Sie können weder auf der Registerkarte AUSGABEOPTIONEN der Schablone noch bei den untergeordneten Knoten weitere Rahmungen und Schattierungen vornehmen.

Gestaltungshinweis   [+]

Smart Forms besitzt keine direkte Möglichkeit, einfache senkrechte oder waagerechte Striche auszugeben. Sie können dafür aber eine leere Schablone mit einem entsprechenden Muster verwenden, denn für die Ausgabe der Muster ist kein Inhalt erforderlich. Damit sind auch durchaus komplizierte Muster darstellbar, da Sie auch mehrere Schablonen übereinanderlegen können.

Schablone prüfen

Eine Knoten-Einzelprüfung (Aufruf über Symbol 🔲) meldet Fehler in folgenden Situationen:

▸ Eine Schablone ist größer als das übergeordnete Fenster.

▸ Die Schablone überschreitet über falsche Offsets den Rand eines Fensters: Die Prüfung ist allerdings nur bei *absoluter* Positionierung möglich, sonst erscheint die Fehlermeldung erst zur Laufzeit.

▸ Die Summe aller Spalten stimmt nicht mit der Schablonenbreite überein.

Der Schablone Unterknoten zuordnen

Die Schablone selbst enthält keine Ausgabeinformationen; dafür müssen weitere Unterknoten angelegt werden (in unserem Fall also für die Texte, siehe Abbildung 3.9). Es können auch unterschiedliche Knotentypen über die gleiche Schablone ausgegeben werden. Damit ist es dann auch möglich, Text neben einer Grafik zu platzieren.

Jeder dieser Unterknoten benötigt eine Angabe, welche Zelle ihm als Ausgabebereich zugedacht ist. Diese Adressierung erfolgt über die jeweilige Nummer der Zeile und Spalte (als Koordinaten), wobei die Zeile sich aus den Von-/Bis-Einträgen ergibt. Für die Angabe der Koordinaten besitzt jeder dieser Unterknoten auf der Registerkarte Ausgabeoptionen die zusätzlichen Eingabefelder Zeile und Spalte. Abbildung 3.14 zeigt z. B. die Zuordnung eines Textes in der ersten Zelle der dritten Zeile.

Abbildung 3.14 Zelle der Schablone im Text-Knoten zuweisen

In Abschnitt 4.1.3, »Übungsbeispiel: Text-Knoten anlegen«, werden wir das Beispiel fortführen und alle Texte anlegen.

> **Korrekte Zuordnung beachten** [+]
>
> Die Knotenprüfung kann nicht überwachen, ob zu eingegebenen Koordinaten wirklich Zellen in der Schablone vorhanden sind. Achten Sie deshalb auf eine korrekte Zuordnung, sonst bricht die Formularausgabe mit einer Fehlermeldung ab: ZEILE X, SPALTE Y EXISTIERT NICHT. Der Name des Knotens wird dabei leider nicht genannt.
>
> Um bei komplexen Schablonen die Übersicht zur Adressierung der Zellen zu behalten, kann ein einfaches Mittel helfen: Drucken Sie die leere Schablone mit allen Rahmen aus, und tragen Sie als Gedankenstütze auf dem Papier die Koordinaten in die einzelnen Zellen ein.

Sie können auch mehrere Unterknoten in die gleiche Zelle ausgeben, z. B. nacheinander unterschiedliche Texte. Die Ausgabereihenfolge innerhalb der Zelle ist dann durch die Reihenfolge der Knoten im Navigationsbaum bestimmt. Generell gilt Folgendes: Reicht der Platz in einer Schablonenzelle nicht aus, wird der Rest des Inhalts wie bei Nebenfenstern einfach abgeschnitten. Ein zusätzlicher Ordner-Knoten (z. B. je Zeile) verbessert dabei in vielen Fällen die Übersichtlichkeit.

> **Ordner-Knoten** [+]
>
> Ein Ordner-Knoten kann auch dazu verwendet werden, um mehrere Unterknoten in eine gemeinsame Schablonenzelle auszugeben. Denn auch bei einem Ordner-Knoten gibt es die zusätzlichen Ausgabeoptionen zur Schablonenzelle. In diesem Fall darf dann allerdings bei den einzelnen Unterknoten keine weitere Zuordnung erfolgen. Diese gemeinsame Zuordnung zu einer Zelle gibt es auch für alle Knotentypen mit Ordnereigenschaften, also auch für Schleife- und Tabelle-Knoten. Auf diese Weise kann z. B. eine Liste komfortabel innerhalb einer Zelle erzeugt werden.

3.5.6 Ausgabeoptionen zur Schablone

Über die Registerkarte AUSGABEOPTIONEN können Sie zur Schablone einen eigenen Stil hinterlegen, der dann automatisch für alle Unterknoten gilt (solange dort nicht wieder eine andere Wahl getroffen wird).

Wie üblich gibt es wieder die Standardattribute für Rahmen und Schattierung, die aber hier keine Bedeutung haben, da alle Angaben auf der ersten Registerkarte SCHABLONE erfolgen müssen (wie im letzten Abschnitt 3.5.5 beschrieben).

3.5.7 Mehrere Schablonen kombinieren

Über eine absolute Positionierung im Fenster können Sie auch mehrere Schablonen neben- oder gar übereinandersetzen. Das wird über entsprechenden Offset bei den Angaben zu HORIZONTALE oder VERTIKALE AUSRICHTUNG gesteuert (siehe Abbildung 3.11). Das kann in den folgenden Sonderfällen sinnvoll sein:

▸ Sie können durch die Überlagerung von Schablonen eine besondere grafische Gestaltung erreichen. In Einzelfällen kann es z. B. sinnvoll sein, zusätzliche grafische Elemente wie Striche einzufügen, die mit der Ausgabe der Schabloneninhalte direkt nichts zu tun haben. Das können Sie erreichen, indem Sie eine passende leere Schablone überlagern.

▸ Sie können mehrere Schablonen nebeneinander positionieren. Das ist vor allem dann erforderlich, wenn innerhalb der geplanten Ausgabeform keine durchgängigen Zeilentypen vorhanden sind (d. h. bei mindestens einer Zeile gibt es keine durchgängige Höhe).

Zum zweiten Anwendungsfall zeigt Abbildung 3.15 ein Beispiel: Hier haben die Zeilen mit Flugpreis und Steuer keine durchgängige Zeilenhöhe. Deshalb sind mindestens drei Schablonen für die Abbildung erforderlich (bezeichnet mit A, B und C). Alternativ könnten Sie natürlich auch drei unterschiedliche Fenster mit jeweils einer Schablone anlegen.

Abbildung 3.15 Mehrere Schablonen kombinieren

3.5.8 Ausgabetabelle ohne direkten Datenzugriff

Es ist die besondere Eigenschaft einer Schablone, dass sie das Layout der Zeilen und Spalten für die Ausgabe fest vorgibt. Ein Tabelle-Knoten legt dagegen nur das Design von Spalten fest. Wie viele Zeilen in welcher Höhe erzeugt werden, hängt davon ab, in welchem Umfang die untergeordneten Knoten Ausgaben erzeugen und welche Formatierungen dabei gelten. Die übliche Anwendung von Tabelle-Knoten liegt damit in der Ausgabe von Listen, deren Länge vorher nicht bekannt ist, wie dies z. B. in unserer Flugrechnung bei den Flugbuchungen als Rechnungspositionen der Fall ist. Wir werden deshalb den Tabelle-Knoten ausführlich im Zusammenhang mit Schleifen im Hauptfenster erläutern (siehe Kapitel 6, »Ablauflogik des Formulars«).

Wir verweisen aber schon hier auf den Sonderfall, dass ein Tabelle-Knoten auch ganz ohne Schleifen betrieben werden kann, d. h. ohne direkten Zugriff auf Daten. Dann stehen ausschließlich dessen Layouteigenschaften zur Verfügung. Auch in diesem Fall können Sie wieder Zellen innerhalb der Ausgabetabelle von untergeordneten Text-Knoten ansprechen.

Wie gewohnt betrachten wir die Sachverhalte an einem Beispiel: In der Flugrechnung ist das Fenster INFO für die Ausgabe allgemeiner Rechnungsinformationen vorgesehen. Die Ausgabe erfolgt bisher über einen einzigen Text-Knoten INFO_TEXT, wobei die tabellarische Ausgabeform über Tabulatoren erreicht wird (siehe Abbildung 3.16).

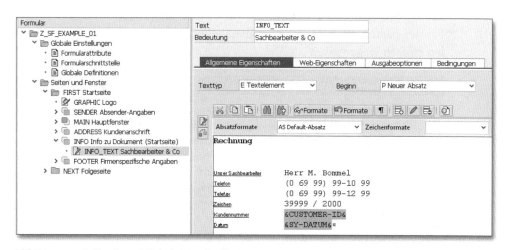

Abbildung 3.16 Fenster mit Tabulatoren im Text

Statt durch einen einzelnen Text-Knoten könnte die Ausgabe auch dadurch erfolgen, dass zu jedem Textelement ein eigener Text-Knoten angelegt wird.

Dann kann ein Tabelle-Knoten ohne Datenzugriff übergeordnet die Positionierung der Texte organisieren. Hierfür muss lediglich ein passendes Zeilenlayout hinterlegt sein, in diesem Fall bestehend aus einem Zeilentyp mit zwei Spalten. Daraus ergeben sich folgende Vorteile:

- Die Höhe einer Zeile richtet sich nach dem Inhalt; auch ein Wechsel der Textformatierungen wird berücksichtigt.

- Geht die Länge eines Textes über den vorgesehenen Raum hinaus, wird bei der Ausgabetabelle automatisch die betreffende Zelle um eine neue Zeile erweitert, ohne dass das gesamte Layout zerstört wird. Bei der aktuellen Lösung mit Tabulatoren würde der Text am Beginn einer neuen Zeile fortgesetzt.

- In jeder Zeile des Beispiels wird eine Information zusammen mit einer vorgestellten Bezeichnung ausgegeben (z. B. »Telefon 12344«). Die Ausgabe erfolgt bei der neuen Variante über jeweils zwei Text-Knoten, wobei die eigentliche Information im Normalfall über Datenfelder geliefert wird. Fehlt die auszugebende Information (hier »12344« als Telefonnummer), ist auch das zugehörige Datenfeld im zweiten Text-Knoten leer. Wenn Sie nun für beide Text-Knoten eine passende Bedingung zur Abfrage des Datenfeldes hinterlegen, wird gegebenenfalls die ganze Zeile ausgeblendet; die restlichen Elemente rücken dann nach oben.

Ein Tabelle-Knoten ohne Datenzugriff wird innerhalb eines Nebenfensters verwendet. Achten Sie darauf, dass auch hier die gesamte Ausgabe in das Fenster passen muss. Ist die Ausgabetabelle zu lang, werden die letzten Zeilen einfach weggelassen.

[+] **Texte auf mehrere Text-Knoten verteilen**

Natürlich bedeutet es zunächst mehr Aufwand, Textelemente in einzelne Text-Knoten aufzuspalten und dann auch noch einem Tabelle-Knoten zuzuordnen. Zu den oben genannten Vorteilen dieser »Mehrarbeit« kommt aber noch ein anderer: Spätestens wenn Sie ein Formular in andere Sprachen übersetzen möchten, sollten Sie einzelne Text-Knoten verwenden, sodass Beschriftungen und Datenfelder getrennt sind. Wenn Sie das nicht trennen, müssten nachträgliche Änderungen an den eingefügten Datenfeldern auch neu »übersetzt« werden (oder das Datenfeld bleibt z. B. in der übersetzten Version mit der vorherigen Formatierung erhalten).

Als Übungsbeispiel werden wir in Abschnitt 6.2.9, »Übungsbeispiel: INFO-Fenster auf Tabelle umstellen«, genau diese Anpassung durchführen.

Bisher haben Sie die Werkzeuge der Formularbearbeitung kennen-
gelernt und z. B. gesehen, wie man über Ausgabebereiche das Layout
definiert. Wir gehen nun zu den Funktionen über, die für die eigent-
liche Ausgabe der Inhalte verantwortlich sind.

4   Elementare Knotentypen

In diesem Kapitel stellen wir Ihnen elementare Knotentypen vor, die in
nahezu allen Formularen enthalten sind. Sie erfahren z. B., wie Texte und
Grafiken eingebunden werden und wie sich Adressen formatieren lassen.
Wir beschränken uns zunächst auf Eigenschaften, die wenig datenbanktech-
nische Erfahrung und keine ABAP-Kenntnisse erfordern.

4.1   Text-Knoten

Im Formular geben Sie mithilfe von Text-Knoten Texte aus. Einzige Ausnahme von dieser Regel sind Adressen, die durch einen eigenen Knotentyp
dargestellt werden können. Sie können Texte individuell zum Formular
erfassen oder aus Textbausteinen der Datenbank lesen lassen. Auf diese
Weise wird eine zentrale Pflege der Texte möglich.

In die Texte können Sie wiederum Variablen/Felder einbinden, die bei der
Ausgabe des Formulars durch die zugehörigen Daten ersetzt werden. Darauf
werden wir ausführlich in Kapitel 5, »Daten im Formular«, eingehen. Es gibt
verschiedene Text-Knoten; Sie können z. B. festlegen, dass ein Text fix im
Formular hinterlegt ist oder ob er zur Laufzeit aus einem Textbaustein eingefügt werden soll. Hier sind die Möglichkeiten von Smart Forms vielfältig und
vor allem praxisorientiert. Wir wollen Ihnen auf den kommenden Seiten das
nötige Praxiswissen vermitteln.

4.1.1   Allgemeine Eigenschaften

Ein einfaches Beispiel für einen Text-Knoten ist in unserem Beispielformular,
der Flugrechnung, im Fenster MAIN zu finden (siehe Abbildung 4.1).

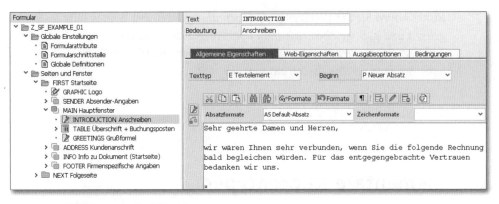

Abbildung 4.1 Text-Knoten

Für die Formatierung von Texten und Feldern (mit variablen Daten) werden *Absatz-* und *Zeichenformate* benötigt. Wie diese Bezeichnungen schon nahe-legen, sind die jeweiligen Formatierungsvorgaben entweder für einen gan-zen Absatz relevant oder nur für die Abfolge einzelner Zeichenketten (z. B. einzelne Worte), die Sie beim Formulardesign speziell formatieren möchten. Im jeweiligen Format sind folgende Eigenschaften enthalten:

▸ **Absatzformate**
Schriftart, -farbe und -größe, Einzüge und Abstände, Textausrichtung im Absatz, Tabulatoren, Gliederungsmöglichkeiten (z. B. Nummerierungen); Schutz von Absätzen gegen Seitenumbruch

▸ **Zeichenformate**
Vom Absatzformat abweichende Schriftart, -farbe oder -größe; Hervorhe-bung durch Unterstreichen, Formatierung über Barcode

Alle benötigten Absatz- und Zeichenformate müssen Sie zuvor in einem Stil angelegt haben. Den Stil können Sie einem Knoten auf unterschiedlichen Ebenen im Navigationsbaum zuweisen (z. B. unter dem Knoten FORMULAR-

ATTRIBUTE, in einem Schablone-Knoten oder auch direkt im Text-Knoten). Verwendet wird der Eintrag auf der jeweils untersten Ebene.

Stile legen Sie mit dem Werkzeug Style Builder unabhängig von der individuellen Formularbearbeitung an (siehe Abschnitt 2.2, »Style Builder«). Durch diese zentrale Definition können Sie Stile auch für unterschiedliche Formulare verwenden, um dadurch z. B. eine Corporate Identity für die Ausgabegestaltung zu erreichen.

Absatzformat und Zeilengestaltung	[+]

Das zugeordnete Absatzformat bestimmt grundlegend die Zeilengestaltung, insbesondere auch den Zeilenabstand. Dabei ist auch ein Abstand null erlaubt und kann durchaus hilfreich sein, um besondere Effekte beim Ausdruck zu erhalten (z. B. überlappendes Drucken, siehe Kapitel 2, »Werkzeuge«).

Ausgabebereich

Ein Text-Knoten ist grundsätzlich immer der Unterknoten eines anderen Knotens mit Layouteigenschaften (z. B. eines Fenster- oder Schablone-Knotens). Text-Knoten können jedoch selbst keine weiteren Unterknoten haben.

Primär ist der übergeordnete Knoten für die Ausgabeposition eines Textes verantwortlich:

▸ Als Unterknoten eines Fensters wird dessen Position übernommen.

▸ Bei der Ausgabe über eine Schablone oder Ausgabetabelle muss auf der Registerkarte AUSGABEOPTIONEN zusätzlich die Zelle eingetragen sein, die für die Ausgabeposition vorgesehen ist.

Wird ein Text über einen Ausgabebereich ausgegeben, der feste Randvorgaben hat (Nebenfenster, Schablone), schneidet die Ausgabesteuerung alle Wörter ab, die nicht mehr hineinpassen. Ein Text verschwindet auch komplett, wenn die gewählte Schriftart für den Ausgabebereich zu groß ist. Bei der Ausgabe des Formulars ist der Bereich dann einfach leer.

Befindet sich ein Text in einem Ausgabebereich ohne Höhenbegrenzung (Hauptfenster, Ausgabetabelle), wird der Text nicht abgeschnitten. Die Ausgabesteuerung erzeugt stattdessen so viele Zeilen wie erforderlich. Dazu passend können Sie über das Attribut SEITENSCHUTZ bei einem Text-Knoten im Hauptfenster sicherstellen, dass der jeweilige Text zusammenhängend auf einer Ausgabeseite erscheint und nicht durch einen Seitenwechsel zerschnitten wird.

Textfluss über mehrere Text-Knoten

Innerhalb eines vorgegebenen Ausgabebereichs können Sie beliebig viele Text-Knoten nacheinander anlegen, z. B. wenn unterschiedliche *Texttypen* verwendet werden sollen. Trotz dieser Aufteilung in einzelne Text-Knoten ist für die Ausgabe ein übergreifender Textfluss möglich, da die Knoten nach vorgegebenen Regeln zusammengefügt werden. Über diese Regeln besteht z. B. die Möglichkeit, eine durchgängige Formatierung über mehrere Knoten hinweg zu schaffen. Der übergeordnete Textfluss übersteuert gegebenenfalls die Formatierung der beteiligten Text-Knoten.

Solche Einstellungen treffen Sie jeweils auf der Registerkarte ALLGEMEINE EIGENSCHAFTEN (siehe Abbildung 4.2).

Abbildung 4.2 Textfluss über mehrere Knoten

Für das Feld BEGINN stehen folgende Optionen zur Auswahl:

▸ **Neuer Absatz**
  Die Option NEUER ABSATZ erzeugt mit Beginn des aktuellen Knotens eine neue Zeile. Alle Textformatierungen werden so ausgeführt, wie sie im Text des aktuellen Knotens vergeben sind. Ein neuer Absatz entspricht einer »harten« Zeilenschaltung innerhalb eines einzelnen Text-Knotens (dort ausgeführt über die ⏎-Taste).

▸ **Neue Zeile**
  Diese Option erzeugt eine neue Zeile, es wird aber die Absatzformatierung des vorigen Text-Knotens übernommen und auch auf den aktuellen Text-Knoten angewendet. Dessen eigene Formatierungsvorgabe wird also übersteuert. Diese Vorgabe entspricht einer »weichen« Zeilenschaltung innerhalb eines Text-Knotens (dort ausgeführt über die Tastenkombination ⇧ + ⏎).

▸ **Direkt anhängen**
  In diesem Fall wird das erste Zeichen des aktuellen Textes direkt an das letzte Zeichen des vorherigen Text-Knotens angehängt; auch die Formatierung wird wieder von dort übernommen. Falls zwischen beiden Text-

elementen ein Leerzeichen erforderlich ist, sollten Sie dafür den Beginn des zweiten Textes verwenden, da das System ein Leerzeichen am Ende eines Textes automatisch abschneidet.

Es gibt eine Ausnahmeregelung, welche die eben aufgezählten Vorgaben im Feld BEGINN übersteuert: Ist der erste Text-Knoten mit einem Rahmen versehen oder schattiert, wird der zweite Knoten automatisch immer als neuer Absatz angefügt, unabhängig von dessen individueller Vorgabe.

Texttypen

Auf der Registerkarte ALLGEMEINE EIGENSCHAFTEN können Sie zudem eine der folgenden vier Eingaben im Feld TEXTTYP wählen:

- ▶ **Textelement**
  Dieser Eintrag dient zur direkten Eingabe von Texten und Feldern über den Inline-Editor (bzw. über Microsoft Word, wenn Sie diesen Editor gewählt haben).

- ▶ **Textbaustein**
  Ein Textbaustein ist als standardisierter Text im System hinterlegt und kann somit in verschiedenen Formularen gleichzeitig verwendet werden (z. B. ein allgemeingültiger Kopf- oder Fußtext).

- ▶ **Include-Text**
  Hierüber hat das Formular Zugriff auf SAPscript-Texte, die zu einer Vielzahl von Objekten des SAP-Systems hinterlegt sind. Auf diesem Weg können auch Standardtexte weiterverwendet werden, die in den bisherigen SAPscript-Formularen als Textbausteine genutzt wurden.

- ▶ **Dynamischer Text**
  Es kommt vor, dass ein SAPscript-Text vor der Ausgabe in den internen Speicher geladen, gegebenenfalls per ABAP-Programm geändert wird und dann ausgegeben werden soll. Das ist über einen Text-Knoten mit dem Typ »Dynamischer Text« möglich.

Als besonderen Texttyp könnte man zusätzlich die Ausgabe von formatierten Adressen betrachten, die in Smart Forms allerdings über einen Adresse-Knoten als völlig eigenständiger Knotentyp abgebildet wird. Darauf werden wir in Abschnitt 4.2, »Adresse-Knoten«, noch eingehen.

Rahmen und Schattierung

Bevor wir die soeben aufgeführten Texttypen ausführlich vorstellen, möchten wir Ihnen einige Hinweise zu den besonderen Regeln geben, die bei Text-Knoten in Bezug auf Rahmen und Schattierung gelten. Die zugehörigen Eingaben finden Sie wie bei den sonstigen Knoten auf der Registerkarte AusGABEOPTIONEN:

▸ Rahmen und Schattierung beziehen sich immer auf einen rechteckigen Bereich, wobei die Höhe durch die Anzahl der ausgegebenen Zeilen festgelegt ist. Auch wenn die letzte Zeile eines Textes eine Leerzeile ist, wird sie als ganze Zeile dazugenommen.

▸ Am oberen Rand wird als Grundeinstellung ein Abstand zum Rahmen von ca. 25 % der Schrifthöhe eingehalten; die untere Linie schließt mit der Schrift ab.

▸ Auch die linken und rechten Ränder schließen mit der Schrift ab; einen zusätzlichen Abstand zum Rand des Ausgabebereichs können Sie über das Absatzformat einstellen.

Den Inhalt eines Text-Knotens mit Rahmen oder Schattierung können Sie nicht über weitere Text-Knoten fortsetzen. Das bedeutet, sobald der erste Text-Knoten einen Rahmen oder eine Schattierung besetzt, wird der Inhalt eines zweiten Text-Knotens mit neuem Absatzformat ausgegeben (also mit neuem Zeilenanfang etc.), selbst wenn Sie zum zweiten Text-Knoten DIREKT ANHÄNGEN als Attribut vergeben. Rahmen oder Schattierung beziehen sich also nur auf den ersten Text.

4.1.2 Textelement

Die Neuanlage eines Text-Knotens erfolgt im Kontextmenü über ANLEGEN • TEXT. Standardmäßig wird dabei ein Knoten mit dem Texttyp *Textelement* vorgeschlagen. Dieser Texttyp kann gegebenenfalls nachträglich auf einen anderen Texttyp geändert werden. Wählen Sie als Beispiel in unserer Flugrechnung die Seite FIRST, das Fenster MAIN und dort den Knoten INTRODUCTION (siehe Abbildung 4.3).

Die Bearbeitung des Textes erfolgt über den Inline-Editor, der direkt in die Registerkarte ALLGEMEINE EIGENSCHAFTEN der Knotenattribute eingebunden ist (daher auch die Bezeichnung *Inline-Editor*). Er stellt einfache Textbearbeitungsfunktionen zur Verfügung, wie sie in gängigen WYSIWYG-Editoren verwendet werden.

Der Inline-Editor wird in ähnlicher Form auch an anderen Stellen im SAP-System eingesetzt. Vermutlich werden Sie mit seiner Bedienung also schon vertraut sein. Eine ausführliche Darstellung finden Sie in Abschnitt 10.2, »Textbearbeitung und -ablage«.

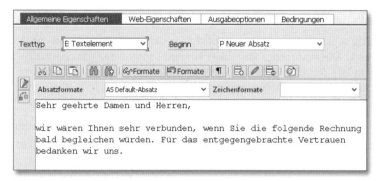

Abbildung 4.3 Text im Text-Knoten

Beim Inline-Editor entspricht die Darstellung im Eingabebereich (mit Zeichenformatierungen wie »Fett« und »Kursiv« oder auch mit unterschiedlichen Schriftarten) weitestgehend der späteren Ausgabe.

Symbol »URL einfügen«   **[«]**

In der Symbolleiste des Inline-Editors finden Sie ganz rechts das Symbol 🖉 URL EINFÜGEN. Damit wird eine Zeichenkombination im Text als Link kenntlich gemacht (z. B. *www.rheinwerk-verlag.de*).

Markieren Sie gegebenenfalls den Link im Text mit der Maus, und wählen Sie dann URL EINFÜGEN. Wenn Sie das Formular nicht drucken, sondern z. B. als HTML- oder PDF-Datei anzeigen möchten, können Anwender den Link auch aufrufen (soweit der Ausdruck eine gültige Adresse widerspiegelt).

Führen Sie einen kurzen Test dazu durch:

1. Markieren Sie die URL wie beschrieben in einem beliebigen Text-Knoten.

2. Starten Sie die Ausgabe mit Druckvorschau.

3. Geben Sie dann »PDF!« ins Kommandofeld ein, um in die PDF-Vorschau zu gelangen.

4. Jetzt ist der Link interaktiv aufrufbar (siehe auch Abbildung 1.8 in Abschnitt 1.2.2, »Ausgabe des Musterformulars«).

Zusätzlicher Hinweis: Für spezielle Anforderungen kann ein Link auch dynamisch sein, d. h., die hinterlegte URL ist nicht fest definiert, sondern ändert sich zur Laufzeit (z. B. über einen Parameter im aufrufenden Ausgabeprogramm). Eine solche Funktion lässt sich bei Bedarf über das Feld `Urlcall` der Schnittstellenkomponente `output_options` realisieren (hierfür wird zusätzliches ABAP-Coding benötigt).

In einem Text-Knoten sind auch häufig Platzhalter für Felder enthalten, die erst bei der Ausgabe mit den passenden Daten gefüllt werden. Der Platzhalter bestimmt dabei nicht nur die Position der Ausgabezeichen, sondern auch deren Formatierung (siehe auch Abschnitt 5.2, »Felder als Platzhalter«).

[»] **Sprache der Texte**

Bei der Eingabe neuer Texte im Formular wird auch deren aktuelle Spracheinstellung gespeichert. Alle Texte eines Formulars können dann im SAP-Übersetzungswerkzeug in andere Sprachen übersetzt werden (wählen Sie hierzu Transaktion SE63, siehe Abschnitt 10.8.2, »Übersetzung von Texten«).

Um die Arbeit mit Text-Knoten kennenzulernen, sollten Sie in der folgenden Übung zu unserer Flugrechnung beispielhaft einige Texte im Kopf des Formulars erfassen. Benutzen Sie dazu die Schablone, die wir in Kapitel 3, »Layout des Formulars«, als Ausgabebereich angelegt haben. In Musterausdruck 2 in Anhang C.3 können Sie sich die Textinhalte der Übung und deren Formatierung ansehen.

4.1.3   Übungsbeispiel: Text-Knoten anlegen

In Abschnitt 3.5 zum Schablone-Knoten haben Sie eine Schablone angelegt, über die Sie jetzt auch die passenden Texte zum Absender ausgeben können. Im Navigationsbaum des Form Builders sollten zum Schluss die in Abbildung 4.4 gezeigten Knoten im Fenster SENDER vorhanden sein.

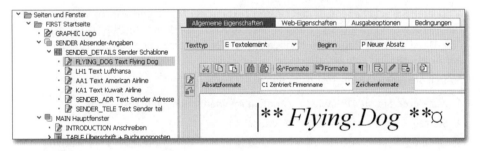

Abbildung 4.4 Texte mit Absenderangaben

Für die Neuanlage der Text-Knoten wählen Sie zunächst den Schablone-Knoten SENDER_DETAILS per Maus aus. Erzeugen Sie dann über ANLEGEN • TEXT im Kontextmenü zu jeder Zelle der Schablone einen eigenen Text-Knoten. Beachten Sie dabei, dass auf der Registerkarte AUSGABEOPTIONEN auch die jeweils passende Zelle der Schablone mit Zeile und Spalte zugeordnet sein muss.

Die einzugebenden Texte können Sie dem Ausdruck in Anhang C.3 entnehmen. Verwenden Sie für deren Formatierung die drei neuen Absatzformate C1, L und R. Sollten Sie diese Absatzformate bisher noch nicht mit Stil angelegt haben, finden Sie im Übungsbeispiel in Abschnitt 2.2.8 die passende Anleitung.

4.1.4 Include-Text (SAPscript-Text)

Über den Texttyp *Include-Text* werden vorhandene Texte eingebunden, die im System über den SAPscript-Texteditor erstellt worden sind. Man unterscheidet grob zwischen Texten, die wie Textbausteine fest im System hinterlegt sind (auch als *SAPscript-Standardtexte* bezeichnet), und solchen Texten, die individuell zu einem Beleg im SAP-System erstellt werden (z. B. Beschreibung eines Verkaufsmaterials). Include-Texte sind grundsätzlich mandantenabhängig im Gegensatz zu Smart-Forms-Textbausteinen.

Technischer Hintergrund [«]

In jedem Formular gibt es feste Textelemente, die nur in Ausnahmefällen zu ändern sind, ein Fußtext im Fenster FOOTER wäre so ein Fall: Dort ist ein »Smart-Forms-Textbaustein« hinterlegt, es hätte aber genauso gut ein SAPscript-Standardtext sein können.

Wichtiger Unterschied zwischen den beiden Techniken: Einen Standardtext könnte ein verantwortlicher Mitarbeiter über die Transaktion SO10 direkt im Produktivsystem anpassen (z. B. um Adresse oder Kontonummer anzupassen). Im Fall eines Textbausteins wäre dafür ein SAP-Transport erforderlich.

Der Include-Text hat aber eine noch größere Bedeutung, weil eine Vielzahl von belegspezifischen Texten im SAP-System existieren (z. B. als kundenspezifische Verkaufstexte) und alle diese Texte über den Include-Text-Knoten eingebunden werden können. Unser Musterformular enthält leider noch kein Beispiel für diesen Texttyp, sodass wir nun einen Include-Text neu anlegen.

Include-Text über Text-Knoten einbinden

Bei der Neuanlage eines Text-Knotens wird immer der Texttyp »Textelement« vorgeschlagen. Um auf einen SAPscript-Text zuzugreifen, müssen Sie den Texttyp auf »Include-Text« ändern (Feld TYP in Abbildung 4.5); im Folgenden sprechen wird deshalb nur noch von »Include-Text«. Es folgt eine Sicherheitsabfrage zum Wechsel des Texttyps, die Sie hier unbesorgt bestätigen können. Bei vorhandenen Texteingaben würde ein Wechsel im Texttyp allerdings zum Verlust des vorherigen Textes führen.

Mit dem Wechsel des Texttyps ändert sich auch der Aufbau der Registerkarte ALLGEMEINE EIGENSCHAFTEN. Der Editor verschwindet; stattdessen können Sie jetzt die Merkmale des Include-Textes angeben, der eingebunden werden soll (also Textname, Textobjekt, Text-ID und Sprache, siehe Beispiel in Abbildung 4.5).

Abbildung 4.5 Text-Knoten mit Include-Text

Merkmale des Textes (Textschlüssel)

Include-Texte sind im SAP-System über einen Namen und verschiedene Klassifikationsmerkmale abgelegt. Nur durch die Angaben zu allen relevanten Schlüsselmerkmalen ist ein Text eindeutig beschrieben und kann vom System gefunden werden:

▶ Das Textobjekt TEXT repräsentiert in unserem Beispiel einen sogenannten »Standardtext«, der über Transaktion SO10 gepflegt werden kann und belegunabhängig im SAP-System gespeichert ist (ähnlich wie ein Textbaustein).

▶ Der Eintrag ADRS zur Text-ID steht für eine Untergruppe von Standardtexten, die speziell für die Ablage von Adressinformationen vorgesehen ist. Das sonst übliche Kennzeichen eines allgemeinen Standardtextes ist ST als Text-ID.

Innerhalb dieser Klassifikationen wird der eigentliche Textbaustein über den Textnamen gefunden.

In welcher Sprache der Text ausgegeben werden soll, können Sie auf drei Wegen festlegen:

- Die Sprache wird im zugehörigen Feld fest vorgegeben (wenn z. B. ein Text immer in der gleichen Sprache ausgegeben werden soll).

- Der Eintrag zur Sprache ist dynamisch über ein Feld bestimmt. Im Normalfall wird die Steuerung dann über einen Parameter der Formularschnittstelle erfolgen, d. h., sie wird vom Rahmenprogramm vorgegeben (z. B. Sprache des Kunden).

- Ohne Eintrag versucht das System, die relevante Sprache über einen internen Sprachenvektor zu ermitteln. Dabei werden nacheinander alle relevanten Sprachen (aus Formularschnittstelle, Anmeldung und Formular) durchlaufen, bis ein Text in der jeweiligen Sprache gefunden ist.

Text zuordnen

Um bei der Anlage des Knotens einzelne Textobjekte zu finden, steht in der Eingabezeile zum Textnamen über die [F4]-Taste eine umfassende Wertehilfe zur Verfügung. Die Suche kann über die bereits genannten Merkmale erfolgen, aber auch über Kriterien wie Erfasser, Datum etc. In der dort erzeugten Trefferliste können Sie sich den gefundenen Text sogar über den SAPscript-Editor anzeigen lassen.

Inhalt des Textes kontrollieren	[+]
Im Text-Knoten selbst ist der Inhalt des eingebundenen Textes nun nicht mehr sichtbar. Um den Inhalt zu kontrollieren, können Sie die Wertehilfe auch nachträglich mit allen Merkmalen wieder aufrufen!	

Im Standardfall geht Smart Forms davon aus, dass ein Formular nur ausgegeben werden soll, wenn in den Text-Knoten auch die erforderlichen Include-Texte in passender Sprache zur Verfügung stehen. Falls nicht, wird die gesamte Ausgabe mit einer Fehlermeldung beendet. Um das zu vermeiden, setzen Sie den Haken zum Attribut KEIN FEHLER, FALLS TEXT NICHT VORHANDEN auf der Registerkarte ALLGEMEINE EIGENSCHAFTEN.

Formate zum Include-Text

So wie im Formular unter Smart Forms die angelegten Texte nur auf Formatierungen im zugehörigen Stil zurückgreifen können, ist auch bei jedem vorhandenen Include-Text ein eigener Stil hinterlegt. Im Standardfall ist dies ein Stil mit der Bezeichnung SYSTEM, der nur grundlegende Formatierungen erlaubt.

Auf der Basis des hinterlegten Stils kann also jeder eingebundene Include-Text bereits eigene Formatierungen enthalten. Die dort verwendeten Formatkürzel werden auch bei der Ausgabe über Smart Forms beibehalten, die zugehörigen Merkmale (wie fett und kursiv) werden aber aus dem Stil des Text-Knotens im Formular gelesen.

[+] **Formate müssen im Stil vorhanden sein**

Bei der Ausgabe des Formulars versucht das System, die Formate eines eingebundenen Include-Textes aus dem Stil zu lesen, der im jeweiligen Text-Knoten des Formulars aktiv ist. Stellen Sie also sicher, dass alle verwendeten Formate auch in diesem Stil in Smart Forms vorhanden sind. Dabei können die Inhalte dieser Formate durchaus auch von den Inhalten abweichen, die vorher im Stil des Include-Textes eingestellt waren. Auf diesem Wege kann also die Formatierung des eingebundenen Textes vom Formular abhängig sein.

[zB] **Ein Format – verschiedene Inhalte**

Dazu ein Beispiel: Der Text SF_ADRS_SENDER, den wir in Abbildung 4.5 eingebunden haben, wird üblicherweise verwendet, um in einem Anschriftenfenster die Absenderadresse in kleiner Schrift auszugeben. Wenn Sie sich diesen Text über die Vorschaufunktion in der F4 -Wertehilfe oder über Transaktion SO10 im SAPscript-Editor ansehen, werden Sie feststellen, dass der Text in kleiner Schrift, aber nicht unterstrichen dargestellt wird. Gesteuert wird dies über das Absatzformat SD im Stil SAPADRS (der diesem Text zugeordnet ist).

Ein Stil SAPADRS existiert aber auch in Smart Forms, Sie können ihn also direkt im Text-Knoten zuordnen. Anschließend wird der Text komplett unterstrichen ausgegeben. Der Grund hierfür ist, dass das Smart-Forms-Absatzformat SD mit dem Attribut UNTERSTREICHEN angelegt wurde: Kontrollieren Sie das Absatzformat einfach selbst, indem Sie den Stil SAPADRS im Style Builder aufrufen.

Optional besteht die Möglichkeit, einzelne Absatzformate des Include-Textes durch Absatzformate des Formulars zu ersetzen. Sie haben dazu zwei Möglichkeiten:

▸ Eine Angabe zum Attribut STANDARDABSATZ übersteuert alle Absätze, die mit einem Standardabsatzformat im Include-Text formatiert sind.

▸ Über das Attribut ERSTER ABSATZ stellen Sie für den ersten Absatz des Include-Textes ein Absatzformat ein. Wenn das Feld STANDARDABSATZ leer bleibt, werden zusätzlich alle Standardabsätze im Include-Text mit diesem Absatzformat formatiert.

Textnamen dynamisch zuordnen

Es ist ein häufiger Anwendungsfall, dass der Name des einzubindenden Textes erst bei der Ausgabe des Formulars bekannt ist. Dies ist z. B. dann der Fall, wenn der Textname von dem jeweiligen Beleg abhängt, für den die Ausgabe erfolgt (z. B. Texte, die als ergänzende Hinweise zu einem Verkaufsbeleg eingetragen wurden, oder Materialtexte, die von der Position abhängen). In diesem Fall muss der Textname dynamisch über ein entsprechendes variables Feld ermittelt werden (zur allgemeinen Anwendung von Feldern siehe Kapitel 5, »Daten im Formular«).

Wir zeigen das Vorgehen am Beispiel eines Lieferbelegs. Dort soll je Position ein Text ausgegeben werden. Passende Knotenattribute zum Aufruf des Include-Textes sehen Sie in Abbildung 4.6.

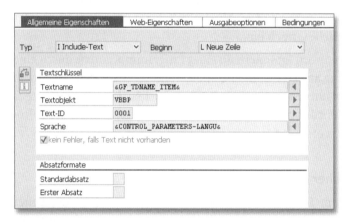

Abbildung 4.6 Include-Text mit dynamischer Namensvergabe

Das Kürzel VBBP kennzeichnet hier allgemein den Objekttyp »Lieferposition« (Feld TEXTOBJEKT). Der Eintrag im Feld TEXT-ID verweist auf die Textart 0001, die natürlich in der jeweiligen Position auch angelegt sein sollte. Ist kein Eintrag vorhanden, wird in unserem Fall aber keine Fehlermeldung ausgegeben – das Attribut KEIN FEHLER, FALLS TEXT NICHT VORHANDEN ist ja aktiviert. Es darf also auch Lieferbelege ohne diesen Text geben.

Die Textsprache wird vom aufrufenden Rahmenprogramm übernommen. Diesen Parameter werden wir in Abschnitt 8.8, »Standardparameter der Formularschnittstelle«, noch ausführlich erläutern.

Für unsere Betrachtungen ist speziell die Vorgabe im Feld TEXTNAME wichtig. Über die Klammerung mit dem &-Sonderzeichen ist erkennbar, dass GF_ TDNAME_ITEM nicht direkt der Name des gesuchten Textes ist, sondern ein

Platzhalter, der erst bei Ausgabe des Formulars den richtigen Namen zur Verfügung stellt.

Der Text zu einer Lieferposition wird in der SAP-Datenbank immer so gespeichert, dass die genaue Kennung der Position enthalten ist. Das erfolgt üblicherweise durch eine Kombination aus der Nummer des Lieferbelegs (zehnstellig) und der Nummer der Position (sechsstellig). In diesem Fall wäre der echte Name eines solchen Textes also rein numerisch (z. B. 5000001234000010).

Um den Text bei Formularausgabe aus der Datenbank lesen zu können, muss dieser individuelle Name des Textes zuerst ermittelt werden. Dafür stehen zwei Wege zur Verfügung:

▶ Der Textname wird über die Formularschnittstelle zur Verfügung gestellt (auf die Systematik gehen wir in Abschnitt 8.8, »Standardparameter der Formularschnittstelle«, noch ein).

▶ Die Wertzuweisung erfolgt innerhalb eines Programm-Knotens durch eine Zusammensetzung aus Beleg- und Positionsnummer (natürlich vor Aufruf des Include-Text-Knotens). Den Inhalt eines solchen Programm-Knotens werden wir ausführlich in Abschnitt 7.3, »Bearbeitungsfunktionen im Programm-Knoten«, vorstellen.

4.1.5 Dynamischer Text

Ein Text-Knoten vom Texttyp »Dynamischer Text« geht noch etwas weiter als der Include-Text, basiert aber auf ähnlichen Anforderungen. Der wesentliche Unterschied zwischen dynamischem Text und Include-Text ist folgender: Beim Text-Knoten vom Typ »Dynamischer Text« wird der Include-Text zunächst über ein ABAP-Programm in den Hauptspeicher geladen (in eine sogenannte *interne Tabelle*) und erst danach ausgegeben.

Die verwendete interne Tabelle muss den Zeilentyp TLINE haben, Sie können also z. B. den Tabellentyp TSFTEXT für die Definition verwenden. Der Name dieser internen Tabelle ist folglich das wichtigste Attribut im zugehörigen Text-Knoten (siehe Abbildung 4.7).

[+] **Funktionsbausteine**

Das Lesen eines Include-Textes in die interne Tabelle erfolgt üblicherweise mit dem ABAP-Funktionsbaustein READ_TEXT. Das Auflösen untergeordneter Texte, die über das Kommando INCLUDE eingebunden sind, kann über den Funktionsbaustein TEXT_INCLUDE_REPLACE erfolgen.

Allgemeine Eigenschaften	Web-Eigenschaften	Ausgabeoptionen	Bedingungen

Texttyp   D Dynamischer Text   Beginn   P Neuer Absatz

Feldname   `&GT_TEXT_CONTENT&`
Sprache   DE   ▶

Abbildung 4.7 Knotentyp »Dynamischer Text«

Der eingelesene Text kann vor der Ausgabe individuell überarbeitet werden. Es lassen sich also z. B. Zeilen löschen oder hinzufügen. Es könnten auch weitere Textbausteine, die über Kommandos im Text eingebunden sind, aufgelöst werden. Bei Bedarf lässt sich der Text sogar komplett im Programm-Knoten erstellen. Das Ergebnis kann also mit allen üblichen Formatierungen ausgegeben werden, ohne dass der Inhalt explizit auf Datenbankebene gespeichert werden muss.

4.1.6 Textbausteine einbinden

Ein Text-Knoten vom Texttyp »Textbaustein« verweist auf einen bereits vorhandenen Smart-Forms-Textbaustein im System. Diese Textbausteine können auf einfache Weise in mehreren Formularen verwendet werden. Die Pflege der Smart-Forms-Textbausteine erfolgt unabhängig von der Formularbearbeitung. Änderungen an Textbausteinen werden beim Ausdruck eines Formulars automatisch übernommen, das Formular muss also nicht neu aktiviert werden (so wie bei Texten, die individuell zu einem Formular eingegeben wurden).

Smart-Forms-Textbausteine haben damit etwa den gleichen Hintergrund wie Standardtexte, die über den SAPscript-Editor in der Transaktion SO10 gepflegt werden. Sie zeigen jedoch zwei wichtige Unterschiede:

▶ Smart-Forms-Textbausteine sind grundsätzlich mandanten*un*abhängig.

▶ Smart-Forms-Textbausteine haben einen Transport- und Übersetzungsanschluss.

Es bleibt letztendlich die Entscheidung des Anwenders, wie er seine Texte ändern und pflegen möchte: individuell im jeweiligen System und Mandanten oder über das Transport-System.

Die Verwaltung von Smart-Forms-Textbausteinen erfolgt über das Smart-Forms-Einstiegsbild. Möchten Sie zunächst Textbausteine im System anlegen, können Sie das entsprechende Vorgehen im nächsten Abschnitt nachlesen.

Die Eingabe des eigentlichen Textes erfolgt genau wie bei einem Text-Knoten im Formular. Zwei Arten stehen zur Auswahl:

▶ **Der Textbaustein wird als Verweis angesprochen**
In diesem Fall ist der Textbaustein schreibgeschützt im Texteditor sichtbar und wird bei der Ausgabe des Formulars immer wieder neu gelesen.

▶ **Der Textbaustein wird komplett übernommen**
Dabei wird der Inhalt kopiert, und der Editor behandelt den Text, als sei er direkt im Formular eingegeben worden (er ist dadurch also beliebig änderbar). Der Textbaustein hat hier also nur noch die Funktion einer Vorlage. Spätere Änderungen am Textbaustein sind für das Formular nicht mehr relevant.

Sie können einen Textbaustein nur dann in ein Formular einbinden, wenn er vorher im System mit der gleichen Sprache angelegt wurde, die auch für das Formular selbst verwendet wird.

4.1.7 Übungsbeispiel: Textbaustein einbinden

In diesem Beispiel wird der einleitende Text zur Flugrechnung durch einen Textbaustein ersetzt. Im Zuge dessen werden wir die Bearbeitungsfunktionen zeigen.

Öffnen Sie dazu im Formular zur Flugrechnung auf der Seite FIRST den Knoten MAIN, und erzeugen Sie oberhalb von INTRODUCTION einen weiteren Text-Knoten (über das Kontextmenü ANLEGEN • TEXT). Da INTRODUCTION der erste Knoten unter MAIN ist, sollte der Mauszeiger auf MAIN stehen; dann wird der neue Knoten an erster Stelle eingefügt.

Standardmäßig wird der Knoten als normales Textelement angelegt. Ändern Sie den Eintrag im Feld TEXTTYP auf TEXTBAUSTEIN. Es folgt eine Sicherheitsabfrage zum Wechsel des Texttyps, die Sie bestätigen. Abbildung 4.8 zeigt den zugehörigen Ausschnitt im Navigationsbaum.

Geben Sie zu dem neuen Knoten auf der Registerkarte ALLGEMEINE EIGENSCHAFTEN einen beliebigen Textnamen ein. Einen solchen Namen finden Sie entweder über die F4-Taste (Wertehilfe), oder Sie verwenden den Textbaustein Z_SF_INTRO_01, den wir in Kürze anlegen. (Falls dieser in Ihrem System noch nicht vorhanden ist, schauen Sie doch ein paar Seiten weiter in Abschnitt 4.1.8, »Textbausteine anlegen und pflegen«.)

F4-Auswahl für Textbausteine **[+]**

Die Wertehilfe an dieser Stelle irritiert zunächst etwas, denn sie zeigt mehr als gewünscht: In der ersten Trefferliste sind auch alle Formulare aufgelistet, die über Smart Forms erstellt wurden, da beide Typen in den gleichen Tabellen gespeichert sind. Setzen Sie also bei den Selektionsparametern gleich den Texttyp »T«, um die Auswahl auf Textbausteine einzuschränken.

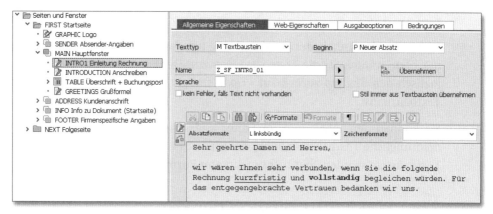

Abbildung 4.8 Textbaustein einfügen

Dynamischer Textname

In bestimmten Anwendungsfällen kann es sinnvoll sein, den Namen des Textbausteins dynamisch zu bestimmen. Der angesprochene Textbaustein kann dann von Ausgabe zu Ausgabe variieren, z. B. ein Mahnungstext in Abhängigkeit von der Mahnstufe. In diesem Fall muss statt des Textnamens ein Feld eingetragen sein, dessen Inhalt vorher mit dem Namen des jeweiligen Mahntextes vorbelegt wurde (mehr dazu in Kapitel 5, »Daten im Formular«).

Festlegungen zum Stil

Die Formatierung des eingebundenen Textes über Absatz- und Zeichenformate kann wahlweise mit Bezug auf den Stil des Textbausteins oder den Stil des Formulars erfolgen:

▸ Wenn Sie einen Textbaustein neu einfügen, wird der Name des Stils automatisch in den Text-Knoten kopiert (als Eintrag auf der Registerkarte AUSGABEOPTIONEN). Falls die verwendeten Absatzformate auch im übergeordneten Stil des Formulars enthalten sind, können Sie den Eintrag zum Stil im Text-Knoten natürlich auch wieder entfernen (und damit gegebenenfalls auch Änderungen in der Formatierung erreichen).

► Insbesondere für den Fall einer dynamischen Namensvergabe zum Textbaustein ist das Attribut STIL IMMER AUS TEXT ÜBERNEHMEN gedacht, denn bei der Wahl zwischen verschiedenen Textbausteinen könnten ja auch unterschiedliche Stile nötig sein. Wenn Sie das Attribut setzen, ist die Vorgabe eines Stils auf der Registerkarte AUSGABEOPTIONEN nicht mehr möglich; das System nutzt automatisch immer den Eintrag beim Textbaustein.

Text übernehmen

Wenn Sie den Inhalt des Textbausteins für das aktuelle Formular ändern möchten, wählen Sie die Taste ÜBERNEHMEN. Der Form Builder ändert automatisch den Texttyp zurück auf »Textelement« und kopiert den Inhalt des Textbausteins.

Sie können den Inhalt nun im Editor wie sonstige Texte bearbeiten. Der ursprüngliche Textbaustein bleibt natürlich erhalten, Änderungen an diesem Textbaustein werden aber nicht mehr zum Formular weitergereicht.

4.1.8 Textbausteine anlegen und pflegen

Sie haben gerade gesehen, wie Smart-Forms-Textbausteine in ein Formular eingebunden werden. Wir erläutern Ihnen nun, wie Sie diese Smart-Forms-Textbausteine anlegen und pflegen.

Es ist die zentrale Eigenschaft von Textbausteinen, dass sie unabhängig von einem Formular verwaltet werden. Entsprechend stellt Smart Forms eine eigene Transaktion für ihre Pflege zur Verfügung. Diese Transaktion nutzt den gleichen Editor wie der Text-Knoten; folglich stimmen die Bearbeitungsmöglichkeiten vollständig überein. Wir gehen deshalb auch nicht im Detail darauf ein.

Hier die wichtigsten Eigenschaften von Textbausteinen:

► Sie sind mandantenunabhängig (im Gegensatz zu Include-Texten).

► Sie sind am Transport-System angeschlossen (Textänderungen werden also wie eine Customizing-Aufgabe betrachtet).

► Sie haben Anschluss an Übersetzungswerkzeuge im System, als Originalsprache ist die Anmeldesprache zum Zeitpunkt der Neuanlage des Textbausteins zugeordnet.

Ausgangspunkt für die Pflege von Textbausteinen ist das übliche Smart-Forms-Einstiegsbild (siehe Abbildung 4.9). Kundenindividuelle Textbausteine müssen wieder im Namensraum Y oder Z beginnen.

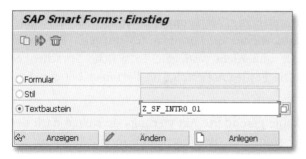

Abbildung 4.9 Textbausteine pflegen

Da Textbausteine wie Formulare bei Bedarf in andere SAP-Systeme transportiert werden können, ist eine Einbindung in die Entwicklungsumgebung erforderlich. Beim ersten Speichern eines neuen Textbausteins fragt das System deshalb nach einem Paket (siehe Hinweis im Schnelleinstieg in Abschnitt 1.2.3, »Eigenes Formular als Arbeitskopie erstellen und aktivieren«, zum Vergleich). Verwenden Sie in der Übung wieder $TMP oder LOKALES OBJEKT als Eintrag zum Paket.

Das Bearbeitungsbild zu Textbausteinen hat zwei Registerkarten:

▶ **Registerkarte »Text«**
Die Eingabe des Textes erfolgt mit den gleichen Möglichkeiten wie im individuellen Text-Knoten eines Formulars. Es können auch Felder zur Ausgabe von Daten enthalten sein. An dieser Stelle wird aber nicht überprüft, ob ein Feldeintrag im Zielformular auch vorhanden ist. Wird ein solcher Baustein in mehreren Formularen aufgerufen, muss überall der gleiche Feldname definiert sein.

▸ **Registerkarte »Verwaltung«**

Sie müssen jedem Textbaustein einen Stil zuordnen. Dieser Stil wird bei der Einbindung in das Formular automatisch in den jeweiligen Text-Knoten übernommen. Damit ist sichergestellt, dass die verwendeten Formatierungen auch im Formular zur Verfügung stehen (ob sie dort auch genutzt werden, ist dann wieder im Formular festzulegen). Für jeden Textbaustein können Sie außerdem festlegen, in welche Sprachen er übersetzt werden soll. Die Festlegung erfolgt im Formular bei den Formularattributen.

Textbausteine erfordern keine gesonderte Aktivierung. Sie stehen nach der Neuanlage oder Änderung sofort für die Übernahme in ein Formular zur Verfügung.

4.1.9 Übungsbeispiel: Textbaustein anlegen

Legen Sie einen neuen Textbaustein an, der im Formular den bisherigen individuellen Einleitungstext zur Rechnung ersetzen soll (Namensvorschlag Z_SF_INTRO_01 wie in Abbildung 4.9). Schreiben Sie den Text nach eigenen Vorstellungen neu.

Weisen Sie dem Textbaustein unter der Registerkarte VERWALTUNG den Stil Z_SF_STYLE_01 zu. Damit stehen Ihnen die gleichen Formatierungen wie im Formular zur Verfügung (siehe Abbildung 4.10). Der Einleitungstext im Formular hatte bisher das Absatzformat TB.

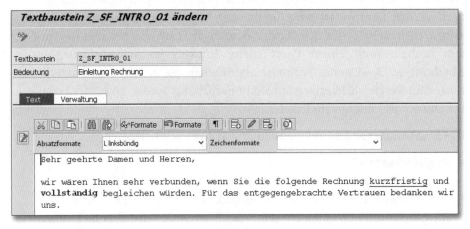

Abbildung 4.10 Textbaustein zur Flugrechnung

4.1.10 Web-Eigenschaften

Sicherlich ist Ihnen während der Übungen zum Text-Knoten gelegentlich die Registerkarte WEB-EIGENSCHAFTEN aufgefallen (z. B. in Abbildung 4.1). Diese Attribute beziehen sich auf den Einsatz von Smart Forms in Internetanwendungen, wo z. B. ein Formular über die Smart-Forms-HTML-Ausgabe im Webbrowser dargestellt wird. Dafür können zusätzlich Eingabefelder definiert werden, um interaktiv Inhalte zu ändern (z. B. für die Eingabe von Texten oder die Auswahl von Ankreuzfeldern). Die Angaben des Anwenders werden zum SAP-System zurückgegeben und steuern dann weitergehende Prozesse. Zur Realisierung solcher Anwendungen ist aber sicher die Verwendung von *SAP Interactive Forms by Adobe* die erste Wahl.

Wie schon im Vorwort beschrieben, sind solche Anwendungen nicht Inhalt dieses Buches, daher gehen wir nicht näher auf die Registerkarte WEB-EIGEN-SCHAFTEN ein.

Bei Interesse verweisen wir stattdessen auf die SAP-Bibliothek. In Anhang C.1 sind darüber hinaus vier BSP-Applikationen genannt, anhand derer die Funktionalität nachvollziehbar wird. Jedes Formular, das für Druckausgaben angelegt worden ist, kann prinzipiell auch für die Darstellung als Web-Formular genutzt werden. So greift z. B. die BSP-Applikation SF_WEBFORM_01 auch auf unser Musterformular SF_EXAMPLE_01 zurück. Die weiteren Beispielapplikationen zeigen darüber hinaus die Auswertung von Formular-Eingabefeldern. Für die Entwicklung solcher Anwendungen sind allerdings fundierte Kenntnisse im Bereich von BSP-Applikationen erforderlich.

4.2 Adresse-Knoten

Formulare, die mit Smart Forms erstellt werden, beinhalten häufig einen Empfänger (wie z. B. bei einer Rechnung) oder andere Bezüge zu einer Adresse (z. B. in Buchungsbelegen).

Insbesondere wenn Sie ein Formular versenden möchten, muss die korrekte Formatierung der Empfängeradresse gewährleistet sein. Für diese Anwendung stellt Smart Forms den Knotentyp »Adresse« zur Verfügung. Er sorgt dafür, dass die eingefügte Adresse korrekt nach den postalischen Regeln des Empfangslandes formatiert wird (nach ISO 11180 bzw. nach den Richtlinien des Weltpostverbands). Dieser Formatierungsvorschlag des Systems betrifft z. B. die Anzahl der Zeilen, die für die Adressausgabe verwendet werden.

Die Funktionen des Adresse-Knotens basieren auf den *Business Address Services* (BAS) im SAP-System, auf die wir in Abschnitt 4.2.5, »Adressaufbereitung (Customizing)«, noch ausführlicher eingehen werden (frühere Bezeichnung war ZAV, *Zentrale Adressverwaltung*).

Der Zugriff auf eine Adresse im BAS erfolgt über eine eindeutige Adressnummer, die bei der Abarbeitung des Knotens bekannt sein muss. Weitere Kenntnisse zu technischen Details sind für die Einrichtung eines Adresse-Knotens allerdings nicht erforderlich.

[+]

Adressformatierung anzeigen lassen

In den meisten SAP-Modulen, die mit dem BAS zusammenarbeiten (z. B. der Kundenstamm), können Sie sich schon direkt im Erfassungsbild zur Adresse die verwendete Adressformatierung über ein entsprechendes Symbol anzeigen lassen.

4.2.1 Adresse-Knoten anlegen

Sie können einen Adresse-Knoten direkt zum Seite-Knoten oder auch innerhalb eines Fensters anlegen. Der erste Fall bietet den Vorteil, dass der Adresse-Knoten wie ein Fenster im Form Painter erscheint und dort direkt verschoben oder in seinen Maßen angepasst werden kann.

In vielen Fällen wird man aber für die Darstellung der Adresse ein eigenes Fenster anlegen, dessen Lage und Maße denen eines Sichtfensters im Briefumschlag angepasst sind (dazu gibt es zusätzliche Normrichtlinien). Innerhalb dieses Fensters wird der eigentlichen Adresse dann üblicherweise noch ein Text-Knoten mit klein gedruckten Absenderangaben vorangestellt (als erste Zeile im Adressfenster).

Der eigentliche Adresse-Knoten wird über ANLEGEN • ADRESSE im Kontextmenü zum Knoten einer Seite oder eines Fensters eingefügt. Die Möglichkeiten auf den Registerkarten AUSGABEOPTIONEN und BEDINGUNGEN entsprechen denen in anderen Knoten. Lediglich bei der Anlage eines Adresse-Knotens direkt zu einer Seite sind auf der Registerkarte AUSGABEOPTIONEN auch die zusätzlichen Angaben zur Lage und Größe des Fensters vorhanden. Wichtig sind die Angaben auf der Registerkarte ALLGEMEINE EIGENSCHAFTEN, die wir nun im Detail vorstellen (siehe Abbildung 4.11, es handelt sich bei diesem Beispiel um eine Kundenadresse, wie sie im SAP-Lieferschein hinterlegt ist; Sie finden sie im Formular LE_SHP_DELNOTE).

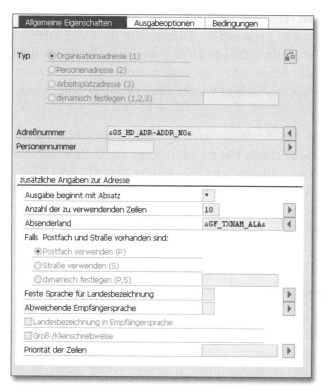

Abbildung 4.11 Adresse-Knoten, Registerkarte »Allgemeine Eigenschaften«

4.2.2 Adresstyp

Der Adresstyp beschreibt, wie die jeweilige Adresse im SAP-System abgelegt ist bzw. welche Nutzung dahintersteht. Zur Auswahl stehen:

▸ **Organisationsadresse (1)**
Adressen dieser Art kann man als die üblichen Geschäftsadressen betrachten, sie sind z. B. Kunden, Lieferanten oder auch einem Buchungskreis zugeordnet. Diese Adressen sind über eine einzige *Adressnummer* (zehnstellig) eindeutig identifizierbar.

▸ **Personenadressen (2)**
Diese Adressen sind genau einer natürlichen Person zugeordnet. Die Angaben zur Person enthalten zusätzliche Attribute wie Titel und weitere Namensteile. Eine Person kann mehrere Adressen besitzen; entsprechend ist zur Identifizierung sowohl eine *Personennummer* als auch eine *Adressnummer* erforderlich.

▶ **Arbeitsplatzadressen (3)**
Diese Adressen betreffen Personen in Firmen, die im SAP-System als *Ansprechpartner* angelegt sind. Sie enthalten personenbezogene Attribute wie die Abteilung, die Telefon- und Durchwahlnummer, die Zimmernummer etc. Die Identifizierung erfolgt wieder über Personen- und Adressnummer.

Wahlweise können Sie den Adresstyp auch dynamisch vorgeben. Hierfür verwenden Sie wieder ein Feld als Platzhalter, das erst zur Laufzeit mit dem passenden Wert gefüllt wird (also mit der zugehörigen Zahl 1, 2 oder 3). Die Anwendung könnte z. B. ein Rundschreiben sein, das sowohl an Firmen als auch an einzelne Personen gerichtet ist. In diesem Fall muss den vorhandenen Daten auch der Adresstyp entnommen und über einen Feldeintrag hinterlegt werden.

4.2.3 Adressnummer und Personennummer

Das nächste Attribut ist die eigentliche Adressnummer. Der Eintrag wird sinnvollerweise immer über einen Feldeintrag erfolgen, da ein Formular in aller Regel an verschiedene Empfänger versendbar sein soll. Die Eingabe des passenden Feldnamens erfolgt geklammert über &-Sonderzeichen (Ampersand).

[+] **Feld »Adressnummer«**

Bei der späteren Formularausgabe muss das Feld ADRESSNUMMER einen gültigen Wert haben. Sonst bricht das System die Bearbeitung mit einer Fehlermeldung ab, die man allerdings nicht immer gleich richtig interpretiert und auf einen Fehleintrag im Feld ADRESSNUMMER zurückführt. Es kann daher hilfreich sein, die Ausgabe des Adresse-Knotens mit einer Bedingung zu versehen, die kontrolliert, ob die vorgesehene Adressnummer überhaupt einen Wert besitzt.

Bei Personen- und Arbeitsplatzadressen ist zusätzlich die Angabe einer Personennummer erforderlich: Auch hier wird im Grunde immer nur die dynamische Ermittlung über einen Feldnamen sinnvoll sein.

[+] **Feld »Personennummer«**

Wenn Sie einen Adresse-Knoten neu angelegt haben, befindet sich das Eingabefeld zur Personennummer allerdings in einem Modus, der nur für die direkte Eingabe vorgesehen ist. Für die Suche steht dann in diesem Feld über die F4-Taste sogar die Wertehilfe zur Verfügung. Um die längeren Feldnamen eingeben zu können, müssen Sie das Eingabefeld auf die Langdarstellung umstellen (Symbol ▶ rechts neben dem Eingabefeld, siehe Abbildung 4.11).

4.2.4 Gestaltung der Adressen

Die weiteren Attribute im Abschnitt ZUSÄTZLICHE ANGABEN ZUR ADRESSE betreffen die Gestaltung der Adresse bei der späteren Ausgabe.

Adressaufbereitung mithilfe eines ABAP-Funktionsbausteins [«]

Die postalisch korrekte Aufbereitung der Adresse erfolgt beim Adresse-Knoten über den ABAP-Funktionsbaustein `ADDRESS_INTO_PRINTFORM`. Jedes der im Folgenden genannten Attribute zum Adresse-Knoten entspricht deshalb genau einem Parameter im Funktionsbaustein. Wenn Sie also die Möglichkeiten des Adresse-Knotens im Detail ausschöpfen möchten, sollten Sie auch die Dokumentation des Funktionsbausteins in Transaktion SE37 beachten bzw. den Hinweisen zum BAS in der SAP-Bibliothek folgen.

Die zusätzlichen Angaben zur Adresse sind die folgenden:

▸ **Ausgabe beginnt mit Absatz**
Diese Angabe bestimmt das Absatzformat. Das Kürzel zum Absatzformat muss im eingestellten Stil vorhanden sein, wird aber bei der Überprüfung des Formulars nicht kontrolliert (bei dem Sonderzeichen * wird wieder das Default-Absatzformat des Stils übernommen).

▸ **Anzahl der zu verwendenden Zeilen**
Aus Platzgründen kann es manchmal sinnvoll sein, die vorgeschlagene Ausgabeform der Adresse auf eine bestimmte Anzahl von Zeilen einzuschränken. Dann unterdrückt die Formatierungsroutine des BAS entsprechend viele Zeilen der Adresse. Die Anzahl der maximal möglichen Zeilen ist 10 und wird auch als Default vom System vorgeschlagen.

▸ **Absenderland**
In der Regel richtet sich die Aufbereitung der Adresse nach dem Empfangsland (inklusive sprachabhängiger Anteile wie »Postfach«). Die Angabe zum Absenderland an dieser Stelle ermöglicht der BAS-Adressaufbereitung festzustellen, ob die Empfängeradresse vom Absenderland abweicht: In diesem Fall wird automatisch eine internationale Adressversion ermittelt (also mit zusätzlicher Angabe des Empfangslandes).

Wenn Sie das Feld leer lassen, formatiert das System entsprechend den Einstellungen im Customizing zur Adressverwaltung. Die Vorgabe zum Absenderland ist dort im Standardfall der Eintrag, der beim Erfassen der Adresse angegeben wurde.

▸ **Falls Postfach und Straße vorhanden sind**
Zu einer Adresse, bei der entweder die Straßen- oder die Postfachangaben vorhanden sind, wählt das System immer den richtigen Eintrag. Sind aller-

dings zu einer Adresse beide Angaben vorhanden, können Sie über diese Option festlegen, welche Angabe für Smart Forms ausschlaggebend sein soll. Die Auswahl kann wieder dynamisch über einen Feldeintrag erfolgen, der je nach Fall das Zeichen 'P' oder 'S' enthalten muss.

- **Feste Sprache der Landesbezeichnung**
  Eventuell möchten Sie den Namen des Empfängerlandes einheitlich in Englisch ausgeben. In diesem Fall geben Sie hier die Sprache EN ein.

- **Abweichende Empfängersprache**
  Dieses Feld betrifft auch wieder die Ausgabe der Landesbezeichnung. In den SAP-Stammdaten ist nur eine Landessprache je Land einstellbar. Bei Ländern mit mehreren Sprachen (z. B. der Schweiz) kann also eine individuelle Findung erforderlich sein. Das Feld müsste bei Bedarf also dynamisch belegt werden (z. B. entsprechend der Region).

- **Landesbezeichnung in Empfängersprache**
  Normalerweise wird die Landesbezeichnung in der Sprache des Senders ausgegeben. Dieses Kennzeichen setzen Sie, wenn abweichend die Empfängersprache relevant sein soll.

- **Groß-/Kleinschreibweise**
  Die internationalen Postvorschriften zur Adressgestaltung sehen vor, dass bei Auslandsadressen die Angabe von Stadt und Land in Großbuchstaben zu erfolgen hat. Das kann störend sein, wenn die Adresse z. B. im Zusammenhang mit einem anderen Fließtext ausgegeben wird: Aktivieren Sie dieses Kennzeichen hier, um in diesem Fall die Originalschreibweise zu verwenden, mit der Stadt und Land im System hinterlegt sind.

- **Priorität der Zeilen**
  Die maximale Zahl der Zeilen, die für eine Adresse vorgegeben ist, kann über den Parameter ANZAHL DER ZU VERWENDENDEN ZEILEN eingestellt werden (siehe Hinweise weiter oben). Hat eine Adresse aber intern mehr Zeilen, als hier eingetragen, müssen gegebenenfalls einzelne Angaben unterdrückt werden. Dafür sind im Customizing der Adressverwaltung Regeln hinterlegt, mithilfe derer jedem Adressteil eine Priorität zugeordnet ist. Über den Parameter hier können Sie diese Prioritäten individuell vorgeben.

4.2.5 Adressaufbereitung (Customizing)

Im SAP-Customizing zum BAS können Sie die Art der Adressaufbereitung individuell anpassen (z. B. über Adressversionen): Solche Anpassungen gelten dann aber nicht nur für Smart Forms, sondern systemweit. Wählen Sie dazu im Customizing unter SAP NetWeaver die folgenden Menüs:

- Application Server • Basis Services • Adressverwaltung
- Allg. Einstellungen • Länder einstellen • Länder definieren (Eingabebereich Adressaufbereitung).

Für individuelle Anforderungen stehen darüber hinaus Customer Exits zur Verfügung, die eine kundenspezifische Adressaufbereitung über ABAP-Programmcode ermöglichen. Diese Änderungen werden bis zum Adresse-Knoten von Smart Forms durchgereicht. Der bereits erwähnte Funktionsbaustein `ADDRESS_INTO_PRINTFORM` kann auch unter Smart Forms direkt in einem Programm-Knoten angesprochen werden. In Einzelfällen ergeben sich damit weitere Aufbereitungsoptionen.

4.3 Grafiken und Hintergrundbild

Smart Forms bietet komfortable Möglichkeiten, um Grafiken im Formular auszugeben (z. B. als Firmenlogo, wahlweise in Farbe oder Schwarz-Weiß). Voraussetzung hierfür ist, dass die Grafiken vorher über die Grafikverwaltung (Transaktion SE78) in das SAP-System importiert worden sind. Dazu finden Sie ausführliche Erläuterungen in Abschnitt 10.1. Erste Versuche zum Umgang mit Grafiken haben Sie schon im Schnelleinstieg unternommen (siehe Kapitel 1, »Schnelleinstieg«).

4.3.1 Grafiken in das Formular einbinden

Sie können Grafiken auf folgenden Wegen beim Entwurf des Formulars einbinden:

- **Als Hintergrundbild zu einer Seite**
  Die Zuordnung erfolgt dann direkt über die Registerkarte Hintergrundbild zu einer Seite im Seite-Knoten. Hintergrundbilder können wahlweise auch zum Nachzeichnen eingescannter Musterformulare dienen und werden deshalb im Form Painter und im Table Painter angezeigt.

- **Als Grafik-Knoten direkt zur Seite**
  In diesem Fall erhält der Knoten zusätzlich die Eigenschaften eines Fensters und wird z. B. direkt im Form Painter angezeigt (wie beim Logo zur Flugrechnung). Die Position dieses Grafikfensters wird wieder über den linken bzw. den oberen Rand bestimmt. Allerdings wird die Größe der

Grafik (Höhe und Breite) selbstständig vom System über die gewählte Grafikauflösung ermittelt und kann deshalb nicht vom Anwender geändert werden.

▶ **Als Grafik-Knoten innerhalb eines Fensters**
Die Position der Grafik kann in diesem Fall von anderen Knoten abhängen, wie z. B. Texten. Ändert sich die Textlänge, verschiebt sich auch der Grafik-Knoten. Gegebenenfalls verschwindet er auch vollständig aus einem Nebenfenster, wenn nicht ausreichend Platz zur Verfügung steht.

▶ **Als Grafik-Knoten unterhalb einer Schablone/Ausgabetabelle**
Bei dieser Option müssen Sie den Grafik-Knoten einer Zelle zuordnen, entweder durch Zuordnung der Koordinaten (bei einer Schablone) oder direkt durch Einordnen im Baum (bei einer Ausgabetabelle). Die Ausrichtung kann dort allerdings nur linksbündig erfolgen.

Unsere Flugrechnung enthält eine Grafik als Logo, die wir in Kapitel 1, »Schnelleinstieg«, eingerichtet haben. Die Festlegung der gewünschten Grafik erfolgt auf der Registerkarte ALLGEMEINE EIGENSCHAFTEN (siehe Abbildung 4.12).

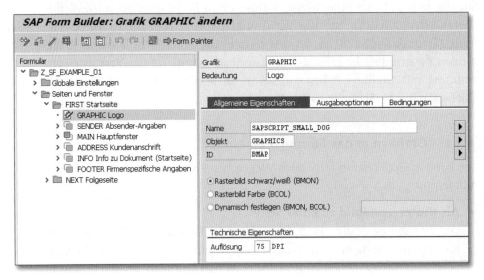

Abbildung 4.12 Grafik-Knoten

Grafiken sind ähnlich wie Include-Texte mit einem Namen und zusätzlichen Merkmalen zur Klassifikation im SAP-System gespeichert. In Kapitel 1, »Schnelleinstieg«, haben wir erläutert, wie Sie eine Grafik im SAP-System finden, auch die zugehörigen Selektionsparameter der Wertehilfe sind dort beschrieben (siehe Abschnitt 1.2.4, »Änderungen am eigenen Formular«).

> **Grafik auswählen** [+]
>
> Die Wertehilfe liefert als Ergebnis eine Liste aller Grafiken, die den vorgegebenen Kriterien entsprechen. Sollten viele Grafiken in Ihrem System hinterlegt sein, kann es hilfreich sein, diese Auswahl weiter einzugrenzen. Nutzen Sie gegebenenfalls in der Trefferliste die weiteren Selektionskriterien auf der Registerkarte EINSCHRÄNKUNGEN (dort ist z. B. der Autor ein zusätzliches Merkmal).

Anders als bei Include-Texten existiert heute bei einer SAP-Standardinstallation sowohl zum Grafikobjekt als auch zur Grafik-ID jeweils nur ein Merkmalseintrag, GRAPHICS bzw. BMAP. Letzterer weist darauf hin, dass nur pixelorientierte Bitmap-/Raster-Grafiken verarbeitet werden können.

Neben einer festen Namensvergabe kann die Wahl der Grafik auch wieder dynamisch erfolgen. Dabei werden Datenfelder verwendet, die je nach Umfeld unterschiedliche Grafiken einbinden, um z. B. ein Logo von der Verkaufsorganisation abhängig zu machen oder um Bilder von Materialien auszugeben.

> **Grafiken und Texte überlagern** [+]
>
> Grafiken und Texte können Sie für die Ausgabe auch überlagern. Legen Sie dazu zwei unterschiedliche Fenster an, ein Fenster für die Grafik und ein Fenster für den Text. Um Grafiken und Texte nebeneinander auszugeben, verwenden Sie ebenfalls zwei Fenster-Knoten oder – noch eleganter – eine übergeordnete Schablone.

4.3.2 Grafiken in Fenster, Schablone oder Ausgabetabelle

Bei Grafik-Knoten, die über ein Fenster oder die Zelle einer Schablone ausgegeben werden, ist die vertikale Ausgabeposition immer von vorherigen Ausgaben in dem jeweiligen Ausgabebereich abhängig. Entsprechend gibt es auf der Registerkarte AUSGABEOPTIONEN zum Grafik-Knoten lediglich die Einstellmöglichkeiten zur horizontalen Ausrichtung (siehe Abbildung 4.13).

Im Feld BEZUGSPUNKT kann entweder der Rand des Ausgabebereichs angegeben werden (also z. B. zum Fenster, mit den üblichen Ausrichtungen LINKS, ZENTRIERT oder RECHTS) oder das Ende des letzten Absatzes. Ergänzen Sie gegebenenfalls den Abstand zum linken oder zum rechten Rand über das Eingabefeld hinter dem Feld AUSRICHTUNG.

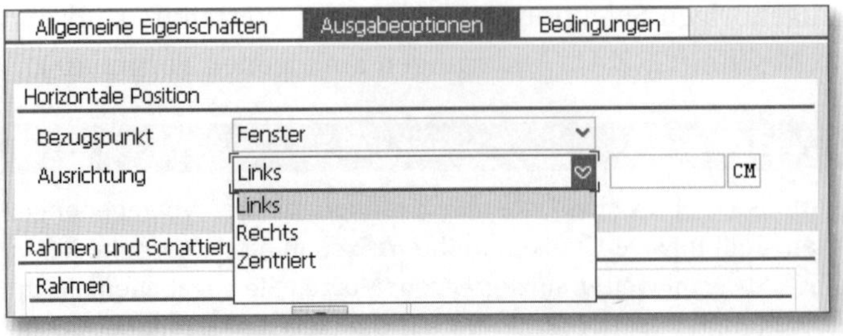

Allgemeine Eigenschaften	Ausgabeoptionen	Bedingungen

Horizontale Position

Bezugspunkt	Fenster	⌄
Ausrichtung	Links	⌄		CM
	Links		
	Rechts		
Rahmen und Schattier	Zentriert		
Rahmen		

Abbildung 4.13 Position zur Grafik

Bei der Ausgabe der Grafik mithilfe einer Schablone oder einer Ausgabetabelle gelten die gleichen Auswahlmöglichkeiten. Der Bezugspunkt FENSTER
meint in diesem Fall allerdings die jeweilige Zelle. Auch die Möglichkeiten
zur Wahl der Ausrichtung sind nur eingeschränkt nutzbar, denn im Grunde
führt nur die Ausrichtung LINKS zu sinnvollen Ergebnissen.

Natürlich finden Sie auf der Registerkarte AUSGABEOPTIONEN wie schon beim
Text-Knoten die üblichen Angaben zu Zeile und Spalte der zugehörigen
Zelle.

[+] **Grafik nach unten verschieben**

Die vertikale Ausgabeposition der Grafik ist immer durch die letzte Ausgabe im
Fenster bestimmt. Ohne vorhergehende Knoten wird die Grafik also am oberen
Fenster- bzw. Zellenrand ausgegeben. Um die Grafik nach unten zu verschieben,
fügen Sie vor dem Grafik-Knoten andere Knoten ein, die leere Ausgaben erzeugen
(z. B. einen Text-Knoten mit Leerzeilen). Bei der Ausgabe über eine Schablone
können Sie natürlich auch leere Schablonenzellen vorschalten.

4.3.3   Hintergrundbild zur Seite

Alternativ zum Grafik-Knoten können Sie eine einzelne Grafik auch als Hintergrundbild einer kompletten Seite hinterlegen. Die Zuordnung erfolgt auf
der Registerkarte HINTERGRUNDBILD des jeweiligen Seite-Knotens (siehe
Abbildung 4.14).

Bei einer Hintergrundgrafik bestimmen Sie die Position der Grafik mit direktem Bezug zum Format der Seite. Die übrigen Merkmale legen Sie auf die
gleiche Weise fest wie im Grafik-Knoten.

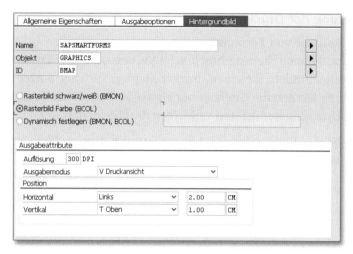

Abbildung 4.14 Hintergrundbild einer Seite

Die Hintergrundgrafik in Smart Forms wurde vor allem implementiert, um eingescannte Vordrucke einblenden und auch nachzeichnen zu können. Das kann die Positionierung von Fenstern oder sonstigen Ausgabeelementen wie Schablonen, Ausgabetabellen etc. erheblich vereinfachen. Eine Hintergrundgrafik kann deshalb auch im Form Painter und im Table Painter eingeblendet werden. Damit das Bild im Form Painter nicht durch andere Fenster überdeckt wird, sollten Sie allerdings bei den jeweiligen Einstellungen die Option Transparente Fenster gesetzt haben.

Ebenfalls für die Anwendung von Vordrucken ist das zusätzliche Attribut Ausgabemodus im Grafik-Knoten gedacht. Die Optionen lauten:

► Leer (= keine Ausgabe)

► Druckansicht (d. h. nur Ausgabe zur Kontrolle, kein Ausdruck)

► Druckansicht und Drucken

In der Grundeinstellung ist dieser Eintrag leer, es wird also nichts ausgegeben. Das würde einem Anwendungsfall entsprechen, in dem die Hintergrundgrafik nur zum Nachzeichnen verwendet werden soll. Um einen echten Ausdruck zu bewirken, müssen Sie die letzte Option wählen (die Grafik in Abbildung 4.14 würde also nur in der Vorschau erscheinen).

Text in ein Hintergrundbild einfügen	**[+]**
Sie können Fenster mit beliebigem Inhalt über die Position legen, an der sich das Hintergrundbild befindet. Nutzen Sie die Möglichkeit, um z. B. zusätzlichen Text in ein Hintergrundbild einzufügen.	

4.3.4   Optimierung der Druckausgabe

Bei wiederholter Ausgabe von Formularen, die die gleichen Grafiken (z. B. ein Logo) enthalten, können Sie eine beachtliche Verbesserung der Druckperformance erreichen, indem Sie einen druckerinternen Speicher nutzen. Bei diesem Verfahren werden die Grafiken nur einmal zu Beginn eines Ausgabeauftrags zum Drucker gesendet und verbleiben dort bis zu dessen Ende.

Um diese Option bei der Verwendung von Smart Forms nutzen zu können, müssen Sie zur jeweiligen Grafik ein entsprechendes Attribut in der Grafikverwaltung setzen. Dies machen Sie mithilfe der Transaktion SE78 (siehe Abschnitt 10.1)

4.4   Ordner-Knoten

Mit wachsender Knotenzahl in einem Formular besteht die Gefahr, dass die Übersichtlichkeit im Navigationsbaum verloren geht. Um dem entgegenzuwirken, sollten Sie sich auf ein einheitliches Schema für die Benennung der Knoten festlegen. Dadurch erreichen Sie einen verbesserten Wiedererkennungseffekt der Knoten im Navigationsbaum.

Eine weitere Möglichkeit, um Übersichtlichkeit zu erreichen, bieten die Ordner-Knoten: Diesem Knotentyp können Sie inhaltlich oder formal zusammenhängende Knoten als gemeinsame Unterknoten zuordnen. Sie werden dadurch auch optisch im Navigationsbaum zusammengefasst. Sie können z. B. die Unterknoten einer Schablone nach Zeilen, Spalten oder sogar Zellen im Navigationsbaum zusammenfassen.

Der Ordner-Knoten hat aber nicht nur eine formale Bedeutung, er bietet auch weitergehende Funktionen wie Kopf- und Fußzeilen oder die gemeinsame Zuordnung eines Stils.

[zB] | **Ordner-Knoten**

Eine Rechnung soll abhängig von den Zahlungsbedingungen noch zusätzliche Texte enthalten. In diesem Fall könnte man mehrere Text-Knoten anlegen, die jeweils mit Bedingungen versehen sind. Zur besseren Übersichtlichkeit wird man alle Text-Knoten in einem Ordner zusammenfassen, der dann z. B. die Bezeichnung TEXTE ZAHLUNGSBEDINGUNGEN erhält. In anderen Fällen kann es sinnvoll sein, einen solchen Ordner-Knoten selbst mit einer Ausgabebedingung zu versehen, die dann automatisch für alle untergeordneten Knoten gültig ist.

Der Ordner-Knoten besitzt zwei Registerkarten, die wir im Folgenden erläutern (siehe Abbildung 4.15).

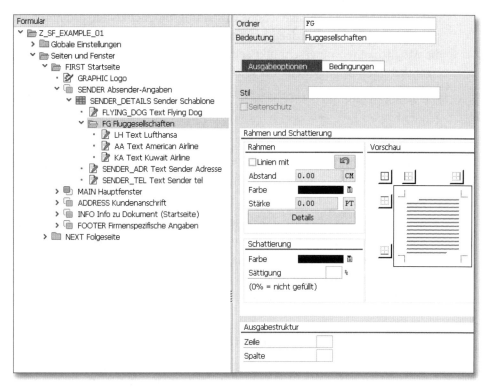

Abbildung 4.15 Attribute im Ordner-Knoten

4.4.1 Registerkarte »Ausgabeoptionen«

Die Attribute im Abschnitt RAHMEN UND SCHATTIERUNG sind ja inzwischen von anderen Knoten bekannt. Beachten Sie jedoch auch hier wieder die klammernde Funktion des Knotens, denn jede Option betrifft automatisch alle untergeordneten Knoten:

▸ Ein Rahmen wird alle untergeordneten Knoten umschließen und sich dynamisch an deren wirklichem Inhalt orientieren (z. B. als gemeinsamer Rahmen um mehrere Texte herum).

▸ Ein Rahmen besteht ja grundsätzlich aus vier Rändern, die sich auch einzeln aktivieren lassen. Sie können diese Funktion nutzen, um z. B. einen durchgängigen Strich als Hervorhebung am linken Rand zu zeigen (der dann alle untergeordneten Knoten einleitet). Oder Sie können Striche nur oben und unten als waagerechte Trennlinien erzeugen.

▸ Farbe und Schattierung führen natürlich auch zu einem gemeinsamen Hintergrund über alle Unterknoten hinweg (als Rechteck über den ganzen Ausgabebereich, der von den Unterknoten in Anspruch genommen wird).

Der Ordner bietet also einige schöne Gestaltungsmöglichkeiten, probieren Sie sie aus. Aber beachten Sie dabei, dass unterhalb von Schablonen oder Tabellen die Möglichkeiten eingeschränkt sein können. Denn in diesen Fällen ist ja eigentlich die jeweilige Zelle für solche Formatierungen verantwortlich.

Die weiteren Optionen auf der Registerkarte AUSGABEOPTIONEN sind die folgenden:

▸ **Feld »Stil«**
Es kann ein individueller Stil vergeben werden, der für alle zugehörigen Unterknoten gilt (soweit dort nicht anders definiert).

▸ **Abschnitt »Ausgabestruktur«**
Bei der Ausgabe über eine Schablone finden Sie als zusätzliche Ausgabe-optionen die üblichen Angaben zur Zuordnung einer Zelle. Der Eintrag im Ordner-Knoten sorgt also dafür, dass alle zugehörigen Unterknoten in dieser Zelle ausgegeben werden. Das gilt allerdings nur so lange, wie in den einzelnen Unterknoten keine abweichenden Zellen eingetragen werden.

4.4.2 Registerkarte »Zeitpunkte«

Ein Ordner-Knoten hat auch eine Registerkarte ZEITPUNKTE, solange der Ordner nicht unterhalb einer Schablone oder Tabelle liegt (deshalb gibt es diese Registerkarte auch nicht in Abbildung 4.15). Abbildung 4.16 enthält einen Ordner direkt am Beginn des Fensters MAIN. Dadurch ergibt sich die Möglichkeit, automatisierte Kopf- und Fußbereiche zu nutzen.

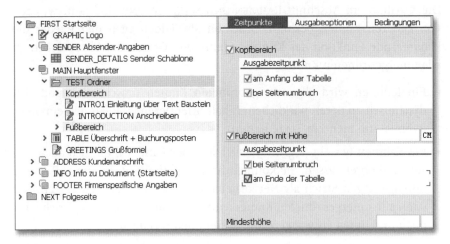

Abbildung 4.16 Zeitpunkte im Ordner-Knoten

Die Ausgabe der Kopf- und Fußbereiche erfolgt am Anfang bzw. am Ende des Bereichs, der durch die Inhalte aller zugehörigen Unterknoten beschrieben wird. Beim Fußbereich müssen Sie zusätzlich eine Höhe vorgeben, die die Ausgabesteuerung zur Berechnung der Seitenlänge benötigt.

Sind Kopf- und Fußbereich aktiviert, erscheinen im Navigationsbaum unterhalb des Ordner-Knotens automatisch zusätzliche Ereignisknoten mit den Namen KOPFBEREICH bzw. FUSSBEREICH. Unter jedem dieser Ereignisknoten können Sie dann weitere Knoten anlegen, um z. B. Überschriften wiederholend je Seite oder auch Summenwerte auszugeben.

Beachten Sie, dass diese Ereignisknoten nicht geschachtelt werden dürfen. Wenn Sie einmal Kopf- oder Fußbereiche aktiviert haben, kann kein weiterer untergeordneter Knoten solche Bereiche definieren. Außerdem müssen Kopf- und Fußbereich immer im selben Knoten definiert sein (falls beide Bereiche verwendet werden sollen). Der Form Builder überprüft diese Anforderungen.

Kopf- und Fußbereiche	**[«]**
Diese Funktionen zu den Kopf- und Fußbereichen stehen in erweiterter Form auch in Schleife- und Tabelle-Knoten zur Verfügung. Wir werden deshalb auch in Kapitel 6, »Ablauflogik des Formulars«, noch ausführlicher darauf eingehen.	

4.4.3 Registerkarte »Bedingungen«

Diese Registerkarte ist wie gewöhnlich gestaltet, bietet Ihnen in diesem Fall jedoch besonders mächtige Funktionen: Mit einer einzigen Bedingung zum Ordner-Knoten können Sie einen kompletten Zweig im Formularbaum aktivieren bzw. deaktivieren.

Ordnerinhalt für Testzwecke deaktivieren	**[+]**
Es ist vor allem beim Test eines Formulars immer wieder eine Hilfe, wenn man kurzzeitig einen kompletten Zweig deaktivieren kann. Später werden Sie diese Möglichkeit vielleicht auch noch bei Änderungen schätzen, wenn Sie z. B. mehrere Knoten überarbeiten müssen und dabei den alten Stand noch als Kopie erhalten wollen (in Smart Forms gibt es ja kein Änderungsprotokoll).	

Natürlich sind Bedingungen zum Ordner-Knoten nicht nur für Tests sinnvoll, sondern auch für die Formularausgabe, wenn z. B. abhängig vom jeweiligen Prozess unterschiedliche Ausgaben erfolgen sollen (also auch unterschiedliche Zweige im Formularbaum relevant sind).

4.4.4 Übungsbeispiel: Ordner anlegen

In den vorhergehenden Übungen haben Sie zur Flugrechnung ein Fenster SENDER mit Angaben zum Reisebüro angelegt. Innerhalb der zugeordneten Schablone haben Sie in einer Schablonenzeile drei Fluggesellschaften ausgeben lassen. Diese Knoten können Sie sinnvoll in einem Ordner zusammenfassen. Der Aufbau im Formular sollte dann wie in Abbildung 4.15 aussehen.

Die Neuanlage erfolgt über den Pfad ANLEGEN • ORDNER im Kontextmenü des Navigationsbaums. Verschieben Sie dann die vorhandenen Texte LH, AA und KA in den Bereich unterhalb des neuen Ordners (einfach per Maus über Drag & Drop). Achten Sie aber darauf, dass die bisherige Reihenfolge erhalten bleibt. In unserem Fall werden die Text ja in unterschiedliche Zellen geschrieben: Eine Zellenzuordnung auf Ebene des Ordners ist also nicht sinnvoll; aber das Formular wird immerhin etwas übersichtlicher.

4.5   Sprache im Formular

Bei der Neuanlage eines Formulars übernimmt der Form Builder die Anmeldesprache des aktuellen Anwenders als Originalsprache in die Formularattribute. Mit dieser Spracheinstellung sind dann alle im Formular verwendeten Langtexte gespeichert:

▸ Bezeichnungen von Knoten

▸ Inhalte von Text-Knoten (Fließtext)

Über das zentrale SAP-Übersetzungswerkzeug können Sie diese Texte später in andere Zielsprachen übersetzen. Dazu nutzen Sie die Transaktion SE63 (siehe auch Abschnitt 10.8.2, »Übersetzung von Texten«). Aber auch nach einer Übersetzung können Sie das Formular nur in der Originalsprache mit dem Form Builder bearbeiten.

Über die Formularattribute können Sie individuell vorgeben, ob und in welche Sprache das jeweilige Formular übersetzt werden soll.

4.5.1   Sprache bei Formularausgabe

Bei der Ausgabe eines Formulars spielen die Bezeichnungen der Knoten keine Rolle mehr; dort sind nur noch die Inhalte der Text-Knoten und deren sprachenabhängige Einträge relevant. Die Sprache für diese Ausgabe kann aus verschiedenen Quellen stammen:

▶ In vielen Fällen wird die Ausgabesprache vom Rahmenprogramm vorgegeben. Dazu steht ein entsprechender Parameter in der Formularschnittstelle zur Verfügung (gegebenenfalls sogar mit Ersatzsprachen, siehe Kapitel 8, »Rahmenprogramm, Datenbeschaffung und Formularausgabe«).

▶ Ist ein Textelement in dieser Sprache oder einer der Ersatzsprachen nicht vorhanden (oder wurde keine Sprache vorgegeben), wählt die Ausgabesteuerung stattdessen die aktuelle Anmeldesprache.

▶ Ist ein Textelement auch in dieser Sprache ohne Eintrag, wird auf die Originalsprache des Formulars zurückgegriffen.

Das System verwendet einen internen Sprachenvektor, der alle zur Verfügung stehenden Sprachen in der Reihenfolge ihrer Priorität enthält. Ist ein Text in der Sprache mit höchster Priorität nicht vorhanden, wird er automatisch in der jeweils nächsten Sprache gesucht. Das gleiche Vorgehen über den Sprachenvektor finden Sie auch bei Text-Knoten, über die Textbausteine eingebunden sind. Achten Sie also darauf, dass auch die Textbausteine in den erforderlichen Sprachen vorliegen.

Nur für Include-Texte können Sie die Ausgabesprache individuell als Knotenattribut vorgeben (siehe Abbildung 4.5). Ohne Eintrag wird aber ganz normal der Sprachenvektor abgearbeitet, d. h., höchste Priorität hat dann wieder die Vorgabe aus der Schnittstelle.

4.5.2 Datumsausgabe

Ein Sonderfall im Hinblick auf die Sprachenabhängigkeit ist die landesspezifische Form, mit der ein Datum bei seiner Ausgabe dargestellt wird. Das betrifft insbesondere auch das Tagesdatum, das über einen Systemparameter zur Verfügung steht (siehe dazu Hinweise zu Systemfeldern in Abschnitt 5.3.3, »ABAP-Datentypen verwenden«).

Nahezu jedes Formular hat die Aufgabe, variable Daten auszugeben, die bei der Erstellung des Formulars noch nicht bekannt sind, sondern erst bei seiner Ausgabe (d. h. zur Laufzeit). Diese Daten werden über ein Rahmenprogramm zur Verfügung gestellt. Für das Design des Formulars ist es unabdingbar, die Struktur der übergebenen Daten zu verstehen.

5   Daten im Formular

Mithilfe von Platzhaltern können Sie Daten über ein Formular ausgeben. Wie solche Platzhalter angelegt und dann in das Formular eingebunden werden, wollen wir Ihnen in diesem Kapitel zeigen. Sie erfahren auch, wie Daten zum Formular gelangen können. In erster Linie ist das natürlich die Aufgabe der Formularschnittstelle, die wir mit den wichtigsten Eigenschaften vorstellen werden.

Beginnen wollen wir aber mit einer kurzen Übersicht, um ein gemeinsames Grundverständnis von den verwendeten Begriffen zu haben.

5.1   Übersicht

Wenn das Rahmenprogramm Daten an das Formular übergibt, hat es diese üblicherweise vorher aus der SAP-Datenbank gelesen oder vom Anwender abgefragt, der das Programm ausführt. Wie ein solches Rahmenprogramm aufgebaut ist, wird in Kapitel 8, »Rahmenprogramm, Datenbeschaffung und Formularausgabe«, ausführlich behandelt. Im vorliegenden Kapitel betrachten wir die Behandlung der Daten im Formular.

Variable Daten	[zB]
Ein Lieferschein enthält mindestens die Adresse des Kunden, die gelieferten Materialien als Positionen und verschiedene Randinformationen wie Lieferdatum, Nummer des Lieferscheins etc. Diese Angaben stehen erst bei der Ausgabe als Daten im Formular zur Verfügung – man spricht hierbei von variablen Daten.	

Um solche variablen Daten in das Formular einzubinden, werden Platzhalter verwendet und stellvertretend für die Daten in die Text-Knoten eingegeben. Wahlweise können diese Platzhalter auch in Textbausteine eingebunden sein, die hierdurch sehr flexibel werden. Darüber hinaus werden Platzhalter als Attribute eines beliebigen Knotens (z. B. als Bedingung für die Ausgabe) verwendet.

In Smart Forms werden diese Platzhalter als *Felder* bezeichnet. Bei der Ausgabe des Formulars werden alle im Text vorkommenden Felder durch ihre augenblicklich gültigen Werte ersetzt.

Quelle der Daten

Es ist nicht immer nur das Rahmenprogramm, das die Daten im Formular bereitstellt, es können auch andere Quellen sein. Um bei der Ausgabe des Formulars den Feldern die richtigen Inhalte zuzuweisen, muss das System aber »wissen«, wie und woher diese Inhalte beschafft werden sollen. Es gibt folgende Möglichkeiten:

▸ Die Daten werden vom Rahmenprogramm aus Datenbanktabellen selektiert und dann über eine definierte Formularschnittstelle an das Formular übergeben.

▸ Die Daten werden vom SAP-System bereitgestellt, z. B. als aktuelles Datum oder als aktuelle Seitenzahl im Ausdruck.

▸ Die Daten werden im Formular selbst bei dessen Ausgabe ermittelt, z. B. bei der Ausgabe von Summenwerten in einer Liste oder bei Berechnungen innerhalb von ABAP-Programmcode.

Allen Fällen gemeinsam ist, dass die Felder, die die benötigten Informationen zur Verfügung stellen, mit ihrem Namen als Platzhalter in Text-Knoten eingebunden sind. Diese Platzhalter lassen sich ansonsten wie normaler Text behandeln (z. B. mit passender Formatierung versehen).

Datendefinition

Bevor ein Feld aber als Platzhalter in den Text eingesetzt werden kann, muss es dem System bekannt sein. Das geschieht über eine *Definition* (oder auch *Deklaration*) der Daten. Analog zu den oben genannten Anwendungsfällen stellt Smart Forms folgende drei Möglichkeiten zur Verfügung, um Daten im Formular zu definieren:

▶ Parameter in der Formularschnittstelle beschreiben solche Daten, die mit dem Rahmenprogramm ausgetauscht werden.

▶ Systemfelder haben eine vorbelegte Bedeutung wie »Datum« und »Seiten-zahl«.

▶ Im Formular selbst können *globale Daten* definiert werden, deren Inhalte sich erst innerhalb des Formulars ergeben (z. B. über interne Summenbe-rechnungen). Diese Felder sind häufig auch erforderlich, um Parameter der Formularschnittstelle in veränderter Form ausgeben zu können.

Struktur der Daten

Die im Formular verwendeten Daten unterscheiden sich nicht nur in der Herkunft; sie können auch sehr unterschiedliche Inhalte haben. Es ist z. B. leicht ersichtlich, dass ein Tagesdatum anders gespeichert ist als eine kom-plette Adresse oder gar die Sammlung aller Positionen einer Rechnung.

Entsprechend haben wir es mit unterschiedlichen Typen von Daten zu tun. Diese Unterschiede im Typ haben wiederum Auswirkungen auf das Design des Formulars. Folglich ist eine sinnvolle Verwendung von Daten (und damit Feldern) im Formular nur mit Verständnis dieser Grundlagen möglich.

5.2 Felder als Platzhalter

Um Daten überhaupt im Formular verwenden zu können, muss zunächst einmal bekannt sein, wie diese Daten anzusprechen sind. Dazu verwendet Smart Forms sogenannte *Felder*. Die zugehörigen Funktionen werden wir Ihnen in den folgenden Abschnitten vorstellen.

5.2.1 Feldliste

Eine Übersicht darüber, welche Felder im individuellen Formular vorhanden sind, bietet der Form Builder in Form einer *Feldliste*. Sie können dieses zusätzliche Anzeigefenster des Form Builders über den Menüpfad HILFSMIT-TEL • FELDLISTE EIN/AUS aufrufen (oder über das entsprechende Symbol 🔲). Abbildung 5.1 zeigt dazu ein Beispiel.

Die Feldliste wird dann im linken unteren Bildschirmbereich eingeblendet. Sie listet alle verfügbaren Felder nach Oberbegriffen geordnet auf; die Anzeige erfolgt wieder als Navigationsbaum.

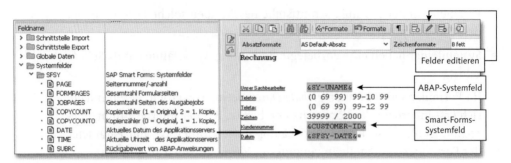

Abbildung 5.1 Text-Knoten mit Feldern für variable Daten

Wir werden auf die verwendeten Oberbegriffe (wie *Schnittstelle Import* oder *Systemfelder*) später noch ausführlich eingehen. Zunächst zeigen wir, wie Felder in einen Text-Knoten eingebunden werden können. Dabei ist es sehr hilfreich, dass der Inline-Editor verwendet wird und nicht Microsoft Word.

5.2.2 Felder im Text-Knoten

Aus der Feldliste können Sie einzelne Felder per Drag & Drop (d. h. mit gedrückter Maustaste) direkt in einen Text ziehen. Dazu müssen Sie den betreffenden Text-Knoten allerdings vorher mit seiner Registerkarte ALLGEMEINE EIGENSCHAFTEN angewählt haben. In Abbildung 5.1 sehen Sie als Beispiel den Text-Knoten INFO_TEXT der Flugrechnung.

Diese Übernahme per Maus ist sicher die komfortabelste und zugleich sicherste Möglichkeit, Felder einzufügen, denn die Felder werden so auf jeden Fall mit der richtigen Schreibweise übernommen. Zudem können Sie dabei sogar sehr exakt die Position im Text anwählen.

Nach der Übernahme in einen Text-Knoten sind dort die Felder grau hinterlegt und werden zur besseren Unterscheidung von normalem Text durch &-Sonderzeichen geklammert. Die eingefügten Felder können Sie über Absatz- und Zeichenformate wie normalen Text formatieren. Sie können einen Feldnamen aber nicht direkt ändern; dafür ist eine Sonderfunktion des Inline-Editors erforderlich.

[+]   Textlänge für die Ausgabe von Barcodes

Die Ausgabe von Feldern über einen Text-Knoten ist auf eine Länge von 255 Zeichen begrenzt, alle Zeichen danach werden abgeschnitten. Das kann kritisch sein, wenn lange Texte in einem Datenfeld stehen oder wenn z. B. moderne 2D-Barcodes in das Formular eingebunden werden sollen (die auch große Datenmengen transportieren können, wie z. B. PDF417). Auch in letzterem Fall stehen die Daten normalerweise in einem einzigen Feld, dem dann ein Zeichenformat für die Barcode-Ausgabe zugewiesen ist. Mehrere Felder nacheinander im gleichen Barcode unterzubringen, funktioniert leider nicht (Smart Forms beginnt nach jedem Feld mit neuem Barcode).

Hilfestellung zu diesem Barcode-Spezialfall bietet SAP-Hinweis 497380. Zudem ist etwas ABAP-Coding hilfreich: Sie sollten den Inhalt des Feldes komplett in einen Include-Text oder einen dynamischen Text kopieren (ohne Zeilenumbruch), gegebenenfalls sogar mit Aufruf des gewünschten Barcode-Zeichenformats.

Diesen Text binden Sie dann über einen Text-Knoten mit Include- bzw. dynamischem Text in Smart Forms ein. Dann ist die Zahl der ausgegebenen Zeichen nicht mehr begrenzt.

Felder im Text editieren

Beim Inline-Editor sind drei spezielle Smbole zur Bearbeitung von Feldern vorgesehen (🔖 Einfügen, ✏ Ändern und 🔖 Löschen, siehe Abbildung 5.1). Am häufigsten werden Sie vermutlich die Änderungsfunktion benötigen. Setzen Sie dazu den Schreibcursor auf ein Feld im Text, und wählen Sie das mittlere Symbol ✏ für FELD ÄNDERN. Es öffnet sich ein Dialogbild, in dem das Feld jetzt als frei editierbarer Text erscheint (siehe Abbildung 5.2).

Abbildung 5.2 Text-Knoten, Feld im Text ändern

Hier können Sie den Feldnamen direkt ändern oder Aufbereitungsoptionen hinzufügen, die wir weiter unten noch vorstellen werden (siehe Abschnitt 5.2.5, »Felder mit Aufbereitungsoptionen«). Sie können diesen Weg natürlich auch für die Neuanlage von Feldern nutzen, das empfiehlt sich aber nur, wenn der Name des Feldes kurz ist oder sich schnell einfügen lässt (z. B. über die Zwischenablage). Genauso gut können Sie hier auch ABAP-Systemfelder einfügen (z. B. &SY-UNAME&), um den Namen des aktuellen Anwenders auszugeben.

[»] **Microsoft Word als Editor**

Bei Microsoft Word als Editor ist die Drag-&-Drop-Funktion über die Feldliste leider nicht mehr verfügbar (wie am Beginn dieses Abschnitts beschrieben). In diesem Fall müssen Sie die Felder entweder direkt im Text eingeben (inklusive &-Sonderzeichen) oder ebenfalls über das Symbol 🖊 FELD ÄNDERN gehen.

Felderausgabe mit Einschluss von Text

Das &-Sonderzeichen muss nicht direkt vor dem Feldnamen stehen (bzw. nicht direkt am Ende), Sie können auch andere Zeichen dazwischen einfügen, die sonst meist direkt als Text ausgegeben werden. Abbildung 5.3 zeigt ein Beispiel dazu.

Abbildung 5.3 Zusätzliche Textzeichen im Feldnamen

Grundsätzlich erzeugen beide Zeilen in Abbildung 5.3 nacheinander die gleiche Ausgabe von E-Mail und Sprache zum Kunden der Flugrechnung (mit entsprechendem Titel davor). Aber es gibt doch Unterschiede in der Funktion:

▸ Die erste Zeile ist völlig unkompliziert, zwei Felder sind nacheinander eingebunden in den normalen Text.

▸ In der zweiten Zeile sind die einleitenden Titel ein Teil der Felddefinitionen (sie stehen also innerhalb der &-Klammerung). Beachten Sie, dass dabei die zusätzlichen Zeichen mit Hochkommata versehen sein müssen, damit Smart Forms den Unterschied zum eigentlichen Feldnamen erkennt.

Beide Zeilen führen zum gleichen Ergebnis, solange in den Feldern auch wirklich eine E-Mail-Adresse bzw. ein Sprachschlüssel hinterlegt ist. Wenn aber z. B. das Feld &CUSTOMER-LANGU& gar keinen Inhalt hat, wird im zweiten Fall auch der Titel »Sprache« nicht ausgegeben.

Die Einbindung solcher Zeichenfolgen in die &-Klammerung der Feldnamen kann also sinnvoll sein, wenn überflüssige Beschriftungen zu leeren Feldern vermieden werden sollen. Weitere Vorteile zeigen wir später. Für die Eingabe der Zeichenfolgen verwenden Sie wieder das Symbol 🖉 FELD ÄNDERN in der Symbolleiste.

Felder in Textbausteinen

Ist der Text-Knoten als Textbaustein oder Include-Text angelegt, werden auch aus dem *referenzierten* Text alle Felder übernommen und bei der Ausführung des Formulars mit entsprechenden Inhalten versehen.

Allerdings kann Smart Forms bei der Anlage der Textbausteine (die Anlage ist unabhängig vom Formular) keine Kontrolle darüber ausüben, ob die dort eingetragenen Felder in den Formularen definiert sind, in denen die Texte später aufgerufen werden. Ungültige Feldnamen führen also erst mit der Ausgabe des Formulars zu einer Fehlermeldung.

5.2.3 Felder als Knotenattribute

Bisher haben wir gezeigt, wie der Inhalt von Feldern über Text-Knoten ausgegeben werden kann. Eine andere Anwendung ergibt sich, wenn Felder als Knotenattribute verwendet werden. Da in diesem Fall der Inhalt der betreffenden Eigenschaft erst bei der Ausgabe des Formulars zugewiesen wird, spricht man auch von einer *dynamischen* Attributzuweisung.

Bei Feldern als Knotenattributen müssen wir zwei Fälle unterscheiden, die sich durch eine unterschiedliche Anzeige und Eingabe des Datenfeldes auszeichnen (und deshalb leider manchmal etwas verwirren):

- ▸ **Knotenattribute in Listenform**
  Bei Knotenattributen, die in *Listenform* dargestellt werden (z. B. bei den Bedingungen oder bei Schleifen), werden die Feldnamen ohne &-Klammerung eingetragen. Die Überschrift zu solchen Eingabefeldern lautet dann überwiegend FELDNAME. Wollen Sie dort stattdessen direkt eine Zeichenkette eintragen, müssen Sie diese in Hochkommata einschließen. Die Schreibweise entspricht damit den Standards der ABAP-Programmierung.

- ▸ **Einzeln stehende Knotenattribute**
  Bei einzeln stehenden Knotenattributen ist dagegen eine Eingabeform wie im Text eines Text-Knotens erforderlich. Verwenden Sie dann bei Feldern die Klammerung über das &-Sonderzeichen (z. B. bei der Zuordnung einer variablen Adressnummer zu einem Adresse-Knoten). Die direkte Eingabe von Werten (als Zeichenkette) erfolgt ohne Hochkommata.

Den ersten Fall zeigt Abbildung 5.4 für die Eingabe einer Bedingung. Der betreffende Knoten wird nur auf Seite 3 ausgegeben. In Kapitel 4, »Elementare Knotentypen«, hatten wir bei der Erläuterung des Adresse-Knotens schon ein Feld für die Bereitstellung der Adressnummer zugeordnet (siehe Abbildung 4.11).

Abbildung 5.4 Felder als Knotenattribute

Der Feldname SFSY-PAGE (= aktuelle Seitenzahl) ist nicht in &-Sonderzeichen geklammert, stattdessen steht der Vergleichswert in Hochkommata (bei numerischen Angaben wahlweise auch ohne Hochkommata).

Es gibt noch einen weiteren kleinen Unterschied zur Anwendung von Feldern in Text-Knoten: Bei Eingabe als Knotenattribut stehen die komfortablen Mausfunktionen (Drag & Drop) nicht zur Verfügung. Bei falscher Schreibweise des Feldnamens weist die Knotenprüfung aber darauf hin.

5.2.4 Format für Datum, Uhrzeit und numerische Felder

In Abbildung 5.1 ist ein Feld &SFSY-DATE& als aktuelles Tagesdatum im Text enthalten, in manchen Versionen der Flugrechnung handelt es sich um das Feld &SY-DATUM&, was aber gleichwertig ist. Die Darstellung des Datums bei der Ausgabe des Formulars kann variieren, z. B. im Format TT.MM.JJJJ oder MM-TT-JJJJ stattfinden. Diese Formatierung lässt sich nicht direkt im Formular einstellen, stattdessen werden aktuelle Systemeinstellungen übernommen:

▸ Im Standardfall wird die Darstellung übernommen, wie sie im Stammsatz des angemeldeten Mitarbeiters hinterlegt ist (siehe Transaktion SU01, Feld DATUMSDARSTELLUNG).

▸ Alternativ kann auch über die ABAP-Anweisung SET COUNTRY XX ein Land eingestellt werden (z. B. im Rahmenprogramm oder auch im Programm-Knoten des Form Builders). Dann gelten die Definitionen, wie sie für dieses Land im SAP-Customizing hinterlegt sind (z. B. TT.MM.JJJ für DE, MM/TT/JJJJ für US). Die Einstellungen sind in der Tabelle T005X gespeichert.

Die Ausgabe eines Text-Knotens folgt also etwa den gleichen Regeln, wie sie auch für die ABAP-Anweisung WRITE gelten. Beachten Sie, dass das mit der ABAP-Anweisung SET COUNTRY eingestellte Land für die gesamte weitere Sitzung des Anwenders gilt, also auch Auswirkungen auf Ausgaben anderer Programme haben kann, die z. B. die ABAP-Anweisung WRITE verwenden (es sei denn, die ABAP-Anweisung SET COUNTRY wird noch einmal mit anderen Parametern aufgerufen).

Die gleiche Logik gilt auch bei Dezimalfeldern in Bezug auf die Ausgabe von Tausender-Trennzeichen oder die Anzahl der Stellen hinter dem Dezimalpunkt (siehe wieder die Auswahlmöglichkeiten im Mitarbeiter-Stammsatz).

Sonderfall: Felder mit Währungs- oder Mengenbezug [«]

Hier haben allerdings Betrags- und Währungsfelder wieder eine Sonderstellung, auf die wir noch kurz eingehen wollen.

Bei einem Währungsfeld oder einer Mengenangabe ist üblicherweise zum Betrag auch eine Einheit als eigenständiges Feld hinterlegt (mit Währungsschlüssel bzw. Mengeneinheit). In diesem Fall haben auch die Eigenschaften der Einheit Einfluss auf die Darstellung (z. B. Anzahl Stellen). Diese Zuordnung erfolgt bei SAP automatisch über *Referenzfelder*, die im ABAP Dictionary zum jeweiligen Betragsfeld hinterlegt sind. Soll nun ein Betragsfeld ausgegeben werden, muss während der Ausgabe auch diese Referenz bekannt sein (um z. B. automatisch die passende Zahl an Dezimalstellen zu bestimmen).

Um die Behandlung dieses Sonderfalls verständlich beschreiben zu können, sind allerdings Kenntnisse zur Datendefinition und zum ABAP Dictionary erforderlich. Deshalb finden Sie eine ausführliche Darstellung erst am Ende dieses Kapitels (siehe Abschnitt 5.5, »Ausgabe von Feldern mit Währungs- oder Mengenbezug«).

5.2.5 Felder mit Aufbereitungsoptionen

Über die gerade angesprochenen Sonderfälle hinaus ist es häufig erforderlich, die Darstellung von Feldern bei der Ausgabe direkt im Formular festzulegen. Dafür stellt Smart Forms *Aufbereitungsoptionen* zur Verfügung, die direkt an den Namen eines Feldes angehängt werden können. Sie bestimmen z. B. die Ausgabelänge oder Position eines Vorzeichens. Aufbereitungsoptionen werden über Kürzel gesteuert (immer über Großbuchstaben) und lassen sich teilweise kombinieren. Bei der Ausführung werden die einzelnen Optionen dann vom System in der hinterlegten Reihenfolge interpretiert.

Abbildung 5.5 zeigt beispielhaft zwei Felder mit Aufbereitungsoptionen:

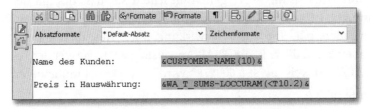

Abbildung 5.5 Felder mit Aufbereitungsoptionen im Text-Knoten

- Das Feld in der ersten Zeile wurde alphanumerisch definiert und kann darum beliebige Textzeichen enthalten. In unserem Beispiel wird die Ausgabe auf zehn Zeichen begrenzt.

- Das Feld in der zweiten Zeile wurde numerisch definiert. Es enthält also Zahlen, in diesem Fall einen Preis. Die Ausgabe erfolgt mit maximal zehn Stellen, davon stehen zwei Stellen hinter dem Dezimalzeichen. Bei negativen Zahlen steht das Vorzeichen vor der Zahl (Option '<'), und es werden keine Tausender-Trennzeichen eingefügt (Option 'T').

Wie in Abbildung 5.5 werden Ausgabeoptionen meist in Klammern an den jeweiligen Feldnamen angehängt. Darüber hinaus sind Kombinationen möglich. Die verwendbaren Aufbereitungsoptionen haben folgende Bedeutung:

- **&feld+ <offset>&**
  Bei der Ausgabe des Feldinhalts werden so viele Stellen übersprungen, wie die Zahl vorgibt, die als <offset> eingetragen ist. Ist die Offset-Angabe größer als die Wertlänge, wird nichts ausgegeben.

  Beispiel: &GF_TNAME+5& gibt den gesamten Inhalt des Feldes ab dem sechsten Zeichen aus. Diese Aufbereitungsoption ist im Normalfall nur bei Zeichenfeldern sinnvoll.

- **&feld(<nZahl>)&**
  Beschränkt die Ausgabelänge auf <nZahl> als natürliche Zahl.

  Beispiel: &BETRAG(8)& liefert eine Ausgabe mit acht Stellen, ohne Angabe zur Rundung bei numerischen Feldinhalten. Die Längenangabe kann auch zusammen mit einem Offset erfolgen: &NAME(1)+2& liefert dann nur den dritten Buchstaben im Feld NAME.

- **&feld(.<nZahl>)&**
  Nachkommastellen auf <nZahl> als natürliche Zahl begrenzen (nicht erlaubt bei Datentyp QUANT).

Beispiel: `&BETRAG(8.2)&` liefert eine Ausgabe mit acht Stellen, einschließlich zwei Nachkommastellen. Ist zu einem Betragsfeld eine Einheit hinterlegt, kann die Option den Eintrag im Customizing übersteuern.

▶ **&feld(*)&**
Ist das Feld über einen Typ im ABAP Dictionary definiert, wird die Ausgabelänge von dort übernommen.

▶ **&feld(S)&**
Ausgabe ohne Vorzeichen, es erscheint nur der Betrag.

▶ **&feld(<)&**
Vorzeichen werden links von einer Zahl ausgegeben; die Standarddarstellung bei SAP zeigt das Vorzeichen rechts hinter einer Zahl.

▶ **&feld(E <nZahl>)&**
Der Feldwert wird mit dem festen Exponenten `<nZahl>` dargestellt. Die Mantisse wird an diesen Exponenten angepasst, indem das Dezimalzeichen verschoben und die Nullen nachgezogen werden.

▶ **&feld(T)&**
Unterdrückung des Tausender-Trennzeichens. Dies ist nur sinnvoll bei Feldern vom Typ `DEC`, `CURR`, `INT` und `QUAN`, die häufig mit Trennzeichen ausgegeben werden (abhängig vom Eintrag im Benutzerstammsatz bzw. beim aktuell eingestellten Land).

▶ **&feld(Z)&**
Führende Nullen werden bei der Ausgabe von Zahlen unterdrückt.

▶ **&feld(I)&**
Die Ausgabe initialer Werte wird unterdrückt: Es werden nur Felder mit echten Inhalten berücksichtigt. Im Standardfall wird ein initiales numerisches Feld bei der Ausgabe wie die Zahl Null behandelt. Der gleiche Effekt wie mit dieser Aufbereitung lässt sich für einen gesamten Knoten über die Bedingung `FELD <> INITIAL` erreichen. Diese Option kann besonders hilfreich sein, wenn zusammengesetzte Felder ausgegeben werden, z. B. bei `&'Menge: 'ZAHL(I)&`. In diesem Fall wird auch der Text `Menge:` nicht ausgegeben, wenn `ZAHL` ohne definierten Inhalt ist.

▶ **&feld(R)&**
Rechtsbündige Ausgabe: Diese Option ist nur sinnvoll, wenn gleichzeitig eine Ausgabelänge angegeben wird (also z. B. `&BETRAG(8R)&`.), denn *rechtsbündig* bezieht sich nur auf die Darstellung innerhalb dieser Ausgabenlänge. Wie der erzeugte Feldinhalt dann in den umgebenden Ausgabebereich eingebunden ist (z. B. das zugehörige Fenster), bestimmt die ent-

sprechende Angabe im Textformat (also z. B. links- oder rechtsbündig). Diese Option lässt sich sinnvoll einsetzen, um z. B. mehrere Werte in Spalten untereinander auszugeben.

▶ **&feld(F<x>)&**

Linksbündige Leerzeichen werden im Wert durch das angegebene Füllzeichen ersetzt.

Beispiel: &BETRAG(F0)& erzeugt führende Nullen.

▶ **&feld(L)&**

Umrechnung des Datums in das lokale japanische Datumsformat (folglich nur bei einem japanischen SAP-System sinnvoll).

▶ **&feld(C)&**

Bei dieser Option wird der Feldwert als eine Folge von Wörtern betrachtet, die jeweils durch Leerzeichen voneinander abgesetzt sind. Die Option ist vor allem bei Ausgabe von Fließtext sinnvoll. Die Inhalte der Felder werden nach links zusammengeschoben und dann durch genau ein Leerzeichen voneinander getrennt. Führende Leerzeichen entfallen ganz (wie bei der ABAP-Anweisung CONDENSE). Die Aufbereitungsoption kann auch bei Zahlen verwendet werden; so ermöglicht die Aufbereitung &ZAHL(C.2)& eine Zahlenausgabe mit zwei Nachkommastellen, die sich für die Einbindung in Fließtext eignet (d. h. ohne Leerstellen am Beginn).

▶ **&feld(K)&**

Alle bisher betrachteten Aufbereitungen werden ignoriert, wenn zum verwendeten Datentyp im ABAP Dictionary eine feste Konvertierungsroutine hinterlegt ist. Über die Option (K) können Sie diese Routine ausschalten und damit den anderen Aufbereitungen Geltung verschaffen.

Interpretation der Aufbereitungsoptionen

An den Beschreibungen werden Sie schon erkannt haben, dass die einzelnen Aufbereitungsoptionen nicht für jeden Feldtyp geeignet sind. So ist z. B. eine Darstellung mit Exponent nur bei Zahlen sinnvoll, nicht aber bei Zeichenfeldern. Deshalb unterscheidet das System bei der Interpretation der Aufbereitungsoptionen zwischen *numerischen* Feldern (Zahlen) und *Zeichenfeldern* (Textinhalte).

▶ **Anwendung auf numerische Felder**

Als Erstes wird die Angabe zur <Länge> ausgewertet, wenn sie angegeben wurde. Ohne Längenangabe erfolgt die Ausgabe in der vollen Länge, wie sie in der Deklaration des Feldes hinterlegt ist. Das abschließende Leerzeichen gilt als positives Vorzeichen. Um es zu unterdrücken, kann die Aufbereitungsoption S verwendet werden. Ein angegebener `<offset>` ist nur bei Zeichenfolgen sinnvoll und wird deshalb ignoriert.

Es gilt die folgende Auswertungsreihenfolge der Aufbereitungsoptionen:

- `<Länge>`: Angabe zur Länge der Ausgabe als Anzahl der Zeichen
- `<`: Vorzeichen nach links
- L: Japanisches Datum
- C: Leerzeichen unterdrücken
- R: Rechtsbündige Darstellung
- F: Füllzeichen einfügen

▸ **Anwendung auf Zeichenfelder**
Als Voreinstellung wird der Inhalt eines Feldes in seiner vollen Länge ausgegeben, nur Leerzeichen am Ende der Zeichenkette werden abgeschnitten. Es gilt die folgende Auswertungsreihenfolge der Aufbereitungsoptionen:

- C: Leerzeichen unterdrücken `<Länge>` und `<offset>`
- R: Rechtsbündige Darstellung
- F: Füllzeichen einfügen

5.3   Datenstrukturen und Datendefinitionen

Im vorangegangenen Abschnitt haben wir gezeigt, wie Sie Felder in Text-Knoten oder als Attribut in beliebigen anderen Knoten verwenden. Bevor Sie ein Feld jedoch als Platzhalter für Daten nutzen können, muss es im Formular bekannt sein. Bei diesem Vorgang spricht man von der *Definition* oder auch von der *Deklaration* der Daten. Entsprechend den bisher beschriebenen Anwendungen stellt Smart Forms die folgenden drei Möglichkeiten zur Verfügung, um Daten im Formular bekannt zu machen und dann einzufügen:

- Systemfelder sind immer vorhanden und in ihrer Bedeutung fest vorbelegt (z. B. Datum, Seitenzahl). Eine Definition im Formular ist nicht erforderlich.

- Angaben in der Formularschnittstelle definieren die Daten, die mit dem Rahmenprogramm ausgetauscht werden.

▸ Über Angaben bei den GLOBALEN DEFINITIONEN werden Daten definiert, deren Inhalte im Formular zugewiesen werden sollen (z. B. als Ergebnis von Berechnungen).

Innerhalb eines Programm-Knotens können Sie darüber hinaus lokale Daten definieren, die dann aber nur im jeweiligen Knoten bekannt sind (z. B. für die Speicherung von Zwischenwerten). Diese Daten deklarieren Sie dann auch direkt über entsprechende ABAP-Anweisungen (siehe Kapitel 7, »ABAP-Programme im Formular«).

Im Folgenden wollen wir die Kenntnisse vermitteln, die erforderlich sind, damit Sie mit Daten und deren Definition unter Smart Forms umgehen können.

5.3.1 Übersicht über die Datenstrukturen

Alle Daten des SAP-Systems sind im Datenbanksystem des Zentralrechners abgelegt. Für die Ausgabe mittels Smart Forms müssen diese Daten zunächst in den Arbeitsspeicher geladen werden.

Im Datenbanksystem sind die Daten in *transparenten Tabellen* abgelegt. Die Übertragung in den Arbeitsspeicher erfolgt normalerweise im Datenbereitstellungsteil des Rahmenprogramms, über das ein Formular aufgerufen wird. Diese Daten gelangen dann über die Formularschnittstelle in das Formular und können dort über ihre Feldnamen eingefügt werden.

Der Entwickler eines Formulars muss natürlich wissen, welche Daten vom Rahmenprogramm über die Formularschnittstelle zur Verfügung gestellt werden. Dazu benötigt er z. B. die Namen der *Schnittstellenparameter*. Dem Formularentwickler muss aber auch bekannt sein, dass die Daten mit unterschiedlichem *Typ* vorliegen können. Nur mit einem Verständnis für die Datentypen, die im SAP-System vorkommen können, ist eine sinnvolle Einbindung der Daten ins Formular möglich.

[»] **Hinweis zur folgenden Darstellung**

Bei Anwendern mit Erfahrungen im Customizing oder im Umgang mit ABAP dürfte ein solches Verständnis zu Datentypen vermutlich schon vorhanden sein. Vieles in diesem Abschnitt wird Ihnen daher vermutlich bekannt vorkommen.

Um die weiteren Erläuterungen zu verstehen, reicht es an dieser Stelle aus, die Daten zu betrachten, die sich im Arbeitsspeicher des Systems befinden (auf Datenbankebene können die im Folgenden genannten Begriffe abweichen). Abbildung 5.6 zeigt drei grundlegende Fälle, zunächst anhand von allgemeinen Kundendaten.

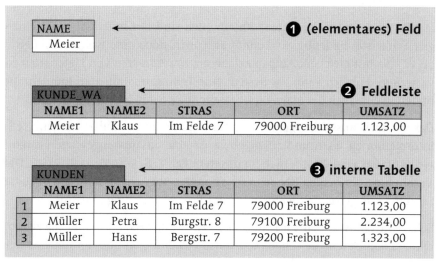

Abbildung 5.6 Grundtypen der Datenhaltung

Die Unterschiede zwischen den drei Grundtypen der Datenhaltung sind auf den ersten Blick erkennbar, betrachten wir also gleich die Konsequenzen für die Ausgabe der enthaltenen Informationen.

(Elementares) Feld ❶

Das einfache Feld besteht aus nur einer Information; das ist hier z. B. an der Bezeichnung NAME erkennbar. Bei dem gewählten Kunden lautet der Inhalt der Variablen "Meier". Ist ein solches Feld im Formular definiert, kann die Ausgabe direkt über einen Text-Knoten erfolgen (hier im Beispiel also über &NAME&).

Da ein Feld nur eine einzige Information enthalten kann, wird es auch als *elementares* Datenobjekt bezeichnet.

Feldleiste ❷

Die Feldleiste enthält gleichzeitig mehrere Informationen zum gewählten Kunden, sie besteht folglich aus einer Aneinanderreihung mehrerer Felder (daher auch der Begriff *Feldleiste*). In diesem Zusammenhang spricht man auch häufig von den beteiligten *Datenkomponenten*.

In unserem Beispiel sind fünf Angaben enthalten: Jede Datenkomponente besitzt eine Bezeichnung (NAME1, STRAS etc.), außerdem hat die Feldleiste selbst einen Namen (hier KUNDE_WA).

Die Bezeichnungen der Datenkomponenten sind nur innerhalb einer einzigen Feldleiste eindeutig. Es könnte also auch noch eine weitere Feldleiste LIEFER_WA mit gleichem Aufbau existieren, um Adressen von Lieferanten zu verwalten. Folglich kann das System eine Teilinformation zum Kunden nur finden, wenn auch der Name der betreffenden Feldleiste bekannt ist.

Das hat auch Auswirkungen auf die Darstellung im Formular: Um eine Teilinformation zu lesen und auszugeben, ist eine zusammengesetzte Schreibweise für das Feld erforderlich (in unserem Fall z. B. &KUNDE_WA-STRAS&). Die Verbindung der beiden Ebenen erfolgt immer über einen Bindestrich. Diese Schreibweise gilt ganz allgemein bei der Programmierung in ABAP.

Setzen Sie die Angaben zur Feldleiste in Abbildung 5.6 auch in Bezug zu den enthaltenen Daten: Sie sehen einerseits Zeichenfolgen mit den Inhalten zur Adresse (STRAS, ORT), andererseits aber auch ein numerisches Feld mit einer Umsatzzahl. Auch diese Unterschiede im Typ der Komponente muss das System kennen.

[»] **Begriffe »Feldleiste« und »Struktur«**

Der gewählte Begriff *Feldleiste* entspricht eher einer traditionellen Wortwahl; heute sind auch die Begriffe *strukturiertes Datenobjekt* oder auch einfach nur *Struktur* üblich.

Interne Tabelle ❸

Das letzte Datenobjekt in Abbildung 5.6 ist die *interne Tabelle*: Sie bietet als weitere Funktion die Möglichkeit, Informationen zu mehreren Kunden gleichzeitig unterzubringen. Die einzelnen Datensätze sind über einen Zeilenindex durchnummeriert, vergleichbar mit dem Arbeitsblatt einer Tabellenkalkulation. Nur durch zusätzliche Angabe der Zeilennummer ist ein Datensatz eindeutig identifiziert. Die Teilinformation in der Spalte wird wieder über den Namen der jeweiligen *Datenkomponente* identifiziert.

Die Kombination aus Zeilen- und Spaltenangabe beschreibt eine Zelle mit der relevanten Teilinformation eindeutig. Statt von einer *Zelle* sprechen wir allerdings hier wieder vom *Feld* als dem Platz, an dem die Information abgelegt ist.

Um den Inhalt eines Feldes bei einer internen Tabelle anzusprechen, muss neben der Datenkomponente immer auch der gewünschte Datensatz genannt sein. Deshalb lassen sich die Felder einer internen Tabelle nicht direkt im Formular ansprechen (z. B. über einen Text-Knoten). Das praktische Vorgehen beinhaltet stattdessen zwei Schritte:

1. Vor der eigentlichen Ausgabe wird zunächst der gewünschte Datensatz (als Zeile) in eine zusätzliche Feldleiste mit gleichem Aufbau kopiert.

2. Im zweiten Schritt erfolgt dann die Ausgabe der gesuchten Information über das betreffende Feld in dieser Feldleiste, wie im vorangegangenen Abschnitt dargestellt.

Feldleisten und interne Tabellen werden gemeinsam auch als *nicht elementare Datenobjekte* bezeichnet.

Begriff »Feld« [«]

Der Begriff *Feld* wird heute teilweise mit erweiterten Bedeutungen belegt, wir wollen uns aber innerhalb des Buches noch am eher traditionellen Verständnis orientieren, wie wir es soeben beschrieben haben.

Variable

Sie haben nun die Grundvarianten kennengelernt, in denen die Daten im Programmspeicher abgelegt sein können. Natürlich muss das zugehörige Programm (bzw. das Formular) auch »wissen«, wie die jeweiligen Daten beschafft werden können – also z. B. über ein einfaches Feld oder eine interne Tabelle. Aus diesem Grund muss im ersten Schritt immer eine Definition der erforderlichen Daten erfolgen.

Das Ergebnis einer Definition sind die konkreten *Datenobjekte*, die dann im Formular (oder über ABAP) angesprochen werden können. Ein weiteres Kriterium ist die Frage, ob die Daten änderbar sein sollen oder nicht. Man spricht daher von *Variablen* oder *Konstanten*.

Begriff »Variable« [«]

Auch wenn ein Formular überwiegend nur Daten ausgibt und diese dabei nicht ändert, werden wir Definitionen doch immer so vornehmen, als wären die zugehörigen Daten änderbar. Aus diesem Grunde sprechen wir im Weiteren nur noch von *Variablen* statt von Datenobjekten (was dem heutigen Sprachgebrauch wohl näherkommt).

Die Variable ist damit der Überbegriff zu allen Typen von Daten, die wir soeben beispielhaft beschrieben haben. Wir sprechen hier aber häufig auch einfach von *Daten* als den Inhalten der Variablen.

Die Definition der Variablen beinhaltet neben der Namensvergabe immer auch eine *Typisierung*. Auf diesem Wege erhält das System Informationen über den Aufbau der Variablen, die mit dem neuen Namen angelegt wurde.

Mit den bisherigen Informationen sind Sie eigentlich schon ausreichend gerüstet, um im nächsten Schritt mit der Definition von Daten fortzufahren (siehe Abschnitt 5.3.2, »Datendefinition«).

In Spezialfällen der Formularentwicklung werden Sie jedoch auf Variable treffen, die weit komplexer sind, als wir es bisher betrachtet haben. Zu diesen komplexen Strukturen geben wir im Folgenden noch einige Hinweise.

Komplex strukturierte Variable

Wir haben in der bisherigen Darstellung bewusst ein einfaches Beispiel verwendet, damit die Unterschiede zwischen den verschiedenen Typen von Variablen sofort erkennbar sind (Feld, Feldleiste etc.). In der Praxis werden Sie jedoch gelegentlich auch auf Datenstrukturen treffen, die um einiges komplexer sind. Mithilfe der folgenden Schritte werden Sie aber auch diese Hürde meistern.

Wir haben festgestellt, dass das *Feld* als besondere Eigenschaft nur eine einzige Information enthält, die nicht weiter aufgegliedert werden kann. Wegen dieser Eigenschaft haben wir teilweise auch von einem *elementaren Feld* gesprochen. Wir sind in unserem Beispiel bisher auch davon ausgegangen, dass bei der Feldleiste jede Teilinformation äquivalent dazu in den zugeordneten Datenkomponenten abgelegt ist. Dazu gehören z. B. die Namensteile `"Klaus"` und `"Meier"`, also ebenfalls elementare Felder (siehe Abbildung 5.6 und Abbildung 5.7).

Eine solche Einschränkung gilt aber eigentlich gar nicht: Vielmehr kann jedes Feld in einer strukturierten Variablen selbst wieder eine eigenständige Datenkomponente sein.

Dass Strukturierung recht nützlich ist, wollen wir im Folgenden an zwei Beispielen zeigen:

▶ **Beispiel 1**
Im ersten Fall (siehe Abbildung 5.7) ist eine Datenkomponente (Teilinformation) der Feldleiste als Verweis/Link auf eine andere Feldleiste ange-

legt. Im Beispiel wird unter dem Namen ADR eine Struktur angesprochen, die alle Angaben zur Adresse des Kunden zusammenfasst (hier STRAS und ORT). Um von dort eine Teilinformation abzurufen, muss der Feldname unter Smart Forms auch die neue Zwischenstufe enthalten, also z. B. &KUNDE_WA-ADR-STRAS&. Die bisherigen Komponenten STRAS und ORT können damit in KUNDE_WA entfallen.

Vorteil dieser Lösung ist, dass bei Feldlisten, die aus vielen einzelnen Datenkomponenten aufgebaut sind, eine größere Übersichtlichkeit erreicht wird. Bei der Einbindung mehrerer untergeordneter Strukturen können diese gegebenenfalls auch Komponenten mit gleichem Namen enthalten.

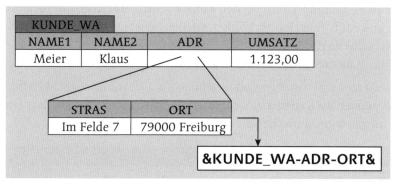

Abbildung 5.7 Erweiterung 1 zur Feldleiste

▶ **Beispiel 2**
Alternativ kann eine Datenkomponente in der Feldliste aber auch wie ein Verweis auf eine interne Tabelle angelegt sein (siehe Abbildung 5.8). In diesem Beispiel gehen wir von dem Fall aus, dass ein Kunde auch mehrere Wohnsitze und damit mehrere Adressen haben kann: Die übergeordnete Feldliste KUNDE_WA enthält auch weiterhin immer nur einen Datensatz (mit den Daten eines Kunden). In der zusätzlichen Komponente ADR als interner Tabelle können dazu aber beliebig viele Adressen hinterlegt sein.

Da der Name des Kunden nicht von der Anschrift abhängt, ist er auch weiterhin in KUNDE_WA geführt. Er lässt sich also wie bisher mit dem zusammengesetzten Feldnamen im Formular ansprechen. Für die Ausgabe der Adresse (oder gegebenenfalls mehrerer Adressen) muss dagegen wieder eine individuelle Logik hinterlegt sein, die jeden Datensatz einzeln abfragt (wie oben bei der Behandlung von internen Tabellen bereits erläutert).

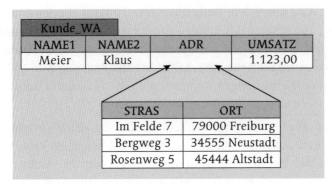

Abbildung 5.8 Erweiterung 2 zur Feldleiste

Dieses Verfahren ist auch bei den Komponenten innerhalb interner Tabellen anwendbar; auch dort können wieder beliebige Verweise auf andere Datenstrukturen hinterlegt sein (gegebenenfalls können sogar interne Tabellen ineinandergeschachtelt sein).

Aus dieser Logik ergeben sich unzählige Kombinationsmöglichkeiten, die aber immer nach dem gleichen Schema aufgebaut werden, sodass Übersichtlichkeit gewährleistet ist.

[»] **Daten in der Formularschnittstelle**

Auch bei der Erläuterung der Formularschnittstelle werden Sie einzelne Parameter kennenlernen, die als komplex strukturierte Daten im genannten Sinne zu verstehen sind (siehe Abschnitt 5.4.1, »Formularschnittstelle«).

5.3.2 Datendefinition

Daten können im System mit unterschiedlichen Eigenschaften vorkommen. Um mit Daten arbeiten zu können, müssen Variable definiert werden, die einen Bereich des Programmspeichers reservieren und die dann mit Daten gefüllt werden können. Mit der Definition der Variablen wird gleichzeitig auch ein *Datentyp* für die Variable festgelegt (*Typisierung*). Damit kennt das System die Eigenschaften der Variablen und kann passenden Speicherplatz reservieren.

Abbildung 5.9 zeigt einzelne Datendefinitionen (in diesem Fall bei den GLOBALEN DEFINITIONEN, Registerkarte GLOBALE DATEN). Wir erläutern die einzelnen Zeilen in den folgenden Abschnitten nacheinander.

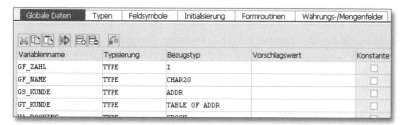

Abbildung 5.9 Definition auf der Registerkarte »Globale Daten«

Hinweis zur folgenden Darstellung	[«]
Die Einträge selbst haben keinen direkten Bezug zur Flugrechnung, unserem Übungsformular. Sie können die Typisierungen aber problemlos auch dort eingeben, um die Beispiele nachzuvollziehen.	

Jede Datendefinition muss mindestens die drei Angaben VARIABLENNAME, TYPISIERUNG und BEZUGSTYP enthalten. Diese und die übrigen Felder stellen wir Ihnen im Folgenden kurz vor:

▸ **Variablenname**
Sie müssen gewisse Einschränkungen für die Namensvergabe bei Variablen beachten. Das erste Zeichen muss z. B. immer ein Buchstabe sein, und es dürfen keine Sonderzeichen außer dem Unterstrich (_) verwendet werden. Diese Regeln werden auch bei der Gesamtprüfung des Formulars kontrolliert.

▸ **Typisierung**
Hier wird festgelegt, wie der folgende Bezugstyp interpretiert werden soll. In der F4-Wertehilfe stehen folgende Möglichkeiten zur Auswahl:

  ▸ TYPE
  Dies bezieht sich auf Datentypen, die im System hinterlegt sind: ABAP-Typen oder Einträge aus dem ABAP Dictionary.

  ▸ TYPE REF
  Dies bezieht sich auf Referenzdatentypen, wie sie in der objektorientierten Programmentwicklung verwendet werden.

Wir werden im Folgenden allein auf die Typisierungen über TYPE eingehen und nicht auf die objektorientierten Definitionen. Diese Entscheidung haben wir auch im Hinblick darauf getroffen, dass Ihnen die TYPE-Variante in existierenden Formularen weitaus häufiger begegnen wird.

[»]   **Verwendung von LIKE**

Vor allem aus Gründen der Kompatibilität zu früheren Versionen von Smart Forms ist auch noch die Typisierung über LIKE möglich. Damit können Sie einen Bezug zu einer bereits existierenden Variablen herstellen, die dann in der Spalte BEZUGSTYP einzutragen ist. Da die Verwendung von LIKE aber seitens SAP nicht mehr empfohlen wird (sie fehlt auch in der ⌊F4⌋-Wertehilfe), wollen auch wir nicht weiter darauf eingehen.

▸ **Bezugstyp**

Auf diese Angaben beziehen sich die eingetragenen Variablen. Je nach Vorgabe in der Spalte TYPISIERUNG können dies im System hinterlegte Datentypen sein oder andere im Formular bereits angelegte Daten.

▸ **Vorschlagswert**

Bei Feldern (elementaren Variablen) können Sie in der Spalte VORSCHLAGS-WERT den Inhalt vorbelegen. Die Eingabe des Wertes erfolgt bei Zeichenfeldern als Text, eingeschlossen in Hochkommata, bei numerischen Feldern wahlweise auch ohne Hochkommata.

▸ **Konstante**

Ist das Attribut KONSTANTE gesetzt, kann das Datenelement im Formular nicht mehr mit einem neuen Inhalt versehen werden. Eine Konstante wird z. B. dann gesetzt, wenn Felder immer einen bestimmten vorgegebenen Wert enthalten sollen, um sie im Text über den Namen besser ansprechen zu können.

In den folgenden Abschnitten zeigen wir einige Möglichkeiten, die sich bei der Typisierung über TYPE und die zugehörigen Datentypen ergeben.

[»]   **Hinweis zur folgenden Darstellung**

Diese Einführung erhebt keinerlei Anspruch auf Vollständigkeit. Für umfassende Informationen verweisen wir insbesondere auch auf die ausführlichen Beschreibungen in der SAP-Bibliothek oder entsprechende Literatur.

5.3.3   ABAP-Datentypen verwenden

Die erste Zeile in Abbildung 5.9 typisiert die Variable GF_ZAHL als I (= Integer): Sie kann zur Laufzeit also nur die Werte ganzer Zahlen annehmen. Dieser grundlegende Typ wird vom ABAP-Entwicklungssystem zur Verfügung gestellt. Folgende sind weitere grundlegende ABAP-Typen:

▸ C: Zeichenfolge

▸ I: Integer (ganze Zahl)

- ▶ D: Datum

- ▶ T: Zeit (Time)

- ▶ F: Float (Gleitkommazahl)

- ▶ STRING: Zeichenfolge mit beliebiger Länge

Die Datendefinitionen innerhalb des Formulars werden bei der Generierung des zugehörigen Funktionsbausteins automatisch in passende DATA-Anweisungen der ABAP-Programmiersprache übersetzt. Entsprechend können Sie die genaue Anwendung der Typisierungen über ABAP-Typen auch in der SAP-Bibliothek nachlesen (Begriff TYPE oder DATA).

Bei der Übersetzung in ABAP-Anweisungen wird für alle genannten ABAP-Typen die im System hinterlegte Standardlänge verwendet (z. B. ein Zeichen bei Typ 'C'). Auf andere Längenangaben, wie sie in ABAP z. B. über NAME(25) erfolgen, müssen Sie im Formular verzichten, diese werden von der Formularprüfung abgewiesen. Die direkten Anwendungsmöglichkeiten der ABAP-Typen sind also etwas eingeschränkt.

Andererseits ist die Typisierung über eingebaute ABAP-Typen auch kaum erforderlich, denn fast immer können Sie die Typisierung auch über einen Bezug auf andere Komponenten vornehmen, die im SAP-System bereits vorhanden sind (über das zentrale ABAP Dictionary oder Variable im Formular selbst).

5.3.4 Bezug auf ABAP Dictionary

Das *ABAP Dictionary* im SAP-System beschreibt u. a. die Eigenschaften aller im System verwendeten Datenbanktabellen (üblich ist auch der Begriff *Data Dictionary* oder einfach *Dictionary*).

Neben Beschreibungen zu echten (*transparenten*) Datenbanktabellen finden sich im ABAP Dictionary auch Einträge, die nur für die Definition der Datenobjekte verwendet werden (*Datentypen*). Diese Datentypen sind wie Muster zu verstehen und bieten für Software-Entwickler die Möglichkeit, Variable mit einheitlichen Eigenschaften anzulegen. Ein Beispiel hierfür ist die einheitliche Länge eines Namensfeldes in allen Programmen, ohne dass bekannt sein muss, wie viele Zeichen der Name in der Datenbank tatsächlich besitzt.

Der Bezug auf das ABAP Dictionary erfolgt wie bei den ABAP-Datentypen über den Zusatz TYPE. Wird kein passender ABAP-Datentyp gefunden, sucht das System automatisch im ABAP Dictionary. Abbildung 5.10 zeigt einige Beispiele.

Abbildung 5.10 Typisierung über ABAP Dictionary

In der ersten Zeile des Beispiels wird die Variable GF_NAME als Textfeld definiert. Für diese Typisierung haben wir den Bezugstyp CHAR20 verwendet, wie er im ABAP Dictionary hinterlegt ist. Über diesen Eintrag weiß das System, dass ein Textfeld mit 20 Zeichen angelegt werden soll.

[+] **Bezugstyp aus dem ABAP Dictionary**

Wenn der Bezugstyp aus dem ABAP Dictionary stammt, können Sie sich über einen Mausdoppelklick in der Zelle zum Bezugstyp den jeweiligen Eintrag im ABAP Dictionary direkt anzeigen lassen (siehe das Beispiel in Abbildung 5.11).

Leider existiert in der Spalte zum Bezugstyp keine Suchfunktion (Wertehilfe), um passende Datentypen direkt im ABAP Dictionary zu suchen. Wechseln Sie bei Bedarf also in die direkte Anzeige des ABAP Dictionarys über Transaktion SE11. In vielen Anwendungsfällen ergibt sich der Datentyp aber auch aus anderen Zusammenhängen, wie wir noch sehen werden.

Ein Datentyp im ABAP Dictionary kann auch mehrere Felder gleichzeitig beschreiben oder auch wieder andere Datentypen zusammenfassen. Anhand solcher zentralen Definitionen können Sie komplette Feldleisten oder interne Tabellen mit einer Typzuweisung definieren (noch weitergehende Verschachtelungsmöglichkeiten lassen wir zunächst außer Acht).

Die Definition der Variablen GS_KUNDE in unserem Beispiel zeigt in diesem Fall Folgendes: Die Feldleiste wird über einen Datentyp SADR definiert. Er enthält zwar etwas andere Feldbezeichnungen als im einleitenden Adressbeispiel, die Systematik ist aber erkennbar. Ein Doppelklick auf den Datentyp SADR liefert einen Eintrag im ABAP Dictionary (siehe Abbildung 5.11). Hier sind die enthaltenen Felder als Komponenten mit ihrer Einzeltypisierung aufgelistet.

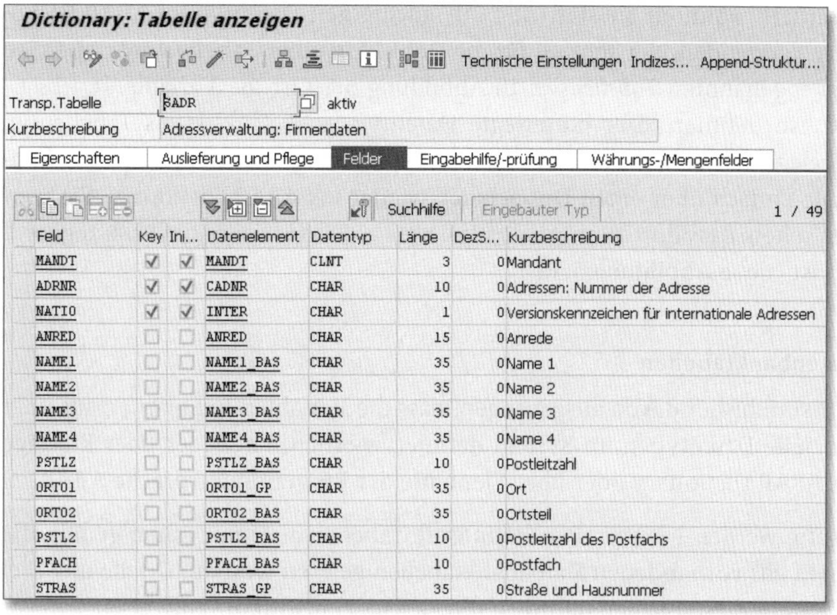

Feld	Key	Ini...	Datenelement	Datentyp	Länge	DezS...	Kurzbeschreibung
MANDT	☑	☑	MANDT	CLNT	3	0	Mandant
ADRNR	☑	☑	CADNR	CHAR	10	0	Adressen: Nummer der Adresse
NATIO	☑	☑	INTER	CHAR	1	0	Versionskennzeichen für internationale Adressen
ANRED	☐	☐	ANRED	CHAR	15	0	Anrede
NAME1	☐	☐	NAME1_BAS	CHAR	35	0	Name 1
NAME2	☐	☐	NAME2_BAS	CHAR	35	0	Name 2
NAME3	☐	☐	NAME3_BAS	CHAR	35	0	Name 3
NAME4	☐	☐	NAME4_BAS	CHAR	35	0	Name 4
PSTLZ	☐	☐	PSTLZ_BAS	CHAR	10	0	Postleitzahl
ORT01	☐	☐	ORT01_GP	CHAR	35	0	Ort
ORT02	☐	☐	ORT02_BAS	CHAR	35	0	Ortsteil
PSTL2	☐	☐	PSTL2_BAS	CHAR	10	0	Postleitzahl des Postfachs
PFACH	☐	☐	PFACH_BAS	CHAR	10	0	Postfach
STRAS	☐	☐	STRAS_GP	CHAR	35	0	Straße und Hausnummer

Abbildung 5.11 Datentyp im ABAP Dictionary

Vor SADR, dem Namen des Datentyps, steht als Bezeichnung TRANSP.TABELLE. Das ist ein Hinweis darauf, dass die hier gezeigte Struktur auch zum Speichern von Daten auf Datenbankebene genutzt werden kann. Ohne diese Zusatzfunktion hätten wir die Bezeichnung STRUKTUR vorgefunden. Damit sind wir wieder bei unserer anfänglichen Klassifikation nach Variablen, Feldleisten und internen Tabellen angekommen. Die Unterteilung der Datentypen findet sich ähnlich auch im ABAP Dictionary wieder, hier allerdings mit den Begriffen *Datenelement*, *Struktur* und *Tabellentyp*.

Für die Typisierung im Formular bietet der Weg über das ABAP Dictionary einen unschätzbaren Vorteil: Komplexe Variable wie Feldleisten oder interne Tabellen müssen häufig in einem ähnlichen Aufbau angelegt werden. Diesen Aufbau können Sie als Datentyp komplett im ABAP Dictionary hinterlegen. Bei Typisierung mit Bezug auf diesen Eintrag zum Datentyp wird die komplette Feldleiste bzw. interne Tabelle auch im Formular angelegt.

Wir kommen auf das Beispiel in Abbildung 5.10 zurück und betrachten die dritte Zeile: Über eine Erweiterung zu TYPE wird dort eine interne Tabelle GT_KUNDE angelegt, deren Zeilenstruktur wieder durch den Datentyp SADR vorgegeben ist (also wie bei GS_KUNDE). Der Zusatz TABLE OF erzeugt dabei automatisch diese interne Tabelle.

Alternativ könnten Sie statt TABLE OF auch einen Datentyp im ABAP Dictionary verwenden, der speziell für die Definition einer Tabelle vorgesehen ist, den sogenannten *Tabellentyp*. In Abbildung 5.10 ist die Variable GT_LIEFE-RANT so definiert. Der hinterlegte Datentyp MMPR_SADR ist als Tabellentyp angelegt, deshalb reicht TYPE für die Typisierung aus. Gehen Sie zur Kontrolle einfach über einen Doppelklick wieder ins ABAP Dictionary. Sie werden sehen, dass dort zum Tabellentyp MMPR_SADR der Zeilentyp SADR zugeordnet ist (siehe Abbildung 5.11).

Datenbanktabellen

Wir sind bisher davon ausgegangen, dass die Variablen in Smart Forms über spezielle Datentypen im System definiert werden, entweder über Einträge im ABAP Dictionary oder über Elemente der Programmiersprache ABAP.

Häufig werden Feldleisten oder interne Tabellen aber mit Daten gefüllt, die direkt aus vorhandenen Datenbanktabellen gelesen werden. Quelle und Ziel sollten in diesen Fällen natürlich die gleiche Feldstruktur aufweisen.

Es liegt also nahe, die Definition einer Variablen mit Bezug auf eine solche Datenbanktabelle vorzunehmen und dann die benötigten Daten dort einzulesen. Für diese Anwendung steht wieder das ABAP Dictionary zur Verfügung, denn hier sind auch alle Datenbanktabellen (als *transparente Tabellen*) mit ihren Eigenschaften eingetragen. Auch in diesem Fall erfolgt der Bezug wieder über TYPE, auch wenn es sich streng genommen nicht um Datentypen handelt.

Betrachten Sie die letzten Zeilen in Abbildung 5.10:

▸ Die definierte Feldleiste GS_MATERIAL entspricht in ihrer Struktur der Datenbanktabelle MARA für Materialdaten im ERP-System. Dorthin können Sie folglich immer nur einen Materialstammsatz übertragen.

▸ Um eine interne Tabelle zu erzeugen, können Sie wieder den Weg über den Zusatz TABLE OF wählen. Die Variable GT_MATERIAL kann folglich mehrere Datensätze zum Materialstamm aufnehmen.

▸ Die Typisierung ist auch auf einzelne Felder der Datenbanktabelle anwendbar: In der letzten Zeile wird eine Variable GF_GEWICHT definiert, die genauso angelegt ist wie das Datenbankfeld zum Bruttogewicht im Materialstamm. Wie bei der Ausgabe von Feldern im Formular wird die Komponente BRGEW in der Datenbanktabelle MARA wieder über den mehrstufigen Feldnamen gefunden.

Ergebnis

Es lohnt sich, das Ergebnis der Definitionen in der Feldliste des Form Builders zu betrachten. Die Einträge befinden sich unter der Gruppe GLOBALE DATEN (siehe Abbildung 5.12).

Abbildung 5.12 Feldliste in Bildschirmdarstellung

Eine Variable wie GF_NAME könnten Sie direkt als Feld in einen Text einfügen; dies ist an dem Textsymbol vor diesem Eintrag erkennbar. Für die Feldleisten GS_MATERIAL und GS_KUNDE wurde vom System ein Ordner angelegt; darunter sind die einzelnen Felder gelistet. Wenn Sie ein solches Feld in den Text übernehmen, wird automatisch der komplette Feldname kombiniert, also z. B. &GS_MATERIAL-MATNR&.

Tabellen in der Feldliste [«]

An dieser Stelle könnte man versucht sein, auch aus der Tabelle GT_KUNDE oder GT_LIEFERANT ein Feld in einen Text-Knoten zu übernehmen – an der Darstellung in der Feldliste ist ja nicht erkennbar, ob es sich um eine Feldleiste oder eine interne Tabelle handelt. Das Einfügen ist aber nicht sinnvoll, denn die Ausgabe muss ja über eine Feldleiste erfolgen, wie wir weiter oben beschrieben haben.

Hilfreich ist in diesem Fall eine Namenskonvention: Wie Sie sicher bemerkt haben, beginnen die Namen der Variablen mit Tabelleninhalt in unserem Beispiel immer mit GT:

▶ G = Globale Daten (zur Unterscheidung von lokalen Daten, die Sie später kennenlernen)

▶ T = Tabelle

Arbeiten Sie mit zusätzlichen Feldleisten, die Sie als Arbeitsbereiche für diese internen Tabellen einsetzen und die Sie vorher über Schleife- oder Programm-Knoten mit den entsprechenden Daten füllen. Das verhindert Irrtümer (mehr dazu in Kapitel 6, »Ablauflogik des Formulars«).

5.3.5 Individuelle Datentypen im Formular

In den meisten Fällen sind Datendefinitionen für die Formularentwicklung über das ABAP Dictionary oder über eingebaute ABAP-Datentypen ausreichend. In speziellen Fällen kann es jedoch sinnvoll sein, eigene Datentypen anzulegen, die dann auch nur im jeweiligen Formular zur Anwendung kommen. Die Zuweisung zu einer Variablen erfolgt auch in diesem Fall wieder über die Typisierung mit TYPE.

Diese formularinternen Datentypen erstellen Sie über die Registerkarte TYPEN in den GLOBALEN DEFINITIONEN (siehe Abbildung 5.13).

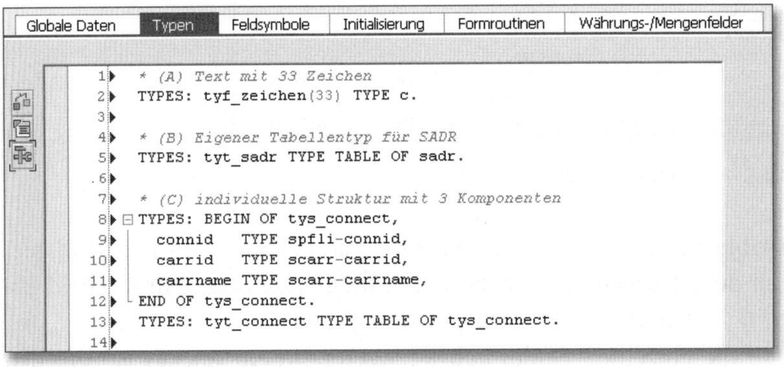

| Globale Daten | Typen | Feldsymbole | Initialisierung | Formroutinen | Währungs-/Mengenfelder |

```
 1▸   * (A) Text mit 33 Zeichen
 2▸   TYPES: tyf_zeichen(33) TYPE c.
 3▸
 4▸   * (B) Eigener Tabellentyp für SADR
 5▸   TYPES: tyt_sadr TYPE TABLE OF sadr.
.6▸
 7▸   * (C) individuelle Struktur mit 3 Komponenten
 8▸ ⊟ TYPES: BEGIN OF tys_connect,
 9▸     connid   TYPE spfli-connid,
10▸     carrid   TYPE scarr-carrid,
11▸     carrname TYPE scarr-carrname,
12▸   └ END OF tys_connect.
13▸   TYPES: tyt_connect TYPE TABLE OF tys_connect.
14▸
```

Abbildung 5.13 Datentypen in den globalen Definitionen

Auch wenn es sich hierbei schon um eine erste ABAP-Codierung handelt, wirkt die Definition eines Datentyps noch recht übersichtlich: Sie wird immer eingeleitet durch die Anweisung TYPES. Es folgt der Name des Datentyps, gefolgt vom Zusatz TYPE für die Festlegung des Aufbaus. Zum Inhalt der Beispiele in Abbildung 5.13:

▸ **(A) Text mit 33 Zeichen**
Hier wird ein Datentyp TYF_ZEICHEN erstellt, der eine Folge von 33 alphanumerischen Zeichen aufnehmen kann. Eine Vielzahl solcher Datentypen ist im ABAP Dictionary bereits hinterlegt; in unserem Beispiel weiter oben (siehe Abbildung 5.10) haben wir z. B. CHAR20 verwendet. Einen Eintrag CHAR33 gibt es im Dictionary allerdings noch nicht; im Formular könnte man jetzt also TYF_ZEICHEN als Bezugstyp verwenden.

▸ **(B) Eigene Tabelle für SADR**
Dieser Eintrag erzeugt einen Tabellentyp TYT_SADR entsprechend dem Aufbau des Datentyps SADR und tut das Gleiche wie der ABAP-Dictionary-Tabellentyp MMPR_SADR, auf den wir oben schon referenziert haben. In der

Datendefinition könnten Sie jetzt also gleichwertig den neuen Typ TYT_ SADR verwenden, in beiden Fällen entfällt der Zusatz TABLE OF bei der Datendefinition.

▸ **(C) Individuelle Struktur mit drei Komponenten**
Dieses Beispiel erzeugt zunächst eine individuelle Struktur TYS_CONNECT mit drei Feldern: Dadurch wird es möglich, zu einer Flugverbindung auch gleichzeitig Kürzel und Name der Fluggesellschaft zu speichern. Über eine zweite TYPES-Anweisung wird anschließend ein dazu passender Tabellentyp TYT_CONNECT angelegt, um gegebenenfalls mehrere Datensätze speichern zu können.

Natürlich stellt die Erstellung individueller Datentypen über ABAP-Codierung weitere mächtige Optionen zur Verfügung, die in der ABAP-Schlüsselwortdokumentation ausführlich beschrieben sind (Aufruf mit der F1-Taste auf TYPES im ABAP Editor).

Möglichst Datentypen aus dem ABAP Dictionary verwenden	[«]
Verwenden Sie so weit wie möglich Typen aus dem ABAP Dictionary. Das erhöht ganz allgemein die Übersichtlichkeit und erleichtert die Pflege.	

5.3.6 Syntax der Felder

Aus den bisherigen Beschreibungen und sonstigen Vorgaben des Systems ergeben sich einige Regeln, die bei der Eingabe eines Feldnamens zu beachten sind. Hier eine Zusammenfassung dieser Regeln:

▸ Der Feldname darf keine Leerzeichen enthalten. Außerdem dürfen die Sonderzeichen ', + und ( ) nicht verwendet werden, da sie für die Angabe von Aufbereitungsoptionen vorbelegt sind.

▸ Der Feldname kann maximal 30 Zeichen enthalten.

▸ Es werden keine Unterschiede zwischen Groß- bzw. Kleinschreibung im Feldnamen gemacht (d. h., die Angaben &myfield&, &MYfield& und &MYFIELD& sind identisch).

▸ Die Namen der vorgegebenen Systemfelder können nicht für eigene Feldnamen verwendet werden.

Bei der Ausgabe im Text ist zusätzlich Folgendes zu beachten:

▸ Das Feld muss am Anfang und am Ende durch das &-Sonderzeichen eingeklammert werden.

- Für die Ausgabe der Spalte einer Feldleiste werden die beteiligten Komponenten zweistufig über einen Bindestrich (Minus-Zeichen) verbunden. In dieser Form können auch Strukturen mit noch mehr Stufen abgebildet werden.

5.4 Quelle der Daten

Kurz zusammengefasst gibt es die folgenden Wege, wie Daten in ein Formular gelangen können:

- *Systemfelder* enthalten Daten, die in ihrer Bedeutung vorbelegt sind und bei der Ausgabe automatisch gefüllt werden (Datum, Seitenzahl).
- Angaben in der *Formularschnittstelle* definieren die Daten, die mit dem Rahmenprogramm ausgetauscht werden.
- Durch Einträge bei den *globalen Definitionen* werden die Variablen angelegt, die innerhalb des Formulars für eigene Berechnungen etc. verwendet werden sollen (z. B. auch Arbeitsbereiche, um interne Tabellen aus der Formularschnittstelle individuell auszulesen).

Auf die Angaben bei den GLOBALEN DEFINITIONEN sind wir im vergangenen Kapitel bereits eingegangen, um ganz allgemein zu beschreiben, wie Daten behandelt werden. Im Folgenden erläutern wir die individuellen Eigenschaften der genannten Fälle.

5.4.1 Formularschnittstelle

Mit der Aktivierung eines Formulars erzeugt Smart Forms aus den Angaben der einzelnen Knoten einen ABAP-Funktionsbaustein, der alle Inhalte der Formularbeschreibung enthält und direkt von einem passenden Rahmenprogramm zur Ausgabe aufgerufen werden kann.

Ein solcher Funktionsbaustein enthält immer auch eine definierte Schnittstelle, über die beschrieben wird, wie Daten zum Funktionsbaustein gelangen (oder auch zurück zu dem aufrufenden Programm, z. B. als Reaktion auf Fehlermeldungen).

Die Logik dieser festgelegten Schnittstelle findet sich direkt im Knoten FORMULARSCHNITTSTELLE wieder: Dieser Knoten wird bei der Neuanlage eines Formulars automatisch bei den GLOBALEN EINSTELLUNGEN erstellt. Abbildung 5.14 zeigt als Beispiel die Formularschnittstelle der Flugrechnung.

Formular	Z_SF_EXAMPLE_01	aktiv
Bedeutung	Smart Forms Schulungsbeispiel	

Import	Export	Tabellen	Ausnahmen

Parametername	Typisierung	Bezugstyp	Vorschlagswert	Optional	Wertüb...
ARCHIVE_INDEX	TYPE	TOA_DARA		☑	☑
ARCHIVE_INDEX_TAB	TYPE	TSFDARA		☑	☑
ARCHIVE_PARAMETERS	TYPE	ARC_PARAMS		☑	☑
CONTROL_PARAMETERS	TYPE	SSFCTRLOP		☑	☑
MAIL_APPL_OBJ	TYPE	SWOTOBJID		☑	☑
MAIL_RECIPIENT	TYPE	SWOTOBJID		☑	☑
MAIL_SENDER	TYPE	SWOTOBJID		☑	☑
OUTPUT_OPTIONS	TYPE	SSFCOMPOP		☑	☑
USER_SETTINGS	TYPE	TDBOOL	'X'	☑	☑
CUSTOMER	TYPE	SCUSTOM		☐	☑
BOOKINGS	TYPE	TY_BOOKINGS		☐	☑
CONNECTIONS	TYPE	TY_CONNECTIONS		☐	☑

Abbildung 5.14 Formularschnittstelle im Übungsformular

Auf vier Registerkarten können Sie Parameter definieren, die sich später exakt so in der Definition des ABAP-Funktionsbausteins wiederfinden. Die Definition erfolgt auf gleiche Weise, wie im vorangegangenen Abschnitt 5.3, »Datenstrukturen und Datendefinitionen«, beschrieben. Da alle Parameter im Formular über Feldnamen ansprechbar sind, kann man sie auch als zusätzliche globale Daten betrachten.

Alle hier angelegten Parameter müssen natürlich auch im jeweiligen Rahmenprogramm definiert sein, das diesen Funktionsbaustein aufruft (anderenfalls reagiert das System mit einer Laufzeit-Fehlermeldung bei der Ausgabe des Formulars). Auf die Ansteuerung der Schnittstelle über das Rahmenprogramm gehen wir in Abschnitt 8.4, »Formularausgabe über den Aufruf des Funktionsbausteins«, noch ausführlich ein.

Registerkarte »Import«

Die Registerkarte IMPORT enthält die Typisierung aller Schnittstellenparameter, die vom Rahmenprogramm an das Formular übergeben werden. Die hier gelisteten Daten können im Formular nur gelesen werden, es ist keine Änderung im Formular möglich.

Die Parameter in den ersten Zeilen der Liste zum Knoten sind grau hinterlegt: Darüber lassen sich allgemeine Funktionen der Formularausgabe steuern. Die Namen der Parameter können weder geändert noch gelöscht werden (siehe Abschnitt 8.4).

Optionale Schnittstellenparameter

Obwohl diese festen Parameter in jeder Formularschnittstelle vorhanden sind, müssen sie nicht zwangsweise vom Rahmenprogramm mit Inhalten versorgt werden, gegebenenfalls verwendet der Funktionsbaustein während der Ausgabe eigene Defaultwerte. Üblich ist deshalb auch die Bezeichnung als *optionale Schnittstellenparameter* (siehe auch Spalte OPTIONAL).

Die hell hinterlegten Zeilen enthalten Parameter, die im Zuge des Formulardesigns angelegt wurden. Sie beinhalten also die Daten der Anwendung so, wie sie durch das Formular verarbeitet werden sollen (Anwendungsdaten). Diese Parameter müssen vom Rahmenprogramm mit Inhalt versorgt werden. Sie werden auch *obligatorische Schnittstellenparameter* genannt.

Da die Erstellung eines Formulars immer unabhängig vom Rahmenprogramm erfolgt, kann Smart Forms diesen Punkt nicht überprüfen. Folglich endet eine Formularausgabe mit einem Programmabbruch, wenn ein Parameter auf der Seite des Formulars definiert wurde, aber nicht beim Aufruf im Rahmenprogramm.

Parameter im Rahmenprogramm, die im Formular nicht gebraucht werden

Das umgekehrte Vorgehen ist hingegen sehr wohl möglich. Sie können im Rahmenprogramm Parameter bereitstellen lassen, die im Formular (noch) nicht gebraucht werden. Diese Parameter müssen auf Seiten des Formulars nicht erwähnt sein, auch die Reihenfolge der Nennung kann eine andere sein als im Code des Rahmenprogramms. Dieser Umstand ist ein wichtiger Vorteil, wenn ein Rahmenprogramm mehrere Formulare bedienen soll, denn dann muss bei der Erweiterung der Datenbereitstellung im Rahmenprogramm nicht automatisch jedes Formular überarbeitet werden.

Bei allen Importparametern der Flugrechnung ist das Attribut WERTÜBERGABE gesetzt. Es bedeutet, dass die Daten bei der Übergabe an das Formular kopiert werden:

▸ Der *Vorteil* hierbei ist, dass diese Daten auch im Formular geändert werden können (z. B. Neusortieren der Tabelle BOOKINGS).

▸ Der *Nachteil* ist, dass für große Datenmengen die Wertübergabe zu Performanceeinbußen führen kann.

Importparameter mit zentraler Datenübergabestruktur

In Abbildung 5.14 haben wir die Importparameter der Flugrechnung beschrieben. Wir wollen jetzt in einem kleinen Exkurs die Formularschnittstelle eines Lieferscheins aus SAP ERP gegenüberstellen, um zu zeigen, wie die Datenübergabe in einem Formular aussehen kann, das eine beachtliche Komplexität hat. Das Formular zum Lieferschein heißt LE_SHP_DELNOTE, Abbildung 5.15 zeigt die Importparameter der Formularschnittstelle.

Formular	LE_SHP_DELNOTE	aktiv			
Bedeutung	Lieferschein (SmartForms)				

Import	Export	Tabellen	Ausnahmen		

Parametername	Typisierung	Bezugstyp	Vorschlagswert	Optional	Wertüb...
ARCHIVE_INDEX	TYPE	TOA_DARA		✓	✓
ARCHIVE_INDEX_TAB	TYPE	TSFDARA		✓	✓
ARCHIVE_PARAMETERS	TYPE	ARC_PARAMS		✓	✓
CONTROL_PARAMETERS	TYPE	SSFCTRLOP		✓	✓
MAIL_APPL_OBJ	TYPE	SWOTOBJID		✓	✓
MAIL_RECIPIENT	TYPE	SWOTOBJID		✓	✓
MAIL_SENDER	TYPE	SWOTOBJID		✓	✓
OUTPUT_OPTIONS	TYPE	SSFCOMPOP		✓	✓
USER_SETTINGS	TYPE	TDBOOL	'X'	✓	✓
IS_DLV_DELNOTE	TYPE	LEDLV_DELNOTE		☐	☐
IS_NAST	TYPE	NAST		☐	☐

Abbildung 5.15 Formularschnittstelle eines Lieferscheins

Optional sind wieder die Standardparameter, die sich in jeder Formularschnittstelle wiederholen. Es fällt auf, dass trotz der erwähnten Komplexität des Formulars nur zwei individuelle Definitionszeilen zur Datenübergabe existieren, wobei vor allem der Parameter IS_DLV_DELNOTE von Bedeutung ist. Die Typisierung erfolgt über einen entsprechenden Datentyp LEDLV_DELNOTE im ABAP Dictionary. Dieser Datentyp enthält in seiner Struktur die Definitionen zu fast allen benötigten Komponenten: Anstatt also die verwendeten Variablen, Feldleisten und internen Tabellen einzeln aufzulisten, sind sie für die Übergabe in einer einzigen gemeinsamen Variablen zusammengefasst. Über einen Doppelklick auf den Bezugstyp LEDLV_DELNOTE können Sie sich die Struktur des Datentyps direkt anzeigen lassen.

An den Einträgen in der Spalte DATENTYP in Abbildung 5.16 ist erkennbar, dass in dieser übergeordneten Struktur sowohl Feldleisten (Symbol 🔲) als auch interne Tabellen (Symbol ▦) enthalten sind. Die erste Spalte KOMPONENTE zeigt den jeweiligen Namen, wie er später auch in der Feldliste des Formulars erscheinen wird.

Struktur	LEDLV_DELNOTE			aktiv			
Kurzbeschreibung	Lieferscheindaten: Übergabestruktur an SmartForm						

Eigenschaften	Komponenten	Eingabehilfe/-prüfung	Währungs-/Mengenfelder

Eingebauter Typ   1 / 30

Komponente	Typisierungsart	Komponententyp	Datentyp	Länge	DezS...	Kurzbeschreibung
HD_GEN	1 Type	LEDLV_HD_GEN			0	0 Lieferkopf: Allgemeine Daten
HD_ADR	1 Type	LE_T_DLV_HD_ADR			0	0 Adressdaten Lieferungkopf
HD_GEN_DESCRIPT	1 Type	LEDLV_HD_GEN_DE..			0	0 Lieferkopf: Bezeichnungen
HD_ORG	1 Type	LEDLV_HD_ORG			0	0 Lieferkopf: Organisationsdaten
HD_ORG_DESCRIPT	1 Type	LEDLV_HD_ORG_DE..			0	0 Lieferkopf: Bezeichnungen d. Organisationsdaten
HD_PART_ADD	1 Type	LE_T_DLV_HD_PAR..			0	0 Zusatzdaten für Partner
HD_FIN	1 Type	LE_T_DLV_HD_FIN			0	0 Finanzdaten Lieferkopf
HD_FT	1 Type	LEDLV_HD_FT			0	0 Lieferkopf: Außenhandel
HD_FT_DESCRIPT	1 Type	LEDLV_HD_FT_DES..			0	0 Lieferkopf: Bezeichnungen Außenhandel

Abbildung 5.16 Übergabestruktur des Lieferscheins in der Formularschnittstelle

Jede Komponente des Datentyps besitzt wieder eine eigene Definition über das ABAP Dictionary, die Sie in der Spalte KOMPONENTENTYP sehen. Diese Angabe wird noch von Bedeutung sein, wenn Sie z. B. Daten einer Komponente in andere Variablen innerhalb des Formulars kopieren wollen (was bei der Abarbeitung des Formulars häufig erforderlich ist). Dann sollte die neue Variable natürlich wieder mit der gleichen Typisierung im Formular angelegt werden. Sie müssen bei Bedarf also nicht lange nach dem passenden Eintrag suchen.

[+] Struktur anzeigen lassen

Ein Doppelklick auf eine Zeile liefert die genaue Struktur der jeweiligen Komponente. Diese Funktion ist vor allem auch deshalb hilfreich, weil die jeweiligen Bezeichnungen bei der Darstellung der Felder in der Feldliste von Smart Forms nicht immer mitgeführt werden (und der Feldinhalt aus dem Namen eines Feldes auch nicht immer sofort ersichtlich ist).

Das Beispiel der zentralen Übergabestruktur in Abbildung 5.16 zeigt u. a. auch, dass Datentypen im ABAP Dictionary beliebig viele Hierarchiestufen enthalten können. Mit jeder neuen Stufe erweitert sich auch der Feldname, den Sie zur Ausgabe im Formular verwenden müssen. Als Beispiel sehen Sie in Abbildung 5.17 die Ausgabe von Kopfinformationen zur Lieferung (Liefernummer und Erstellungsdatum).

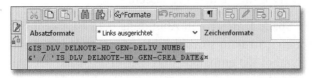

Abbildung 5.17 Datenausgabe bei zentraler Schnittstellenstruktur

Das Verfahren der Datenbereitstellung über eine zentrale Struktur reduziert die Menge der Typdefinitionen, die sonst im Formular vorzunehmen sind. Es erleichtert auch die Entwicklung der Formulare, z. B. können Sie – falls erforderlich – weitere Datenkomponenten beim zentralen Datentyp anfügen und die notwendigen Änderungen zur Datenbereitstellung im Rahmenprogramm in einem zweiten Schritt durchführen. Falls Sie mit dem Rahmenprogramm mehrere Formulare versorgen, sind alle Schnittstellenparameter automatisch auch in allen Formularen bekannt.

Registerkarte »Export«

Über die Registerkarte EXPORT können Sie Daten an das Rahmenprogramm zurückgeben, wenn die Ausgabe des Formulars beendet ist. Üblicherweise sind dies Protokolle zur erfolgten Ausgabe oder auch eine Liste der Fehler, die bei der Formularabarbeitung aufgetreten sind. Bei einer elektronischen Formularbearbeitung (ohne direkte Weiterleitung an Drucker oder Fax) kann auch der gesamte Inhalt des Formulars in einem Rückgabeparameter enthalten sein. Dann ist das Rahmenprogramm selbst dafür zuständig, die Inhalte der Ausgabe an die passende Ausgabeeinheit weiterzuleiten (gegebenenfalls auch mit weiteren Umwandlungen, z. B. in das PDF-Format).

Während der Entwicklung eines Formulars haben die Exportparameter eher eine geringe Bedeutung. Wichtiger wird das Thema wieder bei der Entwicklung oder Änderung eines Rahmenprogramms, dort werden wir auch alle Parameter im Detail vorstellen (siehe Kapitel 8, »Rahmenprogramm, Datenbeschaffung und Formularausgabe«). An dieser Stelle soll zunächst eine kurze Vorstellung reichen.

Bei der Neuanlage des Formulars werden automatisch drei Exportparameter eingefügt, die nicht gelöscht werden können (siehe Abbildung 5.18). Je nach Anwendungsfall werden diese Parameter vom Rahmenprogramm gelesen und interpretiert (optionale Parameter):

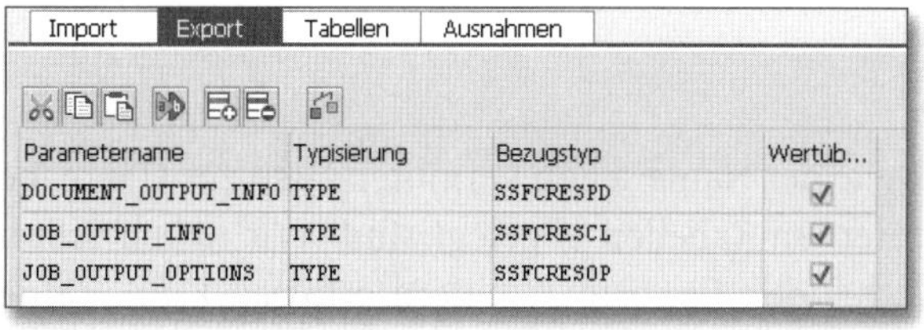

Parametername	Typisierung	Bezugstyp	Wertüb...
DOCUMENT_OUTPUT_INFO	TYPE	SSFCRESPD	✓
JOB_OUTPUT_INFO	TYPE	SSFCRESCL	✓
JOB_OUTPUT_OPTIONS	TYPE	SSFCRESOP	✓

Abbildung 5.18 Exportparameter in der Formularschnittstelle

▶ Der erste Parameter DOCUMENT_OUTPUT_INFO enthält immer die Anzahl der Seiten, die ausgegeben wurden.

▶ Der Parameter JOB_OUTPUT_INFO enthält Protokollhinweise zur Ausgabe des Formulars, z. B. die Kennzeichnung, ob eine Ausgabe erfolgt ist oder welche Spool-ID verwendet wurde; gegebenenfalls wird auch der Inhalt der gesamten Formularausgabe im OTF- oder XML-Format zurückgegeben.

▶ Der Parameter JOB_OUTPUT_OPTIONS beinhaltet die Ausgabeoptionen, die beim Start des Formulars gegolten haben. Durch einen Vergleich mit den Angaben im zweiten Parameter JOB_OUTPUT_INFO kann im Rahmenprogramm festgestellt werden, ob z. B. Druckparameter vom Anwender geändert wurden.

In allen Fällen ist die Eigenschaft WERTÜBERGABE gesetzt: Folglich werden die Parameter erst am Ende der Formularausgabe an das Rahmenprogramm übergeben.

In Einzelfällen kann es sinnvoll sein, weitere Exportparameter zu definieren und dann im Rahmenprogramm auszuwerten. Auch solche Parameter sind dann wieder obligatorisch, d. h., sie müssen beim Aufruf des Funktionsbausteins zum Formular auch auf Seiten des Rahmenprogramms aufgeführt sein.

Bei eigenen Exportparametern kann es sinnvoll sein, auf eine *Wertübergabe* zu verzichten. In diesem Fall – das ist dann die *Referenzübergabe* – erfolgt eine direkte Fortschreibung der Parameter schon während der Abarbeitung des Formulars. Der Vorteil hierbei ist, dass auch im Fehlerfall die bis dahin angefallenen Daten auswertbar sind.

[»] **Referenzübergabe**

Bei einer Referenzübergabe könnte das Rahmenprogramm auch die Exportparameter mit Daten vorbelegen und an das Formular übergeben (d. h., die Datenübergabe ist in beide Richtungen möglich).

Registerkarte »Tabellen«

Diese Registerkarte dient (wie der Name schon vermuten lässt) zur Übergabe von Parametern, die in internen Tabellen abgelegt sind. Wir haben schon festgestellt, dass dies z. B. bei den Importparametern erfolgen kann – eine eigene Registerkarte zur Übergabe von Tabellen wäre also im Grunde gar nicht erforderlich (und wird in vielen Fällen auch nicht genutzt).

Ausnahmsweise kann die Anwendung dieser Registerkarte aber trotzdem sinnvoll erscheinen, denn die Übergabe als *Importparameter* bringt auch immer eine Einschränkung mit sich: Im Formular können die Daten nur gelesen werden. In Einzelfällen kann es jedoch erforderlich sein, interne Tabellen mit geänderten Werten an das Rahmenprogramm zurückzugeben (d. h., die Daten werden bei der Ausgabe geändert).

Die Parameterdefinition erfolgt ähnlich wie bei den bisherigen Fällen. Es handelt sich immer um eine Referenzübergabe, Wertänderungen im Formular werden also direkt an das Rahmenprogramm zurückgegeben. In Abbildung 5.19 sehen Sie ein Beispiel mit zwei Tabellendefinitionen.

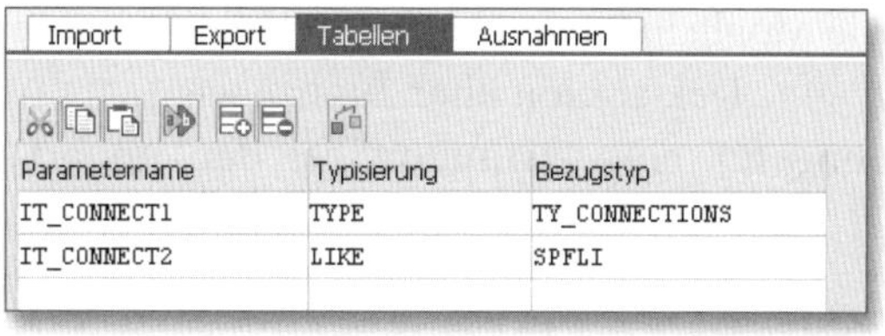

Abbildung 5.19 Tabellendefinition in der Formularschnittstelle

Tabelle IT_CONNECT1 wurde mit Bezug auf den Tabellentyp TY_CONNECTIONS definiert, wie Sie es bisher auch schon vom Importparameter CONNECTIONS kennen.

Wie in der zweiten Zeile kann eine Tabelle alternativ auch über LIKE typisiert werden, in diesem Fall ist der Bezugstyp eine Struktur oder Datenbanktabelle. Die Typisierung über LIKE gibt es jedoch nur noch aus Kompatibilität mit alten Versionen und wird von SAP nicht empfohlen. Sie sollten diese Variante also nur noch verwenden, falls kein Tabellentyp existiert.

Die beiden in Abbildung 5.19 definierten Tabellen sind absolut gleichwertig, denn TY_CONNECTIONS weist intern wieder auf den Bezugstyp SPFLI, beide haben also exakt die gleiche Struktur.

Zusammengefasst bietet die Übergabe auf der Registerkarte TABELLEN folgende Eigenschaften:

▶ Die Inhalte der internen Tabellen können im Formular geändert werden. Daraus ergibt sich auch, dass sich diese Tabellen z. B. bei der Ausgabe über einen Schleife-Knoten neu sortieren lassen.

▶ Die Schnittstellenübergabe erfolgt als Referenz, d. h., mögliche Änderungen am Inhalt stehen anschließend auch im Rahmenprogramm zur Verfügung (auch wenn eine solche Anforderung wohl eher eine Ausnahme ist).

- Die eingetragenen Schnittstellenparameter werden automatisch als interne Tabellen mit Kopfzeile angelegt.

- Ein formaler Vorteil ergibt sich daraus, dass die auf der Registerkarte TABELLEN definierten Parameter in der Feldliste des Form Builders direkt als Tabellen zu erkennen sind. Sie lassen sich somit leichter von Feldleisten unterscheiden. Das erhöht gegebenenfalls die Übersicht und vermeidet Missverständnisse.

Die Registerkarte TABELLEN kann als Überbleibsel älterer ABAP-Releases betrachtet werden, denn dort war es der einzige Weg, um beim Aufruf eines Funktionsbausteins interne Tabellen als Parameter zu übergeben.

Erst ab SAP-Release 4.5 wurde die Möglichkeit geschaffen, Tabellentypen im ABAP Dictionary anzulegen bzw. eine Deklaration über Zusätze wie TABLE OF vorzunehmen, was Voraussetzung für eine Definition bei den Import-/Exportparametern ist.

Registerkarte »Ausnahmen«

Bei der Ausgabe eines Formulars können Fehler auftreten, die zu sofortigen Reaktionen des Systems führen müssen. Diese Abweichungen von der normalen Formularausgabe werden als *Ausnahmen* bezeichnet. Vier Ausnahmefälle sind fest vorgegeben und werden bei der Neuanlage eines Formulars wieder automatisch als Parameter eingetragen (siehe Abbildung 5.20).

Abbildung 5.20 Ausnahmen in der Formularschnittstelle

Innerhalb des Funktionsbausteins zum Formular ist jeder Fehler einer *Fehlerklasse* und diese wiederum einer *Ausnahme* zugeordnet. Wenn ein Fehler zum Abbruch der Formularprozessierung führt, wird genau diese Ausnahme ausgelöst. Die Nummer der Ausnahme kann das Rahmenprogramm über die Systemvariable SY-SUBRC abfragen und entsprechend reagieren, z. B. mit einem Hinweis für den Anwender (weitere Hinweise finden Sie in Abschnitt 8.9, »Laufzeitfehler/Ausnahmen«).

5.4.2 Globale Definitionen

Dieser Knoten fasst verschiedene Definitionen zusammen, die als Daten oder Unterprogramme in jedem beliebigen Formular-Knoten zur Verfügung stehen. Abbildung 5.21 zeigt alle Registerkarten des Knotens GLOBALE DEFINITIONEN.

Abbildung 5.21 Globale Daten

Auf die Registerkarten INITIALISIERUNG und FORMROUTINEN werden wir erst in Kapitel 7, »ABAP-Programme im Formular«, bei den Erläuterungen zu ABAP-Funktionen im Formular ausführlich eingehen. Wir wollen jetzt nur auf die Registerkarten eingehen, die in einem Bezug zu Datendefinitionen stehen:

▸ **Globale Daten**

Hier definieren Sie Variablen, die im Formular benötigt werden, aber in der Formularschnittstelle nicht zur Verfügung stehen (z. B. für die Berechnung von Summenwerten). Da diese Daten nach einer Typisierung üblicherweise leer sind, muss zusätzlich im Formular eine Datenbeschaffung erfolgen (z. B. über Schleifen oder auch Programm-Knoten).

Parameter der Formularschnittstelle   [«]

Auch die Parameter der zuvor betrachteten Formularschnittstelle werden über Felder angesprochen, die im gesamten Formular zur Verfügung stehen und folglich auch in jedem Formular-Knoten verwendbar sind. So betrachtet, sind auch die Parameter der Formularschnittstelle eigentlich *globale Daten*.

▸ **Typen**

Hier erstellen Sie Datentypen als freies ABAP-Coding, falls kein passender Typ im ABAP Dictionary zur Verfügung steht.

▸ **Feldsymbole**

Sie können Feldsymbole wie Zeiger beim Auslesen von internen Tabellen verwenden. Wir werden in diesem Buch nicht weiter auf Feldsymbole eingehen und stattdessen den Weg über Feldleisten als Arbeitsbereiche beschreiten (was für Einsteiger auch übersichtlicher ist).

In Abschnitt 5.3, »Datenstrukturen und Datendefinitionen«, haben wir Datenstrukturen als Basis für die Ausgabe über Felder beschrieben. Dabei haben wir wiederholt auf die Definitionen als globale Daten hingewiesen. Wir möchten daher hier nur noch einzelne Besonderheiten ergänzen:

- Wenn Sie Variablen als (nicht strukturierte) *Felder* typisieren, können Sie zusätzlich einen Vorschlagswert zuordnen. Der zugehörige Eingabewert wird im Normalfall in Hochkommata eingeschlossen. Bei numerischen Variablen können Sie den Vorschlagswert aber auch ohne Hochkommata eingeben. In Abbildung 5.21 werden z. B. den Variablen YES und NO feste Werte zugewiesen, um logische Abfragen einfacher zu gestalten.

- Wird ein Feld zusätzlich als *Konstante* markiert, kann es im Formular nicht mehr geändert werden. Das ist nur sinnvoll, wenn dieses Feld zusätzlich auch einen Vorschlagswert besitzt (sonst wäre der Inhalt ja immer leer).

- Vorbelegungen beliebiger Variablen können Sie auch mit ABAP-Programmcode auf der Registerkarte INITIALISIERUNG vornehmen. Der Code wird zu Beginn jeder Formularausgabe einmal durchlaufen (siehe auch Kapitel 7, »ABAP-Programme im Formular«).

- Globale Daten können in jedem Formular-Knoten über Felder gelesen, aber auch geändert werden. Folglich kann auch die Reihenfolge, in der die Knoten abgearbeitet werden, für den weiteren Inhalt der Variablen relevant sein. Damit eine Variable auch die gewünschten Daten enthält, müssen Sie sicherstellen, dass der jeweilige Knoten zur Zuweisung der Dateninhalte vor der Ausgabe abgearbeitet ist. Dafür ist in erster Linie die Position im Navigationsbaum des Form Builders relevant.

Im Form Builder gibt es leider keine direkte Möglichkeit, den Aufruf von Feldern im Formular zu kontrollieren, wie das bei einem ABAP-Programm über den Verwendungsnachweis möglich ist. Nutzen Sie stattdessen die Formularinfo, die Sie im Menü HILFSMITTEL finden. In der Liste aller Formularelemente können Sie mit ⌷Strg⌷ + ⌷F⌷ nach beliebigen Feldern suchen.

5.4.3 Systemfelder

Innerhalb jedes Formulars steht eine Liste von Systemfeldern zur Verfügung, die Smart Forms während der Abarbeitung des Formulars durch konkrete Werte ersetzt. Die Feldinhalte stammen entweder aus dem SAP-System oder ergeben sich aus der aktuellen Formularausgabe. Alle Variablen sind in einer gemeinsamen Feldleiste SFSY zusammengefasst. Dies sind die einzelnen Komponenten der Feldleiste:

- **DATE (Aktuelles Datum)**
  Das Anzeigeformat richtet sich in der Standardeinstellung nach der Länderkennung im Benutzerstammsatz. Die Länderkennung können Sie über eine ABAP-Anweisung (SET COUNTRY) im Rahmenprogramm oder in einem Programm-Knoten ändern.

- **TIME (Aktuelle Uhrzeit)**
  Uhrzeit zum Zeitpunkt der Ausgabe, abgelegt in der Form HH:MM:SS (HH: Stunden, MM: Minuten, SS: Sekunden)

- **PAGE (Aktuelle Seitennummer)**
  Der Seitenzähler wird mit jeder neuen Ausgabeseite entsprechend den eingestellten Attributen zum Seite-Knoten abgeändert (Hochzählen, Halten, Rücksetzen etc.). Dort bestimmen Sie auch die Darstellungsform während der Ausgabe (Arabisch, Numerisch etc., siehe Abschnitt 6.4, »Abfolge und Nummerierung der Ausgabeseiten«).

- **FORMPAGES (Gesamtseitenzahl im Formular)**
  Zusammen mit der Seitennummer ist damit eine Ausgabe in der Form von »Seite 3 von 9« möglich.

- **JOBPAGES (Gesamtseitenzahl im Druckauftrag)**
  Gesamtseitenzahl der Formulare im aktuellen Druckauftrag. Die Angabe unterscheidet sich nur dann von der Variablen FORMPAGES, wenn mehrere Formulare in einem Druckauftrag zusammengefasst sind.

- **WINDOWNAME (Name des aktuellen Fensters)**
  Ermöglicht die Ausgabe der Fenster-Kurzbezeichnung (des Namens, den Sie bei den Knotenattributen im Eingabefeld FENSTER eingegeben haben).

- **PAGENAME (Name der aktuellen Seite)**
  Ermöglicht die Ausgabe der Seiten-Kurzbezeichnung (des Namens, den Sie bei den Knotenattributen im Eingabefeld SEITE eingegeben haben).

- **XSF (Kennzeichen für XSF-/HTML-Übertragung)**
  Das Kennzeichen ist gesetzt, wenn das Formular im XSF- oder HTML-Format ausgegeben wird. Damit lassen sich z. B. solche Knoten individuell aktivieren, die nur für die XSF-Ausgabe vorgesehen sind.

  XSF steht für *XML for Smart Forms* und birgt die Möglichkeit, den Inhalt eines Formulars über ein XML-Schema auszugeben. Das Format enthält keine Layoutinformationen und ist zur Anbindung an externe Anwendungen gedacht (siehe Abschnitt 10.11, »Anbindung externer Systeme mit

XSF- und XDF-Formaten«). Um Webformulare für Internetanwendungen zu entwickeln, kann zusätzlich das HTML-Format aktiviert werden (dort sind dann auch alle Layouts enthalten; für Details zu dieser speziellen Anwendung verweisen wir auf die Erläuterungen zu Smart Forms in der SAP-Bibliothek).

▸ **XDF (Kennzeichen für XDF-Übertragung)**
Das Kennzeichen ist gesetzt, wenn für das Formular die XDF-Ausgabe angefordert ist. Bei diesem Datenformat werden alle Daten der Formularschnittstelle im XML-Format übergeben (z. B. via Spool). Das Format dient insbesondere der Anbindung externer Systeme.

▸ **COPYCOUNT (Kopienzähler)**
Enthält die laufenden Nummern zum Exemplar während der Ausgabe (Wert 1 entspricht dem Original, 2 ist die erste Kopie usw.).

▸ **COPYCOUNT0 (Kopienzähler)**
Entspricht der Variablen COPYCOUT, beginnt aber bei 0.

▸ **SUBRC (ABAP-Rückgabestatus)**
Ein Fehler ist aufgetreten, wenn der Wert größer, kleiner oder gleich 0 ist. Wird bisher nur bei Include-Texten und Textbausteinen verwendet, zeigt also gegebenenfalls an, dass ein Baustein nicht gefunden wurde.

▸ **USERNAME (Anwendername)**
Anwendername des SAP-Benutzers, der aktuell am System angemeldet ist (und damit das Formular ausgibt)

Bei Verwendung der Felder SFSY-FORMPAGES bzw. SFSY-JOBPAGES müssen alle Ausgabeseiten bis zum Ende des Formulars beziehungsweise der gesamten Druckausgabe im Arbeitsspeicher gehalten werden, damit diese Symbole durch ihre jeweiligen Werte ersetzt werden können. Bei sehr großen Ausgaben ist dafür viel Hauptspeicher auf dem SAP-Applikationsserver erforderlich.

Auf die genannten Systemfelder können Sie auch in jedem Programm-Knoten zugreifen, ohne dass die Systemfelder dort ausdrücklich als Eingabe-/Ausgabeparameter genannt sein müssen, wie es bei sonstigen Variablen erforderlich ist. Im Programm-Knoten stehen darüber hinaus auch alle ABAP-Systemvariablen der Systemtabelle SYST zur Verfügung. Sie werden im Programmcode üblicherweise mit 'SY-' beginnend angesprochen (z. B. SY-TCODE mit dem Transaktionscode, über den die Formularausgabe angestoßen wurde).

5.5 Ausgabe von Feldern mit Währungs- oder Mengenbezug

In Abschnitt 5.2.5, »Felder mit Aufbereitungsoptionen«, haben Sie verschiedene Möglichkeiten kennengelernt, um die Gestaltung der Ausgabe von Feldern über Aufbereitungsoptionen zu beeinflussen. Dabei konnten Sie z. B. die Anzahl der Zeichen festlegen oder die Anzahl der (Dezimal-)Stellen bei numerischen Werten.

Zusätzliche Voraussetzungen müssen Sie beachten, wenn Sie ein Feld ausgeben wollen, das im ABAP Dictionary als Währungsbetrag (Datentyp CURR) oder als Mengenangabe (Datentyp QUANT) angelegt worden ist. In diesem Fall ist zum Feld mit dem Betrag auch immer ein weiteres Referenzfeld mit Angabe des Währungsschlüssels bzw. der Mengeneinheit hinterlegt.

Dieses Referenzfeld wiederum ist auch bei der Ausgabe eines Betragsfeldes über das Formular relevant. Das bedeutet, dass die Referenz im Formular explizit bekannt sein muss, damit Smart Forms die Ausgabe korrekt steuern kann.

Referenzfeld [zB]

Die Bedeutung dieses Falles möchten wir hier durch einen konkreten Anwendungsfall unterstreichen:

Innerhalb der Preisfindung in den ERP-Komponenten MM und SD werden regelmäßig prozentuale Rabatte vergeben. Solche Prozente sind im Rahmen der verwendeten Konditionstechnik in den Datenbanktabellen mit dem Faktor 10 gespeichert, d. h., aus einem Rabatt mit 11 % wird auf Datenbankebene ein Betrag von 110.

Nur wenn der hinterlegten Konvertierungsroutine bekannt ist, dass es sich um einen Prozentwert handelt, kann sie diesen Wert beim Lesen auch wieder zurückrechnen. Die Steuerung übernimmt die %-Angabe im zugehörigen Referenzfeld. Ohne Kenntnis der %-Angabe im Referenzfeld erscheint bei der Formularausgabe fälschlicherweise der Datenbankeintrag '110'.

Wir zeigen den Umgang mit diesem Fall wieder anhand eines konkreten Beispiels. Ausgangspunkt ist die Ausgabe eines Preises über den Datentyp KOMVD, der im ABAP Dictionary für Druckausgaben zur Preisfindung hinterlegt ist.

In unserem Fall ist eine Feldliste GS_KOMVD_ITEM als Variable angelegt und mit Daten gefüllt worden. Die Datenbeschaffung wollen wir erst einmal überspringen, wichtig ist jedoch, dass der Preis in der Komponente KWERT zu finden ist. Eine Ausgabe könnte also ein Aussehen haben wie in Abbildung 5.22 gezeigt.

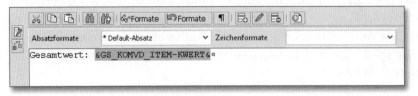

Abbildung 5.22 Ausgabe eines Währungsbetrags im Text-Knoten

Die formularinterne Prüfung reagiert hierauf noch nicht. Aber die Ausgabe des Formulars würde mit einer Fehlermeldung wie in Abbildung 5.23 abgebrochen.

Abbildung 5.23 Fehlermeldung bei fehlendem Referenzfeld

Um diese Meldung zu umgehen, müssen Sie die erforderliche Referenz auch im Formular als Variable definieren (damit auch Smart Forms auf die Währungseinheit zurückgreifen kann). Es stellt sich also die Frage, wie der Name des zugehörigen Referenzfeldes zu finden ist. Auch hier hilft das ABAP Dictionary.

Die Feldleiste GS_KOMVD_ITEM haben wir in unserem Beispiel über den Datentyp KOMVD definiert. Die folgenden drei Schritte führen zur gesuchten Referenz:

1. Ein Doppelklick auf den Datentyp KOMVD in der Zeile zur Datendefinition öffnet den zugehörigen Eintrag im ABAP Dictionary (oder Sie rufen einfach Transaktion SE11 auf).

2. Wechseln Sie dort auf die Registerkarte WÄHRUNGS-/MENGENFELDER.

3. Suchen Sie dann die Komponente KWERT.

Jetzt sollte Ihr Bildschirm etwa so aussehen wie in Abbildung 5.24.

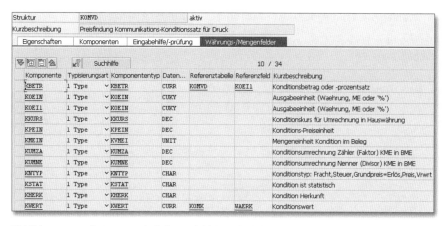

Struktur	KOMVD		aktiv			
Kurzbeschreibung	Preisfindung Kommunikations-Konditionssatz für Druck					

| Eigenschaften | Komponenten | Eingabehilfe/-prüfung | Währungs-/Mengenfelder |

Suchhilfe 10 / 34

Komponente	Typisierungsart	Komponententyp	Daten...	Referenztabelle	Referenzfeld	Kurzbeschreibung
KBETR	1 Type	KBETR	CURR	KOMVD	KOEI1	Konditionsbetrag oder -prozentsatz
KOEIN	1 Type	KOEIN	CUKY			Ausgabeeinheit (Waehrung, ME oder '%')
KOEI1	1 Type	KOEIN	CUKY			Ausgabeeinheit (Waehrung, ME oder '%')
KKURS	1 Type	KKURS	DEC			Konditionskurs für Umrechnung in Hauswährung
KPEIN	1 Type	KPEIN	DEC			Konditions-Preiseinheit
KMEIN	1 Type	KVMEI	UNIT			Mengeneinheit Kondition im Beleg
KUMZA	1 Type	KUMZA	DEC			Konditionsumrechnung Zähler (Faktor) KME in BME
KUMNE	1 Type	KUMNE	DEC			Konditionsumrechnung Nenner (Divisor) KME in BME
KNTYP	1 Type	KNTYP	CHAR			Konditionstyp: Fracht,Steuer,Grundpreis=Erlös,Preis,Vrwrt
KSTAT	1 Type	KSTAT	CHAR			Kondition ist statistisch
KHERK	1 Type	KHERK	CHAR			Kondition Herkunft
KWERT	1 Type	KWERT	CURR	KOMK	WAERK	Konditionswert

Abbildung 5.24 Datentyp mit Referenzfeld im ABAP Dictionary

In der letzten hier abgebildeten Zeile sehen Sie zur Komponente KWERT den Datentyp CURR, den wir eingangs bereits als Sonderfall erwähnt haben. Als Referenzfeld ist KOMK-WAERK eingetragen. Genau dieses Feld muss nun auch im Formular als Variable angelegt sein.

Referenzfeld [«]

Ein Referenzfeld kann auch in der gleichen Struktur/Tabelle enthalten sein wie die Komponente. Das ist sogar der einfachere Fall, denn dann hätte Smart Forms den Bezug direkt erkannt, und das Formular wäre ohne Fehlermeldung ausgegeben worden (darauf werden wir am Ende dieses Abschnitts noch eingehen, siehe Unterabschnitt »Sonderfall: Betrags- und Referenzfeld im gleichen Datentyp« innerhalb dieses Abschnitts).

Exkurs: Liste der hinterlegten Währungen [«]

Bei Interesse können Sie sich per Doppelklick in die Spalte REFERENZTABELLE den Aufbau der Referenz anzeigen lassen, hier müssen ja die gültigen Währungen hinterlegt sein. Wenn Sie dann im Detaileintrag zu KOMK nach der Komponente WAERK suchen, sehen Sie, dass sie den Datentyp CUKY hat.

Auf der Registerkarte EINGABEHILFE/-PRÜFUNG finden Sie bei der Komponente WAERK auch eine Prüftabelle TCURC: Sie enthält eine Liste aller Währungen, die in Ihrem SAP-System angelegt sind. Den Aufbau dieser Datenbanktabelle als nächste Detailebene finden Sie wieder über einen Doppelklick auf diesen Eintrag in der Spalte PRÜFTABELLE.

Wahlweise können Sie sich von hier aus direkt die angelegten Währungen anzeigen lassen:

▶ Wählen Sie über den Menüpfad HILFSMITTEL • TABELLENINHALT • ANZEIGEN den Einstieg in Transaktion SE16. Der Tabellenname TCURC wird direkt übernommen.

> ► Wählen Sie dann PROGRAMM • AUSFÜHREN oder die F8 -Taste.
>
> Jetzt sollten Sie eine Liste aller im System hinterlegten Währungen erhalten (siehe Abbildung 5.25).

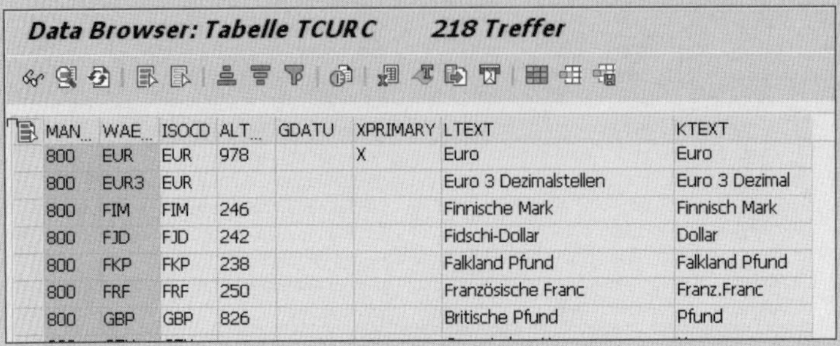

Data Browser: Tabelle TCURC   218 Treffer

MAN	WAE	ISOCD	ALT	GDATU	XPRIMARY	LTEXT	KTEXT
800	EUR	EUR	978		X	Euro	Euro
800	EUR3	EUR				Euro 3 Dezimalstellen	Euro 3 Dezimal
800	FIM	FIM	246			Finnische Mark	Finnisch Mark
800	FJD	FJD	242			Fidschi-Dollar	Dollar
800	FKP	FKP	238			Falkland Pfund	Falkland Pfund
800	FRF	FRF	250			Französische Franc	Franz.Franc
800	GBP	GBP	826			Britische Pfund	Pfund

Abbildung 5.25 Liste der Währungen in Tabelle TCURC

Kommen wir zurück zur eigentlichen Problemstellung im Formular. Gehen Sie dazu über die Funktionstaste F3 (gegebenenfalls mehrfach betätigen) zurück zum Form Builder von Smart Forms.

Definieren Sie nun im Formular eine neue Variable GS_KOMK, die als Referenz dienen soll (siehe Abbildung 5.26).

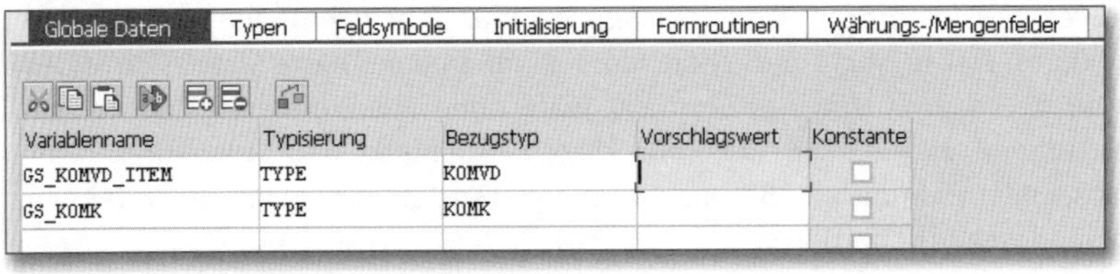

Abbildung 5.26 Definition einer Referenzvariablen im Formular

Da in unserem Fall der Name der Variablen von dem Eintrag im ABAP Dictionary abweicht, müssen wir zusätzlich einen formularinternen Bezug herstellen. Wählen Sie dazu die Registerkarte WÄHRUNGS-/MENGENFELDER (siehe Abbildung 5.27).

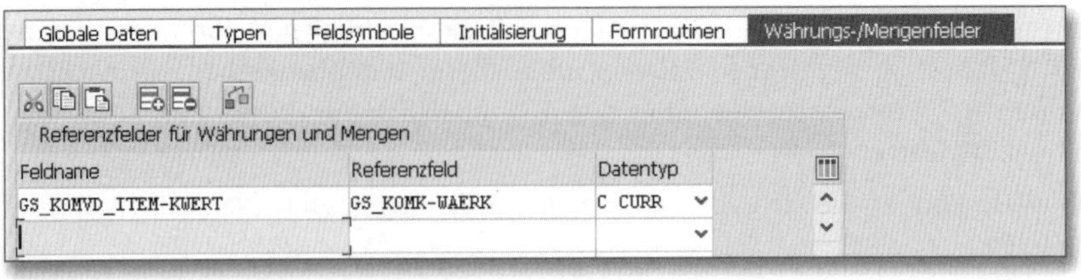

Abbildung 5.27 Bezug zum Währungsfeld herstellen

Nach diesen Schritten ist die Ausgabe über das Feld &KOMVD_ITEM-KWERT& möglich. Probieren Sie es aus: Die anfangs aufgetretene Fehlermeldung erscheint nicht mehr, denn der Ausgabeprozessor kann jetzt über den eingetragenen Weg einen Bezug zum Referenzfeld KOMK-WAERK herstellen. Sie werden sehen, dass die Ausgabe mit Stellen hinter dem Dezimalzeichen erfolgt – das ist der Standardwert, wenn ein leeres Referenzfeld gefunden wird (wir haben bisher noch keine Währungseinheit zum Feld GS_KOMK-WAERK zugewiesen).

Spätestens, wenn Sie Währungen oder Mengeneinheiten mit einer anderen Anzahl an Dezimalstellen verwenden möchten, sollten Sie für einen gültigen Eintrag im Referenzfeld sorgen (z. B. durch Zuweisung der passenden Einheit in einem Programm-Knoten). In diesem Fall können Sie natürlich auch das Referenzfeld selbst über das Formular ausgeben, was für eine vollständige Ausgabe von Betrag und Einheit wohl der gängigste Anwendungsfall ist. In unserem Beispiel wäre dann eine Lösung möglich wie in Abbildung 5.28.

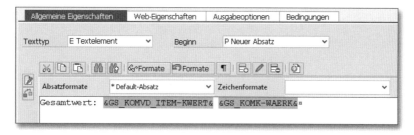

Abbildung 5.28 Ausgabe von Währungsbetrag und Einheit

Sonderfall: Betrags- und Referenzfeld im gleichen Datentyp

Gelegentlich sind Betragsfeld und Einheit im selben Datentyp des ABAP Dictionarys definiert. Diese Zuordnung kann Smart Forms erkennen und formatiert die Ausgabe des Betragsfeldes automatisch richtig.

Ein Beispiel dazu sehen Sie in der ersten Zeile von Abbildung 5.24: Der Komponente KOMVD-KBETR ist hier das Referenzfeld KOMVD-KOEI1 zugeordnet. Im Formular müssen Sie also nur sicherstellen, dass Letzteres auch mit der richtigen Einheit gefüllt ist.

Komponente KOMVD-KBETR	[«]
Die Komponente KOMVD-KBETR beinhaltet im Übrigen genau den Anwendungsfall, den wir am Anfang dieses Abschnitts als Beispiel genannt haben. Als Konditionsbetrag ist sie die Basis von Preisberechnungen und kann dabei auch %-Werte enthalten. Sie ist mit Faktor 10 gespeichert und muss für die Ausgabe zurückgerechnet werden.	

Wir haben uns bisher nur am Rande damit befasst, in welcher Reihenfolge die Knoten bei der Ausgabe abgearbeitet (prozessiert) werden, wie Ausgaben über mehrere Seiten erfolgen und wie man diese Abläufe steuern kann. Diese Funktionen sind Teil der Ablauflogik des Formulars und werden hier erläutert.

6 Ablauflogik des Formulars

In den vorhergehenden Kapiteln haben wir erläutert, wie Sie das Layout einer Seite entwerfen können und wie dort Texte, Grafiken und auch Daten über entsprechende Knoten eingebunden werden.

Bevor wir die vielfältigen Möglichkeiten betrachten, wie die Ablauflogik im Formular gestaltet werden kann (im Weiteren kurz als *Formularlogik* bezeichnet), geben wir Ihnen zunächst noch einmal eine kurze Zusammenfassung der Grundlagen.

In den folgenden Abschnitten stellen wir dann die Möglichkeiten, um die Formularlogik zu beeinflussen, im Detail vor. Wir beginnen im ersten Schritt mit Schleife- und Tabelle-Knoten. Dann werden wir zeigen, wie Sie mit logischen Abfragen (Bedingungen) die Ausgabe beeinflussen können, wie die gewünschte Reihenfolge der Seiten gesteuert wird und welche speziellen Kommandos vorhanden sind, um z. B. ganz individuelle Eigenschaften Ihres Druckers anzusprechen.

6.1 Übersicht

Jedes Formular besteht aus einer oder mehreren Entwurfsseiten (siehe Abbildung 6.1). Die erste Seite im Navigationsbaum ist die Startseite. Üblicherweise wird dafür der Name FIRST gewählt, dieses Kürzel verwenden wir gelegentlich auch hier im Buch. Mit der Startseite beginnt bei der Ausgabe die Abarbeitung (*Prozessierung*) des Formulars. Die Prozessierung innerhalb dieser Seite erfolgt in der Reihenfolge, in der die zugeordneten Knoten im Navigationsbaum des Form Builders angelegt sind.

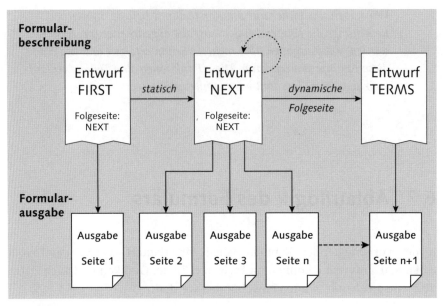

Abbildung 6.1 Abarbeitung von Seiten in der Formularlogik

Wenn eine Ausgabeseite gefüllt ist, muss die Ausgabesteuerung entscheiden, ob noch weitere Seiten erzeugt werden müssen. Diese Entscheidung wird danach getroffen, ob bereits alle Texte und/oder Daten ausgegeben worden sind oder nicht. Welches Seitenlayout bei der neuen Ausgabeseite verwendet wird, entscheidet der Eintrag zur Folgeseite bei den Attributen der bisherigen Entwurfsseite (die übliche Kurzbezeichnung der Folgeseite ist NEXT). Wegen der festen Zuordnung dieser Folgeseite spricht man auch von einer *statischen* Abwicklung.

Alternativ kann sich die Folgeseite aber auch *dynamisch* über einen manuellen Seitenumbruch ergeben (d. h. aufgrund individueller Bedingungen zur Laufzeit). In Abbildung 6.1 ist dies der Fall, um exemplarisch eine abschließende Seite TERMS mit Angabe von Geschäftsbedingungen auszugeben. Der dynamische Seitenumbruch erfolgt, sobald alle Datensätze abgearbeitet sind.

[»] | **Formularprozessor**

Wenn wir von der Ausgabe des Formulars sprechen, ist damit die Erzeugung eines Zwischendokuments gemeint, das alle notwendigen Anweisungen enthält, um die weitere Abwicklung über das SAP-Spoolsystem zu ermöglichen. Der Programmteil innerhalb der Laufzeitumgebung von Smart Forms, der die Umsetzung der Formularelemente in dieses Zwischendokument vornimmt, wird auch als *Formularprozessor* oder *Composer* bezeichnet.

Haupt- und Nebenfenster

Jede Entwurfsseite enthält in ihren Layoutangaben ein oder mehrere Fenster: Dort befinden sich alle Texte und Datenfelder. Angaben zur Formatierung der Ausgabe werden einem hinterlegten Stil entnommen.

Maximal ein Fenster im Formular darf als *Hauptfenster* gekennzeichnet werden. Nur im Hauptfenster kann Smart Forms die Inhalte der Ausgabe daraufhin überwachen, ob sie auf die aktuelle Ausgabeseite passen oder ob eine neue Seite eröffnet werden muss. Wird für die Folgeseite ein anderes Layout verwendet, muss auch dort das Hauptfenster vorhanden sein (damit die Ausgabe der Inhalte in diesem Fenster fortgesetzt werden kann).

Alle anderen Fenster müssen vom Typ *Nebenfenster* sein und haben keinen direkten Einfluss auf den Seitenumbruch. Trotzdem können sich auch Nebenfenster auf verschiedenen Entwurfsseiten wiederholen: Auf jeder neuen Ausgabeseite wird dann der Inhalt des Fensters neu gestartet (und nicht etwa von einer vorherigen Seite fortgesetzt).

Beim Hauptfenster kann also der Inhalt auf mehrere Seiten verteilt sein (Fließtext und Daten mit automatischem Seitenumbruch), bei Nebenfenstern wird der Inhalt jeweils wiederholt.

Seiten, die nur Nebenfenster enthalten	[+]

Wie gerade beschrieben, hängt es vom Inhalt des Hauptfensters ab, ob noch eine weitere Folgeseite erforderlich ist. Im Normalfall hat diese Folgeseite wieder ein Hauptfenster und wird entsprechend weiter prozessiert. Es kann aber auch Unterbrechungen durch eine Seite geben, die nur Nebenfenster enthält.

Wenn Sie z. B. die Geschäftsbedingungen auf der Rückseite des ersten Blattes ausgeben möchten (die Möglichkeit zum Duplex-Druck vorausgesetzt), hätten Sie eine Seitenfolge in der Form FIRST-TERMS-NEXT-NEXT... In diesem Fall sollte der Duplex-Druck nur für das erste Blatt der Ausgabe aktiv sein. Das steuern Sie über einen Kommando-Knoten (siehe Abschnitt 6.5).

Abarbeitung einer Entwurfsseite

Die Prozessierung einer Seite (und damit der enthaltenen Knoten) erfolgt in der Reihenfolge, in der die Knoten im Navigationsbaum angelegt sind. Um eine Vorstellung von dieser Reihenfolge zu bekommen, kann es vorteilhaft sein, den Navigationsbaum der Seite komplett aufzuklappen und die einzelnen Knoten in der verwendeten Reihenfolge zu sehen (siehe Abbildung 6.2, hier ist ein Ausschnitt zu sehen).

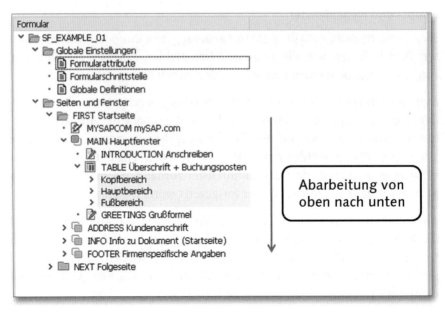

Abbildung 6.2 Abarbeitung des Formulars bei Ausgabe

Die Reihenfolge der Abarbeitung steht nicht im Zusammenhang mit der Position, die ein Knoten bei der Ausgabe auf der Seite hat. Einzige Ausnahme ist die relative Positionierung z. B. von Text- oder Grafik-Knoten – in diesem Fall hängt die jeweilige Position von den vorherigen Ausgabeinhalten ab.

Die Reihenfolge der Abarbeitung müssen Sie insbesondere auch dann beachten, wenn mit Feldern gearbeitet wird. Stellen Sie sicher, dass die erforderlichen Daten einem Knoten zugewiesen werden, der im Navigationsbaum oberhalb des Knotens steht, durch den die Ausgabe der Daten erfolgt.

Durch das Verschieben einzelner Knoten im Navigationsbaum (oder auch ganzer Zweige) können Sie deren Reihenfolge im Navigationsbaum ändern. Nutzen Sie dafür vorzugsweise die Mausfunktionen des Form Builders (Kontextmenü, Drag & Drop). Mit etwas Übung werden Sie auch das notwendige Fingerspitzengefühl für die Angabe des Ziels besitzen. In Einzelfällen fragt das System nach, ob ein Knoten an einer bestimmten Stelle als Nachfolger- oder Unterknoten eingefügt werden soll.

Individuelle Formularlogik

Sie haben darüber hinaus verschiedene Möglichkeiten, um die Prozessierung des Formulars individuell zu beeinflussen. Verwenden Sie dazu die generellen Knotenattribute oder spezielle Knotentypen, auf die wir im Folgenden ausführlicher eingehen möchten.

▸ **Schleife-Knoten**
Verwenden Sie *Schleife-Knoten*, um Ausgaben beliebig oft zu wiederholen. Damit wird insbesondere die Ausgabe von Daten aus internen Tabellen komfortabel möglich. Um die Ausgabe tabellarisch zu formatieren, steht der *Tabelle-Knoten* zur Verfügung. Die Datenausgabe über solche Schleifen in einem Hauptfenster ist der gängigste Weg, Ausgaben mit automatischem Seitenumbruch zu erzeugen.

▸ **Formular-Knoten**
Zu jedem *Formular-Knoten* können Sie Bedingungen hinterlegen. Trifft eine solche Bedingung bei der Ausgabe des Formulars nicht zu, wird der jeweilige Knoten auf der aktuellen Ausgabeseite nicht abgearbeitet (einschließlich aller Unterknoten).

▸ **Alternative-Knoten**
Verwenden Sie *Alternative-Knoten*, wenn sich die Prozessierung zur Laufzeit zwischen verschiedenen Zweigen im Navigationsbaum (und deren Unterknoten) entscheiden soll.

▸ **Kommando-Knoten**
Über einen *Kommando-Knoten* und seine Bedingungen stellen Sie ein, wann ein dynamischer Seitenumbruch mit individueller Folgeseite erfolgen soll.

In den folgenden Abschnitten werden wir diese und weitere Möglichkeiten zur Beeinflussung der Formularlogik im Detail vorstellen.

6.2 Dynamische Datenausgabe

Von *dynamischer* Datenausgabe spricht man, weil die Anzahl der Datensätze (in unserer Flugrechnung z. B. die Anzahl der Rechnungspositionen) und damit die Länge der Ausgabe zum Zeitpunkt des Formularentwurfs nicht bekannt ist. Dass die Zahl der Datensätze nicht bekannt ist, stellt den zentralen Unterschied zur Ausgabe über Schablonen dar. Bei der dynamischen Ausgabe muss ein Seitenumbruch zur Laufzeit von der Ausgabesteuerung selbst vorgenommen werden.

6.2.1 Übersicht

Bei der Ausgabe eines Formulars werden die erforderlichen Daten üblicherweise im Datenbeschaffungsteil des Rahmenprogramms aus Datenbanktabellen gelesen, in interne Tabellen übertragen und anschließend über eine Formularschnittstelle an das Formular übergeben. In Sonderfällen kann die Beschaffung von Daten auch über einen individuellen Programm-Knoten im Formular erfolgen (darauf kommen wir noch zurück).

Diese internen Tabellen bestehen aus Angaben zu Spalten mit den eigentlichen Feldnamen und einer beliebigen Zahl von Zeilen (ähnlich wie in einem Tabellenkalkulationsblatt). Diese internen Tabellen können *nicht* direkt in einen Text-Knoten platziert werden, wie etwa die Inhalte von Variablen oder Feldleisten. Die Ausgabe muss stattdessen zeilenweise unter Verwendung von Arbeitsbereichen erfolgen (siehe Abbildung 6.3).

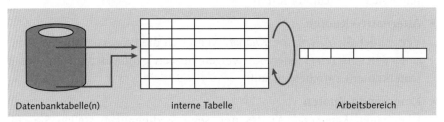

Datenbanktabelle(n)   interne Tabelle   Arbeitsbereich

Abbildung 6.3 Schleife über interne Tabelle

Die Abarbeitung der internen Tabellen erfolgt in folgenden Stufen:

1. Jede Zeile der internen Tabelle wird einmal gelesen und dabei in eine Feldleiste mit gleichem Spaltenaufbau kopiert, die wir als *Arbeitsbereich* bezeichnen (üblich ist auch die Bezeichnung *Ausgabebereich*).

2. Nach jedem Lesevorgang können die benötigten Felder des Arbeitsbereichs in der gewünschten Form ausgegeben werden.

3. Nach der Abarbeitung aller Ausgaben wechselt das System automatisch zur nächsten Zeile der internen Tabelle.

Dieser Durchlauf über alle Einträge einer internen Tabelle wird als *Schleife* bezeichnet. Verwendet wird für diese Funktion unter Smart Forms ein Schleife-Knoten oder alternativ ein Tabelle-Knoten, wie wir noch sehen werden.

Für den Durchlauf stehen zwei wichtige Optionen zur Verfügung:

▸ **Mit Filtern bzw. Bedingungen arbeiten**
 Falls nicht alle Datensätze der internen Tabelle für die Ausgabe relevant sein sollten, können Sie Filter bzw. Bedingungen hinterlegen. Es werden

dann nur die Zeilen gelesen und kopiert, die den Bedingungen entsprechen (bei den Knotenattributen als WHERE-Bedingungen bezeichnet). Als Sonderfall können Sie solche Bedingungen natürlich auch nutzen, um nur einen einzelnen Datensatz zu lesen.

▸ **Mit Sortierkriterien arbeiten**
Für die Festlegung einer gewünschten Ausgabereihenfolge können Sie die interne Tabelle auch mit Sortierkriterien versehen. Bei einer sortierten Ausgabe haben Sie zusätzlich die Möglichkeit, Zwischenwerte je Sortierstufe einzufügen.

Wenn Sie eine interne Tabelle über eine solche Schleife ausgeben, ist üblicherweise nicht bekannt, wie viele Datensätze enthalten sind. Deshalb sollten Sie interne Tabellen in der Regel in einem Hauptfenster ausgeben, damit die Ausgabesteuerung für einen passenden Seitenumbruch sorgen kann.

Bei den meisten Formularen wird auch die Ausgabe der Datensätze tabellarischen Charakter haben, d. h., das Format einer einzelnen Ausgabezeile wird nur noch wiederholt (wie z. B. bei den Positionen unserer Flugrechnung). Folglich ist es auch sinnvoll, diese tabellarische Ausgabeform im Formular durch Definition einzelner Zeilen zu beschreiben. Im einfachsten Fall kann dies über einen Text-Knoten mit Tabulatoren geschehen oder über eine Folge mehrerer Text-Knoten. Noch komfortabler ist die Gestaltung mithilfe eines Tabelle-Knotens; in diesem Fall können Sie die Ausgabezeilen als Zeilentypen ähnlich wie bei einer Schablone definieren.

6.2.2 Knotentypen zur Ausgabe von internen Tabellen

Für die Ausgabe der Daten, die in internen Tabellen vorliegen, sind die folgenden Knotentypen vorgesehen:

▸ **Schleife**
Dieser Knotentyp bietet Zugriff auf Daten einer internen Tabelle. Die interne Tabelle wird in einer Schleife durchlaufen, wodurch jeder einzelne Datensatz über einen Arbeitsbereich ausgegeben werden kann. Die Art der Ausgabe wird nicht vorgegeben, sondern muss durch entsprechende Unterknoten erfolgen. Die Knotenattribute enthalten Selektionsbedingungen und Vorgaben zur Sortierung. Da die Schleife alle untergeordneten Knoten zusammenfasst, kann sie auch Funktionen eines Ordner-Knotens übernehmen, z. B. zur automatischen Erzeugung von Kopf- und Fußbereichen.

▸ **Tabelle**
Der Tabelle-Knoten steuert die strukturierte Ausgabe der Daten in Form von Ausgabetabellen. Dafür finden Sie bei den Knotenattributen eine

Registerkarte mit Angaben zum Tabellenlayout (in Form von Zeilentypen). Die Definition der Attribute erfolgt ähnlich wie zu einer Schablone, die jeweiligen Unterknoten müssen jeweils einer Zelle im Tabellenlayout zugeordnet werden.

Bei Bedarf kann der Tabelle-Knoten zusätzlich auch den Zugriff auf Daten einer internen Tabelle steuern. Er besitzt dadurch auch alle Funktionen einer Schleife. Eine Kombination aus beiden Funktionen ist sogar eine häufige Anwendungsform für diesen Knotentyp (und ist auch in unserem Beispielformular zu finden).

▶ **Komplexer Abschnitt**
Dieser Knotentyp soll nur der Vollständigkeit halber erwähnt werden. Er stammt aus der Anfangszeit der Entwicklung von Smart Forms und bot alle Eigenschaften von Ordner-, Schleife-, Tabelle- oder Schablone-Knoten; je nach Festlegung auf der ersten Registerkarte wurde eine der Alternativen aktiviert. Der Knotentyp »Komplexer Abschnitt« steht heute zur Neuanlage nicht mehr zur Verfügung, wir wollen deshalb auch nicht weiter darauf eingehen (er könnte Ihnen aber noch bei der Pflege älterer Formulare begegnen).

In komplexeren Formularen sind auch Kombinationen verschiedener Knotentypen üblich:

▶ Einem Schleife-Knoten können Sie mehrere Tabelle-Knoten als Unterknoten zuordnen, um damit die Ausgabeform individuell zu gestalten.

▶ Einem Schleife-Knoten können Sie auch weitere Schleifen unterordnen; damit wird z. B. die Darstellung von Hauptzeilen und Unterpositionen möglich.

▶ Alternativ können Sie unterhalb eines Tabelle-Knotens auch eine oder mehrere Schleife-Knoten anlegen, die dann auf gemeinsame Eigenschaften zur Ausgabetabelle zurückgreifen. Das kann z. B. sinnvoll sein, wenn Sie nacheinander die Daten aus mehreren internen Tabellen ausgeben wollen.

Welchen Aufbau Sie wählen, hängt letztendlich von der konkreten Anwendung ab. Der Tabelle-Knoten selbst lässt sich nicht weiter schachteln, er kann also nicht Unterknoten eines anderen Tabelle-Knotens sein.

Weiteres Vorgehen

In den folgenden Kapiteln werden wir die genannten Möglichkeiten zur Ausgabe von internen Tabellen im Detail erläutern und dabei auch wieder auf das Beispielformular der Flugrechnung zurückgreifen. Es werden folgende Einzelthemen behandelt:

▸ Wir werden die *Schleife* als zentrales Element der genannten Knoten ausführlich vorstellen; damit sind gleichzeitig auch die äquivalenten Funktionen im Knotentyp »Tabelle« gemeint.

▸ Über die Attribute der Ausgabetabelle im *Tabelle*-Knoten gestalten Sie die Ausgabeform aller betreffenden Texte, Daten oder auch Grafiken. Bei diesen Knotentypen können Sie Ereignisknoten nutzen, um bestimmte Unterknoten in einem Kopf- oder Fußbereich ausführen zu lassen.

Zur weiteren Erläuterung bieten wir Ihnen abschließend die Möglichkeit, als Übungsbeispiel einige Änderungen an der Flugrechnung vorzunehmen.

6.2.3 Schleife durchlaufen

Die Knotentypen »Schleife« und »Tabelle« können die Funktion einer Schleife zur Verfügung stellen. Die Registerkarte DATEN wird verwendet, um den Durchlauf über eine interne Tabelle mit seinen Eigenschaften zu beschreiben. Die Attribute zur Funktion der Schleife sind für die beiden Knotentypen gleich, sodass wir uns im Folgenden auf die Beschreibung eines Falles beschränken.

In der Flugrechnung werden Flugbuchungen als Rechnungspositionen ausgegeben (siehe den Musterausdruck in Anhang C.2). Abbildung 6.4 zeigt den Knoten TABLE im Hauptfenster MAIN, der die Eigenschaften der zugehörigen Schleife beschreibt.

Die Registerkarte DATEN enthält alle Attribute für den Datenzugriff innerhalb der Schleife. Die ersten und wichtigsten Angaben gelten der internen Tabelle, die durchlaufen werden soll. Dabei fällt zunächst der logische Schalter vor dem Attribut INTERNE TABELLE auf:

▸ Er ist im Standardfall gesetzt und sorgt dafür, dass die danach eingetragene interne Tabelle auch wirklich durchlaufen wird.

▸ Wenn Sie dieses Attribut deaktivieren, wird die Schleife auch nicht durchlaufen: Vom jeweiligen Knoten bleiben dann nur noch die Restfunktionen, d. h., er verhält sich ähnlich wie ein Ordner.

Bei einem Tabelle-Knoten bleibt zusätzlich auch das Ausgabelayout stehen, die Zeilentypen können also auch weiterhin zur Ausgabe von Unterknoten verwendet werden (z. B. als Ersatz für die Schablone, siehe auch die Hinweise in Abschnitt 6.2.9, »Übungsbeispiel: INFO-Fenster auf Tabelle umstellen«).

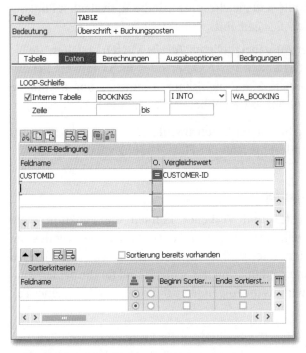

Abbildung 6.4 Merkmale einer Schleife

[+] **Attribut »Interne Tabelle«**

Wurde der Schalter vor dem Attribut INTERNE TABELLE deaktiviert, bleiben trotzdem die vorher eingegebenen Attribute im Hintergrund stehen. Dies kann in der Testphase eines Formulars vorteilhaft sein, wenn eine Schleife temporär von den Daten getrennt werden soll.

Schritt 1: Interne Tabelle festlegen

In unserem Beispiel ist BOOKINGS als die interne Tabelle eingestellt, die in der Schleife durchlaufen werden soll. Sie enthält alle Flugbuchungen mit ihren charakteristischen Eigenschaften wie Gesellschaft, Datum und Preis, die dann bei der Ausgabe als Rechnungspositionen erscheinen. Der Inhalt der internen Tabelle wird im Zuge der Schleifenbearbeitung zeilenweise in die Feldleiste WA_BOOKING als Arbeitsbereich kopiert.

In unserem Beispiel besteht der Name der Feldleiste, die als Arbeitsbereich fungiert, aus dem Kürzel `'WA'` (als Hinweis auf Work Area) und dem Namen der internen Tabelle, für die sie eingesetzt wird. Nutzen auch Sie solche Formalien bei der Formularentwicklung. Sie sorgen damit vor allem in komplexen Formularen für Transparenz.

Nach vollständiger Abarbeitung der Schleife steht im zugewiesenen Arbeitsbereich der letzte Datensatz. Auf dessen Inhalt könnten Sie dann auch außerhalb der Schleife zugreifen.

Die interne Tabelle BOOKINGS wird in der Flugrechnung über die Formularschnittstelle zur Verfügung gestellt, die Feldleiste ist bei den globalen Daten im Formular definiert. Durch den Bezug auf einen einheitlichen Datentyp SBOOK im ABAP Dictionary ist sichergestellt, dass der Feldaufbau beider Komponenten gleich ist (auch Tabellentyp TY_BOOKINGS hat als Zeilentyp SBOOK). In der Feldliste des Form Builders können Sie jederzeit die enthaltenen Komponenten anzeigen lassen.

Bei der Arbeit mit diesen Tabellen sind zwei Sonderfälle zu beachten:

- **Sonderfall 1: Interne Tabelle mit Kopfzeile**
  Über eine spezielle Typisierung können interne Tabellen so angelegt werden, dass sie selbst schon über einen Arbeitsbereich verfügen. Dieser Arbeitsbereich hat den gleichen Namen wie die interne Tabelle. Man spricht in diesem Fall auch von einer *internen Tabelle mit Kopfzeile*. Wenn Sie eine solche interne Tabelle auf der Registerkarte DATEN eintragen, wird dies vom Form Builder automatisch erkannt, und er übernimmt direkt den Namen »Arbeitsbereich« in das zugehörige Eingabefeld.

  Aber auch bei einer internen Tabelle mit Kopfzeile können Sie weiterhin mit eigenständiger Feldleiste als Arbeitsbereich arbeiten. Das trägt auch zu einer größeren Übersichtlichkeit bei (interne Tabellen mit Kopfzeilen sollen entsprechend der SAP-Empfehlung ohnehin nicht mehr verwendet werden).

- **Sonderfall 2: Verwendung von Feldsymbolen**
  Für die Übertragung der Daten in den Arbeitsbereich verwenden wir die Zuweisungsart INTO. Die Alternative über ASSIGNING ist für den Fall vorgesehen, dass Sie den Arbeitsbereich über ein *Feldsymbol* abbilden möchten. Bei diesem Verfahren nutzt das System Zeiger, sodass die einzelnen Zeilen

nicht in eine eigenständige Feldleiste kopiert werden müssen. Das kann bei großen internen Tabellen Vorteile in der Ausführungsgeschwindigkeit bringen.

Wenn Sie mit einem Feldsymbol arbeiten möchten, müssen Sie dieses zuvor auf der gleichnamigen Registerkarte im Knoten GLOBALE DEFINITIONEN eintragen. Wir werden im weiteren Verlauf aber nicht näher auf dieses Verfahren eingehen.

Schritt 2: Datensätze einschränken

Wie in Abbildung 6.4 zu sehen ist, gibt es zwei Möglichkeiten, um die Zahl der angesprochenen Datensätze beim Lauf durch die interne Tabelle einzuschränken, entweder per Zeilennummer oder über eine WHERE-Bedingung.

Über die Zeilennummer einschränken
Da in einer internen Tabelle jeder Datensatz eine eindeutige Nummer besitzt, können Sie durch die Angabe von Zeilennummern (VON/BIS-Angabe) die Anzahl der Datensätze einschränken. Diese Möglichkeit ist jedoch nur selten sinnvoll anwendbar. Um alle Datensätze in die Schleife einzuschließen, sollten die Eingabefelder leer bleiben.

[+] | **Angabe »Zeile 1 bis 1«**

Eine Schleife mit der Angabe von Zeile 1 bis Zeile 1 liest nur den Inhalt der ersten Zeile einer internen Tabelle. Das kann eine sinnvolle Anwendung sein, wenn Sie z. B. auf ein einzelnes Feld zurückgreifen möchten, dessen Inhalt in allen Tabellenzeilen gleich ist. Bei der Ausgabe des Feldes werden Sie dessen Inhalt wie übergeordnete Kopfdaten ausgeben wollen (also außerhalb der eigentlichen Schleife über alle Datensätze). In diesem Fall können Sie einen weiteren Schleife-Knoten dazu verwenden, nur die erste Tabellenzeile zu lesen, um das betreffende Feld auszugeben.

Einschränken über WHERE-Bedingungen
Weit häufiger erfolgt die Einschränkung der Datensätze über eine WHERE-Bedingung. In diesem Fall werden nur die Datensätze in den Arbeitsbereich kopiert und ausgegeben, die den eingetragenen Bedingungen entsprechen. Die Eingabe erfolgt in der gleichen Weise, wie es bei den logischen Ausdrücken auf der Registerkarte BEDINGUNGEN üblich ist (siehe Abschnitt 6.3.1, »Bedingungen«). Der einzige Unterschied ist, dass ein logischer Ausdruck zur WHERE-Bedingung in der Schleife nur Komponenten der internen Tabelle abfragen darf.

WHERE-Bedingung

Ein Beispiel für eine solche WHERE-Bedingung haben wir in Abbildung 6.4 einge-fügt. Es könnte sein, dass die interne Tabelle BOOKINGS Daten mehrerer Kunden enthält. Um auch in diesem Fall nur die relevanten Daten auszugeben, wird die Komponente CUSTOMID der internen Tabelle abgefragt, denn sie enthält zu jeder Flugbuchung die zugehörige Kundennummer. Ihr Inhalt wird also mit der Nummer des Kunden verglichen, an den die Rechnung gerichtet ist. Diese Kundennummer wiederum befindet sich im Feld ID des Arbeitsbereichs WA_CUSTOMER, der ja auch für die Ausgabe der Anschrift sorgt (siehe auch Knoten ADDRESS).

Wie in Abbildung 6.4 zu sehen ist, steht in der Spalte links nur der Name der Komponente ohne den vorangestellten Namen der internen Tabelle. Wenn Sie den Namen der Tabelle trotzdem davor schreiben, antwortet die Knotenprüfung mit einer Fehlermeldung.

Schritt 3: Sortieren und Gruppieren

Häufig ist es erforderlich, dass die Datensätze in einer vorgegebenen Reihenfolge ausgegeben werden. Allerdings ist nicht immer sichergestellt, dass die Datensätze schon vom Rahmenprogramm in der gewünschten Sortierung zur Verfügung gestellt werden (das ist die Sortierung, die die interne Tabelle bei der Übergabe über die Formularschnittstelle hat). Um die Sortierung zu ändern, können Sie entsprechende Vorgaben als Attribute zur Schleife hinterlegen: Die Eingaben erfolgen im untersten Abschnitt der Registerkarte DATEN.

In Abbildung 6.4 sind noch keine Angaben hinterlegt; das möchten wir nun exemplarisch nachholen:

1. Starten Sie das Rahmenprogramm (siehe Kapitel 1, »Schnelleinstieg«) für den Kunden mit der Nummer 1 ohne Einschränkung der Fluggesellschaften. Die Ausgabe der Positionen sollte etwa wie in Abbildung 6.5 aussehen.

   Die Ausgabe erfolgt sortiert nach Fluggesellschaft, Linie und dann Flugdatum (das ist die Standardsortierung, mit der die zugehörige Datenbanktabelle mit den Buchungen angelegt wurde).

2. Wir möchten das jetzt ändern, damit das Flugdatum höhere Priorität erhält. Ergänzen Sie dazu das Register DATEN zum Knoten TABELLE. Dazu gehen Sie folgendermaßen vor:

Ges	Linie	Flugdatum	Abflug	Preis	
AA	0017	14.08.2014	11:00:00	414.91	EUR
AA	0064	29.03.2014	09:00:00	761.30	USD
AA	0064	13.09.2014	09:00:00	380.65	USD
AZ	0555	22.05.2014	19:00:00	166.50	EUR
AZ	0789	22.05.2014	11:45:00	850.46	USD
AZ	0790	27.02.2014	10:35:00	837.25	USD
AZ	0790	27.02.2014	10:35:00	837.25	USD
DL	0106	12.08.2014	19:35:00	599.40	EUR
JL	0407	26.04.2014	13:30:00	649.00	AUD
JL	0408	12.10.2014	20:25:00	2,378.00	USD
LH	0401	26.04.2014	18:30:00	66,269	JPY
LH	0402	22.04.2014	13:30:00	2,673.91	CHF
LH	2402	09.11.2014	10:30:00	135.11	GBP

Abbildung 6.5 Default-Sortierung der Rechnungspositionen

3. Da die Sortierung sich immer auf die verwendete interne Tabelle der Schleife bezieht, müssen die eingetragenen Felder – nach deren Inhalt die Sortierung erfolgen soll – auch in dieser internen Tabelle vorhanden sein. Sie müssen den Feldnamen deshalb wieder in verkürzter Version eintragen (d. h. ohne den vorangestellten Namen der internen Tabelle). Jeder Eintrag in der Liste repräsentiert auch eine sogenannte *Sortierungsstufe*.

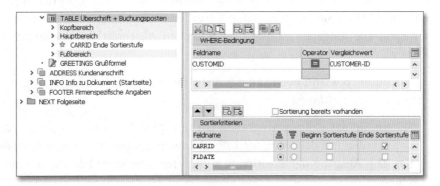

Abbildung 6.6 Sortierung und Gruppierung

Die Angaben zur Sortierung haben in Abbildung 6.6 folgende Auswirkungen:

▶ Die erste Sortierstufe mit Angabe des Felds CARRID bewirkt, dass die Ausgabe der Flugbuchungen in erster Priorität nach Fluggesellschaft erfolgt (das war ja auch bisher schon so).

▶ Die zweite Stufe über das Feld FLDATE bewirkt, dass unterhalb der jeweiligen Fluggesellschaft die Sortierung nach dem Flugdatum erfolgt.

Aktivieren Sie das Formular, und wiederholen Sie die Ausgabe, um die neue Sortierung nach Fluggesellschaft und Flugdatum zu kontrollieren.

Attribut »Wertübergabe« [«]

Unsere Tabelle BOOKINGS ist ein Parameter der Formularschnittstelle, und dafür gelten u. U. eingeschränkte Bearbeitungsmöglichkeiten. In unserem Fall ist aber in der Schnittstelle das Attribut WERTÜBERGABE aktiviert. Der Inhalt der internen Tabelle wird also bei der Übergabe an das Formular komplett kopiert, deshalb konnten wir neu sortieren.

Zusätzliche Möglichkeiten zur Sortierung

Wenn Sie mehrere Felder zur Sortierung eintragen, bestimmt die Reihenfolge der Feldnamen deren Priorität bei der Sortierung. Dies lässt sich mit den schwarzen Pfeilen/Symbolen (▲ ▼) auch nachträglich noch ändern (siehe Abbildung 6.6).

Über die Attribute BEGINN SORTIERSTUFE bzw. ENDE SORTIERSTUFE können Sie für jede Sortierungsstufe eine *Gruppenstufe* definieren. Dann erscheint jeweils ein zusätzlicher *Ereignisknoten* im Navigationsbaum des Form Builders (ist auch schon so zu sehen für die Sortierstufe CARRID in Abbildung 6.6). Dort können Sie weitere Unterknoten anlegen, um z. B. Überschriften oder Zwischensummen auszugeben.

Diese Ereignisknoten werden bei der Ausgabe exakt dann angesprochen, wenn sich der Inhalt des angesprochenen Feldes ändert. Abbildung 6.7 zeigt ein Beispiel, wie eine Liste mit zusätzlicher Zwischensumme aussehen könnte.

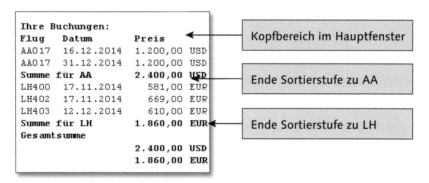

Abbildung 6.7 Sortierung mit Gruppenstufe

Wenn Sie keine Sortierungen vorgeben, werden die Daten so ausgelesen, wie sie in der verwendeten internen Tabelle vorliegen. Es wird also die vom Rahmenprogramm vorgenommene Sortierung berücksichtigt.

[»] **Attribut »Sortierung bereits vorhanden«**

Es ist durchaus üblich, dass eine interne Tabelle schon in der gewünschten Sortierung vom Rahmenprogramm zur Verfügung gestellt wird. Wenn Sie zu dieser Sortierung z. B. noch zusätzlich eine Gruppenstufe mit Ereignisknoten erzeugen möchten, müssen Sie die Felder der Sortierung zwangsläufig auch noch einmal im Schleife-Knoten eintragen.

Die Ausgabesteuerung von Smart Forms kann in diesem Fall aber nicht erkennen, dass die interne Tabelle bereits in der vorgesehenen Form sortiert ist, und würde sie deshalb nochmals sortieren (was gegebenenfalls unnötige Zeit beansprucht). Wählen Sie das Attribut Sortierung bereits vorhanden, um ein Neusortieren zu vermeiden (siehe Abbildung 6.6).

Schritt 4: Ausgabe der Spalten zur Tabelle

Betrachten wir jetzt noch die Art und Weise, wie im Beispiel der Flugrechnung die Inhalte des Arbeitsbereichs WA_BOOKING mit den einzelnen Flugbuchungen über Unterknoten ausgegeben werden. Öffnen Sie dazu im Hauptbereich von TABLE den Unterknoten LOOP_CONNECT.

Darunter finden Sie einen Knoten BOOKING_ROW vom Typ »Tabellenzeile«. Diesem Knoten sind Unterknoten zugewiesen. Jeder dieser Unterknoten repräsentiert eine Zelle der Tabellendefinition und damit eine Spalte in unserer Ausgabetabelle.

Auf weitere Details zur Tabellenzelle werden wir später noch eingehen (siehe Abschnitt 6.2.7, »Ausgabetabelle«). Wir wollen uns hier nur darum kümmern, welche Felder für die einzelnen Spalten bei der Ausgabe verwendet werden.

Öffnen Sie z. B. den Knoten BODY_CELL_5 mit der letzten Spalte der Ausgabe und dort den Text-Knoten TEXT_PRICE. Sie sehen nun die Namen der Felder für Preis und Währung. Beide Angaben sind im Arbeitsbereich WA_BOOKING enthalten, was den Erwartungen entspricht.

Wechseln Sie zum Knoten BODY_CELL_4 für die Ausgabe der Uhrzeit (Abflugzeit). Diese Angabe wird aus der Feldleiste WA_CONNECTION-DEPTIME gelesen. Also nicht aus WA_BOOKING, dem Arbeitsbereich der Schleife!

Das ist verständlich, da die geplante Abflugzeit an die Flugverbindung gekoppelt ist, sie wird folglich auch nicht für jede einzelne Flugbuchung gespeichert. Es stellt sich also die Frage, wie in unserem Fall die richtige Abflugzeit gefunden wird. Dieses »Geheimnis« lüften wir in Abschnitt 6.2.5,

»Einzelnen Datensatz über Schleife lesen«, zunächst betrachten wir weitere Grundfunktionen der Schleife.

6.2.4   Schleife mit Berechnungen

Jeder Knotentyp, der die Funktionen einer Schleife abbildet und damit Datensätze einer internen Tabelle verarbeitet, kann zu diesen Datensätzen auch automatisch Berechnungen vornehmen (z. B. um Summen, Mittelwerte oder die Anzahl von Einträgen zu ermitteln). Als Beispiel haben wir im Knoten TABLE unserer Flugrechnung eine Berechnung hinzugefügt (siehe Abbildung 6.8).

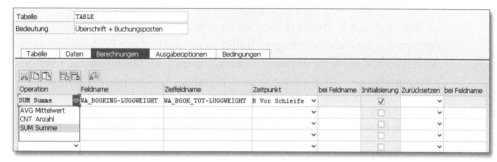

Abbildung 6.8 Berechnungen in der Schleife

Was Sie zu den Angaben wissen sollten:

▸ Wie in der ersten Spalte unschwer zu erkennen ist, handelt es sich um die Berechnung einer Summe.

▸ Basis der Berechnung ist das Feld WA_BOOKING-LUGGWEIGHT in der zweiten Spalte; hier ist bei jedem Durchlauf das jeweilige Gewicht zum Fluggepäck gespeichert.

▸ Die dritte Spalte mit dem Feld WA_TBOOK_TOT-LUGGWEIGHT wird später die Summe des Gewichts über alle Buchungen enthalten: Wir haben vorher bei den GLOBALEN DEFINITIONEN eine neue Feldleiste WA_BOOK_TOT für diese Berechnung definiert (mit Typ SBOOK wie schon beim Arbeitsbereich WA_BOOKING).

▸ Beim Zeitpunkt der Berechnung ist B VOR SCHLEIFE gewählt. Der Zeitpunkt ist aber in unserem Fall unkritisch, denn wir werden das Gesamtgewicht ohnehin erst nach dem kompletten Durchlauf ausgeben (NACH SCHLEIFE hätte also das gleiche Ergebnis).

Der Eintrag zum Zeitpunkt kann aber relevant sein, wenn z. B. Zwischenwerte am Ende jeder Seite ausgegeben werden sollen.

▸ Vor dem Start der Schleife wird der Inhalt des Zielwertes initialisiert (Spalte INITIALISIERUNG). Damit ist sichergestellt, dass wir wirklich bei null anfangen. Es ist aber auch vorstellbar, dass schon andere Berechnungen für das Gewicht erfolgt sind und dann weitere Einzelgewichte über die Schleife hinzugefügt werden sollen. In diesem Fall wird man auf Initialisierung verzichten.

In diesem Beispiel wird bei jedem Schleifendurchlauf der Wert im Feld WA_BOOK_TOT-LUGGWEIGHT um den jeweils aktuellen Wert im Feld WA_BOOKING-LUGGWEIGHT erhöht.

Es fehlt nur noch die Ausgabe des Gesamtgewichts; diese könnte z. B. im Fußbereich der Tabelle erfolgen, hinter den Angaben zur Rechnungssumme. (Später werden wir in einer Übung dieses Gesamtgewicht über ein Abschlussfenster auf die erste Seite bringen, siehe Abschnitt 6.2.10.)

Weitere Funktionen zu automatischen Berechnungen

Beachten Sie zunächst die folgende Einschränkung: Die automatischen Berechnungen können nur erfolgen, wenn die berechneten Werte zu einer gemeinsamen Einheit oder Währung in Bezug stehen. In unserem Beispiel steht die Einheit in der Komponente WUNIT des Datentyps SBOOK; wir sind also davon ausgegangen, dass KG immer die gewählte Gewichtseinheit ist.

[»] **Berechnung über Programmzeilen**

Sie haben ja schon gesehen, dass in unserer Flugrechnung auch Summenwerte für den Gesamtbetrag der Rechnung ausgegeben werden. Es wird mit unterschiedlichen Währungen summiert (je Währungseinheit eine Summe). Das geht also *nicht* über die automatischen Berechnungen. In unserem Formular helfen einige wenige ABAP-Zeilen im Programm-Knoten SUMS. Sie finden den Code in der ersten Zelle, die zum Knoten TABLE ausgegeben wird.

Die folgenden drei Operationen stehen bei automatischen Berechnungen zur Verfügung:

▸ *Summe*: addiert numerische Felder wie oben beschrieben

▸ *Mittelwert:* bildet die Summe und teilt dann durch die Anzahl der Tabelleneinträge

▸ *Anzahl:* erhöht den Zielwert mit jedem Schleifendurchlauf um 1

Diese Berechnungen können nicht nur eine Gesamtsumme liefern, sondern auch mit Bezug auf eine Sortierstufe erfolgen. Notwendige Anpassungen:

▸ Die Sortierstufe muss vorher auf dem Register DATEN eingerichtet sein (wie wir es im letzten Abschnitt beschrieben haben, siehe auch das Beispiel in Abbildung 6.6).

▸ Auf dem Register BERECHNUNGEN müssen Sie den Eintrag VOR oder NACH SORTIERUNG beim Zeitpunkt wählen und dahinter in der Spalte BEI FELDNAME den zugehörigen Feldnamen eintragen (z. B. CARRID, um das Gewicht je Fluggesellschaft zu erhalten; bezüglich Eingabefeldern siehe wieder Abbildung 6.8).

▸ Dann sollten Sie auch das Attribut ZURÜCKSETZEN für dieses Sortierkriterium aktivieren, damit die Werte einer Fluggesellschaft nicht zur Summe der nächsten Fluggesellschaft addiert werden (also Datenfeld CARRID auch in der letzten Spalte BEI FELDNAME eintragen).

Eine Summierung je Sortierstufe ist natürlich nur sinnvoll, wenn das Ergebnis auch zur jeweiligen Sortierstufe ausgegeben oder in einer anderen Form weiterverarbeitet wird.

Fazit zu den Berechnungen   [«]

Die Berechnungen sind eine nette Funktion, die Smart Forms bietet, insbesondere wenn ein Formular völlig ohne ABAP-Kenntnisse entwickelt werden soll. In der Praxis stößt man allerdings schnell an die Grenzen (schon wegen der Abhängigkeit von Einheiten).

6.2.5   Einzelnen Datensatz über Schleife lesen

Wir hatten erwähnt, wie der Schleife-Knoten verwendet werden kann, um einen einzelnen Tabelleneintrag durch Vorgabe einer Zeilennummer zu lesen. Häufiger wird sich der jeweilige Datensatz aber über eine WHERE-Bedingung ergeben. Die Inhalte der abgefragten Felder sind dann auch erst zur Laufzeit bekannt. Im Vergleich zum ersten Fall handelt es sich also um einen dynamischen Zugriff auf einen Datensatz der internen Tabelle. Wir erläutern den Fall im Folgenden wieder anhand der Flugrechnung.

Wie Sie gesehen haben, wird im Knoten BODY_CELL_4 die Uhrzeit des Abflugs nicht aus dem Arbeitsbereich WA_BOOKING gelesen, sondern aus dem Arbeitsbereich WA_CONNECTION. Der Grund dafür ist einfach: Bei regelmäßigen Linienflügen ist die Startzeit immer gleich und wird nicht direkt zum Flug, sondern zur übergeordneten Flugverbindung gespeichert (siehe auch die Hinweise zum Flugdatenmodell in Anhang B).

Damit zu jeder Flugbuchung auch die richtige Uhrzeit ausgegeben werden kann, muss im Arbeitsbereich `WA_CONNECTION` auch die passende Verbindung zur aktuellen Flugbuchung stehen. Dafür sorgt der Knoten `LOOP_CONNECT` vom Typ »Schleife«. Darunter ist die Tabellenzeile mit den zugehörigen Text-Knoten angelegt. Wählen Sie zum Knoten `LOOP_CONNECT`, wie in Abbildung 6.9 zu sehen ist, die Registerkarte DATEN bei den Knotenattributen.

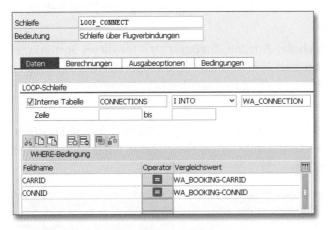

Abbildung 6.9 Schleife zum Lesen eines Datensatzes

Die Schleife füllt den Arbeitsbereich `WA_CONNECTION`, dessen Daten wir für die Ausgabe der Uhrzeit benötigen. Die WHERE-Bedingung beim Lesen verwendet aus der aktuellen Flugbuchung die beiden folgenden Merkmale:

▸ Feld `CARRID` mit Angabe der aktuellen Fluggesellschaft

▸ Feld `CONNID` mit Angabe der aktuellen Verbindungsnummer

Da einer Flugbuchung immer nur eine einzige Verbindung zugeordnet sein kann, wird hier auch nur ein Datensatz gelesen, die Schleife wird also genau einmal durchlaufen. Im Feld `DEPTIME` steht dann die Abflugzeit, die zum aktuellen Flug passt (wie für die Ausgabe erforderlich).

Schleife im Programmcode

Die Funktion des Schleife-Knotens wird in diesem Beispiel also etwas zweckentfremdet, um einen bestimmten Datensatz aus einer internen Tabelle zu lesen. Eine solche Funktion können Sie sonst nur über einen Programm-Knoten realisieren, und das setzt grundlegende ABAP-Kenntnisse voraus.

Technischer Hintergrund [«]

Mit der Aktivierung des Formulars wird ein Funktionsbaustein erzeugt, dessen Programmcode alle angelegten Knoten als Folge von ABAP-Anweisungen enthält. Die eben beschriebene Schleife wird dabei in die folgende LOOP-Anweisung übersetzt (siehe Listing 6.1).

```
*&-----------------------------------------------------&*
LOOP AT CONNECTIONS INTO WA_CONNECTION
       WHERE CARRID EQ WA_BOOKING-CARRID
         AND CONNID EQ WA_BOOKING-CONNID.
ENDLOOP.
*&-----------------------------------------------------&*
```

Listing 6.1 Schleife-Knoten im generierten Funktionsbaustein

Das Ergebnis des Lesevorgangs im Arbeitsbereich WA_BOOKING steht nicht nur innerhalb der Schleife zur Verfügung, sondern so lange, bis der Inhalt des Arbeitsbereichs erneut überschrieben wird. Ausgaben zum Arbeitsbereich der Schleife können infolgedessen über beliebige Knoten erfolgen, ohne dass diese als Unterknoten der Schleife angelegt sein müssen.

Arbeitsbereich einmalig als Ausgabeparameter angeben [«]

Wird ein Arbeitsbereich über einen Schleife-Knoten gelesen und durch Felder angesprochen, die nicht unterhalb des Knotens angelegt sind, kann die Gesamtprüfung des Formulars zu einer Warnung führen. Der Form Builder geht in diesem Fall davon aus, dass der betreffende Arbeitsbereich keinen gültigen Wert hat.

In diesem Fall sollten Sie den Arbeitsbereich einmalig an anderer Stelle als Ausgabeparameter angeben, z. B. auf der Registerkarte INITIALISIERUNG bei den GLOBALEN DEFINITIONEN (siehe auch Hinweise in Abschnitt 2.5.1, »Formular aktivieren«). Auch in dem folgenden Übungsbeispiel wird dieser Fall auftreten.

6.2.6 Übungsbeispiel: Schleife

Aus den bisherigen Darstellungen in diesem Kapitel geht hervor, dass der Knoten LOOP_CONNECT eigentlich keine echte Schleife darstellt, sondern »nur« zur Datenbeschaffung für die Variable dient, die das Flugdatum enthält.

Die eigentliche Ausgabe der Positionen wird vom übergeordneten Tabellen-Knoten TABLE gesteuert, der nacheinander alle Flugbuchungen durchläuft. Diesem Knoten sollten dann auch alle Unterknoten zugeordnet sein, die für die Ausgabe sorgen (im Augenblick stehen diese unterhalb des Knotens LOOP_CONNECT).

Verschieben Sie die Knoten so per Maus, dass die bisherigen Unterknoten von LOOP_CONNECT jetzt nach diesem Knoten auf gleicher Ebene folgen (siehe Abbildung 6.10). Achten Sie dabei darauf, dass die Reihenfolge der Knoten erhalten bleibt. Geben Sie das Formular erneut über das Programm Z_SF_EXAMPLE_01 aus (vorheriges Aktivieren dabei nicht vergessen), und kontrollieren Sie, ob die Abflugzeit wirklich noch enthalten ist.

```
∨  ▥  TABLE Überschrift + Buchungsposten
   ›   Kopfbereich
   ∨   Hauptbereich
       ∨  ○  LOOP_CONNECT Schleife über Flugverbindungen
       ∨  ▭▭ ⚙  BOOKING_ROW Tabellenzeile
           ›  ▣  BODY_CELL_1 Fluggesellschaft
           ›  ▣  BODY_CELL_2 Flugverbindung
           ›  ▣  BODY_CELL_3 Flugdatum
           ›  ▣  BODY_CELL_4 Abflug
           ›  ▣  BODY_CELL_5 Preis
   ›   Fußbereich
```

Abbildung 6.10 Positionsausgaben jetzt hinter LOOP_CONNECT

Arbeitsbereich einmalig als Ausgabeparameter angeben

Leider liefert die Gesamtprüfung zum Formular jetzt eine Warnung mit dem Inhalt FELD WA_CONNECTION-DEPTIME BESITZT KEINEN DEFINIERTEN WERT. Das Phänomen haben wir am Ende von Abschnitt 6.2.5, »Einzelnen Datensatz über Schleife lesen«, schon erläutert und Ihnen auch das »Gegenmittel« genannt: Tragen Sie den Arbeitsbereich WA_CONNECTION bei den GLOBALEN DEFINITIONEN auf der Registerkarte INITIALISIERUNG als Ausgabeparameter ein. Dann verläuft auch die Gesamtprüfung ohne Warnung.

Aktivieren Sie das Formular, und testen Sie die Ausgabe über das Rahmenprogramm. Inhaltlich sollte sich nichts geändert haben.

6.2.7 Ausgabetabelle

Im letzten Abschnitt haben wir erläutert, wie die Positionen der Flugrechnung in einer Schleife durchlaufen und über Text-Knoten ausgegeben werden. Wir haben aber noch nicht im Detail betrachtet, wie die Angaben in die tabellarische Ausgabeform gebracht werden. Dazu wird das Layout einer Ausgabetabelle verwendet, die wir schon in Abschnitt 3.5, »Schablonen und Ausgabetabellen«, vorgestellt haben.

Überprüfen Sie zunächst die Registerkarte TABELLE im Knoten TABLE (siehe Abbildung 6.11).

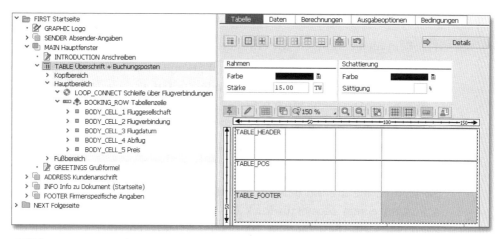

Abbildung 6.11 Layout der Ausgabetabelle

Die Tabelle enthält zwei Organisationsebenen für die Gestaltung der Ausgabe:

- **Die erste Ebene betrifft das »Wann«**
  Dazu werden in der Baumdarstellung unterhalb des Tabelle-Knotens automatisch die drei Ereignisknoten KOPFBEREICH, HAUPTBEREICH und FUSSBEREICH angelegt. Der Knoten HAUPTBEREICH wird für jeden Datensatz der jeweiligen internen Tabelle einmal durchlaufen. Die Knoten KOPFBEREICH und FUSSBEREICH werden nur einmal am Anfang bzw. Ende der Abarbeitung durchlaufen.

- **Die zweite Ebene betrifft das »Wie«**
  Damit ist die Gestaltung der Ausgabeform gemeint. Dort haben wir es wie bei der Schablone wieder mit Zeilentypen (TABLE_HEADER, TABLE_POS und TABLE_FOOTER) zu tun, die in einzelne Zellen unterteilt sind (hier aber ohne Höhenangabe, darauf kommen wir später in diesem Abschnitt noch zurück).

Nach der Definition der Zeilentypen im Layout müssen diese als Unterknoten im jeweiligen Kopf- oder Hauptbereich eingefügt werden.

Unterschied zu Smart-Forms-Release 4.6C [«]

Für alle Anwender, die Smart Forms schon in der Version 4.6C kennengelernt haben, ist dies ein wichtiger Unterschied.

Damals hatte der Tabelle-Knoten noch mehr Ähnlichkeit mit der Schablone, die Zuweisung zur Zelle erfolgte direkt im ausgaberelevanten Unterknoten, also bei den Attributen (z. B. beim Text- oder Grafik-Knoten). Heute müssen stattdessen alle Zellen wie Ordner im Baum angelegt sein, und die Ausgabe-Knoten werden einfach dort hineinkopiert.

Die Erstellung des Layouts einer Tabelle wird also etwa wie folgt ablaufen:

1. Zeilentypen definieren, die erforderlich sind.
2. Festlegen, welche Zeilentypen im Kopf-, Haupt- und Fußbereich angewendet werden sollen, und entsprechende Knoten als *Tabellenzeile* anlegen. Dabei werden automatisch weitere Unterknoten für die jeweiligen Zellen der Zeile angelegt (wie einfache Ordner).
3. Ausgaberelevante Knoten für Texte, Daten etc. in diesen Ordnern anlegen.

Beginnen wir also mit dem Layout der Ausgabetabelle über die *Zeilentypen*. Sie werden die drei im Beispiel in Abbildung 6.11 angelegten Zeilentypen sofort auf einem Musterausdruck des Formulars wiedererkennen. Es gibt sogar eine kleine Besonderheit. Die beiden Zeilentypen TABLE_HEADER für die Kopfangaben und TABLE_POS für die einzelnen Positionen haben in unserem Fall die gleiche Spaltenaufteilung. Man könnte also im Grunde auch mit einem Zeilentyp weniger auskommen.

Die einzelnen Spalten sind über die Breite definiert. Was im Vergleich zur Schablone fehlt, ist eine Angabe zur Zeilenhöhe. Diese wird dynamisch bestimmt und hängt immer vom Inhalt einer Zelle und dem dort verwendeten Stil ab. Die Zelle mit der größten Höhe bestimmt auch die Höhe der ganzen Zeile. Folglich können die Zeilen eines Zeilentyps bei der Ausgabe auch eine unterschiedliche Höhe haben (abhängig von den jeweiligen Inhalten).

Wie in Abbildung 6.11 zu sehen ist, wurde im Hauptbereich von Tabelle TABLE der Knoten BOOKING_ROW angelegt, der eine Tabellenzeile repräsentiert. Mit einem Doppelklick auf diesen Knoten finden Sie bei den Knotenattributen den Zeilentyp TABLE_POS. Auf diese Weise »weiß« der Knoten, dass fünf Zellen als weitere Unterknoten erforderlich sind. Diese wurden bei der Anlage automatisch mit erzeugt (siehe Knoten BODY_CELL 1 bis 5).

[»] **Knoten beinhaltet keine Formatierung**

Auch wenn jede Zelle wie ein Ordner aussieht – der Knoten selbst beinhaltet keine Formatierungen (als keine Angaben wie Rahmen und Schattierungen). Diese müssen, wie schon in Kapitel 4, »Elementare Knotentypen«, erläutert, über das Layout im Tabelle-Knoten definiert werden. Lediglich ein individueller Stil kann direkt zum Knoten der Zelle vergeben werden.

Unser Beispielformular hat (wie zu erwarten war) im Kopfbereich eine Tabellenzeile vom Typ TABLE_HEADER für die Überschriften. Im Fußbereich finden Sie die Angaben zu Gesamtsummen und Währung.

Details zum Tabelle-Knoten

Wechseln Sie bei den Attributen zum Knoten TABLE vom grafischen Table Painter in die Darstellung der Details (siehe Button DETAILS in Abbildung 6.11).

Vor der Eingabe der Zeilentypen müssen Sie wie bei der Schablone eine Gesamttabellenbreite sowie die Positionierung innerhalb des übergeordneten Fensters festlegen. Die Ausgabetabelle darf nicht breiter sein als das übergeordnete Fenster. Die Summe aller Zellen muss in der Breite mit der gesamten Tabellenbreite übereinstimmen.

Definieren Sie eine Mindesthöhe, wenn Sie vermeiden wollen, dass Bruchstücke einer Tabelle ausgegeben werden. Ist mehr Platz im aktuellen Fenster vorhanden, als in der Mindesthöhe definiert ist, wird mit der Ausgabe der Tabelle begonnen. Andernfalls öffnet Smart Forms automatisch eine neue Seite, bevor überhaupt mit einer Überschrift oder ersten Zeile begonnen wird.

Doppelte Kopfzeilen zur Ausgabetabelle vermeiden **[+]**

Insbesondere wenn mehrere Tabellen hintereinander ausgegeben werden, kann es passieren, dass für die nächstfolgende Tabelle nur noch wenig Platz auf der aktuellen Seite ist. Dann druckt Smart Forms unter Umständen die Kopfzeile doppelt, am Ende der aktuellen Seite und am Beginn der Folgeseite. In diesem Fall sollten Sie eine Mindesthöhe entsprechend der Höhe der Kopfzeile eintragen (oder etwas mehr, um gesichert einen Seitenwechsel zu erhalten).

In diesem Zusammenhang ist auch das Attribut SCHUTZ VOR UMBRUCH interessant, das Sie individuell zu jedem Zeilentyp setzen können. Smart Forms ermittelt in diesem Fall vorab die Gesamthöhe anhand der wirklich ausgegebenen Daten/Texte und vergleicht sie mit dem Platz, der noch im Fenster auf der aktuellen Seite zur Verfügung steht. Falls es nicht reicht, wird der Inhalt der Zeile komplett auf der nächsten Seite ausgegeben.

Seitenschutz über mehrere Zeilentypen **[+]**

In unserem Beispiel wird zu jeder Position nur eine Zeile ausgegeben. In komplexeren Formularen werden Sie hingegen mit mehreren Zeilentypen arbeiten, die nacheinander durchlaufen werden, wenn z. B. je Position weitere Details oder Unterpositionen folgen sollen. In solchen Fällen ist dies sinnvoll, dass ein Schutz gegen Seitenumbruch über mehrere Zeilen gewährleistet ist, damit die Details gegebenenfalls auch immer direkt unterhalb der Position erscheinen und nicht einsam auf dem nächsten Blatt.

Unser Lösungsvorschlag: Legen Sie unterhalb des Hauptbereichs zunächst einen Ordner-Knoten an, und aktivieren Sie dort den Seitenschutz. Fügen Sie dann unterhalb dieses Ordners all jene Zeilentypen ein, die zusammenbleiben sollen.

Steuerung von Kopf- und Fußbereich

Wie üblich ist der Kopfbereich unserer Tabelle für die Ausgabe der Tabellenüberschriften zuständig. Natürlich sollten diese Überschriften auch jedes Mal erscheinen, wenn nicht alle Daten auf die aktuelle Seite passen und folglich eine neue Seite begonnen wird. Die Ausgabe ist also abhängig von den Ereignissen. Die zugehörigen Steuerungsparameter finden Sie als Attribute in den Knoten KOPFBEREICH und FUSSBEREICH (siehe Abbildung 6.12).

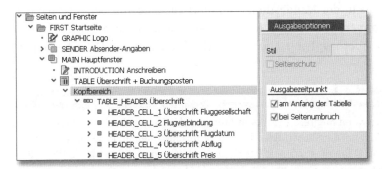

Abbildung 6.12 Ereignisse zum Kopf- und Fußbereich

Wie zu erwarten, sind beide Attribute für den Kopfbereich gesetzt (AM ANFANG DER TABELLE und BEI SEITENUMBRUCH). Für den Fußbereich ist nur das Attribut AM ENDE DER TABELLE gesetzt. Der Schalter bei BEI SEITENUMBRUCH könnte aber z. B. genutzt werden, wenn Zwischensummen für jede Seite ausgegeben werden sollen. Beachten Sie, dass das Formular für den Fußbereich zusätzlich eine Höhenangabe benötigt, damit bei der Berechnung des Seitenumbruchs der benötigte Platz für den Fußbereich einkalkuliert werden kann.

[»] **Unterschied zu Smart-Forms-Release 4.6C**

Noch einmal ein Hinweis für erfahrene Anwender, die den Tabelle-Knoten aus Version 4.6C kennen. Die gerade genannten Ereignisse waren dort noch Eigenschaften des Tabelle-Knotens (dort auf der Registerkarte ZEITPUNKTE). Entsprechend wurden die Ereignisknoten im Baum auch nur angezeigt, wenn Zeitpunkte gesetzt waren. Kopf- und Fußbereich sind heute immer vorhanden.

Falls keine Inhalte ausgegeben werden sollen, können Sie den entsprechenden Bereich einfach leer lassen.

Noch spannender werden die Steuerungsmöglichkeiten, wenn Sie sich z. B. die Bedingungen zum Zeile-Knoten TABLE_HEADER ansehen (siehe Abbildung 6.13).

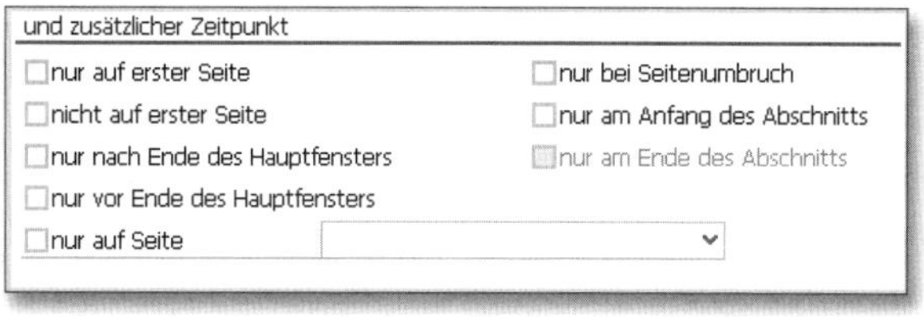

Abbildung 6.13 Ereignisse bei Ausgabe des Zeile-Knotens

Hier kann die Ausgabe von ganz individuellen Ereignissen abhängig gemacht werden, und diese Ereignisse sind durchgängig selbsterklärend. Welche Merkmale allerdings im Einzelfall zur Auswahl stehen, ist abhängig davon, ob der Zeile-Knoten sich im Kopf-, Fuß- oder Hauptbereich befindet. Gegebenenfalls können Sie auch mehrere Zeile-Knoten zu einem Bereich anlegen und dann individuell zwischen den Ausgabeformen umschalten (gesteuert über die Bedingungen).

Den Umgang mit dem Tabelle-Knoten wollen wir im Folgenden anhand dreier Übungen vertiefen:

▸ Zunächst wollen wir im Hauptfenster zusätzliche Optionen des Tabelle-Knotens nutzen.

▸ Zusätzlich soll der INFO-Knoten auf eine tabellarische Darstellung umgebaut werden.

▸ Als dritte Übung kommen wir zurück auf die Anwendung eines Abschlussfensters mit vorheriger Gewichtsberechnung.

6.2.8 Übungsbeispiel: Sortierstufe mit Anzeige der Flugverbindungen

Die Liste der Flüge in unserer Flugrechnung sagt bisher leider nichts über die Abgangs- und Zielflughäfen aus. Das wollen wir jetzt nachholen, indem wir eine zusätzliche Zeile am Ende jeder Verbindung ergänzen. Ziel der Ausgabe ist also in etwa die Darstellung wie in Abbildung 6.14.

Ges	Linie	Flugdatum	Abflug	Preis
AA	0017	29.11.2014	11:00:00	380,65 USD
Verbindung:	*NEW YORK*	*SAN FRANCISCO*		
AZ	0555	14.06.2014	19:00:00	1.604,05 SEK
AZ	0555	14.06.2014	19:00:00	166,50 EUR
AZ	0555	09.08.2014	19:00:00	166,50 EUR
Verbindung:	*ROME*	*FRANKFURT*		

Abbildung 6.14 Liste der Flugbuchungen mit Sortierstufe

Folgende Schritte sind bis dahin abzuwickeln:

1. Erstellen Sie im Ausgabelayout zum TABLE-Knoten einen neuen Zeilentyp TABLE_FROM_TO mit drei Spalten. Die ersten beiden Spalten betragen 3,25 cm, für die dritte Spalte bleiben dann noch 9,25 cm.

2. Erzeugen Sie im TABLE-Knoten eine Sortierung nach den Feldern CARRID und CONNID, und aktivieren Sie auf unterster Stufe den Schalter BEI ENDE SORTIERSTUFE. Als Folge davon wird im Baum ein neuer Ereignisknoten angelegt (mit Bezeichnung »CONNID Ende Sortierstufe«).

3. Legen Sie zu diesem Ereignisknoten einen neuen Knoten vom Typ »Tabellenzeile« an, und weisen Sie den Zeilentyp TABLE_FROM_TO zu. Jetzt erscheinen automatisch drei weitere Unterknoten im Baum (die Spalten der Ausgabe).

4. Nun muss noch für jede Spalte ein Text-Knoten angelegt werden. Im ersten steht »Verbindung« als Text. Ziehen Sie die Felder &WA_CONNECTION-CITYFROM& und &WA_CONNECTION-CITYTO& aus der Feldliste in den zweiten bzw. dritten Text-Knoten. Wir haben in allen drei Fällen das Absatzformat TB zugewiesen und zusätzlich das Zeichenformat »Kursiv«.

Danach sollte das Formular einen Aufbau haben wie in der folgenden Abbildung 6.15.

Abbildung 6.15 Formular mit Sortierstufe

Aktivieren Sie nun das Formular, und starten Sie die Ausgabe über das Druckprogramm.

Zum Schluss möchten wir eine Frage beantworten, die eventuell in dieser Übung aufgekommen ist: Warum haben wir die Sortierstufe nicht vor den Positionen ausgegeben (was ja durchaus sinnvoller ist)?

Die Antwort ist folgende: Wir beziehen die Daten zu den Verbindungen über den Schleife-Knoten LOOP_CONNECT am Anfang des Hauptbereichs. Dort wird der Datensatz zur aktuellen Verbindung in den Arbeitsbereich WA_CONNECTION kopiert. Er enthält die Namen der Städte, die wir über die neue Sortierstufe CONNID ausgeben, die wir soeben angelegt haben (siehe Abbildung 6.15). Hätten wir diese Sortierstufe mit der Eigenschaft BEGINN SORTIERSTUFE eingefügt, so wäre der zugehörige Ereignisknoten automatisch der erste Knoten im Hauptbereich geworden, d. h. durchlaufen vor dem Knoten LOOP_CONNECT. Dann hätten wir in den Feldern des Arbeitsbereichs WA_CONNECTION aber auch noch nicht die korrekten Städtenamen gefunden. Früher ausführen kann man den Schleife-Knoten LOOP_CONNECT aber auch nicht, da es nicht erlaubt ist, ihn im Baum unter BEGINN SORTIERSTUFE zu verschieben.

6.2.9   Übungsbeispiel: INFO-Fenster auf Tabelle umstellen

In Abschnitt 3.5, »Schablonen und Ausgabetabellen«, haben wir schon auf die Möglichkeit hingewiesen, Ausgabetabellen sinnvoll ohne Zugriff auf Daten in internen Tabellen einzusetzen. Wir legen jetzt einen solchen Knoten komplett neu an, als Übung soll der INFO-Knoten im Musterformular umgebaut werden. Der bisherige Inhalt ist in Abbildung 6.16 dargestellt.

Abbildung 6.16 INFO-Knoten im Musterformular

Unterhalb des Begriffs »Rechnung« stehen im Grunde zwei Spalten für die Angaben: eine Spalte für die beschreibenden Titel und dahinter eine Spalte für den Inhalt.

[»] **Unterstrich verschwindet**

Bevor wir den Knoten im Detail analysieren, geben wir einen Hinweis zur aktuellen Ausgabe. Wie Sie sehen, haben die Titel »Unser Sachbearbeiter« und »Telefon« im Text-Knoten das Zeichenformat S (Schlüsselwort). Die Titel sind dadurch unterstrichen. In älteren SAP-Releases erscheint aber bei der Ausgabe kein Unterstrich, Sie können es gegebenenfalls mit der internen Testfunktion über viermaliges Betätigen der F8-Taste selbst probieren.

Der Grund für das Verschwinden lag im Zeichenformat: Dort war der Unterstrich mit einem recht großen Abstand von 2 mm definiert, bezogen auf die Grundlinie der Zeile. Da der aktuelle Zeilenabstand aber recht gering ist, konnte Smart Forms den Unterstrich gar nicht mehr unterbringen. Verringern Sie also gegebenenfalls den Abstand im Zeichenformat S, um den Effekt zu beheben (siehe auch Hinweise zum Style Builder in Abschnitt 2.2).

Die Ausgabe aller Informationen über einen einzigen Textknoten hat zwei Nachteile:

▶ Text- und Datenfelder werden gemischt. Das sollten Sie vermeiden, wenn ein Formular in mehreren Sprachen verwendet wird (d. h., Übersetzungen erforderlich sind).

▶ Die Spaltendarstellung erfolgt derzeit über Tabulatoren. Wenn jetzt z. B. eine sehr lange Kundennummer ausgegeben würde (oder eine Info aus einem anderen Feld), und diese Angabe passt nicht mehr in den Platz hinter dem Tabulator, wird die Ausgabe gegebenenfalls am Anfang fortgesetzt (d. h., die schöne Spaltendarstellung ist hinüber).

Abgesehen von den genannten Nachteilen können Sie manche Anforderung nur umsetzen, indem Sie mit getrennten Text-Knoten arbeiten. Nehmen wir an, Sie haben den Wunsch, auf eine Kundenbestellnummer zu referenzieren. Wenn diese nicht vorhanden ist, soll auch nichts gedruckt werden (und auch keine Leerzeile erscheinen). Hierfür bräuchten Sie auf jeden Fall eine Darstellung über getrennte Text-Knoten für jede Zeile (und entsprechende Bedingungen dahinter).

Das alles lässt sich über einen *Tabelle-Knoten ohne Datenbezug* bestens darstellen: Die Anlage bedeutet zwar einen etwas höheren Aufwand, als einfach nur einen einzelnen Text-Knoten zu erstellen, aber langfristig lohnt sich dieser Aufwand.

Wir wollen im Folgenden den bisherigen Text-Knoten INFO_TEXT im Fenster INFO ersetzen und die Inhalte über einen neuen Tabelle-Knoten ausgeben. Die abschließende Struktur des INFO-Fensters ist in Abbildung 6.16 zu sehen. Der Umbau beinhaltet folgende Schritte:

1. Verdoppeln Sie zunächst die Höhe des INFO-Fensters, dann können Sie testweise den bisherigen Text-Knoten und die neue Ausgabeform gleichzeitig anzeigen lassen (siehe Angabe zur Höhe bei den AUSGABEOPTIONEN im INFO-Fenster).

2. Erstellen Sie oberhalb des Knotens INFO_TEXT einen Tabelle-Knoten INFO_TAB. Die Tabellenbreite wird automatisch aus der Fensterbreite übernommen (siehe die DETAILS auf der Registerkarte TABELLE).

3. Deaktivieren Sie im Knoten INFO_TAB den Schalter INTERNE TABELLE auf der Registerkarte DATEN.

4. Der Table Painter hat automatisch eine Zeile %LTYPE1 eingerichtet. Bitte benennen Sie diese z. B. in GANZE_ZEILE um.

5. Erzeugen Sie einen neuen Zeilentyp INFO_ZEILE, bestehend aus zwei Spalten mit der Breite 3,5 bzw. 4,7 cm (das ergibt wieder 8,2 cm).

6. Markieren Sie im Baum des Form Builders den Unterknoten HAUPTBEREICH, und legen Sie eine Tabellenzeile mit der Bezeichnung RECHNUNG an; der Zeilentyp sollte GANZE_ZEILE sein. Dieser Zeilentyp hat nur eine einzige Spalte und damit auch nur einen Unterknoten. Nennen Sie diesen automatisch angelegten Unterknoten z. B. SPALTE_RECHNUNG.

7. Erzeugen Sie im Knoten SPALTE_RECHNUNG einen Text-Knoten TEXT_RECHNUNG. Kopieren Sie aus dem bisherigen Text-Knoten INFO_TEXT die ersten Zeilen (also mindestens eine Leerzeile unter »Rechnung«). Eventuell müssen Sie dabei die fette Formatierung des Wortes »Rechnung« wiederherstellen.

8. Erzeugen Sie dann im Knoten HAUPTBEREICH noch sechs weitere Zeilen für die Angaben von »Sachbearbeiter« bis »Datum«. Verwenden Sie jeweils den Zeilentyp INFO_ZEILE. Vergeben Sie sinnvolle Namen für die Zeilen und zugehörigen Spalten (es werden ja jeweils zwei Spalten bzw. Zellen angelegt).

9. Übernehmen Sie die Titel von »Sachbearbeiter« bis »Datum« in die jeweils ersten Spalten. Achten Sie dabei auch auf die Zeichenformatierung für Schlüsselwörter. Übernehmen Sie dann auch die Inhalte der zweiten Spalte.

Jetzt können Sie eine erste Ausgabe probieren. Die Infos sollten jetzt zweimal zu sehen sein: nach neuem und altem Verfahren.

Absatzformat noch ändern

Wenn Sie genau hinschauen, werden Sie bemerken, dass der Abstand zwischen den einzelnen Zeilen jetzt etwas größer ist als im ursprünglichen Knoten. Man könnte das über ein geändertes Absatzformat beheben.

Sie können den alten Text-Knoten INFO_TEXT jetzt löschen. Oder Sie deaktivieren den Knoten über eine Bedingung: Wählen Sie dazu im Knoten INFO_TEXT die Registerkarte BEDINGUNGEN, und setzen Sie z. B. 1 = 2. Setzen Sie zusätzlich die Höhe des INFO-Fensters zurück auf 6 cm (etwas mehr als vor der Umgestaltung; dann bleibt auch noch Platz für eine weitere Zeile, die weiter unten noch folgen soll). Wenn Sie die Ausgabe jetzt wiederholen, sollte der INFO-Block wieder aussehen wie in Abbildung 6.16.

Option 1: Kundennummer-Zeile nicht ausgeben

Die Zeile mit der Kundennummer soll nicht ausgegeben werden, wenn die Kundennummer fehlt (wenn also der Wert im Feld &CUSTOMER-ID& leer ist). Ergänzen Sie also den Zeile-Knoten zur Kundennummer um die gleiche Bedingung wie in Abbildung 6.17 gezeigt.

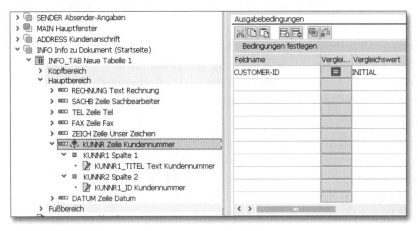

Abbildung 6.17 Ausgabe einer Zeile unterdrücken

Rufen Sie jetzt die Ausgabe über die interne Testfunktion von Smart Forms noch einmal auf (durch viermaliges Betätigen der Funktionstaste F8). In diesem Fall haben wir ja keine Daten im Formular (also auch keine Kundennummer) – in der Druckvorschau sollte die Zeile also nicht mehr zu sehen sein.

Bei der Ausgabe über das Rahmenprogramm wählen Sie ja immer eine gültige Kundennummer, auf diesem Weg sollte also die Zeile wie bisher erscheinen.

Option 2: Ausgabe der E-Mail des Kunden

Es soll zusätzlich die E-Mail-Adresse des Kunden im INFO-Block erscheinen. Erzeugen Sie also unterhalb von »Datum« einen neuen Zeile-Knoten vom Typ INFO_ZEILE und in jeder Spalte dann wieder einen Text-Knoten:

▸ Der Titel sollte hier so lauten: »E-Mail Kunde«.

▸ Der Inhalt im zweiten Knoten ergibt sich aus dem Feld &CUSTOMER-EMAIL& (einfach wieder per Drag & Drop aus der Feldliste kopieren).

Wählen Sie für die Ausgabe einen Kunden mit E-Mail-Adresse: In unserem Fall ist es Kunde Nr. 9 (siehe Abbildung 6.18).

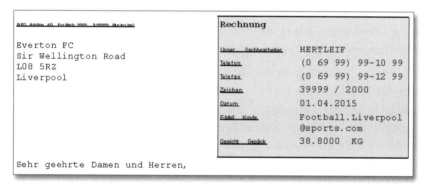

Abbildung 6.18 Ausgabe mit dem Titel »E-Mail Kunde«

Der Kunde in unserem Beispiel hat eine recht lange E-Mail-Adresse. Der Tabelle-Knoten sorgt automatisch für einen Zeilenumbruch, ohne dass die Spaltenstruktur verloren geht (wie es beim ursprünglichen Design über Tabulatoren der Fall gewesen wäre). In unserem Fall besteht die Ausgabe nur aus einem Wort (eben der E-Mail-Adresse). Bei Fließtext mit Leerzeichen würde Smart Forms natürlich versuchen, den Umbruch mit dem letzten möglichen Leerzeichen durchzuführen.

[»]

Zeile »Gewicht Gepäck«

Die letzte Zeile »Gewicht Gepäck« dürfte bei Ihnen noch nicht erscheinen. Das ist ein kleiner Vorgriff auf die nun folgende Übung.

6.2.10 Übungsbeispiel: Gewicht im Abschlussfenster

Wir hatten weiter oben erläutert, wie man automatische Berechnungen in einem Schleife-Knoten vornehmen kann (siehe Abschnitt 6.2.4, »Schleife mit Berechnungen«). Im Beispiel dort hatten wir das Gesamtgewicht zum Gepäck ermittelt. Es wäre doch schön, wenn man dieses Gewicht gleich auf der ersten Seite im INFO-Knoten sehen könnte. Da das Gewicht erst während der Ausgabe ermittelt wird, kann uns ein Abschlussfenster weiterhelfen.

Das Gesamtgewicht hatten wir im Feld WA_BOOK_TOT-LUGGWEIGHT ermittelt. Es soll sowohl am Ende des Rechnung ausgegeben werden als auch in der letzten Zeile des INFO-Fensters der ersten Seite (siehe Abbildung 6.18).

Die einzelnen Schritte dazu sind die folgenden:

1. MAIN-Fenster: Für die Ausgabe am Ende der Rechnung benötigen wir einen neuen Text-Knoten direkt vor dem Text-Knoten GREETINGS. Inhalt ist der Text »Gesamtgewicht Gepäck« und das Feld &WA_BOOK_TOT-LUGGWEIGHT&.

2. INFO-Fenster: Für die Ausgabe auf der ersten Seite legen Sie im Hauptbereich des Tabelle-Knotens INFO_TAB (siehe letzte Übung) eine neue Tabellenzeile vom Typ INFO_ZEILE an. In den zugehörigen beiden Spalten benötigen Sie wieder je einen Text-Knoten, um eine Ausgabe wie in Abbildung 6.18 zu erhalten. Im zweiten Knoten sollten die Daten über die Felder &WA_BOOK_TOT-LUGGWEIGHT& und &WA_BOOKING-WUNIT& ausgegeben werden.

3. Aktivieren Sie das Formular, und starten Sie die Ausgabe für verschiedene Testdaten.

Zunächst dürfte eines auffallen: Obwohl wir das INFO-Fenster gar nicht als Abschlussfenster eingerichtet haben, wird trotzdem ein Gewicht ausgegeben. Der Grund hierfür ist, dass das INFO-Fenster im Baum hinter dem MAIN-Fenster steht. Es wird also auf der ersten Seite erst prozessiert, nachdem das MAIN-Fenster mit den Daten der ersten Seite durchlaufen worden ist. Folglich hat das »Gewichts-Feld« auch schon einen Inhalt. Wenn die Flugrechnung nur wenige Datensätze hat (und somit auf eine einzige Ausgabeseite passt), ist die Angabe zum Gewicht sogar korrekt.

Geben Sie die Flugrechnung jetzt für viele Fluggesellschaften aus. Dafür lassen Sie einfach das Eingabefeld FLUGGESELLSCHAFT im Selektionsbild für das Programm Z_SF_EXAMPLE_01 leer. Für diverse Kunden dürfte die Rechnung jetzt über mehrere Seiten gehen. Vergleichen Sie das Gewicht im INFO-Fenster mit dem am Ende des Formulars. Hier müsste jetzt ein Unterschied zu sehen sein.

Ändern Sie also zum Schluss den Typ des INFO-Fensters auf »Abschlussfenster«, und wiederholen Sie die letzte Ausgabe über mehrere Seiten. Jetzt wird auch das Gewicht auf der ersten Seite korrekt sein.

Bleibt noch ein Punkt zu klären: Wir hatten in unserem Beispiel nicht nur das Gewicht ausgegeben, sondern auch die zugehörige Einheit (in KG). Dafür haben wir das Feld &WA_BOOKING-WUNIT& genutzt, was nur möglich war, da das INFO-Fenster im Baum hinter MAIN steht. Bei der Ausgabe von MAIN ist der Arbeitsbereich WA_BOOKING über den TABLE-Knoten mindestens einmal mit Daten versorgt worden. Dadurch ist die Einheit KG gültig. Wie in Abschnitt 6.2.4, »Schleife mit Berechnungen«, schon erwähnt, wird hier immer die Angabe KG erwartet. Deshalb kann ein beliebiger Datensatz für die Ausgabe genutzt werden.

6.3 Logische Abfragen

Eine gängige Form zur Beeinflussung der Ablauflogik im Formular ist die Definition von logischen Abfragen. Zwei Möglichkeiten stehen zur Verfügung:

▶ **Bedingungen**
Zu jedem beliebigen Knoten im Formular (unterhalb des Seite-Knotens) können *Bedingungen* hinterlegt sein. Damit können Sie die Ausführung des Knotens und gegebenenfalls auch aller seiner Unterknoten freischalten oder unterbinden.

▶ **Alternative-Knoten**
Der *Alternative-Knoten* stellt im Grunde nur eine Erweiterung von Bedingungen für den Fall dar, dass zwei Knoten unter entgegengesetzten Voraussetzungen ausgeführt werden sollen. Der Knotentyp sorgt dann für eine transparentere Darstellung und verringert den Eingabeaufwand.

6.3.1 Bedingungen

Alle manuellen Knotentypen unterhalb einer Seite (mit Ausnahme des Programm-Knotens) besitzen eine Registerkarte BEDINGUNGEN, um die Ausführung des Knotens an die jeweilige Formularlogik anzupassen (siehe Abbildung 6.19).

Abbildung 6.19 Bedingungen zum Knoten

Sobald eine Bedingung hinterlegt wurde, ist dies auch an der Darstellung des zugehörigen Knotens im Navigationsbaum erkennbar. Smart Forms unterscheidet zwei Typen von Bedingungen:

▸ logische Ausdrücke

▸ Ausgabezeitpunkte

Wir wollen zunächst die jeweiligen Eigenschaften erläutern.

Überwachung logischer Ausdrücke

In jeder Zeile der Bedingungen können Sie einen logischen Ausdruck mit zwei Operanden eintragen. Jeder Operand kann ein Feld oder ein Wert sein, denn trotz der Überschriften Feldname und Vergleichswert sind beide Spalten gleichwertig. Geben Sie die Feldnamen ohne &-Klammerung ein, die Werte dagegen in Hochkommata (bei numerischen Werten auch ohne Hochkommata möglich).

Der Vergleichsoperator steht zwischen den einzelnen Operanden und ergibt sich aus der hinterlegten Liste (siehe Abbildung 6.19). Ohne direkte Vorgabe durch den Anwender erzeugt der Form Builder bei Neueingabe per Default eine Überprüfung in Bezug auf Gleichheit.

Durch zeilenweise Eingabe mehrerer Bedingungen können Sie auch komplexe logische Abfragen einstellen. Dabei werden die Einzelabfragen in den Zeilen über eine logische UND-Verknüpfung verknüpft. Um eine ODER-Verknüpfung zwischen zwei Zeilen zu erreichen, wählen Sie die entsprechende Taste in der Symbolleiste, oder Sie geben einfach die Buchstaben OR in die erste Spalte ein. Nach der Bestätigung der Eingabe wird die Zeile automatisch grau dargestellt, um weitere Ergänzungen zu verhindern.

Die verwendeten Felder in den Abfragen können auch ABAP-spezifische Bearbeitungsfunktionen bei Zeichenketten enthalten: GF_TEST(2) würde also nur die ersten beiden Zeichen von GF_TEST abfragen, und GF_TEST+2(1) würde nur das dritte Zeichen überprüfen. Auch diese Erweiterungen können in beiden Spalten stehen (also auch in der Spalte Vergleichswert)

Abfrage auf Sprachelement »is initial« [+]

ABAP kennt bei logischen Abfragen neben dem Vergleich von Operanden auch das Sprachelement is initial. Dabei wird überprüft, ob dem zugehörigen Feld nach seiner Deklaration ein gültiger Wert zugewiesen wurde. Diese Überprüfung können Sie auch als Bedingung unter Smart Forms hinterlegen, indem Sie beim zweiten Operanden INITIAL eingeben (siehe auch wieder unser Beispiel in Abbildung 6.19 für die Variable GF_TEST). Wir hatten das auch in unserer Übung in Abschnitt 6.2.9, »Übungsbeispiel: INFO-Fenster auf Tabelle umstellen«, bereits genutzt, um die Ausgabe einer Zeile mit leerer Kundennummer zu unterdrücken.

Überwachung von Ausgabezeitpunkten

Auf der Registerkarte Bedingungen (siehe Abbildung 6.19) können Sie im Abschnitt und Zusätzlicher Zeitpunkt die Ausführung eines Knotens mit besonderen Ereignissen verknüpfen. Die Ereignisse sind eigentlich selbsterklärend, deshalb geben wir hier nur kurze Hinweise:

▸ Die Eigenschaften NUR AUF ERSTER SEITE und NICHT AUF ERSTER SEITE beziehen sich immer auf einzelne Ausgabeseiten, nicht auf die Entwurfsseiten: Gegebenenfalls wird etwas nur auf der ersten Ausgabeseite erscheinen oder auf allen weiteren.

▸ Die Bedingungen NUR NACH ENDE DES HAUPTFENSTERS und NUR VOR ENDE DES HAUPTFENSTERS sind nur bei Knoten in Nebenfenstern sinnvoll anwendbar, die zusätzlich im Navigationsbaum hinter dem Hauptfenster stehen.

[zB] | **Anwendung nur bei Knoten in Nebenfenstern**

Die Ausgabe einer Zwischensumme in einem Nebenfenster, die auf allen Seiten erscheinen soll außer der letzten (wo ja dann vermutlich ohnehin eine Gesamtsumme ausgegeben wird), ist ein Beispiel für eine solche Anwendung.

▸ Die Bedingung NUR AUF SEITE erfordert die Angabe einer Entwurfsseite. In vielen Fällen können Sie alternativ dazu auch gleich den zugehörigen Knoten auf der entsprechenden Entwurfsseite löschen. Das geht aber nur, wenn das zugehörige Fenster ausschließlich auf dieser Seite existiert. Als Kopie auf mehreren Seiten (wie es z. B. beim Hauptfenster üblich ist) würde der betreffende Knoten sonst auf allen Seiten entfernt.

Verknüpfung der Überwachungen

Die Ergebnisse der Bedingungen in logischen Ausdrücken und den Ausgabezeitpunkten sind untereinander mit einem logischen UND verknüpft. Nur wenn die Gesamtbedingung erfüllt ist, wird der Knoten abgearbeitet. Ist sie nicht erfüllt, wird dieser Knoten zusammen mit allen Unterknoten ignoriert.

Im Grunde sind auch alle Unterknoten bei der Auswertung der Bedingungen mit einem logischen UND zum übergeordneten Knoten verbunden. Darüber können Sie letztendlich eine beliebig komplexe Abfragelogik im Formular hinterlegen.

[+] | **Bedingungen in der Formularentwicklung verwenden**

Die Verwendung von Bedingungen empfiehlt sich gelegentlich auch in der Entwicklungsphase eines Formulars, z. B. bei der Ursachenforschung zu Laufzeitfehlern. Über Bedingungen können Sie dann testweise ganze Zweige »auskommentieren« und so die Fehlerquelle einkreisen.

6.3.2 Verzweigungen über Alternative-Knoten

Der Alternative-Knoten bietet sich als elegante Lösung an, wenn zwei Knoten unter entgegengesetzten Bedingungen ausgeführt werden sollen.

Mit der Neuanlage eines solchen Knotentyps erzeugt der Form Builder automatisch zwei weitere Ereignisknoten TRUE und FALSE als direkte Unterknoten im Navigationsbaum. Dort fügen Sie die eigentlichen Unterknoten ein, die abhängig vom Ergebnis der logischen Abfrage ausgeführt werden sollen (gegebenenfalls können das auch weitere Alternative-Knoten sein).

Im dem einfachen Beispiel in Abbildung 6.20 wird – abhängig von der Abfrage zur Verkaufsorganisation im Feld GF_VKORG – bei der Ausgabe zwischen zwei Grafikalternativen gewählt, die jeweils im Zweig TRUE bzw. FALSE angelegt sind.

Abbildung 6.20 Verzweigungen über Alternative-Knoten

Inhalt der Abfragen [!]

Den Inhalt der Abfrage bestimmen Sie über die Registerkarte ALLGEMEINE EIGENSCHAFTEN des Alternative-Knotens, wobei Aussehen und Eingabemöglichkeiten dieser Registerkarte denen auf der Registerkarte BEDINGUNGEN entsprechen (was leicht zu Verwechslungen führt). Die Registerkarte BEDINGUNGEN existiert zudem auch im Alternative-Knoten. Über sie können Sie die Abarbeitung des gesamten Knotens wieder mit einer Bedingung versehen. Ist die Bedingung erfüllt, wird weder der eine noch der andere Zweig ausgeführt.

Das Ergebnis aus Abbildung 6.20 hätte man auch über zwei Grafik-Knoten erreichen können. Bei jedem Knoten müsste als Bedingung die Abfrage zur Verkaufsorganisation im Feld GF_VKORG hinterlegt sein: einmal auf Gleichheit und einmal auf Ungleichheit.

Übersetzung in ABAP-Code [«]

Der Alternative-Knoten wird im Quelltext des generierten Funktionsbausteins zum Formular in die ABAP-Anweisung IF ... ELSE ... ENDIF übersetzt.

6.4 Abfolge und Nummerierung der Ausgabeseiten

Sie können die aktuelle Seitenzahl über einen Text-Knoten ausgeben, indem Sie dort das Systemfeld SFSY-PAGE einbinden. Sie können dieses Systemfeld aber auch als Bedingung zu beliebigen Knoten hinterlegen (siehe auch Abschnitt 6.3.1, »Bedingungen«).

Welche Zahl gerade im Seitenzähler steht, hängt von der Abfolge der Seiten im Formular ab. Darauf wiederum haben die folgenden Faktoren Einfluss:

▸ die Menge der auszugebenden Datensätze und der Platz, der im Hauptfenster je Seite zur Verfügung steht

▸ die eingestellten Knotenattribute der jeweiligen Entwurfsseite

▸ die Verwendung dynamischer Seitenumbrüche per Kommando-Knoten

6.4.1 Reihenfolge der Seiten

Normalerweise erfolgt ein Seitenwechsel in dem Augenblick, in dem das Hauptfenster einer Seite gefüllt ist. Dann wird als Nächstes die Seite prozessiert, die zum aktuellen Seite-Knoten als Folgeseite eingetragen ist (dort auf der Registerkarte ALLGEMEINE EIGENSCHAFTEN). In unserem Beispiel der Flugrechnung arbeiten die Entwurfsseiten FIRST und NEXT entsprechend dieser statischen Logik.

Eine Abweichung von diesem Ablauf tritt ein, wenn z. B. am Ende der normalen Formularausgabe ein weiteres Blatt ausgegeben werden soll (etwa als Geschäftsbedingungen). Dann muss die Ausgabesteuerung dynamisch entscheiden können, wann auf eine andere Entwurfsseite gesprungen werden soll. Das können Sie über einen Kommando-Knoten im Formular festlegen.

Wählen Sie bei Bedarf die Option ÜBERGANG AUF NEUE SEITE, und ordnen Sie das Kürzel der Seite zu (siehe Abbildung 6.21). Wann der Kommando-Knoten ausgeführt werden soll, legen Sie wie üblich auf der Registerkarte BEDINGUNGEN fest.

Abbildung 6.21 Dynamischer Seitenwechsel im Kommando-Knoten

Grundsätzlich können Sie einen solchen Kommando-Knoten an einer beliebigen Stelle im Navigationsbaum einfügen (siehe Abschnitt 6.5, »Kommando-Knoten«). Um aber die Option ÜBERGANG AUF NEUE SEITE verwenden zu können, müssen folgende zwei Voraussetzungen erfüllt sein:

1. Der Kommando-Knoten muss in diesem Fall im Hauptfenster angelegt sein. Die Bedingung ist auch Inhalt der Formulargesamtprüfung.

2. Gleichzeitig darf sich der dynamische Seitenumbruch nicht unterhalb eines Tabelle-Knotens befinden.

In unserem Beispiel sollen die Geschäftsbedingungen über die Seite TERMS ausgegeben werden. Eine solche Seite hat im Normalfall einen feststehenden Inhalt und keine variablen Daten. Man würde die Ausgabe also über Text-Knoten in einem oder mehreren Nebenfenstern steuern. Es gibt folglich kein Hauptfenster auf einer solchen Seite.

Daraus folgt die notwendige Konsequenz, dass der Kommando-Knoten in diesem Fall als letzter Knoten im Hauptfenster eingetragen werden muss. Andernfalls würde Smart Forms versuchen, die nachfolgenden Knoten im Hauptfenster auf TERMS auszugeben, und es würde unweigerlich eine Fehlermeldung bei der Ausgabe des Formulars folgen (mit dem Text WEITERE AUSGABE IN HAUPTFENSTER NICHT MÖGLICH, DA NICHT DEFINIERT).

Es kann aber auch der folgende Ablauf gewünscht sein. Im Standardfall wird die Seite NEXT zur Fortsetzung der Ausgabe des Hauptfensters genutzt. Unter bestimmten Bedingungen soll aber auf eine andere Seitengestaltung gewechselt werden, die z. B. auf einer Seite NEXT1 angelegt ist. Diese Seite hat ebenfalls ein Hauptfenster, und ein Kommando-Knoten wechselt dynamisch dorthin. Infolgedessen werden die Knoten hinter dem Kommando-Knoten auf der Seite NEXT1 ausgegeben. Der Kommando-Knoten könnte in diesem Fall an beliebiger Stelle im Hauptfenster stehen (nur nicht unterhalb einer Tabelle, wie schon oben erwähnt).

Nebenfenster werden in beiden Fällen komplett ausgegeben (egal ob sie vor oder hinter dem Hauptfenster im Baum stehen).

Die zweite oben genannte Einschränkung bezieht sich explizit *nicht* auf den Schleife-Knoten. Problematisch für Smart Forms sind in diesem Zusammenhang die Funktionen zur Ausgabetabelle, nicht die eigentliche Schleife über die Daten einer internen Tabelle.

Daraus ergibt sich ein interessanter Anwendungsfall. Nehmen wir an, es soll ein Formular so erstellt werden, dass für jede Positionszeile eine eigene Formularseite gedruckt werden soll. Angewendet auf unsere Flugrechnung könnte die Aufgabe z. B. lauten, dass für jede Position ein eigenes Ticket auszugeben ist. In diesem Fall muss nach jeder Position auch ein Seitenumbruch erfolgen.

Wir schlagen zwei Lösungsmöglichkeiten vor:

▶ Sie benutzen für die Schleifenabwicklung über die Positionen einen Schleife-Knoten, wobei am Ende jedes Durchlaufs der Seitenumbruch über den Kommando-Knoten erzwungen wird.

▶ Falls Sie die Ausgaben überwiegend über Nebenfenster organisieren, könnten Sie auch mit einem sehr kleinen Hauptfenster arbeiten, das nach jeder Position komplett gefüllt ist. Das führt automatisch zum gewünschten Seitenumbruch ohne speziellen Kommando-Knoten. In diesem Fall kann im Hauptfenster der Lauf über alle Positionen auch mit einem Tabelle-Knoten erfolgen.

6.4.2 Seitenzähler

Den aktuellen Stand der Seitennummerierung können Sie im Formular über die Systemfelder aus Tabelle 6.1 abfragen.

Systemfeld	Bedeutung
SFSY-PAGE	für die aktuelle Seitennummer
SFSY-FORMPAGES	für die Gesamtseitenzahl des Formulars
SFSY-JOBPAGE	für die Gesamtseitenzahl aller Formulare im Druckjob

Tabelle 6.1 Systemfelder zum Abfragen der Seitennummerierung

Bleibt noch die Frage, wie die Angabe zur Seite für die Ausgabe gestaltet werden kann. Entsprechende Einstellungen finden Sie im Seite-Knoten auf der Registerkarte ALLGEMEINE EIGENSCHAFTEN (siehe Abbildung 6.22).

Lassen Sie uns die Parameter kurz erläutern:

▶ Im Abschnitt FORMAT geben Sie vor, wie die Seitenzahl ausgegeben werden soll (in arabischen Ziffern, römischen Ziffern oder auch als Buchstaben).

▶ Im Abschnitt MODUS legen Sie fest, welchen Einfluss die aktuelle Seite auf das Verhalten des Seitenzählers hat:

▶ Die ersten Optionen INITIALISIERE ZÄHLER, ERHÖHE ZÄHLER und HALTE ZÄHLER UNVERÄNDERT verändern nur die aktuelle Seitenzahl im Systemfeld SFSY-PAGE. Die Gesamtseitenzahlen in den Systemfeldern SFSY-FORMPAGES bzw. SFSY-JOBPAGES werden unabhängig davon immer um eins erhöht.

▶ Die letzte Option SEITE UND GESAMTSEITE UNVERÄNDERT bewirkt, dass neben dem Systemfeld SFSY-PAGE auch das Systemfeld SFSY-FORMPAGES unverändert bleibt.

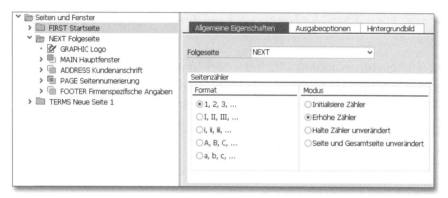

Abbildung 6.22 Eigenschaften der Seitenzähler

Seitenzähler anhalten [zB]

Sie arbeiten mit einem Drucker, der Duplex-Druck unterstützt (der also in der Lage ist, Vor- und Rückseite zu drucken), und Sie arbeiten ohne Vordrucke. Es werden also alle Texte im Formular hinterlegt und auch von dort ausgegeben. Jetzt möchten Sie die Geschäftsbedingungen immer auf der Rückseite des ersten Blattes ausgeben. Sie werden also eine spezielle Seite dafür im Formular anlegen und diese Seite per Kommando-Knoten direkt nach der ersten Seite aufrufen (inklusive Steuerung für Duplex-Druck, siehe Erläuterungen im nächsten Abschnitt). Auf der Seite mit den Geschäftsbedingungen sollte natürlich der Seitenzähler nicht erhöht werden (d. h., Sie sollten hier die Option SEITE UND GESAMTSEITE UNVERÄNDERT aktivieren).

6.4.3 Sonderfall: Kopienfenster

In Abschnitt 3.4, »Fenster-Knoten«, hatten wir das Kopienfenster kurz als Sonderform eines Nebenfensters vorgestellt. Damit lassen sich Kopien z. B. als Kopien kennzeichnen, wenn mehrere Exemplare eines Formulars ausgegeben werden sollen. Dieser Fenstertyp benutzt ganz individuelle Parameter der Ablaufsteuerung, denn die Ausgabe des Inhalts hängt ja direkt von der Druckaufbereitung ab – und speziell davon, das wievielte Exemplar gerade im Druck ist.

Wenn ein Kopienfenster im Formular existiert, werden zwei spezielle Systemfelder mit Daten versorgt, die für eine detaillierte Steuerung ausgewertet werden können:

▶ SFSY-COPYCOUNT mit der laufenden Nummer zum Exemplar (Wert 1 entspricht dem Original, 2 ist die erste Kopie usw.).

▶ SFSY-COPYCOUNT0 ist gesetzt, wenn gerade der Originalbeleg ausgegeben wird.

In untergeordneten Knoten für Text- oder Grafikausgabe können diese Parameter zusätzlich als Bedingung hinterlegt werden. Damit wird es z. B. möglich, auf der zweiten Kopie etwas anderes auszugeben als auf der ersten.

Das Kopienfenster selbst hat einige zusätzliche Attribute, die gesetzt werden können (siehe Abbildung 6.23).

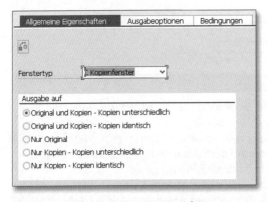

Abbildung 6.23 Attribute zum Kopienfenster

Die Auswirkungen der Einstellungen sind die folgenden:

▶ Die Optionen NUR ORIGINAL und NUR KOPIEN werden sich selbst erschließen: Die Ausgabe wird automatisch eingeschränkt auf eine von beiden Alternativen.

▶ Die beiden ersten Optionen, beginnend mit ORIGINAL UND KOPIEN…, scheinen auf den ersten Blick das Gleiche zu bewirken wie ein normales Nebenfenster (bei dem Original und Kopie immer gleich sind). Lösung: Die Steuerung der Ausgabe erfolgt in diesem Fall individuell über Bedingungen bei den untergeordneten Knoten und durch Abfrage der oben genannten Systemparameter SFSY-COPYCOUNT und SFSY-COPYCOUNT0. Und damit diese Parameter überhaupt gefüllt sind, muss ja mindestens ein Kopienfenster existieren.

▶ Die Zusätze KOPIEN UNTERSCHIEDLICH und KOPIEN IDENTISCH sollten Sie beachten, wenn Sie über das Kopienfenster große Grafiken als Hintergrundbild ausgeben möchten:

  ▶ Im ersten Fall schickt Smart Forms jede Grafik individuell pro Seite an den Drucker.

  ▶ Im zweiten Fall wird die Grafik einmal gesendet und für alle Folgeseiten aus dem Druckerspeicher geholt (was gegebenenfalls zu einer Performanceverbesserung beim Druck führt).

6.5   Kommando-Knoten

Der Kommando-Knoten enthält eine Zusammenstellung unterschiedlicher Funktionen, auf die wir teilweise schon an anderer Stelle eingegangen sind (siehe Abbildung 6.24).

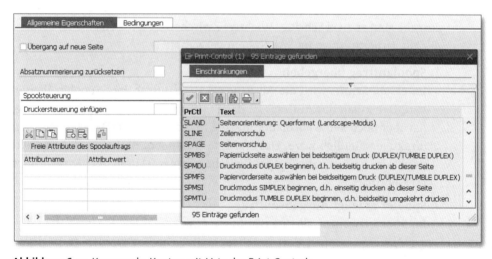

Abbildung 6.24 Kommando-Knoten mit Liste der Print Controls

Hier zunächst eine Übersicht zu den enthaltenen Funktionen:

▶ **Übergang auf eine neue Seite**
Dynamischer Wechsel auf Folgeseite; diese Funktion darf nur im Hauptfenster verwendet werden (siehe Abschnitt 6.4, »Abfolge und Nummerierung der Ausgabeseiten«).

▸ **Absatznummerierung zurücksetzen**
Wenn Sie hier ein Absatzformat mit Gliederungsfunktionen eintragen, wird die Nummerierung auf den Startwert zurückgesetzt. Die Gliederungsfunktionen haben wir in Abschnitt 2.2.5, »Absatzformate pflegen«, erläutert.

▸ **Druckersteuerung einfügen**
Einfügen eines Print Controls, um individuelle Funktionen des Ausgabegeräts zu nutzen

▸ **Freie Attribute des Spoolauftrags**
Für den erzeugten Ausgabeauftrag können Sie Merkmale vergeben, über die sich dann betreffende Aufträge im Spooler auswerten lassen.

Die ersten beiden Funktionen waren ja schon Thema an anderer Stelle; befassen wir uns im Folgenden also mit den beiden letzten Optionen näher.

6.5.1 Schritte in der Ausgabesteuerung

In den bisherigen Kapiteln des Buches haben wir häufig von der *Ausgabe* des Formulars gesprochen und dabei bislang meist ignoriert, dass diese Ausgabe normalerweise aus mehreren Schritten besteht. Insbesondere bei der Druckausgabe sind es zwei Schritte. Wichtige Zwischenstation ist dabei der *Spooler*, der alle Druckaufträge im SAP-System verwaltet:

1. **Spoolauftrag übergeben**
Im ersten Schritt wird die Ausgabe als *Spoolauftrag* zum Spooler übergeben. Der Inhalt des Auftrags ist das Ergebnis der Formularprozessierung, hat aber noch keine Formatierung, die für ein Zielgerät (Drucker, Fax etc.) direkt verständlich wäre. Das erzeugte Dokument besitzt zu diesem Zeitpunkt ein geräteunabhängiges Zwischenformat (*Output Text Format* oder OTF-Format).

2. **Spooler erzeugt Ausgabeauftrag**
Im Spooler werden alle Spoolaufträge gesammelt. Die Eigenschaften dieser Aufträge können dort gegebenenfalls geändert werden (z. B. durch Zuordnung eines anderen Ausgabegeräts). Nach der endgültigen Bestätigung durch den Anwender erzeugt der Spooler den eigentlichen Ausgabeauftrag und sendet ihn zum Ausgabegerät. Dazu wird zunächst mithilfe des *Druckertreibers* das bestehende Dokument aus dem OTF-Zwischenformat in ein individuelles Format übersetzt, das vom jeweiligen Zielgerät abhängt.

Im zweiten Schritt kommen *Print Controls* zum Einsatz: Sie übersetzen jede der allgemeinen Formatanweisungen des OTF-Formats in konkrete Steuersequenzen des Ausgabegeräts. Die Print Controls beschreiben damit die eigentlichen Funktionen des Ausgabegeräts.

Bei diesem automatisierten Vorgehen werden nicht wirklich alle Funktionen des Zielgeräts berücksichtigt, sonst müsste nahezu jeder Gerätetyp auch einen eigenen, sehr individuellen Druckertreiber haben. Zusätzlich müsste auch noch der Form Builder all diese individuellen Funktionen unterstützen, was dort wieder zu höherer Komplexität führt.

Um trotzdem im Einzelfall auch individuelle Möglichkeiten eines Ausgabegeräts nutzen zu können, ermöglicht Smart Forms den direkten Aufruf von Print Controls über einen Kommando-Knoten.

6.5.2   Print Controls

Über Print Controls im Kommando-Knoten erhält das Formular einen direkten Zugriff auf Einzelfunktionen des Ausgabegeräts. Dieser Aufruf bedingt allerdings Abhängigkeiten oder sogar Risiken. Dazu zunächst einige Beispiele:

▸ Ein Formular wird dadurch abhängig vom Ausgabegerät; es kann bei unterschiedlichen Geräten auch zu unterschiedlichen Ergebnissen führen.

▸ Welche Funktion sich hinter einem direkt aufgerufenen Print Control verbirgt, ist für die Prüfroutinen im Formular nicht ersichtlich. Es wird auch keine Überprüfung vorgenommen, ob das verwendete Print Control beim jeweiligen Ausgabegerät überhaupt existiert.

▸ Die im Print Control enthaltenen Druckerkommandos dürfen keine Auswirkung auf die aktuellen Druckereinstellungen haben, denn der Druckertreiber bekommt keine Informationen darüber, welche Änderungen durch ein beliebiges Print Control ausgelöst werden. Der Druckertreiber geht also davon aus, dass ein Print Control keine Nachwirkungen auf die danach ausgegebenen Texte und Grafiken hat (gegebenenfalls muss ein weiteres Print Control den vorherigen Zustand wiederherstellen).

▸ Wenn die verwendeten Print Controls den Zeilenvorschub ändern, funktioniert auch die automatische Berechnung des Seitenumbruchs in Smart Forms nicht mehr.

Trotz dieser Risiken werden Sie gerade in speziellen Anwendungsfällen über die trickreichen Print Controls eine passende Lösung finden. Deshalb wollen wir in der folgenden Darstellung auch technische Hintergründe behandeln.

[»] | **Print Controls**

Alle verfügbaren Print Controls, die Sie über einen Kommando-Knoten in das Formular einbinden können, werden zentral über die Transaktion SPAD zur Spooladministration verwaltet. Der Aufruf erfolgt vom SAP-Menü über den Pfad Werkzeuge • CCMS • Spool • Spoolverwaltung. Wählen Sie dort auf der Registerkarte Gerätetypen die Taste Print-Control (allerdings nur verfügbar im Modus Volle Administration).

Print Controls bestehen aus einem fünfstelligen Kürzel und einer Beschreibung. An den Anfangsbuchstaben im Namenskürzel ist die Gruppierung der Print Controls entsprechend den Anwendungsfällen erkennbar. Beispiele hierfür zeigt Tabelle 6.2.

Print Controls	Bedeutung
BAR..	Barcodefunktionen
CI...	Einstellungen zum Zeichenabstand
COL..	Einstellungen zur Zeichenfarbe
LI...	Einstellung des Zeilenabstands (Zeilen pro Zoll)
S....	Print Controls für SAPscript (verwendet im Druckertreiber)
TRY..	Wahl des Papiereinzugsschachtes

Tabelle 6.2 Print-Controls-Gruppen

Innerhalb dieser Gruppen sind jeweils die konkreten Print Controls angelegt (siehe Tabelle 6.3).

Print Controls	Bedeutung
CI010	Zeichenabstand 10 Zeichen pro Zoll einstellen
COL2V	Schrift invers
TRY01	Schacht 1 des Druckers für den Ausdruck wählen
TRY02	Schacht 2 des Druckers für den Ausdruck wählen
TRY03	Schacht 3 des Druckers für den Ausdruck wählen

Tabelle 6.3 Beispiele zu Print Controls

Print Controls TRY01 bis TRY03 [«]

Die hier als Beispiel genannten Print Controls TRY01 bis TRY03 für die Schachtauswahl werden bei Smart Forms schon direkt zur Seite eingetragen (siehe Eigenschaften des Seite-Knotens). Dafür ist kein Kommando-Knoten erforderlich.

Normalerweise werden bei Umsetzung der Formularausgabe in den Befehls-
satz des Ausgabegeräts automatisch auch die passenden Print Controls verwendet. Verantwortlich für die Umsetzung von Ausgaben zu Smart Forms ist
der *SAPscript-Druckertreiber*, der überwiegend Print Controls mit den
Anfangsbuchstaben S und T verwendet. Für die Steuerung von Fonts und
Barcodes sind das z. B. die folgenden Print Controls (siehe Tabelle 6.4):

Print Controls	Bedeutung
SBPxx	Barcode mit Nummer 'xx' einschalten
SBSxx	Barcode mit Nummer 'xx' ausschalten
SFxxx	Druckerfont Nummer 'xxx' wählen
SLxxx	Zeilenabstand 'xxx' einstellen

Tabelle 6.4 Standard-Print-Controls

Die konkreten Eigenschaften der Druckerfonts bzw. Barcodes pflegen Sie
über die SAP-Fontverwaltung (Transaktion SE73).

Bei der Umwandlung des Spoolauftrags in einen Ausgabeauftrag für das Aus-
gabegerät wird jedes Print Control mittels Druckertreiber in die passenden
Befehle (ESC-Sequenzen) des hinterlegten Gerätetyps umgewandelt (siehe
Abschnitt 10.9).

Ein Print Control pro Kommando-Knoten [«]

Es kann immer nur ein einziges Print Control pro Kommando-Knoten ausgegeben
werden. Im Eingabefeld ist über die Wertehilfe eine Liste aller Print Controls aufrufbar, die in der Spooladministration angelegt worden sind (siehe auch Abbildung
6.24). Es handelt sich hier um eine Gesamtliste. Vergewissern Sie sich, dass ein
gewähltes Print Control bei den verwendeten Ausgabegeräten auch mit der
gewünschten Steuerungsfunktion hinterlegt ist (Transaktion SPAD).

6.5.3 Attribute zum Spoolauftrag

Wie oben erwähnt, wird bei jeder Formularausgabe zunächst ein Spoolauftrag erzeugt und im Spooler zwischengespeichert. Ein solcher Spoolauftrag

enthält dann u. a. auch eine Reihe von Verwaltungsinformationen (siehe Abschnitt 10.9).

Sie können zu jedem dieser Spoolaufträge darüber hinaus beliebige freie Attribute als zusätzliche Verwaltungsinformationen mitgeben, die dann als individuelle Merkmale z. B. für die Auswertung zur Verfügung stehen. Um die Attribute innerhalb der Spoolverwaltung (Transaktion SP01) anzuzeigen, wählen Sie dort den Menüpfad SPRINGEN • AUFTRAGSINFORMATIONEN und dann die Registerkarte FREIE ATTRIBUTE (die allerdings nur existiert, wenn Attribute angelegt sind). Diese Spoolattribute können Sie über einen Kommando-Knoten direkt aus dem Formular heraus erzeugen (siehe Abbildung 6.25).

Abbildung 6.25 Kommando-Knoten mit Spoolattributen

Die einzelnen Spoolattribute bestehen aus einem beliebigen Namen für das betreffende Feld und einem entsprechenden Inhalt (Feldwert). In unserem Beispiel sind zwei Attribute definiert:

▸ FORM gibt den Inhalt des Formulars wieder, hier mit dem Attributwert »Auftrag« (z. B. als Hinweis auf ein Auftragsformular).

▸ Der Parameter CITY enthält die Stadt des Auftraggebers, er wird hier über ein Feld dynamisch definiert, da diese Angabe vom jeweils aktuellen Auftraggeber abhängt.

Eine spätere Auswertung der Spooldatei könnte folgende Abfrage enthalten: Liste alle Aufträge (d. h. Feldname FORM = 'AUFTRAG'), die in eine bestimmte Stadt – z. B. Berlin – gegangen sind (d. h. zusätzlich Feldname CITY = 'BERLIN').

[»] **Unterschied zu Smart-Forms-Release 4.6C**

Im früheren Release-Stand 4.6C musste bei dynamischer Vergabe des Feldinhalts zusätzlich eine Klammerung des Feldnamens über das &-Sonderzeichen erfolgen.

6.6   Zusammenfassung der Formularprozessierung

In den vorhergehenden Abschnitten haben wir alle Knotentypen und -attribute vorgestellt, die Einfluss auf die Prozessierung des Formulars haben. Abschließend wollen wir die Abläufe nochmals aus Sicht der Ablaufsteuerung zur Formularausgabe zusammenfassen.

Wir unterscheiden bei der Prozessierung zwei Ebenen:

▸ die Steuerung der seitenweisen Ausgabe

▸ die Prozessierung der einzelnen Knoten innerhalb einer Seite

In einer ersten Näherung können Sie sich an den Zweigen des Navigationsbaums im Form Builder orientieren:

▸ Die Ausgabe beginnt mit der Startseite (also der ersten Seite im Navigationsbaum), es sei denn, bei den Parametern der Formularschnittstelle ist ausdrücklich eine andere Startseite vorgegeben.

▸ Auf jeder Entwurfsseite werden die Fenster entsprechend der Reihenfolge im Navigationsbaum durchlaufen. Die Prozessierung jedes einzelnen Fensters erfolgt dabei wieder in der Reihenfolge der zugeordneten Unterknoten.

Es werden so lange Informationen in einem Nebenfenster ausgegeben, bis einer der beiden folgenden Fälle eingetreten ist:

▸ Alle Knoten sind im Fenster abgearbeitet.

▸ Das Fenster ist auf der Ausgabeseite vollständig gefüllt.

Steuerung der Seitenausgabe

Wenn die aktuell bearbeitete Entwurfsseite ein Hauptfenster enthält, ist dessen Verhalten dafür verantwortlich, ob von der Ausgabesteuerung eine weitere Ausgabeseite angelegt wird oder ob die aktuelle Seite gleichzeitig die letzte Seite ist. Die Ablaufsteuerung zur Seitenausgabe wird aktiv, wenn eine der folgenden Bedingungen erfüllt ist:

▸ Alle im Hauptfenster enthaltenen Knoten sind abgearbeitet.

▸ Es sind noch *nicht* alle enthaltenen Knoten abgearbeitet, aber der Platz auf der Ausgabeseite ist erschöpft.

▸ Über einen Kommando-Knoten wurde ein manueller Seitenwechsel ausgelöst.

In allen Fällen wird zunächst die Ausgabe der aktuellen Seite beendet, wobei insbesondere die noch verbleibenden Nebenfenster ausgegeben werden, weil sie im Navigationsbaum hinter dem Hauptfenster folgen. In den beiden letzten Fällen wird darauf folgend automatisch eine neue Ausgabeseite angelegt:

▸ Erfolgt der Seitenwechsel, weil der Platz auf der aktuellen Ausgabeseite erschöpft ist, so wird als Nächstes die statische Folgeseite aufgerufen, die der aktuellen Entwurfsseite zugeordnet ist.

▸ Wird über einen Kommando-Knoten ein manueller Seitenwechsel ausgelöst, handelt es sich um eine dynamische Folgeseite, wie sie im auslösenden Kommando-Knoten eingetragen ist.

Wenn alle im Hauptfenster enthaltenen Knoten abgearbeitet sind und keine weitere Ausgabeseite folgt, ist auch die gesamte Prozessierung des Formulars beendet.

Bei einer Entwurfsseite ohne Hauptfenster wird die Folgeseite immer aus der Angabe zur statischen Folgeseite gelesen. Ein manueller Seitenumbruch mit dynamischer Folgeseite ist in diesem Fall nicht möglich, weil ein entsprechender Kommando-Knoten dort nicht ausgeführt werden kann (nur in einem Hauptfenster erlaubt). Falls keine Angabe zur Folgeseite existiert, ist die aktuelle Ausgabeseite gleichzeitig auch die letzte Seite.

Prozessierung der einzelnen Knoten

Die Knoten im Navigationsbaum unterscheiden sich in ihrem Typ und haben dementsprechend unterschiedliche Eigenschaften (Art der Abarbeitung, Anzahl der Unterknoten etc.). Allen Knoten können Ausgabeoptionen und Bedingungen hinterlegt sein. Die Abarbeitung eines einzelnen Knotens enthält folgende Schritte:

▸ Ist der Knoten mit einer Bedingung versehen, wird er mitsamt seinen Unterknoten nur abgearbeitet, wenn diese Bedingung erfüllt ist.

▸ Ist die Bedingung erfüllt oder überhaupt keine Bedingung hinterlegt, wird die Aktion ausgeführt, die dem jeweiligen Knoten zugeordnet ist (z. B. Ausgabe eines Textes, Abarbeitung von Programmzeilen). Dabei werden auch die eingestellten Ausgabeoptionen berücksichtigt. Beispiele hierfür sind:

  ▸ Ausgabe von Rahmen und Schattierungen

  ▸ Zuordnung von Zellen einer Schablone oder Ausgabetabelle

- ▶ Die Angabe eines Stils ermöglicht individuelle Absatz- und Zeichenformate.

- ▶ Bei gesetztem Seitenschutz werden alle Ausgabeninhalte des Knotens bzw. seiner Unterknoten auf der gleichen Seite ausgegeben.

▶ Besitzt der jeweilige Knoten eigene Unterknoten, werden als Nächstes diese Unterknoten abgearbeitet. Die Reihenfolge der Abarbeitung ist vom Typ des Knotens abhängig; möglich sind diese Reihenfolgen:

  - ▶ sequenziell von oben nach unten

  - ▶ nur zu bestimmten Zeitpunkten

  - ▶ als Alternative aufgrund von logischen Abfragen

  - ▶ wiederholt bei Steuerung über eine Schleife

Fazit

Sie haben die vielfältigen Möglichkeiten kennengelernt, mit denen Sie die Ablauflogik im Formular gestalten können. Dazu haben wir bisher Elemente des Form Builders genutzt (wie z. B. Schleife-Knoten oder Bedingungen).

Noch weit mehr individuelle Möglichkeiten bieten Ihnen Programm-Knoten, mit denen Sie ABAP-Coding direkt im Formular einbinden können. Darauf wollen wir im zweiten Teil des Buches eingehen.

TEIL II
Fortgeschrittene Anwendung

ABAP-Programme im Formular sind eine Möglichkeit, gleichblei-
bende Datenermittlungen am Formular zu zentralisieren und somit
die Komplexität des Rahmenprogramms zu reduzieren.

7   ABAP-Programme im Formular

In diesem Kapitel betrachten wir die Möglichkeiten von ABAP-Programmen
im Formular. Dazu werden wir zuerst die Frage beantworten, wozu man
diese Programme im Formular verwendet. Im Anschluss betrachten wir die
dazu notwendigen Entwicklungswerkzeuge und die Möglichkeiten, die ein
Programm-Knoten bietet. Zum Abschluss können Sie anhand eines Beispiels,
der Korrespondenz mit den Geschäftspartnern, die praktische Anwendung
kennenlernen.

7.1   Wozu Programmcode im Formular?

Es ist eine besondere Eigenschaft von Smart Forms, dass eine definierte Formularschnittstelle für die Datenübergabe zwischen Rahmenprogramm und
Formular existiert. Ein Vorteil dabei ist, dass ein Rahmenprogramm gegebenenfalls die Datenversorgung für verschiedene Formulare übernehmen
kann. Daraus ergibt sich auch, dass das Rahmenprogramm möglichst unabhängig vom individuellen Formular sein sollte. Auf diese Weise wird die
Modularisierung und Mehrfachverwendung des Rahmenprogramms erheblich unterstützt.

Rahmenprogramm für ein individuelles Formular   [«]

Bei der Vorstellung der Funktionen im Rahmenprogramm (siehe Abschnitt 8.1)
werden wir dennoch ansprechen, in welchem Maße Sie die Datenbereitstellung im
Rahmenprogramm auf ein individuelles Formular abstimmen können.

Was geschieht aber, wenn im Formular Daten ausgegeben werden müssen,
die vom Rahmenprogramm nicht in der erforderlichen Form über die Formularschnittstelle zur Verfügung gestellt werden? Das könnten beispielsweise folgende Fälle sein:

▸ Die Daten stehen in fachlichen Tabellen der Datenbank des SAP-Systems. Da sie aber bisher in der betreffenden Anwendung nicht vorgesehen waren, wurden sie konsequenterweise nicht vom Rahmenprogramm gelesen und für das Formular zur Verfügung gestellt (dies trifft z. B. häufig auf Langtexte der Organisationseinheit aus der zugehörigen Texttabelle zu).

▸ Im Formular sollen Daten ausgegeben werden, die sich aus vorhandenen anderen Daten berechnen lassen (z. B. Zwischen- und Gesamtsummen).

▸ Die Ausgabe von Daten muss in ganz speziellen Formen geschehen (z. B. sollen nur bestimmte Stellen einer Variablen mit Textinhalt oder deren Inhalt als Großbuchstaben ausgegeben werden).

Der erste Fall ist sicher der häufigste und gleichzeitig auch anspruchsvollste. Mit Smart Forms sind zu dieser Datenbeschaffung zwei Lösungen denkbar:

▸ Die Ermittlung der Daten wird zusätzlich in das Rahmenprogramm aufgenommen, und die Inhalte werden wie üblich per Formularschnittstelle übergeben.

▸ Die Ermittlung erfolgt über ABAP-Programmcode im Formular.

7.1.1 Datenbeschaffung

Es gilt also zunächst, sich für den Weg zu entscheiden, der zur Datenbeschaffung beschritten werden soll. Um die richtige Wahl zu treffen, sollten Sie sich folgende Fragen stellen.

▸ Ist eine zusätzliche Datenbeschaffung aus Tabellen der Datenbank erforderlich? Wenn ja, werden die zugehörigen Datenbanktabellen eventuell schon im Rahmenprogramm gelesen?

  Dann könnte die Erweiterung um weitere Felder im Rahmenprogramm sinnvoll sein, um Performanceverluste zu vermeiden.

▸ Werden die Daten auch in anderen Formularen benötigt? Wenn ja, kann die Entscheidung auch auf die Auslagerung in eine separate SAP-Funktion bzw. -Klasse (bei objektorientiertem Ansatz) fallen. Diese Entscheidung kann die spätere Wartung erheblich vereinfachen.

▸ Ist eine ABAP-Codierung mit verhältnismäßig geringem Aufwand erforderlich? Wenn ja, sollte sie im Formular erfolgen. Das erspart auch Änderungen an der Formularschnittstelle.

▸ Ist das verwendete Rahmenprogramm ein SAP-Standardprogramm? Wenn ja, sollten Sie es so weit wie möglich vermeiden, dort Änderungen vorzunehmen. Sie müssten eine Kopie des Rahmenprogramms erstellen und würden sich so von der Pflege über das SAP-System entfernen, was bei Updates auf neue Releases Aufwände erhöht.

Wenn Sie sich diese Entscheidungsfragen stellen, wird die Wahl in vielen Fällen auf die Datenermittlung im Formular fallen. Hierzu wird ein Programmcode im Formular benötigt.

Ist das Lesen von Daten im Formular nicht performant? [«]

Gelegentlich werden Sie der Aussage begegnen, dass das nachträgliche Lesen von Daten im Formular im Vergleich zur Datenbereitstellung im Rahmenprogramm nicht performant sei (z. B. bei Abfragen zur Datenbank). Diese Aussage ist nur dann richtig, wenn Daten aus den gleichen Quellen gelesen werden, die vorher schon im Rahmenprogramm abgefragt wurden (dort jedoch wegen anderer Inhalte).

In diesem Fall nutzen Sie die Funktionalität doppelt, und das verlangsamt natürlich die Programmausführung. Ansonsten erfolgt eine Datenbankabfrage im Formular mit *gleicher Ausführungszeit* wie im Rahmenprogramm.

7.1.2 Eingabe von Programmcode im Formular

Je nach Aufgabenstellung werden Sie den Programmcode an unterschiedlichen Stellen im Formular eingeben. Der verwendbare ABAP-Wortschatz ist für alle Stellen identisch. Im Formular, das Sie über WERKZEUGE • FORMULAR-DRUCK • SMARTFORMS (Transaktion SMARTFORMS) erreichen, haben Sie folgende Möglichkeiten, um Programmcode einfließen zu lassen:

▸ **Programm-Knoten**
Über die Optionen ANLEGEN • ABLAUFLOGIK • PROGRAMMZEILEN im Kontextmenü können Sie einen Programm-Knoten an beliebiger Stelle im Formular platzieren (siehe Abbildung 7.1).

▸ **Globale Definitionen (im Baum links unter »Globale Einstellungen«), Registerkarte »Initialisierung«**
Der Programmcode in der Registerkarte INITIALISIERUNG wird zeitlich vor allen anderen Knoten ausgeführt. Diese Anweisungen eignen sich vor allem für grundlegende Datenzuweisungen, z. B. für:

  ▸ Initialisierung von Variablen oder Konvertierungen

  ▸ Reorganisation von internen Tabellen, die über die Formularschnittstelle zur Verfügung gestellt werden

  ▸ zusätzliche zentrale Datenbeschaffungen aus Datenbanktabellen

▶ **Globale Definitionen, Registerkarte »Formroutinen«**
Auf der Registerkarte FORMROUTINEN werden Unterprogramme als FORM-Routinen verwaltet, die Sie von beliebigen anderen Programm-Knoten aus aufrufen können (über die Anweisung PERFORM). FORM-Routinen können in beliebiger Tiefe wiederum andere Unterprogramme, Funktionsbausteine oder auch Klassenmethoden des Systems aufrufen.

▶ **Globale Definitionen, Registerkarte »Typen«**
Individuelle Datentypen werden im Formular benötigt, wenn äquivalente Einträge im ABAP Dictionary des Systems nicht vorhanden sind. Diese Datentypen können Sie an beliebigen Stellen des Programmcodes im Formular für die Datendeklaration verwenden (z. B. unter GLOBALE DEFINITIONEN oder auch in einem Programm-Knoten), aber nicht in der Formularschnittstelle. Ist dies notwendig, ist eine Anlage im ABAP Dictionary erforderlich.

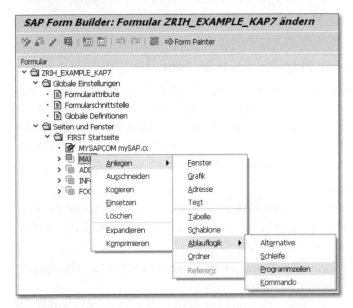

Abbildung 7.1 Programm-Knoten einfügen

Wir haben bereits einige Entscheidungsfaktoren bezüglich der Frage genannt, ob eine Datenbeschaffung im Rahmenprogramm oder im Formular erfolgen soll. Innerhalb des Formulars stellt sich nun die Frage, ob die zugehörigen Programme (zentral) in der Initialisierung oder in einzelnen Knoten angelegt werden sollen. Wir können folgende Hilfestellung zur Entscheidungsfindung geben:

▶ Zentrale Datenbeschaffungen (z. B. durch Lesen aus der Datenbank oder anderen Datenquellen) sollten immer in der Initialisierung erfolgen.

▶ Es könnte sinnvoll erscheinen, möglichst viel Programmcode in die Initialisierung zu schreiben und dann im Formular nur noch auf das Ergebnis in Form von Variablen zuzugreifen. Das hat den Vorteil einer zentralen Übersicht zu allen ABAP-Programmen. Sie sollten aber Folgendes bedenken:

  ▶ Manche Berechnungen erfolgen direkt im Zusammenspiel mit den Knoten des Formulars (z. B. Summenberechnungen zur Position innerhalb einer Schleife). Diese Berechnungen werden Sie also ohnehin in individuellen Knoten unterbringen.

  ▶ Bei einer größeren Menge an Routinen werden Sie dokumentieren wollen, wo im Formular der jeweilige Programmcode verwendet wird. In diesem Fall können Sie den Programmcode auch gleich über einen individuellen Knoten an die entsprechende Stelle einfügen.

▶ Hilfreich kann es sein, eine zentrale Klasse im Sinne der Objektorientierung zu erstellen, die auf Basis eines fachlichen Schlüssels Methoden zur Verfügung stellt. In der Initialisierung wird ein Objekt dieser Klasse instanziiert, und es wird dann an den entsprechenden Stellen im Formular die datenermittelnden Methoden aufgerufen.

In der Regel kommen alle Varianten, wie Programmcode angelegt wird, dem jeweiligen Verwendungszweck entsprechend zum Einsatz.

Die Pflege des Programmcodes erfolgt an allen in Abschnitt 7.1.1, »Datenbeschaffung«, genannten Stellen über die gleiche Eingabefunktion. Wir beginnen die weitere Erläuterung deshalb mit Hinweisen zur Bedienung der zugehörigen Entwicklungswerkzeuge und mit den Besonderheiten ihrer Anwendung in Smart Forms. Danach stellen wir einzelne ABAP-Anweisungen vor, die nach unserer Erfahrung im Formular immer wieder benötigt werden.

Weiterführende Literatur zur ABAP-Programmierung [«]

Nutzen Sie bei weitergehendem Interesse an der ABAP-Programmierung die SAP-Bibliothek (*http://help.sap.com*) und die weitreichende Literatur zu diesem Thema (z. B. Keller, Horst; Krüger, Sascha: ABAP Objects – ABAP-Programmierung mit SAP NetWeaver, 3., aktualisierte und erweiterte Auflage, Galileo Press 2006).

Im letzten Abschnitt dieses Kapitels werden wir anhand der Geschäftskorrespondenz zum Geschäftspartner die Anwendungen zum Programm-Knoten vorstellen.

7.2   Entwicklungswerkzeuge

In diesem Abschnitt stellen wir Ihnen die Entwicklungswerkzeuge zur Erzeugung von Programmcode im Formular vor. Wir haben bereits in den vorangegangenen Kapiteln des Buches häufiger auf Werkzeuge verwiesen, die zur ABAP-Entwicklungsumgebung gehören:

▸ Der *Function Builder* dient zur Darstellung des Funktionsbausteins, den das System aus jedem Formular generiert.

▸ Den *ABAP Editor* verwenden Sie zur Erstellung eines passenden Rahmenprogramms.

▸ Das *ABAP Dictionary* dient zur Verwaltung von Datentypen, auf die Sie bei der Datendefinition im Formular zurückgreifen können.

▸ Der *Object Navigator* fasst die zuvor genannten Entwicklungswerkzeuge in einer Oberfläche zusammen und erleichtert somit die Arbeit bei der Entwicklung von Formularen.

▸ Der *ABAP Debugger* ist das Werkzeug zur Analyse der durchgeführten Entwicklungen zur Laufzeit des Programmes.

Jedes dieser Werkzeuge hat seine eigenen, speziellen Eigenschaften, auf die wir in den folgenden Abschnitten eingehen werden, aber sie haben auch viele Gemeinsamkeiten.

7.2.1   Object Navigator

Über den Object Navigator (Transaktion SE80) steigen wir in die Welt der Softwareentwicklung ein. Grundlage jeder Darstellung von Quellcode ist darin der *ABAP Editor*. Wir beginnen aus diesem Grund mit dem *ABAP Editor* und nennen Ihnen einige dieser gemeinsamen Funktionen, die Sie dann direkt auf die anderen Werkzeuge übertragen können. Eine der wichtigsten Gemeinsamkeiten ist die zentrale Verwaltung der beteiligten Programmobjekte (Funktionsbausteine, Klassen, Programme etc.) in einem gemeinsamen, zentralen Verzeichnis, dem *Repository*.

[»] | **Hintergrund zum Repository**

Die Inhalte des Repositorys sind selbst wieder in den Tabellen der zentralen SAP-Datenbank abgelegt. Ein Teil des Repositorys ist das ABAP Dictionary, das speziell die globalen Datendefinitionen zu Datenbanktabellen bzw. Datentypen enthält.

Folglich lassen sich die unterschiedlichen Objekte der Programmentwicklung auch in einer gemeinsamen Oberfläche darstellen und organisieren. Das zugehörige Werkzeug ist der *Object Navigator*, den Sie im SAP-Menü über den Pfad WERKZEUGE • ABAP WORKBENCH • ÜBERSICHT • OBJECT NAVIGATOR (Transaktion SE80) aufrufen.

Wie Abbildung 7.2 zeigt, verwendet der Object Navigator eine Baumdarstellung, um den hierarchischen Aufbau von Programmen oder sonstigen Entwicklungsobjekten darzustellen. Wir erläutern die wichtigsten Funktionen auch hier mithilfe der Flugrechnung. Gehen Sie folgendermaßen vor, um zu einem Programm im Object Navigator zu navigieren:

Abbildung 7.2 Rahmenprogramm im Object Navigator mit Kontextmenü

1. Wählen Sie nach dem Start des Object Navigators im ersten Auswahlfeld, dem Feld OBJEKTLISTE, den Typ des gesuchten Objekts. In unserem Fall ist das der Eintrag PROGRAMM.

2. Tragen Sie im Feld darunter den Programmnamen SF_EXAMPLE_01 ein.

3. Bestätigen Sie die Eingaben mit der ⏎-Taste.

Das gewählte Programm wurde mit allen enthaltenen Variablen und Programmteilen in den Navigationsbaum übernommen. Von Bedeutung sind in unserem Beispiel aber nur die Einträge im Bereich FELDER. Hier sind alle Variablen aufgeführt, die das Rahmenprogramm verwendet (und von dort teilweise an das Formular weiterreicht).

Per Doppelklick auf den ersten Knoten im Navigationsbaum (das ist der Name des Programms) öffnet sich im Arbeitsbereich rechts der ABAP Editor und stellt den zugehörigen Programmcode dar (entspricht Abbildung 7.2, nur im Änderungsmodus). Der Mausdoppelklick auf ein Feld im Navigationsbaum führt direkt zur zugehörigen Definitionszeile im Quelltext.

[»] **Ein Klick auf den Objekttyp führt immer zum Quellcode im ABAP Editor**

Dies ist eine durchgängige Funktionalität. Je nach gewähltem Objekttyp im Navigationsbaum wird im rechten Bearbeitungsbereich automatisch das passende Werkzeug zur Anzeige oder Pflege aufgerufen.

Nach dem Aufruf des ABAP Editors (durch die Auswahl des Programms) zeigt die übergeordnete Symbolleiste die wichtigsten Funktionen für dieses Werkzeug. Wird aber über die Symbolleiste ein anderes Programmobjekt aufgerufen, ändern sich die Einträge im Navigationsbaum des Object Navigators nicht – das ist vor allem in der Anfangszeit überraschend. Durch Auswahl im Navigationsbaum wird allerdings der alte Zustand wieder hergestellt.

Die Funktionen des Object Navigators sind primär Verwaltungsfunktionen zum Anlegen, Löschen etc. Für diese Funktionen verwenden Sie wie bei Smart Forms am einfachsten das Kontextmenü.

[+] **Navigationsbaum wieder ein- und ausblenden**

Um beim Arbeiten leichter den Überblick zu behalten, kann es vorteilhaft sein, den Object Navigator mit seinem Navigationsbaum komplett zu schließen, sodass nur noch das entsprechende Bearbeitungswerkzeug übrig bleibt. Natürlich ist auch der umgekehrte Weg möglich. Über den Menüpfad HILFSMITTEL • OBJEKTFENSTER ANZEIGEN wird der Navigationsbaum in jedem der Bearbeitungswerkzeuge wieder eingeblendet. Dann stehen auch alle Funktionen des Object Navigators wieder zur Verfügung.

7.2.2 ABAP Editor

Der ABAP Editor ist das übliche Werkzeug zur Erstellung von ausführbaren Programmen. Wir erläutern nun anhand des Beispielprogramms einige Funktionen, die für die Arbeit mit Smart Forms wichtig sind.

Öffnen Sie das Werkzeug im SAP-Menü über den Pfad WERKZEUGE • ABAP WORKBENCH • ENTWICKLUNG • ABAP EDITOR (TRANSAKTION SE38), und wählen Sie das Beispielprogramm Z_SF_EXAMPLE_01, das Sie schon in Abschnitt 1.2.3, »Eigenes Formular als Arbeitskopie erstellen und aktivieren«, erstellt haben. Zur Pflege des Programmcodes wählen Sie PROGRAMM • ÄNDERN. Natürlich kann der Aufruf auch über die Transaktion SE80 erfolgen, wie im vorherigen Abschnitt beschrieben.

Wenn der ABAP Editor in Ihrer Installation etwas anders als in Abbildung 7.3 erscheint, können Sie dies im Menü HILFSMITTEL • EINSTELLUNGEN ändern. Wählen Sie dort den Eintrag FRONTEND EDITOR (NEU).

```
Report          SF_EXAMPLE_01                aktiv
   1  *--------------------------------------------------------------*
   2  *          Report SF_EXAMPLE_01
   3  *--------------------------------------------------------------*
   4  *          Printing of documents using Smart Forms
   5  *--------------------------------------------------------------*
   6  report sf_example_01.
   7
   8  data: carr_id type sbook-carrid,
   9        fm_name type rs38l_fnam.
  10
  11  parameter:      p_custid type scustom-id default 1.
  12  select-options: s_carrid for carr_id      default 'LH' to 'LH'.
  13  parameter:      p_form   type tdsfname    default 'SF_EXAMPLE_01'.
  14
  15  data: customer    type scustom,
  16        bookings     type ty_bookings,
  17        connections  type ty_connections.
  18
  19  * get data
  20    select single * from scustom into customer where id = p_custid.
  21    check sy-subrc = 0.
  22    select * from sbook into table bookings
  23            where customid = p_custid
  24            and   carrid   in s_carrid
  25            order by primary key.
  26    select * from spfli into table connections
  27            for all entries in bookings
  28            where carrid = bookings-carrid
  29            and   connid = bookings-connid
  30            order by primary key.
  31
  32  * print data
  33    call function 'SSF_FUNCTION_MODULE_NAME'
  34         exporting  formname           = p_form
  35  *                 variant            = ' '
  36  *                 direct_call        = ' '
  37         importing  fm_name            = fm_name
  38         exceptions no_form            = 1
  39                    no_function_module = 2
  40                    others             = 3.
  41
```

Abbildung 7.3 ABAP Editor

287

Editorfunktionen

Mit der Funktion MUSTER können Sie ABAP-Anweisungen oder ganze Funktionsbausteine mit korrekten Anweisungsmustern einfügen.

Ähnlich wie das Formular müssen Sie auch jedes ABAP-Programm aktivieren, wenn es nach Änderungen im System gültig sein soll. Ohne Aktivierung lässt sich ein geänderter Quelltext nur im Rahmen der Entwicklungsumgebung ausführen. Verwenden Sie zur Ausführung wieder die Funktion PROGRAMM • TESTEN, oder wählen Sie die F8-Taste.

Über den Debugger steht noch eine weitere Funktionalität zur Verfügung. Hierüber können Sie das Programm in Einzelschritten ablaufen lassen, um die korrekte Ausführung zu überwachen. Auf dieses wichtige Hilfsmittel werden wir in Abschnitt 7.2.4, »ABAP Debugger«, eingehen.

Hilfefunktionen

Der Aufruf der allgemeinen Hilfe sowie der Schlüsselwortdokumentation erfolgt wie im Programm-Knoten (siehe Abschnitt 7.3, »Bearbeitungsfunktionen im Programm-Knoten«). Eine weitere Unterstützung bietet Ihnen die *Vorwärtsnavigation* innerhalb des Quelltextes. Sie gibt Aufschluss über die Definition von Variablen und Unterprogrammen. Ein Mausdoppelklick auf den betreffenden Begriff reicht, um in die nächste Detailebene zu gelangen. Über die Funktionstaste F3 gelangen Sie immer wieder zurück zum Ursprung. Abhängig vom aktuellen Objekt wird dabei gegebenenfalls auch ein anderes Bearbeitungswerkzeug aufgerufen, z. B. der Function Builder bei Funktionsbausteinen oder das ABAP Dictionary bei Datentypen.

Wenn Sie die Definition einer Variablen erreicht haben, direkt oder per Vorwärtsnavigation, öffnet sich mit einem Doppelklick auf die Definition der *Verwendungsnachweis*. Hier finden Sie automatisch alle Stellen, an denen die Variable im aktuellen Programm angesprochen wird. Natürlich können Sie den Verwendungsnachweis auch direkt aufrufen, über den Menüpfad HILFSMITTEL • VERWENDUNGSNACHWEIS oder über die Tastenkombination Strg + ⇧ + F3.

Sie können den Verwendungsnachweis auch zu anderen Entwicklungsobjekten aufrufen, z. B. zu Unterprogrammen oder Funktionsbausteinen. Das SAP-System »merkt« sich automatisch die Verwendung aller Entwicklungsobjekte in speziellen Datenbanktabellen (im Repository). Der Verwendungsnachweis zu einem Funktionsbaustein liefert also alle Stellen, in denen der

Baustein bisher aufgerufen wird. Abbildung 7.4 zeigt ein typisches Beispiel für eine Trefferliste nach der Ausführung des Verwendungsnachweises.

Klassen/Interfaces	Kurzbeschreibung
/BOFU/CL_D_PPFOC_BCS_PREVIEW	
DO_PREVIEW_PERS_INT	
/SAPDII/CL_DI_WTY05	
WTY05_GET_SMARTFORM	Smartform anzeigen. Generell für alle Forms
/SAPDII/CL_DP_COMMON	
DPCOMMON_SF_FN	Name des generierten Funktionsbausteins holen
CL_ACTIONS_MNT_BRF	
IF_MAINTENANCE_BRF~PRINT	BRF: Drucken von einzelnen Ausdrücken
CL_ACTION_BASE_MNT_BRF	
IF_MAINTENANCE_BRF~PRINT	BRF: Drucken von einzelnen Ausdrücken
CL_ACTION_EXPRESSION_MNT_BRF	
IF_MAINTENANCE_BRF~PRINT	BRF: Drucken von einzelnen Ausdrücken
CL_AC_ACTIVITY_EVENT_MNT_ICL	
IF_MAINTENANCE_BRF~PRINT	BRF: Drucken von einzelnen Ausdrücken
CL_AC_ACTIVITY_MNT_ICL	
IF_MAINTENANCE_BRF~PRINT	BRF: Drucken von einzelnen Ausdrücken
CL_AC_ACTIVITY_MNT_ICLE	
IF_MAINTENANCE_BRF~PRINT	BRF: Drucken von einzelnen Ausdrücken
CL_AC_DOCUMENT_MNT_ICL	
IF_MAINTENANCE_BRF~PRINT	BRF: Drucken von einzelnen Ausdrücken
CL_AC_FUNCTION_MNT_BRF	
IF_MAINTENANCE_BRF~PRINT	BRF: Drucken von einzelnen Ausdrücken
CL_AC_MESSAGE_MNT_BRF	
IF_MAINTENANCE_BRF~PRINT	BRF: Drucken von einzelnen Ausdrücken
CL_AC_MESSAGE_MNT_ICL	

Abbildung 7.4 Fundstellen zum Verwendungsnachweis

Aus der Trefferliste wechseln Sie per Mausdoppelklick im rechten Bildschirmteil zur eigentlichen Fundstelle; ein Doppelklick in der linken Hälfte öffnet die Liste nur zur Darstellung weiterer Details.

Verwendungsnachweis nutzen, um Umsetzungsbeispiele zu finden	**[+]**
Nutzen Sie den Verwendungsnachweis auch als eine gute Möglichkeit, um die Anwendung eines Bausteins an anderer Stelle zu studieren.	

Volltextsuche

Sehr sinnvoll für die Orientierung ist auch die eingebaute Volltextsuche. Über den Menüpfad BEARBEITEN • SUCHEN/ERSETZEN oder über das Symbol 🔍 in der Symbolleiste rufen Sie die erweiterte Volltextsuche der Entwicklungsumgebung auf. Suchen Sie *nicht* über die Tastatur mit [Strg] + [F]; dort ist nur eine auf den Editor eingeschränkte Variante der Volltextsuche hinterlegt. Das Eröffnungsbild zur Volltextsuche sollte wie in Abbildung 7.5 aussehen.

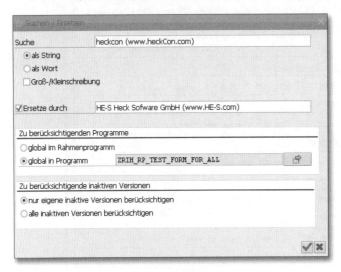

Abbildung 7.5 Volltextsuche im Entwicklungssystem

Wichtig ist die Option GLOBAL IM RAHMENPROGRAMM, denn sie sorgt dafür, dass auch untergeordnete Programmteile wie *Includes* in die Suche einbezogen werden. Als Ergebnis erhalten Sie eine Liste aller gefundenen Einträge zum gesuchten Text, per Mausdoppelklick wechseln Sie dann wieder direkt zur Fundstelle (und über die Funktionstaste [F3] gelangen Sie auch immer wieder zurück).

Arbeitsvorrat

Im Rahmen eines Entwicklungsprojekts werden Sie immer wieder mit gleichen Programmen arbeiten. Um schneller darauf zurückzugreifen, steht Ihnen der Arbeitsvorrat zur Verfügung. Darüber verwalten Sie den Zugriff auf Programme, aber auch alle anderen Objekte des ABAP Dictionarys.

Um das aktuell gewählte Programm hinzuzufügen, wählen Sie den Menüpfad HILFSMITTEL • ARBEITSVORRAT • AKTUELLES OBJEKT AUFNEHMEN. Eine Liste der aktuell im Arbeitsvorrat enthaltenen Programme/Objekte erhalten Sie, wenn Sie nach diesem Menüpfad die Funktion ANZEIGEN wählen. Von dort können Sie einen Eintrag natürlich wieder direkt per Mausdoppelklick aufrufen. Es öffnet sich automatisch das zugehörige passende Bearbeitungswerkzeug.

7.2.3   Function Builder

Wir haben bei der Betrachtung der Schnittstelle zwischen Rahmenprogramm und Formular schon erläutert, dass alle Knoten in einem Smart-Forms-Formular für die Ausführung in einen Funktionsbaustein übersetzt werden. Auf diesem Wege können sie dann vom Rahmenprogramm angesprochen werden.

Funktionsbausteine   [«]

Funktionsbausteine dienen der Kapselung von allgemeinen Funktionen, die von unterschiedlichen ABAP-Programmen aufgerufen werden können. Funktionsbausteine werden zentral im SAP-System gepflegt und stehen dann allen beteiligten Modulen zur Verfügung. Mit Funktionsbausteinen wird eine hohe Wiederverwertbarkeit der Funktionalitäten erreicht. Ein Großteil des heutigen SAP-Programmcodes ist über Funktionsbausteine realisiert.

Function Builder aus dem Formular aufrufen

Die Vielfalt an Funktionsbausteinen erfordert es, dass sie thematisch in Funktionsgruppen zusammengefasst werden. Durch diese Zuordnung ergeben sich weitere Funktionen, über die nur die Bausteine der jeweiligen Gruppe verfügen (z. B. gemeinsame Daten und Unterprogramme). Wenn Sie einen neuen Funktionsbaustein anlegen möchten, muss die Funktionsgruppe schon vorhanden sein. Sie müssen den Funktionsbaustein also sofort einer Funktionsgruppe zuordnen.

Funktionsbausteine und Funktionsgruppen pflegen Sie über ein eigenes Programmierwerkzeug, den *Function Builder*. Wir werden im Folgenden die Systematik der Funktionsbausteine und des Function Builders wieder so weit darstellen, wie es für die Anwendung innerhalb von Smart Forms sinnvoll ist.

Mit der Aktivierung des Smart-Forms-Formulars wird im Hintergrund ein passender Funktionsbaustein erzeugt; der Name des Funktionsbausteins wird vom System automatisch vergeben.

Im Form Builder von Smart Forms steht eine Testfunktion zur Verfügung, über die der Funktionsbaustein ohne zugehöriges Rahmenprogramm in seinen Grundfunktionen getestet werden kann. Diese Testfunktion stammt aus dem Function Builder der Entwicklungsumgebung (Transaktion SE37). Wählen Sie im Form Builder von Smart Forms den Menüpfad FORMULAR • TESTEN (oder die Funktionstaste ⌈F8⌉), um zum Einstiegsbild des Function Builders zu kommen (siehe Abbildung 7.6).

Abbildung 7.6 Einstiegsbild des Function Builders

Der Name des Funktionsbausteins zum Formular wird direkt vorgeblendet. Er enthält u. a. das Kürzel SF für Smart Forms und eine ansteigende Nummer. Das weitere Vorgehen für Einzeltests haben wir bereits in Abschnitt 2.5, »Formulare prüfen, testen, aktivieren«, beschrieben.

[»] **Änderungsfunktion im Function-Builder-Einstiegsbild**

Das Einstiegsbild zum Function Builder bietet auch die Taste ÄNDERN an. Allerdings ist eine Änderung am Quelltext nicht sinnvoll, denn schließlich wird der Programmcode immer automatisch erzeugt und bei der nächsten Generierung auch wieder überschrieben. Der Änderungsmodus wird auch per Zugangsschlüssel abgefangen. Eine dennoch durchgeführte Änderung wird mithilfe des Modifikationsassistenten aufgezeichnet.

Wir stellen Ihnen im ersten Schritt die Funktionen vor, über die Sie Funktionsbausteine erstellen. Auch wenn für Funktionsbausteine aus Smart Forms eine Pflege (Änderung) auf diesem Weg nicht sinnvoll ist, können die Darstellungsformen in dem einen oder anderen Fall weiterhelfen. Häufig ist es ja hilfreich zu wissen, was eigentlich im Hintergrund so geschieht.

Eigenschaften des Funktionsbausteins

Wählen Sie im Einstiegsbild zum Function Builder (siehe Abbildung 7.6) die Taste Anzeigen, um in die Pflegefunktionen zum Funktionsbaustein zu wechseln. Es folgt das Hauptbearbeitungsbild (siehe Abbildung 7.7).

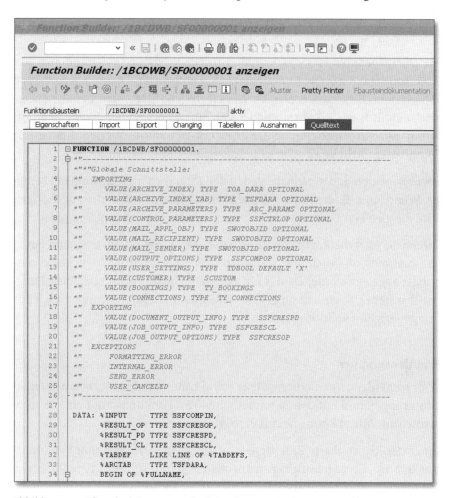

Abbildung 7.7 Pflegefunktionen zum Funktionsbaustein im Function Builder

Die Pflegefunktionen bestehen aus mehreren Registerkarten, wobei die Registerkarte Quelltext (des Funktionsbausteins) vorgeblendet ist. Trotz der zahlreichen Funktionen, die unter der Verwendung von Smart Forms zur Verfügung stehen, ist der erzeugte Quelltext auf den ersten Blick überraschend kurz. Die meisten Funktionen zur Abarbeitung sind wieder in untergeordneten Funktionsbausteinen hinterlegt und deshalb auf den ersten Blick nicht erkennbar.

[+]

Haltepunkt setzen

In dieser Anzeige zum Quelltext können Sie direkt einen Haltepunkt (im System auch als »Breakpoint« bezeichnet) setzen, falls Sie den Ablauf der Formularausgabe per Debugger überwachen möchten. Der Einstieg über die Testfunktion ist ein guter Weg, um die vom Rahmenprogramm gelieferten Daten zu kontrollieren (siehe auch Abschnitt 7.2.4, »ABAP Debugger«).

Die Übergabeparameter des Funktionsbausteins selbst sind zusammen mit ihrer Typangabe nur als Kommentarzeilen aufgelistet. Diese Zeilen werden vom System automatisch erstellt. Die eigentliche Definition der Parameter erfolgt ähnlich wie im Form Builder von Smart Forms über eigene Registerkarten. Auch die Bezeichnung der Registerkarten dürfte aus dem Knoten zur Formularschnittstelle von Smart Forms schon bekannt sein.

Ebenso entsprechen die Inhalte genau den Einträgen im zugehörigen Formular. Wenn Sie z. B. die Registerkarte IMPORT öffnen, sind in der zugehörigen Liste die gleichen Definitionen enthalten wie im zugehörigen Formular.

Öffnen Sie jetzt die Registerkarte EIGENSCHAFTEN. Sie sehen, dass zum Funktionsbaustein offensichtlich zusätzlich auch eine gleichnamige Funktionsgruppe angelegt wurde. Da das für jeden von Smart Forms erzeugten Funktionsbaustein gilt, enthält umgekehrt jede dieser Funktionsgruppen auch nur einen einzigen Funktionsbaustein.

Funktionsgruppen

Wir beschäftigen uns an dieser Stelle etwas näher mit dem Aufbau von Funktionsgruppen und mit den Besonderheiten von Funktionsgruppen, die automatisch aus Smart Forms heraus erzeugt werden.

Unter der Registerkarte EIGENSCHAFTEN des Pflege-Dynpros zum Funktionsbaustein ist die zugehörige gleichnamige Funktionsgruppe genannt (siehe Abbildung 7.8). Über SPRINGEN • RAHMENPROGRAMM können Sie die Inhalte dieser Funktionsgruppe anzeigen.

Das System wechselt automatisch in den ABAP Editor. Der Quelltext zum Rahmenprogramm der Funktionsgruppe wird als *Function-Pool* bezeichnet. Die Systematik im Rahmenprogramm jeder Funktionsgruppe ist gleich; sie besteht aus folgenden Elementen:

- globale Datendefinitionen
- zugeordnete Funktionsbausteine

▸ individuelle Programmroutinen, die als Unterprogramme von allen Funktionsbausteinen der Funktionsgruppe verwendet werden können

```
Functionpool    /1BCDWB/SAPLSF00000001        aktiv
    1  |*****************************************************************
    2  |*    System-defined Include-files.                              *
    3  |*****************************************************************
    4  |   INCLUDE /1BCDWB/LSF00000001TOP.         " Global Data
    5  |   INCLUDE /1BCDWB/LSF00000001UXX.         " Function Modules
    6  |
    7  |*****************************************************************
    8  |*    User-defined Include-files (if necessary).                 *
    9  |*****************************************************************
   10  |*  INCLUDE /1BCDWB/LSF00000001F...         " Subroutines
   11  |*  INCLUDE /1BCDWB/LSF00000001O...         " PBO-Modules
   12  |*  INCLUDE /1BCDWB/LSF00000001I...         " PAI-Modules
   13  |*  INCLUDE /1BCDWB/LSF00000001E...         " Events
   14  |*  INCLUDE /1BCDWB/LSF00000001P...         " Local class implement.
   15  |*  INCLUDE /1BCDWB/LSF00000001T99.         " ABAP Unit tests
   16  |   INCLUDE /1BCDWB/LSF00000001F01.
```

Abbildung 7.8 Quelltext der Funktionsgruppe

In unserem Fall sind diese Gruppen auch durch drei Einträge vertreten (als Include-Bausteine, die jeweils wieder Verweise auf den eigentlichen Quelltext sind):

▸ **INCLUDE .../...TOP**
Dieser Eintrag enthält alle globalen Datendefinitionen der Funktionsgruppe, in unserem Fall insbesondere auch die Datendefinitionen, die wir im Knoten für die allgemeinen Definitionen des Form Builders vorgenommen haben.

▸ **INCLUDE .../...UXX**
Dieser Eintrag enthält einen Verweis auf den Quelltext des Funktionsbausteins, der auch im Einstiegsbild zum Function Builder vorgeblendet war.

▸ **INCLUDE .../...F01**
Dieser Eintrag enthält individuelle Unterprogramme zum Formular, die vom Funktionsbaustein aufgerufen werden. Hier finden sich u. a. alle Knoten wieder, die im zugehörigen Formular angelegt worden sind.

Inhalt eines Knotens anzeigen

Jedes der Include-Programme können Sie per Mausdoppelklick öffnen. Probieren Sie es einfach mit dem letzten Baustein, und schon sehen Sie den ABAP-Quelltext zu einer Reihe von Unterprogrammen (Formroutinen). Hier sollten auch alle ausführbaren Knoten aus dem Beispielformular enthalten sein. Wenn Sie eine Volltextsuche nach der Grafik MYSAPCOM starten, die Sie im Schnelleinstieg in das Formular eingebunden haben (beim Funktionsbaustein zum Formular SF_EXAMPLE_01), sollte der zum Grafik-Knoten gehörige ABAP-Code wie in Abbildung 7.9 aussehen.

```
Include          /1BCDWB/LSF00000001F01         aktiv

520
521  ⊟ *-------------------------------------------------------------------
522    *    FORM %WI1_BODY
523    *-------------------------------------------------------------------
524
525  ⊟FORM %WI1_BODY.
526
527    CLEAR %GRAPHICKEY.
528    PERFORM %MOVE USING %GRAPHICKEY-TDNAME 'MYSAPCOM'.
529    PERFORM %MOVE USING %GRAPHICKEY-TDOBJECT 'GRAPHICS'.
530    PERFORM %MOVE USING %GRAPHICKEY-TDID 'BMAP'.
531    PERFORM %MOVE USING %GRAPHICKEY-TDBTYPE 'BCOL'.
532    CALL FUNCTION 'SSFCOMP_PRINT_GRAPHIC'
533         EXPORTING  BM_NAME          = %GRAPHICKEY-TDNAME
534                    BM_OBJECT        = %GRAPHICKEY-TDOBJECT
535                    BM_ID            = %GRAPHICKEY-TDID
536                    BM_TYPE          = %GRAPHICKEY-TDBTYPE
537                    BM_RESIDENT      = ' '
538                    BM_RELMODE       = 'W'
539                    BM_ALIGNMENT     = 'L'
540                    BM_MARGIN        = '0.00'
541                    BM_UMARGIN       = ' '
542                    BM_VALIGNMENT    = 'C'
543                    NAME             = 'MYSAPCOM'
544         EXCEPTIONS NON_MAIN_OVERFLOW = 1
545                    OTHERS           = 2.
546  ⊟ CASE SY-SUBRC.
547  ◇ WHEN 1.
548       %WEXIT = 'X'.
549  ◇ WHEN 2.
550       RAISE ERROR.
551  └ ENDCASE.
552    IF %WEXIT <> SPACE. EXIT. ENDIF.
553
554  └ ENDFORM.                        " %WI1_BODY
555
```

Abbildung 7.9 Unterprogramm zum Grafik-Knoten

Für die eigentliche Ausgabe der Grafik wird ein Funktionsbaustein SSFCOM_PRINT_GRAPHIC aus der Systembibliothek aufgerufen. Ein Doppelklick mit der Maus auf diesen Namen liefert seinen Quelltext und die Definitionen der Übergabeparameter. Über das Unterprogramm %MOVE werden diese Übergabeparameter vorher auf die Werte gesetzt, die Sie zuvor im Knoten des Formulars eingestellt haben.

Jeder andere ausführbare Knoten des Formulars ist ebenfalls hier eingebunden. Manchmal kann es sinnvoll sein, auf diese Weise den vom System erzeugten Programmcode zu überprüfen (z. B. auch bei eigenen Programm-Knoten). Oder Sie setzen einen passenden Haltepunkt für die Ausführung über den Debugger (siehe Abschnitt 7.2.4, »ABAP Debugger«).

Suche nach Inhalten ist in Textelementen nicht möglich **[«]**

Sie können allerdings nicht nach Inhalten von Textelementen suchen (aus Text-Knoten), denn diese sind unabhängig vom Formular und vom Funktionsbaustein abgelegt (siehe Abschnitt 10.2.5, »Textverwaltung«). Damit entfällt auch die Suche nach Feldern, die über Text-Knoten ausgegeben werden.

Verlassen Sie nach dieser kurzen Einführung die Funktionsgruppe, und kehren Sie zurück zum Einstiegsbild des Function Builders (siehe Abbildung 7.6).

Sie haben soeben das Rahmenprogramm bzw. die Definition von globalen Daten über die Funktionsgruppe kennengelernt. Beide Programmbereiche können Sie auch direkt vom Einstiegsbild des Function Builders (oder dem Pflege-Dynpro) über den Menüpfad SPRINGEN • RAHMENPROGRAMM aufrufen. Einen Überblick über die Struktur innerhalb der Funktionsgruppe erhalten Sie auch durch Darstellung der Objektliste über den Menüpfad HILFSMITTEL • OBJEKTLISTE ANZEIGEN. Damit öffnen Sie den Object Navigator (wie über Transaktion SE80).

7.2.4   ABAP Debugger

Bei anspruchsvolleren Formularentwicklungen mit Smart Forms ist häufig die korrekte Bereitstellung von Datenbankinformationen eine zentrale Aufgabe. Dabei werden Sie auch komplexere Programmcodes im Rahmenprogramm erstellen müssen. Unter Umständen sind auch anspruchsvolle Routinen in den Programm-Knoten des Formulars erforderlich. Es stellt sich also die Aufgabe, die Funktion des Programmcodes auf Fehlerfreiheit hin zu überprüfen. Hierzu haben Sie folgende Möglichkeiten:

- Für die formale Überprüfung (richtige Eingabe der Anweisungen, der Variablennamen etc.) steht die eingebaute Syntaxprüfung zur Verfügung.

- Zusätzlich können Sie sich Ergebnisse des Programmcodes (z. B. in Form von Feldern) einfach über Ausgaben im Formular ansehen.

Entspricht der Inhalt den Erwartungen, können Sie mit einer gewissen Wahrscheinlichkeit davon ausgehen, dass auch der Programmcode korrekt ist. Aber selbst erfahrene Programmentwickler werden einräumen, dass das Ergebnis bei komplexeren Programmroutinen leider zunächst einmal nicht den Erwartungen entspricht (trotz formal überprüfter Programmzeilen). Die Ursachen dafür können vielfältig sein, z. B. haben ausgewertete Quellvariablen nicht die Inhalte, die erwartet waren, oder es werden Optionen zu ABAP-

Anweisungen vom Entwickler falsch interpretiert. Da die Ursachen im Fehlerfall normalerweise nicht sofort ersichtlich sind (sonst hätte man es ja gleich richtig gemacht), ist auch das Einkreisen der Fehlerquelle mühsam.

Zur Unterstützung der Programmanalyse – und damit häufig zur Klärung der Fehlerquelle – enthält die ABAP-Entwicklungsumgebung den Debugger. Über dieses Werkzeug kann jedes ABAP-Programm schrittweise ausgeführt werden. Das bedeutet Folgendes:

▸ Wenn Sie ein Programm bei eingeschaltetem Debugger aufrufen, wird zunächst nur die erste Programmzeile ausgeführt.

▸ Dann zeigt das System einen speziellen Debug-Bildschirm, über den der Programmentwickler den Zustand der Programmumgebung überwachen kann (z. B. durch Anzeige der Inhalte von Programmvariablen).

▸ Über Funktionstasten können Sie dann die Ausführung der nächsten Programmzeile veranlassen usw.

Da ein Programm durchaus Tausende Programmzeilen enthalten kann, wird das schrittweise Überprüfen, beginnend beim Programmstart, schnell zu einer mühsamen Angelegenheit. Deshalb bietet der Debugger die Möglichkeit, die Einsprungstelle ins Programm nicht nur auf den Programmanfang zu legen, sondern über einen sogenannten *Haltepunkt* auf jede beliebige Programmzeile.

Wahlweise können Sie auch mehrere Haltepunkte einstellen, wobei der Debugger dann nacheinander an jedem dieser Haltepunkte anhält. Mithilfe von Haltepunkten können Sie z. B. Dateninhalte am Beginn und am Ende einer Programmfunktion vergleichen.

Da jedes Formular mit seiner Aktivierung im Hintergrund in ein ABAP-Programm übersetzt wird, lässt sich auch hier der Debugger für die Fehleranalyse einsetzen. Es gibt aber eine erste Einschränkung: Sie können den Debugger nur bedingt aus dem Form Builder heraus aktivieren. Verwenden Sie dafür bei Bedarf die Anweisung BREAK-POINT (siehe Abschnitt »Schritt 3: Debugger im Formular« in diesem Abschnitt) im Programm-Knoten. Komfortabler ist aber auf jeden Fall, den Debugger über die Entwicklungsumgebung aufzurufen.

Mit der folgenden knappen Einführung möchten wir insbesondere zeigen, dass der Einsatz dieses nützlichen Werkzeugs auch den Smart-Forms-Entwicklern gelingen kann, die bisher nicht über Programmiererfahrung verfügen.

Schritt 1: Debugger aktivieren

Wir werden zunächst zeigen, wie Sie den Debugger für den Quelltext in einem Programm-Knoten des Formulars einschalten können. Da das Formular als Funktionsbaustein in das aufrufende Rahmenprogramm eingebunden ist, greifen wir an dieser Stelle auch auf den Function Builder als zugehöriges Programmierwerkzeug innerhalb der ABAP-Entwicklungsumgebung zurück, um den Aufruf des Debuggers zu ermöglichen.

Wechseln Sie über den Menüpfad FORMULAR • TESTEN des Form Builders (oder über die Funktionstaste F8) in das Einstiegsbild zum Function Builder. Der Name des Funktionsbausteins zum Formular ist bereits vorgeblendet. Wählen Sie dort den Button ANZEIGEN. Daraufhin öffnet sich der Function Builder in seiner kompletten Funktionalität mit Darstellung des Quelltextes zum Funktionsbaustein (siehe Abbildung 7.10).

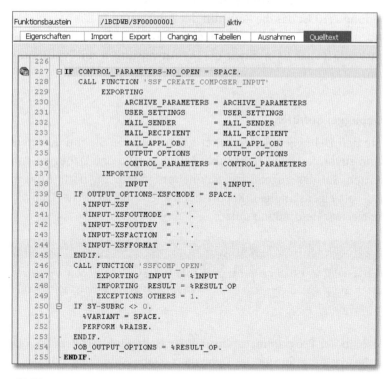

Abbildung 7.10 Function Builder mit Haltepunkt

Im ersten Schritt möchten wir nun erreichen, dass das Rahmenprogramm sofort nach Aufruf des Funktionsbausteins die Ausführung unterbricht.

1. Dazu sollten Sie die erste ausführbare Programmzeile im Funktionsbaustein über einen Haltepunkt markieren. Gehen Sie deshalb mit dem Schreibcursor auf die erste Zeile des Programmcodes, die immer mit FUNCTION /1BCDWB/SF... beginnt. Danach folgt eine ganze Reihe von Definitionen.

2. Wenn Sie den Cursor richtig positioniert haben, setzen Sie einen neuen Haltepunkt. Das machen Sie entweder über den Menüpfad HILFSMITTEL • BREAKPOINTS • SETZEN/LÖSCHEN oder über das Session-Breakpoint-Symbol 🖾 für SETZEN/LÖSCHEN in der Symbolleiste oder per Tastatur über `Strg`+ `⇧` + `F12`. (Auf dem gleichem Wege können Sie später den Haltepunkt auch wieder entfernen.)

3. Nach kurzer Bearbeitungszeit reagiert das System. Markiert wird aber nicht etwa die erste Programmzeile im Code, die Sie soeben angewählt haben, sondern die erste ausführbare Programmzeile. In unserem Beispiel der Abbildung 7.10 ist das die Zeile mit der Anweisung IF CONTROL_PARAMETERS-NO_OPEN = SPACE. Als nicht ausführbare Programmzeilen gelten also offensichtlich auch DATA- sowie DEFINE-Anweisungen zur Typisierung von Daten.

Schritt 2: Debugger aufrufen

Nachdem Sie den Debugger eingeschaltet haben, müssen Sie ihn aufrufen, damit Sie zum zuvor gesetzten Haltepunkt gelangen. Um den Debugger aufzurufen, starten Sie das zugehörige Rahmenprogramm (je nach Anwendungsfall z. B. als eigenständigen Report oder über eine fachliche Transaktion, die die Nachrichtenfindung nutzt).

[+] **Haltepunkt wird nicht erreicht**

Nicht immer »merkt« das Rahmenprogramm sofort, dass ein Haltepunkt gesetzt wurde. Starten Sie gegebenenfalls die Transaktion zum Rahmenprogramm neu. Das hilft auf jeden Fall!

Sobald innerhalb der Programmausführung der Haltepunkt erreicht ist, öffnet sich das Bearbeitungsfenster des Debuggers (siehe Abbildung 7.11).

[»] **Navigation im Quelltext**

Im Quelltext können Sie über die Tasten `Bild ↑` und `Bild ↓` blättern. Sie können aber leider nicht über die üblichen Pfeiltasten zeilenweise vor- oder zurücklaufen. Zu einer beliebigen Stelle im Quelltext springen Sie am besten über die Volltextsuche.

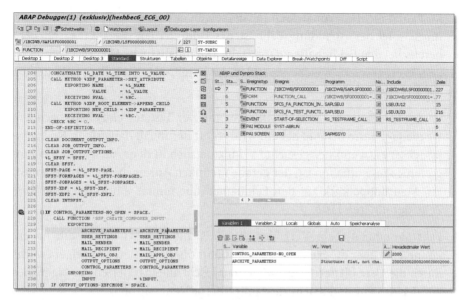

Abbildung 7.11 Debugger mit Haltepunkt und Feldinhalten

Der linke Teil des Bildschirms zeigt als Ausschnitt die Programmstelle, an der die Ausführung unterbrochen wurde.

Der vorher eingetragene Haltepunkt ist wieder über ein Stopp-Zeichen zu erkennen. Der Pfeil darauf (Debug-Cursor) zeigt, dass die Programmausführung auch genau bis zu dieser Stelle geführt hat, die aktuelle Anweisung ist dabei noch nicht ausgeführt worden.

Um diese Zeile auszuführen, steht im Menü DEBUGGING • EINZELSCHRITT (Funktionstaste [F5]) zur Verfügung. Der Debug-Cursor wechselt dann in die nächste Ausführungszeile. In unserem Fall wird über IF eine Bedingung zur Variablen CONTROL_PARAMETERS-NO_OPEN abgefragt. Ist diese Bedingung erfüllt (hier: Wert ist leer), wird die Funktion SSD_CREATE_COMPOSER_INPUT aufgerufen; ist sie nicht erfüllt, läuft das System ohne Ausführung der Funktion direkt auf die Zeile IF SFSY-XDF = 'X'.... Je nach Fortbewegung im Programmcode wird auch die Bildschirmdarstellung aktualisiert.

Um in dieser Situation abschätzen zu können, welches der nächste Schritt ist, sollten Sie als Anwender den Inhalt der Variablen CONTROL_PARAMETERS-NO_OPEN kennen. Genau das ermöglicht der Anzeigebereich im rechten Teil.

Feldinhalte anzeigen

Sie sehen in diesem rechten Teil die Registerkarte VARIABLEN 1. Diese zeigt Programmvariablen mit ihrem Inhalt. Links steht der Feldname (Spalte VARI-

ABLE) und rechts davon dessen Inhalt (soweit er darstellbar ist, Spalte WERT). Im Beispiel der Abbildung 7.11 ist das Feld CONTROL_PARAMETERS-NO_OPEN bereits bei den Feldinhalten dargestellt. Die Inhaltsspalte WERT ist leer (es ist kein Wert gesetzt). Welche Variablen dargestellt werden sollen, entscheiden Sie als Anwender:

Ist der Feldname bekannt, können Sie ihn per Tastatur eingeben; nachdem Sie die ⏎-Taste betätigt haben, wird sofort der Inhalt dargestellt. Noch einfacher ist es, wenn der gesuchte Feldname auch in dem Ausschnitt des Programmcodes enthalten ist, der gerade im linken Anzeigebereich zu sehen ist. Ein Mausdoppelklick auf den Feldnamen übernimmt ihn in die erste freie Zeile der unteren Liste.

Falls Sie einmal mehr Variablen als die sichtbaren Zeilen gewählt haben, können Sie über die Pfeiltasten der Tastatur oberhalb dieses Anzeigebereichs durch die Liste blättern. Der Mülleimer löscht alle markierten Anzeigefelder aus der Ansicht und macht sie damit frei für Neueingaben.

Inhalte von strukturierten Variablen anzeigen

Was bei Feldern noch einigermaßen übersichtlich ist, gestaltet sich bei internen Tabellen schon schwieriger; trotzdem werden Sie deren Inhalt besonders häufig kontrollieren wollen. In Abbildung 7.11 haben wir die Struktur ARCHIVE_PARAMETERS aufgenommen, die über die Schnittstelle vom aufrufenden Rahmenprogramm bereitgestellt wird. Bei diesem Datentyp gibt der Debugger nur an, dass es sich um eine Struktur handelt. Per Mausdoppelklick auf den Zeileneintrag springt die Anzeige wie in Abbildung 7.12 dargestellt auf die Registerkarte STRUKTUREN und dort auf die Registerkarte FELDLISTE. Da die Struktur keine Werte enthält, ist die Spalte WERT leer (siehe Abbildung 7.12).

Bis hierher haben Sie schon die wichtigsten Funktionen kennengelernt, um die Feldinhalte im Programm zu überprüfen. Anhand des gezeigten Beispiels haben Sie auch konkret gesehen, wie eine Überprüfung der Datenübergabe vom Formular zum Funktionsbaustein des Formulars aussehen kann. Über den Haltepunkt wurde der Debugger direkt bei Aufruf des Funktionsbausteins aktiviert; damit sind dann automatisch alle Importfelder der Formularschnittstelle mit ihren Inhalten abrufbar.

[»] | **Haltepunkte im Rahmenprogramm setzen**

Wir sind den Weg über den Funktionsbaustein gegangen, um den Haltepunkt zu setzen. Zum gleichen Ergebnis führt natürlich auch der Weg über das Rahmenprogramm. Setzen Sie dort den Haltepunkt einfach direkt auf den Aufruf zum Funktionsbaustein.

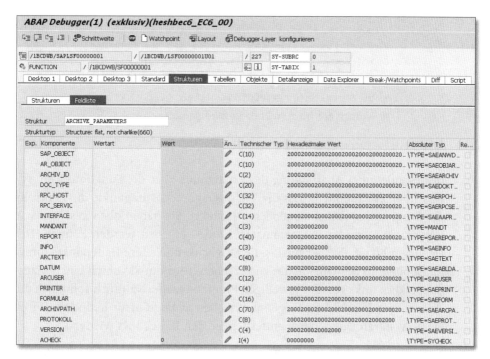

Abbildung 7.12 Debugger mit Strukturinhalten

Anweisungen schrittweise ausführen

Das Programm steht noch immer an der gleichen Stelle, an der die Ausführung per Haltepunkt unterbrochen wurde, gegebenenfalls auch einige Programmzeilen weiter, wenn Sie die Einzelschritt-Funktion schon ausprobiert haben. Natürlich wäre es mühsam, das gesamte restliche Programm auch über Einzelschritte fortzuführen. Dafür stehen im Menü DEBUGGING bzw. über die Symbolleiste weitere Funktionen zur Bewegung zur Verfügung. Die zugehörigen Funktionstasten sind in Tabelle 7.1 aufgeführt.

Taste	Beschreibung
F5	*Einzelschritt*: Es wird Anweisung für Anweisung ausgeführt; auch untergeordnete Funktionsaufrufe werden explizit im Einzelschritt ausgeführt.
F6	*Ausführen*: Es wird dieselbe Bewegung wie beim Einzelschritt durchgeführt; allerdings werden Aufrufe von Unterprogrammen und Functions komplett in einem Zuge durchlaufen.
F7	*Return*: Der Debugger kehrt an die Stelle zurück, an der ein aufrufendes Programm wieder die Kontrolle übernimmt (z. B. an das Ende des Function-Aufrufs aus dem Rahmenprogramm).

Tabelle 7.1 Funktionstasten des Debuggers

Taste	Beschreibung
F8	*Weiter (bis Cursor)*: Der Programmcode wird in einem Zuge bis zu folgenden Stellen ausgeführt: ▸ bis zu der Position, an der sich der Schreibcursor befindet ▸ bis zum nächsten gesetzten Haltepunkt ▸ einfach nur bis zum Ende des Programms

Tabelle 7.1 Funktionstasten des Debuggers (Forts.)

Insbesondere bei Abarbeitung des Programms über die Funktionstaste F8 ist schnell zu erkennen, dass die Wahl geeigneter Haltepunkte die Kontrolle des Programmablaufs maßgeblich erleichtert. Sie haben oben gesehen, wie Haltepunkte vor der Programmausführung vergeben werden können. Der Debugger bietet darüber hinaus die Möglichkeit, weitere Haltepunkte direkt im Debug-Bild des Quelltextes zu vergeben. Dies tun Sie durch einen Mausdoppelklick links von der jeweiligen Programmzeile. Natürlich sollte sich die Zeile in der Ausführung vor dem aktuellen Debug-Cursor befinden. Durch einen weiteren Doppelklick entfernen Sie den Haltepunkt wieder.

Noch einfacher geht die Fortführung des Programms durch die Positionierung über den Schreibcursor. Sobald dieser in einer Zeile vor der aktuellen Ausführungszeile steht, wird das Programm per Funktionstaste F8 vom letzten Haltepunkt nur bis zu dieser Zeile fortgeführt.

[»] | **Sicherheitsmechanismus**

Wenn Sie die Programmausführung über den Debugger nach mehreren Minuten nicht aktiv fortsetzen, wird die ganze Transaktion vom SAP-System abgebrochen. Der zugehörige Modus zeigt dann wieder direkt das Hauptmenü des SAP-Easy-Access-Menüs. Dieser Sicherheitsmechanismus existiert vor allem deshalb, weil ein aktiver Debugger viel Rechenleistung erfordert und gegebenenfalls andere Anwendungen verlangsamen kann.

Haltepunkte, die fest im Programmcode eingetragen sind, bleiben dort bis zum Ende der aktuellen Sitzung stehen. Denken Sie also bei der Weiterarbeit in der aktuellen Sitzung daran, die Haltepunkte auch wieder zu entfernen (über das Symbol 🛑 in der Symbolleiste des ABAP Editors, Function Builders etc.). Damit vermeiden Sie ungewollte Haltestellen in der weiteren Entwicklung. Über den Menüpfad HILFSMITTEL • BREAKPOINTS • ANZEIGEN erhalten Sie dort auch eine Liste aller aktuell angelegten Haltepunkte, die Sie gegebenenfalls auch auf diesem Weg löschen können.

Schritt 3: Debugger im Formular

Wie erwähnt können Sie den Debugger mit Einschränkungen auch direkt im Form Builder von Smart Forms aktivieren. Einziger Einstiegspunkt ist der Programm-Knoten. Die Pflege des Quelltextes erfolgt dort zwar auch über den ABAP Editor, es fehlt allerdings auf der Bedienoberfläche die Funktion, einen Haltepunkt zu setzen (wie es in Transaktion SE38 möglich ist, z. B. über das Symbol 🛑).

Wir empfehlen zwei Varianten zum Setzen eines Haltepunktes:

▸ **Verwendung einer ABAP-Anweisung**
Für die erste Variante bietet ABAP das Schlüsselwort BREAK-POINT, das Sie in jeder beliebigen Quelltextzeile eines Programm-Knotens einfügen können. Der Debugger hält dann exakt an dieser Stelle.

Das ist sicher der schnellste Weg, wenn Sie im Rahmen der Formularentwicklung auch Programm-Knoten verwenden möchten. In dieser Situation ist es kein besonderer Nachteil, dass Sie für das Einfügen der Anweisung den Quellcode ändern und dann das Formular neu aktivieren müssen.

▸ **Haltepunkt im Function Builder über eine Suche nach dem betreffenden Knoten setzen**
Wenn Sie allerdings die zweite Variante mit dem Weg über den Function Builder nutzen, sind Sie zusätzlich unabhängig vom Knotentyp. Sie können also z. B. auch den Ablauf bei der Abarbeitung eines Text-Knotens kontrollieren.

Zum zweiten Weg möchten wir Ihnen im Folgenden noch einige Hilfestellungen geben. Alle Knoten des Formulars sind im generierten Funktionsbaustein als einzelne Unterprogramme realisiert (Formroutinen), wobei jedes Unterprogramm auch den Namen des zugehörigen Knotens enthält. Alle diese Formroutinen sind wiederum in einem Include-Programm zusammengefasst.

Hintergrund des Begriffs »Include«   **[«]**

Der Begriff *Include* hat an dieser Stelle nichts mit der Einbindung von SAPscript-Texten zu tun. Es handelt sich hier um einen speziellen Programmtyp, der Routinen zusammenfasst, die zur Einbindung in einem anderen Programm vorgesehen sind. Es wird also nur der gleiche Begriff verwendet.

Der Name des betreffenden Includes wird wie der Name des zugehörigen Funktionsbausteins zufällig vergeben.

Übungsbeispiel: Knotensuche

Wir verdeutlichen den oben dargestellten zweiten Weg anhand eines Beispiels. Um das erzeugte Unterprogramm zu einem Knoten zu finden, können Sie die Volltextsuche im Function Builder verwenden. Angenommen, der gesuchte Knoten heißt INFO_TEXT. In diesem Fall gehen Sie folgendermaßen vor:

▸ Wählen Sie wieder den Funktionsbaustein über den Menüpfad FORMULAR • TESTEN im Form Builder, und öffnen Sie dann den Function Builder im Anzeigemodus.

▸ Über den Menüpfad BEARBEITEN • SUCHEN/ERSETZEN rufen Sie dort die erweiterte Volltextsuche der Entwicklungsumgebung auf (siehe auch Hinweise in Abschnitt 7.2.2, »ABAP Editor«, zur Suche im ABAP Editor). Wichtig ist das Attribut GLOBAL IM RAHMENPROGRAMM, das dafür sorgt, dass auch die zugeordneten Includes in die Suche einbezogen werden.

Das Ergebnis des Suchvorgangs ist eine Liste aller gefundenen Einträge zum gesuchten Text (hier allerdings nur mit einer Fundstelle). Per Mausdoppelklick gelangen Sie direkt zu der entsprechenden Stelle im Quelltext (siehe Listing 7.1).

```
*-------------------------------------------------------------
*   FORM %WI4_BODY
*-------------------------------------------------------------
FORM %WI4_BODY.
  REFRESH %inputfields.
  fill_textarea ' '  0  0  ' '.
  PERFORM %write_text USING 'INFO_TEXT' space space 'P' space
      %inputfields %textarea.
  IF %wexit <> space. EXIT. ENDIF.
ENDFORM.                           " %WI4_BODY
```

Listing 7.1 Text-Knoten im Funktionsbaustein zum Formular

Da es sich in unserem Fall um einen Text-Knoten handelt, wird die zentrale Formroutine WRITE_TEXT aufgerufen. Ein Haltepunkt an dieser Stelle würde direkt die Überwachung der zugehörigen Knotenfunktionen ermöglichen.

Vermutlich werden Sie die Überwachung per Debugger aber häufiger in einem Programm-Knoten benötigen. Um den übersetzten Programmcode zu finden, können Sie auch dort wieder den Namen des Knotens als Suchkriterium nutzen.

Bei langen Programmsequenzen kann es auch sinnvoll sein, direkt an eine bestimmte Stelle im Code des Programm-Knotens zu springen. Wählen Sie als Suchbegriff in diesem Fall z. B. eine lokale Variable oder die Inhalte einer Kommentarzeile, die ebenfalls in die Suche eingebunden werden kann (fügen Sie gegebenenfalls einen eindeutigen Kommentar als Suchbegriff ein). Aber beachten Sie auch: Der Funktionsbaustein zum Formular wird immer erst bei Aktivierung neu erzeugt, d. h., entsprechende Suchbegriffe sind auch erst dann im Funktionsbaustein zu finden.

Fallstrick »Haltepunkt wird nicht gesetzt« umgehen   [+]

Leider wird der Haltepunkt im Funktionsbaustein nicht immer gleich an der gewünschten Programmstelle gesetzt, wenn Sie die Stelle per Volltextsuche gefunden haben. Stattdessen folgt eine Fehlermeldung '0000', die natürlich nicht weiterhilft. Setzen Sie in diesem Fall kurzzeitig einen Haltepunkt auf der ersten Seite des Funktionsbausteins (auch wenn er nicht mehr gebraucht wird). Suchen Sie dann erneut die eigentliche Programmstelle, und setzen Sie nun den gewünschten Haltepunkt. Jetzt sollte es gehen!

7.2.5   ABAP Dictionary

Im Zusammenhang mit der Typisierung von Variablen haben wir auf die Bedeutung des *ABAP Dictionarys* mit seinen Datentypen hingewiesen. Es ermöglicht z. B. auf übersichtliche Weise die gleichartige Definition von Parametern der Formularschnittstelle im Formular und im Rahmenprogramm. Um diesen Vorteil auch bei der Entwicklung eigener Formulare zu nutzen, ist es sinnvoll, eigene Datentypen anzulegen, wenn diese noch nicht vorhanden sind.

Wir stellen im Folgenden das ABAP Dictionary etwas ausführlicher vor. Dabei behandeln wir für die Formularentwicklung mit Smart Forms zwei zentrale Fragestellungen:

- Welche zusätzlichen Informationen sind über einen Datentyp abrufbar?
- Wie werden neue Datentypen angelegt und gegebenenfalls geändert?

Die Erläuterungen sollen wieder anhand eines konkreten Beispiels erfolgen, wir werden die vorhandenen Übergabeparameter der Formularschnittstelle zu einer gemeinsamen Struktur zusammenfassen.

Nachstellen der folgenden Erläuterungen   [«]

Sie können das beschriebene Beispiel zur Übung natürlich auch wieder am eigenen System nachspielen. Beachten Sie aber, dass danach die Feldnamen im Formular und im Rahmenprogramm teilweise andere sind, was leicht zu Verwirrungen führen könnte, wenn Sie danach noch weitere Kapitel des Buches durcharbeiten.

Einstieg in das ABAP Dictionary

Starten Sie das ABAP Dictionary über den Menüpfad WERKZEUGE • ABAP WORKBENCH • ENTWICKLUNG • DICTIONARY (Transaktion SE11). Für Smart-Forms-Anwender sind im Eröffnungsbild eigentlich nur zwei Punkte wichtig:

▸ **Datenbanktabelle**
  Die Datenbanktabelle enthält die Beschreibung aller transparenten Datenbanktabellen im System; dort sind die eigentlichen Daten untergebracht.

▸ **Datentyp**
  Der Datentyp enthält alle Einträge im Dictionary, die Sie für die Definition weiterer Daten verwenden können.

Wählen Sie als Beispiel die Datenbanktabelle SBOOK. Sie enthält alle Flugbuchungen, auf die wir unser Beispielformular ausgelegt haben. Es handelt sich um eine Originaldatenbanktabelle von SAP; wenn Sie den Anzeigemodus verwenden, erhalten Sie also eine Darstellung wie in Abbildung 7.13.

Dictionary: Tabelle anzeigen

Technische Einstellungen Indizes... Append-Struktur...

| Transp. Tabelle | SBOOK | aktiv |
| Kurzbeschreibung | Einzelflugbuchung | |

| Eigenschaften | Auslieferung und Pflege | Felder | Eingabehilfe/-prüfung | Währungs-/Mengenfelder |

Suchhilfe   Eingebauter Typ   1 / 24

Feld	Key	Ini...	Datenelement	Datentyp	Länge	DezS...	Kurzbeschreibung	Gruppe
MANDT	✓	✓	S_MANDT	CLNT	3	0	Mandant	
CARRID	✓	✓	S_CARR_ID	CHAR	3	0	Kurzbezeichnung der Fluggesellschaft	
CONNID	✓	✓	S_CONN_ID	NUMC	4	0	Code der Einzelflugverbindung	
FLDATE	✓	✓	S_DATE	DATS	8	0	Flugdatum	
BOOKID	✓	✓	S_BOOK_ID	NUMC	8	0	Buchungsnummer	
CUSTOMID		✓	S_CUSTOMER	NUMC	8	0	Flugkundennummer	
CUSTTYPE		✓	S_CUSTTYPE	CHAR	1	0	Kundentyp	
SMOKER		✓	S_SMOKER	CHAR	1	0	Raucherplatz	
LUGGWEIGHT		✓	S_LUGGWEIG	QUAN	8	4	Gewicht des Fluggepäcks	
WUNIT		✓	S_WEIUNIT	UNIT	3	0	Gewichtseinheit	
INVOICE		✓	S_INVFLAG	CHAR	1	0	Rechnungsstellung	
CLASS		✓	S_CLASS	CHAR	1	0	Flugklasse	
FORCURAM		✓	S_F_CUR_PR	CURR	15	2	Preis der Buchung in Fremdwährung (abhängig vom Buch.-Ort)	
FORCURKEY		✓	S_CURR	CUKY	5	0	Zahlungswährung	
LOCCURAM		✓	S_L_CUR_PR	CURR	15	2	Preis der Buchung in Hauswährung der Fluggesellschaft	
LOCCURKEY		✓	S_CURRCODE	CUKY	5	0	Hauswährung der Fluggesellschaft	
ORDER_DATE		✓	S_BDATE	DATS	8	0	Buchungsdatum	
COUNTER			S_COUNTNUM	NUMC	8	0	Nummer der Verkaufsstelle	
AGENCYNUM			S_AGNCYNUM	NUMC	8	0	Nummer des Reisebüros	
CANCELLED			S_CANCEL	CHAR	1	0	Stornierungskennzeichen	
RESERVED			S_RESERV	CHAR	1	0	Reservierungskennzeichen	
PASSNAME			S_PASSNAME	CHAR	25	0	Name des Passagiers	
PASSFORM			S_FORM	CHAR	15	0	Anrede	
PASSBIRTH			S_BIRTHDAT	DATS	8	0	Geburtsdatum eines Passagiers	

Abbildung 7.13 Bearbeitungsbild im ABAP Dictionary

Bearbeitungsbild im ABAP Dictionary

Die mittlere Registerkarte FELDER zeigt die einzelnen Felddefinitionen innerhalb der Datenbanktabelle SBOOK. Die Feldnamen dürften aus der bisherigen Anwendung schon bekannt sein. Hier noch einige Anmerkungen zu den weiteren Merkmalen:

▸ **Key**
Die hier markierten Felder sind Schlüsselfelder und damit für die eindeutige Kennzeichnung eines Datensatzes wesentlich.

▸ **Datenelement**
Wie bei der Definition von Daten im Programm oder im Formular werden auch die Eigenschaften von Feldern einer Datenbanktabelle über Datentypen charakterisiert. Die Zuweisung erfolgt bei der Neuanlage eines Feldes und beinhaltet einen Verweis auf einen beliebigen Datentyp im Data Dictionary. Das sind dann gegebenenfalls nicht nur Feldtypen, sondern auch Strukturen und Tabellentypen. Bei Feldtypen sehen Sie in den folgenden Feldern/Spalten die Länge und gegebenenfalls die Dezimalstellen.

▸ **Prüftabelle (in der Registerkarte »Eingabehilfe/-prüfung«)**
Häufig sind nur bestimmte Werte für den Inhalt eines Feldes erlaubt (z. B. nur die Kürzel der bereits angelegten Fluggesellschaften). Die diesbezügliche Überwachung erfolgt automatisch über das SAP-System, wenn Sie hier eine entsprechende Prüftabelle zuweisen. Die Namen der Felder müssen übereinstimmen.

Per Mausdoppelklick auf die unterstrichenen Merkmale wechseln Sie zu weiteren Details des jeweiligen Eintrags. Wechseln Sie nun auf die Registerkarte EIGENSCHAFTEN. Sie sehen dort, dass die aktuelle Datenbanktabelle im Paket SAPBC_DATAMODEL enthalten ist. Diese Angabe ist z. B. dann relevant, wenn Sie nach anderen Tabellen des Flugdatenmodells suchen. In der Wertehilfe des Einstiegsbildes zum ABAP Dictionary steht auch das Paket als Selektionsmerkmal zur Verfügung.

Hilfsmittel

Für die weitere Analyse der Datenbanktabelle sind vor allem zwei Funktionen nützlich, die Sie über das Menü HILFSMITTEL aufrufen:

▸ **Funktion »Grafik«**
Die Verknüpfungen, die sich insbesondere über die Prüftabellen ergeben, werden hier grafisch dargestellt. In der Grafik können Sie per Mausdoppelklick auf eines der Tabellensymbole zu den beteiligten Datenbanktabel-

len wechseln und ihren Aufbau anschauen. Über einen Doppelklick auf einen Verbindungsarm sehen Sie die Felder der zugehörigen Verknüpfung.

Um diese Funktion aufzurufen, können Sie auch die Tastenkombination ⌈Strg⌉ + ⌈⇧⌉ + ⌈F11⌉ wählen.

▶ **Funktion »Tabelleninhalt · Anzeigen«**
Hierüber wechseln Sie direkt in die Transaktion SE16 zur Anzeige von Tabelleninhalten. Diese können Sie über diesen Weg auch pflegen.

Um diese Funktion aufzurufen, können Sie auch die Tastenkombination ⌈Strg⌉ + ⌈⇧⌉ + ⌈F10⌉ wählen.

[»]   **Testdaten erzeugen**

Die Eingabe von Testdaten über die Tabellenpflege kann bei einzelnen Tabellen durchaus ein sinnvolles Vorgehen sein. Verwenden Sie gegebenenfalls in der Listendarstellung der Buchungen die Funktion ANLEGEN MIT VORLAGE im Menü TABELLENEINTRAG. Ändern Sie dann gegebenenfalls die Felder nach Ihren Vorstellungen.

Auch hier wird die Integrität der Daten durch Abgleich mit den übergeordneten Prüftabellen automatisch sichergestellt. Allerdings sind für das Flugdatenmodell spezielle Programme vorhanden, die eigenständig eine Vielzahl von Buchungen erzeugen.

Übungsbeispiel: Eigenen Datentyp anlegen

Bisher haben wir die Eigenschaften einer vorhandenen Datenbanktabelle überprüft. Wir wechseln jetzt zur Pflege von Datentypen und tun dies gleich anhand eines Übungsbeispiels. Darin wird ein neuer Tabellentyp angelegt, der alle individuellen Tabellen der bisherigen Formularschnittstelle enthalten soll.

Wählen Sie im Eröffnungsbild zum ABAP Dictionary die Option DATENTYP und als Inhalt ZRIH_SF_ST_EXAMPLE. Auch beim Datentyp sind wieder Namenskonventionen zu beachten. Wählen Sie die Option ANLEGEN. Es folgt eine Abfrage zum untergeordneten Typ des Eintrags. Folgendes steht zur Auswahl:

▶ **Datenelement**
Ein Datenelement ist Grundlage für die Definition von einzelnen Feldern.

▶ **Struktur**
Eine Struktur fasst beliebige andere Datentypen zusammen; sie kann damit zur Typisierung von Feldleisten verwendet werden. Jede einzelne

Komponente einer Struktur kann wieder ein beliebiger anderer Datentyp sein (z. B. als ein Tabellentyp wie im Beispiel, das wir aufbauen).

▸ **Tabellentyp**
Ein Tabellentyp dient als Vorlage zur Definition von Datenbanktabellen oder internen Tabellen. In der Formularschnittstelle zur Flugrechnung wird z. B. der Tabellentyp TY_BOOKINGS zur Typisierung der Buchungstabelle verwendet (und kann von dort auch direkt angezeigt werden).

Wählen Sie für die Zusammenfassung der bisherigen Übergabetabellen den Datentyp STRUKTUR im Dialogbild. Es öffnet sich das Bearbeitungsbild zum ABAP Dictionary (siehe Abbildung 7.14). Beim ersten Aufruf ist der Eingabebereich natürlich noch leer. Vergeben Sie eine Bezeichnung (Feld KURZBE-SCHREIBUNG), und definieren Sie die drei Komponenten, die bisher in der Formularschnittstelle zur Datenübertragung angelegt sind. Das System erkennt automatisch, dass es sich um Tabellentypen handelt, und zeigt entsprechende Symbole in der Spalte DATENTYP.

Struktur	ZRIH_SF_ST_EXAMPLE	aktiv				
Kurzbeschreibung	datainput flight invoice					

Eigenschaften	Komponenten		Eingabehilfe/-prüfung		Währungs-/Mengenfelder	

Eingebauter Typ   1 / 4

Komponente	Typisierungsart	Komponententyp	Datentyp	Länge	DezS...	Kurzbeschreibung
CUSTOMERS	Type	TY_CUSTOMERS	▦	0	0	Tabellen von Flugkunden
BOOKINGS	Type	TY_BOOKINGS	▦	0	0	Tabelle für Flugbuchungen
CONNECTIONS	Type	TY_CONNECTIONS	▦	0	0	Tabelle der Flugverbindungen
COLOR	Type	ZRIH_COLOR	CHAR	4	0	Colorkey for graphic output (BMON, BCOL)

Abbildung 7.14 Datentyp »Struktur« anlegen

Damit sind die Anforderungen an die Neugestaltung der Schnittstelle eigentlich schon erfüllt. Sichern und aktivieren Sie den neuen Datentyp. Natürlich fragt das System auch hier nach einem Paket (dieses ist gegebenenfalls wieder als lokales Objekt $TMP eingetragen).

Sie können den Datentyp danach natürlich auch wieder ändern; wir nutzen diese Möglichkeit, um im Folgenden eine weitere Komponente COLOR anzulegen. Diese ermöglicht es im Rahmenprogramm, die Farben der Grafik-Knoten im Formular zu steuern.

Übungsbeispiel: Datentyp mit kundeneigenem Komponententyp anlegen

In der letzten Zeile in Abbildung 7.14 sehen Sie eine Komponente COLOR, die sich auf den Datentyp ZRIH_COLOR im ABAP Dictionary beziehen soll. Diese

Komponente existiert dort aber nicht. Wenn Sie diesen Datentyp also erst-malig in die Liste eingeben, erscheint eine Warnung Z_RIH_COLOR IST NICHT AKTIV VORHANDEN.

Sie können den Datentyp ZRIH_COLOR aber direkt an dieser Stelle anlegen, d. h., ohne die aktuelle Erfassung verlassen zu müssen. Dazu gehen Sie fol-gendermaßen vor:

1. Wählen Sie den Komponententyp per Mausdoppelklick aus.

2. Falls noch nicht geschehen, wird das System die bisherigen Eingaben zunächst sichern.

3. Wie bei der Neuanlage des Datentyps ZRIH_SF_ST_EXAMPLE müssen Sie jetzt für ZRIH_COLOR entscheiden, um welche Art von Datentyp es sich han-delt: Datenelement, Struktur, Tabellentyp. Sie können also für den neuen Datentyp wieder eine Struktur wählen usw.

[»] **Zugriff auf die Feldinhalte**

Die Inhalte der späteren Variablen werden durch Aneinanderreihung aller Ebenen identifiziert (jeweils mit Bindestrich, etwa ZRIH_SF_ST_EXAMPLE-COLOR, wie bei den bisherigen zweistufigen Datentypen auch). Aber allein schon die Länge der entstehenden Feldnamen sollte Sie anhalten, die Anzahl der Ebenen auf ein Mini-mum zu beschränken.

Zurück zu unserem Datentyp ZRIH_COLOR. Sie wählen beim Einstieg in die Neuanlage den Typ DATENELEMENT. Da dieser elementare Datentyp keine weiteren Komponenten enthalten kann, erscheint ein etwas abgewandeltes Bearbeitungsbild. Wählen Sie wie in Abbildung 7.15 den eingebauten Daten-typ CHAR mit einer Länge von vier Zeichen.

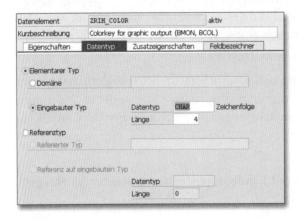

Abbildung 7.15 Datenelement anlegen

> **Eingebaute Datentypen** [«]
>
> Die eingebauten Datentypen des *ABAP Dictionarys* entsprechen den Grundtypen der ABAP-Programmiersprache (siehe Abschnitt 5.2, »Felder als Platzhalter«). Sie unterscheiden sich aber im Aufbau und in den verwendeten Kürzeln (siehe die hinterlegte Liste über die Funktionstaste F4).

Pflegen Sie auf der Registerkarte FELDBEZEICHNER zusätzlich die Bezeichnungen des Feldes für die Oberflächen unter ABAP (am einfachsten ist es, Sie wählen überall COLOR). Sichern Sie dann die Eingaben, und aktivieren Sie den neuen Datentyp.

> **Weitere Bedingungen** [«]
>
> Die neue Komponente heißt COLOR, weil sie für die externe Farbsteuerung in Grafik-Knoten verwendbar ist. Nach entsprechender Definition in der Formularschnittstelle müssen zwei weitere Bedingungen erfüllt sein:
>
> ▸ Die Variable muss im betreffenden Grafik-Knoten des Formulars zur dynamischen Festlegung der Farbe eingetragen sein.
>
> ▸ Im Rahmenprogramm muss der Inhalt der Variablen COLOR mit BCOL oder BMON vorbelegt werden (z. B. in Abhängigkeit vom Drucker).

Sicherlich war die Definition über einen eigenen Datentyp ZRIH_COLOR aufwendiger als nötig. Vorteil dieser Vorgehensweise ist die weitere Ausprägung der Domäne mit Festwerten oder Prüftabellen.

Sie finden im Erfassungsbild von Abbildung 7.14 aber auch einen Button EINGEBAUTER TYP. Nach dessen Anwahl sind die Spalte DATENTYP und die nachfolgenden Spalten eingabebereit, sodass Sie den Datentyp CHAR auch direkt setzen können. Auf diese Weise hängt der Datentyp allerdings direkt am Datenelement und kann aus diesem Grund nicht mit Festwerten etc. versehen werden.

Auswirkung auf die Formularschnittstelle

Wenn Sie die neue Variablenstruktur in der Formularschnittstelle einsetzen möchten, ist noch Folgendes zu tun:

▸ Definieren Sie eine passende strukturierte Variable in der Formularschnittstelle, z. B. SF_EXAMPLE TYPE ZRIH_SF_ST_EXAMPLE. Die bisherigen Tabellendefinitionen sind dann nicht mehr erforderlich.

▶ Erweitern Sie im Formular alle Feldnamen mit Bezug auf die Schnittstellenparameter um die zusätzliche Hierarchiestufe; aus `CONNECTIONS` wird z. B. `ZRIH_SF_ST_EXAMPLE-CONNECTIONS`.

▶ Definieren Sie eine entsprechend strukturierte Variable auch im Rahmenprogramm, ergänzen Sie die Formularschnittstelle, und weisen Sie die Daten aus den bisherigen internen Tabellen zu.

Mithilfe der in diesem Abschnitt vorgestellten Werkzeuge steht eine Vielzahl von Möglichkeiten zur Verfügung, um eigene Formulare zu gestalten und mit Daten anzureichern. Da sie die Grundlage für jede Entwicklung in einem SAP-System darstellen, können die Werkzeuge weitaus mehr, als Sie für die Erstellung von Formularen benötigen. Entsprechend gibt es zwei mögliche Vorgehensweisen. Sie arbeiten sich in die Welt von ABAP ein oder haben einen Kollegen/Berater, der die Programmierung beherrscht. Beides sind Wege, die in der Praxis häufig vorkommen.

7.3 Bearbeitungsfunktionen im Programm-Knoten

Für die Pflege von Programmen wird im SAP-System üblicherweise der ABAP Editor verwendet, den wir z. B. in Abschnitt 1.2.5, »Eigenes Rahmenprogramm erstellen«, schon für die Änderung des Rahmenprogramms genutzt haben und der in Abschnitt 7.2.2, »ABAP Editor«, näher vorgestellt wurde (Transaktion SE38 bzw. die entsprechende Funktion in der Transaktion SE80).

Der Programm-Knoten von Smart Forms bietet im Vergleich zu dieser ganzseitigen Version nur eine Variante mit verkleinertem Eingabebereich. Auch die einzelnen Funktionen wurden auf die Anforderungen in Smart Forms reduziert. Jeder Eingabebereich zur Erstellung von Programmcode im Formular hat dabei das gleiche Erscheinungsbild (siehe Abbildung 7.16).

Der ABAP Editor besitzt einen Eingabebereich mit fester Größe, in dem auch die Maus sinnvoll einsetzbar ist. Markieren Sie z. B. per Maus einen Block mit mehreren Zeilen im Quellcode, stehen Ihnen nun folgende Möglichkeiten zur Verfügung:

- über die Tabulatortaste die Zeilen jeweils um zwei Zeichen einzurücken (bzw. mit der Tastenkombination ⌂ + ↹ wieder auszurücken)

- den Bereich per Maus zu verschieben (per Drag & Drop, also mit gleichzeitig gedrückter linker Maustaste)

Solche Funktionen sind auch per Menü erreichbar.

Der ABAP Editor besitzt am unteren Rand des Eingabebereichs eine Statusleiste. Hier ist laufend die aktuelle Position des Schreibcursors mit Zeilen- und Spaltenangabe eingeblendet. Das ist besonders vorteilhaft, wenn Sie Fehlermeldungen bearbeiten müssen.

Im Rahmen der Aktualisierung des ABAP Editors wurde auch die Anzahl der Funktionen erheblich erweitert. Dies spiegelt sich in den vielen neuen Funktionen im Kontextmenü wider (siehe Abbildung 7.16). Die Symbolleiste links vom Eingabebereich bietet Sonderfunktionen, die bei der Quelltexteingabe sehr nützlich sein können:

Abbildung 7.16 Programmcode erfassen

- **Prüfen** (🔲)
  Die Knotenprüfung verwendet den Syntaxcheck der ABAP-Entwicklungsumgebung, um formale Fehler im eingegebenen Quelltext zu finden. Der Syntaxcheck meldet gefundene Fehler zusammen mit einer Zeilennummer. Damit lässt sich die Ursache in den meisten Fällen schnell lokalisieren (meist per Doppelklick auf die Fehlermeldung). In manchen Situationen stimmt die Zeilenangabe aber nicht, deshalb benötigen insbesondere ABAP-Neueinsteiger gelegentlich etwas Geduld, um die wirkliche Ursache aufzuspüren.

Nach Neuanlage eines Programm-Knotens Leerzeichen löschen	**[+]**
Nach Neuanlage eines Programm-Knotens besteht dessen Inhalt aus ca. 25 unnötigen Leerzeilen, die man aber nicht gleich sieht. Markieren Sie einige Zeilen per	

Maus, und sie werden als invertierte Spalte sichtbar. Löschen Sie diese Zeilen gleich zu Beginn der Bearbeitung. Manche Quellen behaupten, danach sei schon die eine oder andere Fehlermeldung verschwunden, die vorher unerklärlich erschien!

▶ **Anweisungsmuster** (▨)

Hier finden Sie Muster für komplette ABAP-Anweisungen oder auch Aufrufe zu Funktionsbausteinen. Die Funktion der Anweisungsmuster fügt den passenden Programmcode automatisch an der Stelle im Quelltext ein, an der vorher der Cursor stand. So enthält z. B. der Aufruf eines Funktionsbausteins etliche Schnittstellenparameter, die dann an die konkreten Erfordernisse angepasst werden können (siehe z. B. Abschnitt 7.5, »Übungsbeispiel: Geschäftskorrespondenz zum Geschäftspartner«).

▶ **Pretty Printer** (▨)

Diese Funktion führt am Quelltext einheitliche Formatierungen durch, um eine bessere Lesbarkeit zu erhalten. Es handelt sich dabei z. B. um automatische Einrückungen in untergeordneten Zeilen oder die Umstellung auf Großschreibung. Die genaue Formatierung können Sie bei den Einstellungen zum ABAP Editor (HILFSMITTEL • EINSTELLUNGEN) vorgeben.

Die Grundfunktionen der oberen Symbolleiste erreichen Sie während der Texteingabe auch über das Kontextmenü (rechte Maustaste, siehe Abbildung 7.16). Dort stehen noch weitere sinnvolle Funktionen zur Verfügung:

▶ NAVIGATION • GEHE ZU ZEILE

Diese Funktion lässt sich vor allem im Fehlerfall sehr sinnvoll einsetzen, denn nach einem Syntaxcheck werden die festgestellten Fehler im Quelltext mit Bezug auf eine Zeilennummer angegeben.

▶ BLOCK/ABLAGE

Die wichtigste Unterfunktion ist hier wohl BLOCK DRUCKEN, über die Sie einen markierten Textblock direkt zum Drucker ausgeben können. Die Unterfunktionen KOPIEREN/EINSETZEN X, Y, Z bieten Zugriff auf die erweiterten Zwischenablagen des SAP-Systems (z. B. für das Kopieren mehrerer Textblöcke gleichzeitig).

▶ FORMAT • ZEILE KOMMENTIEREN/KOMMENTAR ENTFERNEN

Im ABAP-Quelltext gelten einzelne Zeilen generell als Kommentar, wenn in der ersten Spalte als Sonderzeichen ein * steht. Die entsprechende Zeile wird vom Editor zur besseren Unterscheidung sofort farbig dargestellt. Über die Unterfunktion ZEILE KOMMENTIEREN können Sie für einen aktuell markierten Textblock komplett das Sonderzeichen * einfügen lassen bzw.

über KOMMENTAR ENTFERNEN wieder entfernen. Die Funktionen sind insbesondere in der Testphase nützlich, wenn eingegebene Programmfunktionen für kurze Zeit ausgeblendet werden sollen. Sie können die Funktionen auch über die Tastaturkürzel Strg + < (Kommentieren) und Strg + ⬆ + < (Kommentar entfernen) ausführen.

Eingebaute Hilfefunktionen

Beim Erfassen des Quelltextes können Sie über die Funktionstaste F1 zu jeder ABAP-Anweisung direkt die interne ABAP-Schlüsselwortdokumentation aufrufen.

ABAP-Schlüsselwortdokumentation aufrufen [zB]

Platzieren Sie im Bild aus Abbildung 7.16 den Cursor auf die DATA-Anweisung, und betätigen Sie dann die Funktionstaste F1. Es öffnet sich ein neuer Bildschirmmodus zur Anzeige der Dokumentation zum Schlüsselwort mit allen Optionen.

Wenn Sie die Funktionstaste F1 auf einer Leerzeile drücken, erscheint ein zusätzliches Selektionsbild und bietet den Einstieg in eine erweiterte Dokumentation (siehe Abbildung 7.17).

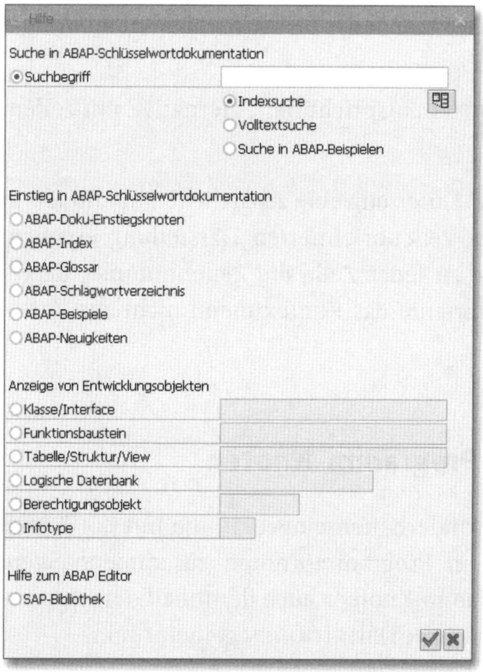

Abbildung 7.17 Hilfe im ABAP Editor

Über Vorgaben im oberen Bildschirmbereich (unter ABAP-SCHLÜSSELWORT-DOKUMENTATION) erreichen Sie die ABAP-Schlüsselwortdokumentation auch für Schlüsselwörter, die nicht im Quelltext stehen, oder z. B. bezüglich der ABAP-Übersicht bzw. bezüglich Neuerungen.

Die Anwahl von Klassen, Funktionsbausteinen, Tabellen etc. bezieht sich auf Einträge im Repository (bzw. im ABAP Dictionary). Sie wechseln über diese Optionen immer direkt in den Anzeigemodus der zugehörigen Pflegewerkzeuge (z. B. den Class Builder bzw. Function Builder). Rufen Sie dort über den Menüpfad SPRINGEN • DOKUMENTATION die individuellen Hinweise zum jeweiligen Objekt auf.

Zeilenorientierter ABAP Editor

Der bisher beschriebene ABAP Editor zeichnet sich durch Grundfunktionen aus, wie sie in modernen Systemen üblich sind (grafische Unterstützung, Mausbedienung). Der Vollständigkeit halber sei erwähnt, dass alternativ dazu auch eine zeilenorientierte Variante des ABAP Editors existiert. Die Umschaltung erfolgt zentral im Form Builder über den Menüpfad HILFSMITTEL • EINSTELLUNGEN auf der Registerkarte EDITOR. Sie finden hier zwei Optionen:

▶ Die Option TEXT EDIT CONTROL entspricht der bisher betrachteten Variante als der heute üblichen Einstellung.

▶ Die Option TABLE CONTROL EDITOR entspricht der Alternative mit zeilenorientierter Darstellung.

Es gibt im zeilenorientierten *ABAP Editor* einzelne zusätzliche Funktionen in der Symbolzeile, die sich aus der zeilenorientierten Darstellung ergeben; außerdem ist auf der linken Seite zu jeder Zeile die Zeilennummer dargestellt. Allerdings steht in dieser Variante das Kontextmenü nicht zur Verfügung.

7.4   Besonderheiten im Programm-Knoten

Wir möchten noch auf einige Besonderheiten eingehen, die mit der Erstellung von ABAP-Programmcode im Programm-Knoten zusammenhängen. Zur Vereinfachung soll mit »Programm-Knoten« auch der Inhalt der Registerkarte INITIALISIERUNG bei den GLOBALEN DEFINITIONEN gemeint sein.

Ein Programm-Knoten kann im Prinzip beliebige ABAP-Anweisungen ausführen. Trotzdem müssen – bedingt durch die Smart-Forms-Architektur –
einige Arten von ABAP-Anweisungen entfallen, etwa solche, die nicht in
Funktionsbausteinen angewendet werden sollten. Dazu gehören z. B.
direkte Fehlerausgaben oder interaktive Komponenten wie Selektionsbilder.

Dies resultiert aus der Tatsache, dass die Dokumenterzeugung in den meisten Fällen (z. B. bei Massenschreiben wie Rechnungen) im Hintergrund
erfolgt. Dabei wird im Gegensatz zur benutzergesteuerten Bedienung (hier
wird die Prozessart »Dialog« verwendet) die Prozessart »Batch« des SAP-Systems genutzt.

Ein- und Ausgabeparameter

Eine Besonderheit im Programm-Knoten von Smart Forms besteht darin,
dass alle globalen Daten, die im Programmcode angesprochen werden, als
Eingabe- oder Ausgabeparameter (siehe Abbildung 7.18) genannt sein müssen.

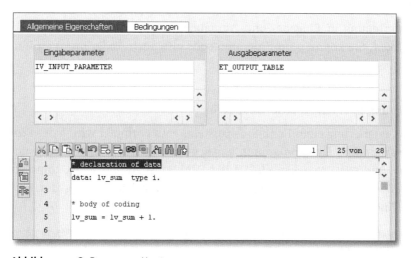

Abbildung 7.18 Programm-Knoten

Die Angabe ist eigentlich für die Ausführung nicht erforderlich und wird
auch nicht in den generierten Funktionsbaustein übernommen. Die Zuordnung der Eingabe-/Ausgabeparameter erleichtert aber die spätere Fehlersuche, denn sie werden in den folgenden Fällen berücksichtigt:

▶ Im Quelltext darf nur auf globale Felder zurückgegriffen werden, die als Parameter genannt sind. Anderenfalls erscheint bei lokaler Prüfung des Programm-Knotens eine Fehlermeldung.

▶ Jedes Feld wird vor seiner ersten Ausgabe (z. B. über einen Text-Knoten) dahingehend überprüft, ob zuvor schon eine Wertzuweisung erfolgt ist. Diese Überprüfung schließt den Programm-Knoten mit ein. Es wird dabei allerdings nicht konkret der Quelltext kontrolliert; die Angabe als Parameter reicht aus.

▶ Auch das übergeordnete Rahmenprogramm kann auf die Eingabe-/Ausgabeparameter zurückgreifen und daraus ableiten, welche Felder im Formular wirklich benötigt werden.

Die Eingabe-/Ausgabeparameter müssen nicht mit der Detaillierung im Programmcode übereinstimmen. Wird dort z. B. das konkrete Feld einer Feldleiste angesprochen, können Sie wahlweise den kompletten Feldnamen oder auch nur den Namen der Feldleiste als Parameter angeben. Es können auch mehr Parameter eingetragen sein, als im Quelltext wirklich angesprochen werden.

Die Unterteilung in Eingabe- und Ausgabeparameter dient nur der Übersichtlichkeit. Sie könnten im Programmcode also auch Änderungen an Eingabeparametern vornehmen lassen.

Übersetzung in einen Funktionsbaustein

Bei der Generierung eines Funktionsbausteins zum Formular wird jeder Programm-Knoten als Unterprogramm angelegt und dabei mit den Anweisungen FORM und ENDFORM gekapselt. Da der Funktionsbaustein selbst komplett aus ABAP-Quelltext besteht, können Sie sich diese Übersetzung des Programm-Knotens auch dort ansehen.

[+] **Programm-Knoten im Formular prüfen**

Wenn Sie überprüfen möchten, wo und wie sich Ihr Programm-Knoten im Funktionsbaustein zum Formular wiederfindet, öffnen Sie im Lesezugriff den generierten Funktionsbaustein über den *Function Builder* (Transaktion SE38). Rufen Sie dann dort die globale Volltextsuche auf, und verwenden Sie als Suchbegriff das Kürzel des Knotens oder einen anderen eindeutigen Begriff, wie z. B. den Namen einer lokalen Variablen oder einen Vermerk im Kommentar (siehe auch Abschnitt 7.2.3, »Function Builder«).

7.5 Übungsbeispiel: Geschäftskorrespondenz zum Geschäftspartner

Nachdem wir uns nun in den vorangegangenen Abschnitten die möglichen Funktionen angeschaut haben, soll in diesem Abschnitt die praktische Anwendung von Programmcode im Formular vorgestellt werden.

7.5.1 Formular erstellen

Um den Aufwand für dieses Beispiel in Grenzen zu halten, nutzen wir ein bestehendes Formular, kopieren es und passen es unseren Wünschen an. Gehen Sie wie folgt vor:

1. Starten Sie Smart Forms über WERKZEUGE • FORMULARDRUCK • SMART-FORMS (Transaktion SMARTFORMS).

2. Kopieren Sie das Musterformular SF_EXAMPLE_01 mithilfe der Kopierfunktion (⎁) nach ZRIH_EXAMPLE_KAP7.

3. Öffnen Sie das neu erzeugte Formular über den Button ÄNDERN.

4. Löschen Sie folgende Knoten unter SEITEN UND FENSTER im Form Builder, indem Sie den jeweiligen Knoten markieren und die Funktion LÖSCHEN über das Kontextmenü starten:

   ▶ FIRST MAIN • TABLE

   ▶ NEXT FOLGESEITE (inkl. aller Unterknoten)

   Abbildung 7.19 und Abbildung 7.20 zeigen den Formularkontext im Vergleich.

Abbildung 7.19 Formularkontext vorher

Abbildung 7.20 Formularkontext nachher

5. Öffnen Sie einen neuen Modus, und legen Sie im Menüpfad WERKZEUGE •
   ABAP WORKBENCH • ENTWICKLUNG • DICTIONARY (Transaktion SE11) eine
   neue Struktur ZRIH_CUSTOMER an. Diese hat die Felder aus Abbildung 7.21.

Struktur	ZRIH_CUSTOMER		aktiv			
Kurzbeschreibung	Kundendaten					

Eigenschaften	Komponenten	Eingabehilfe/-prüfung	Währungs-/Mengenfelder

Eingebauter Typ   1 / 7

Komponente	Typisierungsart	Komponententyp	Datentyp	Länge	DezS...	Kurzbeschreibung
PARTNER	Type	BU_PARTNER	CHAR	10	0	Geschäftspartnernummer
FIRSTNAME	Type	BU_NAMEP_F	CHAR	40	0	Vorname des Geschäftspartners (Person)
LASTNAME	Type	BU_NAMEP_L	CHAR	40	0	Nachname des Geschäftspartners (Person)
CITY	Type	AD_CITY1	CHAR	40	0	Ort
POSTL_COD1	Type	AD_PSTCD1	CHAR	10	0	Postleitzahl des Orts
STREET	Type	AD_STREET	CHAR	60	0	Straße
HOUSE_NO	Type	AD_HSNM1	CHAR	10	0	Hausnummer

Abbildung 7.21 Struktur ZRIH_ CUSTOMER anlegen

6. Wechseln Sie zurück zur Transaktion SMARTFORMS, und passen Sie die
   Formularschnittstelle wie in Abbildung 7.22 an. Fügen Sie folgende Werte
   ein, und löschen Sie alle änderbaren aus der alten Schnittstelle:

   ▸ Geschäftspartnernummer (Datenelement BU_PARTNER)

   ▸ Adresstyp (Datenelement BU_ADRKIND)

Formular	ZRIH_EXAMPLE_KAP7		aktiv			
Bedeutung	Smart Forms Geschäftspartner					

Import	Export	Tabellen	Ausnahmen

Parametername	Typisierung	Bezugstyp	Vorschlagswert	Optional	Wertüb...
ARCHIVE_INDEX	TYPE	TOA_DARA		✓	✓
ARCHIVE_INDEX_TAB	TYPE	TSFDARA		✓	✓
ARCHIVE_PARAMETERS	TYPE	ARC_PARAMS		✓	✓
CONTROL_PARAMETERS	TYPE	SSFCTRLOP		✓	✓
MAIL_APPL_OBJ	TYPE	SWOTOBJID		✓	✓
MAIL_RECIPIENT	TYPE	SWOTOBJID		✓	✓
MAIL_SENDER	TYPE	SWOTOBJID		✓	✓
OUTPUT_OPTIONS	TYPE	SSFCOMPOP		✓	✓
USER_SETTINGS	TYPE	TDBOOL	'X'	✓	✓
IV_PARTNER_NO	TYPE	BU_PARTNER		☐	✓
IV_ADR_TYPE	TYPE	BU_ADRKIND		☐	✓

Abbildung 7.22 Angepasste Formularschnittstelle

7. Öffnen Sie nun den Bereich GLOBALE DEFINITIONEN, und löschen Sie dort alle vorhandenen Definitionen. Fügen Sie dann die Definitionen aus Abbildung 7.23 ein. Nutzen Sie als Typ die zuvor angelegte Struktur ZRIH_CUSTOMER.

Abbildung 7.23 Globale Daten

8. Wechseln Sie nun in den Adresse-Knoten FIRST MAIN • ADDRESS • ADDRESS KUNDENANSCHRIFT, löschen Sie die vorherigen Angaben, und passen Sie die Ausgabe, wie in Abbildung 7.24 dargestellt, an.

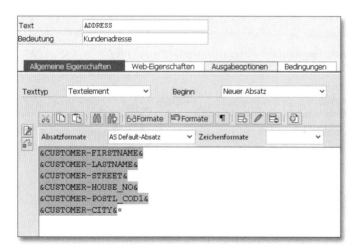

Abbildung 7.24 Anpassungen am Adresse-Knoten

9. Kommen wir nun zum Hauptteil des Beispiels – dem Einfügen des Programm-Knotens. Markieren Sie den Knoten ADDRESS KUNDENANSCHRIFT, und starten Sie das Kontextmenü. Wählen Sie dort ANLEGEN • ABLAUF-LOGIK • PROGRAMMZEILEN (siehe Abbildung 7.25), und vergeben Sie den Namen GET_BUPA_DATA.

10. Pflegen Sie im Folgebild die Eingabe- und Ausgabeparameter aus Abbildung 7.26.

Abbildung 7.25 Programm-Knoten GET_BUPA_DATA anlegen

Abbildung 7.26 Eingabe- und Ausgabeparameter für den Programm-Knoten GET_
BUPA_DATA

[»] **Zugriff auf die globalen Daten**

Um auf die globalen Daten zugreifen zu können, ist es notwendig, dass alle relevanten Werte als Ein- und Ausgabeparameter definiert sind.

11. Fügen Sie nun im Editor unterhalb der Parameter den Quellcode aus Listing 7.2 ein:

```
1  * declaration
2    data: lv_addr_guid           type bu_address_guid,
3          lv_addr_guid_2          type SYSUUID_C,
4          ls_central_data_per     type bapibus1006_central_person,
5          ls_address_data         type bapibus1006_address.
6
7  * body
8  * initialize
9    customer-partner = iv_partner_no.
10 * get person details
11   call function 'BAPI_BUPA_CENTRAL_GETDETAIL'
12     exporting
13       businesspartner                = customer-partner
14 *     VALID_DATE                     = SY-DATLO
```

```
15   importing
16      centraldataperson = _central_data_per.
17
18 * set firstname, lastname
19   customer-firstname = ls_central_data_per-firstname.
20   customer-lastname = ls_central_data_per-lastname.
21
22 * get address data
23 * first get address guid
24 call function 'BAPI_BUPA_ADDRESSES_GET'
25     exporting
26        businesspartner                = customer-partner
27 *      OPERATION                      =
28        addresstype                    = iv_adr_type
29 *      VALID_DATE                     = SY-DATLO
30   importing
31      standardaddressguid              = lv_addr_guid.
32
33
34 * get details to guid
35   lv_addr_guid_2 = lv_addr_guid.
36     call function 'BAPI_BUPA_ADDRESS_GETDETAIL'
37       exporting
38          businesspartner       = customer-partner
39          addressguid           = lv_addr_guid_2
40 *        VALID_DATE         = SY-DATLO
41 *        RESET_BUFFER       =
42   importing
43      addressdata           = ls_address_data.
44
45   customer-city        = ls_address_data-city.
46   customer-postl_cod1 = ls_address_data-postl_cod1.
47   customer-street     = ls_address_data-street.
48   customer-house_no   = ls_address_data-house_no
```

Listing 7.2 Geschäftspartnerdaten auf Basis der SAP-Standardbausteine ermitteln

Das Vorgehen beim Ermitteln der Geschäftspartnerdaten innerhalb des Programm-Knotens ist dabei wie folgt:

▸ Zuerst wird der Importparameter IV_PARTNER_ID dem Strukturfeld CUSTOMER-PARTNER zugewiesen (Zeile 9).

▸ Anschließend werden die allgemeinen Geschäftspartnerdaten wie Vor- und Nachname über den Funktionsbaustein BAPI_BUPA_CENTRAL_ GETDETAIL ermittelt. Als Parameter wird die Geschäftspartnernummer (CUSTOMER-PARTNER) übergeben und das Ergebnis den Feldern FIRST- NAME, LASTNAME der Struktur CUSTOMER zugewiesen (Zeile 11–20).

▶ Danach wird der Adressschlüssel auf Basis der Adressart über den Funktionsbaustein BAPI_BUPA_ADDRESSES_GET ermittelt. Als Parameter werden die Geschäftspartnernummer (CUSTOMER-PARTNER) und die Adressart (IV_ADR_TYPE) übergeben (Zeile 24–31).

▶ Mit dem eindeutigen Schlüssel im Feld LV_ADDR_GUID können nun die Adressdetails über den Funktionsbaustein BAPI_BUPA_ADDRESS_GETDE-TAIL ermittelt werden (Zeile 35–46).

▶ Zum Abschluss werden die ermittelten Werte den Feldern CITY, POSTL_COD1, STREET und HOUSE_NO der Struktur CUSTOMER zugewiesen (Zeile 45–48).

12. Aktivieren Sie das Formular über den Button AKTIVIEREN (✎). Die Formularerstellung ist abgeschlossen, und wir können zum Test übergehen.

7.5.2 Geschäftspartner für den Test anlegen

Sollten Sie noch keinen Geschäftspartner angelegt haben, müssen Sie das noch nachholen. Starten Sie dazu die Transaktion BP, und wählen Sie dort den Button PERSON, um die Anlage des Geschäftspartners zu starten. Pflegen Sie die Daten des Geschäftspartners, und schließen Sie die Anlage dann über den Button SPEICHERN ab. Das Ergebnis könnte wie in Abbildung 7.27 dargestellt aussehen.

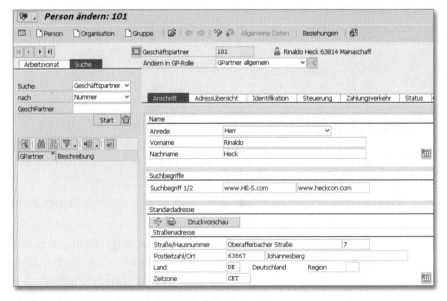

Abbildung 7.27 Beispiel für einen Geschäftspartner

7.5.3 Formular testen

Nachdem die Entwicklung abgeschlossen und ein Geschäftspartner angelegt ist, testen wir nun unsere Datenermittlung.

1. Starten Sie Smart Forms über WERKZEUGE • FORMULARDRUCK • SMART-FORMS (Transaktion SMARTFORMS).

2. Wählen Sie das erstellte Formular ZRIH_EXAMPLE_KAP7 im Feld FORMULAR aus.

3. Starten Sie den Test des Formulars über den Button TESTEN (🖳).

4. Der Function Builder wird aufgerufen, und das Feld FUNKTIONSBAUSTEIN wird automatisch mit dem generierten Funktionsbaustein belegt.

5. Starten Sie den Test des Funktionsbausteins über den Button TESTEN (🖳). Eine automatisch erzeugte Eingabemaske zum Test des Funktionsbausteins erscheint (siehe Abbildung 7.28).

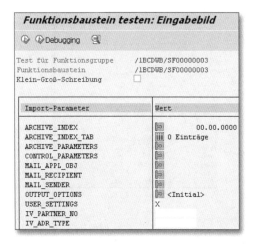

Abbildung 7.28 Eingabemaske zum Test des Funktionsbausteins

6. Geben Sie für den Parameter IV_PARTNER_NO die zuvor erzeugte Nummer des Geschäftspartners und für den Parameter IV_ADR_TYPE ein Leerzeichen ein (mit dieser Bewertung wird die Standardadresse des Geschäftspartners gewählt). Führen Sie den Test dann mit der Drucktaste AUSFÜHREN (🕒) aus.

7. Bestätigen Sie den Folgedialog (dieser erscheint nur, wenn Sie das Feld IV_ADR_TYPE leer gelassen haben) mit der Drucktaste ÜBERNEHMEN.

8. Im Druckdialog müssen Sie nun einen Drucker auswählen. An dem hier gewählten System ist es das AUSGABEGERÄT LP01 (siehe Abbildung 7.29).

9. Über den Button DRUCKANSICHT können Sie das Ergebnisdokument ansehen (siehe Abbildung 7.30).

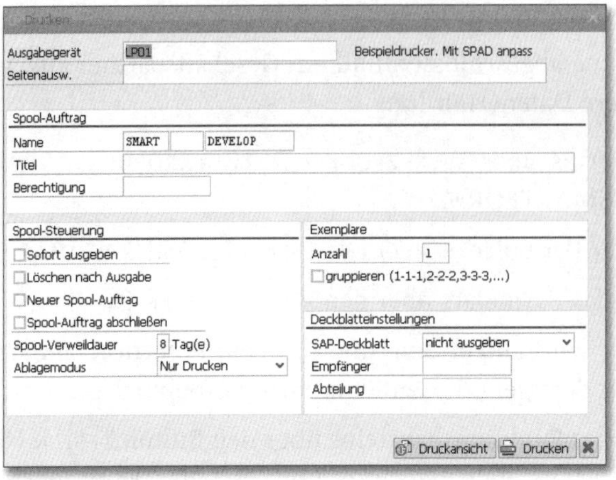

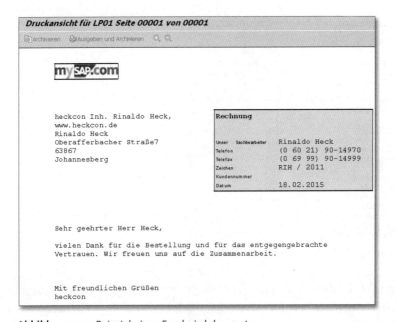

Abbildung 7.29 Druckdialog

Abbildung 7.30 Beispiel eines Ergebnisdokuments

Anhand dieses Beispiels sehen Sie den Nutzen und die Notwendigkeit der Programm-Knoten im Formular. Von außen wird ausschließlich die Geschäftspartnernummer mitgegeben. Alles Weitere erledigt der Programm-code im Formular. Somit kann das Formular auf die Versandadresse des Geschäftspartners aufsetzen und entlastet den Entwickler vom Rahmenpro-gramm mit dieser Art von Detailwissen. Mit Sicherheit finden Sie noch viele weitere Einsatzmöglichkeiten für diesen Aspekt von Smart Forms.

In diesem Kapitel wird beschrieben, wie die Ausgabe eines Formulars unter Smart Forms angestoßen wird und auf welche Weise es mit Anwendungsdaten versorgt wird. Darüber hinaus lernen Sie mögliche Fehlersituationen und deren Behandlung kennen.

8 Rahmenprogramm, Datenbeschaffung und Formularausgabe

In den folgenden Abschnitten werden wir ausführlicher auf Rahmenprogramm, Datenbeschaffung und Formularausgabe eingehen und dabei als Beispiel einzelne Elemente aus dem Rahmenprogramm unserer Flugrechnung herausgreifen. Einen kompletten Ausdruck des Programmcodes finden Sie auch im Anhang. In Einzelfällen werden wir ergänzend auf das Rahmenprogramm zur Erstellung von Lieferscheinen zurückgreifen.

8.1 Rahmenprogramm

Für die Ausgabe des Formulars ist ein Anwendungs- oder Rahmenprogramm erforderlich, das im Wesentlichen zwei Aufgaben erfüllt:

- Beschaffung der Daten für das Formular
- Anstoß und Steuerung der Formularausgabe über den generierten Funktionsbaustein (siehe Abschnitt 2.5.3, »Formular generieren«)

Abbildung 8.1 gibt einen Überblick über diesen Prozess.

Das Rahmenprogramm kann ein normaler ABAP-Report oder auch ein Funktionsbaustein sein, es gelten für das Rahmenprogramm alle für die allgemeine Programmentwicklung gültigen Regeln. Im Folgenden beschreiben wir deshalb nur die Punkte, die speziell die Ansteuerung eines Formulars betreffen. Es handelt sich hier im Wesentlichen um drei Bereiche:

- benötigte Daten lesen (z. B. aus transparenten Tabellen) und in Strukturen bereitstellen, die im Formular definiert sind

▸ Namen ermitteln, den der generierte Funktionsbaustein zum Formular erhalten hat

▸ Funktionsbaustein als Anstoß der Formularausgabe aufrufen

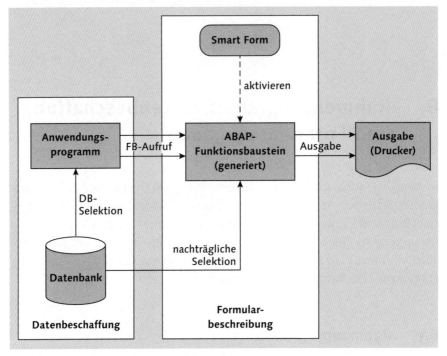

Abbildung 8.1 Rahmenprogramm und Formular

Das Rahmenprogramm muss mit den Schlüsselfeldern aufgerufen werden, die es ermöglichen, alle für den Formulardruck benötigten Daten zu beschaffen (z. B. die Nummer der Rechnung oder eines sonstigen Belegs). Das Rahmenprogramm muss auch die Information erhalten, welches Formular für die Ausgabe verwendet werden soll.

Für die Übergabe der Schlüsselfelder existieren grundsätzlich zwei Vorgehensweisen:

▸ Ein Dialog (das Selektionsbild) ermöglicht dem Anwender die Eingabe der Daten.

▸ Ein vorgeschaltetes Anwendungsprogramm versorgt das Rahmenprogramm mit diesen Daten (wie z. B. bei der Ausgabe über die Nachrichtensteuerung).

Vor der eigentlichen Beschaffung der Daten kann das Rahmenprogramm bei Bedarf kontrollieren, welche Daten im Formular benötigt werden (dies wird z. B. bei der Ausgabe des Lieferscheins genutzt). Das kann unter Umständen zu Performanceverbesserungen bei der Datenbeschaffung führen.

Der Ablauf eines Rahmenprogramms folgt üblicherweise einem bestimmten Schema, für die einzelnen Schritte werden oft Funktionsbausteine bzw. Unterprogramme aufgerufen. Der Aufbau eines Rahmenprogramms lässt sich wie in Tabelle 8.1 skizzieren.

Schritt	Abschnitt	Bedeutung
1	Abschnitt 8.2	Ermittlung des auszugebenden Formulars und der erforderlichen Schlüsselfelder, die aus Nachrichtensteuerung oder einem individuellen Selektionsbild gelesen werden
2	Abschnitt 8.6	optional: Ermittlung der im Formular benötigten Daten (mit dem Funktionsbaustein 'SSF_FIELD_LIST').
3	Abschnitt 8.3	Datenbeschaffung durch Lesen von Datenbanktabellen, hier zusammengefasst in dem Unterprogramm 'GET_ DATA'
4	Abschnitt 8.4	Name des Funktionsbausteins zum Formular ermitteln (mit dem Funktionsbaustein 'SSF_FUNCTION_MODULE_NAME')
5	Abschnitt 8.4	generierten Funktionsbaustein zur Formularausgabe aufrufen ('CALL FUNCTION fm_name')

Tabelle 8.1 Bestandteile eines Rahmenprogramms

8.2   Schlüsselfelder für Datenbeschaffung übergeben

Wie dargestellt, muss ein Rahmenprogramm, um Daten beschaffen zu können, mit entsprechenden Schlüsselfeldern aufgerufen werden (z. B. Nummer der Rechnung oder des Lieferscheins). Hierfür existieren grundsätzlich zwei Vorgehensweisen:

▶ Der Anwender kann über ein Selektionsbild die Daten eingeben.

▶ Die Informationen werden von einem vorgeschalteten Anwendungsprogramm übergeben (wie z. B. bei der Ausgabe über die Nachrichtensteuerung).

Im Folgenden vermitteln wir grundlegende Kenntnisse bezüglich beider Vorgehensweisen. Die zugehörigen ABAP-Anweisungen lassen sich wieder in Unterprogrammen zusammenfassen.

8.2.1 Übungsbeispiel »Flugrechnung«: Selektionsbild zur Dateneingabe

Bei der Ausgabe der Flugrechnung über das Programm Z_SF_EXAMPLE_01 erscheint im ersten Schritt immer ein Selektionsbild (siehe Abbildung 8.2).

Abbildung 8.2 Selektionsbild des Rahmenprogramms mit Parameterabfrage

In diesem Beispielprogramm sind Abfragen zur Kundennummer, zur Fluggesellschaft (gegebenenfalls als Mehrfachselektion) und zum Namen des Formulars enthalten. Das Selektionsbild ist einfach gehalten und weist einigen Komfort auf. Bei der Kundenauswahl z. B. ist die Wertehilfe (F4-Hilfe) hinterlegt, und bei der Wahl der Fluggesellschaften ist zusätzlich eine Mehrfachselektion möglich. Den zugehörigen Quelltext können Sie mit wenigen ABAP-Anweisungen erstellen (siehe Listing 8.1).

```
*&--------------------------------------------------------&*
DATA: carr_id TYPE sbook-carrid,
      fm_name TYPE rs38l_fnam.
* Start selection-screen
PARAMETER:       p_custid TYPE scustom-id DEFAULT 1.
SELECT-OPTIONS: s_carrid FOR carr_id DEFAULT 'LH' TO 'LH'.
PARAMETER: p_form TYPE tdsfname DEFAULT 'Z_SF_EXAMPLE_01'.
* End selection-screen
*&--------------------------------------------------------&*
```

Listing 8.1 Quelltext zum Selektionsbild der Flugrechnung

Für ein Selektionsbild können Sie drei grundlegende ABAP-Anweisungen einsetzen:

▸ **SELECTION-SCREEN**
Diese Anweisung ermöglicht die Eingabe allgemeiner Formatierungsvorgaben, z. B. zur Anzeige von Überschriften im Selektionsbild oder zur Trennung über Leerzeilen (sie wird in unserem Beispiel allerdings nicht verwendet).

▶ **PARAMETER**

Diese Anweisung ermöglicht die einfache Abfrage von Einzelwerten.

▶ **SELECT-OPTION**

Diese Anweisung ermöglicht eine komplexe Abfrage von Parametern (Ein- und/oder Ausschluss von Wertebereichen und/oder Einzelwerten).

Verwendung der Anweisungen im Quelltext	**[«]**

Nach dem Start des Rahmenprogramms sucht das System im Quelltext nach allen drei genannten Anweisungen, die irgendwo im Programmcode stehen können. Der Übersichtlichkeit halber empfiehlt es sich aber, die Anweisungen in einem Block zusammenzufassen, Kommentarzeilen als Klammer zu verwenden (wie im Beispiel in Listing 8.1) und die Anweisungen zum Selektionsbild am Programmanfang zu platzieren.

Alle Anweisungen werden analog der Reihenfolge ihres Auftretens im Quelltext bei Report-Aufruf auf dem Bildschirm angezeigt.

Für alle Leser mit ABAP-Erfahrung sind die Programmzeilen selbsterklärend. Für Neueinsteiger geben wir hier eine kurze Anleitung, wie die einzelnen Anweisungen zu lesen sind.

Die erste Anweisung PARAMETER erfragt die Nummer des Kunden, für den die Flugrechnung erstellt werden soll. Das Feld ist auf dem Bildschirm mit dem Wert 1 vorbelegt. Im weiteren Programmverlauf steht dieser vom Anwender eingegebene Wert in der Variablen P_CUSTID zur Verfügung. Diese Variable wird über den TYPE-Zusatz direkt mit der Parameteranweisung deklariert. Es ist also nicht nötig, dass sie in einer zusätzlichen DATA-Anweisung typisiert wird.

Die zweite Anweisung SELECT-OPTIONS dient zur Auswahl der Fluggesellschaften und ermöglicht dabei u. a. die Eingrenzung der Werte über »Von/ Bis«-Angaben. Im weiteren Programmverlauf stehen die Eingaben des Anwenders in der internen Tabelle S_CARRID zur Verfügung.

Es ist eine Eigenschaft der Anweisung SELECT-OPTIONS, dass ein zugeordneter Parameter durch seine Nennung auch gleichzeitig als interne Tabelle im System deklariert wird. In dieser Tabelle sind immer vier Felder enthalten, darunter die Felder LOW und HIGH zur Speicherung einer einzelnen Von/Bis-Kombination (siehe Abbildung 8.3). Da in beiden Feldern das Kürzel einer Fluggesellschaft gespeichert werden soll, müssen sie auch einen entsprechenden Datentyp besitzen. Das wird über den Zusatz FOR erreicht, der den erforderlichen Datentyp aus der Variablen CARR_ID übernimmt (was der Typisierung mithilfe des ABAP-Sprachelements LIKE in einer DATA-Anweisung entspricht). Die Variable CARR_ID wiederum wurde zuvor über eine DATA-Anweisung entsprechend dem ID-Feld der Datenbanktabelle SBOOK definiert.

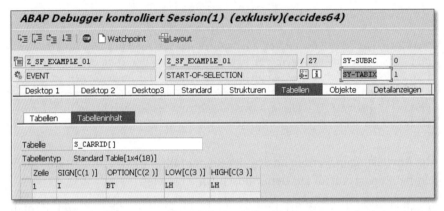

Abbildung 8.3 Struktur und Inhalt der internen Tabelle S_CARRID, veranschaulicht im ABAP Debugger

Wird vom Anwender nur ein Von/Bis-Wertepaar eingegeben, enthält die entsprechende interne Tabelle nur eine Datenzeile. Mehrere Zeilen entstehen erst, wenn der Anwender optionale Mehrfachselektionen eingibt. In diesem Fall wird jeder eingegebene Wert als eine eigene Datenzeile in der internen Tabelle gespeichert. Die Unterscheidung der Anwendereingaben nach Einzelwerten und Intervallen bzw. Einschluss und Ausschluss erfolgt für jede Datenzeile über zusätzliche Steuerungsparameter in den Feldern OPTION bzw. SIGN der internen Tabelle. Die Eingaben des Anwenders in diesem Selektionsbild können im Programmverlauf sehr einfach als Bedingungen für die Datenselektion von transparenten Tabellen verwendet werden.

Da in unserem Fall das Formular vom Anwender auswählbar sein soll, wird über die letzte PARAMETER-Anweisung der Name des Formulars abgefragt. Der Inhalt der Variablen P_FORM ist durch den Zusatz DEFAULT vorbelegt, kann aber vom Anwender geändert werden. Der Typ der Variablen ergibt sich aus der Tatsache, dass die Namen der Formulare unter Smart Forms bis zu 30 Zeichen enthalten können. Dafür ist im ABAP Dictionary der Datentyp TDSFNAME verfügbar und wird hier für die Typisierung benutzt.

8.2.2 Schlüsselfelder über die Nachrichtensteuerung befüllen

Bei der Verwendung der Nachrichtensteuerung des SAP-Systems zur Formularausgabe gibt es keinen Anwenderdialog, da diese Formularprozesse in der Regel auch in einer Hintergrundverarbeitung lauffähig sein müssen. Die erforderlichen Informationen werden stattdessen aus den zugehörigen Customizingtabellen der Nachrichtensteuerung gelesen (z. B. Name des Formulars) und von der aufrufenden Anwendung übergeben (z. B. Lieferscheinnummer).

Kurzübersicht

Auf die Funktionen der Nachrichtensteuerung wollen wir hier nur insoweit eingehen, als sie für die Erstellung des Rahmenprogramms relevant sind. Eine ausführliche Darstellung der Abläufe finden Sie in Abschnitt 10.3, »Nachrichtenfindung und -steuerung«.

Eine *Nachricht* steht im SAP-System für einen Ausgabeauftrag zu einem Beleg. Die *Nachrichtensteuerung* ist ein komplexer anwendungsübergreifender Dienst, über den konkrete Ausgabestrategien für Belege automatisiert gefunden und zugeordnet werden (dies betrifft z. B. die Findung des Ausgabekanals und des Ausgabegeräts). Alle zu einem Beleg angelegten Nachrichten sind technisch gesehen in einer zentralen Datenbanktabelle des SAP-Systems gespeichert, der Tabelle NAST (für *Nachrichten-Status*). Zwei wichtige Hinweise zu dieser Tabelle:

- Jede auszugebende Nachricht ist in der Tabelle NAST über die Mandantennummer, das Kürzel der Applikation und die Belegnummer identifiziert.

- Die Tabelle NAST enthält alle Informationen, die zur Ausgabe einer individuellen Nachricht erforderlich sind, z. B. Sprache, Ausgabeobjekt (Belegnummer), Angaben zum Partner (Adressaten) und Ausgabegerät.

Mit jeder neuen Nachricht, die einem Beleg zugeordnet wird, wird in der Tabelle NAST ein neuer Eintrag erstellt. Darüber wird auch das im Customizing zugeordnete Rahmenprogramm und das Formular gefunden (gespeichert in der Datenbanktabelle TNAPR, siehe Abbildung 8.4).

Zur folgenden Darstellung	[«]
Für die Darstellung der Abläufe zur Nachrichtenfindung greifen wir wieder auf die Verarbeitung eines Lieferbelegs zurück. Die sinnvolle Einbindung unserer Flugrechnung in die Nachrichtensteuerung würde den vertretbaren Rahmen sprengen.	

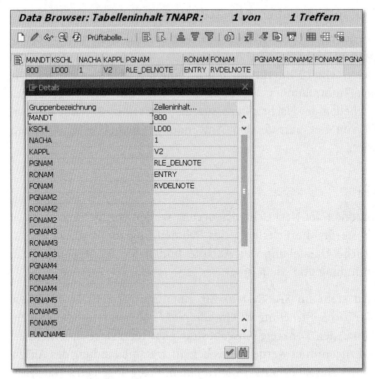

Abbildung 8.4 Rahmenprogramm und Formular für die Nachrichtenart LD00 in der Tabelle TNAPR

Ablauf im Rahmenprogramm

Im Zuge der Nachrichtenverarbeitung wird das Rahmenprogramm nicht direkt vom Anwender aufgerufen, sondern von einem übergeordneten Anwendungsprogramm der Nachrichtensteuerung. Für das Rahmenprogramm ergeben sich folgende Aufgaben:

▸ **Beim Start**
Alle für die Nachrichtenverarbeitung relevanten Informationen aus der Nachrichtensteuerung werden übernommen; zusätzlich wird der Formularname über die Nachrichtenart ermittelt.

▸ **Am Ende**
Eine Statusinformation wird an das aufrufende Anwendungsprogramm zurückgegeben; gegebenenfalls wird das Fehlerprogramm ergänzt.

Für die Lösung dieser Aufgaben über die Nachrichtenfindung ist eine gleichbleibende Schnittstelle zum übergeordneten Anwendungsprogramm üblich.

Sie enthält sowohl globale Datendefinitionen als auch Übergabeparameter eines Unterprogramm-Aufrufs.

Die wichtigsten Komponenten der Nachrichtensteuerung sind in Tabelle 8.2 zu finden.

Komponente	Beschreibung
Tabelle NAST	Der Arbeitsbereich zu dieser Datenbanktabelle ist mit den Inhalten der aktuellen Nachricht vorbelegt.
Tabelle TNAPR	Die Datenbanktabelle TNAPR enthält alle Angaben, die im Customizing als Verarbeitungsroutinen zur Nachrichtenart hinterlegt sind (z. B. Formularname). Der Arbeitsbereich ist vorbelegt mit den Informationen zu der aktuellen Nachrichtenart.
Variable US_SCREEN	Dies ist die Übergabevariable als logischer Wert. Ist sie gesetzt ('X'), soll die Ausgabe über die Druckvorschau erfolgen, ansonsten wird die Druckausgabe angestoßen.
Variable RETURN_CODE	Rückgabewert, der den Erfolg der Ausgabe dokumentiert (numerisch wie SY-SUBRC, der Anfangswert ist '999'). Auf Grundlage dieses Wertes protokolliert das aufrufende Anwendungsprogramm den Erfolg in der Tabelle NAST. Jeder Rückgabewert ungleich 0 gilt als Fehler bei der Ausgabe.

Tabelle 8.2 Wichtige Komponenten der Nachrichtenfindung

Die beiden letzten Variablen werden als Parameter über eine definierte Programmschnittstelle übergeben. Dazu wird vom übergeordneten Anwendungsprogramm direkt eine Formroutine im Rahmenprogramm des Formulars aufgerufen, die dann die beiden Variablen als Parameter erhält. Der Name dieser Formroutine (üblicherweise ENTRY) ist zusammen mit dem Namen des Rahmenprogramms und dem Namen des Formulars in der Nachrichtenfindung hinterlegt (in der Tabelle TNAPR).

Aufruf der Formroutine durch die Nachrichtensteuerung

Der Aufruf der Formroutine durch die Nachrichtensteuerung hat die in Listing 8.2 dargestellte Syntax:

```
*&---------------------------------------------------------------&*
* Aufruf Rahmenprogramm im übergeordneten Anwendungsprogramm
form_name = tnapr-ronam. "FORM-subroutine is usually 'ENTRY'
prog_name = tnapr-pgnam.
```

```
PERFORM form_name IN PROGRAM prog_name
       USING return_code
       us_screen.
*&-------------------------------------------------------------&*
```

Listing 8.2 Aufruf der Formroutine über Nachrichtensteuerung

Der Name des Rahmenprogramms wird zusammen mit der Formroutine, die als Einstieg in das Rahmenprogramm dienen soll, aus der Customizing-Tabelle TNAPR gelesen (siehe Abbildung 8.4).

Aufbau der Formroutine

Da die verwendete Formroutine üblicherweise ENTRY heißt, hat das Rahmenprogramm selbst auf oberster Ebene den in Listing 8.3 gezeigten Aufbau.

```
*&-------------------------------------------------------------&*
REPORT rle_delnote.
* declaration of data
INCLUDE rle_delnote_data_declare.
FORM entry
     USING return_code us_screen.
  DATA:   lf_retcode TYPE sy-subrc.
  PERFORM processing USING us_screen CHANGING lf_retcode.
  IF lf_retcode NE 0.
    return_code = 1.
  ELSE.
    return_code = 0.
  ENDIF.
ENDFORM.                     "ENTRY
*&-------------------------------------------------------------&*
```

Listing 8.3 Aufbau der bei der Nachrichtensteuerung aufgerufenen Formroutine

Der eigentliche Programmcode auf oberster Ebene besteht in diesem Fall nur aus grundlegenden Datendefinitionen (diese sind im entsprechenden Include hinterlegt). Die Formroutine wurde mit den gleichen Parametern wie zu ihrem Aufruf angelegt (siehe Listing 8.2 und Listing 8.3).

Allerdings findet die weitere Bearbeitung in unserem Beispiel erst in dem Unterprogramm PROCESSING statt (das hier aber noch nicht abgebildet ist). Dorthin wird auch die Vorgabe zur Druckansicht weitergereicht. Rückmeldungen vom Unterprogramm PROCESSING werden nur nach 1 bzw. 0 unterschieden (d. h. Fehler ja/nein) und über den Parameter RETURN_CODE an das übergeordnete Anwendungsprogramm zurückgegeben.

Verwendete Datendefinitionen

Die aktuellen Tabelleneinträge (Arbeitsbereiche) der Tabellen NAST und TNAPR werden vom aufrufenden Anwendungsprogramm übergeben. Daher müssen sie in unserem Rahmenprogramm nur noch als globale Daten deklariert werden. Das übernimmt eine TABLES-Anweisung. Weil solche Deklarationen in vielen Programmen erforderlich sind, wurden sie bereits an zentraler Stelle im System hinterlegt: Sie sind als Include RVADTABL im Include RLE_DELNOTE_DATA_DECLARE in das Rahmenprogramm eingebunden. Listing 8.4 zeigt einen Ausschnitt zum Inhalt des Includes.

```
*&----------------------------------------------------------&*
* Deklaration globaler Daten in Include RVADTABL
TABLES:
  nast,       "Nachrichtenstatus·
  *nast,      "Nachrichtenstatus (temporärer Tabelleneintrag)
  tnapr,      "Verarbeitungsroutine zur Nachrichtenart
              "mit Parametern wie Steuerprog.,Formular
  itcpo,      "verwendet als Datentyp für Spoolschnittstelle
  arc_params,"Übergabeparameter der optischen Archivierung
  toa_dara,   "Übergabeparameter der optischen Archivierung
  addr_key.  "Adress-Struktur mit Adresstyp, Adress-Nr.
              "z. B. für Empfänger-Angaben (nicht vorbelegt)
TYPE-POOLS szadr."Datentypen der zentralen Adressverwaltung
*&----------------------------------------------------------&*
```

Listing 8.4 Datendefinitionen im Include RVADTABL

Im Include in Listing 8.4 werden auch einige Tabellen definiert, die z. B. für die Steuerung der Formularausgabe über das SAP-Spoolsystem erforderlich sind.

Ausgabe des Formulars im Hintergrund ohne Benutzeraktion   **[«]**

Bei der Abwicklung über die Nachrichtensteuerung soll in vielen Fällen die Ausgabe des Formulars im Hintergrund ohne Benutzeraktion erfolgen. Aus diesem Grund müssen die entsprechenden Druckparameter vom Rahmenprogramm vorgegeben werden.

Es handelt sich dabei z. B. um Felder in den Übergabeparametern OUTPUT_OPTIONS und CONTROL_PARAMETERS der Formularschnittstelle oder um Tabellen für die Steuerung der Archivierung. Die erforderlichen Feldwerte können als Vorgabe wieder aus der Nachrichtentabelle NAST übernommen werden.

Wie diese Übernahme erfolgt, zeigen wir ausführlicher bei der Vorstellung der Standardparameter der Formularschnittstelle (siehe Abschnitt 8.8).

Formularname

Der aktuelle Arbeitsbereich zur Datenbanktabelle TNAPR stellt alle Angaben zur Verfügung, die im Customizing für die Nachrichtenart unter der Rubrik VERARBEITUNGSROUTINEN eingetragen sind. Im Rahmenprogramm kann deshalb über die Anweisung LF_FORMNAME = TNAPR-SFORM der Name des auszuführenden Formulars in eine interne Variable übernommen werden. Daraus ergibt sich später der Name des aufzurufenden Funktionsbausteins.

8.3 Datenbeschaffung

In diesem Abschnitt wird im Detail dargestellt, wie die im Formular auszugebenden Daten von der Datenbank gelesen werden.

8.3.1 Übungsbeispiel: Datenbanktabellen lesen (Flugrechnung)

Die Flugrechnung dient als Beispiel für eine sehr einfache Datenbeschaffung. Entsprechend den Vorgaben des Anwenders werden drei Datenbanktabellen in interne Tabellen gelesen und an die Formularschnittstelle weitergereicht. Die internen Tabellen müssen dann im Formular identisch typisiert werden. Listing 8.5 zeigt den entsprechenden Auszug aus dem Quelltext.

```
*&------------------------------------------------------------&*
DATA: customers    TYPE ty_customers,
      bookings     TYPE ty_bookings,
      connections  TYPE ty_connections.
* Get Data
SELECT * FROM scustom INTO TABLE customers
         WHERE id = p_custid
         ORDER BY PRIMARY KEY.
SELECT * FROM sbook INTO TABLE bookings
         WHERE customid = p_custid
         AND   carrid   IN s_carrid
         ORDER BY PRIMARY KEY.
SELECT * FROM spfli INTO TABLE connections
         FOR ALL ENTRIES IN bookings
         WHERE carrid = bookings-carrid
         AND   connid = bookings-connid
         ORDER BY PRIMARY KEY.
*&------------------------------------------------------------&*
```

Listing 8.5 Datenbeschaffung zur Flugrechnung

Die erste SELECT-Anweisung liest die Stammdaten des vom Anwender zuvor ausgewählten Kunden in die interne Tabelle CUSTOMERS.

[«]

Tabelle CUSTOMERS

Es ist eine Besonderheit des Beispielformulars, dass CUSTOMERS als interne Tabelle angelegt wurde, obwohl immer nur ein Datensatz enthalten ist. Bei Interesse können Sie das Rahmenprogramm in einem späteren Übungsbeispiel in Abschnitt 8.5, »Übungsbeispiel: Flugrechnung an mehrere Kunden ausgeben«, so erweitern, dass die Rechnung für mehrere Kunden gleichzeitig angewählt werden kann (die Abfrage des Anwenders über das Selektionsbild bei Programmstart wird dann äquivalent zur Fluggesellschaft erfolgen).

Die zweite SELECT-Anweisung überträgt alle Flugbuchungen zu diesem Kunden in die interne Tabelle BOOKINGS. Dabei werden allerdings nur die Fluggesellschaften berücksichtigt, die der Anwender vorher ausgewählt hat. Der Zusatz AND carrid IN s_carrid kann für interne Tabellen verwendet werden, die in einem Selektionsbild durch einen SELECT-OPTIONS-Parameter mit Daten gefüllt werden. Eine solche interne Tabelle benötigt die Struktur, die wir bei der Vorstellung des Selektionsbildes in Abschnitt 8.8.2, »Übungsbeispiel: Import-Standardparameter«, beschrieben haben.

Die dritte SELECT-Anweisung erstellt zusätzlich zu allen Buchungen, die gefunden wurden, eine Liste mit allen zugehörigen Flugverbindungen in der internen Tabelle CONNECTIONS. Hier ermöglicht der Zusatz FOR ALL ENTRIES IN bookings, die Daten in einem Durchlauf zu lesen, denn möglicherweise wird die Rechnung ja nicht nur für eine Flugverbindung erstellt. Die Tabelle kann im Formular verwendet werden, um Eigenschaften der Flugverbindungen auszugeben, die in den einzelnen Buchungen nicht gespeichert sind (wie z. B. die Abflugzeit).

Durch diese kompakten SELECT-Abfragen stehen alle Daten zur Verfügung, die in der Flugrechnung benötigt werden. Natürlich ist die Datenbeschaffung im Normalfall komplexer, wir gehen daher zusätzlich auch wieder auf die Abläufe bei der Lieferung ein.

8.3.2 Übungsbeispiel: Lieferungsdaten beschaffen

Im Report RLE_DELNOTE ist das Unterprogramm GET_DATA zur Bereitstellung der Lieferungsdaten ist so programmiert, dass alle Daten für die Formularausgabe zur Verfügung gestellt werden, bei denen absehbar ist, dass sie benötigt werden. Dass dadurch die Gefahr besteht, auch Daten zu ermitteln, die eventuell nicht gebraucht werden, haben wir in der Einleitung schon angesprochen. Listing 8.6 zeigt einen Ausschnitt zum Aufruf der Datenbeschaffung bei der Lieferung.

```
*&--------------------------------------------------------------&*
* definition of data
DATA: ls_addr_key    LIKE addr_key.
DATA: ls_dlv_delnote TYPE ledlv_delnote.
* select print data
PERFORM get_data
        USING  ls_print_data_to_read "list of required data
        CHANGING ls_addr_key         "adress from NAST
                 ls_dlv_delnote       "data for delivery note
                 cf_retcode.          "errormessages
*&--------------------------------------------------------------&*
```

Listing 8.6 Datenbeschaffung bei Lieferung

Das Unterprogramm GET_DATA stellt alle diese Daten in einer einzigen strukturierten Variable (LS_DLV_DELNOTE) zur Verfügung. Sie beinhaltet eine umfangreiche Sammlung von Strukturen und internen Tabellen als Komponenten (den Aufbau der Komponente haben wir als Beispiel in Kapitel 5, »Daten im Formular«, angesprochen). Wo die Daten im Einzelfall gelesen werden, ist eine fachspezifische Frage, auf die wir hier nicht eingehen.

Das Unterprogramm GET_DATA hat aber auch einen Eingabeparameter, die Struktur LS_PRINT_DATA_TO_READ. Sie enthält eine Liste aller Datenkomponenten, die im aktuellen Formular verwendet werden (auf die Erstellung gehen wir in Abschnitt 8.6, »Welche Daten verwendet das Formular?«, ein). Nur wenn eine Datenkomponente hier als erforderlich gekennzeichnet ist, werden innerhalb des Unterprogramms GET_DATA auch die zugehörigen Inhalte aus den transparenten Tabellen gelesen. Im einfachsten Fall ist für jedes Feld in der Struktur LS_PRINT_DATA_TO_READ eine IF-Abfrage hinterlegt. Ist die jeweilige Bedingung nicht erfüllt, werden die zugehörigen Datenbanktabellen nicht gelesen, und die zugehörige Datenkomponente in LS_DLV_DELNOTE bleibt leer.

[»] **Typisierung der strukturierten Variablen LS_DLV_DELNOTE**

Die Typisierung der strukturierten Variablen LS_DLV_DELNOTE erfolgt wie im Formular über einen Datentyp im ABAP Dictionary. Bei Änderungen an dieser Komponente muss also nicht gleich das Rahmenprogramm überarbeitet werden. Die Schnittstelle bleibt auf jeden Fall funktionsfähig.

8.4   Formularausgabe über den Aufruf des Funktions-
bausteins

Da der Funktionsbaustein, der zur Laufzeit das Formular repräsentiert, automatisch vom System generiert wird, kann sich auch sein Name immer wieder ändern: Zunächst wird der Funktionsbaustein in dem System generiert, in dem die Formularentwicklung stattfindet. Wenn Sie ein solches Formular in ein anderes SAP-System transportieren, wird dort vor dem ersten Aufruf automatisch ein neuer Funktionsbaustein generiert, der dann auch einen anderen Namen hat.

Namen des Funktionsbausteins anzeigen	[«]
Sie können den jeweils aktuellen Namen des Funktionsbausteins im Form Builder über den Menüpfad UMFELD • NAME DES FUNKTIONSBAUSTEINS oder durch Aufruf der Testfunktion über die Funktionstaste (F8) anzeigen.	

Trotz dieser Ausgangslage muss die Formularausgabe ohne systemabhängige Anpassungen des Druckprogramms möglich sein. Die Lösung besteht darin, das Formular mit seinem Funktionsbaustein in zwei Schritten aufzurufen:

1. Ein erster Schritt ermittelt über den Namen des Smart-Forms-Formulars den Namen des generierten Funktionsbausteins.

2. Im zweiten Schritt wird dieser Funktionsbaustein dann zur Ausführung aufgerufen.

Im Folgenden erläutern wir beide Schritte.

8.4.1   Name des Funktionsbausteins ermitteln

Um den Namen des generierten Funktionsbausteins zu ermitteln, kann ein weiterer Funktionsbaustein (SSF_FUNCTION_MODULE_NAME) verwendet werden. Listing 8.7 zeigt als Beispiel die Flugrechnung.

```
*&-------------------------------------------------------------&*
DATA: fm_name    TYPE rs38l_fnam.
CALL  FUNCTION  'SSF_FUNCTION_MODULE_NAME'
      EXPORTING  formname          = p_form
      IMPORTING  fm_name           = fm_name
      EXCEPTIONS no_form           = 1
                 no_function_module = 2
                 others            = 3.
*&-------------------------------------------------------------&*
```

Listing 8.7 Namen des Funktionsbausteins feststellen

Als Eingabeparameter muss der Name des Smart-Forms-Formulars bekannt sein. Die zugehörige Variable P_FORM wurde in unserem Beispiel zuvor über das Selektionsbild bei Programmstart vom Anwender gefüllt.

8.4.2 Funktionsbaustein für die Formularausgabe aufrufen

Nach diesem Aufruf enthält die Variable FM_NAME den gesuchten generierten Namen des Funktionsbausteins. Durch Typisierung über das Datenelement RS38L_FNAM ist dies ein Textfeld mit 30 Zeichen. Nun kann die eigentliche Formularausgabe angestoßen werden (siehe Listing 8.8):

```
*&--------------------------------------------------------------&*
* now call the generated function module
CALL FUNCTION fm_name
     EXPORTING  archive_index        =
*                archive_parameters   =
*                control_parameters   =
*                mail_appl_obj        =
*                mail_recipient       =
*                mail_sender          =
*                output_options       =
*                user_settings        = 'X'
                 customers            = customers
                 bookings             = bookings
                 connections          = connections
*     IMPORTING  document_output_info =
*                job_output_info      =
*                job_output_options   =
     EXCEPTIONS formatting_error     = 1
                internal_error       = 2
                send_error           = 3
                user_canceled        = 4
                OTHERS               = 5.
*&--------------------------------------------------------------&*
```

Listing 8.8 Funktionsbaustein zum Formular aufrufen

Sicher werden Sie gleich alle Parameter wiedererkennen, die Sie schon in der Formularschnittstelle des Form Builders gesehen haben. Da die Standardparameter, die automatisch bei der Neuanlage des Formulars erzeugt werden, optionale Einträge sind, können sie wahlweise auch auskommentiert werden. In diesem Fall erfolgt keine Steuerung der Ausgabeparameter über das Rahmenprogramm (stattdessen werden interne Defaultwerte des Funktionsbausteins verwendet).

Bei der Flugrechnung werden im Formular und im Rahmenprogramm die gleichen Namen für die Übergabeparameter CUSTOMERS, BOOKINGS und CONNECTIONS verwendet.

Beim Aufruf des Funktionsbausteins können auch Parameter mitgegeben werden, die im Formular selbst nicht definiert sind. Dies ist insbesondere dann vorteilhaft, wenn ein Rahmenprogramm für verschiedene Formulare verwendet wird, aber nicht überall die gleichen Daten erforderlich sind.

Natürlich ist es etwas mühsam, den Aufruf des Funktionsbausteins zum Formular komplett per Hand einzugeben (insbesondere wenn viele Parameter definiert wurden). Hier bietet der ABAP Editor eine Hilfe, die Sie schon im Programm-Knoten des Formulars kennengelernt haben. Über die Taste MUSTER in der Symbolleiste können Sie das Muster eines Funktionsaufrufs automatisch einfügen lassen. Dazu muss nur der Name des Bausteins bekannt sein. Doch genau hier ist auch der Haken: Der Name hängt in unserem Fall vom Formular ab und wurde dann auch noch rein zufällig vergeben.

Aber es gibt eine elegante Lösung für dieses Problem, denn der zum Einfügen des Funktionsbausteins erforderliche Name lässt sich einmalig und per Hand direkt über die Formularbearbeitung ermitteln. Insgesamt müssen Sie die folgenden Schritte durchführen, um den Namen des Funktionsbausteins zu ermitteln:

1. Rufen Sie im Form Builder das betreffende Formular auf.

2. Rufen Sie die Testfunktion über die Funktionstaste (F8) auf, sodass der Name des Funktionsbausteins angezeigt wird.

3. Kopieren Sie den Namen in die Zwischenablage mit dem Tastaturbefehl (Strg) + (C).

4. Öffnen Sie das Rahmenprogramm.

5. Öffnen Sie die Musterfunktion über die Schaltfläche MUSTER (siehe Abbildung 8.5).

6. Wählen Sie die Option CALL FUNCTION, geben Sie den Inhalt Ihrer Zwischenablage ein, und klicken Sie auf den Button ✔ (siehe Abbildung 8.6).

7. Daraufhin wird der passende Funktionsaufruf mit allen Schnittstellenparametern automatisch im Quelltext eingefügt. Alle im Formular verwendeten Namen stehen links vom Gleichheitszeichen. Entsprechend müssen rechts davon nur noch die jeweiligen Parameter ergänzt werden, wie sie im Rahmenprogramm definiert sind (siehe Listing 8.8).

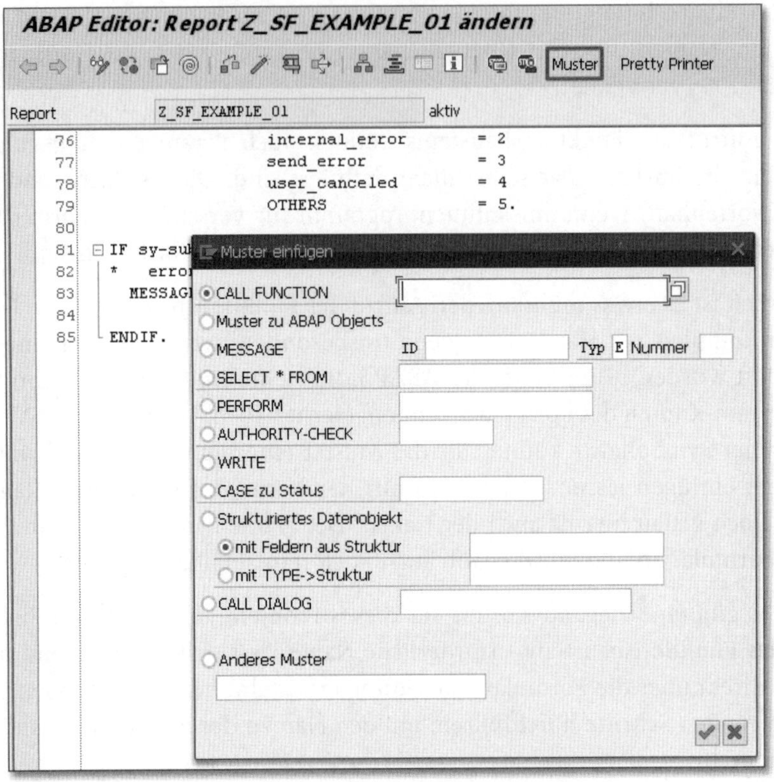

Abbildung 8.5 Musterfunktion über die Schaltfläche »Muster« öffnen

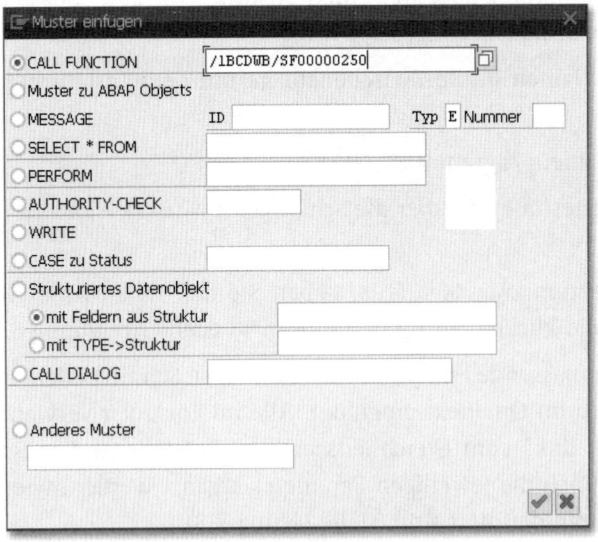

Abbildung 8.6 Namen des generierten Funktionsbausteins eingeben

Die Standard-Schnittstellenparameter des Systems (siehe Abschnitt 4.1.4, »Include-Text (SAPscript-Text)«) sind grundsätzlich optional und deshalb auch von Beginn an auskommentiert. Individuelle Parameter des Formulars sind immer obligatorisch und müssen vom Rahmenprogramm mit den entsprechenden Daten versehen werden.

Nun müssen Sie im letzten Schritt nur noch den Namen des Funktionsbausteins im bisherigen Quelltext durch die vorgesehene Variable ersetzen (in unserem Fall FM_NAME).

8.5 Übungsbeispiel: Flugrechnung an mehrere Kunden ausgeben

In den vorherigen Abschnitten haben wir einige Grundelemente vorgestellt, die Sie in fast jedem Rahmenprogramm zur Ausgabe eines Formulars wiederfinden. Abschließend wollen wir als Übungsbeispiel zu diesem Themenbereich noch einige Erweiterungen am vorhandenen Rahmenprogramm zur Flugrechnung durchführen.

Über das bisherige Rahmenprogramm kann immer nur eine einzige Flugrechnung ausgegeben werden. Das wollen wir nun ändern. Dazu soll jetzt auch die Auswahl der Kunden über eine Mehrfachabfrage im Selektionsbild erfolgen, wie bisher schon für die Fluggesellschaften.

8.5.1 Umsetzung

Bisher wird die Kundennummer für einen einzelnen Kunden über den Schnittstellenparameter CUSTOMERS an das Formular übergeben. Da es sich bei diesem Parameter um eine interne Tabelle handelt, könnte man hierüber auch mehrere Adressen übergeben.

Weitere Verwendungsmöglichkeit	[«]
Die Übergabe mehrerer Kunden an das Formular könnten Sie sinnvoll nutzen, wenn z. B. eine Art Übersichtsliste zu den Kunden geplant ist. Dann bilden die Datensätze zu den gewählten Kunden die eigentlichen Positionen, darunter können gegebenenfalls als Details wieder die Flugbuchungen angezeigt werden. In diesem Anwendungsfall müsste die Kundentabelle im Smart-Forms-Formular als Parameter der Hauptschleife im MAIN-Fenster eingetragen sein.	

Um nacheinander einzelne Rechnungen für mehrere Kunden ausgeben zu können, muss die benötigte Verarbeitungsschleife im Rahmenprogramm selbst ausgeführt werden. Das Formular wird dann im Schleifendurchlauf für jede einzelne Kundennummer aufgerufen. Wir erweitern die Formular-schnittstelle so, dass der einzelne Kunde jetzt direkt über einen entsprechen-den Arbeitsbereich WA_CUSTOMER übergeben wird. Dieser Arbeitsbereich wurde bisher erst im Formular zugewiesen. Damit das Selektionsbild meh-rere Kunden verarbeiten kann, muss es erweitert werden.

8.5.2 Schritt 1: Erweiterte Kundennummernabfrage

Das Selektionsbild im Rahmenprogramm soll nun die Eingabe mehrerer Kunden ermöglichen. Die bisherige Anweisung PARAMETER wird deshalb durch die Anweisung SELECT-OPTIONS ersetzt (siehe Listing 8.9):

```
*&-------------------------------------------------------------&*
DATA: cust_id TYPE scustom-id.
* PARAMETER:     p_custid TYPE scustom-id DEFAULT 1.
SELECT-OPTIONS:  s_custid FOR  cust_id    DEFAULT 1 TO 1.
*&-------------------------------------------------------------&*
```

Listing 8.9 Quelltext zum erweiterten Selektionsbild

Im Quelltext in Listing 8.9 ist die bisherige PARAMETER-Anweisung bereits auskommentiert. Die vom Anwender selektierten Kundennummern sind nun im Parameter S_CUSTID enthalten. Die Syntax der Anweisung SELECT-OPTIONS kennen Sie bereits von der Abfrage zu den Fluggesellschaften. Da sich der Zusatz FOR immer auf interne Variable beziehen muss, haben wir zusätzlich eine passende DATA-Anweisung vorgeschaltet. Dadurch werden die Von/Bis-Felder in der Select-Option S_CUSTID mit dem Typ des Tabellen-feldes SCUSTOM-ID angelegt.

8.5.3 Schritt 2: Erweiterte Datenselektion

Da jetzt mehrere Kundennummern vom Anwender eingegeben werden können und die zugehörigen Selektionsoptionen in einer internen Tabelle S_CUSTID gespeichert sind, muss auch die SELECT-Anweisung im Rahmen der Datenbankabfrage angepasst werden. Listing 8.10 zeigt die alte und die neue Version:

```
*&-------------------------------------------------------------&*
* get data
* SELECT * FROM scustom INTO TABLE customers
*          WHERE id = p_custid
*          ORDER BY PRIMARY KEY.
* SELECT * FROM sbook INTO TABLE bookings
```

```
*           WHERE customid = p_custid
*           AND   carrid   IN s_carrid
*           ORDER BY PRIMARY KEY.
* now with more than one customer
SELECT * FROM scustom INTO TABLE customers        " (1)
         WHERE id IN s_custid
         ORDER BY PRIMARY KEY.
SELECT * FROM sbook INTO TABLE bookings           " (2)
         WHERE customid IN s_custid
         AND   carrid   IN s_carrid
         ORDER BY PRIMARY KEY.
SELECT * FROM spfli INTO TABLE connections        " (3)
         FOR ALL ENTRIES IN bookings
         WHERE carrid = bookings-carrid
         AND   connid = bookings-connid
         ORDER BY PRIMARY KEY.
*&- - - - - - - - - - - - - - - - - - - - - - - - - - - - - - - - - - -&*
```

Listing 8.10 Daten für mehrere Kunden beschaffen

Durch den Zusatz IN bei der ersten SELECT-Anweisung werden jetzt die Daten zu allen selektierten Kundennummern in die interne Tabelle CUSTOMERS übertragen (bisher war das immer nur ein Eintrag).

Die gleiche Änderung erfolgt bei der zweiten Anweisung auch für den Aufbau der Buchungstabelle BOOKINGS, die jetzt ebenfalls mehrere Kunden berücksichtigen muss.

Auf die interne Tabelle der Flugverbindungen in der letzten Anweisung hat die Änderung keinen Einfluss. Wir haben sie der Vollständigkeit halber trotzdem nochmals aufgeführt.

8.5.4 Schritt 3: Schleife anlegen

Jeder Kunde soll einzeln an die Formularschnittstelle übergeben werden. Deshalb muss im Rahmenprogramm die interne Tabelle CUSTOMERS für alle Datensätze in einer Schleife durchlaufen werden. Das erfolgt über die ABAP-Anweisung LOOP, die sich wie ein Schleife-Knoten in Smart Forms verhält. Es wird auch hier zusätzlich ein passender Arbeitsbereich benötigt.

Jede LOOP-Anweisung wird durch eine ENDLOOP-Anweisung abgeschlossen. Dazwischen stehen die Anweisungen, die innerhalb der Schleife durchlaufen werden sollen. Listing 8.11 zeigt, wie der Aufruf des Funktionsbausteins mehrfach erfolgen kann.

```
*&--------------------------------------------------------------&*
* several customers
DATA wa_customer  TYPE scustom.
LOOP AT customers INTO wa_customer.
* now call the generated function module
  CALL FUNCTION fm_name
      EXPORTING customers              = customers
                bookings               = bookings
                connections            = connections
                wa_customer            = wa_customer
      EXCEPTIONS formatting_error      = 1
                internal_error         = 2
                send_error             = 3
                user_canceled          = 4
                OTHERS                 = 5.
* errorhandling
ENDLOOP.
*&--------------------------------------------------------------&*
```

Listing 8.11 Funktionsaufruf innerhalb einer Schleife

Wir haben den Arbeitsbereich WA_CUSTOMER definiert, der in der LOOP-Anweisung in jedem Schleifendurchlauf mit einem neuen Satz von Kundendaten gefüllt wird. Dann wird er an die Formularschnittstelle als zusätzlicher Parameter übergeben. Dieser Parameter wird augenblicklich noch vom Formular übernommen. Die Schnittstelle sollte aber trotzdem funktionieren, denn die anderen Übergabeparameter sind unverändert geblieben. Zur Fehlerbehandlung können Sie die gleichen Funktionen verwenden wie im Ursprungsprogramm (hier angedeutet als Kommentarzeile innerhalb der Schleife).

Testen Sie das Rahmenprogramm mit den bisherigen Änderungen. Die Anwenderabfrage sollte jetzt wie in Abbildung 8.7 aussehen.

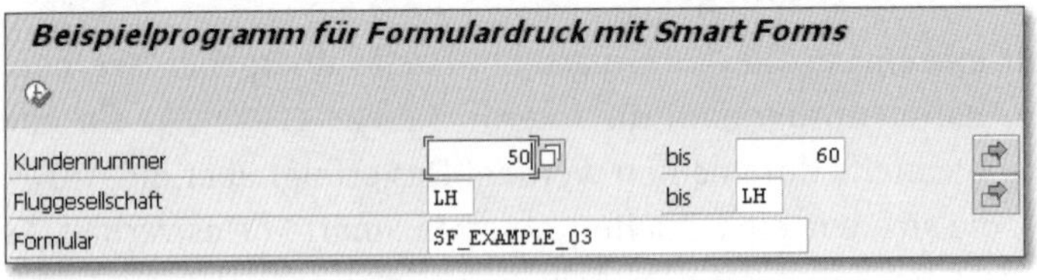

Abbildung 8.7 Erweitertes Selektionsbild

Wählen Sie zunächst nur einen Kunden, wird die Ausgabe wie bisher erfolgen. Probieren Sie es aber mit mehreren Kunden, wiederholt sich die Ausgabe mehrfach, jedes Mal jeweils mit einem Druckdialog. Aber der Kunde, für den die Flugrechnung erstellt wird, ist immer der gleiche.

Versuchen Sie herauszufinden, welche Logik auf Seiten des Formulars dafür verantwortlich ist.

Als abschließenden Schritt richten wir das Formular auf den neuen eindeutigen Schnittstellenparameter WA_CUSTOMER aus.

8.5.5 Schritt 4: Formular anpassen

Nach den bisherigen Schritten »weiß« das Formular noch nichts vom Parameter WA_CUSTOMER, der vom Rahmenprogramm als Kunde eindeutig vorgegeben wird. Stattdessen ermittelt das Formular mit seiner bisherigen Logik den Kunden über die interne Tabelle CUSTOMERS, in der jetzt auch mehrere Kunden enthalten sein können. Dabei liest das Formular über die zugehörige Schleife immer den letzten Tabelleneintrag als Kunde aus. Daher wird bei jedem Schleifendurchlauf eine Formularausgabe für den gleichen Kunden erzeugt. Dies muss noch angepasst werden.

Für die eigentliche Ausgabe der Anschrift wurde im Formular auch bisher schon ein Arbeitsbereich verwendet, weil sich Inhalte interner Tabellen nicht direkt als Felder in Text-Knoten einbinden lassen. Der Name dieses formularinternen Arbeitsbereichs ist ebenfalls WA_CUSTOMER, wie im Rahmenprogramm bzw. in der Formularschnittstelle. Wenn Sie den Arbeitsbereich jetzt auch noch auf Seiten des Formulars als Schnittstellenparameter definieren, werden die vorgegebenen Kundendaten vom Rahmenprogramm auch in diesen Arbeitsbereich übernommen.

Die Definition des Arbeitsbereichs als Schnittstellenparameter besteht aus zwei Schritten:

1. Ändern Sie zunächst den Namen der bisherigen Variablen auf WA_CUSTOMER_O (als Erinnerung an die Originaldefinition). Der Eintrag wird eventuell noch gebraucht.

2. Legen Sie dann WA_CUSTOMER als Parameter der Formularschnittstelle mit gleicher Typisierung wie bisher an (mit Referenz auf das Datenelement SCUSTOM).

Nach dieser Änderung wird der Parameter WA_CUSTOMER im Formular nicht mehr überschrieben.

8.5.6 Schritt 5: Abschlusstest

Überprüfen Sie abschließend die Ausgabe des Formulars über das Rahmenprogramm. Bei der Wahl mehrerer Kunden sollten jetzt auch entsprechend viele einzelne Flugrechnungen mit korrekter Anschrift erstellt werden.

8.6 Welche Daten verwendet das Formular?

Aus den bisherigen Beschreibungen zur Formularschnittstelle wissen Sie, dass die Daten zwischen Rahmenprogramm und Formular über den generierten Funktionsbaustein ausgetauscht werden:

- Als Importparameter übergibt das Rahmenprogramm beim Start der Ausgabe die Daten, die im Formular benötigt werden.

- Über den Exportparameter kann das Rahmenprogramm nach der Abarbeitung des Formulars die Ausgabe kontrollieren.

In beiden Fällen gibt es Standardparameter für die Ausgabesteuerung, auf die wir in Abschnitt 8.8, »Standardparameter der Formularschnittstelle«, noch ausführlich eingehen werden.

An dieser Stelle beschäftigen wir uns mit einer Funktion, deren Nützlichkeit nicht auf den ersten Blick erkennbar ist, die aber trotzdem häufig sinnvoll eingesetzt werden kann. Wir haben wiederholt darauf hingewiesen, dass ein Rahmenprogramm verschiedene Formulare ansteuern kann. Die Verbindung zum jeweiligen Rahmenprogramm wird erst bei der Ausgabe hergestellt, sie existiert noch nicht beim Design des Formulars.

In vielen Anwendungsfällen ist es vorteilhaft, wenn im Rahmenprogramm schon vor der Datenübergabe an das Formular bekannt ist, welche Daten das jeweilige Formular nun tatsächlich benötigt. Wenn diese Parameter bekannt wären, müssten nur diese Daten vom Rahmenprogramm ermittelt werden. Dadurch lassen sich Performancevorteile bei der Datenbeschaffung erreichen.

Liste verwendeter Ausgabeparameter im Formular

Um die im Formular verwendeten Parameter der Formularschnittstelle festzustellen, steht ein weiterer Funktionsbaustein (SSF_FIELD_LIST) zur Verfügung. Listing 8.12 zeigt einen Aufruf, wie er im Rahmenprogramm der Flugrechnung erfolgen könnte.

```
*&--------------------------------------------------------------&*
* determine print data
DATA: fieldlist   type TSFFIELDS.
DATA: wa_fieldlist type TDLINE.
CALL FUNCTION   'SSF_FIELD_LIST'
    EXPORTING  formname          = p_form
    IMPORTING  fieldlist         = fieldlist
    EXCEPTIONS no_form           = 1
               no_function_module = 2
               others            = 3.
*&--------------------------------------------------------------&*
```

Listing 8.12 Überprüfung des Formulars hinsichtlich Datenverwendung

Der Eingabeparameter des Funktionsbausteins ist der Name des Formulars, den wir in der Flugrechnung vom Anwender abgefragt haben. Einziger Ausgabeparameter des Funktionsbausteins ist eine interne Tabelle FIELDLIST, die in der ersten DATA-Anweisung deklariert wurde. Jede Zeile dieser internen Tabelle besteht nur aus einem Textfeld. Nach der Rückkehr aus der Funktion enthält die Tabelle FIELDLIST einen Zeileneintrag für jeden Schnittstellenparameter, der im Formular angesprochen wird.

> **Technischer Hintergrund**   **[«]**
>
> Für die Aufbereitung der Liste liest der Funktionsbaustein seinerseits die Einträge im Textfeld für Import-/Exportparameter der Datenbanktabelle STXFCONTR.

Abbildung 8.8 zeigt die Tabelle FIELDLIST als Beispiel für eine Anwendung in unserer Flugrechnung, wie sie Listing 8.12 beschrieben wurde.

Abbildung 8.8 Liste der verwendeten Schnittstellenparameter

Die abgebildete Liste wurde über den Debugger abgerufen, unmittelbar nach der Ausführung des Funktionsbausteins SSF_FIELD_LIST (Hinweise zu diesem nützlichen Hilfsmittel finden Sie in Abschnitt 7.2.4, »ABAP Debugger«). Offensichtlich werden alle drei internen Tabellen, die über die Schnittstelle übergeben werden, im Formular auch verwendet.

Kriterien der Verwendung im Formular

Es bleibt noch zu klären, nach welchen Kriterien der Funktionsbaustein SSF_
FIELD_LIST entscheidet, ob eine Datenkomponente aktiv im Formular verwendet wird. Dazu muss mindestens eine der folgenden Bedingungen erfüllt
sein:

▶ Der Parameter wurde als Feld in einen Text-Knoten eingefügt.

▶ Der Parameter wird als Attribut in einem beliebigen Knoten verwendet.

▶ Der Parameter ist als Eingabe-/Ausgabeparameter eines Programm-Knotens hinterlegt.

Darstellung in der Parameterliste

Ist ein Schnittstellenparameter mehrstufig an einer Feldausgabe beteiligt,
wird sowohl das einzelne Feld als auch die übergeordnete Ebene in der
Tabelle FIELDLIST geführt. In unserer Flugrechnung sind die übergebenen
Parameter als interne Tabelle angelegt. Sie werden im Formular nur über
Arbeitsbereiche ausgelesen und erscheinen somit auch nicht als einzelne Felder der Ausgabe. Deshalb werden in Abbildung 8.8 nur die übergeordneten
Ebenen in Form der jeweiligen internen Tabellen aufgeführt.

8.6.1 Übungsbeispiel: Übergabe der Flugverbindungen je nach Bedarf

In diesem Übungsbeispiel möchten wir zeigen, wie eine Datenbeschaffung
auf die Einträge in der Tabelle FIELDLIST abgestimmt werden kann. Unser
Ziel ist es dabei, dass die Datenbankabfrage zu den Verbindungen im Flugdatenmodell nur erfolgen soll, wenn diese Daten im Formular auch wirklich
benötigt werden. Listing 8.13 zeigt die entsprechende Vorgehensweise.

```
*&-------------------------------------------------------------&*
* Select data only if needed
READ TABLE fieldlist INTO wa_fieldlist
     WITH KEY table_line = 'CONNECTIONS'.
IF sy-subrc = 0.
  SELECT * FROM spfli INTO TABLE connections
          FOR ALL ENTRIES IN bookings
          WHERE carrid = bookings-carrid
          AND   connid = bookings-connid
          ORDER BY PRIMARY KEY.
ENDIF.
*&-------------------------------------------------------------&*
```

Listing 8.13 Nur benötigte Daten beschaffen (Tabelle FIELDLIST)

Falls in der internen Tabelle `FIELDLIST` ein Eintrag `'CONNECTIONS'` vorhanden ist, wird die zugehörige Zeile in einen passenden Arbeitsbereich `WA_FIELDLIST` kopiert (zu dessen Definition siehe Listing 8.12). In diesem Fall wird auch die gleichnamige Datenkomponente im Formular benötigt. Beachten Sie bei dieser Anweisung, dass der Vergleichswert in Großbuchstaben zu schreiben ist. Ist die `READ`-Anweisung erfolgreich, zeigt die Systemvariable `SY-SUBRC` keinen Fehler. Nur in diesem Fall wird innerhalb der `IF`-Bedingung auch der Zugriff auf die Datenbank per `SELECT`-Anweisung ausgeführt.

8.6.2 Übungsbeispiel: Reduzierte Datenbereitstellung für den Lieferschein

Durch die konsequente Trennung von Rahmenprogramm und Formularlogik entsteht für die Formularausgabe über Smart Forms ein grundlegender Vorteil: Ein Rahmenprogramm kann Daten für viele unterschiedliche Formulare bereitstellen. Natürlich sollten alle Formulare im gleichen Geschäftskontext angesiedelt sein (z. B. in der gleichen Applikation), damit zumindest ungefähr die gleichen Anforderungen an die Datenbeschaffung vorhanden sind.

Die Datenbeschaffung im Rahmenprogramm sollte so aufgebaut sein, dass in den einzelnen Formularen möglichst wenig zusätzliche Daten hinzugelesen werden müssen (um Redundanzen durch doppelte Funktionen zu vermeiden).

Dieser universelle Anspruch an die zentrale Datenbereitstellungsroutine kann aber auch zu Redundanzen führen, denn es werden zwangsläufig auch Daten bereitgestellt, die nicht in allen Formularen benötigt werden. Das bedeutet wieder Nachteile für die Verarbeitungsgeschwindigkeit. Insofern stellt das hier dargestellte Verfahren zur bedingten Datenselektion eine gute Lösung für eventuell auftretende Performanceprobleme dar.

Welche Themen/Datenkomponenten vom Formular benötigt werden, lässt sich über den Funktionsbaustein `SSF_FIELD_LIST` feststellen. Wir wollen dazu den Ablauf bei der Ausgabe eines Lieferbelegs erläutern.

Schritt 1: Verwendete Schnittstellenparameter abfragen

Die Steuerung der Datenbeschaffung erfolgt über eine spezielle Struktur. Diese Struktur ist ein Abbild der Datenkomponenten, deren Verwendung im Formular überwacht werden soll (siehe Abbildung 8.9).

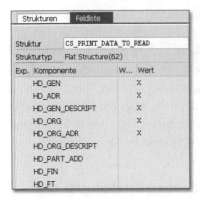

Abbildung 8.9 Steuerung der Datenbeschaffung in der Lieferung

Für jede Datenkomponente existiert in der Struktur genau ein Feld mit gleichem Namen. Dazu gibt es ein weiteres Feld, über das die Verwendung der jeweiligen Datenkomponente gesteuert wird. Dieses Feld wird auf 'X' gesetzt, wenn eine Datenbeschaffung erforderlich ist.

Die Struktur ist durch ihren Aufbau immer abhängig von der jeweiligen Applikation. Sie muss entsprechend individuell zu jeder Datenbereitstellungsroutine angelegt sein (über den entsprechenden Datentyp im ABAP Dictionary).

[»] **Datenkomponenten der Formularschnittstelle in der Struktur**

In einer solchen Struktur müssen nur die Datenkomponenten der Formularschnittstelle enthalten sein, die nicht von allen Formularen genutzt werden sollen.

Schritt 2: Aufruf im Rahmenprogramm

Um die Struktur zu füllen, wird wieder der Funktionsbaustein SSF_FIELD_ LIST ausgeführt. Dies geschieht im Rahmenprogramm der Lieferung in einem Unterprogramm (siehe Listing 8.14).

```
*&-------------------------------------------------------------&*
* name of Smart Forms-formular
DATA: lf_formname    TYPE tdsfname.
lf_formname = tnapr-sform.
* list of all data-elements (read yes/no)
DATA:  ls_print_data_to_read TYPE ledlv_print_data_to_read.
* determine print data with use of SSF_FIELD_LIST
PERFORM    set_print_data_to_read
  USING     lf_formname
  CHANGING ls_print_data_to_read
```

```
        cf_retcode.
* example for reading data
IF ls_print_data_to_read-gd_gen = 'X'.
  SELECT ....
ENDIF.
*&- - - - - - - - - - - - - - - - - - - - - - - - - - - - - - - - - - - - - - - - - - - - - - - - - - - - - - -&*
```

Listing 8.14 Systematik der Datenbeschaffung in Lieferung

Die Funktionen in Listing 8.14 sind die folgenden:

► Eingabeparameter des Unterprogramms SET_PRINT_DATA_TO_READ ist wieder der Name des Formulars, der hier aus der Tabelle TNAPR gelesen wird (wie bei der Verwendung der Nachrichtenfindung über Konditionstechnik üblich). Zurückgegeben wird die Struktur LS_PRINT_DATA_TO_READ.

► Über eine einfache IF-Anweisung kann dann das Lesen der einzelnen Datenkomponenten an das Ergebnis in der Struktur LS_PRINT_DATA_TO_READ gekoppelt werden. Das Ergebnis ist die Liste der Datenkomponenten aus Abbildung 8.9.

► Üblicherweise wird das Lesen von Datenbanktabellen im Rahmen der Datenbeschaffung in einem Unterprogramm zusammengefasst. Eingabeparameter ist die Struktur LS_PRINT_DATA_TO_READ mit den benötigten Datenkomponenten (siehe Abschnitt 8.3.2, »Übungsbeispiel: Lieferungsdaten beschaffen«).

Es kann durchaus sinnvoll sein, bestimmte Datenkomponenten grundsätzlich und unabhängig von den Ergebnissen des Aufrufs des Funktionsbausteins SSF_FIELD_LIST bereitzustellen. In diesem Fall muss vor der eigentlichen Datenbeschaffung das zugehörige Feld in der Struktur LS_PRINT_DATA_TO_READ auf 'X' gesetzt werden.

Verwendung der beschafften Daten im Formular **[+]**

Für die Datenübergabe per Formularschnittstelle werden häufig alle Datenkomponenten in einer einheitlichen, übergeordneten Struktur zusammengefasst (wie z. B. auch bei der Lieferung). Für die Bearbeitung im Formular werden deren Inhalte dann in weitere formularinterne Strukturen und interne Tabellen kopiert.

Daraus kann sich ein Problem ergeben, denn die eigentlichen Datenkomponenten der Schnittstelle werden im Formular gar nicht mehr explizit verwendet. Sie werden folglich vom Funktionsbaustein SET_PRINT_DATA_TO_PRINT *nicht* als erforderlich erkannt und nicht mit Daten versorgt.

Dafür gibt es eine einfache Lösung: Sie sollten jede dieser Komponenten explizit als Eingabeparameter in dem Programm-Knoten führen, der die formularinternen Kopien erstellt. Verwenden Sie also nicht den Namen der übergeordneten Gesamtstruktur, auch wenn es auf den ersten Blick bequemer ist.

8.7   BAdIs für die kundeneigene Datenbeschaffung nutzen

In der Praxis der SAP-Formularentwicklung geht es in der Regel weniger um die vollständige Neuerstellung von Formularen, sondern um die Anpassung und Überarbeitung von ausgelieferten SAP-Standardformularen. Insbesondere die Rahmenprogramme für die Datenbeschaffung sind sehr komplex und unterliegen der Wartung durch SAP. Die zur Zeit gebräuchliche Praxis, die Programme in den Kundennamensraum zu kopieren und um die Zusatzdatenbeschaffung zu ergänzen, hat den großen Nachteil, dass diese Objekte aus der SAP-Softwarewartung herausfallen. Somit fällt für das Unternehmen ein permanenter Aktualisierungsaufwand für die modifizierten Programme an.

Für die Lösung dieser Probleme stellt SAP das Enhancement Framework zur Verfügung, das wir Ihnen im Folgenden näher vorstellen.

8.7.1   Architektur des Enhancement Frameworks

Das Enhancement Framework ermöglicht es dem Nutzer, modifikationsfreie Erweiterungen in SAP-Objekte zu integrieren – ohne die Notwendigkeit, diese in den Kundennamensraum zu kopieren. Auf diese Weise bleibt die Wartung des Rahmenprogramms durch SAP erhalten. Dabei verfügt das Enhancement Framework über eine Zusammenfassung aller über das Customizing hinausgehenden Möglichkeiten zur Erweiterung von Repository-Objekten. Es versucht, die Vorteile von Standardlösungen mit denen von proprietären Lösungen zu verbinden und die jeweiligen Nachteile auszugleichen. In der ABAP Workbench ist mit dem Enhancement Builder das zugehörige Werkzeug integriert.

Erweiterungen sind auf verschiedenen Ebenen der Softwareentwicklung möglich (siehe Abbildung 8.10). Dabei sind die Ebenen »Core-Entwicklung«, »Anwendungsentwicklung« und »Add-on-Entwicklung« der SAP bzw. SAP-Entwicklungspartnern vorbehalten. Der entscheidende Vorteil dieses Erweiterungsmodells ist es, dass sich nun auch Kundenentwicklungen nahtlos integrieren lassen, ohne deshalb SAP-Standardobjekte modifizieren zu müssen.

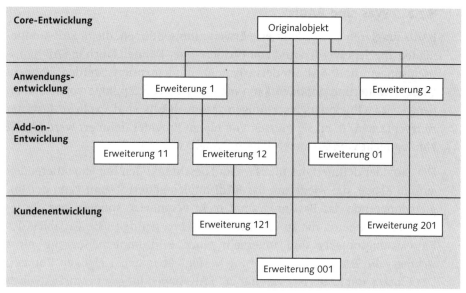

Abbildung 8.10 Struktur des SAP Enhancement Frameworks

Erweiterungstechnologien

Für die Erweiterungsoptionen stehen unterschiedliche Technologien zur Verfügung:

▶ **Quelltexterweiterungen**
An bestimmten Positionen im Quelltext befinden sich Erweiterungsoptionen, an denen sich der Quelltext durch sogenannte Plug-ins erweitern lässt, die zusätzlich zum Originalcode verarbeitet werden.

▶ **Funktionsgruppenerweiterungen**
Über Funktionsgruppenerweiterungen können die Schnittstellen von Funktionsbausteinen um zusätzliche Parameter erweitert werden.

▶ **Klassenerweiterungen**
Klassen können um zusätzliche Methoden und optionale Parameter erweitert werden.

▶ **BAdIs**
Business Add-ins (BAdIs) nutzen die Objektorientierung zur Erweiterung von ABAP-Programmen. Ein BAdI definiert ein Interface, das von einer Objektklasse implementiert wird. Innerhalb des Enhancement Frameworks fungiert das BAdI als Erweiterungsoption für Objekt-Plugins.

Im Folgenden gehen wir etwas genauer auf BAdIs ein, da diese in der Entwicklung von Rahmenprogrammen für Smart Forms nutzbar sind.

8.7.2 Was sind BAdIs?

BAdIs fungieren als vordefinierte Erweiterungsoptionen, die in SAP-Komponenten angelegt werden und von Partnern oder Kunden (auch in SAP-Industrielösungen und SAP-Ländervarianten) implementiert werden können. Diese Erweiterungsoptionen kann man sich als Ankerpunkte vorstellen, an denen sich Objekt-Plugins einfügen lassen. BAdIs sind explizite Erweiterungsoptionen, d. h., sie müssen von einem Provider definiert werden und können nicht vom Framework bereitgestellt werden.

Der Provider definiert das Interface und beschränkt den Implementierenden auf die Klasse, die wiederum das BAdI implementiert. Damit kann der Implementierende das Basisprogramm nicht verändern, sondern nur die jeweiligen Parameter, die an das BAdI übergeben wurden. Die Variablen des Entwicklungsobjekts sind innerhalb einer BAdI-Implementierung nicht sichtbar, die BAdI-Implementierung verfügt über einen eigenen Kontext. Der Einsatz von BAdIs ist nicht nur auf SAP-Anwendungen beschränkt, auch in Kundenanwendungen können BAdI-Aufrufe integriert werden.

Es gibt klassische und neue BAdIs. Das neue BAdI ist vollständig in ABAP integriert und ermöglicht dadurch eine verbesserte Bedienung und Performance. Allerdings kommen in Smart Forms fast ausschließlich klassische BAdIs zum Einsatz. Deshalb beschränken wir uns im Anwendungsbeispiel auch auf die klassische Version.

8.7.3 Verfügbarkeit von BAdIs

Zum Teil werden die Möglichkeiten der BAdI-Implementierung im IMG bereitgestellt. Man findet sie jedoch immer über den Repository Browser in der Transaktion SE80 (siehe Abbildung 8.11). In dem Paket des zu erweiternden Programms befindet sich der Ordner ERWEITERUNGEN, der alle für dieses Paket verfügbaren Erweiterungen enthält.

8.7.4 Übungsbeispiel: Mit BAdIs zusätzliche Daten für den Lieferschein bereitstellen

Das folgende Beispiel zeigt die Erstellung eines BAdIs für ein Lieferscheinformular. Hierbei gehen Sie wie folgt vor:

1. Öffnen Sie das zu bearbeitende Formular über den Repository Browser in der Transaktion SE80.
2. Öffnen Sie das BAdI durch Doppelklick auf ERWEITERUNGEN • CLASSIC BADIS (DEF.) (siehe Abbildung 8.11).

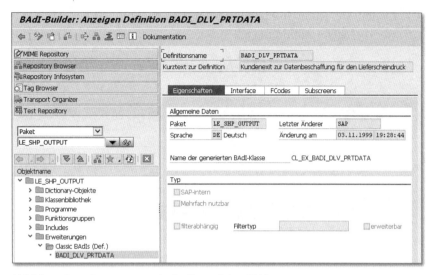

Abbildung 8.11 Erweiterungen in der Transaktion SE80

3. Wählen Sie im Menüpunkt Implementierung die Option Anlegen (siehe Abbildung 8.12).

Abbildung 8.12 Implementierung anlegen

361

4. Vergeben Sie einen Implementierungsnamen, und klicken Sie auf das Symbol ☑ (siehe Abbildung 8.13).

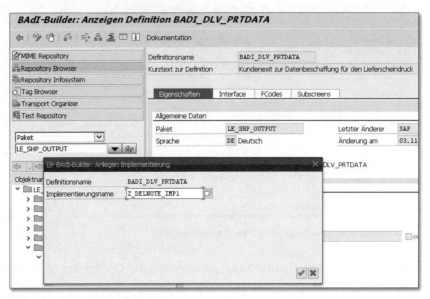

Abbildung 8.13 BAdI-Namen eingeben

5. Nun können Sie eine Kurzbeschreibung für das BAdI eintragen (siehe Abbildung 8.14). Beim Speichern wird die Implementierung in Form einer Klasse angelegt.

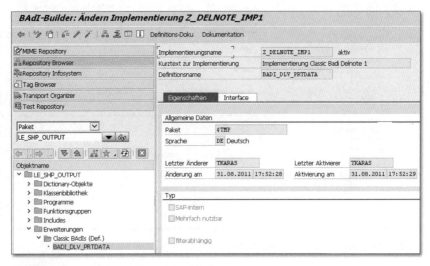

Abbildung 8.14 Implementierung des BAdIs

6. Wenn Sie nun auf die Registerkarte INTERFACE klicken, sehen Sie den Namen der Klasse und der implementierten Methode. Doppelklicken Sie auf die Methode BADI_DLV_PRTDATA (siehe Abbildung 8.15).

Abbildung 8.15 Interface in der BAdI-Klasse

7. Nun öffnet sich der ABAP Editor, und Sie können Ihren Code für die Zusatzdatenbeschaffung eingeben (siehe Abbildung 8.16).

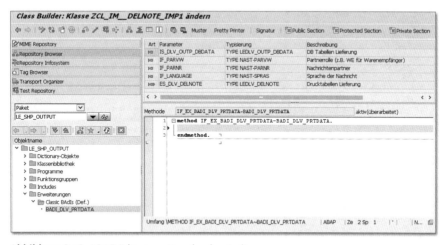

Abbildung 8.16 ABAP Editor zur Eingabe des Codings

Hier können beliebige Routinen hinterlegt werden, mit denen Daten beschafft werden, die das Standard-Druckprogramm nicht vorsieht, die aber dennoch in Ihrem Formular ausgegeben werden sollen.

8.7.5 Wie kommen die Daten ins Formular?

Wie kommen nun die im BAdI beschafften Daten ins Formular? Das BAdI kommuniziert mit dem aufrufenden Rahmenprogramm über eine definierte Schnittstelle, die in diesem Fall auf dem Interface IF_EX_BADI_DLV_PRTDATA basiert. Da dieses Interface ein SAP-Objekt ist, das nicht modifiziert werden soll, können nur die schon bestehenden Übergabeparameter genutzt werden. Dafür müssen die diesen Parametern zugrunde liegenden ABAP-Dictionary-Strukturen in der Transaktion SE11 durch entsprechende Appends um die Felder, Strukturen oder Tabellen erweitert werden, die für die Zusatzdatenbeschaffung erforderlich sind (siehe Abbildung 8.17). Diese Vorgehensweise hat ebenfalls den Vorteil, dass auch die Schnittstelle des generierten Funktionsbausteins nicht um zusätzliche Parameter ergänzt werden muss. Dadurch kann das Rahmenprogramm zur Datenbeschaffung vollständig im SAP-Standard verbleiben (siehe Abbildung 8.17).

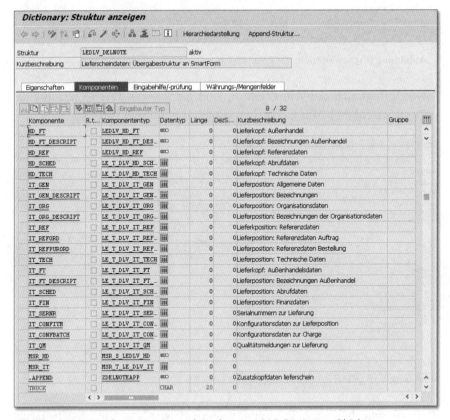

Abbildung 8.17 Kundeneigene Append-Struktur in ABAP-Dictionary-Objekten

In dieser Abbildung wurde z. B. die Smart-Forms-Übergabestruktur LEDLV_ DELNOTE um das Feld TRUCK ergänzt. Eine Append-Struktur für ABAP-Dictionary-Objekte wird in der Transaktion SE11 für die jeweilige Tabelle durch SPRINGEN • APPENDSTRUKTUR ... angelegt.

Felder, Tabellen oder Strukturen, die in dieser Weise in die Datentypen der Übergabestrukturen eingefügt werden, können in dem BAdI mit Zusatzdaten versorgt und dem Formular übergeben werden.

8.8 Standardparameter der Formularschnittstelle

In den vorherigen Abschnitten haben wir gezeigt, wie das Formular bzw. der zugehörige Funktionsbaustein in ein Rahmenprogramm eingebunden wird und wie über die Schnittstellenparameter eine Übergabe von Daten erfolgen kann. In Abschnitt 5.4.1, »Formularschnittstelle«, haben wir die Schnittstelle aus Sicht des Formulars ausführlich beschrieben.

Über die Registerkarten des dortigen Knotens haben Sie die folgenden Parametertypen kennengelernt:

▸ **Import**
Dieser Parameter wird für das Übertragen der Daten verwendet, die vom Rahmenprogramm für das Formular beschafft werden.

▸ **Export**
Dieser Parameter wird für die Rückmeldung von Ausgabeergebnissen an das Rahmenprogramm verwendet.

▸ **Tabellen**
Dieser Parameter wird für die Übergabe interner Tabellen verwendet, die im Formular änderbar sein sollen.

▸ **Ausnahmen**
Dieser Parameter wird für die Fehlerbehandlung verwendet (siehe Abschnitt 8.9, »Laufzeitfehler/Ausnahmen«).

Von diesen Parametertypen haben die *Importparameter* für die Formularentwicklung sicher die größte Bedeutung. Denn hierüber werden alle Daten für das Formular verfügbar, die das Rahmenprogramm zur Verfügung stellt. Die Importparameter gliedern sich wiederum in zwei Typen:

▸ **Allgemeine Standardparameter**
Allgemeine Standardparameter, die in jeder Formularschnittstelle gleich sind, werden bei der Neuanlage eines Formulars automatisch zur Schnitt-

stelle hinzugefügt. Die Parameter dienen der allgemeinen Ausgabesteuerung und sind grundsätzlich optional. Sie können Vorgaben des Rahmenprogramms zur Ausgabe über den Drucker, über Fax oder E-Mail, aber auch zur Ablage im Archivierungssystem enthalten. Ohne Vorgaben verwendet der aufgerufene Funktionsbaustein zum Formular interne Defaultwerte; das Rahmenprogramm kann die Parameter also nutzen, muss es aber nicht tun.

▸ **Formularindividuelle Parameter**
Formularindividuelle Parameter für die Datenübergabe der auszugebenden Daten müssen auch auf Seiten des Rahmenprogramms zugewiesen sein (obligatorisch).

Auch bei den *Exportparametern* gibt es Standardparameter. Diese werden nach einer Formularausgabe vom Funktionsbaustein zurückgemeldet. Exportparameter dienen der Kontrolle der Ausgabeergebnisse (z. B. der Anzahl der Dokumentausgaben). Auf diesem Weg kann auch das erzeugte Dokument, wie es an das SAP-Spoolsystem weitergereicht wird, dem Rahmenprogramm für weitere Verarbeitungsschritte zurückgegeben werden (wie z. B. zum Download oder zur Umwandlung in PDF).

8.8.1 Import-Standardparameter

Import-Standardparameter werden vom Rahmenprogramm an das Formular übergeben. Über Importparameter kann das Rahmenprogramm z. B. den Ausgabekanal mit entsprechenden Optionen vorgeben, wie dies bei automatischen Druckprozessen oder beim Versand per Fax erforderlich ist.

Bei der Betrachtung der Import-Standardparameter beginnen wir zunächst mit einer allgemeinen Übersicht der Parameter, wie sie in der Formularschnittstelle erscheinen, und wechseln dann zu detaillierteren Ebenen. Wir erläutern einen Teil der Parameter hier anhand von Übungsbeispielen; der andere Teil wird in den Abschnitten erklärt, die sich mit besonderen Ausgabeformen wie E-Mail, Fax und XML befassen (siehe Kapitel 11, »SAP Smart Forms in dokumentorientierten Prozessen«).

Die in Tabelle 8.3 aufgelisteten Importparameter werden bei der Neuanlage eines Formulars automatisch generiert.

Auf die Vorgaben zur E-Mail-Ausgabe bzw. Archivierung gehen wir noch gesondert in Kapitel 11, »SAP Smart Forms in dokumentorientierten Prozessen«, ein.

Parametername	Bedeutung
CONTROL_PARAMETERS	Die Einträge in dieser Struktur steuern Vorgaben zur Formularausgabe, z. B. Sprache, Startseite, Wahl der Druckvorschau statt SAP-Spoolsystem, Ein- oder Ausblenden des Druckdialogs vor jeder Ausgabe.
OUTPUT_OPTIONS	Mit den Feldern dieser Struktur lassen sich viele der Optionen vorbelegen, die man als Anwender normalerweise im Druckdialog eingeben kann (z. B. Ausgabegerät). Ist allerdings der Parameter USER_SETTINGS aktiv, übernimmt das System die Vorgaben stattdessen aus den Festwerten des Benutzers.
USER_SETTINGS	Logischer Wert, der die Quelle einzelner Parameter der Spoolsteuerung vorgibt. 'X': Benutzer-Festwerte (Default) Ist der Parameter leer, wird der Parameter OUTPUT_OPTIONS verwendet.
MAIL_APPL_OBJ MAIL_APPL_OBJMAIL_RECIPIENT MAIL_SENDER	Parameter zum Versenden der Formulare als E-Mail
ARCHIVE_INDEX ARCHIVE_INDEXARCHIVE_INDEX_TAB ARCHIVE_PARAMETERS	Parameter zur Archivierung über SAP ArchiveLink (siehe manuelle Eingaben zum Ablagemodus im Druckdialog). Bei der Ausgabe über die Nachrichtensteuerung werden die enthaltenen Felder vom übergeordneten Anwendungsprogramm vorgegeben.

Tabelle 8.3 Import-Standardparameter der Formularschnittstelle

Bedeutung der Import-Standardparameter

Für die Steuerung von Ausgaben über das SAP-Spoolsystem bzw. über Drucker sind vor allem die in Tabelle 8.3 aufgeführten Standardparameter von Bedeutung. Tabelle 8.4 zeigt die wichtigsten Felder und ihre Bedeutung.

CONTROL_PARAMETERS (Datentyp SSFCTRLOP)	
Generelle Steuerungsparameter zur Formularausgabe	
NO_OPEN NO_CLOSE	Steuerungsfelder, die es ermöglichen, mehrere Formulare in einem Spoolauftrag zusammenzufassen (siehe Abschnitt 8.8.2, »Übungsbeispiel: Import-Standardparameter«)

Tabelle 8.4 Felder der Import-Standardparameter

CONTROL_PARAMETERS (Datentyp SSFCTRLOP)	
DEVICE	Typ des Ausgabegeräts; mögliche Einträge sind PRINTER, TELE-FAX, MAIL. Ohne Eintrag verwendet der Funktionsbaustein als Defaultwert PRINTER.
NO_DIALOG	Logischer Wert, um den Druckdialog zu deaktivieren: ▸ leer: Dialogfenster wird eingeblendet ▸ 'X': Dialogfenster wird ausgeblendet Wird kein Dialog eingeblendet, gelten die Attribute zur Ausgabe, wie sie über den Parameter OUTPUT_OPTIONS oder über die Festwerte des Anwenders vorgegeben sind. Dabei ist die Angabe des Ausgabegeräts ein Musswert. Ohne gültigen Eintrag wird der Druckdialog auf jeden Fall eingeblendet.
PREVIEW	Druckvorschau 'X': Druckansicht auf Bildschirm Wird über die Systemvariable SY-BATCH ein Batch-Modus erkannt, wird diese Vorgabe ignoriert und immer ein Spoolauftrag erzeugt.
GETOTF	Steuerung der Ausgabe als OTF-Dokument (Output Text Format) 'X': Rückgabe als OTF-Dokument über den Exportparameter JOB_OUTPUT_INFO-OTFDATA, d. h., es erfolgt keine Ausgabe über weitere Ausgabegeräte. Dieser Parameter wird bei einer XSF-Aufgabe (gesteuert über den Parameter XSFCMODE) ignoriert. Siehe auch Hinweise bei den Exportparametern.
LANGU LANGUREPLANGU1 REPLANGU2 REPLANGU3	Sprache, in der die Textausgaben des Formulars erfolgen sollen (und Ersatzsprachen, falls Text in einer vorherigen Sprache nicht vorhanden ist). Der Defaultwert im Funktionsbaustein ist SY-LANGU, die Anmeldesprache des Anwenders.
STARTPAGE	Kurzbezeichnung der Startseite (Defaultwert im Funktionsbaustein ist die oberste Seite im Navigationsbaum des Form Builders)
OUTPUT_OPTIONS (Datentyp SSFCOMPOP)	
Parameter zur Steuerung der Formularausgabe über das SAP-Spoolsystem, die alternativ vom Anwender im Druckdialog gepflegt werden können. Die folgende Liste enthält nur einen Auszug mit den wichtigsten Feldern.	

Tabelle 8.4 Felder der Import-Standardparameter (Forts.)

CONTROL_PARAMETERS (Datentyp SSFCTRLOP)	
Optische Archivierung (ArchiveLink)	
TDARMOD	Dieser Feldeintrag legt fest, ob mit der Ausgabe des Spoolauftrags auch ein Objekt für die Archivierung erzeugt werden soll: 1 = nur drucken (Default) 2 = nur archivieren 3 = drucken und archivieren
TDNOARCMCH	Steuerung der Archivierungsberechtigung 'X': Anwender darf den Archivierungsmodus im Druckdialog nicht ändern
Druckvorschau und Dialog	
TDTITLE	Vorgabe zur Titelanzeige im Druckdialog (Defaulttitel ist DRUCKEN)
TDNOPREV	Steuerung der Druckvorschau 'X': Druckvorschau deaktivieren (die Taste im Dialogfenster wird ausgeblendet)
TDNOPRINT	Druckausgabe in der Druckvorschau 'X': keine Druckausgabe über Druckvorschau zulassen, Taste nicht aktivierbar
TDNOARCH	Archivierungsmodus in der Druckvorschau 'X' (Default): Archivierungsmodus in der Druckvorschau kann nicht geändert werden (über entsprechendes Symbol dort)
TDIEXIT	Beendigungsmodus der Druckvorschau 'X': sofortiger Rücksprung aus der Druckvorschau, wenn von dort die Ausgabe auf Drucker oder Fax erfolgt ist
Texte zum Ausgabeauftrag (siehe Optionen im Abschnitt SPOOLAUFTRAG des Druckdialogs)	
TDDATASET	Teil 1 des Namens zum Spoolauftrag (Default ist 'SMART')
TDSUFFIX1	Teil 2 des Namens zum Spoolauftrag (Default ist der Name des Ausgabegeräts)
TDSUFFIX2	Teil 3 des Namens zum Spoolauftrag (Default ist das Kürzel des angemeldeten Benutzers)
TDCOVTITLE	Vorgabe für Text auf Deckblatt
Spoolsteuerung Einzelne Felder werden ignoriert, wenn gleichzeitig der Schnittstellenparameter USER_SETTINGS aktiviert ist. Dann werden die Vorgaben aus dem Stammsatz des angemeldeten Benutzers verwendet (im Folgenden gekennzeichnet mit *).	

Tabelle 8.4 Felder der Import-Standardparameter (Forts.)

CONTROL_PARAMETERS (Datentyp SSFCTRLOP)	
TDDEST *	Ausgabegerät (Kurzname des Druckers), Default ist das Ausgabegerät aus Benutzerstammsatz (abhängig von Vorgabe zum Schnittstellenparameter USER_SETTINGS).
TDPRINTER *	Typ des Ausgabegeräts: Ein Eintrag hier ist nur sinnvoll, wenn die Auswahl zum Drucker im Druckdialog auf einen Gerätetyp eingeschränkt werden soll (siehe Liste in der Spoolverwaltung).
TDNEWID	Steuerung der Anlage neuer Spoolaufträge 'X': bewirkt die Anlage eines neuen Spoolauftrags, ansonsten wird nach einem passenden Spoolauftrag gesucht (siehe Beispiel unten).
TDIMMED *	Steuerung der sofortigen Ausgabe 'X': bewirkt eine sofortige Ausgabe, sonst ist ein zusätzlicher Anstoß vom Anwender erforderlich (über Eintrag im SAP-Spoolsystem).
TDDELETE *	'X': Spoolauftrag soll nach der Ausgabe gelöscht werden.
Deckblatt	
TDCOVER	Steuerung des Deckblattdrucks ▸ leer: kein Deckblatt ▸ 'X': Deckblatt ausgeben ▸ 'D': Defaults zum Deckblatt vom Ausgabegerät verwenden
TDRECEIVER	Der Empfänger wird auf dem Deckblatt ausgegeben (falls leer, wird der aktuelle Benutzername verwendet).
TDDIVISION	Auf dem Deckblatt werden Angaben zur Abteilung ausgegeben.
Seitenauswahl und Kopien	
TDCOPIES	Anzahl identischer Kopien/Exemplare, die ausgegeben werden sollen (Default = '1', bei '0' wird automatisch '1' gesetzt). Der Eintrag wird in das Feld EXEMPLAR des Druckdialogs übernommen.
TDPAGESELECT_	Steuerung der Auswahl der zu druckenden Seiten Leer: Ausdruck aller Seiten; sonst Vorgabe zur Druckseitenauswahl (auch kombiniert) Beispiele: 2: nur Seite 2 2-5: Seite 2 bis 5 -5: alles bis Seite 5 2-: Seite 2 bis Ende 2,5,7-9: Seite 2, 5 und 7 bis 9 drucken

Tabelle 8.4 Felder der Import-Standardparameter (Forts.)

CONTROL_PARAMETERS (Datentyp SSFCTRLOP)	
XSF-Ausgabe	
XSFCMODE XSFCMODEXSF XSFOUTMODE XSFFORMAT XSFOUTDEV	Steuerung der Schnittstelle für den Datenaustausch über den offenen Standard XML (siehe Abschnitt 10.10 und Abschnitt 10.11).

Tabelle 8.4 Felder der Import-Standardparameter (Forts.)

Mit * markierte Felder	[«]
Die mit * markierten Felder werden als Vorgaben des Rahmenprogramms nur übernommen, wenn der Schnittstellenparameter USER_SETTINGS nicht gefüllt ist. Sonst benutzt der Funktionsbaustein zum Formular die Festwerte des Benutzers.	

Ähnlichkeit zu SAPscript	[«]
Erfahrene Entwickler von SAPscript-Formularen werden feststellen, dass die verwendeten Steuerparameter in ähnlicher Form auch schon dort zu finden sind. Bei der Migration vorhandener Formulare lassen sich deshalb viele Parameter aus einem vorhandenen SAPscript-Rahmenprogramm übernehmen.	

Ausgabeoptionen bei Abwicklung über die Nachrichtensteuerung

Bei der Verwendung der Nachrichtensteuerung erfolgt die Ausgabe des Formulars in vielen Fällen, ohne dass der Anwender eingreifen kann (der Druckdialog wird nicht eingeblendet). In diesem Fall muss das Rahmenprogramm alle Parameter zur Steuerung der Ausgabe vorgeben. Das betrifft insbesondere die Felder in den Standard-Übergabestrukturen OUTPUT_OPTIONS und CONTROL_PARAMETERS der Formularschnittstelle. Die Inhalte finden sich überwiegend schon in der Nachrichtentabelle NAST und lassen sich entsprechend übernehmen.

Dafür wird der Funktionsbaustein WFMC_PREPARE_SMART_FORM bereitgestellt, der die erforderlichen Angaben aus der Tabelle NAST liest und über Parameter zur Verfügung stellt, die leicht in die Parameter der Formularschnittstelle übernommen werden können (z. B. Ausgabegerät, Angaben in OUTPUT_OPTIONS-Schnittstellen- oder E-Mail-Parameter). Listing 8.15 stellt einen typischen Aufruf dar:

```
*&-------------------------------------------------------------&*
sf_repid = sy-repid.          "Name des aktuellen Programms
* Parameter aus NAST lesen
CALL FUNCTION 'WFMC_PREPARE_SMART_FORM'
  EXPORTING
    pi_nast       = nast          "Nachrichtenstatus
    pi_repid      = sf_repid
  IMPORTING
    pe_returncode = retcode       "Fehlercode
    pe_itcpo      = sf_itcpo      "Übergabestruktur
    pe_device     = sf_device     "Typ Ausgabegerät
    pe_recipient  = sf_recipient  "E-Mail-Empfängerobjekt
    pe_sender     = sf_sender.    "E-Mail-Sender
* Output-Optionen der Formularschnittstelle setzen
IF retcode = 0.
  MOVE-CORRESPONDING ss_itcpo TO output_options.
* Optional: Felder in CONTROL_PARAMETERS füllen
  control_parameters-device    = sf_device. "Kommunik.typ
  control_parameters-no_dialog = 'X'.        "kein Druckdial.
  control_parameters-preview   = us_screen. "Prev. ja/nein
  control_parameters-getotf    = sf_itcpo-tdgetotf. "OTF-Aus
  control_parameters-langu     = nast-spras."Sprache a. NAST
ENDIF.
*&-------------------------------------------------------------&*
```

Listing 8.15 Parameter der Formularschnittstelle aus Tabelle NAST übernehmen

Der wichtigste Eingabeparameter dieser Funktion ist der aktuelle Eintrag zur Nachrichtentabelle NAST. In Abhängigkeit vom Kommunikationstyp (Drucker, Fax, E-Mail) werden die passenden Felder der Kommunikationsstruktur SF_ITCPO gefüllt. Daraus lassen sich direkt die Inhalte des Parameters OUTPUT_OPTIONS ableiten, des Parameters der Formularschnittstelle in Smart Forms. Die Ableitung geschieht in unserem Beispiel über die Anweisung MOVE-CORRESPONDING.

Exemplarisch sind in Listing 8.15 auch zentrale Felder in den Schnittstellenparametern CONTROL_PARAMETERS bereits vorbelegt, wie das Ausgabegerät und die Sprache. Bei Bedarf lassen sich auch die Rückgabeparameter SF_RECIPIENT und SF_SENDER für den Versand per E-Mail als Parameter der Formularschnittstelle von Smart Forms übernehmen.

8.8.2 Übungsbeispiel: Import-Standardparameter

Wir zeigen im Folgenden die Verwendung der Schnittstellenparameter anhand von Beispielen. Sie können die Beispiele als Übungen betrachten und anhand der Flugrechnung nachvollziehen. Für die Steuerung des Spoolauftrags ist es allerdings sinnvoll, wenn das Rahmenprogramm mehrere Ausgaben nacheinander abarbeiten kann. Sie sollten deshalb die letzte Formularerweiterung in Abschnitt 8.5, »Übungsbeispiel: Flugrechnung an mehrere Kunden ausgeben«, bereits durchgeführt haben.

Generelles Vorgehen zur Spoolsteuerung über die Schnittstelle

Bei der Ausgabe eines Formulars werden die Vorgaben für die Spoolsteuerung standardmäßig aus den Benutzerstammdaten gelesen. Über die diversen Parameter in OUTPUT_OPTIONS kann alternativ dazu das Rahmenprogramm die Werte vorgeben. Welche Quelle verwendet wird, entscheidet der Schnittstellenparameter USER_SETTINGS (mit einem internen Defaultwert auf 'X' zur Verwendung der Benutzerparameter).

Um die Vorgaben aus dem Rahmenprogramm zu übernehmen, müssen die folgenden Schritte im Rahmenprogramm erfolgen:

1. Strukturen müssen entsprechend den Schnittstellenparametern CONTROL_PARAMETERS und OUTPUT_OPTIONS definiert werden.
2. Die gewünschten Vorgaben in diesen Parametern (z. B. Drucker über TDDEST) werden zugewiesen.
3. Beim Aufruf des Funktionsbausteins werden die Parameter übergeben (siehe Listing 8.16).

```
*&--------------------------------------------------------&*
DATA   control_parameters TYPE SSFCTRLOP.
DATA   output_options     TYPE SSFCOMPOP.
output_options-tddest = 'LOCL'.
*&--------------------------------------------------------&*
```

Listing 8.16 Wertzuweisung für den Parameter OUTPUT_OPTIONS

Zusätzlich müssen Sie im Aufruf der Schnittstelle den Parameter USER_SETTINGS = SPACE setzen, um die Steuerung der Ausgaben über die Schnittstelle zu aktivieren.

Druckdialog ausblenden

Bei der Ausgabe eines Formulars wird standardmäßig bei jeder Ausgabe der Druckdialog vorgeschaltet. Dort kann der Anwender individuell die aktuellen Ausgabeparameter pflegen. Der Aufruf des Dialogfensters lässt sich über Vorgaben in den Schnittstellenparametern CONTROL_PARAMETERS unterbinden (siehe Listing 8.17).

```
*&------------------------------------------------------------&*
control_parameters-no_dialog   = 'X'.
control_parameters-preview     = 'X'.   "trotzdem Preview
*&------------------------------------------------------------&*
```

Listing 8.17 Wertzuweisung für den Parameter CONTROL_PARAMETERS

Allerdings müssen in diesem Fall auch Angaben zum Ausgabegerät hinterlegt sein (siehe z. B. Listing 8.18):

```
*&------------------------------------------------------------&*
output_options-tddest    = 'LOCL'.    "lokaler Drucker
output_options-tdcopies  = 2.         "2 Exemplare
*&------------------------------------------------------------&*
```

Listing 8.18 Wertzuweisung für den Parameter OUTPUT_OPTIONS

Ist der Eintrag kein gültiges Ausgabegerät, erscheint der Druckdialog unabhängig von der Vorgabe des Parameters NO_DIALOG.

Vorgaben zum Spoolauftrag

Bei der Ausgabe mehrerer Formulare in Folge (gesteuert über die Schleife im Rahmenprogramm) wird im Standardfall für jedes Formular ein neuer Spoolauftrag erzeugt. Das haben Sie im letzten Übungsbeispiel in Abschnitt 8.5 bereits gesehen, als das Formular nacheinander für mehrere Kunden ausgegeben wurde. Der Druckdialog wurde für jede Rechnung erneut eingeblendet.

Über passende Schnittstellenparameter können Sie festlegen, dass alle Ausgaben in einen einzigen gemeinsamen Spoolauftrag gelangen. In diesem Fall zeigt auch die Druckvorschau nur ein zusammenfassendes Dokument mit den Rechnungen aller gewählten Kunden.

Die Steuerung erfolgt über die zwei Felder no_open und no_close in den Schnittstellenparametern CONTROL_PARAMETERS, die nach folgendem Schema belegt werden müssen (siehe Tabelle 8.5):

Ausgabe	Feld NO_OPEN	Feld NO_CLOSE
Erste Formularausgabe	space	'X'
Weitere Ausgaben	'X'	'X'
Letzte Ausgabe	'X'	space

Tabelle 8.5 Steuerung zur Anlage des Spoolauftrags

Diese Parameter müssen innerhalb des Loops über die Kundentabelle für jede Ausgabe gesetzt werden. Listing 8.19 zeigt die passenden Auszüge aus dem Quelltext.

```
*&-----------------------------------------------------------&*
DATA control_parameters TYPE SSFCTRLOP.
LOOP AT customers INTO wa_customer.
* make sure that spool is not closed
   control_parameters-no_open    = 'X'.
   control_parameters-no_close   = 'X'.
   AT FIRST.
      control_parameters-no_open  = ' '.
   ENDAT.
   AT LAST.
      control_parameters-no_close = ' '.
   ENDAT.
* form output
   CALL FUNCTION fm_name
      EXPORTING
                 control_parameters   = control_parameters
                 customers            = customers
                 bookings             = bookings
                 connections          = connections
                 wa_customer          = wa_customer
      EXCEPTIONS formatting_error     = 1
                 internal_error       = 2
                 send_error           = 3
                 user_canceled        = 4
                 OTHERS               = 5.
ENDLOOP.
*&-----------------------------------------------------------&*
```

Listing 8.19 Schnittstellenparameter übergeben

Die Felder zur Spoolsteuerung in den Schnittstellenparametern CONTROL_ PARAMETERS werden innerhalb der Ausgabeschleife mit Werten belegt. Um den ersten bzw. den letzten Durchlauf durch eine Schleife abzufangen, existieren die Anweisungen AT FIRST bzw. AT LAST. Dort werden nur noch die abweichenden Einträge gesetzt.

Neuen Ausgabeauftrag an den Spoolauftrag anhängen	[«]

Ein neuer Ausgabeauftrag wird grundsätzlich nur in den folgenden Fällen an einen bestehenden Spoolauftrag angehängt:

▸ Die Merkmale »Name«, »Ausgabegerät«, »Anzahl der Ausdrucke« und »Aufbereitungsart (Papierformat)« stimmen überein.

▸ Der bestehende Spoolauftrag ist noch nicht abgeschlossen.

> ▶ Das Feld TDNEWID im Parameter OUTPUT_PARAMETERS ist nicht auf 'X' gesetzt.
>
> Ist eine dieser Zusatzbedingungen nicht erfüllt, erzeugt die Spoolsteuerung automatisch einen neuen Spoolauftrag.

Wenn Sie jetzt das Rahmenprogramm ausführen, wird ein einziger Spoolauftrag erzeugt, auch wenn mehrere Kunden ausgewählt sind. Das sehen Sie schon in der Druckvorschau. Auch dort werden jetzt alle Seiten der Ausgabe in einem einzigen Dokument zusammengefasst angezeigt.

Anstatt den NO_OPEN-Parameter für die erste Ausgabe zu setzen, können Sie im Rahmenprogramm davor auch den Funktionsbaustein SSF_OPEN aufrufen. Dann wird automatisch ein neuer Spoolauftrag erzeugt. Mit dem Funktionsbaustein SSF_CLOSE wird der Spoolauftrag entsprechend wieder geschlossen.

Nur ein Druckdialog für mehrere Formularausgaben

Wenn Sie ein Formular über eine Schleife im Rahmenprogramm mehrfach ausgeben (z. B. an mehrere Kunden), kann die Belegung des Parameters NO_DIALOG in den Schnittstellenparametern CONTROL_PARAMETERS der Formularschnittstelle steuern, ob der Druckdialog eingeblendet werden soll.

Bei einer »statischen« Vergabe zu jedem Aufruf (d. h. für alle Aufrufe gleich) wird der Dialog bei jedem neuen Kunden einzeln aufgerufen. Im Normalfall werden Sie es aber vorziehen, wenn der Dialog einmal aufgerufen wird und die Ausgabe dann mit den einmalig vom Anwender eingegebenen Vorgaben erfolgt.

Das können Sie erreichen, indem Sie einen Exportparameter der Formularschnittstelle auswerten. Die beiden erforderlichen Schritte sind folgende:

1. Setzen Sie ab dem zweiten Aufruf des generierten Funktionsbausteins den Parameter CONTROL_PARAMETERS-NO_DIALOG auf 'X'.
2. Nach dem ersten Aufruf des generierten Funktionsbausteins zum Formular stehen die Eingaben des Anwenders in dem Exportparameter JOB_OUTPUT_OPTIONS (siehe nächster Abschnitt). Übernehmen Sie diesen Inhalt in den Importparameter OUTPUT_OPTIONS für die weiteren Aufrufe des generierten Funktionsbausteins.

Der entsprechende Programmcode nach dem Aufruf des generierten Funktionsbausteins könnte also wie folgt aussehen (siehe Listing 8.20):

```
IF counter = 1.
  MOVE-CORRESPONDING job_output_options TO output_options.
```

```
  CLEAR user_settings.
ENDIF.
```

Listing 8.20 Wertzuweisung für den Parameter OUTPUT_OPTIONS

Hier ist die Variable COUNTER ein interner Schleifenzähler. Die gleiche Wirkung hätte die Verwendung der Anweisungen AT FIRST und ENDAT gehabt.

8.8.3 Export-Standardparameter

Über Exportparameter kann das Rahmenprogramm Informationen vom Funktionsbaustein des Formulars zurückerhalten. Standardparameter des Exports dienen der Kontrolle der Ausgabeergebnisse (z. B. über die Anzahl der ausgegebenen Seiten). Auf diesem Weg kann aber auch das erzeugte Dokument, wie es an das SAP-Spoolsystem übergeben wird, an das Rahmenprogramm zurückgeliefert werden (zur weiteren Verwendung z. B. für einen Download oder eine Umwandlung in das PDF-Format). Alle Standardparameter sind wieder optional, d. h., sie können, aber sie müssen nicht vom Rahmenprogramm abgefragt werden.

Bei der Neuanlage eines Formulars werden vom System grundsätzlich drei Exportparameter angelegt (siehe Tabelle 8.6).

Parametername	Bedeutung
DOCUMENT_OUTPUT_INFO	Über diesen Parameter kann das Rahmenprogramm auf die Anzahl der ausgegebenen Formularseiten zugreifen.
JOB_OUTPUT_INFO	Dieser Parameter enthält verschiedene Informationen zur durchgeführten Ausgabe.
JOB_OUTPUT_OPTIONS	Diese Struktur hat einen ähnlichen Aufbau wie der Inputparameter OUTPUT_OPTIONS. Darüber kann das Rahmenprogramm z. B. feststellen, ob der Anwender im Druckdialog Änderungen vorgenommen hat.

Tabelle 8.6 Export-Standardparameter

Die wichtigsten Informationen zur Ausgabe liefert der strukturierte Parameter JOB_OUTPUT_INFO. Er enthält wichtige Informationen zum erzeugten Spoolauftrag. Das erzeugte Dokument steht hier aber auch alternativ zur Druckausgabe direkt in Form eines Exportparameters zur Verfügung und kann vom Rahmenprogramm beliebig weiterverarbeitet werden (siehe Parameter OTFDATA bzw. XSFDTA, Tabelle 8.7 zeigt die zugehörigen Einzelkomponenten).

JOB_OUTPUT_INFO (Datentyp SSFCRESCL)	
OUTPUTDONE	Kennzeichen für erfolgreiche Ausgabe 'X': Ausgabe wurde durchgeführt
ARCHDONE	Kennzeichen für erfolgreiche Archivierung 'X': Archivierung wurde durchgeführt
USEREXIT	Letzte Benutzerfunktion vor Ende der Ausgabe: ▸ 'C' = Abbrechen ▸ 'B' = Zurück ▸ 'E' = Beenden ▸ leer = sonstige Funktion
TDFORMS	Anzahl der ausgegebenen Formulare im Spoolauftrag; der Wert ist nur größer als '1', wenn mehrere Ausgaben in einem Spoolauftrag zusammengefasst wurden (siehe Hinweise zu Importparametern in Abschnitt 8.8.1, »Import-Standardparameter«).
SPOOLIDS	Tabelle mit allen IDs der erzeugten Spoolaufträge
FAXIDS	Tabelle mit allen IDs zu Faxausgaben
MAILIDS	Tabelle mit allen IDs zu E-Mail-Ausgaben
OTFDATA	Tabelle mit allen Zeilen des Ausgabedokuments im OTF-Format (ist nur gefüllt bei Anforderung über den Importparameter GETOTF, siehe Anmerkungen nach dieser Tabelle)
XMLOUTPUT	Struktur, die die Tabellen mit allen Zeilen einer XML-Ausgabe enthält, wenn als Ausgabemodus 'A' angefordert war. Jede Tabelle enthält nur eine Spalte vom Typ »Raw« (ist nur gefüllt bei Anforderung über entsprechende Inputparameter; siehe die Hinweise dort). Die XSF-Ausgabe wird in Abschnitt 10.10 und Abschnitt 10.11 erläutert.

Tabelle 8.7 Datenkomponenten bei Exportparametern

Jede Formularausgabe erzeugt ein Zwischendokument mit allen Formatanweisungen, die für eine korrekte Druckdarstellung erforderlich sind (außer wenn explizit XSF-Ausgabe angefordert war). Dieses Dokument wird üblicherweise zum SAP-Spoolsystem weitergeleitet.

OTF-Dokument als Ergebnis der Formularausgabe

Das Format dieses Zwischendokumentes ist OTF (Output Text Format). Das OTF-Format besteht komplett aus lesbaren Zeichen. Es beschreibt den aufbereiteten Text in einem einheitlichen Format. Es ist noch weitgehend unabhängig von der Steuersprache, die das vorgegebene Ausgabegerät verwendet.

> **Hintergrund: OTF-Format** **[«]**
>
> Vermerkt sind in diesem Zwischenformat z. B. Angaben zu den Schriften, die der verwendete Gerätetyp besitzt. Deshalb ist der nachträgliche Wechsel des Ausgabegeräts innerhalb der Spoolsteuerung nur bei gleichbleibendem Gerätetyp möglich.

Die Umsetzung des Zwischendokuments vom OTF-Format in die Sprache des Ausgabegeräts ist die Aufgabe des Ausgabe-/Druckertreibers (z. B. Postscript, PCL).

Das erzeugte OTF-Dokument wird zusammen mit dem Spooleintrag gespeichert. Die im SAP-System mögliche Druckvorschau für Smart-Forms-Dokumente basiert ebenfalls auf dem OTF-Format, sie kann deshalb auch innerhalb der Spoolsteuerung aufgerufen werden.

Ein Rahmenprogramm kann dieses OTF-Dokument über den Importparameter GETOTF in die Schnittstellenparameter CONTROL_PARAMETERS des generierten Funktionsbausteins anfordern. Anschließend kann das Rahmenprogramm das OTF-Dokument per Exportparameter übernehmen (als zeilenweise Einträge in der internen Tabelle OTFDATA). In diesem Fall erfolgt keine Übergabe zum SAP-Spoolsystem oder als Druckansicht. Die weitere Verarbeitung ist dann Sache des Rahmenprogramms (z. B. Umwandlung in andere Formate wie PDF oder Download auf den Arbeitsplatz des Anwenders). Dieser Fall ist im folgenden Übungsbeispiel dargestellt.

8.8.4 Übungsbeispiel: Export-Standardparameter

Um das Zwischendokument der Formularausgabe im OTF-Format an das Anwendungsprogramm zurückzugeben (statt an das SAP-Spoolsystem), sind nur wenige Schritte nötig (siehe Listing 8.21).

```
*-----------------------------------------------------------*
DATA control_parameters        TYPE SSFCTRLOP.
DATA job_output_info           TYPE SSFCRESCL.
control_parameters-getotf    = 'X'.    " Get OTF on
control_parameters-no_dialog = 'X'.    " Druckdialog off
* weitere Zuweisungen
* z. B. Name des Funktionsbausteins ermitteln
CALL FUNCTION    fm_name
     EXPORTING   control_parameters    = control_parameters
                 customers             = customers
                 bookings              = bookings
                 connections           = connections
```

```
        IMPORTING  job_output_info      = job_output_info
        EXCEPTIONS formatting_error     = 1
                   internal_error       = 2
                   send_error           = 3
                   user_canceled        = 4 .
WRITE 'Übergabe im OTF-Format beendet'.
* weitere Bearbeitung des OTF-Dokumentes in
* JOB_OUTPUT_INFO-OTFDATA z. B. über Funkt.baustein
* CONVERT_OTF.
*-------------------------------------------------------*
```

Listing 8.21 Rückgabe des OTF-Formulars an das Rahmenprogramm

Die einzelnen Schritte im Rahmenprogramm sind folgende:

1. Definieren Sie die Formularparameter wie angegeben.

2. Um die Rückgabe der Ausgabe an das Rahmenprogramm zu aktivieren, ist eigentlich nur ein Eintrag beim Importparameter GETOTF erforderlich. Es empfiehlt sich aber, über den Parameter NO_DIALOG zusätzlich auch den Druckdialog auszuschalten, da er nicht benötigt wird.

3. Weisen Sie die Parameter in der Formularschnittstelle zu.

4. Wir haben im Listing auf die übliche Fehlerbehandlung verzichtet; stattdessen wird über WRITE eine Kurznotiz ausgegeben.

Nach der Ausführung des Funktionsbausteins kann das Rahmenprogramm über die zeilenweisen Einträge in der Komponente OTFDATA des Parameters JOB_OUTPUT_INFO das Ausgabeergebnis weiter verarbeiten (z. B. zur Konvertierung mit dem Funktionsbaustein CONVERT_OTF zu den Formaten ASCII oder PDF).

8.9   Laufzeitfehler/Ausnahmen

In Abschnitt 2.5, »Formulare prüfen, testen, aktivieren«, sind wir ausführlich darauf eingegangen, wie Fehler im Formular während der Entwicklung entdeckt und behoben werden können (z. B. über die eingebaute Syntaxprüfung im Form Builder). Die dort zur Verfügung stehenden Funktionen werden in den meisten Fällen für die Entwicklung eines Formulars ausreichen. Der Vollständigkeit halber wollen wir uns jetzt mit dem Umstand befassen, dass Fehler teilweise erst auftreten, wenn das Formular ausgegeben und dabei mit Daten versorgt wird. Solche Fehler werden als *Laufzeitfehler* bezeichnet.

zur folgenden Darstellung	[«]

Die hier beschriebenen Funktionen sind sicher nur in Ausnahmefällen für die Formularentwicklung relevant, gehören aber zu einem guten Programmierstil.

Schnittstellenparameter

Für die Überwachung der Laufzeitfehler ist im generierten Funktionsbaustein zum Formular ein standardisiertes Vorgehen implementiert. Über die Schnittstelle des Funktionsbausteins werden eventuelle Fehlermeldungen weitergereicht, sodass letztlich das Rahmenprogramm für den richtigen Umgang mit diesen Meldungen verantwortlich ist. Das Rahmenprogramm kann die Rückmeldungen des Funktionsbausteins wie folgt überwachen:

- **Abfrage der Systemvariable SY-SUBRC**
  Abfrage der Systemvariablen `SY-SUBRC`, um festzustellen, ob eine Fehlersituation zum Abbruch des Funktionsbausteins geführt hat. Die Abfrage über die Systemvariable `SY-SUBRC` entspricht einem allgemein gültigen Vorgehen im SAP-System: Auf diese Weise kann jedes ABAP-Programm die korrekte Ausführung einer untergeordneten Funktion überwachen. Ist die Systemvariable `SY-SUBRC` nach dem Aufruf eines Funktionsbausteins nicht null, so ist bei der Ausführung dieses Bausteins ein Fehler aufgetreten, der zum Abbruch geführt hat. Tritt eine solche Abweichung vom normalen Ablauf innerhalb eines Funktionsbausteins auf, spricht man auch von einer *Ausnahme* (Exception). Auf diese Ausnahmesituation kann das aufrufende Rahmenprogramm reagieren, z. B. durch die Ausgabe geeigneter Meldungen.

- **Überprüfung weiterer Systemfelder**
  Überprüfung weiterer *Systemfelder* (`SY-MSG1` etc.), die gegebenenfalls den Inhalt der letzten Ausnahme näher beschreiben. Diese Systemfelder sind üblicherweise auch beim generierten Funktionsbaustein zum Formular gefüllt. Deshalb konnten wir in unseren bisherigen Beispielen zur Flugrechnung nach dem Aufruf des Funktionsbausteins eine Abfrage zur Systemvariablen `SY-SUBRC <> 0` vornehmen und mithilfe der zusätzlichen Systemfelder eine Fehlermeldung am Bildschirm erzeugen.

- **Lesen eines ausführlichen internen Protokolls**
  Alle bei Ausführung des Funktionsbausteins angefallenen Meldungen (Fehler, Warnungen) werden in einem internen Protokoll mitgeschrieben. Über einen definierten Funktionsaufruf kann das Rahmenprogramm dieses Protokoll lesen und weiterverarbeiten.

Üblicherweise lösen Funktionsbausteine selbst keine direkten Meldungen am Bildschirm aus. Der Grund hierfür ist, dass sie in unterschiedlichen Arten von Programmen eingebunden sein könnten und so im ungünstigsten Fall einen Batch-Prozess komplett blockieren würden. Stattdessen beendet der Baustein im Fehlerfall seine eigene Ausführung und gibt einen entsprechenden Hinweis bezüglich der Ausnahmesituation an das aufrufende Programm zurück. Je nach Situation kann die Ausnahme auch über mehrere Aufrufebenen zurückgereicht werden, wenn z. B. ein Funktionsbaustein wieder andere Funktionsbausteine aufgerufen hat.

Reaktionen im Rahmenprogramm

Letztendlich muss also immer das Rahmenprogramm entscheiden, wie bei einer Ausnahme weiter verfahren werden soll. Im Fall der Formularausgabe sind primär zwei Arten der Reaktion üblich:

▸ **Ausgabe am Bildschirm**
Im Fehlerfall erzeugt das Rahmenprogramm eine Fehlermeldung am Bildschirm des Anwenders. Diese Fehlermeldung enthält einen Kurzhinweis auf den Inhalt des Fehlers. Eine erweiterte Darstellung zur Fehlermeldung ist häufig über die eingebaute Hilfe zum Bildschirmbild abrufbar. Diese Variante ist auch beim Test von Formularen sinnvoll.

▸ **Protokollierung**
Bei der Ausgabe über die Nachrichtensteuerung werden im Fehlerfall die Einträge des internen Fehlerprotokolls in ein zentrales Fehlerprotokoll übernommen und der aktuellen Nachricht zugeordnet. Dieses Protokoll kann dann über individuelle Menüwege innerhalb der Applikation vom Anwender ausgewertet werden. Gleichzeitig erhält die jeweilige Nachricht einen neuen Status, z. B. »Fehlerhafte Ausführung«. Das Protokoll enthält Fehlermeldungen, aber auch Warnungen, die bei der Ausgabe des Formulars aufgetreten sind.

Bei diesem Verfahren kann die Ausgabe gegebenenfalls mit einem anderen Beleg fortgesetzt werden.

Für die Behandlung von Ausnahmesituationen spielt auch die Schwere der Ausnahme immer eine Rolle (es wird z. B. nach echten Fehlermeldungen und Warnungen unterschieden). Aus diesem Grunde sind die auftretenden Fehler nach Typen klassifiziert. Es führen auch nur wirkliche Fehler zu einem echten Programmende; Warnungen werden lediglich in das interne Ausführungsprotokoll aufgenommen.

Ausnahmen, die durch das Formular ausgelöst werden [«]

Auch das Design des Formulars kann Einfluss darauf nehmen, wie das System auf bestimmte Ereignisse reagiert. So kann bei der Einbindung eines Include-Textes die Option KEINE FEHLER, FALLS TEXT NICHT VORHANDEN gesetzt werden. Ist ein solcher Text im aktuellen Mandanten nicht zu finden, wird dies auf jeden Fall im internen Protokoll als Hinweis vermerkt. Je nach Einstellung im Knoten wird gegebenenfalls zusätzlich eine Ausnahme ausgelöst, und dadurch wird die Ausführung des Funktionsbausteins beendet.

Die hinterlegten Standardmeldungen werden im Fehlerfall automatisch vom Ausgabeprozessor erzeugt. Allerdings besteht darüber hinaus auch die Möglichkeit, individuelle Meldungen als Warnungen oder Fehler zu erzeugen, um damit z. B. die Abarbeitung des Formulars unter bestimmten Bedingungen zu unterbinden. Die zugehörigen Anweisungen können über Programm-Knoten im Formular eingefügt werden (siehe Abschnitt 8.9.3, »Überwachung der Formularausführung per Trace-Funktion«).

8.9.1 Fehlerbehandlung im Rahmenprogramm

Die Behandlung von Ausnahmen während der Ausführung eines ABAP-Funktionsbausteins wird auch in den entsprechenden Abschnitten der SAP-Bibliothek ausführlich beschrieben. An dieser Stelle vermitteln wir wieder nur die Inhalte, die für eine Anwendung im Rahmen von Smart Forms sinnvoll erscheinen.

Begriffsklärung [«]

Die Rückmeldungen des Programms werden im Englischen als *Messages* bezeichnet. In der deutschen Version der ABAP-Entwicklungsumgebung ist der Begriff *Nachrichten* üblich (bei Nachrichtenklasse etc.). Dieser Begriff wird aber auch schon im Rahmen der Ausgabesteuerung verwendet (Nachrichtenfindung, Nachrichtensteuerung etc.). Um Verwechslungen zu vermeiden, sprechen wir im Folgenden von *Meldungen*.

Jeder Anwendungsbereich (Arbeitsgebiet) im SAP-System besitzt eigene (Fehler-)Meldungen. Um dabei Überschneidungen zu vermeiden, werden sie in Meldungs-/Nachrichtenklassen eingeteilt. Nur zusammen mit dieser Klasse ist eine Meldungsnummer als Eintrag eindeutig (je Sprache existiert ein Eintrag). Alle Meldungen zu Smart Forms sind in der Klasse SSFCOMPOSER enthalten. Die Pflege der verwendbaren Meldungen erfolgt über die Transaktion SE91, die Meldungen sind in der Datenbanktabelle T100 gespeichert.

Jeder Meldungsklasse ist im Funktionsbaustein des Formulars zusätzlich eine Ausnahme zugeordnet. Ist ein Fehler aufgetreten, wird genau diese Ausnahme ausgelöst. Dazu wird die Systemvariable SY-SUBRC von der Laufzeitumgebung mit der Nummer der Ausnahme befüllt. Details zum Inhalt werden in weitere Systemparameter übernommen, z. B. Fehlernummer, Arbeitsgebiet, Nachrichtentext. Eine Abfrage wie SY-SUBRC <> 0 im aufrufenden Programm liefert also immer eine direkte Aussage darüber, ob eine Ausnahme aufgetreten ist. Informationen über die Ursache dieser Ausnahme lassen sich gewinnen, indem die weiteren Systemparameter gelesen werden.

Ausnahmen sind Schnittstellenparameter des Funktionsbausteins und müssen entsprechend bei dessen Aufruf verwendet werden. Zur Veranschaulichung zeigt Listing 8.22 ein Beispiel zum Aufruf:

```
*&-----------------------------------------------------------------&*
* calling Smart Forms function module
   CALL FUNCTION fm_name
       EXPORTING   customers            = customers
                   bookings             = bookings
                   connections          = connections
       EXCEPTIONS  formatting_error     = 1
                   internal_error       = 2
                   send_error           = 3
                   user_canceled        = 4
                   test                 = 5
                   test1                = 6.
IF SY-SUBRC <> 0.
   MESSAGE ID sy-msgid TYPE sy-msgty NUMBER sy-msgno
      WITH sy-msgv1 sy-msgv2 sy-msgv3 sy-msgv4.
ENDIF.
*&-----------------------------------------------------------------&*
```

Listing 8.22 Ausgabe einer Fehlermeldung nach Formularausgabe

Die verwendbaren Ausnahmen sind im Abschnitt EXCEPTIONS des Funktionsbausteins aufgelistet. Die gleichen Einträge finden Sie auch bei der Bearbeitung des Formulars auf der Registerkarte AUSNAHMEN bei den Attributen der Formularschnittstelle.

Ausgabe der Fehlermeldung im Rahmenprogramm

Listing 8.22 zeigt ebenfalls ein Beispiel für eine mögliche Reaktion des Rahmenprogramms beim Auftreten einer Ausnahme, also etwa SY-SUBRC <> 0. Über die MESSAGE-Anweisung wird auf dem Bildschirm eine Meldung ausgegeben.

Die Parameter der Meldung sind die Angaben, die vom Funktionsbaustein zurückgemeldet werden (siehe Tabelle 8.8).

Systemvariablen	Inhalt
SY-MSGID	Nachrichten-/Meldungsklasse (bei Smart Forms immer SSFCOMPOSER)
SY-MSGTY	Nachrichten-/Meldungstyp mit: A = Abbruch, E = Error, I = Info, S = Statusmeldung, W = Warnung, X = Exit/Kurzdump
SY-MSGNO	Aktuelle Meldungsnummer

Tabelle 8.8 Mögliche Inhalte von Systemvariablen

Die Meldungsnummer muss als Eintrag zur Klasse SSFCOMPOSER hinterlegt sein. Weitere Felder geben Hinweise auf die Komponente im Formular, auf die sich die Meldung bezieht. Bei einem fehlenden Include-Text reagiert das System z. B. mit der folgenden Meldungsnummer: 610 Include-Text &1 nicht vorhanden (Objekt &2, ID &3).

Die variablen Anteile &1 bis &3 im Text der Meldung werden bei der Ausgabe durch Inhalte der beteiligten Formularkomponente gefüllt. Diese Inhalte können ebenfalls direkt aus Systemvariablen gelesen werden. In unserem Beispiel sind es Angaben zum Include-Text-Knoten (siehe Tabelle 8.9).

Systemvariablen	Inhalt
SY-MSGN1	hier: Name des Include-Textes
SY-MSGN2	hier: zugehörige Angabe zum Textobjekt
SY-MSGN3	hier: zugehörige Angabe zur Text-ID

Tabelle 8.9 Mögliche Inhalte von Systemvariablen

Ausgabe in ein internes Fehlerprotokoll

Im letzten Beispiel (siehe Listing 8.22) haben wir eine Fehlermeldung des Funktionsbausteins ausgewertet und am Bildschirm ausgegeben. In vielen Fällen sind Bildschirmausgaben aber nicht möglich (z. B. beim Drucken im Hintergrund).

In diesen Fällen ist es sinnvoll, von der Möglichkeit der Protokollierung Gebrauch zu machen. Dabei werden die Meldungen in eine zentrale Protokolltabelle geschrieben, um sie dem Anwender zur Verfügung zu stellen (z. B. ist dies bei der Ausführung über die Nachrichtensteuerung üblich). Für ein vollständiges Protokoll sollte das Rahmenprogramm dann alle Warnungen protokollieren.

Diese Anforderung wird durch eine zusätzliche Protokollierungsfunktion erfüllt, die bei der Ausführung des generierten Funktionsbausteins alle anfallenden Meldungen in eine interne Tabelle schreibt. Für dieses Verfahren stellt SAP verschiedene Funktionsbausteine zur Verfügung:

- **Funktionsbaustein SSFRT_WRITE_ERROR**
  Für das Speichern von Meldungen wird der Funktionsbaustein SSFRT_WRITE_ERROR verwendet, der in der Regel durch den generierten Funktionsbaustein zum Formular aufgerufen wird und keiner Aktivität des Formularentwicklers bedarf. Über die Anweisung RAISE ERROR wird gegebenenfalls eine passende Ausnahme ausgelöst.

- **Funktionsbaustein SSFRT_READ_ERROR**
  Über den Funktionsbaustein SSFRT_READ_ERROR kann im Rahmenprogramm der letzte Eintrag der internen Fehlertabelle gelesen werden. Falls vorher eine Ausnahme ausgelöst wurde, ist der letzte Eintrag automatisch die zur Ausnahme gehörige Fehlermeldung (äquivalent zu den Einträgen in SY-Feldern).

- **Funktionsbaustein SSF_READ_ERRORS**
  Um alle Laufzeitmeldungen des internen Protokolls zu lesen, steht der Funktionsbaustein SSF_READ_ERRORS zur Verfügung. Einziger Übergabeparameter ist eine interne Tabelle auf der Basis des Datentyps SSFERRORS. Diese Tabelle enthält exakt alle Felder, aus denen sich die einzelnen Meldungen zusammensetzen (mit Meldungsklasse, Meldungsnummer, Texten usw.). Es wird automatisch das interne Protokoll der letzten Formularausgabe gelesen.

Die Übernahme aller Einträge des internen Protokolls erfolgt z. B. bei Anwendungsprogrammen, die über die Nachrichtensteuerung angestoßen werden. Nach einer Ausgabe in das SAP-Spoolsystem (nicht über die Druckvorschau) wird der zugehörige Status der Nachrichtentabelle NAST aktualisiert. Zusätzlich werden dabei alle aufgetretenen Meldungen über eine Funktion wie NAST_PROTOKOLL_UPDATE in die Protokolldateien der Nachrichtensteuerung übernommen.

Übungsbeispiel: Internes Meldungsprotokoll

Wir wollen hier als abschließendes Beispiel eine kurze Programmroutine vorstellen, die eine einfache Liste aller aufgetretenen Meldungen mit ihren Parametern am Bildschirm erzeugt (siehe Listing 8.23):

```
*&------------------------------------------------------------&*
FORM print_ssfprot.
* Declaration
  DATA: errortab        TYPE tsferror.
  DATA: wa_errortab     TYPE LINE OF tsferror.
* get Smart Forms protocol
  CALL  FUNCTION  'SSF_READ_ERRORS'
        IMPORTING errortab = errortab.
* output protocol
  LOOP AT errortab into wa_errortab.
    WRITE: / wa_errortab-msgid,
             wa_errortab-errnumber,
             wa_errortab-msgty,
             wa_errortab-msgv1,
             wa_errortab-msgv2,
             wa_errortab-msgv3,
             wa_errortab-msgv4.
  ENDLOOP.
ENDFORM.
*&------------------------------------------------------------&*
```

Listing 8.23 Fehlerprotokoll lesen und ausgeben

Ein Aufruf dieses Unterprogramms könnte das Error-Handling im Rahmenprogramm am Anfang dieses Abschnitts komplett ersetzen (und statt der MESSAGE-Anweisung verwendet werden). Das Unterprogramm schreibt dann eine Liste der aufgetretenen Fehler zeilenweise auf den Bildschirm. Für den Aufruf selbst sind keine weiteren Parameter erforderlich.

8.9.2 Individuelle Fehlerbehandlung im Formular

Wir haben bisher die typischen Angaben zu einer Meldung kennengelernt, so wie sie der Anwender am Bildschirm oder in einem Protokoll sieht. Im Folgenden zeigen wir, wie Sie individuelle Fehler im Formular als Ausnahme an das Rahmenprogramm weiterleiten können.

Interne Fehlerkonstanten

Um die Abwicklung in Smart Forms zu vereinfachen, sind alle dort verwendeten Meldungen als Konstanten im Quelltext hinterlegt. Listing 8.24 zeigt Auszüge aus dem zugehörigen Include SSF_ERRORS (eingebunden im generierten Funktionsbaustein zum Formular).

```
*&------------------------------------------------------------&*
*    INCLUDE SSF_ERRORS
*    errors numbers for SAP Smart Forms
```

```
*-------------------------------------------------------------*
* error class 00: user canceled document processing
* exception      : user_canceled
CONSTANTS:
  ssf_err_user_canceled     TYPE tdsfnumber VALUE '000001'.
* error class 01: send and convert output (spool, archive)
* exception      : send_error
CONSTANTS:
  ssf_err_dest_no_authority TYPE tdsfnumber VALUE '010001',
  ssf_err_spool_error       TYPE tdsfnumber VALUE '010002',
  ssf_err_unknown_device    TYPE tdsfnumber VALUE '010003',
*&-----------------------------------------------------------&*
```

Listing 8.24 Definierte Fehlermeldungen bei Formularausgabe

Der Inhalt der Konstanten ist eine jeweils sechsstellige Nummer. Die ersten beiden Ziffern bilden eine Fehlerklasse, die letzten vier Stellen sind innerhalb der Fehlerklasse durchlaufend hochgezählt. Diese Nummer wird u. a. in das interne Ausführungsprotokoll geschrieben.

Die Fehlerklasse entscheidet darüber, welche Ausnahme ausgelöst und über die Systemvariable SY-SUBRC an das Rahmenprogramm übergeben werden soll. Es existieren zurzeit fünf Fehlerklassen, denen jeweils eine Ausnahme zugeordnet ist (siehe Tabelle 8.10).

Klasse	Ausnahme (Exception)	Bezeichnung	Anwendungsfälle
00	4	user_canceled	Abbruch durch Anwender
01	3	send_errors	Ausgabe auf Drucker, Konvertierungen in Fax, E-Mail …
02	1	formatting_error	Hinweise zu Texten, Grafiken, Fonts sowie Formatierungen
03	2	internal_error	Composer- und echte Laufzeitfehler
99	Sonst.	user_defined	Individuelle Meldungen zum Formular

Tabelle 8.10 Zuordnung der Fehlerklasse zur Ausnahme

Zum Speichern einer neuen Meldung steht der Funktionsbaustein SSFRT_WRITE_ERROR zur Verfügung. Bei Fehlern wird innerhalb des generierten Funktionsbausteins zum Formular zusätzlich mit der Anweisung RAISE ERROR eine Ausnahme ausgelöst. Die Reaktionen des Rahmenprogramms haben wir oben bereits beschrieben.

Ausnahmen im Programm-Knoten erzeugen

Im Normalfall werden Fehlermeldungen während der Laufzeit automatisch vom Formularprozessor erzeugt (z. B. wenn ein Textbaustein nicht vorhanden ist). In Einzelfällen kann es zusätzlich sinnvoll sein, individuelle Meldungen in Programm-Knoten im Formular zu erzeugen (um z. B. eine datenabhängige Fehlersituationen abzufangen). Wir zeigen im Folgenden einige Möglichkeiten dazu.

Innerhalb eines Funktionsbausteins dürfen Sie keine direkten Bildschirmmeldungen ausgeben. Da jedes Formular als Funktionsbaustein generiert wird, scheidet z. B. die direkte Anwendung der MESSAGE-Anweisung aus. Es bietet sich aber an, die gewünschte Meldung (wie oben erläutert) in das interne Protokoll zu schreiben und bei Bedarf zusätzlich eine Ausnahme auszulösen. Listing 8.25 zeigt in den Kommentarzeilen dazu drei Beispiele.

```
*&-----------------------------------------------------------&*
* (A): Ausnahme über Makro erzeugen
*    USER_EXCEPTION TEST.
* (B): Ausgabe m.interner Fehlerkonstanten + Meldungsnummer
*    CALL FUNCTION 'SSFRT_WRITE_ERROR'
*    EXPORTING
**      I_ERRNUMBER     = ssf_err_unknown_device    "'010003'
*       I_msgid         = 'SSFCOMPOSER'
*       I_MSGTY         = 'E'
*       I_msgno         = '027'
*       I_MSGV1         = 'Testfax'
*       I_MSGV2         = ' '    .
*    USER_EXCEPTION TEST.
* (C): Ausgabe mit Meldungs-Nummer etc.
*    CALL FUNCTION 'SSF_MESSAGE'
*    EXPORTING
*       I_MSGID         = 'SSFCOMPOSER'
*       I_MSGTY         = 'E'
*       I_MSGNO         = '027'
*       I_MSGV1         = 'Testfax'
*       I_MSGV2         = ' '    .
*    SFSY-EXCEPTION = 'TEST'.       " zusätzlich zur Erzeugung
*    RAISE TEST.                    " einer Ausnahme
*&-----------------------------------------------------------&*
```

Listing 8.25 Fehlermeldungen und Ausnahme im Programm-Knoten

Diese drei Beispiele gelten nur für die Anwendung innerhalb eines Programm-Knotens! Die zweite und dritte Variante wurde bereits besprochen. Die Erklärung der ersten Variante Ausnahme über Makro erzeugen folgt im nächsten Abschnitt.

Die verwendeten Ausnahmen müssen vorher im Bereich GLOBALE DEFINITI-
ONEN auf der Registerkarte AUSNAHMEN angelegt sein (in unserem Fall heißt
die Ausnahme TEST). Der Programmablauf im generierten Funktionsbaustein
ändert sich in Abhängigkeit davon, ob dort eine Ausnahme definiert ist. Achten Sie auf die korrekte Schreibweise, denn die Namensgebung wird nicht
von einer Prüffunktion im Formular überwacht. Der Name der Ausnahmen
steht in einem Programm-Knoten direkt zur Verfügung (d. h. ohne weitere
Zuordnung als Eingabeparameter).

Natürlich müssen die Ausnahmen auch beim Aufruf des Formulars im Rahmenprogramm namensgleich hinterlegt sein. Dort weisen Sie dem Namen
der Ausnahme auch eine interne Nummer zu. Sie steht nach dem Aufruf des
Funktionsbausteins gegebenenfalls in der Systemvariablen SY-SUBRC und
kann eine beliebige Ganzzahl sein.

Ausnahme über Makro erzeugen

In jedem Formular ist ein Makro mit der Bezeichnung USER_EXCEPTION hin-
terlegt, das direkt eine Ausnahme auslösen kann (siehe Listing 8.26). Ein
Makro besteht selbst wiederum aus ABAP-Programmcodes (ähnlich wie ein
Unterprogramm).

```
*&-------------------------------------------------------------&*
DEFINE user_exception.
  perform reset_all in program saplstxbc.
  sfsy-exception = '&1'.
  raise error.
END-OF-DEFINITION
.*&-------------------------------------------------------------&*
```

Listing 8.26 Definition zum Makro USER_EXCEPTION

Zum Aufruf des Makros gehört als Pflichtparameter der Name der Ausnahme, die ausgelöst werden soll. Der Name wird innerhalb des Makros in
die Systemvariable SFSY-EXCEPTION übertragen. Das Makro löscht zusätzlich
verschiedene Statuswerte des Composers und löst dann über die ABAP-
Anweisung RAISE die eigentliche Ausnahme aus. Das Makro darf nur in
einem Programm-Knoten eingesetzt werden (nicht bei der Initialisierung).

Bei dieser einfachen Variante zur Erzeugung einer Ausnahme werden keine
zusätzlichen Fehlerangaben mitgeliefert, weder über die SY-Variablen noch
über die interne Protokolltabelle ERRORTAB. Eine MESSAGE-Anweisung im Rahmenprogramm erzeugt deshalb am Bildschirm eine eher zufällige Meldung,

die nur davon abhängt, ob im internen Protokoll vorher schon andere Meldungen notiert wurden (z. B. als Warnungen).

Im Einzelfall erscheint als Hinweis also die letzte gespeicherte Warnung. Sollte vorher noch keine Warnung aufgetreten sein, wird intern automatisch die Meldungsnummer '003' zugeordnet. Am Bildschirm erscheint dann der Hinweis NICHTKLASSIFIZIERBARER FEHLER (UNBEKANNTE AUSNAHME WURDE AUSGELÖST).

Aus dieser Situation heraus erscheint es also sinnvoll, zusätzlich den Grund für die Ausnahmesituation zu übergeben. Dazu sollen die beiden im Folgenden vorgestellten Lösungen dienen.

Ausnahme mit interner Fehlerkonstanten und Meldungsnummer

Um Meldungen im Programm-Knoten konform mit Smart Forms auszugeben, steht der Funktionsbaustein SSFRT_WRITE_ERROR zur Verfügung. Er beschreibt die interne Protokolltabelle ERRORTAB für den Austausch der Meldungen und benötigt als Eingabeparameter die üblichen Angaben wie Meldungsklasse, Meldungstyp, Meldungsnummer usw.

Diesem Funktionsbaustein kann optional über den Parameter I_ERRNUMBER auch eine sechsstellige Fehlerkonstante mitgegeben werden. Ist der Eintrag nicht gefüllt, ergänzt das System automatisch den Wert '990001' für formularspezifische Fehlersituationen.

Sie können den Baustein im einfachsten Fall nutzen, um Warnungen in das interne Protokoll zu schreiben. Soll zusätzlich eine Ausnahme ausgelöst werden, muss nach dem Aufruf dieser Funktion zusätzlich wieder das Makro USER_EXCEPTION folgen. In dem Makro wird wieder die Systemvariable SFSY-EXCEPTION mit dem Namen der Ausnahme gesetzt (als Basis für die Weiterleitung der Ausnahme bis zum Rahmenprogramm).

Ausnahme mit Meldungsnummer

In dieser Alternative verwenden Sie den Funktionsbaustein SSF_MESSAGE, um die Fehlermeldung in das interne Protokoll zu schreiben. Die Angabe der internen Fehlernummern ist hier grundsätzlich nicht mehr vorgesehen. Der Funktionsbaustein ruft selbst wieder den Funktionsbaustein SSFRT_WRITE_ERROR auf, d. h., es wird auch automatisch wieder der Wert '990001' für formularspezifische Fehler ergänzt.

Der Funktionsbaustein SSF_MESSAGE löscht bei Meldungen, deren Meldungstyp sie als Fehler ausweist, über die Formroutine RESET_ALL wieder einige Statuswerte des Composers, wie es sonst im Makro USER_EXCEPTION vorgesehen ist.

Wenn Sie dann eine Ausnahme über das Makro USER_EXCEPTION auslösen, wird die Formroutine RESET_ALL gegebenenfalls doppelt ausgeführt. Sie können die zugehörige Ausnahme hier alternativ direkt über die ABAP-Anweisung RAISE auslösen. Die Ausnahme wird allerdings nur korrekt weitergereicht, wenn zusätzlich der Name der Ausnahme in die Systemvariable SFSY-EXCEPTION eingetragen ist (siehe letztes Beispiel in Listing 8.26), was sonst im Makro erfolgt.

[»] | **Technischer Hintergrund**

Damit eine Ausnahme vom Programm-Knoten bis zum Rahmenprogramm gelangt, müssen im generierten Funktionsbaustein zunächst zwei weitere Funktionsbausteine überbrückt werden. Dadurch ergibt sich folgender Ablauf:

1. Im ersten Schritt führt die Ausnahme zurück zum Aufruf des Funktionsbausteins SSFCOMP_TABLE_NEXT_ROW. Dieser erzeugt selbst wieder eine Ausnahme über die Anweisung RAISE ERROR. Dadurch erscheint eine Ausnahme OTHERS im übergeordneten Funktionsbaustein SSFCOMP_PROCESS_DOCUMENT.

2. Auf dieser Stufe wird in Folge ein Unterprogramm %RAISE ausgeführt, das über den Funktionsbaustein SSFRT_READ_ERROR den letzten Eintrag des internen Fehlerprotokolls liest und den Inhalt in die SY-Variable stellt.

3. Zusätzlich überprüft %RAISE, ob im Bereich der GLOBALEN DEFINITIONEN im Formular individuelle Ausnahmen hinterlegt sind. Ist das der Fall, wird zusätzlich der Inhalt der Systemvariablen SFSY-EXCEPTION ausgewertet.

4. Ist dort eine formularindividuelle Ausnahme eingetragen, wird die Ausnahme mit dem jeweiligen Namen (in unserem Beispiel TEST) nochmals ausgelöst und gelangt so zum Rahmenprogramm des Formulars.

5. Wird keine formularindividuelle Ausnahme festgestellt, entnimmt %RAISE die auszulösende Ausnahme aus der Fehlernummer des internen Protokolls (je nach vorheriger Zuweisung über eine Fehlerkonstante). Das entspricht dann der üblichen Behandlung aller Standardausnahmen.

Aus diesem internen Ablauf ergibt sich, dass die Systemvariable SFSY-EXCEPTION immer gesetzt sein muss. Bei der Verwendung des Makros USER_EXCEPTION im Programm-Knoten erfolgt diese Zuweisung automatisch.

8.9.3 Überwachung der Formularausführung per Trace-Funktion

In Ausnahmefällen der fortgeschrittenen Formularentwicklung kann es sinnvoll sein, die Ausgabe des Formulars mithilfe einer Trace-Funktion zu überwachen (als weitere Laufzeitanalyse). In diesem Fall werden automatisch alle Schritte der Ausführung in einem Text protokolliert.

Eine solche Trace-Überwachung lässt sich auch so einrichten, dass im Protokoll nur bestimmte Ereignisse erscheinen (z. B. Fehlermeldungen). Ein passendes Werkzeug für Trace-Funktionen zu Smart Forms finden Sie über die Transaktion SMARTFORM_TRACE. Anwender solcher Spezialwerkzeuge sind üblicherweise mit den hinterlegten Funktionen vertraut, sodass wir an dieser Stelle auf weitere Erläuterungen verzichten.

Die Druck-Workbench und das Korrespondenz-Tool bilden zusammen eine zentrale Entwicklungs- und Konfigurationsumgebung für die Erstellung und Steuerung standardisierter ausgehender Korrespondenzen. Sie lernen in diesem Kapitel, wie Druck-Workbench und Korrespondenz-Tool aufgebaut sind und was sie im Einzelnen leisten.

9 Druck-Workbench und Korrespondenz-Tool

Für die Form und den Aufbau der Formulare nutzt die Druck-Workbench die SAP-Standardkomponenten der Formulargestaltung – SAPscript-Formulare, Smart-Forms- und PDF-basierte Formulare –, unter denen der SAP-Anwender individuell und frei wählen kann. Die Verwendung externer Output-Management-Systeme ist über die verschiedenen Rohdatenschnittstellen unterstützt.

Sie erfahren in den ersten Abschnitten dieses Kapitels, wie ausgelieferte Formularklassen verwendet werden können, um eigene Formulare zu erstellen, und wie Sie dabei vom Standard abweichende Daten einfließen lassen können. Darüber hinaus werden die Einstellungen erklärt, die notwendig sind, um Druckvorgänge zu steuern, und Sie lernen, komplexere Ausgabedokumente (z. B. E-Mail mit Anschreiben) zu erstellen.

Der zweite Teil des Kapitels – ab Abschnitt 9.5 – befasst sich mit dem Korrespondenz-Tool. Hier steht die Frage im Mittelpunkt, wie Sie den Druckprozess und Druckdaten mit Smart Forms standardisieren und von weiteren Tools des SAP-Standards profitieren können.

Diese Erläuterungen sind für Sie einerseits von Interesse, wenn Sie eine umfangreiche ABAP-Entwicklung durchführen möchten, für die standardisierte Druckprozesse von Bedeutung sind – von der Verwaltung von Korrespondenzen über definierte Ordnungsbegriffe bis hin zu technischen Aspekten wie Massendruck in Batch-Prozessen. Ebenso wie die Druck-Workbench ist das Korrespondenz-Tool nicht an Smart Forms als Ausgabetechnologie gebunden.

Andererseits ist die Erläuterung hilfreich, wenn Sie eine SAP-Standard-lösung, die das Korrespondenz-Tool verwendet, besser verstehen oder um eigene Typen von Korrespondenzen erweitern möchten.

9.1 Druck-Workbench

Die Druck-Workbench ermöglicht es sowohl SAP-Anwendungen als auch SAP-Anwendern, Druckvorgänge, die in der Regel in einen betriebswirt-schaftlich spezifizierten Korrespondenzvorgang eingebettet sind, einheitlich zu konfigurieren und zu implementieren. Vor allem SAP-Branchenlösungen (SAP for Utilities, FI-CA-basierte Komponenten, SAP for Banking) setzen wegen der flexiblen Möglichkeiten, die Korrespondenz- und Ausgabepro-zesse zu gestalten, die Druck-Workbench ein.

In Abbildung 9.1 ist der grundlegende Aufbau der Druck-Workbench sche-matisch dargestellt. Von SAP werden verschiedene *Formularklassen* ausgelie-fert, die jede für sich einen bestimmten Druckvorgang (z. B. Rechnung, Mah-nung) einer bestimmten SAP-Anwendung repräsentiert und hinsichtlich der zugehörigen Datenstruktur modelliert.

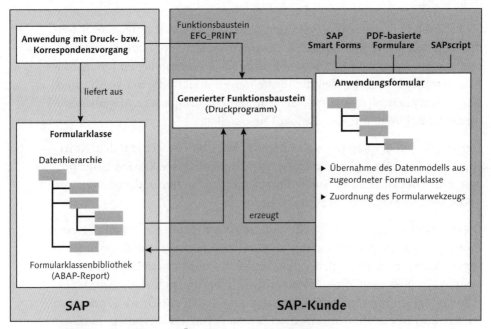

Abbildung 9.1 Aufbau und Überblick der Druck-Workbench

Jede Formularklasse enthält eine *Formularklassenbibliothek* für die Beschaffung und Bereitstellung der Daten. Hierin befinden sich ein hierarchisches Datenmodell der Anwendung sowie ABAP-Programmteile (Formroutinen).

SAP-Anwender definieren *Anwendungsformulare* auf Basis von Formularklassen. In den Anwendungsformularen wird unter anderem konfiguriert, welche Daten des bereitgestellten Datenmodells tatsächlich für den Formulardruck benötigt werden. Nicht verwendete Daten können sehr feingranular deaktiviert werden, sodass die Performance des Druckprogramms und damit der Durchsatz im Massendruckfall optimiert werden kann.

In der Regel werden anwenderseitig immer noch weitere Daten benötigt, z. B. aus eigenen oder Drittanbieteranwendungen. Hierfür gibt es verschiedene Möglichkeiten, über ABAP-Programmierung (User-Exits) den Druckvorgang in seiner Datenbeschaffung und seinem Ablauf sehr flexibel zu steuern und an die jeweiligen Anforderungen anzupassen.

Die Druck-Workbench überlässt es dem Anwender, welche der im SAP-System befindlichen Werkzeuge zur Formularaufbereitung verwendet werden sollen. Im Anwendungsformular wird über die Eigenschaft FORMULARTYP eingestellt, in welches Werkzeug die gelesenen Daten zur Formularaufbereitung übergeben werden. Zur Auswahl stehen hier SAPscript, Smart Forms und PDF-basierte Formulare. Die Formularklassen selbst werden unabhängig vom Formularwerkzeug definiert, da sie ausschließlich für die Modellierung, Strukturierung und die Beschaffung der Daten verantwortlich sind.

Das Druckprogramm wird aus dem Anwendungsformular im System der Anwendung generiert und beinhaltet grob Folgendes:

- die relevanten Programmteile zur Datenbeschaffung, die aus der Formularklasse kommen

- die Ausprägung der Konfigurationen und den Aufruf der User-Exits des Anwendungsformulars

- den Aufruf der jeweiligen Programmierschnittstelle des ausgewählten Formularwerkzeugs

Die aufrufende Anwendung (z. B Rechnung, Mahnung, Kontoauszug) ist weitestgehend entkoppelt von den zur eigentlichen Formularerzeugung gehörenden technischen Vorgängen. Aus Sicht der Anwendung ist der Formulardruck mit dem Aufruf des zentralen Funktionsbausteins EFG_PRINT bzw. EFG_PRINT_EXPANDED erledigt. Diesem Funktionsbaustein werden dabei der Name des relevanten Anwendungsformulars und die nötigen Druckparameter (Drucker, Rohdatenformat, Archivinformationen etc.) übergeben.

Die Entkopplung hat große Vorteile, da auf diese Weise eine anwendungsübergreifende, technologieunabhängige sowie einheitliche Implementierung der Formularerzeugung ermöglicht wird. Die Druck-Workbench ermöglicht zudem durch flexible Einbeziehung von User-Exits, dass z. B. die Datenbeschaffung genau auf die Bedürfnisse des Druckvorgangs angepasst werden kann.

Das Korrespondenz-Tool, von dem die Druck-Workbench in der Regel umgeben wird, sorgt hinsichtlich der (verallgemeinerten) Drucksteuerung und weiterer übergreifender Vorgänge (z. B. Empfängerfindung) zusätzlich für Effizienz und Flexibilität.

9.2 Formularklassen – SAP-seitiges Bezugs-Customizing

Formularklassen sind die Grundlage und das Grundgerüst für die Erstellung von Formularen mit der Druck-Workbench. Jede Anwendung deklariert ihr Datenmodell in einer Formularklasse – möglichst vollständig und in transparenter, vereinheitlichter Weise – und hinterlegt dazu den zugehörigen ABAP-Zugriffscode in der Formularklassenbibliothek. Die Menge und die Struktur der Daten ist dabei an dem speziellen betriebswirtschaftlichen Vorgang ausgerichtet, aus dem eine Anforderung zum Formulardruck entsteht.

[zB] **Typische Strukturen von Formularklassen**

Soll z. B. ein Rechnungsformular aus einem Fakturierungs- oder Kontokorrentvorgang erzeugt werden, wird eine Formularklasse ausgeliefert, in der die meist komplexe anwendungsspezifische Struktur der Daten (Kopf, Posten, Unterposten) genau abgebildet ist. Zu diesem Zweck sind viele weitere Informationen, z. B. sprachabhängige Texte zu den Schlüsselinformationen der Daten, die im Formular angedruckt werden könnten, in die Formularklassenhierarchie eingebettet.

Wir betrachten im Folgenden die in jedem System verfügbare und sehr einfach gehaltene Formularklasse PWB_FLIGHT_NOTIFICATION, die einen Teil des Flugdatenmodells (SFLIGHT) abbildet.

Um Formularklassen anzuzeigen, rufen Sie die Transaktion EFCS auf. Im Einstiegsbild geben Sie den Namen der Formularklasse PWB_FLIGHT_NOTIFICATION ein und wählen FORMULARKLASSE • ANZEIGEN.

In der Hierarchie der Formularklasse befinden sich, wie Abbildung 9.2 zeigt, zwei verschiedene Knotenarten: Formularebenen (CUSTOMER) und 1:1-Ebenen (BOOKING und FLIGHT). Um die in der Abbildung gezeigte Darstellung zu erreichen, klicken Sie auf das Symbol 🗂 (1:1-EBENEN AUFKLAPPEN).

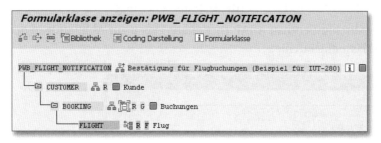

Abbildung 9.2 Hierarchie einer Formularklasse

Die oberste Formularebene (in diesem Beispiel CUSTOMER) repräsentiert die Wurzelebene der Datenhierarchie. Formularebenen bilden untereinander eine allgemeine 1:n-Relation ab, d. h., zu einem Eintrag einer Formularebene kommen 1 bis n Einträge der darunterhängenden Formularebenen. Bei 1:1-Ebenen gibt es – der Name verrät es bereits – jeweils einen Eintrag zu jedem Eintrag der zugehörigen Formularebene.

Abbildung 9.2 zeigt die Datenhierarchie (aktuelle Flugbuchungen) der Formularklasse PWB_FLIGHT_NOTIFICATION. Darin wird ein Kunde (Formularebene CUSTOMER) über seine Kundennummer identifiziert. Die unter CUSTOMER befindliche Formularebene BOOKING repräsentiert alle zum Kunden zugehörigen Buchungen. BOOKING besitzt eine 1:1-Ebene FLIGHT, die zugehörige Flugdaten als zusätzlichen Datenvorrat zur Buchung anbietet. Im Knoten BOOKING befinden sich Schlüsselinformationen zum Flug (Start-/Landezeitpunkt, Flughäfen etc.), daher können erst durch diese zusätzlichen Informationen entsprechende Daten im Formular verwendet werden.

Die Buchstaben R, G und F in Abbildung 9.2 stehen jeweils für READ-, GET- und FILL-Formroutinen, die sich in der Formularklassenbibliothek befinden. In den Formroutinen zu den Formularebenen befindet sich jeweils der Quelltext, um die Datenstrukturen bzw. Tabellen auf der jeweiligen Ebene abhängig von den Daten des aktuellen Durchlaufs zu beschaffen.

In den Attributen einer Formularebene, die Sie über einen Doppelklick erreichen, befinden sich die relevanten Informationen zu der zugehörigen Datenstruktur (siehe Abbildung 9.3). Der dargestellte Dialog besteht aus drei Abschnitten:

▶ Im oberen Abschnitt befinden sich die ATTRIBUTE inklusive einer ABAP-Dictionary-Struktur SBOOK mit den Feldern der zugehörigen Formularebene.

▶ Im Abschnitt UNTERPROGRAMME IN DER FORMULARKLASSENBIBLIOTHEK stehen die ABAP-Formroutinen für die Datenbeschaffung.

▶ Der letzte Abschnitt enthält ABAP-Dictionary-Typen zur Abbildung in der Formularklassenhierarchie.

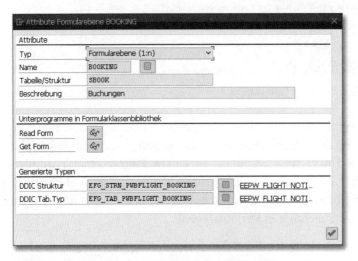

Abbildung 9.3 Attribute der Formularebene BOOKING

Die Attribute einer 1:1-Ebene (siehe Abbildung 9.4) sind sehr ähnlich, jedoch besitzt eine 1:1-Ebene eine FILL-Formroutine anstelle einer GET-Formroutine und darüber hinaus keine eigenen generierten ABAP-Dictionary-Typen.

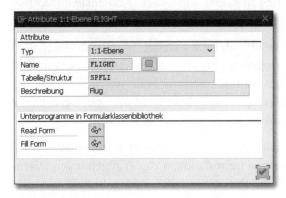

Abbildung 9.4 Attribute der 1:1-Ebene FLIGHT

Die Formroutinen mit dem Präfix READ, GET und FILL repräsentieren jeweils Zeitpunkte, zu denen Daten einer Formular- bzw. 1:1-Ebene von der Datenbank oder einem anderen Datenpuffer gelesen und in die jeweilige Datenstruktur geschrieben werden. Diese Datenstruktur ist im Feld TABELLE/ STRUKTUR angegeben.

Alternativen bei der Datenbeschaffung	**[«]**

Es wird nicht vorausgesetzt, dass die Daten nur zu einem der vorgegebenen Zeitpunkte aus den relevanten Datenbanktabellen gelesen werden. Woher die Daten zum Druckzeitpunkt tatsächlich kommen (z. B. von einem vorher befüllten Datenpuffer), bestimmt die Anwendung anhand des Programmcodes in den Formroutinen. Eine Datenbanktabelle kann dabei natürlich selbst als Struktur angegeben und verwendet werden. Oft werden aber spezielle, für den Druck vorgesehene Strukturen in den Formularebenen angegeben, da Datenbanktabellen als Strukturen meist zu unflexibel sind.

READ-Formroutinen werden zum initialen Zeitpunkt hierarchisch nacheinander aufgerufen, um theoretisch zu ermöglichen, dass alle Daten des Formulars beispielsweise von der Datenbank gelesen werden können. Im Gegensatz dazu dienen GET- bzw. FILL-Formroutinen dazu, die jeweils abhängigen Daten zum aktuellen/relativen Kontext des Durchlaufs zu liefern. Diese kontextabhängigen Daten werden jeweils in globalen Arbeitsbereichen (Work Areas) zwischengespeichert, die gemäß WA_<Name der Ebene> benannt sind und jeweils den Datenstrukturtyp der jeweiligen Formular- bzw. 1:1-Ebene besitzen.

Formroutinen	**[zB]**

Die GET-Formroutine der Formularebene BOOKING liefert die Buchungen, die zum aktuellen Kunden (CUSTOMER) gehören. Die FILL-Formroutine FLIGHT soll die verschiedenen Details zum Flug der aktuellen Buchung liefern.

Die Formularklassenhierarchie ist anhand zusätzlicher generierter ABAP-Dictionary-Strukturen und ABAP-Dictionary-Tabellen, deren Namen in den Attributen der Formularebenen hinterlegt sind, auch im ABAP Dictionary abgebildet. Abbildung 9.5 zeigt den geschachtelten generierten Datentyp zur obersten Formularebene (CUSTOMER).

Der generierte Datentyp einer Formularebene beinhaltet die eigene Datenstruktur und die der direkt zugeordneten 1:1-Ebenen. Deren Feldnamen heißen WA_<Name der Ebene>. Die zugehörigen Formularebenen sind mit T_<Name der Ebene> benannt.

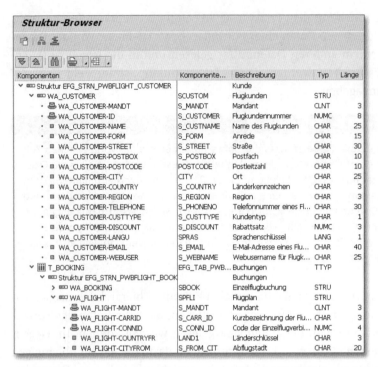

Abbildung 9.5 Hierarchische Darstellung des generierten Datentyps zur obersten Formularebene

Der generierte Datentyp dient dazu, die in den verschiedenen Formroutinen gelesenen Daten für die eigentliche Formularerstellung in das angegebene Smart-Forms- bzw. PDF-basierte Formular zu transportieren.

Formularklassen besitzen weitere Eigenschaften und Besonderheiten, auf die wir an dieser Stelle nicht genauer eingehen können. Weitere Informationen und Details zu Formularklassen können Sie der SAP-Online-Hilfe im ABSCHNITT DRUCK-WORKBENCH • FORMULARKLASSE entnehmen.

9.3 Anwendungsformulare – Kundenseitiges Customizing und User-Exit-Programmierung

Nachdem Sie das Wichtigste über Formularklassen erfahren haben, verwenden wir nun die beschriebene Formularklasse PWB_FLIGHT_NOTIFICATION.

In Abschnitt 9.1, »Druck-Workbench«, wurde bereits einleitend erwähnt, dass Anwendungsformulare als zweites elementares Objekt der Druck-Workbench eng mit der Formularklasse verknüpft sind.

9.3.1 Globale Eigenschaften von Anwendungsformularen

Anwendungsformulare sind grundsätzlich als Customizing klassifiziert. Sie sind mandantenabhängig, während Formularklassen oder auch Smart-Forms-Formulare mandantenunabhängig sind und sich zudem hinsichtlich ihrer Transporteigenschaften und ihrer Änderbarkeit wie ABAP-Repository-Objekte (Programme, Klassen etc.) verhalten.

Die unterschiedlichen Gültigkeiten und Transporteigenschaften von Anwendungsformularen und deren referenzierten Objekten (Smart-Forms-Formular, Exit-Includes) bedingen eine erhöhte Vorsicht bei der Verwaltung, Pflege und beim Transport der Objekte. Anwendungsformulare sollten in ausgewiesenen Customizing-Mandanten gepflegt werden.

Verwendung von Verweisen [+]

In vielen Systemen erlauben die Systemeinstellungen nicht, dass man im Customizing-Mandanten Entwicklung betreibt oder mit Testdaten arbeitet. Das macht die Erstellung und das Testen von Anwendungsformularen sehr schwierig.

In dieser Situation können Sie sich damit behelfen, mit Verweisen zu arbeiten: Sie legen im operativen Mandanten mithilfe von HILFSMITTEL • VERWEIS IN ANDEREN MANDANT ANLEGEN einen Platzhalter, einen Verweis zum Anwendungsformular eines anderen Mandanten (z. B. Customizing-Mandant), an.

Sie finden das gesamte Customizing der Druck-Workbench im IMG unter ANWENDUNGSÜBERGREIFENDE KOMPONENTEN • ALLGEMEINE ANWENDUNGS-FUNKTIONEN. Dort finden Sie unter anderem den Menüpunkt ANWENDUNGS-FORMULARE PFLEGEN. Über die Transaktion EFRM gelangen Sie auf direktem Weg dorthin.

9.3.2 Anwendungsformular anlegen (Transaktion EFRM)

Um ein neues Anwendungsformular anzulegen, gehen Sie wie folgt vor:

1. Geben Sie einen eigenen Namen für das Anwendungsformular ein, und wählen Sie ANWENDUNGSFORMULAR • ANLEGEN. Anwendungsformulare unterliegen keiner Namensraumvorgabe.

2. Als Nächstes müssen Sie aus der Auswahlliste des Feldes FORMULARTYP wählen, auf welche Art und Weise die in der Formularklasse zur Verfügung gestellten Daten verarbeitet werden sollen (siehe Abbildung 9.6). Für dieses Buch sind nur die Formulartypen *Smart Form*, *PDF-basiertes Formular* und *Collection* relevant. Für Ihr erstes Anwendungsformular mit der Druck-Workbench wählen Sie SMART FORM.

Abbildung 9.6 Anwendungsformular mit Auswahl des Formulartyps anlegen

Weitere Formulartypen

Zu den anderen Formulartypen sei Folgendes angemerkt:

▸ Das Zusammenspiel von Anwendungsformularen mit PDF-basierten Formularen entspricht weitestgehend dem mit Smart Forms – daher beschränken wir uns im folgenden Beispiel auch auf die Smart-Forms-Verwendung.

▸ Der Formulartyp *Collection* wird in Abschnitt 9.3.6, »Anwendungsformulare vom Typ ›Collection‹«, beschrieben.

▸ Die Formulartypen *SAPscript* und *Datenversand* werden in diesem Buch nicht näher beschrieben. Die SAP-Online-Hilfe bietet dazu eine ausführliche Dokumentation. SAPscript wird von der Druck-Workbench aus verschiedenen Gründen uneingeschränkt unterstützt, da viele SAP-Kunden (z. B. wegen der Verwendung der Rohdatenschnittstelle RDI) das älteste aller Formularwerkzeuge noch immer in großem Umfang einsetzen.

3. Geben Sie nun einen Namen für das zu verwendende (neue) Smart-Forms-Formular in das neu erscheinende Feld ein, wie in Abbildung 9.7 zu sehen ist, und klicken Sie danach auf WEITER unten rechts im Dialog, um das Anwendungsformular anzulegen.

Je nach Transporteinstellungen für das Customizing des aktuellen Mandanten werden Sie an dieser Stelle gegebenenfalls vor dem Anlegen nach einem Transportauftrag gefragt. Anwendungsformulare werden – obwohl es sich um mandantenabhängiges Customizing handelt – in Transportaufträgen vom Typ *Workbench* aufgezeichnet, damit sie gemeinsam mit Smart-Forms-Formularen und Exit-Includes transportiert werden können.

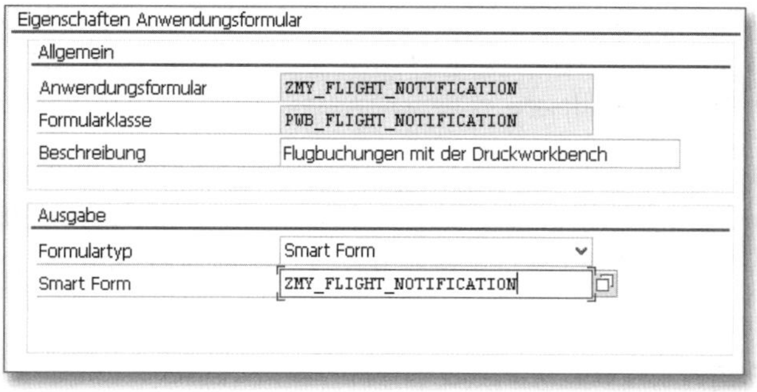

Abbildung 9.7 Angabe des Smart-Forms-Formulars nach Auswählen des Formulartyps

Sie befinden sich nun im Editiermodus Ihres neu angelegten Anwendungsformulars (siehe Abbildung 9.8).

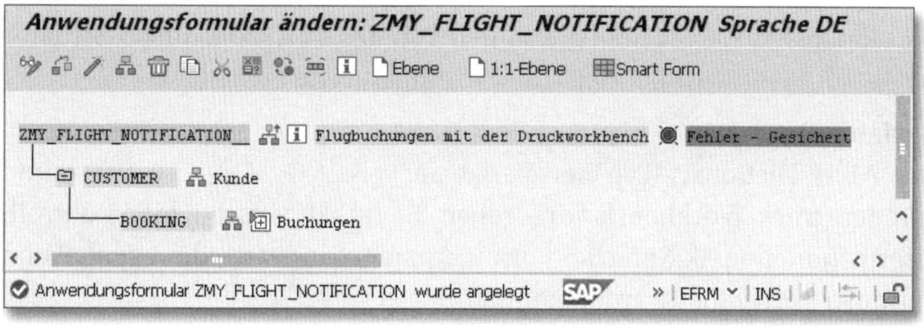

Abbildung 9.8 Anwendungsformular anlegen

Im gerade erstellten Anwendungsformular sehen Sie, dass die Datenhierarchie der Formularklasse in das Anwendungsformular kopiert wurde. Die Hierarchie kann von nun an verändert werden, indem Formularebenen oder 1:1-Ebenen gelöscht bzw. deaktiviert werden können, um die Laufzeit der Formularerzeugung zu optimieren. Ebenso ist es möglich, dass beispielsweise nach einem SAP-Software-Update neue Formularebenen dazugekommen sind, die Sie, falls benötigt, einbinden könnten. Es fällt auf, dass das Anwendungsformular im jetzigen Zustand noch als fehlerhaft ausgewiesen wird, was wir als Nächstes in Ordnung bringen möchten, indem wir das zum Anwendungsformular gehörende Smart-Forms-Formular anlegen.

9.3.3 SAP-Smart-Forms-Formular bearbeiten und Anwendungsformular aktivieren

Unter ANWENDUNGSFORMULARE • PRÜFEN erfahren Sie anhand des Fehlerprotokolls, dass das oben angegebene Smart-Forms-Formular ZMY_FLIGHT_NOTI-

FICATION noch nicht existiert und dies der Grund für den fehlerhaften Zustand ist. Wählen Sie SPRINGEN • SMART FORM ANZEIGEN/BEARBEITEN, um das Smart-Forms-Formular anzulegen.

In der Formularschnittstelle (siehe Abbildung 9.9) des neu erzeugten Smart-Forms-Formulars finden sich neben den üblichen, nicht veränderbaren Variablen zwei von der Druck-Workbench erzeugte Variable mit den Namen PWB_DATA und C.

▸ **Variable PWB_DATA**
Die Variable PWB_DATA besitzt stets den Typ der generierten Struktur der obersten Formularebene, bezogen auf das jeweilige referenzierte Anwendungsformular bzw. die Formularklasse. In der Regel wird ein Smart-Forms-Formular von genau einem Anwendungsformular verwendet, obwohl es theoretisch auch möglich ist, es mehrfach zu verwenden.

Die Variable PWB_DATA besitzt also den Typ der ABAP-Dictionary-Struktur EFG_STRN_PWBFLIGHT_CUSTOMER der Formularebene CUSTOMER.

▸ **Variable C**
Der ABAP-Dictionary-Typ der Variablen C ist EFG_STRN_PRINTDATA und von der Druck-Workbench vorgegeben. Er enthält verschiedene Kontrollinformationen (z. B. Sprache, Formularname, Sendeart), die ebenfalls im Formular verwendet werden könnten.

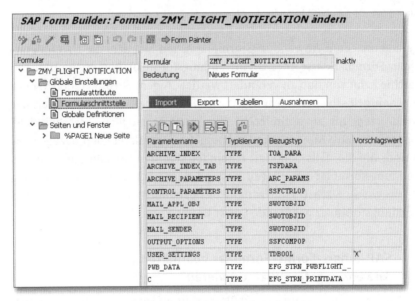

Abbildung 9.9 Smart-Forms-Formular zum Anwendungsformular

Beide Variablen und deren ABAP-Dicitonary-Typen werden vom Anwendungsformular geprüft. Eine Aktivierung des Anwendungsformulars ist nur möglich, wenn diese Variablen entsprechend den Vorgaben der Druck-Workbench übereinstimmen und das Smart-Forms-Formular aktiv und fehlerfrei vorliegt.

Übernehmen Sie nun ein Datenfeld aus der Variablen PWB_DATA, etwa in einen Text im MAIN-Fenster der ersten Seite (siehe Abbildung 9.10).

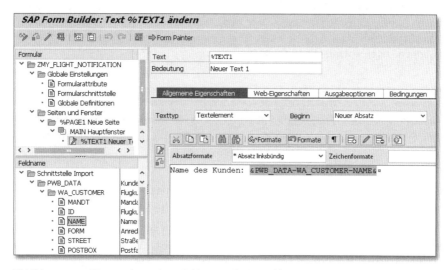

Abbildung 9.10 Verwendung eines Feldes aus der Variablen PWB_DATA im Smart-Forms-Formular

Aktivieren Sie das Smart-Forms-Formular anschließend, und kehren Sie zum Anwendungsformular zurück. Da das Smart-Forms-Formular nun aktiv ist, ist das Anwendungsformular nicht mehr fehlerhaft, und Sie können es nach der ersten Aktivierung über ANWENDUNGSFORMULAR • AKTIVIEREN testen (siehe Abbildung 9.11). Klicken Sie dazu auf das Symbol 🖶.

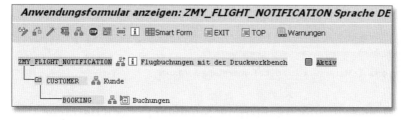

Abbildung 9.11 Testdruck eines aktiven Anwendungsformulars

9.3.4 Testdruck eines Anwendungsformulars

Die Druck-Workbench bietet eine sehr nützliche integrierte Testdruckfunktion an (siehe Abbildung 9.12). Über ANWENDUNGSFORMULAR • TESTDRUCK • AUSFÜHREN starten Sie den Testdruck mit Echtdaten, der mithilfe von Eigenschaften und Quellcode in der Formularklassenbibliothek ermöglicht wird.

[zB] | **Testdruck**

In Formularklasse `PWB_FLIGHT_NOTIFICATION` ist hinterlegt, dass Sie eine Kundennummer eingeben müssen, um den Testdruck des Anwendungsformulars durchzuführen. Abhängig von der angegebenen Kundennummer, werden alle übrigen Daten entsprechend selektiert.

[»] | **Verfügbarkeit von Daten im SFLIGHT-Datenmodell**

Beachten Sie, dass Kundendaten des `SFLIGHT`-Datenmodells gegebenenfalls noch im System erzeugt werden müssen, um den Testdruck korrekt ausführen zu können.

Geben Sie in den folgenden Dialogen die Druckparameter an (im Wesentlichen Ausgabegerät bzw. Drucker). Belassen Sie die Sendeart dabei auf DRUCKEN; als Drucker können Sie zum Test den Drucker LP01 verwenden, der normalerweise immer im System vorhanden ist. Wenn Sie die Option DRUCKANSICHT im folgenden Standarddialog des Druckvorgangs wählen, können Sie auch gleich den ersten Testausdruck Ihres Formulars betrachten. Bei diesem haben Sie ein Feld aus dem Datenfundus der Formularklasse verwendet.

Abbildung 9.12 Testausdruck aus dem Anwendungsformular

9.3.5 User-Exit-Programmierung: Summierung von Beträgen

Wir möchten nun die Möglichkeiten von User-Exit-Programmierung im Anwendungsformular nutzen, um eine Summe über alle Buchungen zu bilden und diese dann im Smart-Forms-Formular auszugeben. Um User-Exits anzulegen, müssen Sie zunächst die Namen von zwei eigenen Exit-Includes in den Attributen des Anwendungsformulars hinterlegen (siehe Abbildung 9.13). Dafür gehen Sie in den Änderungsmodus und klicken doppelt auf das Anwendungsformular.

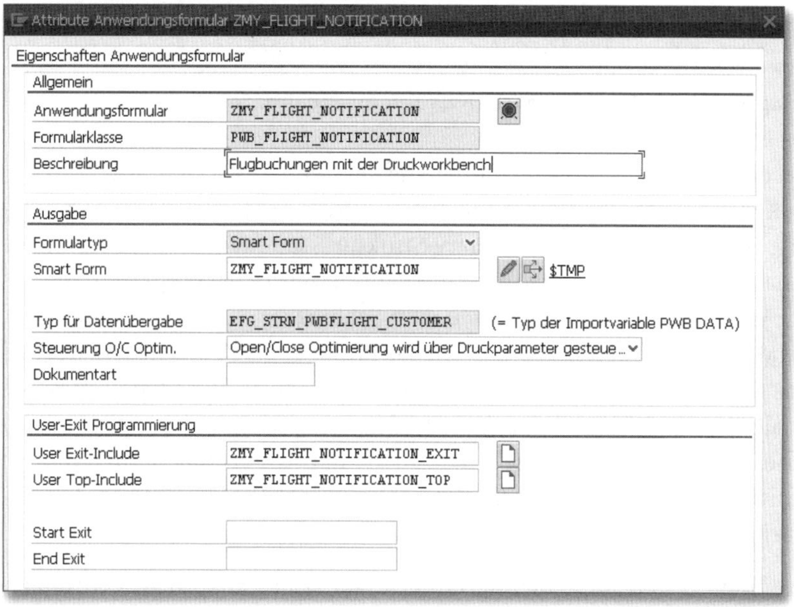

Abbildung 9.13 User-Exit-Includes in den Attributen des Anwendungsformulars angeben

Es handelt sich dabei um normale ABAP-Includes, deren Namen Sie in die Felder USER EXIT-INCLUDE und USER TOP-INCLUDE eingeben und die sich über die Anlegen-Buttons oder jeweils durch Doppelklick auf die Namen anlegen bzw. danach editieren lassen.

ABAP-Includes	**[«]**
Namensvergabe und Paketzuordnung der ABAP-Includes (sowie des Smart-Forms-Formulars) genügen den jeweiligen Einstellungen und Konventionen für die Entwicklung von ABAP-Repository-Objekten im System.	

Nachdem Sie die ABAP-Includes angelegt haben, ist das Anwendungsformular wieder fehlerfrei und kann erneut aktiviert werden.

Um eine Summe über die Beträge aller Buchungen des selektierten Kunden durchzuführen, definieren Sie – typgerecht – eine Variable G_SUMME im User-Top-Include (siehe Abbildung 9.14).

ABAP Editor: Include ZMY_FLIGHT_NOTIFICATION_TOP ändern

⇐ ⇒ | ⤸ ⤺ 🗂 @ | 🔍 ✏ 📇 🗗 | 🔺 🔻 ⊟ ℹ | 📑 📑 Muster   Pretty Printer

Include   ZMY_FLIGHT_NOTIFICATION_TOP   aktiv

```
1 ⊟ *------------------------------------------------------------*
2   *   User TOP-Include for application form ZMY_FLIGHT_NOTIFICATION
3   *   This include will be included DIRECTLY within generated print program
4   *------------------------------------------------------------*
5   * Define here your own global data declarations
6   * to be used during print procedure
7   *------------------------------------------------------------*
8
9   DATA: G_SUMME       TYPE S_F_CUR_PR. "LIKE WA_BOOKING-FORCURAM
```

Abbildung 9.14 Definition einer Variablen zur Berechnung einer Summe

Bei dieser Definition im User-Top-Include verwenden wir den Typ S_F_CUR_ PR der Komponente FORCURAM der globalen Work Area WA_BOOKING zur Typisierung, die mit der ABAP-Dictionary-Struktur SBOOK typisiert ist. Sämtliche Formular- und 1:1-Ebenen besitzen im generierten Druckprogramm jeweils globale Work Areas, die immer nach dem Schema WA_<Ebene> benannt sind. Die neue Variable erhält in diesem Fall das Präfix G_ als Kennzeichen, dass sie in dem generierten Programm global verfügbar ist. Dies bedeutet, dass sie innerhalb der User-Exits verwendet werden kann. Vorgreifend sei erwähnt, dass diese Variable im angegebenen Smart-Forms-Formular unter diesem Namen verwendet werden kann – eine entsprechende Definition in der Formularschnittstelle allerdings vorausgesetzt.

Nun definieren und implementieren Sie zwei User-Exits für die Formularebene BOOKING: einen vor der Prozessierung aller Buchungen und einen innerhalb der Schleife über die Buchungen. Dies machen Sie, indem Sie in den Attributen der Formularebene Namen für die beiden Exit-Formroutinen in den Feldern Exit BEFORE LOOP und Exit DURING LOOP eingeben (siehe Abbildung 9.15).

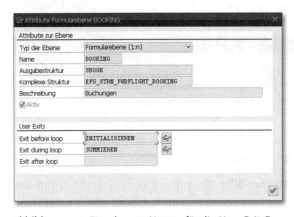

Abbildung 9.15 Eingabe von Namen für die User-Exit-Formroutinen

Als Folge erscheinen zwei Bezeichner B und D für die Formularebene BOOK-ING in der Hierarchie (siehe Abbildung 9.16).

Abbildung 9.16 Bezeichner für User-Exits in der Hierarchie des Anwendungsformulars

Der Status des Anwendungsformulars hat sich zwischenzeitlich wieder auf fehlerhaft geändert, weil die User-Exits zwar benannt, aber noch nicht implementiert wurden. Um den ersten User-Exit INITIALISIEREN anzulegen, klicken Sie auf B. Dadurch wird im User-Exit-Include eine Formroutine USER_EXIT_INITIALISIEREN angelegt, in der die oben definierte Variable für die berechnete Summe initialisiert werden kann (siehe Abbildung 9.17).

Abbildung 9.17 Implementierung des Exit-Before-Loop für die Formularebene BOOKING

Die in der generierten Schnittstelle der Formroutine übergebene Tabelle XYT_BOOKING beinhaltet exakt die Buchungen, die zum ausgewählten Kunden selektiert wurden. Es wäre auch möglich, diese interne Tabelle zu modifizieren, z. B. zu sortieren oder zu filtern.

[!] | **Änderungen an der Signatur der Formroutinen**

Die vorgegebene Signatur der Formroutine darf unter keinen Umständen verändert werden, da es sonst zu Syntaxfehlern im generierten Druckprogramm kommt.

Als nächsten Schritt können Sie nun die Summation durchführen, indem Sie den User-Exit Exit-During-Loop durch Klicken auf D implementieren. Zum Zeitpunkt des Aufrufs befinden sich alle aktuellen Daten in den globalen Work Areas, die zu dieser Formularebene und deren 1:1-Ebenen gehören. Auch die Work Areas alle höher liegenden Ebenen sind aktuell gefüllt und können ebenfalls im User-Exit verwendet werden. Sie sind also keinesfalls auf die Variablen in der generierten Signatur der Formroutine beschränkt. Sie müssen bei der Durchführung der Summe in Abbildung 9.18 beachten, dass der Betrag in den Daten, der dort in verschiedenen Währungen vorliegt, erst in die lokale Währung (EUR) konvertiert werden muss, damit die Summation durchgeführt werden kann.

```
Include          ZMY_FLIGHT_NOTIFICATION_EXIT    aktiv
   30  ⊟ FORM user_exit_summieren
   31      USING
   32          x_booking TYPE g_type_str_booking
   33          VALUE(x_index) TYPE sy-tabix.
   34
   35      DATA local LIKE x_booking-forcuram.
   36
   37      CALL FUNCTION 'CONVERT_TO_LOCAL_CURRENCY'
   38        EXPORTING
   39          date             = sy-datum
   40          foreign_amount   = x_booking-forcuram
   41          foreign_currency = x_booking-forcurkey
   42          local_currency   = 'EUR'
   43        IMPORTING
   44          local_amount     = local
   45        EXCEPTIONS
   46          OTHERS           = 6.
   47
   48      ADD local TO g_summe.
   49
   50  └ ENDFORM .                          " USER EXIT SUMMIEREN
```

Abbildung 9.18 Durchführung der Summation im User-Exit »Exit-During-Loop«

Dieser User-Exit wird, gemäß seinem Namen Exit-During-Loop, für jede Buchung in einer Schleife aufgerufen. Um die so errechnete Summe im Smart-Forms-Formular auszugeben, müssen Sie die Variable G_SUMME in die

Schnittstelle des Smart-Forms-Formulars aufnehmen. Dazu haben Sie zwei Möglichkeiten:

▶ Sie können die Variable G_SUMME händisch in die Schnittstelle des Smart-Forms-Formulars aufnehmen.

▶ Oder Sie können die Variable über die Funktion BEARBEITEN • SMART FORM • ABGLEICHEN von der Druck-Workbench ausführen lassen.

Stellen Sie in jedem Fall sicher, dass die Schnittstellenvariable G_SUMME im Smart-Forms-Formular gemäß dem Datenelement von SBOOK-FORCURAM typisiert ist.

Nach der Aufnahme der Variablen G_SUMME als Importparameter der Formularschnittstelle in das Smart-Forms-Formular – siehe Abbildung 9.19 – kann die Variable dort verwendet werden.

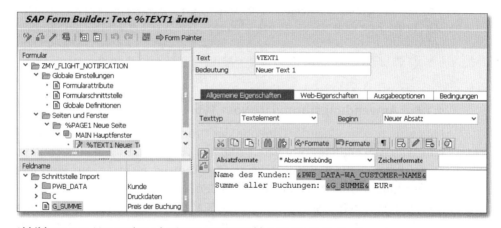

Abbildung 9.19 Verwendung der Summationsvariablen im Smart-Forms-Formular

Nachdem Sie das Smart-Forms-Formular und das Anwendungsformular jeweils aktiviert haben, können Sie einen erneuten Testdruck ausführen und die Plausibilität der Summe und deren korrekte Ausgabe verifizieren (siehe Abbildung 9.20).

Bekannterweise kann man auch im Smart-Forms-Formular ABAP-Code hinterlegen und Summen bilden. Insofern hätten Sie diese Summe auch im Smart-Forms-Formular berechnen können. Es hat in der Praxis jedoch Vorteile, die kundenseitige ABAP-Programmierung – wo es sinnvoll und möglich ist – aus dem Smart-Forms-Formular herauszuziehen, da die Implementierung im Anwendungsformular je nach Fall übersichtlicher ist.

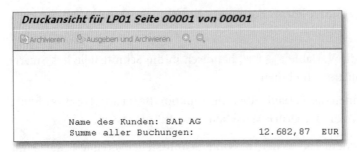

Abbildung 9.20 Testdruck mit Ausgabe der berechneten Summe aus dem Anwendungsformular

[»] **Ort für Erweiterungsprogrammierungen**

Es hängt aber vom Einzelfall ab, welche programmatische Erweiterung an welcher Stelle durchgeführt wird. Wollen Sie z. B. eine Summe mit Übertrag bei Seitenwechsel im Formular implementieren, ist das Smart-Forms-Formular der sinnvolle Ort dafür. Eine umfangreichere Selektion zusätzlicher Daten oder die prinzipielle Modifikation von den selektierten Daten könnte dagegen im Anwendungsformular wesentlich besser aufgehoben sein als im Smart-Forms-Formular.

9.3.6 Anwendungsformulare vom Typ »Collection«

Eine weitere sehr nützliche Funktion der Druck-Workbench ist die Verwendung von Anwendungsformularen vom Typ *Collection*. Diese Funktion kann einerseits verwendet werden, wenn die Ausgabe nicht an ein einzelnes Anwendungsformular gebunden ist, sondern an eine (potenzielle) Kombination von Anwendungsformularen (z. B. E-Mail mit Anhang). Während der Ausführung kommen auch Regeln zur Anwendung, anhand derer unterschiedliche Anwendungsformulare ausgesteuert werden können, beispielsweise in Abhängigkeit von der Sendeart oder dem aktuellen Rohdatenformat.

Im folgenden Beispiel beschreiben wir, wie eine E-Mail mit Anhang erzeugt wird. Dabei werden sowohl das Anschreiben als auch der Anhang selbst jeweils Anwendungsformulare zur gleichen Formularklasse darstellen.

In der SAP-Standardauslieferung befindet sich ein Anwendungsformular mit dem Namen PWB_FLIGHT_COLLECTION. Sollte sich dieses Formular nicht in Ihrem aktuellen Mandanten befinden, können Sie mithilfe der Transaktion EFGM eine Auflistung von Anwendungsformularen aus dem Mandanten 000 erzeugen. Anhand dieser Auflistung können Sie das Anwendungsformular aus dem SAP-Auslieferungsmandanten anzeigen und gegebenenfalls auch kopieren lassen (siehe Abbildung 9.21).

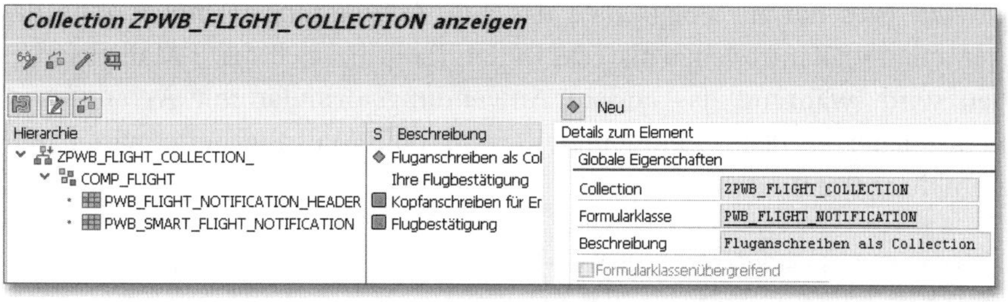

Abbildung 9.21 Anwendungsformular vom Typ »Collection« zur Erstellung einer E-Mail mit Anhang

Ein Anwendungsformular vom Typ *Collection* hat eine andere Hierarchie als ein Anwendungsformular vom Typ *Smart Forms*.

Es können drei verschiedene Knotenarten innerhalb eines Anwendungsformulars vom Typ *Collection* vorkommen:

- Anwendungsformular (jedoch nicht vom Typ *Collection*!)
- Komposition
- User-Exit

Aus der Position und hierarchischen Anordnung der verschiedenen Knoten ergibt sich auch die Prozessierung zum Ausgabezeitpunkt. Hierbei gelten allerdings bestimmte Bedingungen, und weitere Besonderheiten kommen zur Anwendung.

In unserem Beispiel zur Erzeugung einer E-Mail mit Anhang werden das Anwendungsformular PWB_FLIGHT_NOTIFICATION_HEADER und ein weiteres Anwendungsformular PWB_SMART_FLIGHT_NOTIFICATION hintereinander ausgeführt. Dies geschieht innerhalb bzw. unterhalb des Knotens COMP_FLIGHT. Dieser Knoten ist vom Typ *Komposition* und fungiert als Klammer. Im ersten eingebundenen Anwendungsformular befindet sich lediglich ein kurzes Anschreiben, während sich im zweiten Anwendungsformular eine ausführliche Auflistung aller Flüge mitsamt ihren Daten befindet. Dieses zweite Formular ist das eigentliche Hauptformular und soll als Anhang in der resultierenden E-Mail erscheinen. Beide Anwendungsformulare lassen sich auch separat und alleine ausdrucken und auch per Testdruck testen.

Wenn Sie sich per Doppelklick die Attribute der beiden referenzierten Anwendungsformulare anzeigen lassen, erscheint – nur innerhalb des Knotentyps *Komposition* – das Kennzeichen ATTACHMENT neben den anderen Ausgabeoptionen. Dieses Kennzeichen ist für das erste Anwendungsformular (..._HEADER) leer, und für das zweite (...FLIGHT_NOTIFICATION) ist es

gesetzt. Dies hat zur Folge, dass das eine Anwendungsformular ohne das
ATTACHMENT-Kennzeichen als Text in den Hauptbereich der E-Mail ausgege-
ben wird, während das andere Anwendungsformular mit ATTACHMENT-
Kennzeichen als PDF-Dokument der erzeugten E-Mail angeheftet wird (siehe
Abbildung 9.22).

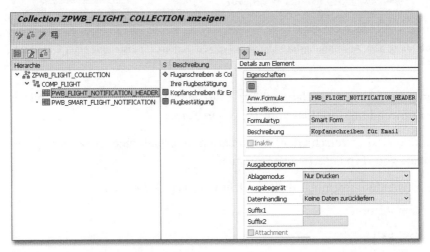

Abbildung 9.22 Kennzeichen »Attachment« unter den Ausgabeoptionen

Natürlich kann sich diese Unterscheidung nur auswirken, wenn auch die
Sendeart »E-Mail« verwendet wird. Führen Sie nun wieder einen Testdruck
aus, wählen Sie aber diesmal für das Feld SENDEART die Option INTERNET
E-MAIL (SMTP) aus (siehe Abbildung 9.23). Danach können Sie in einem Folgedialog eine E-Mail-Adresse angeben.

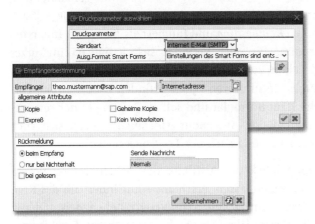

Abbildung 9.23 Testdruck eines Anwendungsformulars vom Typ
»Collection« mit der Sendeart »E-Mail«

Anschließend wird eine E-Mail mit Anhang, die beide Anwendungsformulare enthält, an die angegebene E-Mail-Adresse versendet. Das Ergebnis sehen Sie in Abbildung 9.24.

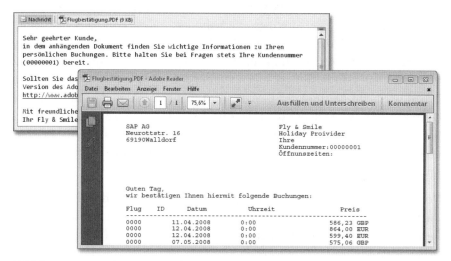

Abbildung 9.24 Kombinierte E-Mail mit Anschreiben und Anhang

Systemvoraussetzungen für den korrekten E-Mail-Versand [«]

Damit eine E-Mail korrekt aus dem System gelangen kann, müssen einige wichtige Einstellungen im System korrekt getroffen worden sein:

▸ gültiger bzw. aktiver Knoten für die Sendeart SMTP in der Transaktion SCOT

▸ Sendejob für die kontinuierliche Abarbeitung von Sendedokumenten (ebenfalls Transaktion SCOT)

▸ E-Mail-Adresse im User-Stamm Ihres Benutzers (Transaktion SU01)

HTML-E-Mail [+]

Im vorliegenden Beispiel ist die E-Mail in einem RAW-Textformat, Sie können jedoch auch HTML-E-Mails erzeugen, indem Sie HTML-formatierten Text aus dem Smart-Forms-Formular erzeugen – dies allerdings nativ, also ohne Verwendung der Smart-Forms-Layoutwerkzeuge. In diesem Fall erkennt die Druck-Workbench das HTML-Format und setzt das Format der E-Mail auf HTML.

9.4 Druckprozess und Ausgabesteuerung

In der bisherigen Betrachtung der Druck-Workbench ging es im Wesentlichen darum, Anwendungsdaten, deren Struktur und Quelltext zum Zugriff in der Formularklasse definiert sind, über ein Anwendungsformular und ein ausgewähltes Ausgabewerkzeug (wie Smart Form oder ein PDF-basiertes Formular) zum Ausdruck zu bringen. In der Praxis haben wir es überwiegend mit standardisierter Massenkorrespondenz zu tun (z. B. Versand von Rechnungen eines Versorgungsunternehmens oder Kontoauszüge einer Bank), die in eine größere betriebswirtschaftlich gesteuerte Prozesskette eingebettet ist. In der Regel beinhaltet eine solche Prozesskette auch den Einsatz von zentralen, sehr leistungsfähigen Output-Management-Systemen. Zudem haben wir beim Beispiel der E-Mail mit Anhang gesehen, dass auch andere Output-Kanäle als Drucker (z. B. E-Mail, Fax oder gar SMS) am Ende eines betriebswirtschaftlich getriggerten Vorgangs stehen können. Als Beispiel könnte ein Kunde eines Versorgungsunternehmens seine gedruckte Rechnung stets in Kopie auch an seine E-Mail-Adresse bekommen.

Vor diesem Hintergrund werden die Integrationsfähigkeit des SAP-Systems, die Steuerbarkeit von Druck- bzw. Korrespondenzvorgängen sowie die Skalierbarkeit und die Performanz insbesondere beim Massendruck zu maßgeblichen Faktoren.

9.4.1 Systemübergreifende Komponentenübersicht

Die Druck-Workbench steht zwischen der Anwendung und den Komponenten, die sich um Formularaufbereitung und technische Übertragung an die Ausgabegeräte bzw. Ausgabekanäle kümmern (siehe Abbildung 9.25).

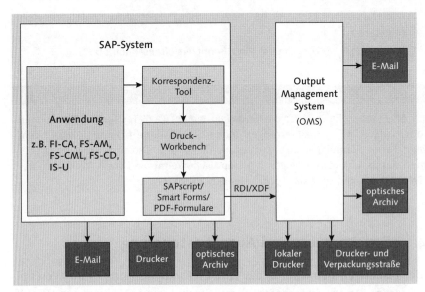

Abbildung 9.25 Systemübergreifende Komponentenübersicht

Weitere technische Details zum Spoolsystem und zur Spoolsteuerung finden Sie in Abschnitt 10.9.

9.4.2 Rohdatenformate

Neben der einheitlichen Verwaltung und Strukturierung der Daten und ihrer Beschaffung bietet die Druck-Workbench auch Möglichkeiten zur Steuerung der Ausgabekanäle und die freie Wahl der verschiedenen Rohdatenformate (siehe die Übersicht in Tabelle 9.1), die von den bekannten SAP-Formularwerkzeugen angeboten werden. Die letzte Option beschränkt sich jedoch auf die SAP-externe Druckverarbeitung durch ein Output-Management-System (OMS).

In Abbildung 9.25 wird auch das Korrespondenz-Tool (siehe ab Abschnitt 9.5) in den Gesamtprozess eingeordnet. Das Korrespondenz-Tool befindet sich in dieser Übersicht zwischen Anwendung und Druck-Workbench. Die Druck-Workbench selbst ist allerdings vom Korrespondenz-Tool unabhängig, d. h., sie ist auch ohne das Korrespondenz-Tool einsatzfähig. Die Zwischenschaltung des Korrespondenz-Tools bedeutet für den Gesamtvorgang aber eine wesentliche Verbesserung hinsichtlich Einheitlichkeit, Steuerbarkeit und Effizienz.

Output-Management-Systeme werden in der Regel über Rohdatenformate aus dem SAP-System angesteuert. Tabelle 9.1 gibt eine Übersicht über alle verfügbaren Rohdatenformate, die über die Druck-Workbench den SAP-Komponenten zur Verfügung gestellt werden.

Die verschiedenen SAP-Formularkomponenten bieten verschiedene Rohdatenformate, die zum großen Teil im Rahmen von SAP-Partnerprogrammen für Drittanbieter SAPscript-zertifiziert sind. Je nach Formularwerkzeug und Variante der jeweiligen Formate befinden sich nur reine Rohdaten im Datenfluss oder auch Metainformationen über das aufbereitete Dokument.

In performancekritischen Szenarien findet im SAP-System in der Regel nicht mehr als eine reine Datenbeschaffung und eine Bestimmung von Ausgabeparametern und Empfängerdaten statt. Für diesen Fall werden die sehr kompakten layoutfreien Rohdatenformate (z. B. Simple RDI oder XDF) oft verwendet. Die Rohdaten laufen in der Regel über die SAP-Spoolsteuerung. Dort werden dafür spezielle Ausgabegeräte konfiguriert, die bei der Ausgabe lediglich eine technische Weiterleitung der Textdateien an ein externes Programm antriggern, was wiederum für die Versorgung eines OMS sorgt.

Formular-werkzeug	Verfügbar seit	Varianten	Ausgabe-kanal	Zertifizier-bar	Kommentar
SAPscript	R/3 4.0	RDI	IDoc	Ja	
		RDI	Spool	Ja	
		S(imple) RDI	Spool	Nein	komprimierte Variante (reine Datenextraktion)
SAP Smart Forms	ERP 4.7	XSF	Spool	Ja	Metainformation des aufbereiteten Dokuments
		XDF	Spool	Nein	reine Datenextrak-tion (Formular-schnittstelle)
PDF-basierte Formulare	ERP 2005	XFP (1)	Spool	Ja	mit Auswertung des Kontexts des PDF-basierten Formulars
		XFP (2)	Spool	Ja	ohne Auswertung des Kontexts des PDF-basierten Formulars

Tabelle 9.1 Übersicht über verfügbare Rohdatenformate

Im Falle einer Rohdatenübermittlung wird neben der grafischen Aufbereitung auch die optische Archivierung der Dokumente außerhalb des SAP-Systems durchgeführt. Allerdings befinden sich in den Rohdaten steuernde Informationen für die Archivierung, damit das OMS über SAP ArchiveLink die Verknüpfung zwischen den optisch archivierten Dokumenten und den betriebswirtschaftlichen Objekten (Business-Objekte im Sinne der Transaktion SWO1) im SAP-System herstellen kann.

Die Besonderheiten der einzelnen Rohdatenformate und auch die Empfehlungen für Implementierungsprojekte lernen Sie in Abschnitt 10.11, »Anbindung externer Systeme mit XSF- und XDF-Formaten«, kennen.

9.4.3 Versandsteuerung

Nun bleibt noch zu klären, wie mit der Druck-Workbench gesteuert werden kann, welches Ausgabemedium und welche Ausgabeformate im Druckvorgang zu verwenden sind.

Es wird bereits vieles innerhalb des Anwendungsformulars (z. B. anhand von Formulartyp, User-Exits) gesteuert; hinzu kommen Druckparameter, die z. B. über Eingaben in den Reports getätigt werden, die den Druck durchführen.

Beim Aufruf des Bausteins EFG_PRINT_EXPANDED, der die Ausgabe eines Anwendungsformulars durchführt, wird neben dem Namen des Anwendungsformulars und verschiedenen Druckparametern auch die Kennzeichnung einer Versandsteuerung übergeben.

Die gewünschten Einstellungen für die Versandsteuerung werden im Customizing (IMG) der Druck-Workbench gepflegt. Diese wirken im Massendruckvorgang (über-)steuernd auf die Druckparameter ein. Die Versandsteuerung enthält Einstellungen zu folgenden Themen bzw. Bereichen:

- Sendeart (Drucken, E-Mail, Fax, SMS)
- Ausgabegerät/Drucker
- Ablage/Archivierungsmodus
- Kopiekennzeichen/Kopiezahl
- RDI-Rohdatenformat (bei Verwendung von SAPscript)
- XSF/XDF-Rohdatenformat (bei Verwendung von Smart-Forms-Formularen)
- XFP-Rohdatenformat (bei Verwendung von PDF-basierten Formularen)

Eine Duplizierung von Ausgaben kann durch die Angabe mehrerer Versandarten in der Versandsteuerung erreicht werden: Jede Versandart führt zu einer eigenen Ausgabe des Anwendungsformulars (siehe Abbildung 9.26).

Versandsteuerung für Brief und E-Mail [zB]

Abbildung 9.26 zeigt die Konfiguration einer Versandsteuerung, durch die eine Ausgabe standardmäßig über den »normalen« Druckweg geschieht, und zusätzlich eine über den E-Mail-Ausgabekanal. Als Konsequenz bekäme ein Kunde, dem diese Versandsteuerung z. B. über Stammdaten oder Customizing zugeordnet wurde, einen Brief und zusätzlich eine E-Mail.

Die Versandsteuerung wirkt sich feldweise übersteuernd auf Druckparameter aus, die normalerweise im Rahmen von Eingabe- oder Variantenparametern spezifiziert sind. Jedes nicht spezifizierte Feld in der Versandsteuerung lässt das Feld der von außen mitgegebenen Druckparameter unverändert. Sie benötigen also – im einfachsten Fall – keine Versandsteuerung, um Ausgaben zu erzeugen.

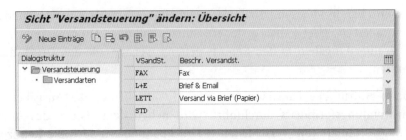

Abbildung 9.26 Konfiguration der Versandsteuerung im IMG-Customizing der Druck-Workbench

Das Korrespondenz-Tool bietet verschiedene Customizing-Möglichkeiten, aus denen das jeweils zu verwendende Anwendungsformular und die Versandsteuerung ermittelt werden (siehe Abschnitt 9.5). Anwendungen, die das Korrespondenz-Tool nicht verwenden, müssen das Anwendungsformular bzw. die Versandsteuerung über eigenes Customizing oder sogar über Angaben in den Stammdaten ermitteln.

Damit das Ausgabemedium bzw. der Ausgabekanal mithilfe der Versandsteuerung frei wählbar ist, übergibt die jeweilige Anwendung beim Aufruf des Bausteins EFG_PRINT_EXPANDED Informationen über den Empfänger in Form von Adress- bzw. Personen-IDs, die in der zentralen Adressverwaltung (ZAV) abgelegt sind. In einer ZAV-Adresse sind die postalische Anschrift sowie E-Mail-Adresse, Faxnummer usw. enthalten.

[zB] **Verwendungen der ZAV**

Die ZAV wird z. B. vom SAP-Geschäftspartner und auch von der Benutzerverwaltung (Transaktion SU01) verwendet.

In den meisten Szenarien steuert das Korrespondenz-Tool über die Empfängerfindung und die Korrespondenzvarianten, welcher Geschäftspartner und damit welche Adress-IDs für eine Ausgabe relevant sind, und übergibt diese an die Druck-Workbench. Je nach Versandart, die aus den Druckparametern oder der mitgelieferten Versandsteuerung resultieren kann, wird die passende Adressart zur Versandart ausgelesen und für die korrekte Ausgabe verwendet.

Im Falle eines OMS-Einsatzes wird die Versandsteuerung im SAP-System ebenfalls prozessiert. In diesem Fall ist der technische Ausgabekanal stets die Datendestination (in der Regel das Ausgabegerät zur Weiterleitung an das OMS). Die relevanten Informationen über Sendeart und die zugehörige Adresse müssen dann vom Anwender in den Datenstrom explizit aufgenommen werden, damit das externe System den Ausgabevorgang, basierend auf dieser Information, weiterführen kann.

9.5 Korrespondenzmanagement

Für das Management von Korrespondenzprozessen stellt SAP mit dem Korrespondenz-Tool ein Framework zur Verfügung, das in weiten Teilen der SAP Business Suite verwendet wird und sehr ausgereift ist. Es setzt auf der bisher in diesem Kapitel beschriebenen Druck-Workbench auf und nutzt diese zur Output-Erzeugung. Ebenso wie die Druck-Workbench ist das Korrespondenz-Tool Bestandteil eines AS ABAP. Das Korrespondenz-Tool ist aber nicht das einzige Tool dieser Art, sodass Sie zuerst prüfen müssen, ob die zu implementierenden Druckprozesse das Tool verwenden.

Welches Tool verwendet wird, können Sie in der SAP-Dokumentation nachlesen, z. B. im SAP Help Portal (Abschnitte über Druckprozesse). In den meisten Fällen werden die Frameworks in der Dokumentation explizit genannt. Oft sind sie auch im IMG der entsprechenden Anwendung verzeichnet (über die Transaktion SPRO aufrufbar).

> **Alternative Korrespondenz-Frameworks im SAP-Standard** [«]
>
> Der Kampagnendruck in SAP Customer Relationship Management (SAP CRM) kann z. B. ein anderes Framework verwenden, sodass Sie hierfür gegebenenfalls Spezialliteratur zurate ziehen müssen. Drucke aus Folgeaktionen werden in SAP CRM über das sogenannte Post Processing Framework abgewickelt. Eine Beispielklasse für den Druck aus Folgeaktionen ist die Klasse `CL_SAMPLE_PROCESSING_CLASS_PPF`. Weitere Informationen finden Sie in Abschnitt 10.4, »Post Processing Framework«.

Im Gegensatz zu einem Druck, der nahezu beliebigen Inhalt haben kann, hat eine *Korrespondenz* charakteristische Eigenschaften. Sie besitzt einen Typ, der durch die *Korrespondenzart* bestimmt ist. Die Korrespondenzart ist der zentrale Ordnungsbegriff des Korrespondenz-Tools. Korrespondenzarten sind z. B. Rechnungen oder Mahnungen. Für alle Korrespondenzen derselben Korrespondenzart gilt u. a. dieselbe Datenbeschaffung, da standardmäßig dasselbe Anwendungsformular der Druck-Workbench hinterlegt ist.

Korrespondenzen besitzen weitere Merkmale, von denen der Korrespondenzempfänger und die Adressart die wichtigsten sind. Korrespondenzen ohne Empfänger sind ein Sonderfall, der hier nicht behandelt wird.

Die wichtigsten Anwendungsfälle des Korrespondenz-Tools sind folgende:

▸ Erstellen und Speichern von Korrespondenzanforderungen

▸ Ausgabe (also die Druckerzeugung)

▸ Anzeige der Korrespondenzhistorie durch Zugriff auf das optische Archiv

▸ Archivieren der Korrespondenzanforderungen im Sinne der Datenarchivierung

Das Korrespondenz-Tool eignet sich nicht für individualisierte Korrespondenz, die die flexible Auswahl der auszugebenden Daten sowie eine eventuelle Nachbearbeitung des erzeugten Dokuments beinhaltet. Der Anwendungsbereich des Korrespondenz-Tools ist stattdessen die maschinelle und standardisierte Erzeugung von Korrespondenzen.

[»] **SAP-Lösungen für individualisierte Korrespondenz**

Individualisierte Korrespondenz soll Ad-hoc-Drucke ermöglichen: Daten eines Geschäftsobjekts wie einer Bestellung oder Rechnung sollen flexibel zusammen mit Anschriften und Absenderausgaben ausgegeben werden, auf Wunsch soll Nachbearbeitung möglich sein. Eine SAP-Lösung, die dies unterstützt, ist der SAP Document Builder (CA-GTF-DOC). Es existieren weitere Lösungen für die Office-Integration wie z. B. das CRM Web Services-Tool und der Template Designer ab SAP CRM 7.0.

Das Korrespondenz-Tool eignet sich für das Management standardisierter Druckprozesse, wie sie in der SAP Business Suite vorkommen. Es definiert Ordnungsbegriffe für Korrespondenzen in Form eines alphanumerischen Kürzels sowie den »Lebenszyklus« einer Korrespondenz, von der Erstellung der Druckaufträge über ihre Ausführung bis hin zu ihrer Archivierung. Ohne diese Querschnittsfunktionalität müsste jede Anwendung einen eigenen Korrespondenzbegriff sowie die Verwaltung von Druckaufträgen implementieren. Das Korrespondenz-Tool ermöglicht somit auch eine einheitliche Sichtweise auf alle gedruckten Korrespondenzen.

Es gibt zudem eine Reihe von Tools, die auf dem Korrespondenz-Tool aufsetzen und z. B. Massenprozessierung inklusive Parallelisierung und Restartfähigkeit ermöglichen. Diese werden Sie in Abschnitt 9.6.1, »Korrespondenzdruck-Transaktion FPCOPARA«, kennenlernen.

Wann kommen Sie mit dem Korrespondenz-Tool in Berührung? Zum einen bei der Implementierung von Druckprozessen des SAP-Standards. In diesem Zusammenhang lernen Sie in den folgenden Abschnitten Folgendes kennen:

▶ Aufbau und die grundlegenden Ordnungsbegriffe des Korrespondenz-Tools

▶ Vorgehen bei der Implementierung der Smart-Forms-Formulare (die als Anwendungsformulare der Druck-Workbench den Korrespondenzarten des SAP-Standards zugeordnet werden)

▶ die Sicht des Endanwenders, der Drucke ausführt

▶ die Sicht des Administrators, der Massendrucke einplant und ausführt

Wenn Sie selbst eine umfangreiche Eigenentwicklung durchführen, können Sie das Korrespondenz-Tool ebenfalls nutzen:

▶ Durch die Nutzung von Korrespondenzarten schaffen Sie Ordnungsbegriffe für Korrespondenzen. Eine Korrespondenz wird also nicht mehr durch ein Smart-Forms-Formular oder ein Anwendungsformular repräsentiert (das ja lediglich eine Ausgabetechnologie ist), sondern Sie können die Korrespondenzen weiter spezifizieren, z. B. als Mahnung oder Rechnung. Zudem können Sie Metadaten sowie weiteres Customizing hinterlegen.

▶ Sie können Druckanforderungen in Korrespondenzcontainer speichern und gegebenenfalls erneut ausführen.

▶ Speziell für Massenprozesse nutzen Sie eine etablierte Druckinfrastruktur. Für einen technischen Administrator bedeutet dies, dass er auf eine einheitliche Infrastruktur für Protokolle und Fehlerprozesse (Wiederholdruck) aufsetzen kann.

Die erforderlichen Schritte zur Implementierung einer Korrespondenzart aus dem SAP-Standard oder einer kundeneigenen Korrespondenzart lernen Sie in Abschnitt 9.8, »Druckprozess implementieren«, kennen.

In den folgenden Abschnitten werden wir das Beispiel der vorigen Abschnitte fortsetzen und das Anwendungsbeispiel in das Korrespondenz-Tool integrieren, wofür ABAP-Kenntnisse notwendig sind. Ebenso werden wir die Ausgabe in das Batch-Programm des SAP-Vertragskontokorrenten erfolgen lassen.

[»] | **Informationen zum Korrespondenz-Tool**

Die folgenden Abschnitte können nicht alle wissenswerten Informationen zum Korrespondenz-Tool beinhalten. Wir möchten Sie daher auf folgende weiterführenden Informationen hinweisen:

▶ Eine aktuelle Beschreibung der Funktionalitäten finden Sie im SAP Help Portal unter *http://help.sap.com/saphelp_banking70/helpdata/de/08/48f340dda3702 ae10000000a155106/frameset.htm*. Sie finden dort Informationen über den Aufbau des Korrespondenz-Tools, die Implementierung – also die Nutzung in eigenen Anwendungen – sowie Hinweise für den Einsatz des Korrespondenz-Tools.

▶ SAP-Hinweise zum Korrespondenz-Tool finden Sie unter der Anwendungskomponente CA-GTF-COR.

▶ Das Korrespondenz-Tool wird von verschiedenen SAP-Anwendungen als Basis-Framework verwendet und teilweise auch erweitert. Sie sollten deswegen auch zusätzlich in der Dokumentation Ihrer SAP-Anwendung nachschlagen, wie z. B. im SAP Help Portal unter SCHADEN-/LEISTUNGSFALL • GRUNDFUNKTIONEN • KORRESPONDENZ IM SCHADEN-/LEISTUNGSSYSTEM für die SAP-Anwendung FS-CM.

9.6 Korrespondenz-Tool – Anwendersicht

Der Endanwender arbeitet in der Regel nicht direkt mit dem Korrespondenz-Tool. Stattdessen werden in seiner SAP-Anwendung und in seinem Arbeitsprozess Druckanforderungen erstellt, die online oder als Batch-Aufruf ausgeführt werden. Die vom Korrespondenz-Tool unterstützten Anwendungsfälle sind die Anzeige der Korrespondenzhistorie sowie die Archivierung der Korrespondenzanforderungen im Sinne der Datenarchivierung. Im Bereichsmenü CORRTOOL, das Sie sich über die Transaktion SE43 anzeigen lassen können (siehe Abbildung 9.27), haben Sie Zugang zu den unterstützten Anwendungsfällen.

Abbildung 9.27 Bereichsmenü CORRTOOL

Das Programm für die Ausführung von Korrespondenzen in Batch-Jobs ist kein Teil des Korrespondenz-Tools, sondern des Vertragskontokorrenten (FI-CA). Wir möchten es an dieser Stelle aber dennoch erwähnen, da diese Transaktion für die meisten Druckprozesse in SAP ERP von Bedeutung ist. Sie können auch eigene Korrespondenzen auf diese Weise im Hintergrund ausdrucken (siehe Abschnitt 9.8, »Druckprozess implementieren«) und nicht nur die des SAP-Vertragskontokorrenten.

9.6.1 Korrespondenzdruck-Transaktion FPCOPARA

Die Anwendungen, die den SAP-Vertragskontokorrenten (FI-CA) verwenden, können parallelisiert Druckanforderungen abarbeiten. Sie können in der Transaktion FPCOPARA gezielt Druckaufträge selektieren und gegebenenfalls parallelisiert ausführen. Auch das Unterbrechen und Wiederaufsetzen von Druckläufen wird unterstützt. Die Transaktion FPCOPARA ist also ein Tool für einen fachlichen Administrator von Korrespondenzprozessen.

In Abbildung 9.28 sehen Sie das Selektionsbild der Transaktion FPCOPARA. Wenn Sie einen Druck einplanen möchten, geben Sie eine Datumskennung und eine Bezeichnung für einen Lauf an und speichern diesen. Dann können Sie auf verschiedenen Registerkarten die Druckaufträge selektieren, die Sie ausgeben möchten.

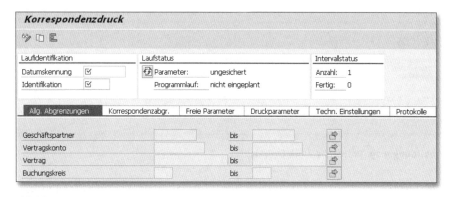

Abbildung 9.28 Transaktion FPCOPARA

Wir werden nun eine Korrespondenzart ZSFL für die SAP-Flugdatenanwendung definieren, die Sie bei den Korrespondenzabgrenzungen auf der Registerkarte Korrespondenzabgr. eingeben können. Wenn Sie dann speichern (⌃Strg + S), erscheint im Menü der Button Programmlauf einplanen. Diesen betätigen Sie, um den Druck einzuplanen (z. B. alle nicht gedruckten Druckaufträge der Korrespondenzart).

Auf der Registerkarte DRUCKPARAMETER pflegen Sie die folgenden Einstellungen für einen Drucklauf:

▶ AUSGABEGERÄT – den Drucker

▶ AUSGABEFORMATE für SAPscript-Formulare und Smart Forms

▶ ABLAGEMODUS im Archiv für optische Archivierung der gedruckten Dokumente

▶ AUSGABEAUFTRAG NACH LETZTEM DOKUMENT: Erzeugung eines Spool-Ausgabeauftrags nach Prozessierung des letzten Dokuments in einem Drucklauf

▶ OPEN/CLOSE-OPTIMIERUNG. Diese Einstellung wird im Normalfall eingeschaltet, um die Performance zu steigern; in diesem Fall können mehrere Smart-Forms-Druckaufträge in einem Spoolauftrag gebündelt werden.

Eine weitere Einstellung betrifft den Probe-, Echt- und Wiederholungsdruck (hierzu finden Sie nähere Informationen im SAP-Hinweis 165263).

Auf der Registerkarte TECHN. EINSTELLUNGEN können Sie die Parallelisierung vornehmen. Auf der Registerkarte PROTOKOLLE können Sie das Jobprotokoll sowie die Anwendungsprotokolle kontrollieren. Für die Jobprotokolle sehen Sie das in Abbildung 9.29.

Abbildung 9.29 Protokolle eines Drucklaufs

Sie werden im Zusammenhang mit der Implementierung einer eigenen Korrespondenzart in Abschnitt 9.8, »Druckprozess implementieren«, lernen, wie Sie hier im Fehlerfall Meldungen erzeugen.

Die wohl anspruchsvollste Tätigkeit in der Entwicklung und Wartung eines Druckprozesses ist das Debuggen eines im Hintergrund eingeplanten Drucks. Für Korrespondenzdrucke im Hintergrund ist dies sehr einfach: Sie können dies in der Transaktion FPCOPARA tun, indem Sie vor der Ausführung in der Statuszeile »DBUG« eingeben.

Die wohl häufigste Anwendung dieses Features ist das Debuggen des Funktionsbausteins `FKKCORR_DFKKCOH_SELECT`, der nach den Kriterien des komplexen Selektionsbilds der Transaktion FPCOPARA die auszugebenden Korrespondenzkopfdatensätze bestimmt.

9.6.2 Korrespondenzhistorie anzeigen

Die Korrespondenzhistorie ist eine Liste der erstellten Korrespondenzen. Sie können sie durch den Report `RFKKCORR_DISPLAY_HISTORY` anzeigen lassen. Wenn Sie beim Druck eine optische Archivierung vorgenommen haben, können Sie direkt ins Archiv abspringen, um das erzeugte Dokument zu betrachten.

Für eigene Anwendungen existiert eine API, mit der sich die Einträge in der Funktionsgruppe `FKK2_HIST` selektieren lassen. Die Funktionsbausteine werden verwendet, um sich zu einem Anwendungsobjekt wie einem Geschäftspartner oder einem Schaden-/Leistungsfall alle Korrespondenzen anzeigen zu lassen.

Weitere Informationen zur Anzeige von archivierten Korrespondenzen im Sinne der optischen Archivierung von gedruckten Dokumenten finden Sie im SAP Help Portal im Abschnitt Korrespondenz unter Korrespondenzhistorie.

9.6.3 Archivierung im Korrespondenzumfeld

Die gedruckten Dokumente werden in der Regel an einem Geschäftsobjekt wie dem Geschäftspartner oder einem Schaden-/Leistungsfall optisch archiviert. Sie können sich die erzeugten Dokumente zu einem Druckauftrag über die Korrespondenzhistorie anzeigen lassen. In den meisten Fällen stellen die SAP-Anwendungen, die Ausgaben erzeugen, auch eigene Anzeigen zur Verfügung, z. B. über die ArchiveLink-Schnittstelle zum Dokumentenmanagementsystem. Weitere Informationen hierzu finden Sie im SAP Help Portal im Abschnitt KORRESPONDENZ unter OPTISCHE ARCHIVIERUNG VON DOKUMENTEN.

Korrespondenzaufträge als Datenbankeinträge können ebenso archiviert werden, wie es im SAP Help Portal unter ARCHIVIERUNG VON KORRESPONDENZ-ANFORDERUNGEN beschrieben ist.

9.7   Korrespondenz-Tool – Architektur

Das Korrespondenz-Tool ist Teil der Softwarekomponente SAP_ABA und ist im ABAP-Paket FS_CORR realisiert. Somit ist es in jedem AS ABAP enthalten. Dies gilt nicht für alle Tools, die auf das Korrespondenz-Tool aufsetzen, wie z. B. die oben erwähnte Transaktion FPCOPARA, die auf dem Korrespondenz-Tool aufsetzt, aber Teil des Vertragskontokorrenten ist.

Das Korrespondenz-Tool nutzt die Druck-Workbench wie folgt:

▸ Eine Korrespondenzanforderung bezieht sich neben einem Empfänger auf ein Anwendungsobjekt, z. B. auf eine Rechnung, eine Mahnung oder einen Schaden-/Leistungsfall. Die Korrespondenzanforderung wird dem Korrespondenz-Tool von der Rahmenanwendung übergeben.

▸ Im Rahmen der sogenannten Zeitpunktverarbeitung wird eine Erweiterung des Korrespondenz-Tools aufgerufen (z. B. ein BAdI, siehe Abschnitt 9.7.3, »Zeitpunktverarbeitung«). Innerhalb dieser Erweiterung wird ein Anwendungsformular aufgerufen, wie in Abschnitt 9.4, »Druckprozess und Ausgabesteuerung«, beschrieben wurde. Dieses Formular ermittelt die Daten zum Anwendungsobjekt und gibt diese Daten aus, eventuell transformiert.

9.7.1   Datenmodell des Korrespondenzcontainers

Druckaufträge werden üblicherweise im sogenannten *Korrespondenzcontainer* persistiert. Ausnahmen kommen in der Regel nur bei der sogenannten *Druckvorschau* vor. In diesem Fall werden die Korrespondenzaufträge nur im Hauptspeicher gepuffert und nicht auf die Datenbank geschrieben.

Das Datenmodell des Korrespondenzcontainers besteht aus einer Reihe von Tabellen, die im Folgenden beschrieben werden:

- **Tabelle DFKKCOH**

  Die Kopfdaten einer Korrespondenz stehen in der transparenten Tabelle DFKKCOH. Der Schlüssel ist zusammengesetzt aus der Korrespondenzart und dem Korrespondenzschlüssel. Dieser Schlüssel wird in der Regel beim Befüllen des Korrespondenzcontainers durch den Funktionsbaustein FKK_WRITE_CORR ermittelt und ist weltweit eindeutig.

- **Tabelle DFKKCOHI**

  Der Status einer Korrespondenz (erstellt, ausgegeben etc.) steht in der Tabelle DFKKCOHI.

- **Tabelle DFKKCODCLUST**

  Es können zu einem Druckauftrag auch Zusatzdaten gespeichert werden, die Sie in den Tabellen DFKKCOD und DFKKCODCLUST finden. Die Nutzung der Tabelle DFKKCOD ist unüblich und umständlich, weswegen hier die INDX-artige Tabelle DFKKCODCLUST empfohlen wird, in die durch den ABAP-Befehl IMPORT bzw. EXPORT abgelegte Datencluster durch den Befehlszusatz DATABASE gespeichert werden. Wieso ist das notwendig? Ein Druckprozess kann z. B. auch prozessabhängige Daten enthalten, die nicht am Anwendungsobjekt gespeichert, aber dennoch ausgegeben werden. Diese Daten kann man bequem in den Zusatzdaten speichern und im Anwendungsformular auslesen, um sie im Smart-Forms-Formular auszugeben.

Das Schlüsselfeld des Korrespondenzcontainers ist der Korrespondenzschlüssel im Feld COKEY, das den Typ COKEY_KK besitzt.

9.7.2 Customizing

Das Korrespondenz-Tool ist vielfältig parametrisierbar. Sie können für jede Korrespondenz mannigfaltige Einstellungen vornehmen. Das Grund-Customizing des Korrespondenz-Tools sehen Sie in Abbildung 9.30. Sie erreichen es in der Transaktion SPRO über ANWENDUNGSÜBERGREIFENDE KOMPONENTEN • ALLGEMEINE ANWENDUNGSFUNKTIONEN • KORRESPONDENZ.

Das Customizing der Korrespondenzart (siehe Abbildung 9.31) ist zentral, da sich nahezu alle folgenden Customizing-Aktivitäten darauf beziehen. Zudem ist es die einzige obligatorische Aktivität bei der Einrichtung eines Korrespondenzprozesses.

Die Korrespondenzvariante steuert im Vertragskontostammsatz die periodische Korrespondenzerzeugung. Beim Customizing der Korrespondenzvariante legen Sie Folgendes fest: die Versandsteuerung, das Gebührenschema, das für Mahnungen notwendig ist, und die Periodizität bei wiederkehrenden Korrespondenzen wie z. B. bei monatlichen Abrechnungen.

Abbildung 9.30 Customizing des Korrespondenz-Tools

Abbildung 9.31 Korrespondenzarten

Mit Korrespondenzrollen können Sie zusätzliche Kriterien definieren, um für einzelne Korrespondenzarten z. B. im Hinblick auf Adressfindung ein unterschiedliches Verhalten zu bewirken. Sie können damit z. B. steuern, dass bei einem Privatkunden- und Firmenkundenvertrag eine unterschiedliche Adressart gewählt wird. Ebenso können Sie weitere Anwendungsformulare für eine Korrespondenzart pflegen, die in Abhängigkeit von der Korrespondenzrolle verwendet werden.

Die weiteren Customizing-Einstellungen besitzen teilweise einen betriebswirtschaftlichen Hintergrund und werden an dieser Stelle nicht weiter erläutert.

9.7.3 Zeitpunktverarbeitung

Anwendungen, die über das Korrespondenz-Tool Output erzeugen möchten, registrieren sich beim Korrespondenz-Tool: Hierbei werden für jede Korrespondenzart Steuerungsinformationen verwaltet. Die Definition der Druckzeitpunkte ist die wichtigste Aktivität.

Hierüber definiert die Anwendung, die das Korrespondenz-Tool nutzt, ihre Schnittstellen, u. a. zur Druckerzeugung und -ausführung. Diese Schnittstellen zum Korrespondenz-Tool werden immer von der den Druck auslösenden Anwendung aufgerufen. Eine Ausnahme hiervon ist der direkte Aufruf zur Druckerzeugung im Batch-Lauf durch die Transaktion FPCOPARA.

Die Schnittstellen werden bei der Pflege der Korrespondenzart in den Steuerungsinformationen auf der Registerkarte ZEITPUNKTE gepflegt. In Abbildung 9.32 sehen Sie, dass hier Zeitpunkte des Vertragskontokorrenten verwendet werden, die als Nummern 704 und 705 eingetragen sind.

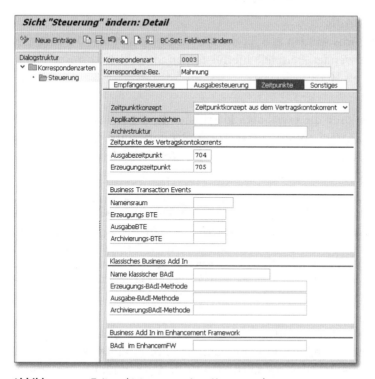

Abbildung 9.32 Zeitpunktsteuerung einer Korrespondenz

Anwendungen, die einen Druck auslösen, tun das über definierte Schnittstellen, die jeweils einem Prozessschritt zugeordnet sind und Zeitpunkte genannt werden. Die eben erwähnten Zeitpunkte des Vertragskontokorrenten sind ein Beispiel für dieses Konzept. Mögliche Zeitpunkte sind die Aktionen für die Erstellung einer Korrespondenz und ihre Ausgabe. Die Aktionen können für jede Korrespondenzart definiert werden und stellen die Schnittstelle zwischen führender Anwendung und dem Korrespondenz-Tool dar. Somit sind sie explizit als Customizing hinterlegt.

Folgende Schnittstellentechniken stehen zur Verfügung:

- **Zeitpunkte des Vertragskontokorrenten**
  Die sogenannten Zeitpunkte des Vertragskontokorrenten basieren auf der auf Funktionsbausteinen basierenden Prozessierungslogik des Vertragskontokorrenten (FI-CA). Diese Logik wird auch von SAP-Anwendungen verwendet, die den Vertragskontokorrenten verwenden.

- **Business Transaction Event(BTE)**
  Diese auf Funktionsbausteinen basierende Erweiterungstechnik steht in der Softwarekomponente SAP_ABA bereit und wird in der SAP-ERP-Financials-Komponente FI verwendet.

- **Klassische BAdIs**
  Klassische BAdIs werden z. B. in der SAP Learning Solution (PE-LSO) des SAP ERP verwendet. Beispiele hierfür finden Sie in den Korrespondenzarten HLL1 bis HLL8.

- **Neue BAdIs**
  Neue BAdIs lösen die erwähnten klassischen BAdIs ab und werden vom Korrespondenztool ab SAP NetWeaver 7.30 unterstützt. Ein Beispiel ist das neue BAdI `FKKCORR_EXP_9993` für die Korrespondenzart 9996. Wir werden uns auf diese Technologie im Folgenden beziehen.

[»] **Business Transaction Events**

Business Transaction Events (BTE) bieten eine Möglichkeit, den SAP-Standard modifikationsfrei zu erweitern. Dies geschieht dadurch, dass Funktionsbausteine in Customizing-Tabellen hinterlegt und dynamisch aufgerufen werden. Transaktion FIBF gibt einen Überblick über die verschiedenen BTE und zeigt ihre Pflegemöglichkeiten.

In den Zeitpunkten des Korrespondenz-Tools werden auch Druckaufträge gespeichert und ausgeführt. Ein Druckauftrag wird mithilfe des Funktionsbausteins `FKK_WRITE_CORR` gespeichert und er wird mithilfe der Druck-

Workbench – also mit dem Funktionsbaustein `EFG_PRINT` bzw. `EFG_PRINT_`
`EXPANDED`, der in Abschnitt 9.4, »Druckprozess und Ausgabesteuerung«,
beschrieben wurde – ausgeführt.

9.8   Druckprozess implementieren

Die Implementierung eines Druckprozesses im SAP-Standard ist im SAP Help
Portal zur entsprechenden Anwendung beschrieben. Oftmals existiert hier
umfangreiches, anwendungsspezifisches Customizing zur Steuerung des Pro-
zesses und der Ausgabe. In den meisten Fällen gehen Sie wie folgt vor:

1. Sie erstellen ein eigenes Anwendungsformular inklusive eines Smart-
   Forms-Formulars, wie es in Abschnitt 9.3, »Anwendungsformulare – Kundenseitiges Customizing und User-Exit-Programmierung«, beschrieben
   wurde. Sie verwenden hier in der Regel die SAP-Standard-Formularklas-
   sen. Prüfen Sie auch, ob SAP Anwendungsformulare ausgeliefert hat, die
   als Vorlage dienen können.

2. Im Anwendungsformular programmieren Sie die Datenbeschaffung und
   verwenden dabei die Techniken aus Kapitel 8, »Rahmenprogramm, Datenbeschaffung und Formularausgabe«.

3. Das Anwendungsformular tragen Sie im Customizing in der Transaktion
   SPRO unter ANWENDUNGSÜBERGREIFENDE KORRESPONDENZEN • ALLGE-
   MEINE ANWENDUNGSFUNKTIONEN • KORRESPONDENZ • ANWENDUNGSFORMU-
   LARE FÜR KORRESPONDENZ HINTERLEGEN ein.

In der Regel brauchen Sie die Druckzeitpunkte aus Abschnitt 9.7.3, »Zeitpunktverarbeitung«, nicht anzupassen. Sollte dies dennoch notwendig sein,
können Sie die SAP-Zeitpunktbausteine durch ein Sourcecode-Enhancement
erweitern oder im Customizing durch eigene ersetzen. Dies gilt auch für
BAdIs, zu denen Sie eine neue Implementierung entwickeln können. Sie
können zudem ein kopiertes BAdI im Customizing eintragen. Sie sollten dies
aber vorher testen, da nicht jede SAP-Anwendung einen so tiefen Eingriff
zulässt. BAdIs können z. B. als »SAP-intern« klassifiziert und somit nicht
durch Kunden reimplementierbar sein.

| Informieren Sie sich! | [+] |

Studieren Sie in jedem Fall die anwendungsspezifischen Besonderheiten des zu
implementierenden Druckprozesses im SAP Help Portal.

Im Folgenden beschreiben wir nun, wie Sie mit dem Korrespondenz-Tool einen neuen, kundeneigenen Korrespondenzprozess implementieren. Wir werden dabei das in Abschnitt 9.3, »Anwendungsformulare – Kundenseitiges Customizing und User-Exit-Programmierung«, gezeigte Beispiel fortführen. Sie möchten eine Buchungsübersicht eines Flugreisenden ausgeben. Hierfür definieren wir eine Korrespondenzart ZSFL zu dem Business-Objekt SCUSTOMER. Dieses können Sie in der Transaktion SWO1 ansehen.

Diese Korrespondenzart binden Sie in Transaktion FPCOPARA ein, sodass Korrespondenzen der Korrespondenzart ZSFL auch zusammen mit anderen Korrespondenzen des Vertragskontokorrenten erzeugt werden können. Wie in Abschnitt 9.6.1, »Korrespondenzdruck-Transaktion FPCOPARA«, beschrieben wurde, zahlt sich dies vor allem bei Massenprozessen aus, die im Hintergrund parallelisiert abgearbeitet werden und deren korrekte Ausführung im Anschluss kontrolliert wird.

9.8.1 Druckschnittstelle definieren

Ein Vorteil des Korrespondenz-Tools ist, dass es ein einheitliches Programmiermodell definiert, in dem Korrespondenzanforderungen erstellt und ausgegeben werden können. Ebenso werden Daten der Korrespondenz (Absender, Empfänger, Versandsteuerungsinformationen usw.) auf standardisierte Weise gespeichert.

Im Folgenden definieren wir die Druckschnittstelle als neues BAdI, da klassische BAdIs obsolet sind und die anderen Schnittstellentechnologien, wie die Zeitpunkte des Vertragskontokorrenten, spezifisch für Anwendungen sind, die auf FI-CA basieren. An dieser Stelle stellen wir eine Lösung vor, mit der Sie einen Druckprozess mithilfe des Korrespondenztools auf jedem AS ABAP implementieren können. Wir zeigen die Anlage des BAdI Schritt für Schritt, setzen aber Wissen über diese Technologie voraus, wie Sie es in der SAP Library unter ENHANCEMENT FRAMEWORK • ERWEITERUNGSTECHNOLOGIEN • BUSINESS ADD-INS (BADIs) • SCHRITTWEISE BEISPIELE MIT BADIs finden.

1. Zuerst legen Sie einen sogenannten *Erweiterungsspot* ZES_CORR_ZSFL als BAdI-Definition in der ABAP Workbench an, wie in Abbildung 9.33 zu sehen ist.

2. Nach einem Klick auf das Symbol ☑ gelangen Sie in den Bearbeitungsdialog (siehe Abbildung 9.34) und können auf Basis des Erweiterungsspots ein gleichnamiges BAdI ZBD_CORR_ZSFL über das Symbol ☐ anlegen. Geben Sie dazu den Namen und die Kurzbeschreibung ein.

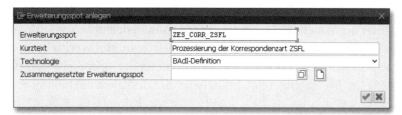

Abbildung 9.33 Anlage eines Erweiterungsspots

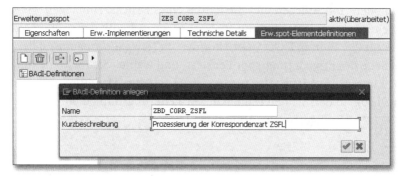

Abbildung 9.34 Anlage eines BAdIs zum Erweiterungsspot

3. Die BAdI-Definition `ZBD_CORR_ZSFL` wird anschließend im linken Teil der Erweiterungsspot-Bearbeitungsmaske angezeigt (siehe Abbildung 9.35). Markieren Sie sie und deaktivieren Sie die Checkbox MEHRFACH VERWEND-BAR auf der Registerkarte ERW.SPOT-ELEMENTDEFINITION.

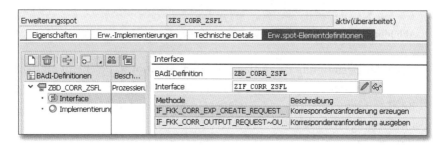

Abbildung 9.35 Anlage des BAdI-Interface

4. Klicken Sie auf INTERFACE und tragen Sie im Feld INTERFACE `ZIF_CORR_ZSFL` als Namen des BAdI-Interfaces ein. Das Interface definiert die Methoden, die von dem Korrespondenztool angesprochen werden, insbesondere das Ausführen eines Drucks.

5. Die Anlage des Interface erfolgt durch Vorwärtsnavigation, indem Sie auf den Interfacenamen klicken. Sie gelangen dann in den üblichen Dialog zur Anlage eines Interfaces. Legen Sie ein Interface an und wechseln Sie auf die Registerkarte INTERFACES. Hier wird bereits das inkludierte Interface `IF_BADI_INTERFACE` angezeigt. Inkludieren Sie zusätzlich die Interfaces `IF_FKK_CORR_EXP_CREATE_REQUEST` und `IF_FKK_CORR_OUTPUT_REQUEST` aus dem SAP-Standard, und aktivieren Sie das Interface.

6. Die Schnittstelle des angelegten BAdIs enthält nun zwei zusätzliche Methoden zum Anlegen und Ausführen eines Drucks. Nun legen wir eine Erweiterungsimplementierung an. Klicken Sie dazu mit der rechten Maustaste auf den Eintrag IMPLEMENTIERUNGEN im Navigationsbaum auf der linken Seite des Erweiterungsspot-Fensters, und wählen Sie im Kontextmenü den Eintrag BADI-IMPLEMENTIERUNG ANLEGEN aus. Daraufhin öffnet sich ein Dialog, in den Sie den Namen der Erweiterungsimplementierung `ZEI_CORR_ZSFL` eintragen (siehe Abbildung 9.36).

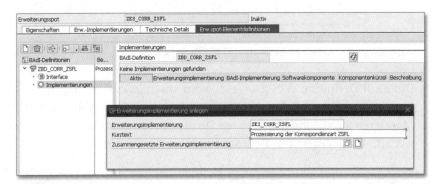

Abbildung 9.36 Anlage der Erweiterungsimplementierung

7. Nach der Bestätigung der Anlage mit dem Symbol ☑ erscheint ein weiterer Dialog (siehe Abbildung 9.37). In diesem tragen Sie den Namen der BAdI-Implementierung `ZBI_CORR_ZSFL` ein und den Namen der Implementierungsklasse `ZCL_CORR_ZSFL`.

Abbildung 9.37 Anlage der BAdI-Implementierungsklasse

Wenn Sie nun Ihre Eingaben mit einem Klick auf das Symbol ✅ erstellen, haben Sie ein BAdI und eine implementierende Klasse ZCL_CORR_ZSFL erstellt. Letztere ist in Abbildung 9.38 zu sehen.

Abbildung 9.38 Implementierende Klasse des BAdIs

Wie in Abbildung 9.39 zu sehen ist, haben Sie nun das BAdI ZBD_CORR_ZSFL erstellt, das folgende Methoden im Interface ZIF_CORR_ZSFL besitzt:

► eine Methode zum Erstellen der Korrespondenzanforderung (hier CREATE_CORR_REQUEST des Interfaces IF_FKK_CORR_EXP_CREATE_REQUEST)

► eine Methode zur Ausgabe der Korrespondenzanforderung (hier OUTPUT_CORR_REQUEST des Interfaces IF_FKK_CORR_OUTPUT_REQUEST)

Interface	ZIF_CORR_ZSFL		realisiert / Aktiv			
Eigenschaften	Interfaces	Attribute	Methoden	Ereignisse	Typen	Aliasse

Methode	Art	M...	Beschreibung
IF_FKK_CORR_EXP_CREATE_REQUES...	Instanc...		Korrespondenzanforderung erzeugen
IF_FKK_CORR_OUTPUT_REQUEST~OU...	Instanc...		Korrespondenzanforderung ausgeben

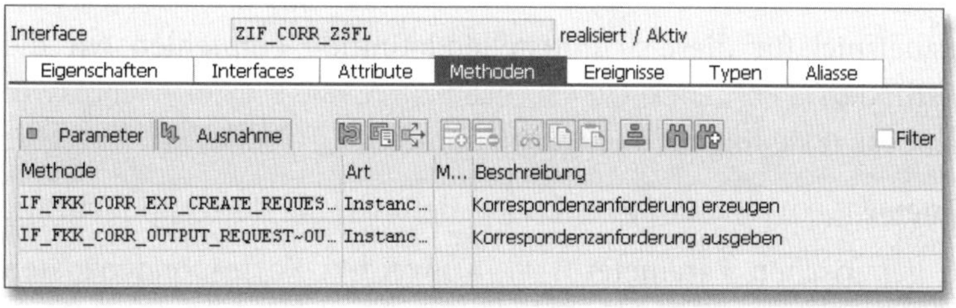

Abbildung 9.39 Interface der Druckschnittstelle

Sie können zusätzliche Methoden implementieren, wie sie etwa am SAP-BAdI FKKCORR_EXP_9995 definiert sind:

► Durch die Methode CLUSTER_ADD_DATA können Sie zusätzliche Daten in die Clustertabelle des Korrespondenzcontainers stellen. Dabei kann es sich z. B. um prozessspezifische Zusatzinformationen handeln, die nicht am Business-Objekt definiert und somit nicht durch die Formularklasse ermittelbar sind, die das Anwendungsformular verwendet.

► Mit der Methode DECLUSTER_ADD_DATA können Sie zum Druckzeitpunkt Daten aus der Clustertabelle des Korrespondenzcontainers lesen.

[+] **Informieren Sie sich!**

Wenn Sie die Clustertabelle des Korrespondenzcontainers nutzen und eigene Daten persistieren möchten, empfehlen wir, die Implementierung der oben genannten Methoden im SAP-Standard zu studieren.

Es ist sinnvoll, alle Methoden, die mit der Erstellung und der Ausgabe des Korrespondenzauftrags verbunden sind, an dieser Stelle zu bündeln. Dies macht den Code übersichtlicher und einfacher zu warten.

Diese grundlegenden Definitionen genügen, um eine Korrespondenzart zu definieren. Die weiteren Details der Schnittstelle werden in Abschnitt 9.8.2, »Druckschnittstelle implementieren«, definiert und implementiert.

Druckauftrag erzeugen

Für die Erzeugung eines Druckauftrags legen Sie eine Implementierung der BAdI-Methode IF_FKK_CORR_CREATE_REQUEST~CREATE_CORR_REQUEST an. Da Druckaufträge von der den Druck auslösenden Anwendung aufgerufen werden, können Sie die Schnittstelle prinzipiell frei definieren. Dennoch empfiehlt sich eine Standardisierung, da für die Speicherung im Korrespondenzcontainer prinzipiell eine einheitliche Schnittstelle möglich ist.

Als Referenzbeispiel für diese Schnittstellendefinition empfehlen wir die Interface-Methode IF_FKK_CORR_CREATE_REQUEST~ CREATE_CORR_REQUEST. In unserem Fall besitzt sie folgende Eingabeparameter:

▸ Der Parameter I_COTYP vom Typ COTYP_KK definiert die Korrespondenzart.

▸ Mit dem generischen Parameter I_DATA1 werden Korrespondenzdaten übergeben. Diese können in der Tabelle DFKKCOH im Feld DATA1 gespeichert werden, das 32 Zeichen lang ist. Dieses Feld kann verwendet werden, um zentrale Ordnungsbegriffe zu speichern. In unserem Beispiel wäre das die Flugkundennummer S_CUSTOMER, zu der wir eine Korrespondenz ausgeben. Hierfür existieren noch drei weitere Felder DATA2, DATA3 und DATA4, mit denen weitere Daten gespeichert werden können.

▸ Der Parameter I_LAUFD vom Typ CORR_LAUFD_KK mit Default sy-datum ist die Datumskennung des Erzeugungslaufs der Korrespondenz.

▸ Der Parameter I_LAUFI vom Typ CORR_LAUFI_KK ist ein zusätzliches Identifikationsmerkmal des Erzeugungslaufs.

▸ Der Parameter I_COCYR vom Typ COCYR_KK ist der Jahrgang der Korrespondenzerzeugung.

▸ Mit dem Parameter I_FLG_PRINT_TRIAL vom Typ XTRIAL_KK bestimmen Sie, ob die Anforderung ein Probedruck ist. Der Default ist hier ' '.

▸ Mit dem Parameter I_FLG_INUPDATETASK vom Typ XFLAG mit DEFAULT 'X' können Sie festlegen, ob die Datenbankspeicherung über Verbucher geschehen soll.

▸ Der Parameter I_FLG_WRITE_TO_BUFFER vom Typ CORR_BUFFER_MODE mit DEFAULT 'X' bewirkt, dass die Anforderungen gepuffert werden.

Als Resultat (hier E_STR_DFKKCOH) wird ein Korrespondenzkopfsatz vom Typ DFKKCOH zurückgegeben und im Fehlerfall die klassische ABAP-Ausnahme ERROR_OCCURRED.

Druckauftrag ausführen

Für die Ausführung eines Druckauftrags empfiehlt sich eine standardisierte Druckschnittstelle, die es ermöglicht, dass Druckaufträge (also der Korrespondenzkopfsatz in der Tabelle DFKKCOH) parallelisiert in der Transaktion FPCOPARA abgearbeitet werden können. Legen Sie hierfür die Methode IF_FKK_CORR_OUTPUT_REQUEST ~OUTPUT_CORR_REQUEST mit den folgenden Parametern an:

▸ Der Parameter I_REF_LOG vom Typ TYPE REF TO IF_EFG_LOG ist ein Logging-Objekt, das Fehlermeldungen an das Rahmenprogramm zurückgibt, das den Druck auslöst.

▸ Der Parameter I_STR_DFKKCOH vom Typ DFKKCOH ist der Korrespondenz-kopfdatensatz.

▸ Der Parameter I_STR_ITCPO vom Typ ITCPO ist eine SAPscript-Ausgabe-schnittstelle, die aber zur Steuerung von Ausgabeoptionen unter Smart Forms genutzt wird.

▸ Mit dem Parameter I_STR_EFGPP vom Typ EFG_PRINTPARAMS werden die Ausgabeparameter für die Druck-Workbench definiert, die in Abschnitt 9.1 beschrieben wurden.

▸ Der Parameter I_STR_ARCHIVE_PARAMS vom Typ ARC_PARAMS sowie der Parameter I_ARCHIVE_INDEX vom Typ TOA_DARA sind Archivierungspara-meter für die optische Archivierung. Weitere Informationen hierzu finden Sie im SAP Help Portal im Bereich SAP NETWEAVER unter ARCHIVELINK • INFORMATIONEN FÜR ENTWICKLER • ABLEGEN AUSGEHENDER DOKUMENTE • IMPORTPARAMETER ZUM ABLEGEN AUSGEHENDER DOKUMENTE.

Vorgehen vor SAP NetWeaver 7.31

In den Releases vor SAP NetWeaver 7.31 können Sie nur mit klassischen BAdIs arbeiten. Die Schnittstelle wird definiert durch das Interface `IF_FKK_CORR_EXP_CREATE_REQUEST`. Der Eingabeparameter der Methode ist mit Ausnahme des fehlenden Mittelteils `_STR_` verglichen mit den oben beschriebenen identisch. Vor Release SAP NetWeaver 7.0 entfällt jedoch der Parameter `I_REF_LOG`. Meldungen wie Statusinformationen und Fehlermeldungen werden stattdessen in der internen Tabelle `E_TAB_FIMSG` vom Typ `FKK_TAB_CORR_FIMSG` zurückgegeben, Fehler beim Druck durch die klassische Ausnahme `ERROR_OCCURRED`. Diese Parameter werden durch das Logging-Objekt abgelöst.

Dies hat den Vorteil, dass man auch innerhalb eines Anwendungsformulars Erfolgsmeldungen und Warnungen an das druckende Rahmenprogramm zurückgeben kann.

Korrespondenzart anlegen

Für das in Abschnitt 9.3, »Anwendungsformulare – Kundenseitiges Customizing und User-Exit-Programmierung«, angelegte Anwendungsformular `ZMY_FLIGHT_NOTIFICATION` muss noch eine Korrespondenzart angelegt werden. Wie Sie eine Korrespondenzart anlegen, zeigen wir Ihnen in diesem Abschnitt anhand des im SAP-Standard ausgelieferten Anwendungsformulars `MY_FLIGHT_NOTIFICATION`. Vergessen Sie dabei nicht die Aktivierung des Anwendungsformulars.

Eine Korrespondenzart muss einem BTE-Applikationskennzeichen zugeordnet werden, das wir zunächst anlegen müssen. Ein solches BTE-Applikationskennzeichen gruppiert alle zusammengehörenden BTE. Durch Zuordnung zu einem BTE-Applikationskennzeichen kann die Korrespondenzart im Korrespondenzdruckprogramm (Transaktion FPCOPARA) eingebunden werden. Dies geschieht durch die Transaktion BF11 und ist in Abbildung 9.40 zu sehen. Wir legen das BTE-Applikationskennzeichen ZSFL an, das wir für alle Korrespondenzen der Beispielanwendung verwenden können.

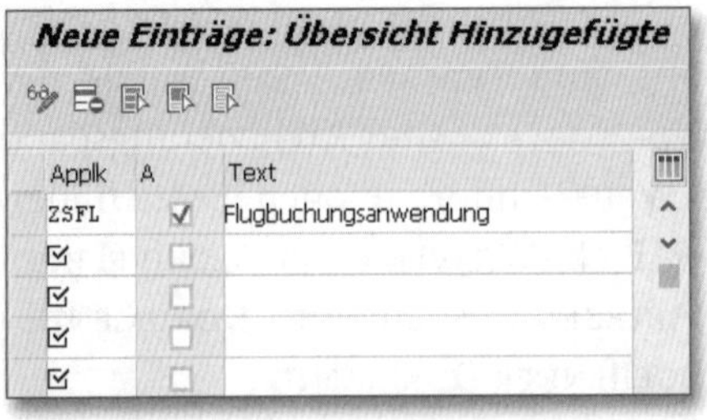

Abbildung 9.40 BTE-Applikationskennzeichen anlegen

Nachdem das BTE-Applikationskennzeichen angelegt wurde, hinterlegen wir einen Druckfunktionsbaustein FKKCORR_STD_PRINT_44011000 zum BTE 44011000 in der Transaktion BF31 (siehe Abbildung 9.41).

Abbildung 9.41 Erweiterung für Druckfunktion anlegen

Auf diese Weise erreichen wir, dass wir im Korrespondenzcontainer persistierte Daten über das Massendruckprogramm (die Transaktion FPCOPARA) ausdrucken können.

BTE vom Typ »Publish&Subscribe«   **[«]**

Die eben vorgenommene Erweiterung des Massendruckprogramms durch einen Druckfunktionsbaustein ist ein Beispiel für ein BTE vom Typ »Publish&Subscribe«. Dieses sind spezielle BTE-Events, mit denen Prozesserweiterungen definiert werden, die sich für die Übergabe von Daten in andere Anwendungen oder Systeme eignen. Sie werden in der transparenten Tabelle TBE31 hinterlegt. Die Erzeugung von Druckausgaben ist eine wichtige Anwendung von Publish&Subscribe-BTE.

Sie legen nun eine Korrespondenzart in der Transaktion SPRO über ANWENDUNGSÜBERGREIFENDE KORRESPONDENZEN • ALLGEMEINE ANWENDUNGSFUNKTIONEN • KORRESPONDENZ und den Punkt KORRESPONDENZARTEN DEFINIEREN an. Wie in Abbildung 9.42 zu sehen ist, nennen wir sie ZSFL. Diese Namensgebung ist bis auf den ersten Buchstaben willkürlich, so dass man auch mehrere Korrespondenzarten für die Flugdatenanwendung definieren kann.

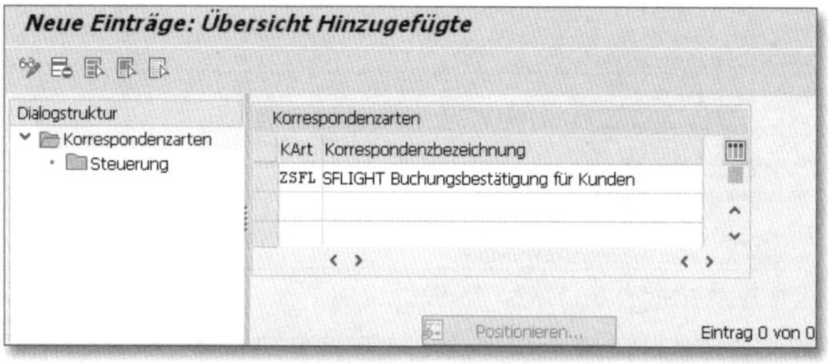

Abbildung 9.42 Eine Korrespondenzart anlegen

Im Punkt Steuerung legen Sie auf der Registerkarte Zeitpunkte die Druck-zeitpunkte fest und tragen den Namen des oben definierten BAdIs sowie die definierten Methoden ein (siehe Abbildung 9.43).

Wir wählen die BAdI-Schnittstelle aus den folgenden Gründen als Schnitt-stellentechnik:

▸ Der Druckprozess im Rahmen der Flugdatenanwendung soll möglichst wenige Voraussetzungen benötigen und keine Integration mit dem Ver-tragskontokorrenten FI-CA voraussetzen.

▸ BAdIs sind sehr flexibel und können mehrstufig erweitert werden. Sie kön-nen so eine Standardschnittstelle definieren, die wiederum modifikations-frei reimplementiert werden kann. Mehrstufige Erweiterbarkeit spielt dann eine Rolle, wenn Sie eine Lösung entwickeln, die bei Ihren Kunden oder in unterschiedlichen Ländern weiter angepasst werden muss.

Zudem weisen wir der Korrespondenzart das oben angelegte BTE-Applikati-onskennzeichen ZSFL zu (siehe Abbildung 9.43).

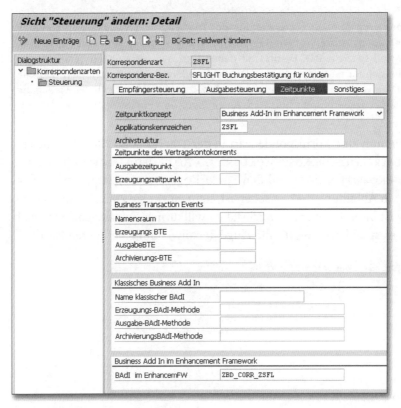

Abbildung 9.43 Ausprägung der Korrespondenzart

Tragen Sie den Namen des angelegten BAdIs `ZBD_CORR_ZSFL` im Feld BAdI IM ENHANCEMFW ein.

Anwendungsformular zuordnen

Wir müssen nun ein Anwendungsformular für die Korrespondenzart anlegen (siehe Abbildung 9.44). Hierzu wählen wir die Transaktion SPRO und anschließend unter ANWENDUNGSÜBERGREIFENDE KOMPONENTEN • ALLGEMEINE ANWENDUNGSFUNKTIONEN • KORRESPONDENZ den Punkt ANWENDUNGSFORMULARE FÜR DIE KORRESPONDENZ HINTERLEGEN.

Abbildung 9.44 Anwendungsformular hinterlegen

Das Anwendungsformular im Customizing zu hinterlegen, hat folgende Vorteile:

▶ Wir integrieren die Druck-Workbench und machen somit explizit, welches Anwendungsformular und damit welches Smart-Forms-Formular hinterlegt wird.

▶ Zudem ist die Anwendung flexibel konfigurierbar. Durch eine Customizing-Änderung kann man das Anwendungsformular und somit das Smart-Forms-Formular festlegen, das für einen Druck verwendet werden soll.

9.8.2 Druckschnittstelle implementieren

Im Folgenden implementieren wir die Druckschnittstelle in ABAP. Hierfür wird eine Default-Implementierung des BAdI `ZBD_CORR_ZSFL` angelegt. Das machen Sie, indem Sie das BAdI über die Transaktion SE80 wählen, in den Änderungsmodus gehen und dann im Menü SPRINGEN • DEFAULT-CODING • ANLEGEN wählen. Sie legen die Implementierung in der ABAP-Klasse `ZCL_CORR_ZSFL` an. Diese enthält eine Methode zur Erzeugung eines Druckauftrags und eine weitere zur Ausgabe. Diese Methoden beschreiben wir im Folgenden.

Druckauftrag erzeugen

Die Erzeugung eines Druckauftrags sehen Sie in Listing 9.1. Hier wird ein Korrespondenzkopfsatz und ein Korrespondenzinfosatz erzeugt. Letzterer wird aus den Eingabeparametern erzeugt. Beide werden durch den Funktionsbaustein FKK_WRITE_CORR auf die Datenbank geschrieben.

```abap
METHOD if_fkk_corr_exp_create_request~create_corr_request.

  DATA:
    ls_dfkkcoh   TYPE dfkkcoh,
    lt_dfkkcoh   TYPE fkk_t_dfkkcoh,
    ls_fkkcoinfo TYPE fkkcoinfo.

  ls_dfkkcoh-cotyp   = i_cotyp.
  ls_dfkkcoh-data1   = i_data1.
  ls_dfkkcoh-coidt   = sy-datum.
  ls_dfkkcoh-coitm   = sy-uzeit.
  ls_dfkkcoh-xtrial  = i_flg_print_trial.

  ls_dfkkcoh-gpart   = '4711'. "muss ermittelt werden

  ls_fkkcoinfo-coidt = sy-datum. "Korrespondenzinfo

  IF NOT i_cocyr IS INITIAL.
    ls_fkkcoinfo-cocyr         = i_cocyr.
    ls_fkkcoinfo-coper         = ' '.
    ls_fkkcoinfo-copnr         = i_copnr.
  ENDIF.

  IF i_laufd IS INITIAL.
    ls_fkkcoinfo-laufd         = sy-datum.
  ELSE.
    ls_fkkcoinfo-laufd         = i_laufd.
  ENDIF.
  IF i_laufi IS INITIAL.
    ls_fkkcoinfo-laufi         = sy-uzeit.
  ELSE.
    ls_fkkcoinfo-laufi         = i_laufi.
  ENDIF.

* Schreibe in den Korrespondenzcontainer
  CALL FUNCTION 'FKK_WRITE_CORR'
    EXPORTING
      i_fkkcoinfo               = ls_fkkcoinfo
      i_avoid_receiver_det      = abap_true
      i_write_to_buffer         = i_flg_write_to_buffer
```

```
      i_in_update_task           = i_flg_inupdatetask
      i_dfkkcodclust_tmp_delete = ' '
   TABLES
      t_dfkkcoh                   = lt_dfkkcoh
   CHANGING
      c_dfkkcoh                   = ls_dfkkcoh
   EXCEPTIONS
      error_message              = 1
      OTHERS                     = 2.


   APPEND ls_dfkkcoh TO e_tab_dfkkcoh.

ENDMETHOD.
```

Listing 9.1 Erzeugen eines Druckauftrags

Es können auch weitere Felder der Korrespondenz in diesem BAdI gefüllt werden. Felder wie z. B. Absender-/Empfängerdaten sind wichtige Daten einer Korrespondenz und gehören zu jedem realistischen Druckszenario:

▸ Im Feld `GPART` speichern wir den Empfänger der Korrespondenz als Geschäftspartnernummer. Dies ist sinnvoll, da wir so durch Selektion einen Überblick über alle Korrespondenzen zu einem Geschäftspartner gewinnen können. Wir haben deswegen die Geschäftspartnernummer in unserem Beispiel auf einen Dummy-Wert gesetzt.

▸ Im Feld `ADD_GPART` (qualifiziert durch `ADD_GPART_CAT`) können Sie einen anderen Empfänger (abweichend oder zusätzlich) speichern. Im Feld `ORG_GPART` steht dann die Nummer des ursprünglichen Korrespondenzempfängers.

▸ Die Adressnummer des Absenders kann im Feld `ADRNR` gespeichert werden und die des Empfängers im Feld `AADRNR`.

Korrespondenzempfänger speichern **[«]**

Wenn Sie Druckaufträge mit dem Korrespondenzmassendruckprogramm (Transaktion FPCOPARA) drucken möchten, muss das Feld des Geschäftspartners (also das Feld `GPART`) in der Tabelle `DFKKCOH` gefüllt sein, da das Programm des SAP-Vertragskontokorrenten dieses voraussetzt, z. B. bei der Parallelisierung durch Paketierung über die Geschäftspartnernummer.

Es gibt eine Reihe von weiteren Feldern für den Ausgabezeitpunkt (z. B. die Versandsteuerung), die Sie in den Einträgen der Tabelle `DFKKCOH` und in Ihren Druckprozessen verwenden können.

[»] **Metadaten steigern Transparenz und reduzieren Wartungskosten**

Ein wesentlicher Vorteil der Nutzung des Korrespondenz-Tools ist, dass Sie Metadaten zur Korrespondenz hinterlegen können.

Das gilt auch für die Bedeutung des Wertes `data1` für die Druckaufträge in der Tabelle `DFKKCOH`, in der wir die Flugkundennummer speichern. Sie können hier zusätzlich angeben, dass es sich um eine Kundeninformation handelt: `ls_dfkkcoh-entid1 = 'SCUS'`.

Die Bedeutung des Wertes `'SCUS'` können Sie wiederum in der Tabelle `TFK070D` hinterlegen, als Verweis auf ein Feld der Tabelle `SCUSTOM`, der SAP-Flugdatenanwendung.

Druckauftrag ausführen

In Listing 9.2 wird eine BAdI-Methode zur Ausgabe des Druckauftrags definiert. Die wichtigsten Schritte sind die folgenden:

1. Mit dem Funktionsbaustein `FKK_GET_CORR_CUSTOMIZING` lesen Sie den Namen des Anwendungsformulars aus dem Customizing der Korrespondenzart.

2. Mit dem Funktionsbaustein `EFG_PRINT_EXPANDED` rufen Sie das Anwendungsformular auf.

3. Vor SAP NetWeaver 7.0 konvertieren Sie mit dem Funktionsbaustein `FKK-CORR_LOG_SYMSG` eine Fehlernachricht in die Rückgabestruktur des Korrespondenz-Tools. Ab NetWeaver 7.0 werden Fehler- und Statusmeldungen durch das Logging-Objekt vom Typ `IF_EFG_LOG` zurückgegeben.

```
METHOD if_fkk_corr_output_request~output_corr_request.

DATA:
  lt_ranges       TYPE TABLE OF efg_ranges,
  lt_ranges1      TYPE TABLE OF efg_ranges,
  lw_ranges       TYPE efg_ranges,
  ls_printparams  TYPE eprintparams,
  l_rcd           TYPE sysubrc,
  ls_efgpp        TYPE efg_printparams,
  lw_fimsg        TYPE fimsg,
  ls_tfk070f      TYPE tfk070f.

  ls_efgpp       = i_str_efgpp.
  ls_efgpp-langu = i_str_dfkkcoh-spras. "Ausgabesprache

* Prepare range with cotyp
  lw_ranges-sign  = 'I'.
```

```
    lw_ranges-option = 'EQ'.
    lw_ranges-low    = i_str_dfkkcoh-cotyp.
    APPEND lw_ranges TO lt_ranges.
* Prepare range with cokey
    lw_ranges-sign   = 'I'.
    lw_ranges-option = 'EQ'.
    lw_ranges-low    = i_str_dfkkcoh-cokey.
    APPEND lw_ranges TO lt_ranges1.
* Setze Kunden (SCUSTOM) als Korrespondenzempfänger.
    lw_ranges-sign   = 'I'.
    lw_ranges-option = 'EQ'.
    lw_ranges-low    = i_str_dfkkcoh-data1.
    APPEND lw_ranges TO lt_ranges.

* Druckparameter setzen
    MOVE-CORRESPONDING ls_efgpp    TO ls_printparams.
    MOVE-CORRESPONDING i_str_itcpo TO ls_printparams.

    CALL FUNCTION 'EFG_PRINT_EXPANDED'
      EXPORTING
        x_sendcontrol       = i_str_dfkkcoh-sendcontrol
        x_rec_addr          = i_str_dfkkcoh-adrnr
        x_rec_persnumber    = i_str_dfkkcoh-persnumber
        x_printparams       = ls_printparams
        x_archive_params    = i_str_archive_params
        x_archive_index     = i_str_archive_index
        ref_log             = i_ref_log
      TABLES
        xt_ranges           = lt_ranges
      EXCEPTIONS
        not_qualified       = 1
        input_error         = 2
        print_failed        = 3
        cancelled           = 4
        rec_addr_not_found  = 5
        send_addr_not_found = 6
        OTHERS              = 7.

    IF sy-subrc <> 0.
      l_rcd = sy-subrc. "Rette den Returncode
* Nachricht ist für das Funktionieren des Fehlerkon-
* zepts im Korrespondenz-Tool unbedingt notwendig und
* darf nicht umgestellt werden. Sie wird im Korres-
* pondenz-Tool abgefangen und in das Protokoll
* aufgenommen.
      MESSAGE e600(>6) WITH l_rcd i_str_dfkkcoh-cotyp
        i_str_dfkkcoh-cokey RAISING error_occurred.
```

```
  ELSE. "Erfolgsnachricht
*   Hier kann durch den Funktionsbaustein der
*   FKKCORR_MSG_APPEND_2_EXT_FIMSG' eine positive
*   Meldung ausgegeben werden.
  ENDIF.

ENDMETHOD.
```

Listing 9.2 Ausgabe eines Druckauftrags

9.8.3 Druckschnittstelle aufrufen

Wir zeigen nun, wie Sie in einem Programm einen Druckauftrag anlegen. Sie können dies tun, indem Sie das BAdI ZBD_CORR_ZSFL aufrufen. In Listing 9.3 gehen wir wie folgt vor: Wir instanziieren das BAdI ZBD_CORR_ZSFL und rufen es mit den Parametern aus dem Selektionsbild auf. Wir verzichten dabei auf eine dynamische Ermittlung des BAdI-Namens aus dem Customizing der Korrespondenzart.

```
REPORT zsflcorr.

PARAMETERS:
 p_scust TYPE s_customer,   "Kunde
 p_laufi TYPE corr_laufi_kk, "Identifikation des Laufes
 p_cocyr TYPE cocyr_kk.     "Jahr d. Korrespondenzerstellung

START-OF-SELECTION.

 DATA:
  lr_badi    TYPE REF TO zbd_corr_zsfl,
  lt_dfkkcoh TYPE STANDARD TABLE OF dfkkcoh. "Druckauftrag

GET BADI lr_badi.

 CALL BADI
 lr_badi->IF_FKK_CORR_EXP_CREATE_REQUEST~CREATE_CORR_REQUEST
  EXPORTING
    i_cotyp      = 'ZSFL' "Korrespondenzart
    i_data1      = p_scust "Kundennummer SCUSTOM-ID
    i_laufi      = p_laufi
    i_cocyr      = p_cocyr
  IMPORTING
    e_tab_dfkkcoh = lt_dfkkcoh "Kopfdaten Korrespondenz
  EXCEPTIONS
    INVALID_INPUT            = 1
    INTERNAL_ERROR           = 2
    NO_CORRESPONDENCE_CREATED = 3
```

```
      OTHERS                      = 4.

  IF sy-subrc <> 0.
    WRITE: 'Fehler aufgetreten'.
  ELSE.
    WRITE: 'Druckauftrag angelegt'.
  ENDIF.

  COMMIT WORK.
```

Listing 9.3 Anlegen eines Druckauftrags

Der erste Eingabeparameter des Reports ist die Kundennummer (Primärschlüssel der Tabelle SCUSTOM). Dies ist ein obligatorischer Parameter, da sonst keine Daten ausgegeben werden. Mit den anderen Parametern können Sie den Druck zu einem bestimmten Drucklauf zuordnen.

Wenn Sie die Aktivitäten in diesem Abschnitt durchgeführt haben – BAdI und BTE-Applikationskennzeichen anlegen, Druckbaustein zum Applikationskennzeichen pflegen und Korrespondenzart pflegen –, können Sie nun Druckaufträge anlegen und anschließend über die Transaktion FPCOPARA auf einem ERP-System ausgeben (wenn im Korrespondenzkopfdatensatz die Geschäftspartnernummer gepflegt ist, siehe Abschnitt 9.8.2, »Druckschnittstelle implementieren«). Sie müssen nur in der Transaktion FPCOPARA die auszudruckenden Korrespondenzen selektieren. Dies können Sie entweder über das Feld GESCHÄFTSPARTNER, das Sie in Abbildung 9.28 sehen, oder über die Korrespondenzart ZSFL im Tabreiter KORRESPONDENZABGR erledigen.

Die Druckausgabe muss nicht über die Transaktion FPCOPARA erfolgen. Wenn Sie einen Druck in Ihrer Anwendung z. B. in einem Onlineprozess aufrufen, sollten Sie den Funktionsbaustein FKKCORR_PRINT_DFKKCOH_SET verwenden. Dieser prozessiert nicht nur den Druckauftrag (also in unserem Fall den Funktionsbaustein FKKCORR_STD_PRINT_44011000), sondern aktualisiert auch die Tabellen DFKKCOH und DFFKCOHI.

Die Verwendung des Funktionsbausteins ist sehr einfach, und die Parameter entsprechen den Werten, die Sie auch in der Transaktion FPCOPARA setzen können. Die wichtigsten Parameter sind die folgenden:

▸ Mit I_LAUFD und I_LAUFI bestimmen Sie den Lauf, der die Korrespondenz erzeugt.

▸ Wenn der Parameter I_UPDATE mit 'X' gesetzt wird, handelt es sich um einen Echtdruck und bei 'R' um einen Wiederholdruck.

451

- Die Range-Tabellen `T_COTYP` und `T_COKEY` sind Selektionsparameter für Korrespondenzarten und Korrespondenzschlüssel, für die eine beliebige Menge von Korrespondenzkopfdatensätzen zur Ausgabe selektiert werden.

- Die Parameter `I_ITCPO` und `I_EFGPP` sind Druckparameter für SAPscript und Smart Forms.

Die in diesem Abschnitt entwickelte Lösung ist durch die Transaktion FPCO-PARA parallelisierbar, ist aber keine Drucklösung des Vertragskontokorrenten. Dessen Drucklösungen sowie Lösungen wie FS-CD und FS-CM, die den Vertragskontokorrenten verwenden, nutzen eigene Zeitpunktfunktionsbausteine und erfordern zusätzliches Customizing. Das betrifft weitere Datenbeschaffung wie auch die Druckauslösung, denn der oben verwendete Funktionsbaustein `FKKCORR_STD_PRINT_44011000` würde in diesem Zusammenhang nicht funktionieren. Da genauere Informationen zu diesen Punkten den Rahmen des Buches sprengen würden, verweisen wir hier auf das SAP Help Portal. Hier werden Sie auch zu weitergehenden Aspekte wie High-Volume-Szenarien im Korrespondenz-Tool, Druckvorschau, vorheriges Laden von Daten aus externen Systemen (Prefetch) fündig.

TEIL III
Bewährte Methoden

In diesem Kapitel stellen wir Ihnen die meistverwendeten Techniken und Vorgehensweisen im Umfeld von Smart Forms vor, ergänzt durch viele Tipps aus unserer Berufspraxis.

10   Best Practices

In den vergangenen Jahren hat sich gezeigt, dass zusätzlich zu den Grundlagen der Formularerstellung mit Smart Forms auch die vor- und nachgelagerten Technologien betrachtet werden sollten, um solide in Projekten arbeiten zu können. In diesem Kapitel fassen wir für Sie die wichtigsten Punkte zusammen. Hierbei geht es in erster Linie darum, Ihnen die Grundkonzepte zu vermitteln. Darauf aufbauend beschreiben wir die Verbindung zu Smart Forms und erklären die Anbindung an SAP-Applikationen.

10.1   Grafikverwaltung

In jedem Formular eines Unternehmens ist es notwendig, dass das Corporate Design berücksichtigt wird. Dabei kommen heutzutage häufig grafische Logos oder Schriftzüge zum Einsatz. Zusätzlich werden im Rahmen des Marketings Aktionen angepriesen, die oft eine Grafik beinhalten.

Seit Basis-Release 4.6C werden Grafiken (wie z. B. Firmenlogos, Materialbilder) im SAP-System über den Business Document Service (BDS) verwaltet. Damit ist eine sprach- und mandantenunabhängige Ablage möglich.

Ähnlich wie bei SAPscript-Texten lässt sich die Ablage über die beiden Merkmale »Objekt« und »ID« strukturieren. In einer SAP-Standardinstallation ist allerdings nur GRAPHICS als Objektkennung und BMAP als ID hinterlegt. Somit ist es nur möglich, Rastergrafiken zu hinterlegen. Bei Bedarf können Sie dazu allerdings weitere kundenspezifische Merkmale anlegen.

Technischer Hintergrund   [«]

Die Verwaltungsinformationen der einzelnen Grafiken inklusive der zugeordneten Klassifikationsmerkmale sind in der Datenbanktabelle STXBITMAPS abgelegt. Dort ist eine eindeutige Dokumenten-ID hinterlegt, über die der eigentliche Zugriff auf den Dokumentenservice erfolgt.

Da das SAP-System keine Transaktionen zur Erstellung von Rastergrafiken enthält, müssen diese explizit von einem Arbeitsplatzrechner importiert werden. Verwendbare Formate sind heute TIF (6.0) und BMP (ohne Komprimierung). Beide Formate werden beim Import in ein SAP-internes Rasterformat umgewandelt.

Sie erreichen die Transaktion SE78 zur Grafikverwaltung im SAP-Menü über den Pfad Werkzeuge • Formulardruck • Administration • Grafik. Abbildung 10.1 zeigt die Verwaltung einer Formulargrafik.

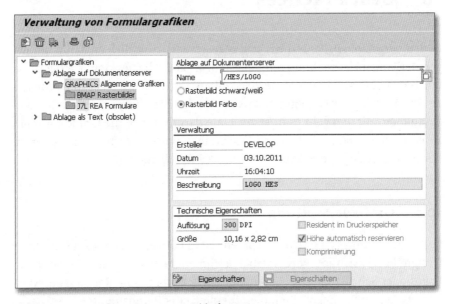

Abbildung 10.1 Grafikverwaltung mit Bildinformationen

Der Navigationsbaum zeigt neben den Grafiken zum BDS (Bereich Ablage auf Dokumentenserver) als zusätzliche Information auch die Verwaltungseinträge zu Grafiken (Bereich Ablage als Text (obsolet) in Abbildung 10.1), die in früheren Releases in Form von Text abgelegt wurden. Diese Grafiken können nicht mehr in ein Formular unter Smart Forms eingebunden werden (auch nicht über Include-Text-Knoten).

Wählen Sie also Ablage auf Dokumentenserver • GRAPHICS Allgemeine Grafik • BMAP Rasterbilder. Um auf vorhandene Grafiken zuzugreifen, steht über die Funktionstaste F4 im Namensfeld die gleiche Wertehilfe zur Verfügung wie im Grafik-Knoten des Formulars. Für den aktuell gewählten Eintrag können Sie per Menü oder Symbolleiste zwischen zwei Ansichten wählen:

▶ GRAFIK • BILDINFORMATIONEN (Symbol 🖨)
Diese Einstellung entspricht der Darstellung in Abbildung 10.1. Dort können Sie auch einzelne Attribute der Grafik (z. B. den Namen) ändern.

▶ GRAFIK • DRUCKANSICHT (Symbol 🗐)
Diese Einstellung zeigt den Inhalt der Grafik in Originalgröße zur Kontrolle.

Bei den Bildinformationen (Bereich TECHNISCHE EIGENSCHAFTEN) finden Sie u. a. auch einige wichtige technische Eigenschaften:

▶ Die Attribute AUFLÖSUNG und GRÖSSE sind Eigenschaften der Originalgrafik. Sie werden vom System automatisch beim Import der Grafik ermittelt und können nicht mehr geändert werden.

▶ Das Attribut RESIDENT IM DRUCKERSPEICHER steuert die Nutzung eines internen Druckerspeichers. Es empfiehlt sich, diese Eigenschaft bei Grafiken zu setzen, die sich auf jeder Seite eines Formulars wiederholen (wie Firmenlogos). Dies verringert die Größe der vom System erzeugten Druckdateien und die benötigte Druckzeit.

▶ Die Eigenschaft KOMPRIMIERUNG hilft bei der optimalen Gestaltung der Formulare. Durch eine komprimierte Speicherung wird die Formulargröße reduziert und somit der Spool entlastet.

Begrenzter Druckerspeicher [!]

Bitte beachten Sie, dass auch der Druckerspeicher begrenzt ist. Falls Sie zu viele Grafiken resident im Druckerspeicher halten, besteht die Gefahr, dass Grafiken beim Ausdruck komplett verloren gehen.

▶ Das Attribut HÖHE AUTOMATISCH RESERVIEREN sorgt dafür, dass eine Grafik bei der Ermittlung des Seitenumbruchs im Formular berücksichtigt wird. Dabei wird automatisch die tatsächliche Höhe der Grafik für den Seitenumbruch reserviert, d. h., der folgende Text beginnt erst unterhalb der Grafik (Grafiken können dann auch einen Seitenumbruch auslösen).

Neue Grafik importieren

Diese Funktion importiert die Grafik und legt sie auf dem Business Document Server (BDS) ab, sodass Sie sie auf einem Formular ausgeben können. Um eine neue Grafik per Import einer bestehenden Datei anzulegen, wählen Sie den Menüpfad GRAFIK • IMPORTIEREN.

Wählen Sie, wie in Abbildung 10.2 zu sehen ist, den Dateinamen inklusive Pfad auf dem lokalen PC. Vergeben Sie einen eindeutigen Namen für die Ablage im SAP-System. Beachten Sie, dass, wenn der Name bereits vorhanden ist, der vorhandene Eintrag im System ohne eine weitere Nachfrage überschrieben wird – gewollt oder ungewollt.

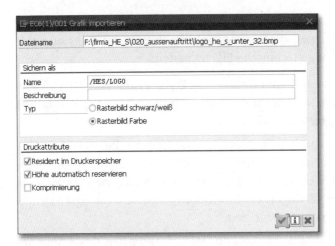

Abbildung 10.2 Grafik importieren

Entscheiden Sie beim Typ der Grafik zwischen RASTERBILD SCHWARZ/WEISS oder RASTERBILD FARBE: Wenn eine Grafik im SAP-System sowohl in Farbe als auch in Schwarz-Weiß darstellbar sein soll (abhängig von der Wahl im Formular), müssen Sie die Grafik nacheinander für jedes Merkmal einzeln importieren (und zwar zweimal unter dem gleichen Namen). Die Umsetzung der Farbinformationen erfolgt im jeweiligen Importvorgang. Danach hat man die Möglichkeit, für das einzelne Formular zu wählen, ob die Grafik in Schwarz-Weiß oder farbig genutzt werden soll.

Transport und Klassifikation von Grafiken

Über den Menüpfad GRAFIK • TRANSPORTIEREN können Sie eine Grafik direkt in einen SAP-Transportauftrag einfügen (z. B. zusammen mit einem neu erstellten Formular).

In einer Standardinstallation werden alle Rastergrafiken über GRAPHICS als Objektkennung und BMAP als ID klassifiziert. Für eine feiner unterteilte Grafikverwaltung können Sie zu diesen Merkmalen weitere kundenspezifische Einträge anlegen. Beispiel für ein Merkmal wäre ein Feld SCHLAGWORT, das eine bessere Einordnung der Grafik ermöglicht. Verwenden Sie dazu die Einstellungen im SAP-Menü über den Pfad WERKZEUGE • FORMULARDRUCK • ADMINISTRATION • EINSTELLUNGEN (Transaktion SE75). Wählen Sie dort die Steuertabellen zu Grafikobjekten und IDs. Die neuen Kürzel für Objekt- und ID-Einträge müssen im Kundennamensraum liegen (beginnend mit Z oder Y).

10.2 Textbearbeitung und -ablage

In diesem Abschnitt betrachten wir die Bearbeitung und Ablage von Texten im Umfeld von Smart Forms. Eine zentrale Funktion bei der Erstellung von Formularen über Smart Forms ist die Eingabe und Formatierung von Texten. Die korrekte Platzierung von Texten haben wir im Zusammenhang mit Fenstern, Schablonen und den Merkmalen von Text-Knoten ausführlich erläutert (siehe Abschnitt 4.1, »Text-Knoten«).

Für die Eingabe der Texte über Text-Knoten oder Textbausteine verwendete man in Smart Forms bis Release SAP NetWeaver 7.0, Erweiterungspaket 1 (EHP1), den *Inline-Editor*. Dabei konnten Sie in den Einstellungen zur Internationalisierung (Transaktion I18N) zwischen dem Inline-Editor und Microsoft Word als Editor hin- und herschalten. Dies ist nun nicht mehr möglich. Mittlerweile ist die Funktion in der Internationalisierung (Transaktion I18N) deaktiviert, und Microsoft Word wird als Editor für Texte verwendet (siehe Abbildung 10.3). Dieser Editor ist auch in anderen Applikationen des SAP-Systems eingebunden, in denen Texte vom Anwender eingegeben werden können. Bis auf wenige Sonderfunktionen handelt es sich hierbei also um eine Standard-Anwendungskomponente, die schon allgemein bekannt sein dürfte. In Abschnitt 10.2.1 erhalten Sie detailliertere Informationen über die Verwendung von Microsoft Word als Editor.

Mit dem Inline-Editor arbeiten	[«]
Möchten Sie als Anwender trotzdem mit dem altbekannten Inline-Editor arbeiten, können Sie diesen über den Report RSCPSETEDITOR wieder aktivieren. SAP-Hinweis 742662 beschreibt, dass der Inline-Editor nicht mehr genutzt werden soll, um der Internationalisierung und somit der Umstellung der SAP-Systeme auf Unicode auch technisch Genüge zu tun.	

Für alle Benutzer, die noch mit einem älteren Releasestand (z. B. 4.6C) arbeiten, haben wir in Abschnitt 10.2.2 einige relevante Informationen zum Inline-Editor zusammengestellt. Zusätzlich werden wir in Abschnitt 10.2.5 erläutern, wie Texte nach der Eingabe generell im SAP-System abgelegt werden. Mit der zentralen Ablage von Texten im SAP-System wird der Weg frei, um beliebige Texte, die unabhängig von Smart Forms angelegt wurden, über Include-Text-Knoten in ein Formular einzubinden.

10.2.1 Microsoft Word als Editor

Microsoft Word wird ab Release SAP NetWeaver 7.0 EHP1 standardmäßig als Editor für Text-Knoten verwendet (siehe Abbildung 10.3).

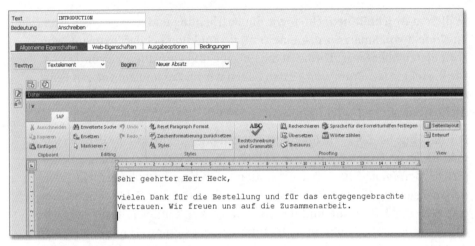

Abbildung 10.3 Microsoft Word als Editor

Die Symbolleiste oben bietet zwei Funktionen zum Einfügen von Inhalten in Texte. Die Funktion FELD EINFÜGEN (🔳) wird genutzt, um Werte aus den Variablen bzw. Systemfelder in Texte einzufügen (siehe Abbildung 10.4). Dabei ist auf die Syntax der Felder zu achten. Vor und nach dem Feldnamen ist das & anzugeben.

Abbildung 10.4 Felder einfügen

Im Text können Sie Hyperlinks einfügen (z. B. als Hinweis auf die eigene Internetadresse zu Werbezwecken oder für weitere Serviceinformationen). Hierfür steht das Symbol 🔳 zur Verfügung (Funktion URL EINFÜGEN). Diese

Links werden automatisch vom System unterstrichen und auch in der Ausgabe so dargestellt. Ein Hyperlink ist vor allem in elektronisch versandten Dokumenten sinnvoll (z. B. bei einem Versand als E-Mail). Dann kann der Empfänger über den Verweis direkt zur Information auf dieser Seite springen, soweit er mit seinem Internetbrowser Zugriff darauf hat.

Wir schlagen die folgende Vorgehensweise bei der Eingabe der URL vor:

1. Geben Sie die Adresse direkt als Text ein, und markieren Sie diese.
2. Rufen Sie die Funktion über das Symbol für URL EINFÜGEN auf (🖼).
3. Der markierte Text wird automatisch unterstrichen und andersfarbig dargestellt.

Über das Symbol 🖼 in der linken Symbolleiste wechseln Sie zur Ganzseitenversion des Editors, den Sie als SAPscript-Editor kennen. Dort besteht insbesondere auch die Möglichkeit, in einer zeilenorientierten Variante zu arbeiten (Zeileneditor). Diese Darstellung kann z. B. verwendet werden, um die im Text eingefügten Steuerzeichen explizit anzuzeigen oder auch zu ändern (siehe Abschnitt 10.2.3, »SAPscript-Editor (Ganzseiteneditor)«).

Die Überprüfung des Text-Knotens, die Sie über das Symbol 🖼 aufrufen können, besteht primär aus einer Kontrolle darüber, ob enthaltene Datenfelder mit korrektem Namen eingetragen sind.

10.2.2 Inline-Editor

Der *Inline-Editor* dient zur Eingabe und Formatierung von Texten und Feldern. Er wird in Text-Knoten, aber auch bei der Erstellung von Textbausteinen verwendet. Die Eigenschaften des Text-Knotens erläutern wir anhand des vorhandenen Knotens in unserem Formular zur Korrespondenz zum Geschäftspartner (siehe Abschnitt 7.5, »Übungsbeispiel: Geschäftskorrespondenz zum Geschäftspartner«). Wählen Sie auf der Seite FIRST im Fenster MAIN den Knoten INTRODUCTION. Der Inline-Editor aus Abbildung 10.5 erscheint.

Der Inline-Editor stellt einfache Textbearbeitungsfunktionen zur Verfügung, wie sie in gängigen Editoren üblich sind, die nach dem What-You-See-Is-What-You-Get-Prinzip funktionieren. Das bedeutet, die Darstellung im Eingabebereich entspricht weitgehend schon der späteren Ausgabe (z. B. hinsichtlich der Zeichenformatierungen wie Fett, Kursiv oder auch unterschiedlicher Schriftgrößen).

Abbildung 10.5 Textbearbeitung im Inline-Editor

Der Zeilenumbruch im Fließtext erfolgt automatisch in Abhängigkeit von der Breite des übergeordneten Fensters. Es gibt zwei Möglichkeiten, um einen Absatz zu erzeugen:

► Ein neuer Absatz ist immer durch eine »harte« Zeilenschaltung gekennzeichnet, die Sie über die ⏎-Taste erzeugen. Dem folgenden Text können Sie wahlweise ein anderes Absatzformat zuweisen.

► Über die Tastenkombination ⇧ + ⏎ erzeugen Sie einen weichen Zeilenumbruch. Für die so geteilten Textabschnitte kann immer nur ein gemeinsames Absatzformat eingestellt werden.

[»] **Verlorene Textformatierung**

Wenn Sie einen Text unterhalb einer Schablone oder Ausgabetabelle anlegen und entsprechend einer Zelle zuordnen, werden die Maße der Zelle leider nicht zur Textformatierung herangezogen. Der Zeilenumbruch im Inline-Editor erfolgt – das ist etwas irritierend – auch weiterhin entsprechend den Maßen des Fensters. Bei der Ausgabe werden aber die Ränder der zugehörigen Zelle korrekt berücksichtigt.

Textteile können Sie wahlweise mithilfe der Maus oder über die Richtungstasten der Tastatur (zusammen mit der ⇧-Taste) als Block markieren. Auf diese Blockbearbeitung beziehen sich teilweise die Funktionen, auf die wir jetzt eingehen wollen.

Einige Sonderfunktionen des Editors erreichen Sie über die Symbol- bzw. die Formatleiste.

Symbolleiste oben

Die Symbolleiste oben bietet Standardfunktionen der Textbearbeitung zum Ausschneiden, Kopieren, Einfügen und Suchen. Für eine bessere Übersicht ist es häufig sinnvoll, die im Text verwendeten Steuerzeichen wie Tabulatoren und Zeilenschaltungen anzeigen zu lassen (wählen Sie die zugehörige Funktion über das Symbol mit den Absatzzeichen ¶). Weitere Symbole dienen der Pflege von Feldern im Text und sind schon in Abschnitt 5.2, »Felder als Platzhalter«, beschrieben. Hinweise zur Einbindung von Hyperlinks finden Sie weiter unten in diesem Abschnitt.

Formatleiste

Die Formatleiste direkt oberhalb des Textes – sie besteht aus den Feldern ABSATZFORMATE und ZEICHENFORMATE – enthält Auswahllisten zum Absatz- und Zeichenformat. Die Einträge der Listen geben den Inhalt des aktuell im Knoten gültigen Stils wieder. Ein solcher Stil kann einheitlich für das ganze Formular hinterlegt sein, diese Zuweisung erfolgt bei den Formularattributen. Abweichend können Sie einen individuellen Stil für jedes Fenster oder auch direkt zum Text-Knoten zuordnen (dies machen Sie auf der Registerkarte AUSGABEOPTIONEN). Dieser Eintrag übersteuert gegebenenfalls die allgemeine Formularvorgabe. Die Formatleiste hat folgende Inhalte:

▶ **Absatzformat**
Bei der Neuanlage eines Text-Knotens stellt Smart Forms automatisch das Default-Absatzformat ein (* = Default), das im zugehörigen Stil festgelegt ist. Vorgaben im Absatzformat betreffen immer den gesamten Absatz, in dem der Cursor zurzeit steht. Eine Änderung des Absatzformats ist normalerweise anhand der Textformatierung sofort erkennbar (z. B. beim Wechsel von LINKSBÜNDIG auf ZENTRIERT bzw. bei geänderter Zeichengröße oder geänderten Abständen).

▶ **Zeichenformat**
Vor der Vergabe eines individuellen Zeichenformats müssen Sie die zugehörige Textstelle zunächst markieren. Auf diesem Weg können Sie die infrage kommenden Zeichen auch nacheinander mit unterschiedlichen Formatierungen versehen (z. B. FETT und KURSIV). Über die Taste ANZEIGEN FORMATE (Formate) können Sie für diesen Fall eine kleine Liste aller (Zeichen-)Formate aufrufen, die an der jeweils aktuellen Cursorposition gelten.

Individuell vergebene Zeichenformatierungen übersteuern immer die Vorgaben im Absatzformat. Über den Button RÜCKSETZEN FORMATE

(🔄 Formate) können Sie alle markierten Zeichen wieder auf die ursprünglichen Vorgaben im Absatzformat zurücksetzen.

Bei komplexen Zeichenformatierungen kann es sinnvoll sein, in den zeilenorientierten Ganzseiteneditor zu wechseln. Dort werden alle hinterlegten Steuerkommandos der Formatierungen direkt angezeigt. Sie lassen sich gegebenenfalls auch ändern (siehe dazu Abschnitt 10.2.4, »Sonderzeichen im Text«).

[»] | **Absatz- und Zeichenformat vor Release 4.6C**

Die Einträge zum Absatz- und Zeichenformat in der Formatzeile geben in den ersten Versionen von Smart Forms unter Release 4.6C jeweils die zuletzt gewählte Formatierung wieder, nicht aber die Formatierung des Absatzes bzw. Zeichens, auf dem der Cursor gerade steht. Nutzen Sie in diesen Versionen die beiden zugehörigen Tasten der Symbolzeile, oder installieren Sie das passende Support Package (siehe hierzu SAP-Hinweis 327636).

Symbolleiste links

Von der Symbolleiste links wechseln Sie über das Symbol 📝 zur Ganzseitenversion des Editors, den Sie als SAPscript-Editor kennen. Dort besteht insbesondere auch die Möglichkeit, in einer zeilenorientierten Variante zu arbeiten (Zeileneditor). Diese Darstellung kann z. B. verwendet werden, um die im Text eingefügten Steuerzeichen explizit anzuzeigen oder auch zu ändern (siehe die ausführlichen Hinweise in Abschnitt 10.2.3, »SAPscript-Editor (Ganzseiteneditor)«).

Die Überprüfung des Text-Knotens, die Sie über das Symbol 🔒 starten können, beinhaltet primär eine Kontrolle darüber, ob enthaltene Datenfelder mit korrektem Namen eingetragen sind.

Hyperlink einfügen (URL)

Im Text können Sie Hyperlinks einfügen (z. B. als Hinweis auf die eigene Internetadresse zu Werbezwecken oder für weitere Serviceinformationen). Diese Links werden automatisch vom System unterstrichen und auch in der Ausgabe so dargestellt. Ein Hyperlink ist vor allem in elektronisch versandten Dokumenten sinnvoll (z. B. bei Versand als E-Mail). Dann kann der Empfänger über den Verweis direkt zur Information auf dieser Seite springen, soweit er mit seinem Internetbrowser Zugriff darauf hat.

Wir schlagen die folgende Vorgehensweise bei der Eingabe der URL vor:

1. Geben Sie die Adresse direkt als Text ein, und markieren Sie diese.

2. Rufen Sie die Funktion über das Symbol für URL EINFÜGEN (⊡) auf.

3. Der markierte Text wird automatisch unterstrichen und andersfarbig dargestellt.

URL-Eingabemodus von Beginn an wählen   **[+]**

Alternativ können Sie den URL-Eingabemodus auch mit Beginn Ihrer Eingabe über die Zeichenformate anwählen. Über den Button RÜCKSETZEN FORMATE kehren Sie am Ende der Eingabe zur normalen Darstellung zurück. Die Kennzeichnung als Hyperlink geschieht also wie bei einem Zeichenformat.

Trackingfunktion in Hyperlinks nutzen

Die Funktion der Hyperlinks wird z. B. in SAP CRM für Mailinglisten verwendet. Der Empfänger einer E-Mail kann einfach über den Hyperlink direkt auf eine Internetseite mit weiteren Informationen verzweigen.

Im Rahmen von Marketingkampagnen besteht zusätzlich die Möglichkeit, ein Tracking für die E-Mails zu vergeben. Über das Tracking kann der Absender den Besuch einer Internetseite kontrollieren, die dem Geschäftspartner in der E-Mail genannt wurde. Für diese Funktion müssen bei der Erstellung des E-Mail-Textes nur zwei zusätzliche Sonderzeichen als Trackingsymbol eingefügt werden (die Zeichen ++ direkt hinter der URL).

Beim Versand einer E-Mail wird dieses Trackingsymbol durch eine eindeutige Tracking-ID ersetzt, die stellvertretend für eine Kombination aus Geschäftspartner und Kampagne steht. Wenn der Geschäftspartner dann die Seite besucht, kann diese ID gelesen und z. B. für eine namentliche Begrüßung genutzt werden.

Bei der Verwendung der Trackingfunktion muss die angesprochene Internetadresse zusätzlich auf eine Webseite verweisen, von der aus ein passender Funktionsbaustein zur Interpretation der Tracking-ID aufgerufen werden kann. Weitere Informationen hierzu finden Sie in der Dokumentation zu SAP CRM unter *http://help.sap.com*.

10.2.3 SAPscript-Editor (Ganzseiteneditor)

Über das Symbol ▨ in der linken Symbolleiste des *Inline-Editors* können Sie den vollständigen SAPscript-Editor aufrufen. Damit wird eine Textbearbeitung über die gesamte Bildschirmgröße möglich. Der Editor enthält zwei Modi:

▶ Als *grafischer PC-Editor* ist die Textdarstellung und die Bedienung ähnlich wie bei dem bisher beschriebenen kleineren Inline-Editor (allerdings steht – der Name sagt es – der gesamte Bildschirm als Eingabebereich zur Verfügung).

▶ Im eher traditionellen Modus als *Zeileneditor* ist manche Funktion eventuell weniger komfortabel, dafür ergeben sich in Einzelfällen andere Vorteile.

Zwischen diesen beiden Modi können Sie über den Menüpfad SPRINGEN • EDITOR EINSTELLEN… wählen. Auf der Registerkarte SAPSCRIPT finden Sie das zugehörige Attribut PC-EDITOR. Bei der Einstellung als Zeileneditor ergibt sich das Bild aus Abbildung 10.6.

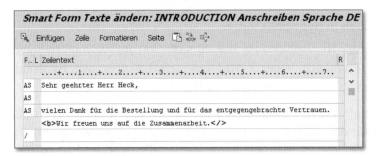

Abbildung 10.6 SAPscript-Editor in der Variante »Zeileneditor«

Der Textzeilenbereich im Zeileneditor beginnt mit einem Zeilenlineal. In den folgenden Zeilen kann Text erfasst werden. Die Absatzformate erscheinen hier mit ihrem Formatschlüssel links neben der Textzeile in einer speziellen, zweistelligen Formatspalte. In dieser Formatspalte ist auch die Wertehilfe zu finden. Sie liefert eine Liste der Absatzformate, die im aktuellen Stil hinterlegt sind.

Darüber hinaus gelten weitere grundlegende Formatierungen aus SAPscript, die auch Smart Forms »versteht«, auch wenn sie im Inline-Editor nicht zugewiesen werden können. Eine Übersicht über die Formate erhalten Sie über die Funktionstaste F1 in einem Eingabefeld der Formatspalte. Wenn Sie z. B. das Sonder-Absatzformat /* verwenden, wird der eingegebene Text als Kommentar klassifiziert. Er wird im Inline-Editor unter Smart Forms grau hinterlegt und nicht ausgegeben.

Im Textbereich selbst sind alle Zeichenformatierungen an Sonderzeichen zu erkennen, die direkt im Text eingefügt sind. In Abbildung 10.6 ist z. B. »Wir freuen uns auf die Zusammenarbeit« mit dem Absatzformat <b> als fett markiert. Wir betrachten im Folgenden die wichtigsten Formatanweisungen:

- **Zeichenformate <NN> ..</>**
  Alle Zeichen hinter dem Zeichenformatschlüssel ‹NN› werden entsprechend den Vorgaben im jeweiligen Format ausgegeben. Das Ende des Zeichenformats wird durch ‹/› angezeigt (siehe das Wort »Zusammenarbeit« in unserem Beispiel). Diese Formatzuordnungen können Sie auch direkt über die Tastatur eingeben: Bei der Rückkehr zum Inline-Editor von Smart Forms wird auch die grafische Bildschirmanzeige dort automatisch angepasst.

- **Tabulatorzeichen ,,**
  Zwei normale Kommata direkt hintereinander bedeuten bei der Ausgabeaufbereitung einen Tabulatorsprung. Falls im Absatzformat keine Tabulatorposition definiert ist, gilt der Abstand aus der Kopfinformation des Stils.

- **Felder (Symbole) &...&**
  Felder werden wie im Inline-Editor durch das &-Sonderzeichen geklammert; sie sind hier im Zeileneditor aber nicht grau hinterlegt. Sie können die Felder also wie normalen Text eingeben. (Vergessen Sie aber nicht die Überprüfung der Feldnamen im Inline-Editor.)

- **Sonderzeichen <(•&<)**
  Zeichen, die durch ‹(• eingeleitet werden, heben die Wirkung von Sonderzeichen auf, sodass diese normal ausgegeben werden können, wie alle anderen Zeichen auch. Das Ende der maskierten Zeichenfolge wird durch ‹)• festgelegt. Es können auch mehrere aufeinanderfolgende Zeichen einer Zeichenfolge gleichzeitig eingefasst werden.

10.2.4 Sonderzeichen im Text

Bei der bisherigen Darstellung der Ausgabe von Texten sind wir implizit immer davon ausgegangen, dass die zugehörigen Zeichen über die Tastatur in den Text-Knoten des Formulars eingegeben werden können.

Neben diesen Standardzeichen sind aber gerade im Formularwesen auch immer wieder Sonderzeichen gefragt. Das ist etwa der Fall, wenn vorhandene Vordrucke komplett über Smart Forms abgebildet werden sollen, z. B. Telefon- oder Faxsymbole oder auch vordefinierte Ankreuzfelder (Checkboxen), die gegebenenfalls handschriftlich auszufüllen sind.

Für diese Anwendung stehen im SAP-System verschiedene Typen von Sonderzeichen zur Verfügung. Da ein Textelement, das Sie unter Smart Forms anlegen, in Bezug auf die Textgestaltung die gleichen Möglichkeiten besitzt wie alle übrigen im System angelegten SAPscript-Texte, können dort auch Sonderzeichen eingebunden sein. Es können folgende Typen unterschieden werden:

- darstellbare Sonderzeichen im SAP-Zeichensatz
- SAP-Symbole
- SAP-Ikonen

SAP-Ikonen bzw. SAP-Symbole können über die normale Tastatureingabe nicht erzeugt werden, sondern nur über die Eingabe des internen Zahlencodes im Zeichensatz. Für die Darstellung im Text wird dieser Zahlencode in der Form ‹xxxxx› geklammert. Dabei steht xxxxx für die maximal fünfstellige Dezimalnummer des Zeichens in der SAP-Zeichensatzverwaltung. Diese Nummern sowie die Zeichennamen sind in der Spoolverwaltung (Transaktion SPAD) gepflegt. ‹769› steht beispielsweise für das Symbol 769 mit Namen ICON_CHECKED.

Eingabe der Sonderzeichen

Die Sonderzeichen können nicht direkt im Text-Knoten unter Smart Forms eingegeben werden, stattdessen nutzen Sie wieder den SAPscript-Editor. Diesen rufen Sie über den Button TEXTEDITOR (🖉) am linken Rand des Text-Knotens auf.

Die Auswahl bzw. Eingabe eines Sonderzeichens erfolgt im SAPscript-Editor über EINBINDEN • ZEICHEN bzw. über die drei dort untergeordneten Menüpunkte, auf die wir in den folgenden Abschnitten näher eingehen. Sie können alle Sonderzeichen beliebig zwischen Standardzeichen im Text einfügen oder ausrichten (z. B. über Tabulatoren).

Untermenü »Darstellbare Zeichen«

Die Zeichen, die Sie im Untermenü DARSTELLBARE ZEICHEN finden, sind zwar in gängigen Zeichensätzen (ISO 8859-1) enthalten, aber als Sonderbelegungen im Normalfall nur schwer über die Tastatur erreichbar. Nach der Eingabe werden sie wie Standardzeichen mit Inhalt auf dem Bildschirm dargestellt.

Wenn Sie das Untermenü DARSTELLBARE ZEICHEN wählen, erhalten Sie eine Liste dieser Sonderzeichen. Die Eingabemaske (siehe Abbildung 10.7) bietet zusätzlich den Vorteil, dass sich auch mehrere Sonderzeichen in einem Aufruf auswählen lassen.

Abbildung 10.7 Darstellbare Zeichen im Systemzeichensatz

Untermenü »SAP-Symbole«

SAP-Symbole werden üblicherweise über den Sonderzeichensatz »SAPDings« auf einem Drucker ausgegeben. Bei der Ausgabe bleiben gewisse Formatierungen erhalten (z. B. Schattierung), die im Text-Knoten hinterlegt sind. Keine Wirkung zeigen allerdings Zeichenformatierungen wie Fett oder Kursiv.

Symbole sind nicht direkt am Monitor darstellbar. Im Text unter Smart Forms wird deshalb nur der interne Zahlencode dargestellt, ähnlich wie bei Datenfeldern.

Wählen Sie Menü EINBINDEN • ZEICHEN • SAP-SYMBOLE, um SAP-Symbole einzufügen. Es erscheint eine Auswahlliste wie in Abbildung 10.8.

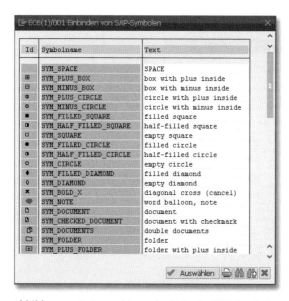

Abbildung 10.8 Auswahl aus der Liste der SAP-Symbole

Nach der Wahl eines Eintrags wird automatisch die zugehörige interne Nummer in den Text eingefügt.

Der SAPscript-Editor in der zeilenorientierten Version zeigt die Klammerung, wie sie in Abbildung 10.9 dargestellt ist. In der Version als grafischer PC-Editor ist die Anzeige der Zahlen grau hinterlegt wie bei Datenfeldern (und gilt damit auch für die Darstellung im Inline-Editor von Smart Forms).

Abbildung 10.9 SAP-Symbole im SAPscript-Editor

Wenn Ihnen die Nummer eines Sonderzeichens bekannt ist, können Sie diese Nummer samt Klammerung gegebenenfalls auch direkt im Editor eingeben.

Untermenü »SAP-Ikonen«

SAP-Ikonen sind kleine Grafiken, wie sie in den SAP-Bedienelementen zu finden sind. Die Darstellung im Text unter Smart Forms erfolgt wie bei Symbolen über die interne Zeichennummer.

Für den Zugriff auf SAP-Ikonen wählen Sie die dritte Variante über das Menü EINBINDEN • ZEICHEN • SAP-IKONEN. Es erscheint eine Auswahlliste wie in Abbildung 10.10.

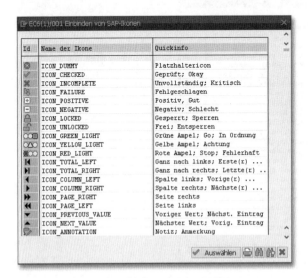

Abbildung 10.10 Auswahl der Liste der SAP-Ikonen

Auch die Ikonen werden über den zugehörigen Nummerncode im Text dargestellt.

Die Sonderzeichen SAP-Symbole und -Ikonen erscheinen nicht in der SAP-Druckvorschau. Um sie zu sehen, müssen Sie sie über ein Ausgabegerät ausgeben, was aber auch nicht auf allen Druckern möglich ist (Angaben zu den verwendbaren Gerätetypen finden Sie weiter unten in diesem Abschnitt).

Ausgabe auf Drucker

Nicht immer wird ein Sonderzeichen, das Sie in den Text-Knoten des Formulars eingefügt haben, auch auf Ihrem Drucker erscheinen. Um dies zu erreichen, muss das Zeichen sowohl im SAP-Systemzeichensatz als auch im verwendeten Druckerzeichensatz vorhanden sein.

Deshalb sollten Sie vor der Verwendung eines Sonderzeichens dessen Ausgabe testen. Im Folgenden nennen wir zunächst einige Möglichkeiten, wie Sie das SAP-System bei diesen Tests unterstützen kann.

Eine Übersicht zu darstellbaren Zeichen bietet u. a. der Standardtext SAP-SCRIPT-DRUCKERTEST, der darüber hinaus auch noch Beispiele für Schriften und Formatierungen enthält. Sie können den Standardtext direkt über die Transaktion SO10 aufrufen und ausgeben oder wahlweise auch in ein Formular unter Smart Forms einbinden. In letzterem Fall gehen Sie folgendermaßen vor:

1. Erzeugen Sie ein neues Formular unter Smart Forms.

2. Weisen Sie als Stil S_TEST zu (als Ausgabeoption bei den Formularattributen).

3. Legen Sie im Hauptfenster MAIN einen Text-Knoten an.

4. Ändern Sie den Texttyp auf Include-Text, und füllen Sie die Attribute wie folgt:

   ▸ Textname SAPSCRIPT-DRUCKERTEST

   ▸ Textobjekt TEXT

   ▸ Text-ID ST

5. Speichern und aktivieren Sie das Formular.

6. Wählen Sie TESTEN ([F8]-Taste), und bestätigen Sie die Folgedialoge, bevor Sie die Druckvorschau starten können. Von dort können Sie auch die Druckausgabe anstoßen. Ein Rahmenprogramm ist dazu nicht erforderlich, da Informationen im Formular hinterlegt sind.

Speziell für den Test der Druckausgabe von SAP-Symbolen und -Ikonen existieren im SAP-System die ABAP-Reports für SAP-Symbole (RSTXSYMB) und für SAP-Ikonen (RSTXICON). Nutzen Sie diese beiden Reports, um herauszufinden, welche dieser Sonderzeichen sich auf den von Ihnen verwendeten Druckern ausgeben lassen. Die Reports testen wahlweise die Ausgabe mittels ABAP-Listendruck oder über Formulardruck (wobei ein SAPscript-Standardformular für die Ausgabe verwendet wird).

Grundsätzlich kann ein SAP-Symbol oder eine SAP-Ikone nur ausgegeben werden, wenn es bzw. sie im SAP-Systemzeichensatz und im verwendeten Druckerzeichensatz enthalten ist. Dafür sind u. a. die folgenden Druckertreiber/Gerätetypen vorbereitet:

▶ HPL2 (PCL-5-Drucker, z. B. HPLJ4, HPLJ5, HPLJ5SI, HPLJ4000)

▶ POST (PostScript-Drucker, z. B. POSTSCPT, POST2)

▶ PRES (PRESCRIBE-Drucker, z. B. KYOFS150, KYOFS170)

▶ SWIN (Gerätetypen SAPWIN/SWIN).

Zeichensatz des Ausgabegeräts

Primär ist der Zeichensatz (Codepage) des Ausgabegeräts dafür verantwortlich, welche Sonderzeichen ausgegeben werden können. Die Einstellung dieses Zeichensatzes ist üblicherweise Aufgabe der Basisadministration und nicht der Formularerstellung. Wir möchten trotzdem kurz darauf eingehen.

Eine Liste aller Zeichensätze des SAP-Systems finden Sie in der Spoolverwaltung im Menü WERKZEUGE • CCMS • SPOOL • SPOOLVERWALTUNG (Transaktion SPAD). Wählen Sie dort VOLLE ADMINISTRATION und dann die Registerkarte ZEICHENSÄTZE.

Sie können sich auch den individuellen Zeichensatz anzeigen lassen, der einem bestimmten Ausgabegerät hinterlegt ist (definiert über zugehörigen Gerätetyp). Dies sind die hierzu erforderlichen Schritte:

1. Rufen Sie die Spoolverwaltung über den Transaktionscode SPAD oder den oben genannten Menüweg auf.

2. Wählen Sie das Ausgabegerät, dessen Zeichensatz Sie anzeigen wollen. In der Detailsicht zum Ausgabegerät sehen Sie oben rechts den zugehörigen Kurznamen (vierstellig). Dieses Kürzel benötigen Sie im nächsten Schritt.

3. Wählen Sie das Menü HILFSMITTEL • ZEICHENSÄTZE • TESTDATEN (ZEICHEN).

4. Tragen Sie jetzt als Ausgabegerät das vierstellige Kürzel ein, und starten Sie den Report über die Funktionstaste ⌨F8.

Als Ergebnis erhalten Sie eine Liste aller Zeichen des Zeichensatzes, der für dieses Ausgabegerät eingestellt ist. Diese Liste ist als Spoolauftrag angelegt, die endgültige Ausgabe müssen Sie gegebenenfalls anstoßen.

Eigentlich ist der Drucker-Zeichensatz im Gerätetyp hinterlegt. Zusätzlich sorgen passende Print Controls innerhalb des Druckertreibers dafür, dass z. B. bei der Änderung eines Druckerfonts im Formular auch der passende Zeichensatz eingestellt wird (dies erfolgt automatisch). Dafür vorgesehen sind die folgenden Print Controls:

- **SF<nnn>**
  Dieses Print Control sorgt für die Wahl des durch die Kennung <nnn> angegebenen Druckerfonts. Dort ist üblicherweise auch die Codierung für die Einstellung des passenden Druckerzeichensatzes hinterlegt (verwendet in den SAPscript-Druckertreibern).

- **S<nnnn>**
  Dieses Print Control sorgt für die Wahl eines individuellen Zeichensatzes, der durch nnnn identifiziert ist (0001 bis 9999, z. B. Codepage 4001). Üblicherweise sind die Einträge aber leer, da die Steuerung über SF<nnn> erfolgt.

Weitere Informationen zu diesem und dem vorherigen Abschnitt finden Sie im Buch »Drucken mit SAP« von Michael Szardenings, das bei SAP PRESS erschienen ist.

10.2.5 Textverwaltung

An den unterschiedlichsten Stellen im SAP-System werden Texte zur Beschreibung des jeweiligen Objekts benötigt (z. B. als Erläuterungen zum Material, als besondere Vereinbarungen im Verkaufsbeleg oder als Verpackungshinweise im Lieferbeleg). Diese erläuternden Texte werden innerhalb der Anwendung über den SAPscript-Editor erstellt und in zentralen Datenbanktabellen abgelegt. Sie lassen sich über Include-Text-Knoten auch in ein Formular von Smart Forms einbinden.

Jeder Text erhält bei der Neuanlage einen Namen. Dieser Name wird entweder vom Anwender eingegeben (z. B. bei Anlage von Standardtexten) oder automatisch vom System vergeben (z. B. im Rahmen einer Anwendung).

Um bei der großen Menge an Texten im SAP-System eine Eindeutigkeit in der Zuordnung sicherzustellen, existieren neben dem Namen zwei weitere Merkmale, nach denen alle Texte kategorisiert sind:

473

▶ **Textobjekt**

Zu jedem Text muss ein übergeordnetes Bezugsobjekt existieren. Es kennzeichnet das globale Umfeld, in dem ein Text steht. Tabelle 10.1 zeigt einige Beispiele.

Das Kürzel ist durch das Objekt bestimmt, über das die Textverarbeitung aufgerufen wurde. Wenn Sie also in der Transaktion zum Materialstamm einen Materialgrundtext anlegen, erzeugt das System im Hintergrund automatisch einen Text mit dem Objekteintrag MATERIAL.

Alle Texte, die unabhängig von einem speziellen Objekt angelegt sind, werden als SAPscript-Standardtexte bezeichnet und erhalten das Textobjekt TEXT. Sie pflegen Sie über das Einstiegsmenü zu SAPscript (Transaktion SO10).

Textobjekt	Beschreibung
MATERIAL	Materialstammsatz
VBBK	Vertriebsbeleg Kopftext
VBBP	Vertriebsbeleg Positionstext
TEXT	Standardtext zu SAPscript

Tabelle 10.1 Textobjekte

▶ **Text-ID**

Die Text-ID unterscheidet verschiedene Typen von Texten innerhalb eines Textobjekts; an anderer Stelle wird auch der Begriff *Textart* verwendet. Tabelle 10.2 zeigt Beispiele zum Textobjekt TEXT, den SAPscript-Standardtexten.

Text-ID	Beschreibung
ST	Benutzerspezifische Standardtexte (Individualtexte)
ADRS	Adressangaben, die als Texte bei Org-Einheiten wie VkOrg, Versandstelle usw. hinterlegt sind (Adresse-, Kopf-, Fuß-, Grußtext)
SDTP	Zahlungsbedingungen

Tabelle 10.2 Text-IDs zum Textobjekt »Text«

Alle SAPscript-Texte sind abhängig von Mandant und Sprache, ein Text wird also jeweils individuell mit diesen Merkmalen gespeichert.

Über Transaktion SE75 pflegen Sie die Merkmale Textobjekt und Text-ID. Eine Liste der im System hinterlegten Textobjekte bzw. Text-IDs mit ihren

Bezeichnungen können Sie auch direkt im Include-Text-Knoten über die Wertehilfe in den beiden Feldern abrufen.

Verwendung von Texten im Anwendungskontext [«]

Bei der Bearbeitung von Texten im jeweiligen Objekt (z. B. Verkaufsbeleg) wird meist von *Textarten* gesprochen statt von Text-IDs. Welche Textarten verwendet werden können, ist über ein Textschema im jeweiligen Objekt festgelegt (das immer nur Textarten mit der Kennung des zugehörigen Textobjekts enthält). Textinhalte müssen nicht immer neu eingegeben werden, viel häufiger werden Kopien aus Vorgängerbelegen erzeugt (Textfindung). Für diese automatische Zuordnung von Textinhalten sind Zugriffsfolgen verantwortlich, die einen beteiligten Stammdatensatz auf mögliche Inhalte hin überprüfen (um z. B. Texte aus dem Materialstammsatz in den Verkaufsbeleg zu übernehmen).

Belegtexte unter Smart Forms

Wenn Sie innerhalb einer Anwendungstransaktion einen Text bearbeiten (z. B. im Materialstammsatz), erfolgt dies überwiegend über einen Kurztext-Editor wie z. B. den Inline-Editor. Um festzustellen, mit welchem Namen und mit welchen Merkmalen dieser Text im System abgelegt ist, gehen Sie wie folgt vor:

1. Rufen Sie den SAPscript-Editor (Ganzseitenversion) auf. Im jeweiligen Erfassungsbild können Sie immer auch dorthin wechseln.

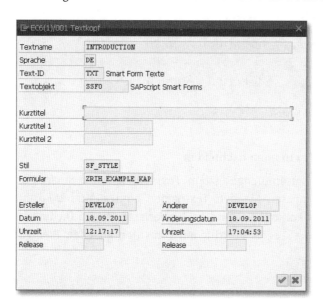

Abbildung 10.11 Attribute im Textkopf

2. Wählen Sie dort die zeilenorientierte Variante und dann den Menüpfad SPRINGEN • KOPF.

3. Abbildung 10.11 zeigt eine Übersicht zu den Klassifikationsmerkmalen des aufgerufenen Textes.

Positionstexte mit zusammengesetzten Namen

Unser Beispiel des Grundtextes bezieht sich auf die Textverwaltung und ist vergleichsweise ein einfacher Fall. Es gibt allerdings auch komplexere Fälle, bei denen mehrere Parameter für die Bildung des Namens verantwortlich sind (z. B. bei Texten zu Belegpositionen). Diese Parameter werden bei der Neuanlage eines Textes aneinandergehängt, um den Textnamen zu erhalten. Tabelle 10.3 zeigt einige Beispiele. Jeweils in Klammern eingeschlossen finden Sie die Anzahl der Zeichen, die das jeweilige Element zum Textnamen beiträgt.

Objekt	Beschreibung	Elemente im Textnamen			
MATERIAL	**Materialstamm:** Grunddatentext	MatNr(18)			
MATERIAL	Vertriebstext	MatNr(18)	VkOrg(4)	VtWeg(2)	
KNA1	**Debitorenstamm:** Zentrale Texte	DebNr(10)			
KNA1	Vertriebstexte	DebNr(10)	VkOrg(4)	VtWeg(2)	Sparte(2)
VBBK	**Lieferbeleg:** Kopftexte	BelNr(10)			
VBBP	Positionstexte	BelNr(10)	PosNr(6)		
EKPO	**Bestellung:** Positionstext	BelNr(10)	PostNr(5)		

Tabelle 10.3 Textablage im System

Zusammengesetzte Textnamen nachbilden

Wenn Sie Texte mit zusammengesetztem Textnamen unter Smart Forms ansprechen wollen, müssen Sie den Textnamen äquivalent im Formular nachbilden. Das heißt konkret Folgendes: Die Variable, die im Include-Text-Knoten den Namen des Textes vertritt, muss aus den gleichen Elementen aufgebaut sein.

Die Ermittlung des Variableninhalts muss über einen vorgeschalteten Programm-Knoten erfolgen. Listing 10.1 zeigt das Vorgehen bei einem Text zur Lieferposition:

```
1 *&------------------------------------------------------------&*
2 * Get Name of item-text in Delivery
3   CLEAR TEXT_NAME.
4   TEXT_NAME(10)   = GS_IT_GEN-DELIV_NUMB.      "Number of Delivery
5   TEXT_NAME+10(6) = GS_IT_GEN-ITM_NUMBER.      "Item-number
6 * Alternative using WRITE
7 * TEXT_NAME = GS_IT_GEN-DELIV_NUMB.
8 * WRITE GS_IT_GEN-ITM_NUMBER TO TEXT_NAME+10(6).
```

Listing 10.1 Namen eines Positionstextes ermitteln

Eingangswert des Programm-Knotens ist eine Feldleiste GS_IT_GEN mit allgemeinen Angaben zur Position, die von der Formularschnittstelle zur Verfügung gestellt wird. Sie enthält insbesondere DELIV_NUMB als Lieferungsnummer und ITM_NUMBER als Nummer der aktuellen Position. Ausgabeparameter ist unsere Textvariable TEXT_NAME, die dann bei der Ausgabe des Formulars den Textnamen enthält. Listing 10.1 hat folgende Aufgaben:

1. Im ersten Schritt wird die Variable geleert (Zeile 4). Dann wird die Lieferscheinnummer mit zehn Zeichen in die Textvariable TEXT_NAME übernommen, wobei führende Stellen automatisch mit 0 belegt sind (Zeile 5). Die letzte Zeile erweitert die Textvariable nochmals um die sechsstellige Positionsnummer. Über den Offset 10 ist sichergestellt, dass die Positionsnummer hinten angehängt wird (Zeile 6).

2. Als Kommentar finden Sie im unten stehenden Quelltext eine alternative Programmierung, die zum gleichen Ergebnis führt (Zeilen 7–9).

3. Über den Programm-Knoten ergibt sich so ein Textname mit 16 Zeichen. Das entspricht der Formatierung, wie sie beim Abspeichern des Positionstextes erfolgt ist. Entsprechend wird der Text auch bei der Ausgabe des Formulars im SAP-System gefunden und kann in das Ausgabedokument übernommen werden.

Datenbanktabellen der Textablage

Texte im SAP-System werden in zentralen Tabellen der Datenbank gespeichert (siehe Tabelle 10.4):

Tabelle	Beschreibung
STXH	Kopfangaben der Texte (SAPscript- und Fremdformate)
STXL	SAPscript-Textzeilen (komprimiertes ITF-Format)
STXB	Textinhalte von Fremdformaten

Tabelle 10.4 Zentrale Tabellen der Datenbank

Die Speicherung der Zeilen in der Datenbanktabelle STXL erfolgt allerdings nicht nach den Zeilen, wie sie im SAPscript-Editor erscheinen, sondern in größeren Blöcken mit Binary-Format (Feld CLUSTD). Bei langen Texten erzeugt das System gegebenenfalls mehrere Blöcke (einzeln hochgezählt).

Da die Textinhalte verschlüsselt sind, kann das Lesen und Schreiben nur über passende Funktionsbausteine erfolgen (die bei einem *Include*-Text-Knoten natürlich automatisch aufgerufen werden).

Auch für die Suche nach Texten über bestimmte Merkmale steht ein Funktionsbaustein zur Verfügung (SELECT_TEXT). Die Selektion kann z. B. in einem Programm-Knoten sinnvoll sein, um zu sehen, welche Texte bei den vorgegebenen Kriterien angelegt sind.

ITF-Textformat

Die über den SAPscript-Editor erstellten Texte werden im ITF-Format (Interchange Text Format) bearbeitet und gespeichert. Das ITF-Format ist ein lesbares Format, d. h., es besteht nur aus Zeichen, die im Zeichensatz oberhalb des Leerzeichens stehen. Zudem besteht es aus zwei Teilen, dem Formatfeld und dem eigentlichen Zeileninhalt. Bestimmte Elemente des Formats sind fest vorgegeben (z. B. das Absatzformat '/' für eine neue Zeile oder '/:' zur Kennzeichnung des Zeileninhalts als Steuerkommando. Andere Elemente wie z. B. die Namen von Absatzformaten oder Zeichenformaten können vom Anwender im Rahmen der Stil- und Formularpflege festgelegt werden.

Bei der Ausgabe eines Formulars übernimmt der Composer die Aufgabe, einen im ITF-Format vorliegenden Text aufzubereiten und in ein Format zu überführen, dass die Druckdarstellung repräsentiert. Dieses Format wird OTF (Output Text Format) genannt. Es enthält alle Informationen über den Zeilen- bzw. Seitenumbruch.

Fremdformate

In neueren SAP-Releases besteht auch die Möglichkeit, Texte über ein externes Standard-Textverarbeitungssystem auf dem Frontend-PC zu verarbeiten (z. B. Microsoft Word). Dieses lokale Programm wird dabei vom SAP-System ferngesteuert. Die Ablage der dort angelegten Texte erfolgt ebenfalls in der SAP-Datenbank, allerdings im Format des verwendeten Textprogramms (DOC, RTF etc.). Die Dokumenteninhalte werden gesondert in der Datenbanktabelle STXB gespeichert.

Die Klassifizierung über Textobjekt und Text-ID findet sich auch bei diesen Fremdformaten wieder. Wird ein solcher Text zur Bearbeitung aufgerufen, startet SAPscript das zugeordnete Anwendungsprogramm auf dem lokalen PC.

Texte in Fremdformaten können nicht in Formulare unter Smart Forms übernommen werden. Sie lassen sich zwar technisch wie SAPscript-Texte in ein Formular einbinden (per Includes); mangels passender Übersetzung des Textinhalts besteht die Ausgabe aber vor allem aus unerwünschten Steuerzeichen.

Formulartexte unter Smart Forms

Texte in Formularen und Textbausteinen zu Smart Forms sind unabhängig von Mandanten (anders als sonstige SAPscript-Texte). Sie werden zeilenweise in einer eigenen Datenbanktabelle STXFTXT gespeichert (mit Knoten- und Formularnamen als zentralen Merkmalen). Diese Texte sind auch nur über die Transaktionen zu Smart Forms aufrufbar.

10.3 Nachrichtenfindung und -steuerung

Die Nachrichtensteuerung ist ein übergreifendes Konzept, um Formulare in Anwendungen zu integrieren. Zudem bietet sie Einstellungen, die die Ablage und Verknüpfung von Dokumenten über SAP ArchiveLink mit Business-Objekten ermöglichen (mehr dazu in Abschnitt 11.2, »SAP ArchiveLink«).

10.3.1 Übersicht

Mit Smart Forms erstellte Formulare können in allen gängigen Applikationen des SAP-Systems eingesetzt werden, in denen eine formularorientierte Ausgabe erforderlich ist. Für eine Reihe von Applikationen werden von SAP bereits Musterformulare mit entsprechenden Rahmenprogrammen zur Verfügung gestellt (z. B. in SAP ERP HCM, FI, SD und SAP CRM).

Der Anstoß zur Ausgabe der Formulare erfolgt seitens der Applikation über die jeweilige Nachrichtensteuerung. Dort müssen die Formulare samt Rahmenprogrammen also zunächst einmal eingebunden sein. Das aber ist selbst bei den SAP-eigenen Musterformularen zu Smart Forms nicht immer der Fall. Zur Einbindung Ihrer Formulare sind die folgenden Schritte notwendig:

1. Arbeitskopie vom Muster erstellen

2. Kopie in Smart Forms überarbeiten

3. neues Formular in die jeweilige Nachrichtenfindung einbinden

Leider ist auch heute noch die Systematik zur Nachrichtensteuerung innerhalb der einzelnen Applikationen recht unterschiedlich aufgebaut. Deshalb können wir hier auch kein einheitliches Verfahren beschreiben, wie Formulare eingebunden werden müssen. Wir möchten das Vorgehen aber wenigstens anhand einzelner Beispiele erläutern (zur Einbindung von Formularen der SAP finden Sie entsprechende Hinweise aus dem SAP Corporate Portal in Anhang A.1).

[»] **Zeichenzahl für die Namen der SAPscript-Formulare**

Die bisherigen SAPscript-Formulare haben einen Namen mit maximal 16 Zeichen. Dafür sind häufig auch die Felder im Customizing ausgelegt, über die ein Formular der jeweiligen Applikation zugeordnet ist.

Obwohl der Formularname unter Smart Forms bis zu 30 Zeichen enthalten kann, ist es daher unter Umständen sinnvoll, den verwendeten Namen auf 16 Zeichen zu begrenzen.

Aus der Einbindung in die jeweilige Systematik der Nachrichtensteuerung ergibt sich im Einzelfall noch eine weitere Aufgabe: Wenn kein geeignetes Rahmenprogramm zur Verfügung steht (oder ein vorhandenes Rahmenprogramm geändert werden muss), muss bekannt sein, wie die jeweilige Nachrichtensteuerung vorgegebene Informationen an das Rahmenprogramm weiterleitet. Hierzu gehören Informationen über das Objekt, für das der Ausdruck z. B. mit einer Belegnummer erstellt werden soll, das vorgesehene Ausgabegerät mit den gewünschten Steuerparametern usw.

Diese Informationen müssen im Zugriff sein, damit das Rahmenprogramm entsprechende Daten aus den Datenbanktabellen lesen und dem Formular zur Verfügung stellen kann. Wir erläutern auch diese Seite der Nachrichtensteuerung anhand eines Beispiels. Beginnen wir aber mit der Einbindung der Formulare.

10.3.2 Nachrichtenfindung über Konditionstechnik

Eine Vielzahl der Applikationen im Logistikbereich verwendet heute als Basis der Nachrichtenfindung die Konditionstechnik. Dies ist ein Verfahren, das sich schon in vielen anderen Anwendungsbereichen des SAP-Systems bewährt. Verwendet wird die Nachrichtenfindung über Konditionstechnik u. a. in der Materialwirtschaft (Beschaffung) und im Vertrieb, wo besonders viele Formularausgaben erfolgen (Lieferung, Faktura etc.).

Mit der Erstellung eines Belegs (z. B. eines Lieferbelegs) ermittelt die Nachrichtenfindung automatisch Vorschläge zu den Nachrichten, die zu diesem Beleg erzeugt werden sollen. Das könnte z. B. ein Ausdruck auf Papier sein oder der Versand eines Faxformulars, die Übersendung einer E-Mail an den Kunden oder einen hausinternen Sachbearbeiter usw. Über die Nachrichtenfindung per Konditionstechnik kann eine solche individuelle Zusammenstellung der Nachrichten automatisch erfolgen.

Dies sind die wichtigsten Komponenten hierzu:

▸ Jedem Beleg wird automatisch ein Nachrichtenschema zugeordnet, in dem alle Nachrichtenarten enthalten sind, die zum Beleg ausgegeben werden sollen.

▸ Jede Nachrichtenart enthält die Informationen zum verwendeten Formular und Rahmenprogramm, aber auch Angaben dazu, wie und wann eine Nachricht ausgegeben werden soll (z. B. sofort beim Speichern des Belegs oder im Nachtversand).

▸ Für jede Nachrichtenart können Konditionssätze angelegt sein, die z. B. ein passendes Ausgabegerät enthalten (Fax, Drucker etc.). Diese Konditionssätze hängen von vielfältigen Merkmalen ab: Im Fall einer Lieferung ist sicher die Versandstelle ein sinnvolles Merkmal, damit der Lieferschein gegebenenfalls am zugehörigen Packplatz direkt ins Paket gelegt werden kann.

▸ Unter Umständen können auch mehrere Konditionssätze für eine Nachrichtenart hinterlegt werden (wenn z. B. bei einzelnen Kunden ein abweichendes Vorgehen gewünscht ist). Dann sorgt eine Zugriffsfolge dafür, dass immer nur der Konditionssatz mit der höchsten Priorität gezogen wird. Die Zugriffsfolge ist direkt der Nachrichtenart zugeordnet.

Ausführlicher als mit dieser Übersicht wollen wir das grundsätzliche Verfahren der Konditionstechnik auch nicht erläutern. Hierzu existieren detaillierte Beschreibungen, nicht zuletzt auch in der SAP-Online-Hilfe, die über *http:// help.sap.com* zu finden ist. Stattdessen möchten wir an einem praktischen Beispiel zeigen, wie Sie ein neues Formular in die Nachrichtenfindung mit Konditionstechnik einbinden.

10.3.3 Übungsbeispiel: Nachrichtenfindung über Konditionstechnik

Als Beispiel wählen wir wieder die Lieferung. Die beiden folgenden grundlegenden Schritte sind mindestens erforderlich, um ein neues Formular in die Nachrichtenfindung mit Konditionstechnik einzubinden:

1. Pflege einer Nachrichtenart mit den Angaben zum Formular
2. Nachrichtenart in das passende Nachrichtenschema einbinden, falls die Nachrichtenart vorher nicht existierte

Diese Einstellungen erfolgen im Customizing. Weitere Einstellungen sind nötig, wenn die erzeugten Nachrichten später automatisch ausgegeben werden sollen (z. B. Konditionssätze mit passenden Ausgabegeräten). Wir wollen die Ausgabe des Lieferscheins hier allerdings immer manuell anstoßen. Dies dürfte zumindest für die Dauer der Formularentwicklung auch der sinnvollste Weg sein.

Die Nachrichtenfindung über Konditionstechnik wird im Customizing der jeweiligen Applikation eingerichtet. Für den Vertrieb wählen Sie z. B. VERTRIEB • GRUNDFUNKTIONEN • NACHRICHTENFINDUNG. Alternativ dazu existiert eine zentrale Transaktion NACE, in der alle Applikationen mit ihren Einstellungen zur Nachrichtenfindung zusammengefasst sind. Im Folgenden greifen wir immer auf die Transaktion NACE zurück (dazu existiert im Customizing allerdings kein Menüpfad).

Nachdem Sie die Transaktion NACE aufgerufen haben, öffnet sich eine Liste aller vertretenen Applikationen (siehe Abbildung 10.12). Ausgehend von diesem Einstiegsbild, finden Sie unter dem Menü BEARBEITEN alle Einzelbearbeitungsfenster der Nachrichtenfindung. Markieren Sie zuvor die relevante Applikation (beim Lieferbeleg ist dies V2 – VERSAND).

Abbildung 10.12 Customizing der Nachrichtenfindung
über Konditionstechnik

Schritt 1: Nachrichtenart pflegen

In diesem Schritt werden die folgenden drei Einzeltätigkeiten zusammengefasst:

1. Nachricht kopieren

2. Formular zuweisen

3. Zeitpunkt der Ausgabe kontrollieren

Öffnen Sie im Menü in Abbildung 10.12 das Bearbeitungsbild zur Nachrichtenart. Es erscheint eine Liste aller angelegten Nachrichtenarten (siehe Abbildung 10.13).

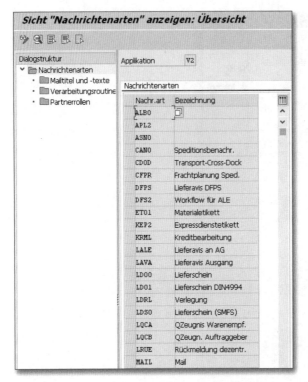

Abbildung 10.13 Nachrichtenarten

Wir gehen davon aus, dass Sie für ein neues Formular auch eine neue Nachrichtenart verwenden möchten. Erzeugen Sie diese durch Kopie einer vorhandenen Nachrichtenart. Am besten kopieren Sie die Nachrichtenart, die bisher für eine entsprechende Ausgabe zuständig war. In unserem Fall wäre das z. B. die Nachrichtenart LD00 für Standard-Lieferscheine. Gehen Sie folgendermaßen vor, um diese Nachrichtenart zu kopieren:

1. Erzeugen Sie die Kopie über den Menüpfad BEARBEITEN • KOPIEREN ALS (wechseln Sie gegebenenfalls vorher in den Bearbeitungsmodus).

2. Vergeben Sie danach ein Kürzel für die neue Nachrichtenart. Dieses muss dem Anwendernamensraum zugeordnet werden (also mit Y oder Z beginnen). Vergeben Sie darüber hinaus eine aussagekräftige Bezeichnung.

3. Bestätigen Sie die Eingaben mit der Funktionstaste ⏎.

4. Das System fragt nun, ob auch untergeordnete Tabelleneinträge mitkopiert werden sollen. Wählen Sie die Option ALLE KOPIEREN.

5. Sichern Sie dann die neue Nachrichtenart. Das System fragt nach einem Transportauftrag, den Sie gegebenenfalls auch neu anlegen können.

Nun müssen Sie das Formular zuweisen. Wählen Sie zur neuen Nachrichten-art den Themenbereich VERARBEITUNGSROUTINEN innerhalb der Dialogstruk-tur am linken Bildschirmrand.

Der Arbeitsbereich im rechten Bildschirmbereich erscheint jetzt, wie es in Abbildung 10.14 zu sehen ist. Hier sind alle Programme und Formulare hin-terlegt, die abhängig vom jeweiligen Ausgabemedium verwendet werden sollen. Bei den Ausgaben im Zuge des elektronischen Datenaustauschs kön-nen diese gegebenenfalls auch komplett ohne Formular erfolgen (dann exis-tiert nur ein Eintrag in der Spalte PROGRAMM).

Abbildung 10.14 Verarbeitungsroutinen zur Nachrichtenart

Um die Druckausgabe auf Formulare unter Smart Forms einzurichten, müs-sen Sie die Einträge in der zugehörigen Zeile ändern:

1. Die Spalte FORMULAR enthält Verweise auf bisherige SAPscript-Formulare. Dahinter folgt die Spalte PDF/SMARTFORM FORMULAR für das Formular unter Smart Forms. Löschen Sie also für das Medium DRUCKAUSGABE den Eintrag in der Spalte FORMULAR, und erzeugen Sie einen neuen Eintrag in der Spalte PDF/SMARTFORM FORMULAR. Um Schreibfehler zu vermeiden, sollten Sie die hinterlegte Wertehilfe nutzen. (Das Standardformular für Lieferungen heißt unter Smart Forms `LE_SHP_DELNOTE`.)

2. Auch die Spalte PROGRAMM enthält bisher noch den Namen des Rahmen-programms zur Verarbeitung eines SAPscript-Formulars. Ändern Sie auch diesen Eintrag. Das Standardprogramm für die Ausgabe des Lieferscheins zu Smart Forms ist `RLE_DELNOTE`.

3. Üblicherweise ist das Rahmenprogramm nicht direkt aufrufbar, sondern nur ein dort enthaltenes Unterprogramm. Die zugehörige Schnittstelle wird auch für den Austausch von Programmparametern genutzt. In Abschnitt 8.8.1, »Import-Standardparameter«, wird dieser Aspekt aus der Sicht des Rahmenprogramms dargestellt. Der bisherige Eintrag `ENTRY` zu

dieser Formroutine wird auch vom Rahmenprogramm `RLE_DELNOTE` verwendet und kann deshalb stehen bleiben.

[+] **Richtiges Formular/Rahmenprogramm finden**

Es kann gelegentlich etwas problematisch sein, das richtige Formular bzw. Rahmenprogramm für eine Anwendung zu finden. Für die Standardformulare der SAP existiert eine entsprechende Aufstellung (siehe dazu die Hinweise im SAP Corporate Portal bzw. in Anhang A.1).

Nun sollten Sie noch ein weiteres Attribut zur neuen Nachrichtenart kontrollieren, den Zeitpunkt:

1. Wählen Sie in der Dialogstruktur per Mausdoppelklick den Haupteintrag NACHRICHTENARTEN. Damit gelangen Sie zurück zur Hauptübersicht der Nachrichtenarten.

2. Wechseln Sie per Mausdoppelklick auf Ihre neue Nachrichtenart in die zugehörige Detailansicht.

3. Wählen Sie dann die Registerkarte VORSCHLAGSWERTE: Dort sollte als VERSANDZEITPUNKT der Eintrag VERSENDEN DURCH ANWENDUNGSEIGENE TRANSAKTION gewählt sein. Nur mit dieser Vorgabe können Sie bei der späteren Bearbeitung eines Lieferbelegs die Ausgabe selbst anstoßen.

[»] **Technischer Hintergrund**

Über den Eintrag im Feld VERSANDZEITPUNKT ist je nach Nachrichtenart hinterlegt, wann eine Nachricht ausgegeben werden soll. Das kann direkt beim Speichern eines Belegs sein, beim Anstoß durch den Anwender oder automatisch über einen Batch-Prozess.

4. Sichern Sie Ihre Eingaben, und ordnen Sie gegebenenfalls einen Transportauftrag zu. Sie befinden sich dann wieder in der Gesamtübersicht aller Nachrichtenarten.

5. Über die Funktionstaste `F3` kehren Sie zurück zur Gesamtübersicht aller Applikationen.

[+] **Datenbanktabelle TNAPR**

Die Angaben unter den Verarbeitungsroutinen sind in der Datenbanktabelle TNAPR gespeichert. Sie können die dortigen Einträge überprüfen (z. B. mit der Transaktion SE16), um festzustellen, in welchen Applikationen ein Formular oder Rahmenprogramm aktuell bereits eingesetzt ist.

Schritt 2: Nachricht in das Nachrichtenschema einbinden

In diesem Schritt werden folgende Einzeltätigkeiten zusammengefasst:

1. Nachrichtenart in das Nachrichtenschema einbinden
2. Nachrichten im Beleg zuordnen
3. Nachricht hinzufügen
4. Nachrichtenausgabe anstoßen

Ein Nachrichtenschema enthält alle Nachrichtenarten, die in einem Beleg anwählbar sein sollen. Dabei kann jedem Beleg immer nur ein Nachrichtenschema zugeordnet sein. Welches Schema das ist, wird vom System automatisch über eine Schemafindung eingestellt, auf die wir an dieser Stelle aber nicht näher eingehen werden.

Prüfen Sie, welches Schema relevant ist	**[+]**
Wenn Sie unsicher sind, welches Schema für Ihre Einstellungen relevant ist, sollten Sie Folgendes machen: Öffnen Sie einen Beispielbeleg Ihrer Applikation, für den Sie die Nachrichtenausgabe testen wollen. Im Bereich der allgemeinen Angaben zum Beleg befindet sich häufig auch ein Hinweis zum gefundenen Nachrichtenschema. Im Bearbeitungsbild zum Lieferbeleg finden Sie den Eintrag allerdings nur über die Analyse der Nachrichtenfindung.	

Wir binden zunächst die angelegte Nachrichtenart in das passende Nachrichtenschema ein. Folgende Einzelschritte sind erforderlich, um dieses Nachrichtenschema im Customizing der Nachrichtenarten (Transaktion NACE) zu erreichen:

1. Stellen Sie sicher, dass die Applikation V2 weiterhin markiert ist.
2. Wählen Sie dann den Menüpfad BEARBEITEN • SCHEMATA.
3. Es erscheint eine Liste aller im Rahmen der Applikation verwendeten Nachrichtenschemata. Markieren Sie für das Beispiel des Lieferbelegs den Eintrag V10000.
4. Wählen Sie dann per Mausdoppelklick den Eintrag STEUERUNG in der linken Dialogstruktur. Sie erhalten das Bearbeitungsbild wie in Abbildung 10.15.

Sie sehen alle im Nachrichtenschema enthaltenen Nachrichtenarten. Das heißt aber nicht, dass diese Nachrichten auch später alle zu einer Lieferung ausgegeben werden. Darüber entscheiden wieder andere Parameter, wie z. B. die Ausführungsbedingungen oder auch der Inhalt der Konditionssätze. Diese Parameter sind aber für unser aktuelles Ziel zur Einbindung der neuen Nachrichtenart nicht weiter relevant.

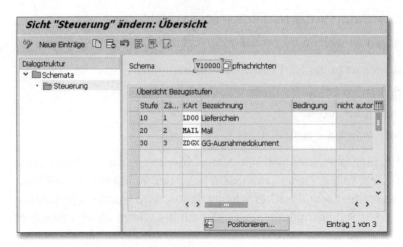

Abbildung 10.15 Nachrichtenarten im Nachrichtenschema

Beachten Sie die bisherige Nummerierung der einzelnen Nachrichtenarten. Bei der folgenden Anlage eines neuen Eintrags sollten Sie die bisherigen Nummern nicht verwenden. Wählen Sie stattdessen für den neuen Eintrag eine Zahl, die so groß ist, dass der Eintrag am Ende der Liste erscheinen wird. Auch hier wieder die Einzelschritte:

1. Erzeugen Sie über die Taste NEUE EINTRÄGE eine leere Eingabezeile.

2. Wählen Sie die neue Nummer in den Spalten STUFE und ZÄHLER, wie auch die neue Nachrichtenart.

3. Bestätigen Sie die Eingabe.

4. Sichern Sie Ihre Eingaben, und ordnen Sie gegebenenfalls wieder den Transportauftrag von oben zu.

5. Sie befinden sich nun wieder in der Gesamtübersicht aller Nachrichtenschemata. Mithilfe der Funktionstaste ⎡F3⎤ kehren Sie zur Gesamtübersicht der Applikationen zurück.

Bisher haben Sie im Customizing die Nachrichtenfindung eingerichtet. Damit besteht die Möglichkeit, dass eine Nachrichtenart für die konkrete Ausgabe als Nachricht im Beleg automatisch gefunden oder manuell zugeordnet werden kann. Für den Testbetrieb soll die manuelle Zuordnung reichen, auf die wir jetzt eingehen. Erst nach dieser Zuordnung lässt sich eine Nachricht erstmals ausgeben.

Jede Applikation, die auf die Nachrichtenfindung über Konditionstechnik zurückgreift, enthält in ihrer Bearbeitungstransaktion eine Verzweigung, um die Nachrichten zu pflegen, die im jeweiligen Beleg angelegt sind. Leider gibt es dafür aber keinen einheitlichen Menüpfad, üblich ist der Zugang über das Menü SPRINGEN oder das Menü ZUSÄTZE.

Unser bisheriges Beispiel der Nachrichtenfindung bezieht sich auf den Lieferbeleg; dessen Bearbeitungstransaktion ist VL02N (im SAP-Menü wahlweise unter VERTRIEB oder LOGISTIC EXECUTION zu erreichen). Wählen Sie eine beliebige Lieferung als Muster aus und dann die Funktionstaste ⏎.

Im dann folgenden zentralen Bearbeitungsbild zur Lieferung wählen Sie den Menüpfad ZUSÄTZE • LIEFERNACHRICHTEN • KOPF, um das Bearbeitungsbild zu den Nachrichten zu erreichen (siehe Abbildung 10.16).

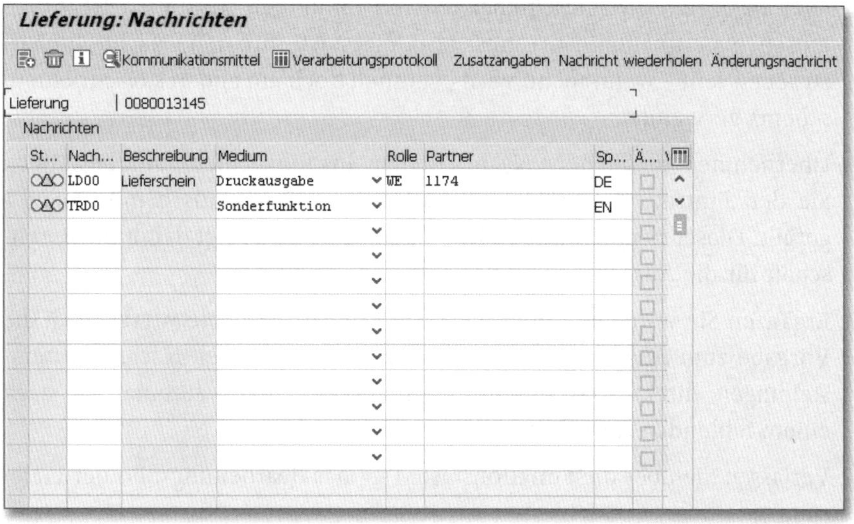

Abbildung 10.16 Nachrichten im Lieferbeleg

Sie sehen hier eine Liste aller Nachrichten, die bisher zum Beleg angelegt wurde. Ob die Nachrichten noch zur Ausgabe anstehen oder bereits abgearbeitet wurden, zeigt die Statusspalte in Form einer Ampel:

▶ **Rote Ampel** (Symbol ●○○)
Fehler bei der Übertragung an den Spooler, die Ausgabe wurde abgebrochen. Für diese Nachrichten existiert im Normalfall auch ein Eintrag im Nachrichtenfehlerprotokoll.

▶ **Gelbe Ampel** (Symbol ○●○)
Nachricht wurde noch nicht an den Spooler übergeben, bereit für den Ausgabeauftrag.

▸ **Grüne Ampel** (Symbol ◯◯■)
Die Nachricht wurde erfolgreich an den Spooler übertragen.

Sie können also nur Nachrichten in der Gelbphase über einen Ausgabeauftrag an den Spooler übergeben.

Die neu von Ihnen angelegte Nachrichtenart ist sicher nicht in der Liste vorhanden, denn eine automatische Zuordnung (Findung) erfolgt nur bei Neuanlage eines Lieferbelegs. Sie können eine solche Nachricht aber auch selbst hinzufügen:

1. Wählen Sie die erste freie Zeile in der Liste, und rufen Sie im Eingabefeld zur Nachrichtenart über die Funktionstaste [F4] die Wertehilfe auf. Alle jetzt angezeigten Nachrichtenarten sind im aktuell gewählten Nachrichtenschema enthalten. Dort muss also jetzt auch Ihre neue Nachrichtenart zu sehen sein – wenn nicht, wird eventuell doch ein anderes Nachrichtenschema verwendet.

2. Übernehmen Sie die neue Nachrichtenart ins Eingabefeld, und bestätigen Sie den Eintrag. Die anderen Felder werden automatisch mit Defaults gefüllt. Dieser neue Eintrag steht nun auf Gelb und zeigt damit die Bereitschaft für die Ausgabe.

3. Ergänzen Sie wahlweise über die Taste Kommunikationsmittel noch die Vorgabe zum Ausgabegerät, oder sichern Sie die neuen Nachrichteneinstellungen direkt. Das System fragt gegebenenfalls automatisch nach einem fehlenden Ausgabegerät.

4. Verlassen Sie über die Funktionstaste [F3] das Bearbeitungsbild der Lieferung.

Sie können die Nachricht nicht direkt aus einem Bearbeitungsbild zum Lieferbeleg ausgeben. Damit ist sichergestellt, dass alle Eingaben zuvor auch an die Datenbank übergeben worden sind (denn von dort werden die Daten für das Formular gelesen).

Starten Sie stattdessen die Ausgabe im Eröffnungsbild zum Lieferbeleg (Transaktion VL02N) über den Menüpfad Lieferung • Liefernachricht ausgeben. Es folgt eine Liste aller Nachrichten, die zuvor im Beleg mit einer gelben Ampel (◯◢◯) gekennzeichnet waren. Wählen Sie Ihre neue Nachricht und dann das Symbol 🖨 für die Druckansicht. Gegebenenfalls folgt eine Abfrage zum Ausgabegerät; dann wird aber endlich das gesuchte Formular ausgegeben. Auch aus diesem Fenster heraus können Sie die Ausgabe zum echten Druck an den Spooler weiterleiten.

[«]

Statusänderung bei Druckausgabe

Sie können eine Nachricht beliebig oft in die Druckvorschau holen. Bei einer echten Druckausgabe ändert sich auf jeden Fall der Status der Nachricht, je nach Erfolg entweder auf Rot (Symbol ●◯◯) oder auf Grün (Symbol ◯◯■). Diese Nachricht kann dann nicht mehr ausgegeben werden. Rufen Sie, um die Nachricht noch einmal auszugeben, das Nachrichtenbearbeitungsbild gegebenenfalls erneut auf, und tragen Sie die Nachrichtenart nochmals ein (oder duplizieren Sie mit der Taste WIEDERHOLEN den bisherigen Nachrichteneintrag).

Ablauf der Nachrichtenverarbeitung

Wir haben soeben erfolgreich eine Nachrichtenart angelegt, auf dieser Basis eine passende Nachricht in der Lieferung erzeugt und diese dann auch ausgegeben. Im Folgenden erläutern wir, wie diese Abläufe im SAP-System gesteuert sind. Diese Informationen sind vor allem dann wichtig, wenn Sie ein eigenes Programm in die Nachrichtenverarbeitung einbinden wollen.

Alle zum Beleg angelegten Nachrichten werden einheitlich mit den jeweils aktuellen Einstellungen (wie Drucker, Partner etc.) in der Datenbanktabelle NAST gespeichert (Nachrichten-Statussatz). Sie ist zentraler Ausgabepunkt für die weitere Verarbeitung: Von dort erhält z. B. auch das Rahmenprogramm zur Lieferung seine Eingangsinformationen.

In das Feld NAST-VSZTP wird bei der Anlage einer neuen Nachricht der Versandzeitpunkt aus der Nachrichtenart übernommen. Er bestimmt, wann das System die spezielle Nachricht ausführen soll (beim Speichern des Belegs, zu einem bestimmten Zeitpunkt etc.). Beim Produktivbetrieb wird die Datenbanktabelle NAST normalerweise über einen Report (z. B. RSNAST00) ausgewertet, der alle zur Ausgabe anstehenden Nachrichten selektiert, um sie dann über passende Ausgaberoutinen (Programm und Formular) z. B. an das Spoolsystem zu übergeben. Für unsere neue Nachrichtenart haben wir als Ausgabezeitpunkt ANWENDUNGSSPEZIFISCHE TRANSAKTION gewählt. Die so angelegten Nachrichten werden vom Report ignoriert und müssen stattdessen manuell angestoßen werden.

Über den Eintrag in die Datenbanktabelle NAST kennt das System die Nachrichtenart und kann damit auch die zugehörige Verarbeitungsroutine ermitteln (aus der Datenbanktabelle TNAPR). Die aktuellen Einträge beider Tabellen stehen auch dem Rahmenprogramm der Formularausgabe als globale Parameter zur Verfügung. Auf diese Weise kennt das Programm sowohl die passenden Ausgabeparameter (wie z. B. den Druckernamen) als auch das relevante Formular.

Im Gegenzug meldet das Programm den Erfolg oder Misserfolg der Ausgabe zurück, beim Lieferbeleg über einen Schnittstellenparameter RETURN_CODE. Dessen Inhalt wird in die Datenbanktabelle NAST fortgeschrieben und ist dann im Lieferbeleg als Ampelsignal sichtbar. Das zugehörige Tabellenfeld heißt NAST-VSTAT (z. B. mit 1 = verarbeitet), das zugehörige Verarbeitungsdatum findet sich gegebenenfalls im Feld NAST-DATVR.

Aufgetretene Fehlermeldungen werden ebenfalls übernommen und in zwei Datenbanktabellen fortgeschrieben, CMFK für Kopfinformation und CMFP mit den einzelnen Meldungen als Positionen. Über eine interne Protokollnummer im Feld CMFPNR sind alle Meldungen zu einer einzelnen Nachricht identifiziert.

[»] **Fehlermeldungen**

Fehlermeldungen werden nur bei einer echten Ausgabe der Nachricht erzeugt (z. B. beim Ausdruck); Meldungen zur Druckvorschau werden nicht in die Datenbanktabelle übernommen und sind aber auch nicht auf diesem Wege auswertbar.

Den Inhalt der Fehlertabellen können Sie im Rahmen der Applikation als Fehlerprotokoll zur Nachricht abrufen.

10.3.4 Formulare des Finanzwesens einbinden

Die bisher beschriebene Nachrichtenfindung über Konditionstechnik wird heute bereits in vielen Modulen der Logistik eingesetzt. In anderen Bereichen existieren darüber hinaus aber noch weitere individuelle Verfahren. Wir wollen hier beispielhaft die Einbindung eines neuen Mahnformulars erläutern.

Zunächst ist die Einbindung in das Rahmenprogramm erforderlich. Für das Mahnwesen über Smart Forms ist das Standardformular F150_DUNN_SF vorgesehen, von dem Sie zur Anpassung wieder Kopien anlegen sollten. Anders als in den bisherigen Betrachtungen ist das Rahmenprogramm, das dieses Formular mit Daten versorgt, jedoch selbst ein Funktionsbaustein (mit dem Namen FI_PRINT_DUNNING_NOTICE_SMARTF). Die Einbindung dieses Funktionsbausteins in die Applikation erfolgt wieder im Customizing:

1. Wählen Sie unter FINANZWESEN • GRUNDEINSTELLUNGEN die Transaktion zur Pflege der Business Transaction Events. Es öffnet sich ein leeres Bearbeitungsbild.

2. Rufen Sie dort über den Menüpfad EINSTELLUNGEN • PS-BAUSTEINE • EINER SAP-ANW. eine Liste von Business Transaction Events ab.

3. Ersetzen Sie in der Zeile mit EVENT 1720 und APPLK. FI-FI den bisherigen Eintrag zu SAPscript durch den neuen Funktionsbaustein zu Smart Forms.

4. Sichern Sie die Einstellungen.

Jetzt muss der Funktionsbaustein natürlich noch »wissen«, welches Formular verwendet werden soll. Das Formular muss also eingebunden werden. Hierzu gehen Sie folgendermaßen vor:

1. Die Einstellung erfolgt wieder im Customizing, diesmal unter FINANZWE-SEN • DEB.-/KREDITORENBUCHH. • GESCHÄFTSVORFÄLLE • MAHNEN • DRUCK im IMG. Wählen Sie dort MAHNFORMULARE ZUORDNEN.

2. Markieren Sie das gewünschte Verfahren (z. B. ZAHLUNGSERINNERUNG, 14TÄGIG), und wählen Sie im Navigationsbaum links z. B. die Aktivität FORMULARE FÜR NORMALES GERICHTLICHES VERFAHREN. Das System fragt nach dem gewünschten Buchungskreis.

3. Tragen Sie im Feld FORMULAR den Namen Ihres Formulars ein, das Sie unter Smart Forms erstellt haben. In der hinterlegten Wertehilfe werden allerdings nur SAPscript-Formulare aufgelistet. Da auch die interne Prüfroutine noch auf SAPscript-Formulare ausgelegt ist, erhalten Sie beim Speichern eine Warnmeldung. Diese Warnmeldung können Sie aber ignorieren.

10.3.5 QM-Formulare einbinden

Der Reklamationsbericht gehört zu den sogenannten Arbeitspapieren der QM-Meldungen. Wir wollen an dieser Stelle kurz darstellen, wie Sie den Reklamationsbericht im SAP-System aufrufen und im Customizing einrichten können. Der Originalname des Formulars unter SAPscript ist QM_COM-PLAIN, das Rahmenprogramm heißt RQQMRB01. Diese Kombination trägt als Arbeitspapier in der Meldungsbearbeitung die Nummer 5999.

Customizing

Die Einstellungen zur Ausgabe des Berichts finden Sie im Customizing-IMG unter QUALITÄTSMANAGEMENT • QUALITÄTSMELDUNG • MELDUNGSBEARBEI-TUNG • DRUCKSTEUERUNG • ... FORMULARE FESTLEGEN.

Zur Vereinfachung gehen wir davon aus, dass der Aufruf auch weiterhin über das Arbeitspapier 5999 erfolgen soll. Wir ersetzen also nur das bisherige SAPscript-Formular durch die neue Version unter Smart Forms (in der Entwicklungsphase sollten Sie stattdessen natürlich mit Kopien des Aufrufs beginnen).

Um das neue Formular unter Smart Forms einzubinden, wählen Sie zunächst den oben genannten Menüpfad:

1. Es folgt ein Dialogbild: Sie können dort ein Arbeitspapier definieren (ändern und neu anlegen) oder ein neues Arbeitspapier einer Meldungsart zusätzlich zuordnen. Wählen Sie ARBEITSPAPIERE DEFINIEREN.

2. Die folgende Abfrage zum Anwendungskreis beantworten Sie mit 'N' (= Meldungen).

3. Wählen Sie dann per Mausdoppelklick die Details zum gesuchten Arbeitspapier 5999 (= Reklamationsbericht).

4. Ändern Sie den Eintrag zum Ausgabeprogramm auf das neue Rahmenprogramm unter Smart Forms. Da dieses Programm aus dem bisherigen Eintrag migriert wurde, muss der Eintrag PRINT_PAPER als Formroutine erhalten bleiben.

5. Ändern Sie auch den Eintrag zum Formular auf den neuen Namen unter Smart Forms. Geben Sie den Namen direkt ein, denn die hinterlegte Wertehilfe berücksichtigt zurzeit nur SAPscript-Formulare. Das ist auch der Grund für die dann folgende Warnung FORM ... IN SPRACHE ... NICHT GEFUNDEN.

6. Speichern Sie den geänderten Eintrag. Trotz der Warnung zum Formular wird der Eintrag akzeptiert: Sie können den Bericht ab jetzt mithilfe von Smart Forms ausgeben.

[»] **Meldungsarten**

Der Reklamationsbericht ist als Arbeitspapier standardmäßig den Meldungsarten F2 und Q2 zugeordnet (Fehler bzw. Mängelrüge zum Lieferanten). Das ist relevant bei der Auswahl einer passenden Meldung auf der Anwendungsseite.

Reklamationsbericht ausgeben

Wählen Sie die Anwendung zur Verwaltung von Qualitätsmeldungen im SAP-Menü über den Pfad LOGISTIK • QUALITÄTSMANAGEMENT • QUALITÄTSMELDUNG.

1. Wir gehen davon aus, dass in Ihrem System bereits Qualitätsmeldungen erfasst sind. Wählen Sie deshalb ANZEIGEN (Transaktion QM03).

2. Suchen Sie danach über die Wertehilfe auf der Registerkarte LIEFERANT nach einer Meldung mit der Meldungsart F2 oder Q2, denn nur dort ist der Reklamationsbericht standardmäßig zugeordnet.

3. Öffnen Sie das Bearbeitungsbild zur gewählten Meldung. Veranlassen Sie von dort die Ausgabe über den Menüpfad MELDUNG • DRUCKEN • MELDUNG. Wählen Sie im folgenden Dialogbild das Arbeitspapier 5999. Hier steht auch wieder die Druckansicht zur Verfügung.

10.4 Post Processing Framework

Das Post Processing Framework (PPF) ist eine Basiskomponente des SAP Net-Weaver Application Servers ABAP und bietet SAP-Anwendungen die Möglichkeit, mit einer einheitlichen Schnittstelle eine zustandsabhängige Erzeugung von sogenannten Aktionen zu unterstützen. Eine Aktion ist z. B. das Drucken von Lieferscheinen, das Faxen von Auftragsbestätigungen oder das Auslösen eines Genehmigungsverfahrens.

Die Aktionen werden erzeugt, wenn bestimmte Bedingungen für eine Anwendung bzw. ein Dokument erfüllt sind. Abbildung 10.17 zeigt dieses Zusammenspiel. Ein Beispiel kann sein, dass ein bestimmter Status aufgrund der Genehmigung durch eine Person gesetzt wird. Ebenso ist eine Reaktion möglich, wenn ein bestimmtes Datum erreicht wird. Die Aktionen werden dann entweder direkt oder später in einem geplanten Report verarbeitet.

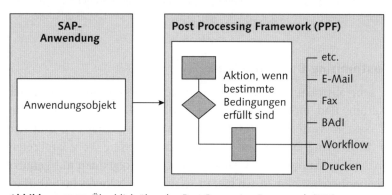

Abbildung 10.17 Überblick über das Post Processing Framework (PPF)

Da es sich hierbei um eine sehr umfangreiche und komplexe Technologie handelt, können wir hier nur einen Überblick über die Möglichkeiten geben. Weitere Informationen erhalten Sie in der SAP-Online-Hilfe unter der URL *http://help.sap.com.*

10.4.1 Architektur des Post Processing Frameworks

Betrachtet man das PPF technisch, stellt man fest, dass es rein objektorientiert umgesetzt ist und elegante Möglichkeiten zur Erweiterung bietet. Grundsätzlich kann jede SAP-Anwendung das PPF über eine einheitliche Schnittstelle nutzen. Innerhalb des PPF liegt eine flexible Implementierung vor, die es Ihnen ermöglicht, Scheduling-Logiken bzw. Merging-Logiken zu hinterlegen. Trifft eine dieser Bedingungen zu, besteht über die Konfiguration/Implementierung einer eigenen Aktion die Möglichkeit, verschiedene Folgeprozesse anzustoßen. Abbildung 10.18 zeigt dieses Zusammenspiel.

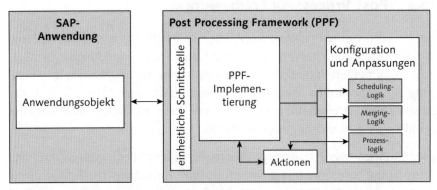

Abbildung 10.18 Technische Architektur des Post Processing Frameworks (PPF)

[»] | **Implementierungsleitfaden**

Im SAP-Hinweis 489334 finden Sie einen Implementierungsleitfaden, der Ihnen das konkrete Vorgehen sowie die technischen Hintergründe im Detail erläutert.

10.4.2 Customizing Buchdatenbank

Die zuvor sehr abstrakte Beschreibung möchten wir nun am Beispiel der Buchverwaltung und ihrer Konfiguration erklären. Dieses Beispiel ist in jedem SAP-System verfügbar. Das Zusammenspiel zwischen PPF und der konkreten Umsetzung basiert auf der Implementierung von konkreten Anwendungs- und Aktionsklassen. Diese werden im Folgenden nur genutzt und nicht näher beschrieben. (Auch hierzu erfahren Sie Näheres im SAP-Hinweis 489334.) Wir erläutern nun das Customizing für die Aktion zur Erzeugung einer E-Mail mit einem Smart-Forms-Formular.

1. Starten Sie die Transaktion SPPFC (siehe Abbildung 10.19).

2. Wählen Sie dort die Anwendung BUCHVERWALTUNG aus. Diese kann über die Funktionstaste F4 aus der Hilfe ausgewählt werden.

PPF: Einstieg ins Aktionscustomizing

Einstieg in das PPF Customizing

Geben Sie den Namen der Anwendung und den Modus an

Anwendung	
Einstieg in Aktionsprofilebene	
Modus	
Modus S = Anzeigen	
Modus U = Ändern	
Modus T = Transportieren	

Abbildung 10.19 Einstiegsbildschirm für das Customizing des PPF

3. Setzen Sie zudem das Feld Modus auf Anzeigen (Wert = S), und klicken Sie nun auf das Symbol 🔁. Es erscheint das Bild aus Abbildung 10.20. Im Folgebild sehen Sie die sogenannten Aktionsprofile. Das Aktionsprofil stellt die Schnittstelle zwischen der Anwendung und dem PPF dar. Es bietet eine Sicht auf das Anwendungsobjekt, das nur die Eigenschaften zeigt, die für das PPF von Interesse sind. Darauf basierend, werden die im Aktionsprofil bereitgestellten Eigenschaften genutzt, um die Bedingungen auszuwerten, die zum Einplanen von Aktionen führen.

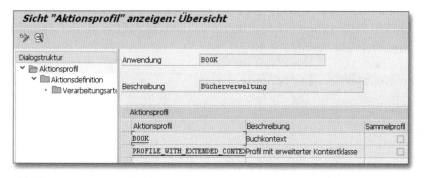

Abbildung 10.20 Beispielhafte Ansicht nach dem Betätigen der Drucktaste »Ausführen«

4. Per Doppelklick auf das Aktionsprofil Buchkontext (BOOK) wechseln Sie zu den Details des Profils (siehe Abbildung 10.21). Hier sehen Sie einen Beschreibungstext sowie den verwendeten Objekttyp. Sie können entweder eine persistente Klasse oder einen Business-Objekt-Repository-Typ wählen. Hier wurde der Business-Objekt-Repository-Typ PFFDEMO genutzt. Das Terminprofil legt fest, welche Arten von Terminen, Zeitdauern, Bezugsobjekten und Terminregeln in einer Anwendung benutzt werden dürfen.

Die Kontextklasse ist eine ABAP-Klasse, die die Attribute zur Verfügung stellt, die für die Findung von Aktionen durch das Post Processing Framework verwendet werden sollen.

Abbildung 10.21 Details des Aktionsprofils

5. Klicken Sie nun doppelt auf den Ordner AKTIONSDEFINITION, den Sie links im Baum finden. Abbildung 10.22 zeigt den Folgebildschirm. Per Doppelklick auf die Aktion END gelangen Sie dann in die Details der Aktionsdefinition (siehe Abbildung 10.23).

Abbildung 10.22 Liste der Aktionen zum Aktionsprofil BOOK

Sie haben innerhalb der Aktion verschiedene Möglichkeiten der Verarbeitung. Ein wichtiger Aspekt ist der Bereich EINSTELLUNGEN DER AKTION. Mit diesen Angaben können Sie das Auslösen bzw. das Verarbeiten der Aktion definieren. In dem hier dargestellten Beispiel ist eine Verarbeitung über

einen Selektionsreport (Inhalt des Feldes VERARBEITUNGSZEITPUNKT) möglich. Zusätzlich kann die Aktion im Dialog geändert (Feld IM DIALOG
ÄNDERBAR) bzw. auch ausgeführt (Feld IM DIALOG AUSFÜHRBAR) werden.
Die weiteren Einstellungen beeinflussen die Anzeige bzw. legen die Fin-
dungs- bzw. Verdichtungstechnik für Aktionen fest.

Abbildung 10.23 Details zur Definition der Aktion END

6. Letzter und wesentlicher Punkt ist nun die Einbindung eines Smart-Forms-
Formulars in diesem Umfeld. Führen Sie hierzu einen Doppelklick auf
dem Ordner VERARBEITUNGSARTEN links im Baum aus.

Sie können in den Verarbeitungsarten hier Smart Forms in verschiedenen
Verarbeitungsarten nutzen. Dazu zählt die Versendung als E-Mail, als Fax
oder als Druck. Allen Verarbeitungsarten ist gemeinsam, dass Sie im unteren Bildbereich Einstellungen vornehmen müssen, um einer Verarbeitungsart Eigenschaften mitgeben zu können.

7. Schauen wir uns die Verarbeitungsart SMART FORMS MAIL an. Um dorthin zu gelangen, markieren Sie die Verarbeitungsart SMART FORMS MAIL (siehe Abbildung 10.24) mit der Markierspalte links neben der Tabelle. Anschließend klicken Sie auf den Button VERARBEITUNG EINSTELLEN. Abbildung 10.25 zeigt die möglichen Einstellungen.

Abbildung 10.24 Verarbeitungsarten zur Aktionsdefinition END

Maileinstellungen		
Formularname	SPPFDEMO_BOOK_END	
Verarbeitungsklasse	CL_PROCESSING_DEMOBOOK_PPF	
Verarbeitungsmethode	PROCESS_SMART_FORM	
Archivmodus	Nur Mailen	

Abbildung 10.25 Details zur Verarbeitungsart Mail

Mit dem Eintrag im Feld FORMULARNAMEN verweisen Sie auf das Smart-Forms-Formular. Die VERARBEITUNGSKLASSE ist eine Erweiterung des PPF und wird von der Hauptklasse CL_SF_PROCESSING_PPF abgeleitet. Die Klasse implementiert den Aufruf des Smart-Forms-Formulars über die VERARBEITUNGSMETHODE PROCESS_SMART_FORM. Zu guter Letzt steuern Sie über den Archivmodus, ob das erzeugte Dokument ausschließlich gemailt (Nur Mailen) oder im Ablagesystem abgelegt (Nur Ablegen) wird oder ob beides zusammen erfolgen soll (Mailen und Ablegen).

10.4.3 Demoanwendung Buchdatenbank

Wir betrachten nun anhand der Demoanwendung einer Buchdatenbank von SAP, wie sich die Einstellungen in einer Anwendung widerspiegeln.

1. Wie zuvor erwähnt, ist dieses Beispiel in jedem SAP-System verfügbar und kann über PPF: Demo-Anwendung (Transaktion SPPFDEMO) gestartet werden (siehe Abbildung 10.26). Es handelt sich dabei um eine losgelöste Anwendung, letztendlich könnte so auch eine Integration in eigene Anwendungen aussehen.

Abbildung 10.26 Einstiegsbildschirm der PPF-Demoanwendung »Bücherverwaltung«

2. Geben Sie nun im Feld Buch ein 10-stelliges Kürzel für das Buch ein, und betätigen Sie das Symbol ⬭, um die Anlage des Buches zu starten.

3. Geben Sie in dem sich öffnenden Bildschirm auf der Registerkarte BUCH-DATEN beliebige Daten ein (ähnlich der Abbildung 10.27), und klicken Sie danach auf das Symbol ⊟. Das Buch wird angelegt.

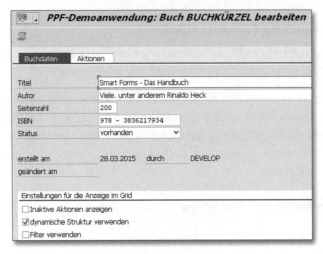

Abbildung 10.27 Anlage eines Buches

4. Wechseln Sie nun zur Registerkarte AKTIONEN. Dort werden Ihnen alle Aktionen vom Typ »Mail« angezeigt (siehe Abbildung 10.28). Nachdem Sie die Zeile BUCHVERKAUF markiert haben, kann über das Symbol ⊕ die Aktion ausgeführt werden.

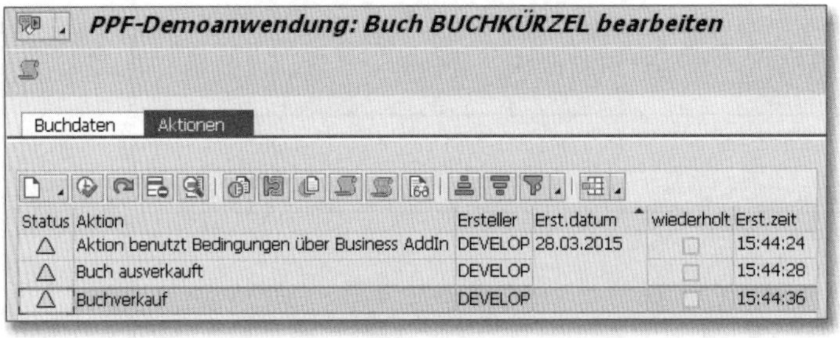

PPF-Demoanwendung: Buch BUCHKÜRZEL bearbeiten

Status	Aktion	Ersteller	Erst.datum	wiederholt	Erst.zeit
△	Aktion benutzt Bedingungen über Business AddIn	DEVELOP	28.03.2015	☐	15:44:24
△	Buch ausverkauft	DEVELOP		☐	15:44:28
△	Buchverkauf	DEVELOP			15:44:36

Abbildung 10.28 Aktionen vom Typ »Mail« in der Buchverwaltung

Die Einstellungen zur Aktion während der Ausführung haben wir uns in Abschnitt 10.4.2, »Customizing Buchdatenbank«, angeschaut.

In diesem Abschnitt haben wir Ihnen einen kleinen Einstieg in die Möglichkeiten des Post Processing Frameworks gegeben. In der SAP-Online-Hilfe unter *http://help.sap.com* finden Sie weitere Informationen und Tutorials zu diesem umfangreichen Thema.

10.5 Übungsbeispiel: Ein Formular mehrmals nutzen

In der täglichen Arbeit mit Smart Forms werden Sie immer wieder feststellen, dass die Fachbereiche meist sehr spezialisierte Formulare wünschen, um ihre jeweiligen Anforderungen erfüllt zu wissen. Bei der Prozessdokumentation bzw. der Protokollierung eines Standes werden Formulare genutzt, um den Datenstand zu einem Stichtag einzufrieren. Mithilfe des Formulars, das in diesem Beispiel vorgestellt wird, erhalten Sie das Grundlagenwissen, das Ihnen die tägliche Arbeit bei der Erstellung von Formularen erleichtert.

Die Grundidee des Formulars (siehe Abbildung 10.29) liegt in seinem Aufbau, der es ermöglicht, jeden beliebigen textuellen Inhalt einzufügen. Im Formular werden Tabellen geschickt mit Tabellen verknüpft, damit das Druckprogramm diese Tabellen mit Daten füllen kann. Auf diese Weise erreicht man, dass ein und dasselbe Formular z. B. für verschiedene Objekttypen in der Personalentwicklung wiederverwendet werden kann. Der hier dargestellte Aufbau des Formulars mit <NAME>; <WERT> und der Tabelle in der zweiten Spalte stellt eine Möglichkeit dar und kann entsprechend den Anforderungen angepasst werden.

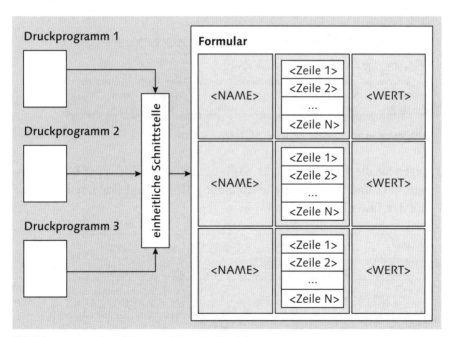

Abbildung 10.29 Grundidee vom Formular für vieles

Das Vorgehen zum Anlegen dieses Formulars entspricht der hier im Buch beschriebenen Vorgehensweise (siehe Kapitel 1, »Schnelleinstieg«). Hauptunterschied ist jedoch, dass es notwendig ist, von der eigentlichen Verwendung zu abstrahieren, damit die Wiederverwendbarkeit gewährleistet ist. Hier beschreiben wir die Schritte für das in Abbildung 10.29 gezeigte Formular.

10.5.1 Schritt 1: ABAP-Dictionary-Objekte für die Formularschnittstelle anlegen

Im ersten Schritt werden die notwendigen Strukturen für die Formularschnittstelle angelegt.

1. Wechseln Sie in den Object Navigator (Transaktion SE80), und navigieren Sie zu Ihrem Entwicklungspaket aus den vorangegangenen Kapiteln.

2. Legen Sie eine Struktur ZRIH_SF_ST_NAME_VALUE mit den Feldern der Komponenten NAME und VALUE an (siehe Abbildung 10.30), und aktivieren Sie diese mit der Tastenkombination $\boxed{\text{Strg}}$ + $\boxed{\text{F3}}$.

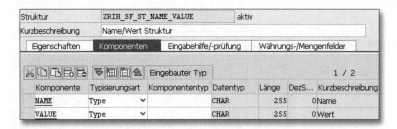

Abbildung 10.30 Struktur ZRIH_SF_ST_NAME_VALUE

3. Legen Sie die Struktur ZRIH_SF_ST_TABLE mit den Feldern der Komponenten INDEX und VALUE an (siehe Abbildung 10.31), und aktivieren Sie diese mit der Tastenkombination $\boxed{\text{Strg}}$ + $\boxed{\text{F3}}$.

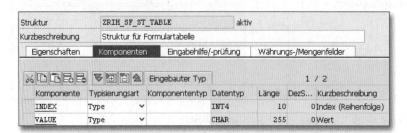

Abbildung 10.31 Struktur ZRIH_SF_ST_TABLE

4. Legen Sie nun einen Tabellentyp ZRIH_SF_TT_TABLE an, nutzen Sie als Zeilentyp die zuvor angelegte Struktur ZRIH_SF_ST_TABLE, und aktivieren Sie den Tabellentyp mit der Tastenkombination ⌈Strg⌉ + ⌈F3⌉ (siehe Abbildung 10.32).

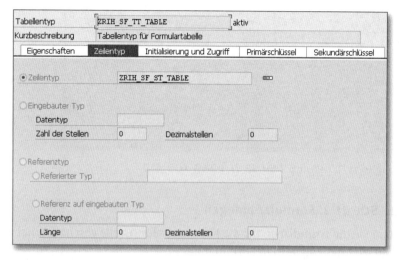

Abbildung 10.32 Tabellentyp ZRIH_SF_TT_TABLE

5. Legen Sie die Struktur ZRIH_SF_ST_FORM_FOR_ALL an, und aktivieren Sie diese mit der Tastenkombination ⌈Strg⌉ + ⌈F3⌉ (siehe Abbildung 10.33).

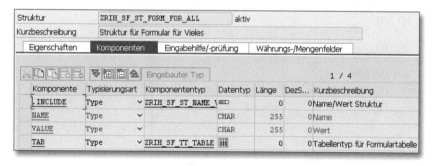

Abbildung 10.33 Struktur ZRIH_SF_ST_FORM_FOR_ALL

6. Legen Sie einen Tabellentyp ZRIH_SF_TT_FORM_FOR_ALL an, und nutzen Sie die zuvor angelegte Struktur ZRIH_SF_ST_FORM_FOR_ALL als Zeilentyp (siehe Abbildung 10.34). Anschließend aktivieren Sie den Tabellentyp mit ⌈Strg⌉ + ⌈F3⌉.

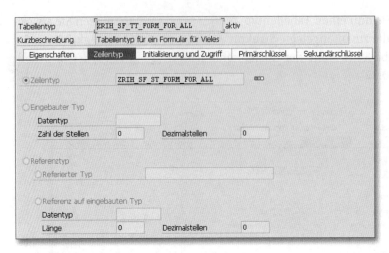

Abbildung 10.34 Tabellentyp ZRIH_SF_TT_FORM_FOR_ALL

10.5.2 Schritt 2: Formular anlegen

Nachdem Sie die Grundlagen für die Formularschnittstelle geschaffen haben, legen Sie jetzt das zugehörige Formular an.

1. Starten Sie die Transaktion SMARTFORMS zur Anlage des neuen Formulars.

2. Geben Sie den Formularnamen ZRIH_SF_FORM_FOR_ALL in das Feld FORMULAR ein, und klicken Sie auf die Drucktaste ANLEGEN (siehe Abbildung 10.35).

Abbildung 10.35 Formular ZRIH_SF_FORM_FOR_ALL anlegen

3. Geben Sie rechts im Feld BESCHREIBUNG eine Beschreibung für das Formular ein, und wechseln Sie links im Baum per Doppelklick auf die FORMULARSCHNITTSTELLE.

4. Legen Sie auf der Registerkarte IMPORT den neuen Parameter TAB an. Nutzen Sie als Bezugstyp den zuvor definierten Tabellentyp ZRIH_SF_TT_FORM_

`FOR_ALL` (siehe Abbildung 10.36), und speichern Sie das Formular mit der Tastenkombination ⌜Strg⌝ + ⌜S⌝.

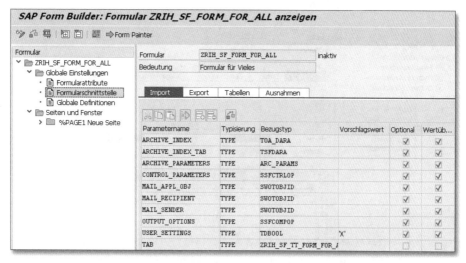

Abbildung 10.36 Schnittstelle für das Formular ZRIH_SF_FORM_FOR_ALL

5. Wechseln Sie links im Baum mit einem Doppelklick auf GLOBALE DEFINI-TIONEN, um die globalen Definitionen festzulegen.

6. Legen Sie auf der Registerkarte GLOBALE DATEN die Variable `GS_TAB` vom Bezugstyp `ZRIH_SF_ST_FORM_FOR_ALL` und die Variable `GS_TABLE_IN_TAB` vom Bezugstyp `ZRIH_SF_ST_TABLE` an (siehe Abbildung 10.37), und speichern Sie mit der Tastenkombination ⌜Strg⌝ + ⌜S⌝.

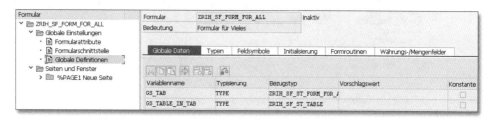

Abbildung 10.37 Globale Definitionen für das Formular ZRIH_SF_FORM_FOR_ALL

7. Öffnen Sie anschließend den Knoten %PAGE1 NEUE SEITE im Baum auf der linken Seite, sodass Sie den Knoten `MAIN` sehen. Markieren Sie diesen Knoten, und starten Sie das Kontextmenü mit der rechten Maustaste. Wählen Sie dort die Funktion ANLEGEN • TABELLE.

8. Bezeichnen Sie die Tabelle mit `MAIN_TABLE`, und vergeben Sie die Beschreibung HAUPTTABELLE.

9. Wechseln Sie danach auf die Registerkarte TABELLE, und klicken Sie dort (falls die Details noch nicht sichtbar sind) auf den Button DETAILS (siehe Abbildung 10.38).

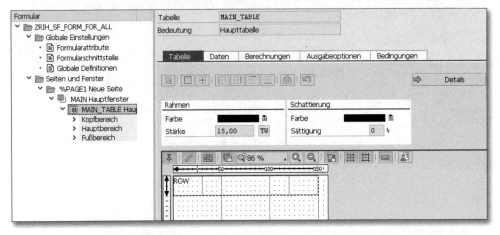

Abbildung 10.38 Haupttabelle des Formulars ZRIH_SF_FORM_FOR_ALL

10. Im Dialog zu den Details nehmen Sie die Einstellungen zum Zeilentyp und der Spaltenaufteilung aus Abbildung 10.39 vor.

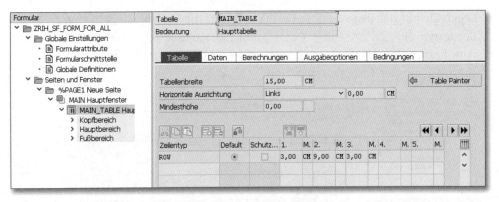

Abbildung 10.39 Details der Haupttabelle MAIN_TABLE im Formular ZRIH_SF_FORM_ FOR_ALL

11. Klicken Sie auf die Registerkarte DATEN, und aktivieren Sie das Feld INTERNE TABELLE. Geben Sie im nachfolgenden Feld »TAB« ein, wählen Sie im folgenden Feld »INTO«, und geben Sie im letzten Feld »GS_TAB« ein (siehe Abbildung 10.40).

12. Markieren Sie die Zeile Hauptbereich (siehe Abbildung 10.39) unterhalb der Haupttabelle. Öffnen Sie das Kontextmenü, und wählen Sie die Funktion Anlegen • Tabellenzeile. Es wird eine neue Zeile eingefügt.

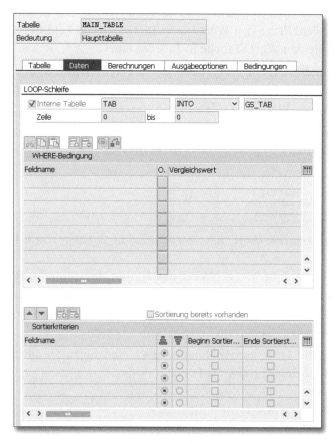

Abbildung 10.40 Daten für die Haupttabelle des Formulars ZRIH_SF_FORM_FOR_ALL

13. Wählen Sie den Zeilentyp ROW aus. Automatisch werden drei Zellen unterhalb der Zeile angelegt (siehe Abbildung 10.41).

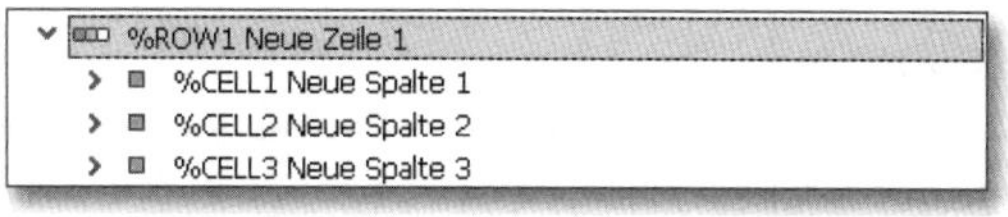

Abbildung 10.41 Zeile mit drei Spalten anlegen

14. Vergeben Sie im Feld Zeile den Wert MAIN_ROW und im Feld Beschreibung den Text »Hauptzeile«, und speichern Sie das Formular mit der Tastenkombination Strg + S.

15. Klicken Sie auf die neu eingefügte Zelle %CELL1 NEUE SPALTE 1, und vergeben Sie im Feld ZELLE den Wert NAME. Im Feld BESCHREIBUNG tragen Sie den Wert »Name der Haupttabelle« ein.

16. Klicken Sie auf die neu eingefügte Zelle %CELL2 NEUE SPALTE 2, und vergeben Sie im Feld ZELLE den Wert TABLE_IN_TAB. In das Feld BESCHREIBUNG tragen Sie den Wert »Tabelle in Tabelle« ein.

17. Klicken Sie auf die neu eingefügte Zelle %CELL3 NEUE SPALTE 3, und vergeben Sie im Feld ZELLE den Wert VALUE. In das Feld BESCHREIBUNG tragen Sie den Wert »Wert des Feldes« ein.

18. Das Ergebnis zeigt Abbildung 10.42. Speichern Sie das Formular mit der Tastenkombination ⌨Strg + ⌨S.

Abbildung 10.42 Zellen des MAIN_TABLE im Formular ZRIH_SF_FORM_FOR_ALL

19. Markieren Sie die Zeile VALUE WERT DER HAUPTTABELLE unterhalb der Haupttabelle, öffnen Sie das Kontextmenü, und wählen Sie die Funktion ANLEGEN • TEXT. Es wird eine neue Zeile eingefügt, und auf der rechten Seite öffnet sich der Dialog zum Erstellen eines Textes.

20. Vergeben Sie die Texte aus Abbildung 10.43, und fügen Sie über das Symbol 🔲 das Feld &GS_TAB-VALUE& ein.

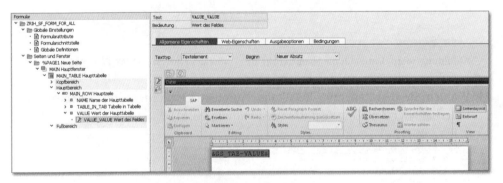

Abbildung 10.43 Text VALUE_VALUE für die Zelle VALUE

21. Markieren Sie die Zeile NAME NAME DER HAUPTTABELLE unterhalb der Haupttabelle, öffnen Sie das Kontextmenü, und wählen Sie die Funktion ANLEGEN • TEXT. Es wird eine neue Zeile eingefügt, und auf der rechten Seite öffnet sich der Dialog zum Erstellen eines Textes.

22. Vergeben Sie die Texte aus Abbildung 10.44, und fügen Sie über das Symbol ▦ das Feld &GS_TAB-NAME& ein.

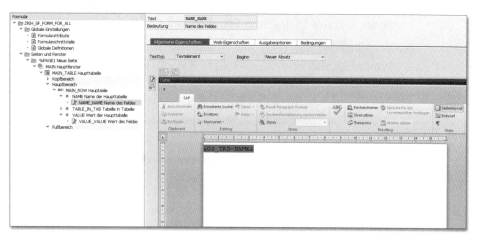

Abbildung 10.44 ZText NAME_NAME für die Zelle NAME

23. Markieren Sie die Zeile TABLE_IN_TAB Tabelle in Tabelle unterhalb der Haupttabelle, öffnen Sie das Kontextmenü, und wählen Sie die Funktion Anlegen • Ablauflogik • Schleife. Es wird eine neue Zeile eingefügt, und auf der rechten Seite öffnet sich der Dialog zum Erstellen einer Schleife.

24. Vergeben Sie im Feld Schleife den Wert LOOP_AT_TABLE_IN_TAB und im Feld Bedeutung den Wert Schleife über Tabelle in Tab. Aktivieren Sie auf der Registerkarte Daten das Feld Interne Tabelle. In den folgenden drei Feldern geben Sie »GS_TAB-TAB«, »INTO« und »GS_TABLE_IN_TAB« ein (siehe Abbildung 10.45).

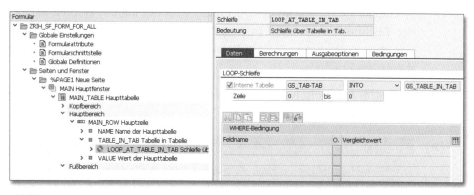

Abbildung 10.45 Schleife LOOP_AT_TABLE_IN_TAB für Zelle TABLE_IN_TAB

25. Markieren Sie die Zeile LOOP_AT_TABLE_IN_TAB unterhalb der Hauptzeile, öffnen Sie das Kontextmenü, und wählen Sie die Funktion ANLE-
GEN • TEXT. Es wird eine neue Zeile eingefügt, und auf der rechten Seite
öffnet sich der Dialog zum Erstellen eines Textes.

26. Vergeben Sie die Texte aus Abbildung 10.46, und fügen Sie über das
Symbol 🗟 das Feld &GS_TABLE_IN_TAB-VALUE& ein.

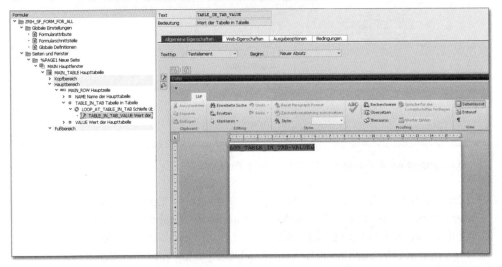

Abbildung 10.46 Text TABLE_IN_TAB_VALUE für die Schleife LOOP_AT_TABLE_IN_TAB

27. Speichern Sie das Formular mit der Tastenkombination ⌈Strg⌉ + ⌈S⌉, und
aktivieren Sie es über die Tastenkombination ⌈Strg⌉ + ⌈F3⌉.

10.5.3 Schritt 3: Formular testen

Nachdem Sie die Pflege des Formulars beendet haben, können Sie es über
die Testfunktion, die ⌈F8⌉-Taste, ausprobieren. Dazu müssen Sie die Werte
des Importparameters TAB mit Parametern füllen. Abbildung 10.47 zeigt ein
mögliches Ergebnis.

In diesem Abschnitt haben wir Ihnen ein Beispiel zur Wiederverwendbarkeit
von Formularen gegeben.

[»] **Eigene Ideen entwickeln**

Mit Sicherheit haben Sie noch viele weitere Ideen zur Erstellung von Formularen
mit einer hohen Wiederverwendbarkeit. Wir würden uns freuen, wenn Sie uns an
ihnen teilhaben lassen. Bei Interesse können Sie sie an *smartforms@dokument-
orientierte-prozesse.de* senden.

```
Druckansicht für LPO1 Seite 00001 von 00001

Archivieren    Ausgeben und Archivieren    Q  Q


    Name1        Tabellenzeile1 Wert1              Wert1
                 Tabellenzeile1 Wert2
                 Tabellenzeile1 Wert3
                 Tabellenzeile1 Wert4
                 Tabellenzeile1 Wert5
                 Tabellenzeile1 Wert6
                 Tabellenzeile1 Wert7
                 Tabellenzeile1 Wert8
                 Tabellenzeile1 Wert9
    Name2        Tabellenzeile2 Wert1              Wert2
                 Tabellenzeile2 Wert2
                 Tabellenzeile2 Wert3
                 Tabellenzeile2 Wert4
                 Tabellenzeile2 Wert5
                 Tabellenzeile2 Wert6
                 Tabellenzeile2 Wert7
                 Tabellenzeile2 Wert8
                 Tabellenzeile2 Wert9          ⌐
    Name3        Tabellenzeile3 Wert1          ⌐     Wert3
                 Tabellenzeile3 Wert2
                 Tabellenzeile3 Wert3
                 Tabellenzeile3 Wert4
                 Tabellenzeile3 Wert5
                 Tabellenzeile3 Wert6
                 Tabellenzeile3 Wert7
                 Tabellenzeile3 Wert8
                 Tabellenzeile3 Wert9
    Name4        Tabellenzeile4 Wert1              Wert4
                 Tabellenzeile4 Wert2
                 Tabellenzeile4 Wert3
```

Abbildung 10.47 Testergebnis des Formulars ZRIH_SF_FORM_FOR_ALL

10.6 Übungsbeispiel: Etikettendruck

Unter Smart Forms gibt es keine speziellen Funktionen, die sich auf den Etikettendruck beziehen. Diese Aufgabe muss also mit den bisher bekannten Mitteln gelöst werden. Wir stellen hier eine Realisierungsmöglichkeit am Beispiel von Adressaufklebern vor. Dabei werden Adressen zu den Kunden ausgegeben, die Sie bereits von der Flugrechnung und dem Flugdatenmodell her kennen.

Der Aufbau von Etikettenträgern legt es nahe, die Ausgabe mithilfe eines Tabelle-Knotens zu versuchen. Dieser Weg hat jedoch einen bedeutenden Nachteil: Die Höhe einer Zelle lässt sich nicht fest vorgeben, sondern hängt dynamisch vom Inhalt der Ausgabe ab. Damit lassen sich die festen Vorgaben zu den Rändern und Abständen der Etiketten aber kaum einhalten.

Wir stellen deshalb im Folgenden eine Lösung vor, bei der die Ausgabe über einen Schablone-Knoten erfolgt:

1. Die Schablone wird nur einen Zeilentyp enthalten, der immer genau eine Etikettenzeile beschreibt.

2. Je nach Anzahl der Datensätze wird der Zeilentyp dieser Schablone mehrfach aufgerufen. Die Datensatzsteuerung hierfür erfolgt über einen Schleife-Knoten.

3. Da im Normalfall die Anzahl der Datensätze (hier: Adressen), die auf Etiketten ausgegeben werden sollen, nicht begrenzt ist, müssen sowohl die Schablone als auch die Schleife im Hauptfenster angelegt sein.

Dies hört sich zunächst recht einfach an. Es gibt allerdings einen Haken: Bei der Ausgabe müssen alle Adressen, die zu einer Etikettenzeile gehören, gleichzeitig verfügbar sein und dann gemeinsam über die Schablone ausgegeben werden. Wir gehen in unserem Beispiel von Etikettenpapier mit drei Spalten aus. Folglich kann die Ausgabe beim Durchlauf über alle Adressen immer nur im Abstand von drei Datensätzen erfolgen. Die Adressen der vorherigen Kunden müssen in Variablen zwischengespeichert sein. Für diesen Ablauf muss im Formular eine entsprechende Logik hinterlegt werden.

Ein weiterer wichtiger Punkt ist folgender: Alle Text-Knoten, die über eine Schablone ausgegeben werden sollen, müssen über ihre Ausgabeoptionen einer einzelnen Schablonenzelle fest zugeordnet sein. Daraus folgt, dass für jedes Etikett auch ein eigener Text-Knoten mit nahezu identischem Inhalt angelegt sein muss. Welcher Text-Knoten dann konkret zur Ausgabe kommt, wird mithilfe einer zusätzlichen Logik im Formular hinterlegt.

Da beim Etikettendruck auf jeder Ausgabeseite der gleiche Vordruck verwendet wird, unterscheiden wir beim Formulardesign nicht nach Erstseite und Folgeseiten. Wir erläutern die Lösung im Folgenden anhand eines Übungsbeispiels, das Sie selbst am System nachvollziehen können.

Sie können den Etikettendruck als Ergänzung in das bisherige Rahmenprogramm Z_SF_EXAMPLE_01 einbinden. Das Übungsbeispiel hat folgendes Ziel: Mit allen Rechnungen, die das Programm ausgibt, sollen gleichzeitig auch entsprechende Etiketten als Adressaufkleber bedruckt werden.

Es wird Sie vielleicht zunächst überraschen, dass wir die Ausgabe gleichzeitig mit den Rechnungen vornehmen, denn ein Etikettenträger hat ja nun einmal ein völlig anderes Design als eine Flugrechnung. Es muss also hierfür ein völlig neues Formular mit z. B. neuer Seiteneinteilung entworfen werden. Dieses neue Formular werden wir zusätzlich in das Rahmenprogramm zur Flugrechnung einbauen. Die Kombination ist deshalb ideal, weil im Rahmenprogramm schon alle selektierten Adressen zur Verfügung stehen.

An diesem Beispiel wird deutlich, dass es möglich ist und auch durchaus sinnvoll sein kann, über ein einziges Rahmenprogramm mehrere Formulare anzusteuern.

Drucker   [«]

Wir gehen davon aus, dass für den Etikettendruck ein Drucker zur Verfügung steht, der einen eigenen Druckerschacht für den Einzug der Etikettenträger besitzt. Sie können dann über einen Kommando-Knoten mit passendem Print Control den Etikettenträger unabhängig vom Rechnungspapier aufrufen. Aber natürlich können Sie die Etiketten bei dieser Übung auch nur auf Blankopapier ausgeben oder die Druckvorschau nutzen.

10.6.1 Basisformular anlegen und einbinden

Wir wollen im ersten Schritt ein neues Formular anlegen, das noch keine speziellen Funktionen für den Etikettendruck besitzt, und dieses dann in das bisherige Rahmenprogramm einbinden. Damit haben Sie sofort eine funktionierende Testumgebung.

Schritte zum Anlegen des Formulars

Erzeugen Sie ein völlig neues Formular, z. B. Z_SF_ETI_01. Dabei gehen Sie folgendermaßen vor:

1. Weisen Sie im Knoten FORMULARATTRIBUTE den bisherigen Stil der Flugrechnung zu (Z_SF_STYLE_01). Dadurch stehen Ihnen mehr Formatierungsmöglichkeiten als im Standardstil zur Verfügung.

2. Definieren Sie als Schnittstellenparameter wie schon bei der Flugrechnung die interne Tabelle CUSTOMERS.

3. Legen Sie die Maße des Hauptfensters so fest, dass alle Etiketten des Trägers eingeschlossen sind – sogar eher etwas höher, das schadet nicht. Die Koordinaten des Hauptfensters in der linken oberen Ecke sollten allerdings mit der Position des ersten Etiketts übereinstimmen.

4. Legen Sie auf der Seite FIRST zunächst ein neues Nebenfenster an, in dem allgemeine Steuerungsfunktionen untergebracht werden können. Ver-

schieben Sie das Fenster dann an den rechten Rand, wobei die Lage des Fensters in der Oberfläche an sich keine Bedeutung hat. Legen Sie dort beispielhaft einen Kommando-Knoten an. Dieser kann später das Print Control TRY... aufnehmen, über das der Etikettenträger im Drucker angefordert wird. Natürlich können Sie auf diesen Knoten auch verzichten und auf Normalpapier ausgeben. Das reicht für die Übung sicher aus.

5. Überprüfen, testen und aktivieren Sie das neue Formular.

Auch wenn die Ausgabe noch fehlt, kann das Formular schon jetzt in das Rahmenprogramm eingebunden werden.

Einbindung in das Rahmenprogramm

Die Datenschnittstelle zum Formular ist recht einfach: Sie besteht nur aus der internen Tabelle CUSTOMERS, die im Rahmenprogramm ohnehin vorhanden ist. Im Grunde muss also nur der Funktionsbaustein zu dem neuen Formular des Etikettendrucks eingebunden werden. Hier die wenigen Schritte:

1. Öffnen Sie das bisherige Rahmenprogramm Z_SF_EXAMPLE_01 über den ABAP Editor (Transaktion SE38).

2. Die Etiketten sollen erst nach den Flugrechnungen ausgegeben werden; man könnte sie dann sogar an einen Erfolg des Ausgabeteils koppeln. Gehen Sie also mit dem Cursor an das Ende des Programmcodes.

3. Binden Sie dort den Funktionsbaustein ein. Verwenden Sie dazu wieder die Musterfunktion des ABAP Editors, und nehmen Sie den Namen des Funktionsbausteins aus der Testfunktion zum Formular. Der Aufruf erfolgt dort über die Funktionstaste [F8].

4. Weisen Sie im Rahmenprogramm beim Aufruf des Funktionsbausteins den Schnittstellenparameter CUSTOMERS mit den Kundendaten zu.

Damit sind wichtige Grundlagen geschaffen. Sie können den Programmcode jetzt prüfen und aktivieren.

[»] **Optimierungsmöglichkeit**

Nach diesem Vorgehen ist das Formular über den Namen des generierten Funktionsbausteins noch fest mit dem Programm verbunden. Das können Sie in einem abschließenden Schritt der Verallgemeinerung noch optimieren; für den Anfang soll es erst einmal ausreichen.

Wenn Sie das Rahmenprogramm jetzt ausführen, werden wie bisher zunächst die Flugrechnungen ausgegeben. Nachdem Sie die Druckansicht verlassen haben, folgt dann die Etikettenausgabe mit einem eigenen Druckdialog. Die Ausgabe selbst besteht allerdings im aktuellen Zustand nur aus einer leeren Seite.

10.6.2 Etikettendruck im Formular einrichten

In den ersten Schritten haben Sie das Formular angelegt und in das Rahmenprogramm eingebunden. Jetzt können Sie im Formular die Funktionen für den Etikettendruck einrichten.

Definition der benötigten globalen Variablen

Legen Sie zunächst alle globalen Variablen an, wie sie in Abbildung 10.48 dargestellt sind.

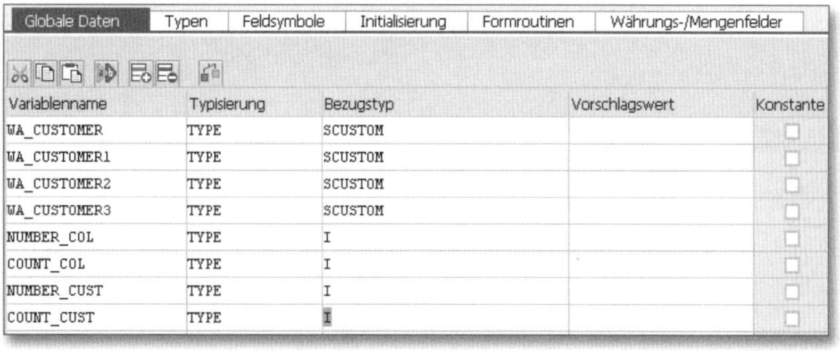

Variablenname	Typisierung	Bezugstyp	Vorschlagswert	Konstante
WA_CUSTOMER	TYPE	SCUSTOM		☐
WA_CUSTOMER1	TYPE	SCUSTOM		☐
WA_CUSTOMER2	TYPE	SCUSTOM		☐
WA_CUSTOMER3	TYPE	SCUSTOM		☐
NUMBER_COL	TYPE	I		☐
COUNT_COL	TYPE	I		☐
NUMBER_CUST	TYPE	I		☐
COUNT_CUST	TYPE	I		☐

Tabs: Globale Daten | Typen | Feldsymbole | Initialisierung | Formroutinen | Währungs-/Mengenfelder

Abbildung 10.48 Datendeklaration für Etikettendruck

Es fällt Ihnen sicher auf, dass wir neben dem bekannten Arbeitsbereich WA_CUSTOMER gleich drei weitere Arbeitsbereiche zur Kundentabelle angelegt haben. In diesen werden wir später die Datensätze zu den einzelnen Etikettenspalten einer Zeile zwischenspeichern. In unserem Beispiel gehen wir von drei Spalten aus. Diese drei Spalten haben wir zusätzlich auch der Variablen NUMBER_COL fest zugewiesen. Das erleichtert die spätere Änderung auf eine andere Spaltenanzahl.

Hier kurze Hinweise zu den weiteren globalen Variablen:

▸ Mithilfe der Variablen COUNT_COL wird während der Formularausgabe festgehalten, welche Spalte gerade aktuell ist.

▶ Die Variable NUMBER_CUST enthält die Anzahl der Kundendatensätze, die über den Schnittstellenparameter CUSTOMERS vom Rahmenprogramm zur Verfügung gestellt werden. Diese Angabe ist erforderlich, damit am Ende der Formularausgaben nicht einzelne Adressen »verloren gehen«.

▶ Die Variable COUNT_CUST zählt während der Formularausgabe, der wievielte Kundendatensatz gerade ausgegeben wird. Durch einen Vergleich mit der vorherigen Variablen ist hierdurch insbesondere erkennbar, ob es sich bereits um den letzten Kundendatensatz handelt.

Nach der Neuanlage enthält das Formular eine einzelne Entwurfsseite und das Hauptfenster MAIN.

Anzahl der Datensätze feststellen

Wie bereits erwähnt, benötigt man für die korrekte Ausgabe aller Adressen die Anzahl der Kundendatensätze, die im Schnittstellenparameter CUSTOMERS übergeben werden. Erzeugen Sie, um diese Adressen zu ermitteln, im Hauptfenster MAIN zunächst einen passenden Programm-Knoten COUNT_CUST (siehe Abbildung 10.49).

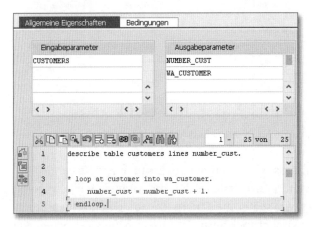

Abbildung 10.49 Programm-Knoten für die Anzahl der Datensätze

Die Ermittlung erfolgt über eine ABAP-Anweisung mit dem Schlüsselwort DESCRIBE. Darunter sehen Sie in Kommentarzeilen, dass das Zählen der Kundendatensätze auch über eine Schleife möglich gewesen wäre. Die dort verwendete LOOP-Anweisung ist eine ABAP-Grundlage, deren Funktion Sie im Buch »ABAP Objects« von Horst Keller (SAP PRESS 2006) beschrieben finden. Die letzte Variante – also die Ermittlung der Kundendatensätze über die Schleife – wäre allerdings etwas langsamer.

Schleife-Knoten über alle Kunden einrichten

Erzeugen Sie jetzt einen neuen Schleife-Knoten, der dem bisherigen Programm-Knoten folgen soll (z. B. mit dem Kürzel LOOP_CUST). Über diesen Knoten sollen alle Kundendatensätze durchlaufen werden. Tragen Sie entsprechend auf der Registerkarte DATEN die interne Tabelle CUSTOMERS und den Arbeitsbereich WA_CUSTOMER ein. Erzeugen Sie darunter einen weiteren Programm-Knoten SET_VAR, der die Variablen zur Ausgabe der Adressen vorbelegen soll (siehe Abbildung 10.50). Der Programmcode hat zwei Aufgaben:

1. Mit jedem neuen Datensatz werden im ersten Schritt die jeweiligen Zähler für Datensätze und Spalten um eins erhöht.

2. Auf der Basis des Spaltenzählers COUNT_COL lassen sich dann die zusätzlich angelegten Arbeitsbereiche für die Kundendaten füllen. Wenn die übergeordnete Schleife über drei Kundendatensätze gelaufen ist, sind diese Arbeitsbereiche folglich »reif« für die Ausgabe in einer Zeile. Diese Funktion werden wir im nächsten Schritt einrichten.

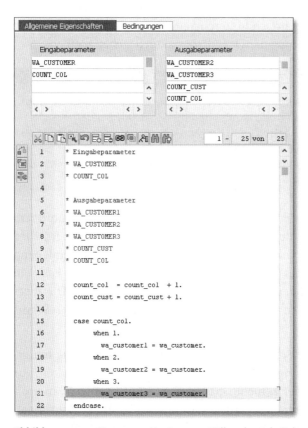

Abbildung 10.50 Programm-Knoten zum Füllen der Arbeitsbereiche

Ausgabeformatierung über Schablone-Knoten

Jetzt muss ein Schablone-Knoten folgen, den Sie z. B. mit dem Knotenkürzel `DEF_LINE` anlegen sollten. Da in unserem Beispiel drei Spalten vorgesehen sind, ist ein Zeilentyp wie in Abbildung 10.51 erforderlich.

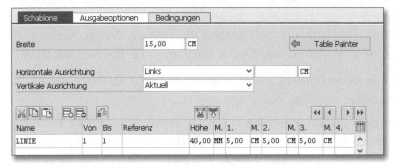

Abbildung 10.51 Zeilentyp für die Etikettenausgabe

Beachten Sie, dass dieser Schablone-Knoten abhängig von der Anzahl der vorgesehenen Adressen mehrfach hintereinander ausgegeben wird. Deshalb muss als vertikale Ausrichtung der Defaultwert aktuell stehen bleiben.

[+] **Position der Schablone kontrollieren**

Da am Ausgabegerät (Drucker) häufig Randverschiebungen möglich sind; ist es vor allem beim Etikettendruck sinnvoll, die Position der Schablone bei der wirklichen Ausgabe auf dem Papier zu kontrollieren. Nutzen Sie hierfür die hinterlegten Muster zur Schablone (mit Ausgabe der Ränder aller Zellen). Wie erwähnt, können Sie solche Randverschiebungen individuell über die Attribute des Ausgabegeräts korrigieren (Transaktion SPAD).

Bevor Sie dem Schablone-Knoten die erforderlichen Textelemente zuordnen, sollten Sie Folgendes beachten: So, wie die Schablone jetzt angelegt ist, wird sie bei jedem Schleifendurchlauf angesprochen. Wir haben jedoch einleitend schon festgestellt, dass dies nur bei jedem dritten Datensatz der Fall sein darf, wobei dann alle Zellen gleichzeitig gedruckt werden müssen. Die zugehörigen Variablen mit den Zählern haben wir schon im letzten Schritt gesetzt.

Folglich muss jetzt für die Schablone noch eine passende Bedingung hinterlegt werden (siehe Abbildung 10.52). Wie Sie sehen, wird die Schablone nur dann ausgegeben, wenn der aktuelle Spaltenzähler die Gesamtzahl an Spalten erreicht hat. In unserem Fall wurde die Gesamtzahl 3 in der Konstanten `NUMBER_COL` hinterlegt (zugewiesen bei den globalen Definitionen).

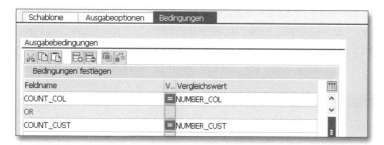

Abbildung 10.52 Bedingungen zur Ausgabe der Schablone

Zudem erfolgt die Ausgabe genau dann, wenn der letzte Kundendatensatz in der Schleifenabwicklung erreicht ist. Diese Bedingung berücksichtigt den Umstand, dass zu diesem Zeitpunkt möglicherweise die letzte Etikettenzeile noch nicht vollständig gefüllt ist. Ohne diese zusätzliche Bedingung würden in unserem Beispiel mit drei Etikettenspalten je nach Fall eine oder gar zwei Adressen am Ende nicht berücksichtigt.

Zuordnung der Textelemente

Kommen wir nun zur Zuordnung der Textelemente. Sie legen unterhalb des Schablone-Knotens einen ersten Text-Knoten ADR_1 an:

1. Geben Sie dort die Adressdaten über den Arbeitsbereich WA_CUSTOMER1 in der Form aus, die Sie schon von der Flugrechnung her kennen (Knoten mit der Anschrift des Kunden).

2. Weisen Sie für diesen Text-Knoten bei den Ausgabeoptionen die erste Zelle der Schablone zu.

3. Wiederholen Sie die Schritte für zwei weitere Text-Knoten ADR_2 und ADR_3. Nutzen Sie dort die weiteren Arbeitsbereiche WA_CUSTOMER2 und WA_CUSTOMER3, und weisen Sie die Spalten 2 bzw. 3 der Schablone zu (das Kopieren des ersten Knotens geht vermutlich am schnellsten).

4. Legen Sie nun noch einen Programm-Knoten RESET_VAR unterhalb des Knotens DEF_LINE an. Er sorgt dafür, dass die zugehörigen Variablen nach Ausgabe einer Zeile wieder die passenden Startwerte für die nächste Etikettenzeile erhalten. Legen Sie diesen Programm-Knoten neu an. Den Inhalt zeigt Abbildung 10.53.

Dass nach der Ausgabe einer kompletten Zeile der Spaltenzähler COUNT_COL wieder auf null zurückgesetzt werden muss, ist sicher sofort einzusehen. Warum jedoch sollten zusätzlich auch die Arbeitsbereiche gelöscht werden, die bei jeder Zuweisung ohnehin immer überschrieben werden? *Fast immer* sollte man sagen, denn im Fall einer unvollständigen Etikettenzeile am Ende der Ausgabe ist gerade das nicht der Fall. Folglich würde sich gegebenenfalls dort bei einer ungenutzten Zelle die vorher aktuelle Adresse wiederholen.

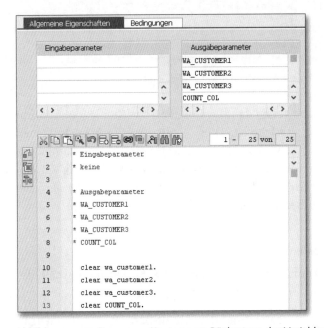

Abbildung 10.53 Programm-Knoten zum Rücksetzen der Variablen

10.6.3 Ergebnis der Formularausgabe

Überprüfen und aktivieren Sie das Formular. Testen Sie die Ausgabe mithilfe des Rahmenprogramms, und sorgen Sie dafür, dass mindestens zwei Etikettenzeilen bedruckt werden.

Nach der bisherigen Vorarbeit sollte die Ausgabe zu einem ähnlichen Ergebnis führen, wie es in Abbildung 10.54 dargestellt ist. Überprüfen Sie Ihre Ausgabe u. a. auch mit einer Anzahl von Adressen, die die letzte Zeile nicht vollständig füllen, wie z. B. in Abbildung 10.54 mit sechs Adressen.

Wie Sie sehen, werden die Adressen bei dem aktuellen Entwicklungsstand immer in der linken oberen Ecke einer Zelle ausgegeben. Für den realen Betrieb werden Sie noch Anpassungen an die echten Etiketten vornehmen müssen. Das kann auf unterschiedlichen Wegen erfolgen:

▶ Ändern Sie die Koordinaten des Hauptfensters. Dies bewirkt ein Verschieben der gesamten Schablone.

▸ Richten Sie die Text-Knoten `ADR_1` bis `ADR_3` über das Absatzformat oder über zusätzliche Leerzeilen auf die Erfordernisse aus.

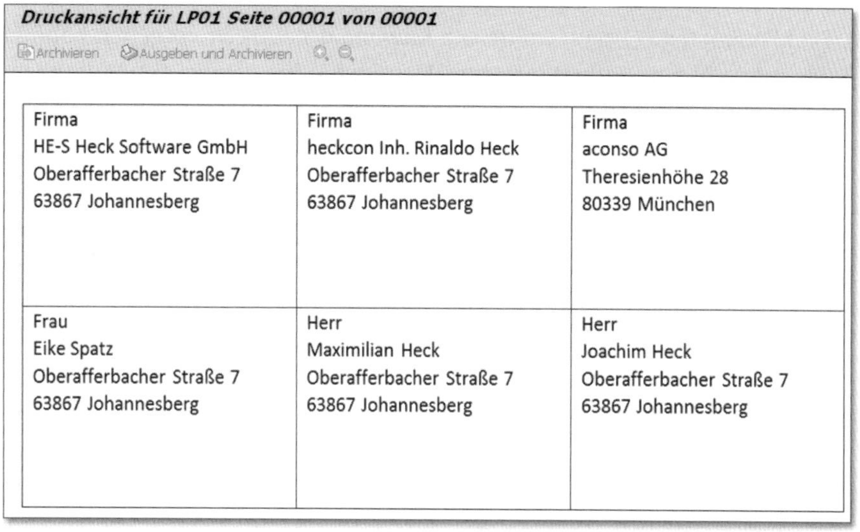

Druckansicht für LP01 Seite 00001 von 00001		
Archivieren Ausgeben und Archivieren		

Firma HE-S Heck Software GmbH Oberafferbacher Straße 7 63867 Johannesberg	Firma heckcon Inh. Rinaldo Heck Oberafferbacher Straße 7 63867 Johannesberg	Firma aconso AG Theresienhöhe 28 80339 München
Frau Eike Spatz Oberafferbacher Straße 7 63867 Johannesberg	Herr Maximilian Heck Oberafferbacher Straße 7 63867 Johannesberg	Herr Joachim Heck Oberafferbacher Straße 7 63867 Johannesberg

Abbildung 10.54 Ergebnis der Etikettenausgabe

Natürlich bestehen noch weitere Optimierungsmöglichkeiten:

▸ Momentan ist im Rahmenprogramm der Name des Funktionsbausteins noch fest verankert. Verwenden Sie auch hier wieder die Namensfindung über den Baustein `SSF_FUNCTION_MODULE_NAME`.

▸ Eventuell wollen Sie mit dem Start des Programms auch zusätzlich den Namen des Etikettenformulars vorgeben. Dann definieren Sie eine entsprechende zusätzliche Variable für den Namen, und erweitern Sie die Abfrage des Anwenders über die `PARAMETERS`-Anweisungen. Es funktioniert ebenso wie beim Namen des Formulars zur Flugrechnung.

10.6.4 Vorschlag für den Ausbau des Formulars

Es ist vorstellbar, dass über ein einziges Formular auch unterschiedliche Typen von Etikettenträgern versorgt werden. Hier die wichtigsten Schritte für die Option:

1. Sie benötigen zunächst einen zusätzlichen Steuerungsparameter, der z. B. `ETI_TYPE` heißen könnte und vorgibt, welcher Zeilentyp verwendet werden soll. Der Inhalt könnte eine Zeichenfolge 4x9 oder 3x7 sein, wobei das erste Zeichen die Anzahl der Spalten wiedergeben soll, das letzte die

Anzahl der Zeilen. Die Angabe der Zeilen ist eigentlich nicht erforderlich, denn sie ergibt sich eindeutig aus dem Papierformat und der Zeilenhöhe innerhalb der Schablone.

2. Den Parameter ETI_TYPE sollte der Anwender natürlich vorgeben können (als Auswahl zum Etikettenträger). Sie müssen ihn also in die Bildschirmabfrage des Rahmenprogramms und in die Formularschnittstelle einbinden.

3. Erzeugen Sie im Formular hinter dem bisherigen Schablone-Knoten DEF_LINE weitere Schablonen, die jeweils einem Typ des Etikettenträgers entsprechen sollen. Am einfachsten geschieht dies als Kopie der bisherigen Schablone mit anschließender Überarbeitung. Dabei werden auch immer wieder neue Text-Knoten für die Ausgabe der Adressen angelegt. Das sieht auf den ersten Blick recht redundant aus. Da aber bei unterschiedlichen Etiketten üblicherweise auch verschiedene Textformatierungen erforderlich sind, ist eine getrennte Anlage der Text-Knoten doch wieder sinnvoll.

4. Versehen Sie jede Schablone mit einer zusätzlichen Bedingung, die den Parameter ETI_TYPE der Schnittstelle berücksichtigt.

5. Vom Typ der Etiketten hängt natürlich auch die Zahl der Spalten ab, die jeweils zu bedrucken sind. Wir sind bisher von einer festen Spaltenzahl »3« ausgegangen. Ersetzen Sie die feste Zuweisung zur Variablen NUMBER_COL bei den globalen Definitionen durch eine Abfrage zum Inhalt des Etikettentyps, z. B. über den Parameter ETI_TYPE.

6. Wenn Sie mehr als drei Spalten verwenden, müssen Sie aber auch entsprechend mehr Arbeitsbereiche für die Adressen anlegen und im Programm-Knoten SET_VAR über weitere WHEN-Abfragen zuweisen.

10.7 Übungsbeispiel: Versand per E-Mail/Telefax

Heutzutage wird vieles per E-Mail versandt, aber nach wie vor wird auch das Fax zum Versand von Dokumenten genutzt. Ein Beispiel hierfür ist der Versand der Flugrechnung. In diesem Abschnitt beschreiben wir die Möglichkeiten des elektronischen Versands.

10.7.1 Übersicht zum Business Communication Interface

Um Formulare über E-Mail oder Fax zu versenden, nutzt Smart Forms Schnittstellen des *Business Communication Interface* (BCI). Dieses Interface sorgt selbstständig für das Versenden von Dokumenten an interne Kommunikationspartner. Um Dokumente an externe Partner zu schicken, leitet die BCI-Schnittstelle die Sendeobjekte an SAPconnect weiter. Durch diese stufenweise Abwicklung ergibt sich auch bei Smart Forms eine durchgängige Schnittstelle (siehe Abbildung 10.55).

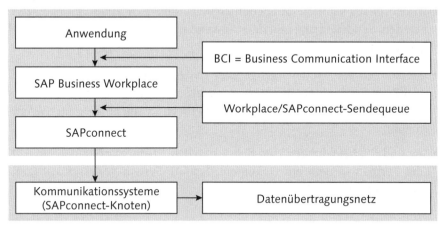

Abbildung 10.55 SAP-Kommunikationssystem

Die BCI-Schnittstelle wird heute überwiegend mit der Kommunikation über E-Mail in Verbindung gebracht, sie kann aber alle vom SAP-System unterstützten Kommunikationsarten nutzen (z. B. Fax, Internet, X.400, Remote Mail, Paging, aber auch Drucken). Für diese zusätzlichen Dienste sind allerdings meistens auch zusätzliche Kommunikationssysteme außerhalb des SAP-Systems erforderlich.

> **Weitere Darstellung** [«]
>
> Zum einfacheren Verständnis werden wir zunächst nur auf die Kommunikation über das SAP-interne Mailingsystem Bezug nehmen. Auf diese Weise können Sie das Ergebnis direkt im SAP Business Workplace kontrollieren. Wir werden aber am Ende ergänzend auch auf die anderen Dienste des BCI eingehen (z. B. Faxversand über das BCI als Alternative zum Versand über den Spooler).

Die BCI-Schnittstelle ist programmtechnisch über *BOR-Objekte* (*Business Object Repository*) organisiert. Diese Objekte sind auch Basis des SAP Business Workplace (aber auch des SAP Business Workflow).

Grundsätzliche Sendeinformationen

Um ein Dokument über die BCI-Schnittstelle zu versenden, sind folgende Angaben relevant: Die BCI-Schnittstelle benötigt die Angabe eines Empfängers und eines Senders. Beide Angaben müssen als BOR-Objekte vorliegen. Wie diese Objekte aussehen und gegebenenfalls neu zu erzeugen sind, erläutern wir in Abschnitt 10.7, »Übungsbeispiel: Versand per E-Mail/Telefax«, anhand des Beispiels E-Mail-Versand.

Darüber hinaus kann die BCI-Schnittstelle automatisch Verknüpfungen zwischen dem Sendevorgang und dem Anwendungsobjekt erzeugen. Das bringt folgende Vorteile:

▸ Sie können alle Sendevorgänge über das Anwendungsobjekt auswerten. Der Zugriff kann sogar direkt bei der Bearbeitung des Anwendungsobjekts erfolgen, z. B. bei der Pflege eines Lieferbelegs (Aufruf über das Systemmenü).

▸ Es sind Rückmeldungen zum Status möglich. Dadurch erkennen Sie z. B. das Format, in dem ein Dokument das SAP-System verlassen hat (z. B. PostScript oder PDF).

Parameter der Formularschnittstelle

Tabelle 10.5 zeigt (in aller Kürze) die Parameter, die Sie zum E-Mail-Versand in der Formularschnittstelle unter Smart Forms wiederfinden.

Parametername	Bedeutung
MAIL_RECIPIENT	Empfänger des Dokuments
MAIL_SENDER	Sender des Dokuments
MAIL_APPL_OBJ	verknüpft das Anwendungsobjekt mit dem versendeten Dokument

Tabelle 10.5 E-Mail-Parameter der Formularschnittstelle

Alle drei Parameter basieren auf dem gleichen Datentyp SWOTOBJID. In der Sprache der BCI-Schnittstelle handelt es sich um BOR-Objekte vom Objekttyp RECIPIENT. Sie sind hier als sogenannte flache RECIPIENT-Objekte angelegt. Flach deshalb, weil jeder Parameter nur einen Eintrag haben kann, also z. B. nur eine Empfängeradresse und keine Verteilerliste.

[»] | **RECIPIENT-Objekte**

Der Objekttyp RECIPIENT repräsentiert einen Empfänger, an den ein Dokument (also ein MESSAGE-Objekt) gesendet werden soll. Dies kann z. B. ein interner SAP-Benutzer sein, eine Organisationseinheit oder der Ansprechpartner einer Firma (wenn diesem eine Standard-Kommunikationsart zugeordnet ist). Das zugehörige

RECIPIENT-Objekt enthält alle für das Senden notwendigen Informationen (z. B. Adresse, gegebenenfalls aber auch Sendeattribute wie z. B. die Sendepriorität).

Tabelle 10.6 zeigt alle Datenkomponenten eines flachen RECIPIENT-Objekts (Datentyp SWOTOBJID), wie es unter Smart Forms verwendet wird.

Parametername	Bedeutung
LOGSYS	logisches System
OBJTYPE	Objekttyp, z. B.: ▶ RECIPIENT bei Sender/Empfänger ▶ SOFMFOL bei Verknüpfung
OBJKEY	Objektschlüssel
DESCRIBE	Describe-Kennzeichen

Tabelle 10.6 Datenkomponenten im RECIPIENT-Objekt (Datentyp SWOTOBJID)

Sie werden jetzt eventuell vom einfachen Aufbau der Parameter (nur vier Felder) überrascht und folglich versucht sein, die Inhalte wie bei den bisherigen Schnittstellenparametern zu setzen. Doch das geht hier leider nicht mehr.

Betrachten wir konkrete Inhalte bei einer Ausgabe über E-Mail, wie sie an den generierten Funktionsbaustein übergeben werden (siehe Abbildung 10.56, für das Empfängerobjekt). Die Einträge bei den Objekten sind im Grunde nur Verweise auf andere Objekte in der BCI-Schnittstelle. Dort sind die eigentlichen Informationen abgelegt. Ohne Kenntnis dieser Objekte (und entsprechende Objektnummern) ist auch kein Eintrag in der Schnittstelle möglich.

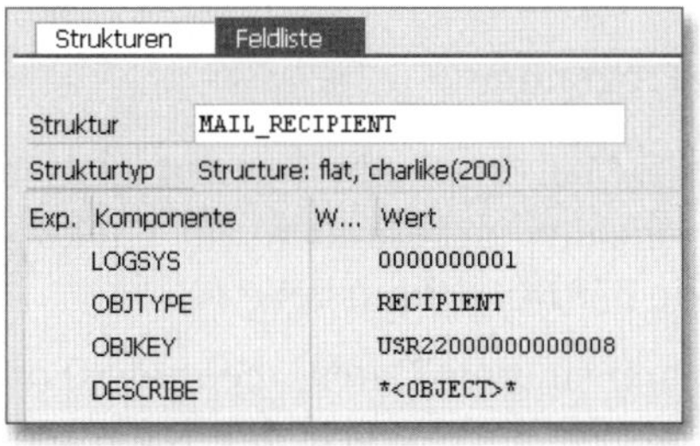

Abbildung 10.56 Inhalt zum E-Mail-Empfängerobjekt

An dieser Stelle könnten wird die Behandlung des Themas abbrechen, denn die Kenntnisse zur BCI-Schnittstelle sind mit hoher Wahrscheinlichkeit nicht vorhanden. Und eine Einführung in das BCI würde wiederum zu weit vom eigentlichen Thema Smart Forms ablenken. Zusätzlich ist die Verwaltung der Objekte im BCI im Rahmen üblicher Formularentwicklungen ohnehin kaum ein Thema, da die Inhalte bereits von vorgelagerten Systemen geliefert werden (z. B. bei der Nachrichtensteuerung, Transaktion NAST).

Trotz dieser Feststellung wollen wir allen, die dem bis hier gefolgt sind, die Möglichkeit geben, einen E-Mail-Versand über Smart Forms aufzubauen und damit die Parameter weiter kennenzulernen.

10.7.2 E-Mail-Versand

Es wäre doch schön, wenn Sie einen anderen Mitarbeiter in Ihrem Hause auf die bisherigen Erfolge im Zusammenhang mit der Flugrechnung hinweisen könnten. Und das natürlich per E-Mail. Damit Ihr Kollege auch weiterhin freundlich ist und nicht durch zu viele E-Mail-Versuche bei seiner Arbeit gestört wird, sollten Sie allerdings zunächst an sich selbst mailen.

Das Formular wird nach der bisherigen Ausgabe also erneut, diesmal allerdings per E-Mail-Versand, ausgegeben. Auf diese Weise können Sie die Zusatzfunktion jederzeit wieder auskommentieren.

[+] **Funktion »Zusätzlich per Mail versenden?«**

Sie können auch das Selektionsbild zur Flugrechnung um einen weiteren Parameter ZUSÄTZLICH PER MAIL VERSENDEN? erweitern. Hierzu haben wir in den bisherigen Kapiteln alle Grundlagen besprochen.

In Anhang D finden Sie einen Ausdruck zu der passenden Programmerweiterung für die Flugrechnung. Auf diese Programmerweiterung in Anhang D werden wir uns im Folgenden häufiger beziehen.

Betrachten Sie zunächst den Aufbau des Programms:

▸ Wir haben die gesamte Ausgabe als E-Mail in einem Unterprogramm MAIL_OUTPUT zusammengefasst. Das beinhaltet insbesondere alle Funktionen zur Bereitstellung der BOR-Objekte der BCI-Schnittstelle.

▸ Übergabeparameter zum Unterprogramm sind die Daten, die in der Formularschnittstelle benötigt werden, insbesondere auch der Name des generierten Funktionsbausteins.

▸ Da die Ausgabe des Formulars im Unterprogramm erfolgt, ist dort auch der generierte Funktionsbaustein eingebunden. Über den passenden Parameter der Kontrollstruktur erhält der Funktionsbaustein die Information, dass der Versand per E-Mail erfolgen soll. Nur dann werden die speziellen E-Mail-Objekte überhaupt akzeptiert.

Formularschnittstelle	[«]
In verschiedenen anderen Übungsbeispielen dieses Buches haben wir bereits Änderungen an der Formularschnittstelle vorgenommen. Die Einträge hier im Listing beziehen sich auf das Originalformular, das Sie für diese Übung gern aufrufen können, da es nicht geändert wird.	

Anlage der E-Mail-Objekte

Die eigentliche Frage ist natürlich, wie die E-Mail-Objekte der Formularschnittstelle erzeugt werden:

▸ Im Unterprogramm MAIL_OUTPUT finden Sie zunächst einige Datendefinitionen.

▸ Es folgen Abschnitte zu Sender, Empfänger und Anwendungsobjekt. Wir haben einleitend festgelegt, dass Sie als Ersteller der Flugrechnung auch gleichzeitig der Empfänger der E-Mail sein sollen. Deshalb wird der Empfänger über die Benutzerkennung in SY-UNAME zugeordnet. Sie können Ihren Anmeldenamen aber natürlich auch direkt in Hochkommata setzen.

▸ In unserem speziellen Fall sind Sender und Empfänger gleich: Deshalb finden Sie den Eintrag zur Benutzerkennung auch an beiden Stellen.

Definitionen im Abschnitt zum Empfänger	[«]
Noch ein Hinweis zu den Definitionen im Abschnitt zum Empfänger: Dort finden Sie u. a. eine Zeile mit Angaben zum Adresstyp. Durch die Zuweisung des Wertes 'B' zum Parameter 'TypeID' »weiß« die BCI-Schnittstelle, dass ein Versand per E-Mail erwünscht ist (Fax wäre z. B. der Eintrag 'F').	

Nachdem die bisher behandelten Programmzeilen durchlaufen sind, sind die notwendigen Objekte für die BCI-Schnittstelle angelegt. Der restliche Programmcode dient u. a. der Anpassung an die flachen Objekte, wie sie für Smart Forms erforderlich ist.

Eingabe des Quelltextes

Für alle, die das Beispiel nicht per Hand eingeben möchten, kann dies bequemer geschehen. Wir haben den Programmcode nicht selbst geschrieben,

Grundlage bildet vielmehr ein Report RSSOKIF2, der die E-Mail-Ausgabe über SAPscript an einem Beispiel erläutert und der sich auch in Ihrem System befindet. Auf dieses Beispiel haben wir uns ebenfalls bezogen.

In Anhang D finden Sie eine genaue Anleitung, wie Sie den Inhalt von Report RSSOKIF2 in das Rahmenprogramm zur Flugrechnung überführen können. Wenn Sie der Anleitung gefolgt sind, erhalten Sie nach jeder Formularausgabe ein zusätzliches Expressdokument (Abbildung 10.57) zugesandt.

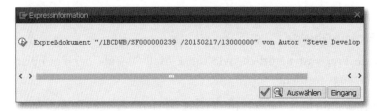

Abbildung 10.57 Expressdokument nach dem Senden über Smart Forms erhalten

Der Hinweis zum Expressdokument enthält u. a. den Namen des Funktionsbausteins zum Formular. Über den Button EINGANG können Sie sich den Inhalt natürlich auch direkt im Business Workplace des SAP-Systems ansehen.

Abschluss

Die Optimierung des Programms möchten wir Ihnen überlassen. Hier noch einige Hinweise:

▸ Es wird Sie vielleicht wundern, dass das Formular innerhalb einer LOOP-Schleife ausgegeben wird. Es handelt sich um eine Funktion des Originalprogramms, das auch eine Ausgabe an mehrere Empfänger vorgesehen hat. In unserem Fall ist aber immer nur ein Empfänger gefüllt.

▸ Der Quelltext in Anhang D entspricht noch weitgehend der Vorlage, wie sie aus dem Programm RSSOKIF1 übernommen wurde. Wir haben lediglich die Kommentare angepasst.

▸ Anlass zur Orientierung sind sicher die bisher nicht vorhandenen bzw. nicht sinnvoll gefüllten Kopfdaten zur E-Mail. Entsprechende Zuweisungen für den ursprünglichen Faxversand sind als Beispiel bereits vorhanden. Sie müssen nur noch die Parameter der Formularschnittstelle entsprechend vorbelegen.

Objekte der BCI-Schnittstelle **[«]**

Wir haben bei diesem Übungsbeispiel nicht betrachtet, wie die Objekte der BCI-Schnittstelle wirklich erzeugt werden. Das ist aber durchaus realistisch, denn auch im Rahmen einer produktiven Formularentwicklung werden Sie wohl kaum in die Programmierung der BCI-Schnittstelle einsteigen müssen. Die erforderlichen Objekte werden Ihnen üblicherweise durch vorgelagerte Anwendungen bereits angeboten (z. B. über die Nachrichtensteuerung, Transaktion NAST). Wir möchten Ihnen nur das notwendige Grundverständnis für den Umgang mit diesen Objekten vermitteln.

Zusätzliche Möglichkeiten bei DEVICE='MAIL'

Obwohl die Parameter MAIL_SENDER, MAIL_RECIPIENT und MAIL_APPL_OBJ primär für das Versenden von E-Mails gedacht sind, handelt es sich um einen generellen Anschluss an die BCI-Schnittstelle. Das bedeutet, dass Sie alle Kommunikationsarten, die die BCI-Schnittstelle unterstützt, über diese Parameter ansprechen können.

Die verwendete Kommunikationsart ist über eine Eigenschaft des Empfänger-Objekts eingestellt (als Adresstyp). Sie wird bei der Anlage des RECIPIENT-Objekts zum Empfänger über das Attribut TypeId vorgegeben. In unserem Übungsbeispiel haben wir bereits die Faxausgabe angesprochen. Folgende Adresstypen stehen zur Verfügung:

▸ B – SAP-Benutzername

▸ P – Persönliche Verteilerliste

▸ C – Allgemeine Verteilerliste

▸ F – Faxnummer

▸ U – Internetadresse

▸ R – Remote-Mail-Adresse (innerhalb eines R/3-R/3-Systemverbunds)

▸ X – X.400-Adresse

▸ G – ID einer Organisationseinheit

▸ H – Name einer Organisationseinheit

Konvertierung des Formularformats vor dem Versand **[«]**

Beim Versenden des Formulars verwendet Smart Forms primär das OTF-Format, was eine mittlerweile veraltete Einstellung ist. Bei externem Nachrichtenversand (durch Weiterleitung an SAPconnect) sind andere Formate üblich. Deshalb können Sie in der SAPconnect-Administration für die unterstützten Adresstypen eines

---

531

Knotens vorgeben, dass Formulare vor Ihrem Versenden konvertiert werden sollen, z. B. nach PDF (Transaktion SCOT).

10.7.3 Faxversand

Die heute üblichste Form, um eine Formularausgabe per Fax zu versenden, nutzt den SAP-Spooler und damit den gleichen Weg wie die Druckausgabe.

Hintergrund zur Abwicklung des Faxversands

Für den Faxversand besitzt das Spoolsystem eigene Gerätetypen. Die Abwicklung des Versands erfolgt über SAPconnect. Alternativ kann der Faxversand auch über Faxgeräte erfolgen, die am lokalen Arbeitsplatz-Rechner angeschlossen sind (wie die Ausgabe über den lokalen Drucker).

Um ein Formular unter Smart Forms als Fax zu versenden, muss in der Formularschnittstelle der Parameter DEVICE der Kontrollstruktur CONTROL_PARAMETERS auf 'TELEFAX' gesetzt werden.

Smart Forms startet dann in der Voreinstellung einen Faxdialog anstelle des sonst üblichen Spooldialogs. Dort kann der Anwender die gewünschte Faxnummer eintragen (siehe Abbildung 10.58).

Abbildung 10.58 Faxdialog bei Abwicklung über den Spooler

Wie beim Spooldialogbild (siehe Abbildung 10.62) können Sie die Werte für diese Felder mithilfe der Ausgabeoptionen vorbelegen und dann auch den Dialog überspringen, indem Sie das Feld NO_DIALOG der Kontrollstruktur setzen.

Tabelle 10.7 zeigt die Schnittstellenparameter zur Faxsteuerung.

Parametername	Bedeutung
TDTELELAND*	Länderschlüssel, z. B. `'DE'`. Daraus wird automatisch die Landesvorwahl ermittelt.
TDTELENUM*	Telekommunikationspartner, nur Ziffern und als Trennzeichen `/-.()` und Leerzeichen. Mit Sonderzeichen & am Anfang wird die interne Nummernprüfung ausgeschaltet. Siehe auch in der Dokumentation zum Datenelement SKTELNR.
TDTELENUME	Telekommunikationspartner, Ersatz
TDFAXUSER	Name des SAP-Anwenders
FAXFORMAT	Format des Dokuments
TDSCHEDULE*	gewünschter Sendezeitpunkt: IMM: Sofort senden (Default) NIG: Nachts senden
TDSENDDATE*	gewünschtes Sendedatum
TDSENDTIME*	gewünschte Sendezeit

Tabelle 10.7 Faxparameter in den Schnittstellenparametern OUTPUT_OPTIONS

Über die mit * gekennzeichneten Komponenten können Sie die entsprechenden Eingabefelder des Faxdialogs vorbelegen. Die Vorbelegung des Eingabefeldes ABLAGEMODUS erfolgt über die Komponente TDARMOD.

Insbesondere beim Faxversand können Vorgaben zur Deckblattgestaltung sinnvoll angewendet werden. Nutzen Sie dazu die zusätzlichen Parameter in den Schnittstellenparametern OUTPUT_OPTIONS.

10.8 Transport und Übersetzung

Über Smart Forms erstellte Formulare und Stile sind mandantenunabhängig. Sie werden darüber hinaus als eigenständige Entwicklungsobjekte im Repository des SAP-Systems verwaltet. Damit stehen alle Funktionen zur Verfügung, die für solche Entwicklungsobjekte gelten. Insbesondere lassen sich Formulare, Textbausteine und Stile per Transportauftrag im Transport-Organizer an andere Systeme übertragen und mithilfe eines zentralen Übersetzungswerkzeugs in andere Sprachen übersetzen.

10.8.1 Transport

Sie können jedes Formular und jeden Stil als Ganzes in einen Transportauftrag einbinden. Solche Gesamtobjekte besitzen immer ein Kürzel R3TR als Programm-ID im Katalog der Repository-Objekte (Datenbanktabelle TADIR). Die zugehörigen Objekttypen sind die folgenden:

▸ SSFO (SAP Smart Forms)

▸ SSST (SAP Smart Styles)

Wenn Sie bei der Entwicklung eines Formulars oder Stils ein Paket (früher auch Entwicklungsklasse genannt) verwenden, für das Transporte im SAP-System vorgesehen sind (also nicht temporär über das Paket $TMP), wird beim ersten Sichern eines Formulars oder Stils automatisch der Name eines Transportauftrags abgefragt und zugeordnet.

Den Transport Organizer zur Verwaltung dieser Aufträge erreichen Sie über den SAP-Menüpfad WERKZEUGE • ABAP-WORKBENCH • ÜBERSICHT • TRANSPORT ORGANIZER (TRANSAKTION SE09 ODER SE10). Ein Transportauftrag mit Objekten aus Smart Forms sieht dort wie in Abbildung 10.59 aus.

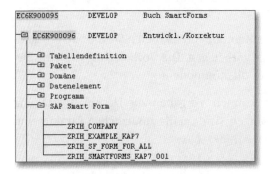

Abbildung 10.59 Smart Forms und Transportauftrag

Der Unterknoten SAP SMART FORMS kann Formulare und Textbausteine enthalten. Der Transportauftrag kann weitere Objekte aufnehmen, die mit der Formularentwicklung zusammenhängen, z. B. ein zugehöriges Rahmenprogramm oder auch Grafiken, die im Formular eingebunden wurden (sie sind gegebenenfalls in Unterknoten wie PROGRAMM bzw. TABELLENINHALT zu finden).

Der Transport Organizer zeigt unter dem Menüpfad AUFTRAG/AUFGABE • OBJEKTLISTE • OBJEKTLISTE ANZEIGEN eine komplette Aufstellung aller Objekte, die in einem Transportauftrag bzw. einer zugehörigen Aufgabe zusammengefasst sind. Dort sind auch die einzelnen Formulare/Stile mit Programm-ID und Objekttyp hinterlegt. Bei Bedarf können Sie die Liste auch von hier aus erweitern, um z. B. ein fertiges Formular erneut zu transportieren.

10.8.2 Übersetzung von Texten

Mit *Smart Forms* angelegte Formulare sind in den gleichen Übersetzungsprozess eingebunden wie andere Entwicklungsobjekte. Deshalb sind auch die Transportobjekttypen SSFO und SSST den Standard-Übersetzungswerkzeugen des SAP-Systems bekannt. Der Aufruf der zugehörigen Transaktion SE63 erfolgt im SAP-Menü über den Pfad WERKZEUGE • ABAP-WORKBENCH • HILFSMITTEL • ÜBERSETZUNG. Die Transaktion zeigt zunächst ein leeres Bearbeitungsbild.

Die Formulare gelten als *andere Langtexte* zu ABAP-Objekten. Der Zugang in der Übersetzung (Transaktion SE63) ist über das Menü ÜBERSETZUNG • ABAP OBJEKTE • ANDERE LANGTEXTE möglich. Im Folgedialog wählen Sie im Baum den Pfad B5 SAPSCRIPT: FORMULARE UND STILE • SSF SAP SMART FORMS. Für Stile wählen Sie im Dialog B5 SAPSCRIPT: FORMULARE UND STILE • STYL STILE. Danach folgt ein Dialog, in dem Sie folgende Eingaben durchführen:

1. Zur Vorgabe des Textnamens haben Sie über die Funktionstaste [F4] als Wertehilfe Zugriff auf alle Formulare, Textbausteine und Stile (je nach Objekttyp).

2. Wählen Sie als Quellsprache die Originalsprache des gewählten Formulars.

3. Die Zielsprache gibt an, in welche Sprachen das Formular zu übersetzen ist. Beachten Sie, dass die Auswahl an Zielsprachen unter den GLOBALEN EINSTELLUNGEN im Formular auch eingeschränkt werden kann.

Fehlermeldung [«]

Beim Starten der Oberfläche sind die Quell- und Zielsprache mit Werten belegt. Trotzdem kann es vorkommen, dass Sie beim Starten der Übersetzung die Fehlermeldung QUELLSPRACHE IST NICHT VORHANDEN erhalten. Dieser Fehler kann über die Auswahl der Quell- und Zielsprache über die [F4]-Hilfe umgangen werden.

---

4. Über BEARBEITEN erreichen Sie ein Bearbeitungsbild wie in Abbildung 10.60 dargestellt.

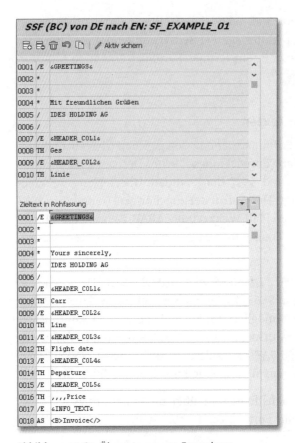

Abbildung 10.60 Übersetzung von Formularen

Die relevanten Knoten des Formulars wurden vom Übersetzungswerkzeug zu einem langen Text zusammengefasst und lassen sich über einen Langtext-Editor bearbeiten. Der obere Bildschirmbereich zeigt einzelne Texte in der Quellsprache, der untere Teil enthält die änderbaren Einträge in der Zielsprache. Dieses Bearbeitungsbild können Sie über den Menüpfad HILFSMITTEL • VOREINSTELLUNGEN in einigen Punkten an Ihre Vorstellungen anpassen.

Sie müssen nicht zu jedem Textelement einen sprachabhängigen Eintrag in der Zielsprache erzeugen: Textelemente, die in der Zielsprache keine eigene Übersetzung haben, werden bei der Ausgabe in der Zielsprache über die Angaben bei der Originalsprache versorgt. In unserem Beispiel wäre das bei den auszugebenden Namen der Fluggesellschaften der Fall.

Falls Textelemente dem Übersetzungswerkzeug schon bekannt sind, werden sie automatisch in die Zielsprache übersetzt und in den unteren Bildschirmbereich eingefügt (in unserem Fall z. B. der Inhalt zum Feld GREETINGS).

536

Falls keine Übersetzungsvorschläge angeboten werden, kann es vorteilhaft sein, den gesamten Inhalt von der Quellsprache in die Zielsprache zu kopieren und die Einträge dort dann nacheinander zu überschreiben (Menüpfad BEARBEITEN • QUELLTEXT ÜBERNEHMEN). Sichern Sie die Übersetzung; das Formular lässt sich jetzt auch in der Zielsprache ausgeben.

Im Beispielformular zur Flugrechnung wird die Anmeldesprache verwendet, weil über die Formularschnittstelle bisher keine individuelle Sprachsteuerung vorgesehen ist. In echten Anwendungen wird die Sprache, in der die Textelemente auszugeben sind, vom Rahmenprogramm vorgegeben (gegebenenfalls auch mit Ersatzsprachen). Ist ein Textelement in dieser Sprache nicht vorhanden, wählt die Ausgabesteuerung stattdessen die Anmeldesprache. Besteht auch dort kein Eintrag, wird auf die Originalsprache des Formulars zurückgegriffen.

10.8.3 Sprache der Formularbearbeitung

Trotz der bisherigen Übersetzungen: Das Formular können Sie über die Smart-Forms-Transaktionen auch weiterhin nur in seiner Originalsprache bearbeiten. Texte in anderen Sprachen müssen Sie immer wieder per Übersetzungswerkzeug pflegen.

Smart-Forms-Formularpflege	[«]

Wird die Smart-Forms-Formularpflege von einem Anwender aufgerufen, der eine andere Anmeldesprache als im Formular vorgesehen hat, kann der Anwender zwischen zwei Alternativen wählen:

▶ Das Formular wird weiterhin in der bisherigen Originalsprache aufgerufen (also nicht in der Anmeldesprache).

▶ Die Originalsprache des Formulars wird auf die Anmeldesprache gewechselt. Bedingung ist in diesem Fall, dass alle Knotentexte des Formulars schon in der Zielsprache vorliegen. Dazu erfolgt vor dem Aufruf des Formulars automatisch eine entsprechende Prüfung.

Beim Aufruf eines Formulars über den Form Builder werden alle angelegten Sprachen des Formulars geladen (also nicht nur die Originalsprache). Allerdings wird das Formular nicht für die Übersetzung gesperrt, sodass unter Umständen beide Transaktionen gleichzeitig aktiv sein können. In diesem Fall würde der Inhalt einer Zielsprache beim Sichern des Formulars im Form Builder überschrieben.

10.9 Druck- und Spoolsystem

Nachdem wir uns in den letzten Kapiteln und Abschnitten mit der Erstellung von Formularen und der Erzeugung der Dokumente auf Basis dieser Formulare beschäftigt haben, lernen Sie in diesem Kapitel die Grundzüge zur Ausgabe von Dokumenten über das SAP-Druck- und -Spoolsystem kennen. Selbstverständlich kann hier nur ein Überblick gegeben werden. Weitere Informationen erhalten Sie im Buch »Drucken mit SAP« von Michael Szardenings (SAP PRESS 2011).

10.9.1 Übersicht

Trotz der elektronischen Datenübermittlung (Fax, E-Mail) führt der gebräuchlichste Weg der Formularausgabe noch immer zu einem Drucker. Entsprechend ist der korrekte Formulardruck von entscheidender Bedeutung. Darüber hinaus erfordert die Vielfalt unterschiedlicher Drucker häufig eine individuelle Anpassung im SAP-System.

[»] **Begrifflichkeit der folgenden Erläuterung**

Auch wenn die im Folgenden beschriebenen Einstellungen zum Teil für alle Ausgabemedien verwendbar sind, werden wir der Einfachheit halber doch auf Begriffe im Zusammenhang mit dem *Druck* zurückgreifen.

Ablauf im Spoolsystem

Die aus Smart Forms erzeugten Ausgaben zu Druckern oder Faxgeräten werden an den zentralen Spooler des SAP-Systems weitergeleitet. Der Inhalt der Ausgabe wird dort als *Spoolauftrag* geführt. Ein solcher Spoolauftrag wird zunächst zwischengespeichert, bevor die Spoolsteuerung eine Weiterleitung an das konkrete Ausgabegerät veranlasst (als *Ausgabeauftrag*). Dies kann je nach Vorgabe im Spoolauftrag so bald wie möglich sein, zu einem vorgegebenen Zeitpunkt erfolgen oder auch erst, nachdem eine weitere Freigabe durch den Anwender erfolgt ist (siehe Abbildung 10.61).

Wir fassen diese Schritte zusammen:

1. Innerhalb eines beliebigen SAP-Anwendungsprogramms wird die Funktion AUSGABE/AUSDRUCK veranlasst (wir nennen das im Weiteren *Druckvorgang*). Dabei werden bestimmte Voreinstellungen für den Ausdruck mitgegeben (z. B. die Anzahl der Exemplare, der Name des Ausgabegeräts).

2. Das SAP-System erzeugt daraus den Spoolauftrag (auch *Druckjob* genannt) und übergibt ihn an die *Spoolsteuerung* (die synonymen Begriffe hierfür lauten *Druck-* bzw. *Ausgabesteuerung*). Wie Abbildung 10.61 zeigt, hat allerdings nicht jeder ausgelöste Druckvorgang auch einen eigenen Spoolauftrag zur Folge. Der Spoolauftrag beinhaltet das Ergebnis der Formularausgabe als OTF-Zwischendokument sowie verschiedene Verwaltungsinformationen (z. B. den Zeitpunkt einer geplanten Übergabe an das Ausgabegerät).

3. Die Spoolsteuerung veranlasst zum gegebenen Zeitpunkt die Weiterleitung an das Ausgabegerät. Das beinhaltet insbesondere die Umwandlung des OTF-Dokuments im Spoolauftrag in ein Format, das dem speziellen Ausgabegerät/Drucker entspricht. Das dabei erzeugte Dokument im Format des Ausgabegeräts wird in einem Ausgabeauftrag verwaltet.

4. Ein Spoolauftrag kann auch mehrere Ausgabeaufträge zur Folge haben. Das ist z. B. der Fall, wenn die Weiterleitung an einen Drucker im ersten Versuch wegen technischer Probleme gescheitert ist.

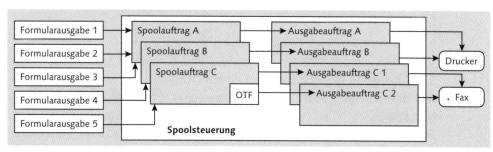

Abbildung 10.61 Spoolsteuerung

Solange ein Spoolauftrag im Wartezustand ist, kann er vom Anwender in einzelnen Parametern geändert werden. Dies kann insbesondere in der Testphase des Formulars hilfreich sein. Andererseits kann die Spoolsteuerung selbst auch durch Parameter im Formular beeinflusst werden. Aus diesen Gründen sind Kenntnisse zu der Art wichtig, wie die Spoolsteuerung den Druckvorgang zu einem Formular umsetzt (d. h., wie daraus konkrete Druckeranweisungen werden). Wir unterscheiden die beiden folgenden Schwerpunkte:

▸ Die *Spoolsteuerung* sorgt für die Abwicklung der konkreten Spoolaufträge während der Zeit in der Warteschlange.

▸ In der *Spoolverwaltung* legt der SAP-Anwender die Regeln fest, nach denen die Spoolsteuerung bei der Umsetzung eines Spoolauftrags für das Ausgabegerät vorgehen soll. Die Anpassung dieser Funktionen kann z. B. zur verbesserten Nutzung von Möglichkeiten der Ausgabegeräte führen.

Der folgende Weg führt im SAP-Easy-Access-Menü über WERKZEUGE • CCMS • DRUCKEN zu den beiden Aufgabenbereichen AUSGABESTEUERUNG (SP01) oder SPOOLVERWALTUNG (SPAD).

In die Spoolsteuerung gelangen Sie zusätzlich auch direkt aus jeder Anwendung über den Menüpfad SYSTEM • DIENSTE • AUSGABESTEUERUNG oder noch direkter über den Pfad SYSTEM • EIGENE SPOOLAUFTRÄGE.

[»] **Verwendete Begrifflichkeit**

Da wir im Zuge der Formularausgabe (Prozessierung) schon den Begriff *Ausgabesteuerung* verwendet haben, sprechen wir an dieser Stelle immer von der *Spoolsteuerung* (auch wenn in den Menüeinträgen und in den Bildschirmbildern vorwiegend Begriffe mit *Ausgabe...* verwendet werden). Aber schließlich heißt der verwaltete Puffer ja auch *Spooler*.

Die einzelnen Schritte

Auf die oben genannten Transaktionen werden wir in den folgenden Kapiteln immer wieder zurückkommen. Wir wollen aber mit Anmerkungen zum Spooldialogbild beginnen, das bei einem Druckvorgang wahlweise am Bildschirm erscheint. Darüber kann der Anwender grundlegende Parameter der Druckausgabe individuell vorgeben. Zwangsläufig gewinnen häufig auch viele Anwender über diesen Dialog ihre ersten Einblicke in die Funktionen des Spoolsystems.

In Abschnitt 10.9.6, »Fonts und Barcodes im SAP-System«, erläutern wir die Grundlagen der Font- und Barcodeverwaltung im SAP-System. Gerade dieser Themenbereich ist für die Formularentwicklung von Bedeutung, denn durch den direkten Zugriff auf ein Ausgabegerät lassen sich auch dessen individuelle Eigenschaften nutzen. Dazu gehören insbesondere auch individuelle Schriftarten und Barcodes (Strichcodes).

10.9.2 Vorgaben im Spooldialogbild

Wenn Sie im SAP-System eine Ausgabe anstoßen, erscheint in vielen Fällen ein Dialogbild, über das Sie grundlegende Parameter der Ausgabe individuell eintragen bzw. in dem Sie die Vorgaben des Druckprogramms ändern.

Die Bezeichnung dieses Dialogbilds lautet DRUCKEN. Da es allgemeine Parameter der Spoolsteuerung vorgibt, verwenden wir die übliche Bezeichnung *Spooldialog* auch in diesem Buch (das Dialogbild kann bei anderen Ausgabemedien wie z. B. dem Fax durchaus einen anderen Aufbau als beim Drucken haben; siehe Abbildung 10.58). Abbildung 10.62 zeigt den Standardaufbau bei der Ausgabe über einen Drucker.

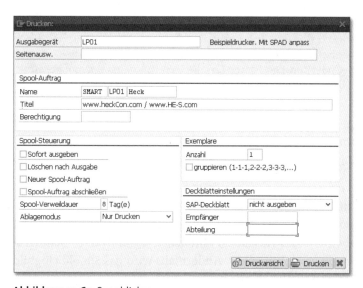

Abbildung 10.62 Spooldialog

Die meisten Eingabefelder sind selbsterklärend bzw. über die Funktionstaste
F1 im jeweiligen Feld ausreichend beschrieben. Hier nur einzelne Anmerkungen:

▶ Der Name eines Spoolauftrags setzt sich im Standardfall aus drei Komponenten zusammen. Im Falle eines Formulars zu Smart Forms besteht er aus einem Kürzel (immer SMART), dem Druckernamen und dem Benutzerkürzel. Das ist gleichzeitig der Systemvorschlag für den »Titel« des zugehörigen Spoolauftrags, wenn der Anwender in dem gleichnamigen Eingabefeld nichts anderes vorgibt. Der Eintrag kann zusätzlich auch vom Rahmenprogramm vorgeschlagen werden.

▶ Die Parameter des Spooldialogbilds können Sie über die Formularschnittstelle von Smart Forms individuell vorbelegen (siehe Abschnitt 8.8, »Standardparameter der Formularschnittstelle«).

Erfolgt die Ausgabe über die Nachrichtensteuerung, sind diese Parameter wieder über die Konditionen zur Nachrichtenart vorbelegt (siehe Abschnitt 10.3, »Nachrichtenfindung und -steuerung«).

▶ Einige der Angaben gelten für jede Art von Ausgabeaufträgen (Drucker, Fax etc.) und können auch als Benutzerparameter des jeweiligen Anwenders voreingestellt sein (z. B. das Ausgabegerät sowie Vorgaben zu den Optionen SOFORT AUSGEBEN und LÖSCHEN NACH AUSGABE). Die Pflege dieser Voreinstellungen erfolgt im Systemmenü über den Pfad BENUTZERVORGABEN • EIGENE DATEN (Registerkarte FESTWERTE).

[»] **Parameter vorschlagen**

Bei Smart Forms entscheidet der Schnittstellenparameter USER_SETTINGS, ob die Benutzerparameter oder sonstige Parameter, die vom Rahmenprogramm geliefert werden, vorgeschlagen werden sollen.

▶ Alle Vorschläge des Systems im Spooldialogbild können Sie als Anwender individuell ändern. In letzter Stufe können Änderungen sogar noch innerhalb der Spoolverwaltung erfolgen (also nach der Umsetzung in einen Spoolauftrag).

Bei einer automatisierten Ausgabe ohne Abfrage des Anwenders müssen einzelne Druckparameter auf jeden Fall im Hintergrund zur Verfügung stehen, z. B. Grundangaben wie das Ausgabegerät (siehe Abschnitt 8.8, »Standardparameter der Formularschnittstelle«). Andernfalls wird das Spooldialogbild vom System in jedem Fall eingeblendet.

10.9.3 Spoolsteuerung (Ausgabesteuerung)

Über die Transaktion SP01 erreichen Sie eine Liste der aktuellen Einträge im Spoolsystem; die Einträge können Sie nach Kriterien wie Erstellungsdatum, Ausgabegeräte oder Ersteller selektieren. Zusätzlich können Sie in der Anzeige wählen zwischen

▶ Spoolaufträgen, die über den Druckvorgang erzeugt werden,

▶ Ausgabeaufträgen, die schon von der Spoolsteuerung bearbeitet und weitergeleitet worden sind.

Über den Eintrag SYSTEM des Anwendungsmenüs können Sie die Spoolsteuerung auch direkt aus jeder beliebigen Transaktion aufrufen. In diesem Fall öffnet sich ein weiterer Modus, sodass die aktuell bearbeitete Transaktion im Hintergrund erhalten bleibt. Dieser Menüpfad bietet zwei Alternativen:

▶ SYSTEM • DIENSTE • AUSGABESTEUERUNG – öffnet die Spoolsteuerung mit Zugriff auf alle Spool- und Ausgabeaufträge (wie Transaktion SP01).

▶ SYSTEM • EIGENE SPOOLAUFTRÄGE – öffnet direkt eine Liste der Spoolaufträge, die für den angemeldeten Anwender in der Spoolverwaltung hinterlegt sind. Da sich ein Anwender in erster Linie für seine eigenen Spoolaufträge interessiert, ist dieser Zugang häufig der beste Einstieg (wie Transaktion SP02).

Abbildung 10.63 zeigt die Liste der Spoolaufträge wie nach einem Aufruf über den zweiten Menüpfad.

Ausgabesteuerung: Übersicht der Spool-Aufträge

	Spool-Nr.	Ty	Datum	Zeit	Status	Seiten	Titel
	5502		29.03.2015	16:43	-	1	SMART LP01 DEVELOP

1 Spool-Auftrag angezeigt

1 Spool-Auftrag ohne Ausgabeauftrag

Abbildung 10.63 Spoolsteuerung mit Anzeige der Spoolaufträge

Die Liste der Spoolaufträge wird im SAP List Viewer (ALV, für ABAP List Viewer, die frühere Bezeichnung) dargestellt; entsprechend können Sie den Aufbau über Anzeigevarianten individuell konfigurieren (Menüpfad EINSTELLUNGEN • ANZEIGEVARIANTE). Die folgenden grundlegenden Informationen sehen Sie in der Standardform der Liste:

▶ **Jeder Spoolauftrag besitzt eine eindeutige Identifikationsnummer**
Als Typ wird bei den Formularausgaben ein SAPscript-Dokument (OTF) angezeigt: Ein Mausklick auf das entsprechende Symbol öffnet bei der Verwendung der Standardeinstellung die grafische Druckvorschau. Über den Menüpfad SPRINGEN • AUFTRAGSANZEIGE • EINSTELLUNGEN können Sie aber z. B. auch auf eine direkte Darstellung der OTF-Daten umschalten. Bei Tests kann dies durchaus hilfreich sein.

▶ **Die Angaben zu Datum und Zeit bezeichnen den Erstellungszeitpunkt**
Der Eintrag zum Titel wird von der Spoolsteuerung aus den drei Komponenten »Quelle«, »Drucker« und »Anwendername« zusammengesetzt. Der

Titel kann über Parameter in den Schnittstellenparametern OUTPUT_
OPTIONS der Formularschnittstelle unter Smart Forms gegebenenfalls auch
anders vorbelegt werden.

Status zum Spoolauftrag

Eine zentrale Information zum Spoolauftrag als Maß für den Fortschritt der
Abarbeitung ist natürlich der Status (siehe Abbildung 10.63). Die wichtigsten
verwendeten Kennzeichen zeigt Tabelle 10.8.

Kennzeichen	Bedeutung
Leer (-)	Zum Spoolauftrag wurde noch kein Ausgabeauftrag erstellt, damit auch noch keine Weiterleitung an das Ausgabegerät.
Wartet	Ein Ausgabeauftrag wurde erstellt, aber noch nicht vom Spoolsystem bearbeitet (z. B. noch keine Umsetzung des Dokuments ins Format des Druckers).
In Arb.	Das Spoolsystem bereitet den Ausgabeauftrag für den Druck auf (inklusive Umsetzung des OTF-Dokumentenformats in das Ausgabeformat des Druckers).
Druckt	Der Ausgabeauftrag wird aktuell gerade gedruckt.
Fertig	Der Ausgabeauftrag wurde ordnungsgemäß gedruckt.
F5	Mehr als ein Ausgabeauftrag mit jeweils eigenem, unterschiedlichem Status wurde erzeugt (aber ohne endgültigen Bearbeitungsstatus). Ein Doppelklick auf den Statuseintrag zeigt die Einzelinformationen zu jedem Ausgabeauftrag.
Fehler	Ein schwerwiegender Fehler ist bei der bisherigen Ausgabe aufgetreten (z. B. ein Netzwerkfehler). Eine genaue Aufschlüsselung der Ursachen finden Sie im Ausgabeprotokoll. Aufträge mit Fehlern verbleiben im Spoolsystem, bis sie gelöscht werden oder bis die Verweildauer überschritten ist. Der Anwender kann den Spooleintrag nach einem Ausgabefehler aber auch nochmals aktivieren und damit die erneute Übergabe an das Ausgabegerät anstoßen.
Zeit	In diesem Fall wurde vom Ersteller ein bestimmter Zeitpunkt für die Ausgabe des Auftrags vorgegeben.

Tabelle 10.8 Verwendete Statuskennzeichen und ihre Bedeutung

Der Status der Abarbeitung kann sich natürlich schnell ändern, wenn einzelne Spoolaufträge gerade in Bearbeitung sind. Aktualisieren Sie gegebenenfalls die Anzeige über das entsprechende Symbol, um eine verlässliche
Auskunft zu erhalten.

Sie können einen Spoolauftrag auch jederzeit aus der Liste löschen. Allerdings bleibt ein zugehöriger Ausgabeauftrag erhalten, wenn er vorher schon an das Ausgabegerät (oder dessen vorgeschalteten Netzwerkspooler) weitergeleitet worden ist.

Spoolverwaltung einrichten	[«]
Auf Wunsch können Sie die Spoolverwaltung so einrichten, dass zu jedem Ausgabeauftrag ein individuelles Protokoll erzeugt wird, das dann alle Meldungen enthält und nicht nur die aufgetretenen Fehler. Diese Option wählen Sie direkt bei der Definition des Ausgabegeräts (über den Pfad SPRINGEN • TESTHILFE).	

Über den Menüpfad SPRINGEN • AUFTRAGSINFORMATIONEN (oder per Mausdoppelklick) in der Liste der Spoolaufträge erhalten Sie weitere Informationen zum angelegten Spoolauftrag. Sie können einzelne Eigenschaften gegebenenfalls auch ändern (z. B. zum Ausgabegerät, zur Anzahl der Exemplare, zur Priorität).

Ausgabevorgänge zusammenfassen

Jeder Formulardruck wird über den Spooler abgewickelt; aber nicht immer wird dabei ein neuer Spoolauftrag erzeugt. Stattdessen versucht die Spoolsteuerung auch, Druckvorgänge zusammenzufassen, die bei zentralen Kriterien gleiche Inhalte haben (z. B. Benutzer, Titel, Ausgabegerät, Anzahl der Exemplare). Die Merkmale haben primär nichts mit dem Inhalt der Dokumente zu tun, die ausgegeben werden sollen. Sobald weitere Druckvorgänge an den Spoolauftrag angehängt werden, erhöht sich automatisch auch die Gesamtzahl der Seiten.

Über das Attribut ABGESCHLOSSEN, KEIN ANFÜGEN MEHR MÖGLICH bei den Auftragsinformationen können Sie einen Spoolauftrag auch individuell für die Aufnahme weiterer Druckvorgänge sperren. Für den nächsten gleichartigen Druckvorgang wird dann ein neuer Spoolauftrag angelegt. Beim Erzeugen eines Ausgabeauftrags, der die konkrete Umsetzung des Dokuments in die Druckersprache einleitet, wird diese Option natürlich auch automatisch aktiviert.

Option »Sofort ausgeben«	[+]
Druckvorgänge, die in einem Spoolauftrag zusammengefasst wurden, können Sie insgesamt automatisch ausgeben, indem Sie beim letzten Druckvorgang die Option SOFORT AUSGEBEN anwählen.	

Ob und wann ein Spoolauftrag angelegt wird, können Sie unter Smart Forms über entsprechende Schnittstellenparameter zum Formular vom Rahmenprogramm vorgeben lassen (siehe Abschnitt 8.8, »Standardparameter der Formularschnittstelle«).

[+] **Spoolaufträge als Textinformation herunterladen**

Sie können den Inhalt jedes Spoolauftrags als reine Textinformation (ohne Steuerzeichen) per Download auf den lokalen PC herunterladen (Menüpfad SPOOLAUFTRAG • WEITERLEITEN • ALS TEXT SPEICHERN). Das kann für Tests hilfreich sein. Die Ablage erfolgt ohne Rückfrage im lokalen Arbeitsverzeichnis des SAP GUI (normalerweise das Verzeichnis SAPWORKDIR im lokalen Benutzerpfad).

Bei Spoolaufträgen handelt es sich immer um temporäre Daten, die zu gegebenem Zeitpunkt wieder gelöscht werden (z. B. sofort nach erfolgreicher Ausgabe oder nach einstellbarer Verweildauer). Durch das Löschen sollen insbesondere auch Kapazitätsprobleme vermieden werden, die sich aus der großen Menge täglich anfallender Spoolaufträge ergeben können.

Für die Ablage solcher temporären Objekte verwendet das SAP-System eine spezielle Speicherungsform, die als *TemSe-Datenablage* bezeichnet wird (TemSe = temporäre sequentielle Objekte). Diese Form der Datenablage wird z. B. auch verwendet, um Hintergrund-Programmjobs zu speichern. Deshalb gibt es zu jedem Spoolauftrag auch einen eindeutigen TemSe-Eintrag (siehe Registerkarte TEMSE innerhalb der AUFTRAGSINFORMATIONEN).

Eine häufig genutzte Funktion im Zuge der Formularentwicklung ist der direkte Anstoß der Ausgabe über die Spoolsteuerung. Diese Funktion greift insbesondere dann, wenn im Spooldialogbild der jeweiligen Anwendung das Attribut SOFORT AUSGEBEN nicht gesetzt war oder wenn bei der ersten Ausgabe Fehler aufgetreten sind.

Der Anstoß zur Ausgabe eines Spoolauftrags erfolgt in der Listendarstellung der Spoolsteuerung über den Menüpfad SPOOLAUFTRAG • DRUCKEN • OHNE ÄNDERUNGEN oder MIT GEÄNDERTEN PARAMETERN. Der Cursor muss auf dem entsprechenden Spoolauftrag stehen, bei Bedarf können auch mehrere Zeilen in der Liste markiert sein. Über den Menüpfad mit GEÄNDERTEN PARAMETERN können Sie einige der Vorgaben, die über den Druckerdialog eingestellt worden sind, nochmals für den individuellen Spoolauftrag ändern (Ausgabegerät, Anzahl der Exemplare, aber auch Einschränkung auf bestimmte Seiten).

Ausgabeauftrag

Für die Ausgabe eines Spoolauftrags auf dem Zielgerät (Drucker, Fax etc.) wird von der Spoolsteuerung ein Ausgabeauftrag erzeugt (je nach Vorgabe automatisch oder manuell, wie beschrieben). Der Ausgabeauftrag enthält das Dokument in der Sprache des Ausgabegeräts; in unserem Fall bedeutet das z. B. die Umsetzung der OTF-Anweisungen in Druckersequenzen, wie sie im betreffenden Druckertreiber hinterlegt sind.

Unter Umständen können je Spoolauftrag auch mehrere Ausgabeaufträge folgen, wenn z. B. eine Ausgabe nach Fehlermeldungen des Ausgabegeräts wiederholt werden musste. Wählen Sie gegebenenfalls aus dem Bild zum Spoolauftrag den Menüpfad SPRINGEN • AUSGABEAUFTRÄGE (oder das entsprechende Symbol).

10.9.4 Spoolverwaltung

Im vorherigen Abschnitt haben wir betrachtet, wie individuell erzeugte Druckvorgänge in der Spoolsteuerung zwischengespeichert und in Einzelschritten an das Ausgabegerät weitergeleitet werden (inklusive Übersetzung des OTF-Dokumentenformats in die Steuersprache des Druckers).

Im Rahmen der Spoolverwaltung/-administration können Sie Eigenschaften dieses Umsetzungsvorgangs einrichten. Das betrifft insbesondere auch die Anpassungen der Druckereigenschaften an die Vorgaben des SAP-Systems.

Verwenden Sie als Einstiegspunkt aller Aktivitäten in der Spoolverwaltung den Menüpfad WERKZEUGE • CCMS • DRUCKEN • SPOOL-VERWALTUNG (Transaktion SPAD).

Das zugehörige Bearbeitungsbild (siehe Abbildung 10.64) kennt drei Modi der Administration:

▶ Die *einfache Administration* für Eingaben zu den Ausgabegeräten und Servern bzw. zur Verwaltung der Spooleinträge wird in Abbildung 10.64 direkt angezeigt.

▶ Die *erweiterte Administration* mit zusätzlicher Registerkarte OUTPUT-MANAGEMENT-SYSTEME können Sie über den Button ERWEITERTE ADMIN. aufrufen.

▶ Die *volle Administration* mit allen Eingabemöglichkeiten (z. B. auch zu den Gerätetypen oder Zeichensätzen) können Sie über den Button VOLLE ADMINISTRATION aufrufen.

Im Folgenden werden wir überwiegend auf den vollen Administrationsmodus zurückgreifen.

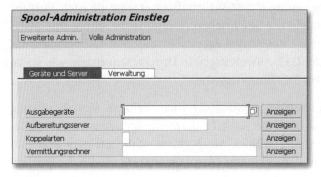

Abbildung 10.64 Spooladministration

Vom Einstiegsbild zur Spooladministration können Sie zu den einzelnen Bearbeitungsfunktionen wechseln; hier kurz das Vorgehen zum Aufruf eines Ausgabegeräts:

1. Wenn Sie im Einstiegsbild das Ausgabegerät mit Namen eintragen, wechselt die Taste AUSGABEGERÄTE direkt in das zugehörige Detailbild.

2. Ohne diese Vorgabe erscheint eine Liste aller Ausgabegeräte im System. Wählen Sie den gesuchten Eintrag per Mausdoppelklick, um zum gleichen Detailbild zu gelangen.

Bei der Abarbeitung eines Formulars erzeugt der Composer ein Dokument im Format OTF, das noch vom tatsächlichen Ausgabegerät unabhängig ist. Dieses Dokument wird im Ausgabeauftrag an die Spoolsteuerung übergeben. Die Ausgaben von sonstigen Programmen/Reports sind dagegen in einem ABAP-Listenformat zwischengespeichert.

Es ist die Aufgabe der Spoolsteuerung, dafür zu sorgen, dass angelieferte Ausgabedokumente vom OTF-Format in die passenden druckerspezifischen Befehle übersetzt werden (oder in die Anweisungen anderer Ausgabegeräte wie Fax, E-Mail etc.). Für diese Umsetzung sind im System *Druckertreiber* hinterlegt.

Das System unterscheidet wie bei den Quelldokumenten zwei Treibertypen:

▸ *OTF-Treiber* für Ausgabedokumente, die über Formulare unter Smart Forms (oder auch unter SAPscript) erzeugt wurden

▸ *Listendruck-Treiber* für die Ausgabe sonstiger Programme

In Tabelle 10.9 sind einige OTF-Treiber aufgelistet, die standardmäßig im System hinterlegt sind.

Treiber	Anwendungsfall
POST	PostScript-Drucker
PRES	Kyocera-Drucker (mit Druckersprache PRESCRIBE)
HPL2	HP-kompatible Laserdrucker (mit Druckersprache PCL-5 für alle Drucker ab HP LaserJet III)
STN2	einfacher Zeilendrucker (ohne Proportionalschriften, aber Fett, Kursiv)
SWIN	Umsetzung lokaler Windows-Druckertreiber über das Vermittlungsprogramm SAPLPD. Damit können alle Windows-Drucker angesprochen werden.
TELE	Fax- und Telexverkehr über SAP-Kommunikationsserver (ausschließlich ASCII als Ausgabe)
PDF1	Treiber für die Umwandlung in PDF-Format (ab Basis-Release 4.6D)

Tabelle 10.9 Druckertreiber im SAP-System

Bei der Ausgabe eines Formulars (oder beliebiger anderer Dokumente) wählt der Anwender allerdings keinen solchen Druckertreiber, sondern ein spezielles Ausgabegerät. Dabei handelt es sich um das Abbild eines physikalischen Druckers, auf dem im jeweiligen Netzwerk von Seiten des SAP-Systems ausgedruckt werden kann. Dessen Attribute enthalten u. a. den Standort des Geräts, die Ausgabe von Deckblättern sowie Defaulteinstellungen zur Schachtauswahl inklusive Angaben zum einliegenden Papierformat.

Registerkarte »Ausgabeattribute« [+]

Zum Ausgabegerät können Sie auf der Registerkarte AUSGABE-ATTRIBUTE auch individuelle Angaben zu den Rändern vorgeben, die das Gerät auf dem Papier nutzen kann. Hinterlegen Sie die Angaben als horizontale und vertikale Verschiebung. Diese Eigenschaften können Sie nutzen, wenn bei Ausgaben auf einem individuellen Drucker bestimmte Teile eines Formulars abgeschnitten werden. Die eingetragenen Verschiebungen werden beim Druck zum linken bzw. oberen Rand eines jeden Ausgabebereichs im Formular hinzuaddiert.

Jedem Ausgabegerät ist wiederum ein Gerätetyp zugeordnet, der jeweils das Modell eines Druckers (oder auch Faxgeräts) identifiziert. Der Gerätetyp enthält u. a. die Angabe, welcher Druckertreiber für die Aufbereitung zu verwenden ist. Daraus ergeben sich drei Ebenen:

1. **Ausgabegerät**

   Das Ausgabegerät enthält Angaben zum Standort, zur Ausgabe des Deck-blattes, zu Defaulteinstellungen zur Schachtauswahl inklusive Angaben zum einliegenden Papierformat etc.

2. **Gerätetyp**

   Der Gerätetyp enthält die Namen der Treiber, die verwendet werden sollen (getrennt nach SAPscript/Smart Forms und Listendruck. Der Gerätetyp beinhaltet auch eine Liste aller verwendbaren Print Controls (siehe Abschnitt 10.9.5).

3. **Drucker-/Gerätetreiber**

   Der Drucker-/Gerätetreiber ist durch SAP vorgegeben (siehe Tabelle 10.9).

Ein Treiber steuert grundlegende Funktionen des Ausgabegeräts und sorgt für die Umsetzung der Formatangaben aus dem Spooldokument in die Steuer-sequenzen des jeweiligen Druckers. Um dies zu ermöglichen, ist für jeden Druckertyp eine Liste der verfügbaren Formatierungsanweisung (Print Controls) hinterlegt. Sie bestehen in erster Linie aus Kürzeln und den passen-den Steuerbefehlen des Druckers (Escape-Sequenzen). Beispiele dieser Print Controls:

▸ CI010 (Zeichenabstand 10 Zeichen pro Zoll einstellen)

▸ COL2V (Schrift invers)

▸ TRY02 (Papier aus Schacht 2 des Druckers einziehen)

Die Print Controls können Sie über einen Kommando-Knoten auch direkt aus dem Formular heraus ansprechen (siehe Abschnitt 7.5, »Übungsbeispiel: Geschäftskorrespondenz zum Geschäftspartner«). Bei Standard-Print-Con-trols ist dies allerdings nur selten sinnvoll, da sie schon vom Druckertreiber selbst interpretiert werden. Es besteht jedoch darüber hinaus die Möglich-keit, zu einem Gerätetyp weitere individuelle Print Controls anzulegen, die dann z. B. spezifische Funktionen eines Druckers ansprechen. In diesem Fall ist es sinnvoll, einen neuen Gerätetyp anzulegen und dessen Funktionen zu erweitern.

10.9.5 Gerätetypen (Print Controls)

Der Gerätetyp identifiziert das Modell eines Druckers oder Faxgeräts. Die Abbildung im SAP-System besteht aus Kopfangaben und verschiedenen, zugeordneten Komponenten (z. B. den Print Controls). Damit diese Kompo-nenten nicht komplett neu angelegt werden müssen, sollten Sie bei der Neu-anlage eines Gerätetyps immer einen vorhandenen Gerätetyp kopieren, der dem neuen Drucker ähnlich ist. Die folgenden Komponenten des Gerätetyps werden mitkopiert:

- Gerätetypdefinition
- Print Controls (die gegebenenfalls später erweitert werden)
- Aufbereitungsarten
- Fontmetriken
- Druckerfonts und Barcodes (z. B. zur Verwendung unter Smart Forms)

Auf die einzelnen Eigenschaften werden wir im weiteren Verlauf teilweise noch näher eingehen.

Der Aufruf der Kopierfunktion selbst erfolgt etwas versteckt vom Hauptbearbeitungsbild der Spoolverwaltung (SPAD) über den Menüpfad Hilfsmittel • zu Gerätetypen • Kopieren Gerätetyp.

Wählen Sie den Ursprungstyp, und vergeben Sie einen Namen für den Zielgerätetyp. Beachten Sie auch die beiden zusätzlichen Attribute zum weiteren Kopiervorgang:

- **Referenzen verwenden**
  Der Originalgerätetyp wird als Referenztyp verwendet; d. h., bei neuen Softwareversionen werden die im Quelltyp enthaltenen Aufbereitungsfunktionen auch an die Kopie weitergereicht (dieses Attribut sollte immer aktiviert sein, wenn der Quellgerätetyp original von SAP stammt). Verwenden Sie keine Referenzen, wenn im neuen Gerätetyp umfangreiche Änderungen bei den Aktionen der Geräteaufbereitung vorgesehen sind.

- **Includes auf Quelle anpassen**
  Über *Includes* können in einem Gerätetyp Verweise auf andere Funktionen/Aktionen eingetragen werden, die schon vorher in diesem Gerätetyp definiert worden sind (z. B. teilweise verwendet in Aufbereitungen). Damit die Includes nach dem Kopiervorgang auf Funktionen innerhalb des neuen Gerätetyps zeigen, sollte das Attribut immer gesetzt sein.

In das Bearbeitungsbild zum neuen Gerätetyp gelangen Sie wieder vom Einstiegsbild der Spooladministration (SPAD) über den Modus volle Administration.

Print Controls

Die Print Controls enthalten alle Steueranweisungen, die ein Drucker benötigt, um eine bestimmte Formatierung umzusetzen. Die Kürzel der Steuerzeichen bestehen aus fünf Zeichen und haben über die Anfangsbuchstaben eine einheitliche Namensgebung.

Wir sind bei der Vorstellung des Kommando-Knotens in Abschnitt 7.5.2, »Geschäftspartner für den Test anlegen«, schon ausführlich auf Print Controls eingegangen, zumindest aus der Sichtweise des Formulardesigns. Im Folgenden wollen wir deshalb nur noch die Punkte ergänzen, die sich aus den Funktionen innerhalb der Spoolverwaltung ergeben.

Die Spoolverwaltung unterscheidet zwei Kategorien:

▸ **Übliche Print Controls**
Dabei handelt es sich um generelle Einträge, die direkt vom Druckertreiber angesprochen werden. Bei Print Controls, die von SAPscript-Druckertreibern angesprochen werden, ist die Option SAPSCRIPT gesetzt. Es handelt sich überwiegend um Print Controls mit S oder T als Anfangsbuchstaben. Im Druckerhandbuch der SAP-Online-Hilfe unter *http://help.sap.com* sind für jeden SAPscript-Druckertreiber die verwendeten Print Controls aufgelistet. Sie können kundenspezifische Print Controls ergänzen, um sie z. B. in Kommando-Knoten einzubinden (dabei ist der Kundennamensraum zu beachten).

Für übliche Print Controls sollte im Gerätetyp immer ein Eintrag vorhanden sein, gegebenenfalls als leere Zuweisung, wenn keine passende Escape-Sequenz existiert (da sonst Fehlermeldungen während der Druckausgabe wahrscheinlich sind). Die Liste der üblichen Print Controls wird im Normalfall direkt von SAP gepflegt. Im Eingabefeld eines Kommando-Knotens unter Smart Forms können Sie sich per Wertehilfe direkt eine Liste dieser Print Controls anzeigen lassen.

▸ **Druckerspezifische (nicht übliche) Print Controls**
Diese Print Controls werden nicht vom Druckertreiber direkt angesprochen, wohl aber durch automatische Funktionen, die dort hinterlegt sind. (Beispielsweise wird beim Wechsel der Schriftart aus dem Systemfont der Druckerfont und daraus das hinterlegte Print Control abgeleitet.)

Druckerspezifische Print Controls sind nicht durch einen Namensraum geschützt und sollten deshalb nur bei kundenindividuellen Druckertypen eingetragen werden (abgeleitet von SAP-Gerätetypen).

Im Bearbeitungsfenster des Gerätetyps ist auf der Registerkarte PRINT-CONTROLS eine Liste aller Print Controls des jeweiligen Ausgabegeräts hinterlegt (siehe Abbildung 10.65).

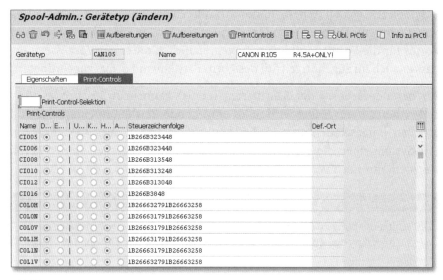

Abbildung 10.65 Gerätetyp mit Print Controls

Um ein neues Print Control anzulegen, wählen Sie den Menüpfad BEARBEI-
TEN • ZEILE EINFÜGEN bzw. BEARBEITEN • EINFÜGEN ÜBER PRINT-CONTROL.

Die Steuersequenzen können Sie wahlweise hexadezimal oder als Text eingeben. Die erste Variante ist die gebräuchlichere, da sie der Darstellung in den
meisten Druckerhandbüchern entspricht. Zur Wahl der Eingabeform setzen
Sie die zugehörigen Attribute.

Ablauf der Font Ermittlung über Print Controls [zB]

Im folgenden Kapitel werden wir ausführlich auf die Verwaltung von Schriften
(Fonts) im SAP-System eingehen. Um die Schriften eines Druckers ansprechen zu
können, werden Print Controls verwendet. Der Ablauf ist etwa folgender:

1. Über den Stil zum Formular findet der Ausgabevorgang einen Systemfont zur
   Textformatierung. Dieser Eintrag steht auch im Zwischendokument, das der
   Spoolauftrag verwaltet (OTF-Format).

2. Der Druckertreiber überprüft, ob der gewählte Systemfont auch beim Drucker
   verfügbar ist; falls ja, übernimmt er von dort das zugeordnete Print Control und
   findet so die Escape-Sequenz, um den Font im Drucker anzuwählen.

10.9.6 Fonts und Barcodes im SAP-System

Zu jeder Schriftart (Font), die ein Drucker ausgeben kann, muss auch ein entsprechender Font im SAP-System hinterlegt sein (inklusive der passenden

Angaben zu Zeichenbreiten, -höhen etc., um eine korrekte Textformatierung vorzunehmen). Diesen *Systemfont* verwenden Sie im Formular unter Smart Forms für die Formatierung von Texten, natürlich unter der Voraussetzung, dass er auch im zugehörigen Stil des Formulars einem Format zugeordnet ist.

Als besondere Form der Schriftarten (Fonts) kann man Strichcodes (Barcodes) betrachten. Dabei wird jedes eingehende Zeichen in eine Folge von Strichen umgesetzt. Aufgrund der Ähnlichkeit erfolgt auch die Pflege im SAP-System über die gleichen Transaktionen (wir sprechen im Weiteren trotzdem nur noch von der *Fontpflege*).

[»] **Fontverwaltung**

Die Fontverwaltung zu Smart Forms und SAPscript ist identisch. Insbesondere bei der Suche nach Hinweisen im SAP Corporate Portal oder der SAP-Bibliothek kann es hilfreich sein, das zu wissen.

Der Einstieg in die SAP-interne Fontpflege erfolgt direkt als Untermenü zum Formulardruck über den Pfad WERKZEUGE • FORMULARDRUCK • ADMINISTRA-TION • FONT (TRANSAKTION SE73). Abbildung 10.66 zeigt das Einstiegsbild.

Abbildung 10.66 Einstiegsbild zur Fontpflege

Zur Pflege der Schriftarten gehören die folgenden Schritte:

1. **Fontfamilien**
   Hier vergeben Sie die Namen der verwendeten Schriftenarten (z. B. Arial, Times). Zusätzlich erfolgt eine Einteilung in PROPORTIONAL und NICHT PRO-

PORTIONAL. Wahlweise können Sie auch Ersatzfonts eintragen für den Fall, dass der Hauptfont auf einem Ausgabegerät nicht verfügbar ist.

2. **Systemfonts**

   Systemfonts oder auch SAP-Fonts sind Kombinationen aus Fontfamilie, Fonthöhe (in 1/10-Punkt) und den Fontattributen FETT und KURSIV. Es sind damit je Schriftgröße bis zu vier Systemfonts hinterlegt. Darauf greifen auch die Angaben zur Schriftart in den Formaten unter Smart Forms zurück.

3. **Druckerfonts**

   Druckerfonts sind Kombinationen aus Fontfamilie, Fonthöhe und den Eigenschaften Fett/Kursiv, die jeweils die echten Möglichkeiten eines Ausgabegerätetyps widerspiegeln. Die Zuordnung und Eingabe erfolgt immer entsprechend dem Gerätetyp. Wichtiges Attribut zum Druckerfont ist die Zuweisung eines Print Controls, das erforderlich ist, um einen Font im Drucker anzusprechen. Bei NICHT PROPORTIONALEN Schriften ist die Schriftbreite für alle Zeichen gleich (angegeben in CPI). Bei proportionalen Schriften steht das Eingabefeld nicht zur Verfügung (vorbelegt mit AFM, siehe folgenden Unterabschnitt »Proportionale Schrift«).

Für die Formularausgabe über den Druckertreiber gilt folgender Ablauf (siehe Abbildung 10.67):

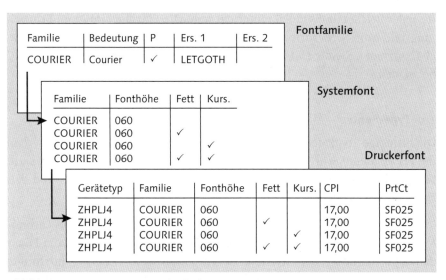

Abbildung 10.67 Ansteuerung von Schriften (Fonts) im SAP-System

1. In der zwischengeschalteten Stufe als OTF-Dokument wird zunächst der benötigte Systemfont mit der Höhe etc. festgestellt.

2. Der Treiber versucht daraufhin, bei den Druckerfonts des Ausgabegeräts einen Eintrag zu diesem Font zu finden; bei Erfolg wird dieser Font über Print Controls aktiviert.

3. Ist kein passender Druckerfont verfügbar, liest das System im Eintrag zur Fontfamilie, ob ein Ersatzfont vorgesehen ist. Gegebenenfalls wird dann dafür ein Eintrag bei den Druckerfonts gesucht, der allerdings mit den gleichen Attributen versehen sein muss (Höhe, Fett etc.).

Proportionale Schrift

In früheren SAP-Releases musste die Anlage eines Druckerfonts einzeln separat für alle Schriftgrößen erfolgen. Inzwischen sind manche Druckertreiber auch in der Lage, skalierbare Fonts zu bedienen (Schriften mit beliebig wählbarer Größe). Der Druckertreiber liest in diesem Fall die notwendigen Informationen zur Höhe etc. aus den *AFM-Angaben* (Adobe Font Metrics). Ein Druckerfont, der als skalierbar markiert ist, hat als Eintrag bei der Fonthöhe automatisch einen Wert »000«.

Skalierbare Schriften sind in den meisten Fällen zusätzlich proportional, d. h., die Breite der einzelnen Zeichen ist nicht einheitlich. Folglich muss sie für jedes Zeichen individuell hinterlegt sein. Die Eingabe erfolgt im Bearbeitungsbild zum Druckerfont unter METRIKDATEN ANZEIGEN. Zur Vereinfachung können Sie die Daten im AFM-Standardformat von einem lokalen PC hochladen.

TrueType-Fonts

Die bisherige Logik der Fontverwaltung im SAP-System ging davon aus, dass die verwendeten Schriften individuell im jeweiligen Drucker installiert sind. Entsprechend musste ein Abgleich zwischen den SAP-Systemfonts und den Druckerfonts erfolgen.

In den vergangenen Jahren hat sich im Windows-Umfeld aber eine Technologie durchgesetzt, bei der Schriften eines Dokuments individuell vom PC an den Drucker übergeben werden, bevor dieser seine Ausgabe durchführt (Soft-Fonts). Das übliche Format der Schriften ist TTF (TrueType-Fonts).

Der Ausdruck kann bei diesem Verfahren auf jedem grafikfähigen Drucker erfolgen, die Kontrolle über den Druckablauf übernimmt komplett das druckende Programm. Bedingt durch die geringere Geschwindigkeit bei der Ausgabe, kommt die Technik vor allem auf Laserdruckern zum Einsatz. Ein großer Vorteil ist darin zu sehen, dass die Ausgabe auf allen Druckern zum gleichen Ergebnis führt, da die Formatierungsinhalte gleich sind.

Seit Release 4.6C sind auch einzelne Druckertreiber des SAP-Systems in der Lage, TrueType-Fonts zu verarbeiten. Da diese Fonts unabhängig vom jeweiligen Gerätetyp sind, vereinfacht sich auch die notwendige Administration ganz enorm (siehe auch die Hinweise im SAP Corporate Portal bzw. in Anhang A.1).

Um einen TrueType-Font zu verwenden, muss dieser zunächst per Upload von einem Arbeitsplatz-PC in das SAP-System eingelesen werden. Der Aufruf erfolgt vom Einstiegsbild der Fontpflege (Transaktion SE73, Abbildung 10.66) über den Button TRUETYPE-FONT INSTALLIEREN.

Beim ersten Einlesen eines Fonts wird man immer eine neue Fontfamilie anlegen: Der Importprozess fragt entsprechend nach dem Namen der Fontfamilie (siehe Abbildung 10.68). Beim Einlesevorgang (*Upload*) übernimmt das SAP-System alle für die Fontverwaltung notwendigen Angaben (wie z. B. die Schriftbreite der einzelnen Zeichen) und erzeugt daraus automatisch die passenden Einträge bei den System- und Druckerfonts. Die Fonts sind dadurch sofort einsetzbar.

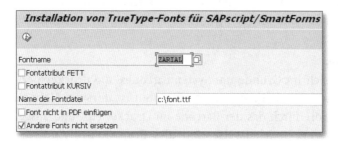

Abbildung 10.68 TrueType-Fonts importieren

Verwendung von TrueType-Fonts im Gerätetyp freigeben [«]

Allerdings muss die Verwendung von TrueType-Fonts auch im jeweiligen Gerätetyp freigegeben sein. Wechseln Sie dazu vom Einstiegsbild der Fontpflege (Transaktion SE73) in die Bearbeitung der Druckerfonts, wählen Sie dann den Gerätetyp, und aktivieren Sie die TrueType-Fonts über den gleichnamigen Button.

TrueType-Fonts sind grundsätzlich frei skalierbare Fonts; entsprechend werden beim Upload auch die zugehörigen Angaben in der Kategorie DRUCKER-

<small>FONTS</small> gesetzt. Wenn in einer Fontfamilie mehrere Schriftschnitte existieren (z. B. Kursiv, Fett), müssen Sie die einzelnen TrueType-Fonts nacheinander in die neue SAP-Fontfamilie importieren: Setzen Sie dabei im Eingangsbild (siehe Abbildung 10.68) das passende Fontattribut fett oder kursiv.

[»] **Smart-Forms-Release 4.6C**

Unter Release 4.6C ist dieses mehrfache Einlesen zu einer vorhandenen Fontfamilie allerdings nicht möglich. Das System antwortet mit der Meldung <small>FONTFAMILIE EXISTIERT BEREITS</small>. Es handelt sich dabei um einen Programmfehler, der ab Release 4.6D behoben wurde (siehe die Hinweise im SAP Corporate Portal bzw. in Anhang A.1).

Barcodes

Die Behandlung von Barcodes (Strichcodes) zeigt viele Parallelen zur Verwaltung von Fonts. Auch hier wird wieder zwischen Angaben im SAP-System und dem Drucker unterschieden:

▶ **Systembarcodes**
Dies sind die Barcodeeinträge, die im Formular gewählt werden können (bzw. im Stil). Sie enthalten grundlegende Attribute, die auch im Formular für die Formatierung erforderlich sind (z. B. die Anzahl der Zeichen, Breite, Höhe, Grad der Rotation/Drehung bei der Ausgabe). Die Angabe <small>BARCODETYP</small> dient zurzeit nur der allgemeinen Information. Kundenspezifische Systembarcodes sind möglich (dabei ist der Kundennamensraum zu beachten).

▶ **Druckerbarcodes**
Dabei handelt es sich im Grunde um Systembarcodes, die druckerspezifisch zugeordnet worden sind. Wichtigstes Attribut ist dort der Verweis auf ein Print Control, durch das der Barcode im Drucker ein- und ausgeschaltet werden kann. Üblicherweise sind dies Print Controls mit der Bezeichnung SBPxx bzw. SBSxx. Bei der Ausgabe eines Formulars setzt der Druckertreiber einen Systembarcode genau in den Eintrag um, der beim jeweiligen Drucker hinterlegt ist. Zwischen den Steuerkommandos für Beginn und Ende werden dann die Zeichen eingefügt, die den Inhalt der Barcodeausgabe darstellen.

Der Ausdruck von Barcodes setzt im Normalfall die Installation entsprechender Schriftkassetten im Drucker voraus (Ausnahme siehe unten). Ab Release 4.6C ist auch die Ausgabe von 2D-Barcodes möglich (siehe die Hinweise im SAP Corporate Portal bzw. in Anhang A.1).

Lokaler Druck von Barcodes

Sie können Barcodes optional auch über einen Drucker ausgeben, der am lokalen Windows-PC angeschlossen ist. Ein solcher Drucker wird vom SAP-System über das Ausgabegerät LOCL angesprochen. Der Druck erfolgt mithilfe eines Umsetzungsprogramms SAPLPD, das ebenfalls auf dem lokalen Arbeitsplatz-PC läuft.

Zum Programm SAPLPD sind Erweiterungen verfügbar, die Barcodeanweisungen im Datenstrom automatisch in Grafiken umwandeln und ausdrucken. Dadurch kann die Ausgabe sogar auf jedem grafikfähigen Drucker erfolgen, ohne dass ein Barcodemodul installiert ist. Die notwendige Erweiterung bedeutet die Installation einer zusätzlichen DLL auf dem Arbeitsplatz-PC (von Drittherstellern, siehe die Hinweise im SAP Corporate Portal).

10.10 Ausgabe in XML/XSF-Format

Für den Datenaustausch mit externen Systemen hat sich XML als Datenformat durchgesetzt. Auf der Basis dieses standardisierten Formats besteht z. B. die Möglichkeit, unterschiedliche Anwendungen in einen gemeinsamen Geschäftsprozess zu integrieren.

Smart Forms unterstützt verschiedene Formen XML-basierter Ausgabeformate, über die Anwendungen außerhalb des SAP-Systems auf den Inhalt von Formularen zugreifen können, um diese dann weiter zu verarbeiten. Damit ist z. B. die Anbindung externer Formularwerkzeuge möglich.

Auf Wunsch kann Smart Forms auch Daten für eine formatierte HTML-Ausgabe erzeugen. In diesem Fall zeigt ein Browser das komplette Formular mit allen Inhalten und Formatierungen. Das gleiche Formular kann also für die Druckausgabe und das Web-Publishing verwendet werden. Auf diese spezielle Variante kommen wir am Ende des Kapitels noch zurück (siehe Abschnitt 10.10.6, »Formatierte HTML-Ausgabe«).

Wir beginnen diesen Abschnitt, indem wir die Grundlagen XML-basierter Ausgabeformate bei Smart Forms erläutern. Danach erfahren Sie, wie sich die Übergabe der Daten steuern lässt und was bei den einzelnen Ausgabeverfahren zu beachten ist. Abschließend durchlaufen wir grundlegende Schritte anhand eines Übungsbeispiels.

10.10.1 Übersicht zu XML-basierten Formaten

Als XML-basierte Datenformate bietet Smart Forms zwei Varianten: XSF und XDF/XDF2:

- XSF steht für *XML for Smart Forms* und ist ein XML-Schema (eXtensible Markup Language), um den Inhalt eines Formulars in das XML-Format zu übertragen. Es sind keine Layoutinformationen enthalten, nur die prozessierten Daten und Texte eines Formulars.

- Bei der Variante XDF/XDF2 werden sogar nur die Daten der Formularschnittstelle in das XML-Format übertragen. Der Inhalt ist damit komplett unabhängig vom Formular. Die Ausgabe nach XDF/XDF2 muss entsprechend immer vom Rahmenprogramm angefordert werden (dynamische Ansteuerung, siehe Abschnitt 10.10.4, »XML-basierte Ausgabe dynamisch steuern«).

Bei der weiteren Erläuterung zu XML-basierten Ausgabeformen werden wir primär auf XSF-Ausgabe eingehen (stellvertretend für beide genannten Varianten).

[»]

OMS-Anwendung über XML-basierte Datenformate

Eine praktische Anwendung XML-basierter Ausgabeformate finden Sie in Abschnitt 10.11, »Anbindung externer Systeme mit XSF- und XDF-Formaten«, beschrieben, wo es um die Anbindung externer Output-Management-Systeme geht. Dort wird auch detaillierter auf die XDF-Variante des Formats eingegangen (und auch auf die Unterschiede zwischen den Ausprägungen XDF und XDF2).

Die XML-basierten Ausgabeformen von Smart Forms lassen sich statisch und dynamisch aktivieren:

- Die statische Steuerung erfolgt im Formular über die Registerkarte AUSGABEOPTIONEN beim Knoten FORMULARATTRIBUTE.

- Für die dynamische Steuerung müssen Standardparameter der Formularschnittstelle gesetzt werden (dies übersteuert gegebenenfalls die statische Vorgabe).

Bevor wir auf diese beiden Verfahren der Steuerung näher eingehen, erhalten Sie hier zunächst eine kurze Einführung, wie XML-Daten an andere Anwendungen übergeben werden können.

10.10.2 Übergabeformen der XML-basierten Ausgabe

Der Datenstrom zu XML besteht aus reinen Textinformationen, die jeder Editor oder Browser darstellen kann. Dazu werden wir in Abschnitt 10.10.5, »Übungsbeispiel: Download XSF-Ausgabe«, auch ein Beispiel zeigen. Die Ausgabe kann auf zwei Wegen erfolgen:

1. **Rückgabe an Anwendungsprogramm**

   Die XML-Ausgabedaten werden über die Formularschnittstelle zur Weiterverarbeitung an das Rahmenprogramm zurückgegeben.

   Die Rückgabe an das Rahmenprogramm erfolgt über den Exportparameter JOB_OUTPUT_INFO der Formularschnittstelle: Er enthält als Komponenten mehrere interne Tabellen, in denen die angeforderten Daten enthalten sind. Jede Tabelle besteht nur aus einer einzigen Datenkomponente, nämlich einem Feld vom Typ STRING (mit variabler Länge), in das jeweils eine Zeile der Ausgabedaten geschrieben wird. Beispiel: Bei XSF-Ausgabe des Formulars sind die zugehörigen XML-Daten in der Tabelle XSFDATA der Komponente XMLOUTPUT zu finden.

2. **Spoolauftrag**

   Die Ausgabe erfolgt wie bei sonstigen Druckaufträgen über den Spooler. Üblicherweise werden Sie das erzeugte XML-Dokument für den Austausch mit einem externen System zwischenspeichern. Für Testzwecke kann das z. B. auch eine lokale Datei sein. In beiden Fällen können Sie den Weg über einen Spoolauftrag gehen.

Binärformat bei XSF-Ausgabe [«]

Wenn XML-Dokumente an die Spoolverarbeitung weitergeleitet werden, verwendet Smart Forms das Binärformat, damit keine Informationen durch Konvertierungen verloren gehen. Wenn Sie einen solchen Spoolauftrag über Exportfunktionen der Spool-Ausgabesteuerung (Transaktion SP01) als Text abspeichern, fügt die Exportfunktion Zeilenumbrüche ein. Durch diese Umbrüche entspricht in den meisten Fällen die exportierte Datei nicht mehr den XML-Konventionen und lässt sich dann auch nicht im Browser anzeigen. Für den Export von Binärdateien ist diese Funktion der Spoolsteuerung also nicht geeignet.

Für den Frontend-Druck empfiehlt sich folgendes Vorgehen:

1. Verwenden Sie ein Ausgabegerät mit Koppelart F. Beim Drucken mit diesem Gerätetyp wird die Ausgabe an einen Drucker-Dämon weitergeleitet (je nach Betriebssystem verbirgt sich dahinter ein anderes Programm).

2. Richten Sie sich als Frontend-Drucker auf Ihrem lokalen PC einen Drucker ein, der die Ausgabe in eine Datei umleitet. Unter Windows NT müssen Sie dazu zum Beispiel einen Drucker definieren, der den Port FILE: benutzt.

Dies ist nur eine mögliche Vorgehensweise. Es gibt noch andere Koppelarten, mit denen sich eine Ausgabe aus dem Spool in eine Datei umleiten lässt. Einzelheiten entnehmen Sie dem SAP-Druckhandbuch.

10.10.3 XSF-Ausgabe statisch aktivieren

Wenn Sie ein Formular generell im XSF-Format ausgeben wollen, sollten Sie dieses Format statisch bei den Formularattributen im Form Builder einstellen. Darauf waren wir auch schon bei der Vorstellung der Layoutfunktionen in Abschnitt 3.2.1, »Globale Einstellungen«, eingegangen. Diese statische Einstellung im Formular können Sie nachträglich durch Parameter des Rahmenprogramms übersteuern.

Abbildung 10.69 zeigt die Eingabemöglichkeiten zu statischen Attributen im Knoten FORMULARATTRIBUTE (Registerkarte AUSGABEOPTIONEN).

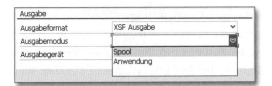

Abbildung 10.69 Steuerung der XML-Ausgabe im Knoten »Formularattribute«

Die Auswahlmöglichkeiten sind folgende:

▸ Beim Feld AUSGABEFORMAT sollten Sie die Option XSF AUSGABE wählen, um nur den Inhalt des Formulars in XML-Daten zu übertragen; wählen Sie die Option XSF + HTML, um eine formatierte Darstellung (z. B. im Browser) zu ermöglichen. Das Format STANDARDAUSGABE entspricht der normalen Ausgabe über das OTF-Format (wie z. B. für Druckausgabe üblich).

▸ Das Feld AUSGABEMODUS kennzeichnet, an welches Ausgabemedium die generierten Daten übergeben werden sollen. Zur Auswahl stehen folgende Optionen:

　▸ SPOOL (also Erzeugung eines Spoolauftrags)

　▸ ANWENDUNG (Rückgabe der Daten per Formularschnittstelle an das aufrufende Rahmenprogramm)

　Beim Ausgabemodus SPOOL werden Sie zusätzlich nach einem passenden Ausgabegerät gefragt (siehe Hinweise im vorigen Abschnitt 10.10.2).

Ein XDF-Datenformat können Sie hier nicht einstellen, denn diese Ausgabevariante enthält ja nur die Daten der Formularschnittstelle. Es ist also komplett unabhängig vom Formular; die Steuerung kann folglich auch nur dynamisch über das Rahmenprogramm erfolgen.

[«]

XSF- und HTML-Ausgabe

Daten im Ausgabeformat XSF + HTML müssen immer an die Anwendung zurückgegeben werden, denn in diesem Fall werden mehrere Tabellen mit Daten gefüllt (siehe auch Hinweise am Ende der Übung in Abschnitt 10.10.5, »Übungsbeispiel: Download XSF-Ausgabe«). Das Format ist auch für Webanwendungen gedacht, bei denen auch Rückmeldungen zum SAP-System erfolgen können. Die zugehörige BSP-Seite bzw. URL zur Verarbeitung solcher Rückmeldungen muss dann im letzten Feld eingetragen werden (Bezeichnung des Feldes ändert sich von AUSGABEGERÄT auf BSP-SEITE). Da interaktive Webformulare nicht Inhalt dieses Buches sind, wollen wir auch nicht weiter darauf eingehen.

10.10.4 XML-basierte Ausgabe dynamisch steuern

Wahlweise können Sie die XML-Ausgabe auch über die Formularschnittstelle steuern: Dazu müssen entsprechende Angaben im Schnittstellenparameter OUTPUT_OPTIONS gesetzt werden. Die folgende Liste zeigt die Parameter, die für das Ausgabeformat XSF relevant sind (siehe Tabelle 10.10).

Parameter	Bedeutung
xsfcmode	**XSF-Status durch Aufrufer gesetzt** Steuert, aus welcher Quelle (Formular oder Schnittstelle) die Parameter zur Steuerung der Ausgabeform übernommen werden: Bei 'X' übersteuern die im Weiteren genannten Schnittstellenparameter die statischen Angaben im Formular. Dann hat insbesondere der Inhalt von Komponente GETOTF in CONTROL_PARAMETERS keine Bedeutung.
xsf	**XSF-Ausgabe aktiv** Die XML-Daten spiegeln den Inhalt des Formulars wider; im Browser werden sie als hierarchische Struktur dargestellt. Optional kann eine formatierte HTML-Darstellung über Parameter XSFFORMAT angefordert werden. Bei anderen Werten als 'X' bleibt es bei der normalen Ausgabe im OTF-Format (man kann also nicht OTF und XSF gleichzeitig als Rückgabedaten anfordern).

Tabelle 10.10 Angaben zur XSF-Ausgabe im Schnittstellenparameter OUTPUT_OPTIONS

Parameter	Bedeutung
xsfoutmode	**XSF-Ausgabemodus (Ausgabeziel)** S = Spool, A = Anwendung: Im letzten Fall ist es sinnvoll, über die Kontrollstruktur auch den Spooldialog auszuschalten.
xsfoutdev	**XSF-Ausgabegerät** Nur sinnvoll bei Ausgabemodus S = Spooler. Falls zusätzlich die Komponente TDDEST in OUTPUT_OPTIONS mit einem Wert belegt ist, wird der Eintrag hier ignoriert.
xsfformat	**Formatierte XML-Ausgabe** Bei 'X' ist die formatierte XML-Ausgabe aktiviert, d. h., es werden zusätzliche CSS- und HTML-Daten erzeugt.

Tabelle 10.10 Angaben zur XSF-Ausgabe im Schnittstellenparameter OUTPUT_OPTIONS (Forts.)

Die Steuerungsparameter entsprechen im Prinzip den drei Angaben, die statisch auch im Formular hinterlegt werden können: Über den Parameter XSF-CMODE steuern Sie, welche Angaben letztendlich gelten sollen (die im Formular oder die in der Schnittstelle). Im folgenden Übungsbeispiel kommen die genannten Schnittstellenparameter zur Anwendung.

[»] **XDF/XDF2-Datenformat einstellen**

Die Aktivierung einer XDF-Variante erfolgt ähnlich wie beim XSF-Format über äquivalente Schnittstellenparameter (z. B. XDFCMODE und XDF; siehe Komponenten im Schnittstellenparameter OUTPUT_OPTIONS).

10.10.5 Übungsbeispiel: Download XSF-Ausgabe

In dieser Übung wollen wir für das Formular zur Flugrechnung eine XML-Ausgabe anstoßen. Dabei werden die XML-Daten an das Rahmenprogramm zurückgeliefert und von dort per Download in eine Datei auf dem lokalen Arbeitsplatz übertragen (wir verwenden also Ausgabemodus »A = Anwendung«). Listing 10.2 zeigt die benötigten Anweisungen für Folgendes:

- ▸ zusätzlich notwendige Datendefinitionen
- ▸ Vorbelegung der Schnittstellenparameter für die Steuerung der XSF-Ausgabe
- ▸ Rückgabe der Ergebnisse an das Rahmenprogramm über Schnittstellenparameter JOB_OUTPUT_INFO
- ▸ Download der XML-Daten zum lokalen Arbeitsplatz.

Im Anschluss an Listing 10.2 finden Sie weitere Erläuterungen zu den einzelnen Schritten.

```
* Definitionen für XSF-Ausgabe------------------------------*
DATA: gs_output_options     TYPE ssfcompop,
      gs_control_parameters TYPE ssfctrlop,
      gs_job_output_info    TYPE ssfcrescl.
* Parameter zur Steuerung der XSF-Ausgabe setzen------------*
gs_output_options-xsfcmode    = 'X'. " Get XSF prog params
gs_output_options-xsf         = 'X'. " XSF Output active
gs_output_options-xsfoutmode  = 'A'. " Application
* hs_output_options-xsfformat = 'X'. " opt. HTML Format ON
gs_control_parameters-no_dialog = 'X'. " Spool-Dialog OFF
* hier folgen die sonstigen Anweisungen wie bisher schon
* bis zur Formularausgabe (wie bisher in Programm)
* Danach weiter mit:
CALL FUNCTION   fm_name
    EXPORTING  control_parameters   = gs_control_parameters
               output_options       = gs_output_options
               customer             = customer
               bookings             = bookings
               connections          = connections
    IMPORTING  job_output_info      = gs_job_output_info
    EXCEPTION  formatting_error     = 1
               internal_error       = 2
               send_error           = 3
               user_canceled        = 4.
* Download der XML-Daten -------------------------------------*
DATA gf_xml_filename TYPE string.
gf_xml_filename  = 'c:\temp\test.xml'. "Dir. must exist
IF gs_job_output_info-xmloutput-xsfdata[] IS NOT INITIAL.
  CALL METHOD cl_gui_frontend_services=>gui_download
    EXPORTING
      filename    = gf_xml_filename
      filetype    = 'BIN'
      bin_filesize = gs_job_output_info-xmloutput-xsflength
    CHANGING
      data_tab    = gs_job_output_info-xmloutput-xsfdata[]
    EXCEPTIONS
      OTHERS      = 1.
  IF sy-subrc <> 0.
    MESSAGE ID sy-msgid TYPE sy-msgty NUMBER sy-msgno
            WITH sy-msgv1 sy-msgv2 sy-msgv3 sy-msgv4.
  ENDIF.
ENDIF.
*-----------------------------------------------------------*
```

Listing 10.2 Download von XML-Daten

Im folgenden stellen wir Ihnen die Schritte im Einzelnen vor:

1. Definieren Sie die übliche Struktur zur Angabe der Ausgabeoptionen (Typ `SSFCOMPOP`) sowie eine Feldleiste `GS_JOB_OUTPUT_INFO` vom Typ `SSFCRESCL`, um das Ergebnis zurückzuerhalten.

2. Geben Sie die folgenden Steuerungsparameter für die Formularschnitt-stelle vor:

   ▸ Über den Parameter `XSFCMODE` steuern Sie, dass die XSF-Vorgaben der Formularschnittstelle wirksam sein sollen und nicht die Eintragungen im Formular.

   ▸ Der Parameter `XSF` sorgt für die Umschaltung von OTF-Format auf XSF.

   ▸ Über den Parameter `XSFOUTMODE` legen Sie fest, dass die Rückgabe der Ausgabeergebnisse an das Rahmenprogramm erfolgen soll.

   ▸ Wählen Sie optional über den Parameter `XSFFORMAT` die formatierte HTML-Ausgabe (siehe Anmerkungen dazu im nächsten Abschnitt 10.10.6).

   ▸ Um den Spooldialog zu vermeiden, sollten Sie auch `NO_DIALOG` in der Kontrollstruktur setzen.

3. Rufen Sie den generischen Funktionsbaustein auf, und übergeben Sie die Strukturen `GS_OUTPUT_OPTIONS` und `GS_JOB_OUTPUT_INFO` an die gleichna-migen Standardparameter der Formularschnittstelle.

4. Für den Download verwenden wir die Standardmethode `cl_gui_fron-tend_services=>gui_download`, der Einfachheit halber mit fest vorgegebe-nem Pfad und Dateinamen (der hier verwendete Pfad `c:\temp` muss natür-lich vorhanden sein). Im realen Einsatz würde man natürlich einen Dateiauswahl-Dialog davorschalten (z. B. über Methode `cl_gui_fron-tend_services=>file_save_dialog`).

Starten Sie das Programm, um die XML-Datei unter dem Namen *test.xml* zu erzeugen. Wenn Sie diese Zieldatei anschließend in Ihrem Internetbrowser öffnen (hier im Internet Explorer), erscheinen die erzeugten XML-Daten (siehe Abbildung 10.70).

Der Browser versieht Schlüsselbegriffe im Text automatisch mit einer Farb-kennung und erzeugt zusätzliche Einrückungen, sodass die Inhalte in hierar-chischer Form dargestellt werden.

Abbildung 10.70 XML-Ausgabeergebnis im Browser

10.10.6 Formatierte HTML-Ausgabe

Bisher hatten wir primär Erläuterungen zur XML-Ausgabe gegeben, die genutzt werden, um externe Systeme mit Smart Forms zu koppeln. Als Erweiterung zur XML-Ausgabe ist, wie schon erwähnt, auch eine formatierte HTML-Ausgabe möglich. Obwohl (interaktive) Webformulare nicht Inhalt dieses Buches sind, wollen wir doch kurz auf Möglichkeiten zur Darstellung des Formulars im Webbrowser eingehen.

Bei der HTML-Ausgabe werden zusätzlich Komponenten der Formular-schnittstelle mit den Formatinformationen gefüllt (z. B. CSS-Stylesheet oder auch als komplette HTML-Seite). Ähnlich wie im Übungsbeispiel, das wir im letzten Abschnitt 10.10.5 gezeigt haben, müssen diese Zusatzinformationen dem Browser zur Verfügung gestellt werden. Man könnte z. B. die HTML-Daten als Anhang einer E-Mail versenden oder im einfachsten Fall einfach wieder einen Download zum lokalen Rechner durchführen. Letzteres wollen wir anhand des Übungsbeispiels vom letzten Abschnitt kurz erläutern:

1. Um unsere Formularausgabe in einer HTML-Version zu sehen, sollten Sie zusätzlich im Feld XSFFORMAT bei den Schnittstellenparametern OUTPUT_

OPTIONS mit dem Wert 'X' aktivieren (wie im ABAP-Coding auch bereits vorbereitet/kommentiert).

2. Danach gibt Smart Forms im Rückgabeparameter JOB_OUTPUT_INFO auch die HTML-Daten der Formularausgabe als Tabelle zurück. Die Daten sind in der geschachtelten Komponente XMLOUTPUT-TRFRESULT-CONTENT zu finden. Um diese HTML-Daten im Browser anzuzeigen, sollten Sie also den Inhalt der Tabelle CONTENT wieder lokal speichern (wie im Übungsbeispiel, z. B. als Datei *test.html*).

3. Ein Doppelklick auf diese Datei öffnet dann den Browser mit Darstellung des Formulars im gewohnten Design.

[+] **SAP-Musterprogramm für HTML-Ausgabe**

Um sich die Programmierung der oben genannten Schritte zu sparen, können Sie Folgendes machen: Im SAP-System existiert bereits eine passende Musterlösung für die HTML-Darstellung der Flugrechnung (siehe Programm SF_XSF_DEMO). In diesem Beispiel können Sie sowohl die XML- als auch die HTML-Daten als lokale Dateien ablegen.

10.10.7 Formular elektronisch versenden

In Anhang D finden Sie eine Beschreibung, wie Sie ein Formular ausgeben und anschließend als PDF versenden können: Dort beschreiben wir grundlegende E-Mail-Funktionen, die Datenübermittlung könnte natürlich auch ein Datenaustausch per FTP oder über sonstige Tools sein. Der Vorteil einer solchen Lösung ist, dass der zeitaufwendige Ausdruck und die Verteilung von Papier entfallen. Falls der Partner eine gedruckte Version benötigt, kann er diese selbst anfertigen (also Ausdruck ganz nach eigenen Anforderungen). Dies ist heute zweifellos eine gängige Nutzung von Formularen, ohne dass damit auch interaktive Prozesse verbunden sein müssen.

Im Szenario, das wir im Anhang beschreiben, werden die Daten der Formularausgabe zunächst in ein PDF umgewandelt. Alternativ ist natürlich auch die Verwendung der HTML-Daten möglich, zumal hier keine zusätzliche Konvertierung erforderlich ist. Originaltreue und Druckqualität dürften bei HTML-Daten aber geringer sein. Der technische Aufwand zur Realisierung ist gering. Sie müssten nur die HTML-Daten statt der im Anhang gezeigten PDF-Daten zum Anhang der E-Mail hinzufügen.

Einen anderen Weg geht das SAP-Musterprogramm SF_XSF_DEMO_MAIL. Es nutzt die Klassenschnittstelle des SAP Business Communication Service. Je nachdem, ob Sie einen SAP-Anwendernamen eingeben oder eine externe

E-Mail-Adresse, erfolgt der Versand an den SAP Business Workplace (Transaktion SBWP) oder über SAPconnect (Transaktion SOST).

10.11 Anbindung externer Systeme mit XSF- und XDF-Formaten

Es existieren Einsatzszenarien, bei denen die von Smart Forms erzeugten Datenströme nicht direkt an einen Drucker, sondern an ein externes Output-Management-System übergeben werden. In diesem Kapitel lernen Sie die Besonderheiten eines solchen Szenarios kennen, insbesondere in Hinblick auf die Integration dieser Systeme durch XML-basierte Standards wie XML for Smart Forms (kurz XSF) und XML Data for Forms (kurz XDF), von denen im vorigen Abschnitt 10.10, »Ausgabe in XML/XSF-Format«, das XSF-Format schon vorgestellt wurde. Während im vorigen Abschnitt der Fokus auf Web Publishing lag, wollen wir in diesem Abschnitt näher auf externe Output-Management-Systeme (OMS) eingehen.

Sie verwenden die Formate XSF und XDF, wenn Sie das Layout der Formulare inklusive der benötigten Texte durch ein externes System vornehmen lassen wollen, wie in Abschnitt 9.4, »Druckprozess und Ausgabesteuerung«, beschrieben wurde. Sie überlassen diesem System ebenfalls die Wahl des Ausgabeformats im Rahmen der Mediensteuerung und gegebenenfalls sogar Dokumentprozesse wie manuelle Nachbearbeitung der Dokumente, Freigabe-Workflows etc.

Das vorliegende Kapitel behandelt die Besonderheiten dieser Szenarien in Hinblick auf die Wahl der korrekten Standards, die Implementierung solcher Szenarien, die Qualitätsanforderungen sowie die organisatorischen und arbeitstechnischen Empfehlungen.

10.11.1 Überblick

Beim Drucken in SAP erzeugt das SAP-System Datenströme in den Spool. Auf diese Datenströme haben Sie mit den Transaktionen SP01, SP02 usw. Zugriff. Aus dem Spool werden die Daten entweder an einen Drucker oder ein externes Output-Management-System (OMS) übergeben. Das externe OMS nimmt die Druckaufträge aus dem Spool entgegen, es verwaltet sie, ermöglicht gegebenenfalls eine Nachbearbeitung und unterstützt den Output über verschiedene Kanäle. Auf diese Weise bietet das OMS eine gemeinsame Lösung für Korrespondenz aus SAP- und Nicht-SAP-Systemen.

Die technische Anbindung von einem OMS erfolgt über *Koppelarten*, die für die SAP-Drucker in der Transaktion SPAD definiert werden.

[+]

Weiterführende Informationen

Die Grundlagen des Spoolsystems haben Sie in Abschnitt 10.9, »Druck- und Spool-system«, kennengelernt, weitere Details hierzu finden Sie im SAP-Help-Portal, im SAP-Druckhandbuch (BC-CCM-PRN) oder im SAP-PRESS-Buch »Drucken mit SAP« von Michael Szardenings (SAP PRESS 2011).

Viele OMS unterstützen die Integration über XML-basierte Formate, die schon in Abschnitt 9.4, »Druckprozess und Ausgabesteuerung«, vorgestellt wurden. Sie erfahren nun, was Sie bei der Wahl des Ausgabeformats beachten müssen und welche Konsequenzen sich daraus ergeben.

Vorteile externer Output-Management-Systeme

Es gibt verschiedene Gründe, den Druck nicht über das OTF-Format, das Standardausgabeformat für Smart Forms, erfolgen zu lassen und damit eine zentralisierte Infrastruktur für den Druck aus SAP- und Nicht-SAP-Systemen zu nutzen – inklusive der Verwaltung von Formularen, Layouts, Textbausteinen etc. in einem externen Formularsystem:

▶ Es kann mehr Flexibilität bieten, da die stichtagsabhängige Auswahl eines Formulars für eine bestimmte Korrespondenz besser unterstützt wird und keinen Eingriff in das SAP-Customizing erfordert.

▶ Sie haben weiterhin die Möglichkeit, aus einer Korrespondenz des SAP-Standards gegebenenfalls mehrere unterschiedliche Korrespondenzen erstellen zu lassen, die sich in Bezug auf Inhalt und Layout unterscheiden.

▶ Die Nutzung von Spezialsystemen für High-Volume-Szenarien und eine Optimierung der Postlogistik ist möglich (Sortierung, Frankierung und Kuvertierung sowie Porto-Konsolidierung, eventuell bei einem externen Dienstleister).

▶ Multi Channel Output: Sie sind flexibel bei der Wahl des Output-Formats, hier bieten sich z. B. SMS oder E-Mail an.

▶ Dokumentprozesse wie Nachbearbeitung von Dokumenten, Freigabe-Workflows etc. werden unterstützt.

▶ Diese Vorteile werden aber durch eine Reihe von Nachteilen erkauft:

▶ Die Archivierung der gedruckten Dokumente muss durch Einsatz zusätzlicher Tools oder eigene Entwicklungen sichergestellt werden.

▶ Es ist sinnvoll, eine End-to-End-Kontrolle des Druckprozesses zu implementieren.

▶ Es sind gegebenenfalls Sonderlösungen zu entwickeln, z. B. um eine Druckvorschau im SAP-System zu ermöglichen.

Technische Details der Anbindung

Externe Output-Management-Systeme werden über die BC-XOM-Schnittstelle integriert. Weitere Informationen finden Sie im SAP Developer Network unter SAP NETWEAVER AS - OUTPUT MANAGEMENT (BC-XOM). Weitere technische Informationen finden im SAP-Hinweis 126067 (Anlegen eines RDI/XSF-Druckers in der Spooladministration).

Mit Tools wie der Druck-Workbench (siehe Abschnitt 9.4.1, »Systemübergreifende Komponentenübersicht«) und darauf aufsetzenden Tools wie dem Korrespondenz-Tool können Sie die Ausgabeoptionen für diese Szenarien steuern.

10.11.2 Datenstromformate

Ein grundlegender Erfolgsfaktor für das OMS-Projekt ist die Wahl des richtigen Datenformats – Smart Forms unterstützt verschiedene XML-basierte Datenstromformate, etwa XSF, XDF und XDF2. Diese Formate unterscheiden sich in mehreren Punkten:

▶ **Aufbau und Inhalt des Datenstroms**
Der Aufbau und der Inhalt des Datenstroms sind in allen Fällen unterschiedlich. Beispielsweise enthält die Ausgabe eines XDF- oder XDF2-Smart-Forms-Formulars nicht den Namen des Smart-Forms-Formulars im Datenstrom, das den Output erzeugt. Das bedeutet, dass ad hoc kein Kriterium vorhanden ist, anhand dessen das externe OMS erkennen kann, um welche Korrespondenz es sich handelt. Dieser Name oder ein entsprechender Ordnungsbegriff für die Korrespondenz sollte also hinzugefügt werden.

▶ **Umfang**
Alle XML-basierten Formate besitzen aufgrund des XML-Markups einen größeren Umfang, der sich für alle Formate unterscheidet.

▶ **Aufwand zur Erstellung**
Auch der Aufwand zur Erstellung der Smart-Forms-Formulare unterscheidet sich erheblich: Da bei XDF- und XDF2-Smart-Forms die Schnittstelle des Smart Forms in das XML-Format umgewandelt wird und somit keine Prozessierungslogik erstellt werden muss, können diese Smart Forms in

kürzester Zeit erstellt werden und müssen bei Schnittstellenänderungen auch nicht angepasst werden.

▶ **Keine Datenbeschaffung im Smart-Forms-Formular**
Dadurch, dass beim XDF- und XDF2-Format die Prozessierungslogik entfällt, ist eine weitere Aufbereitung und auch ein Hinzulesen von Daten im Smart-Forms-Formular nicht möglich, sodass die Formularschnittstelle im Hinblick auf Vollständigkeit designt werden muss. Während für das XSF-Format aufgrund der aktiven Prozessierung im Kontext der Smart-Forms-Verarbeitung länderspezifische regionale Konvertierungen durchgeführt werden (Datum, Zeit, Beträge), beinhalten XDF- und XDF2-Datenströme nur Daten in interner Notation nach ISO. Die Aufbereitung zur externen Darstellung muss dann im OMS erfolgen.

▶ **Performance**
XDF- und XDF2-Datenströme werden in einer vielfach höheren Geschwindigkeit, verglichen mit XSF, erstellt.

XML for Smart Forms

Sie haben XSF als Ausgabeformat für Smart Forms kennengelernt. XSF ist ein Beispiel für ein dokumentenorientiertes XML-Format: Es enthält Informationen, die eine Umsetzung ermöglichen, z. B. in HTML. Dass das XSF-Format dokumentenorientiert ist, erkennt man auch daran, dass im XSF-Datenstrom die Struktur des prozessierten Formulars gut zu sehen ist:

▶ Das Element `<page>` beschreibt eine Seite im XSF-Datenstrom. Wenn eine Seite `MAIN` im Formular vorliegt, erhält der Datenstrom die Elemente `<page name="MAIN" id="001"/>`, wobei das Attribut `id` die Seiten nummeriert.

▶ Ein weiteres Element ist `<data>`, dessen Kindelemente `<window>`, `<graphics>` und `<address>` die Inhalte der entsprechenden Smart-Forms-Elemente enthalten.

Sehen wir uns den Anfang eines XSF-Dokuments an. Listing 10.3 enthält die Kopfdaten des Druckauftrags, wobei im XML-Element `<form>` der Name des Smart-Forms-Formulars steht.

```
<smartxsf xmlns="urn:sap-com:SmartForms:2000:xsf">
  <header>
  <general>
    <version>1.14.2</version>
    <form>ZMY_FLIGHT_NOTIFICATION_XSF</form>
    <language>DE</language>
    <device>PRINTER</device>
```

```
<output-device>ZZPX</output-device>
<device-type>PLAIN</device-type>
<tddataset>SMART</tddataset>
<tdsuffix1>ZZPX</tdsuffix1>
<tdsuffix2>BCUSER</tdsuffix2>
<tdnewid>X</tdnewid>
<tdlifetime>8</tdlifetime>
<tdcopies>001</tdcopies>
</general>
<archive mode="1" mode-modify-enabled="yes" />
```

Listing 10.3 Header eines XSF-Datenstroms

Betrachten Sie den Anfang eines XSF-Dokuments in Listing 10.3. Sie können jetzt schon feststellen, dass wichtige Steuerungsinformationen des Korrespondenz-Tools wie die Korrespondenzart fehlen und gegebenenfalls in den Nutzdaten übergeben werden müssen. Die Kopfdaten des Druckauftrags enthalten im XML-Element `<form>` den Namen des Smart-Forms-Formulars. Da der Datenstrom in einem externen Formularsystem einem Formular-Template und einer Prozessierungslogik zugeordnet werden muss, spielt dieses zentrale Ordnungskriterium für die Korrespondenz eine wichtige Rolle.

Da viele externe OMS eigene Möglichkeiten zur Layoutgestaltung besitzen, ist es in vielen Fällen möglich, einen minimalistischen Aufbau zu wählen, der bei OTF-Formularen nicht sinnvoll wäre. Dieser minimalistische Aufbau ist in Abbildung 10.71 zu sehen. Zusatzinformationen sind nur dann sinnvoll, wenn Sie z. B. aus Testzwecken das Formular im OTF-Modus ausdrucken wollen und aus Gründen der Lesbarkeit Zusatzinformationen benötigen.

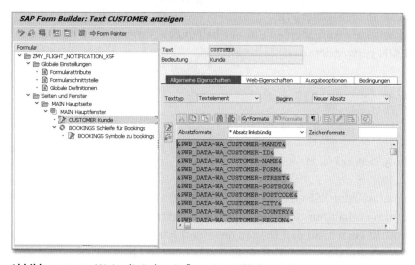

Abbildung 10.71 Minimalistischer Aufbau eines XSF-Smart-Forms

Im XSF-Datenstrom stehen die betriebswirtschaftlichen Nutzdaten in soge-nannten `<sym>`-Elementen (siehe Listing 10.4).

```
<p name="L">
  <sym name="PWB_DATA-WA_CUSTOMER-ID">00000001</sym>
</p>
```

Listing 10.4 Betriebswirtschaftliche Nutzdaten in einem XSF-Datenstrom

XML Data for Forms (XDF)

Neben XSF existiert mit XDF – *XML Data for Forms* – ein weiteres XML-basiertes Ausgabeformat. Dieses Format unterscheidet sich wie folgt von XSF: Es serialisiert die reine Formularschnittstelle in die XML-Syntax, und somit wird folglich keine Formularlogik prozessiert. Dies bewirkt einen enormen Geschwindigkeitsgewinn (mehr als dreimal schneller) und erspart auch das Erzeugen der Formularlogik bei der Erstellung des Smart Forms.

[+] **Keine Prozessierung von Smart Forms und ABAP-Logik**

Wenn Sie das XDF-Format für die Anbindung externer Formularsysteme nutzen möchten, müssen Sie beachten, dass keine Formular- und somit ABAP-Logik pro-zessiert wird. Damit Sie also flexibel zwischen dem XSF- und dem XDF-Format wechseln können, sollten Sie ABAP-Logik nur sparsam und wenn unbedingt nötig verwenden: In der Formularschnittstelle müssen alle Daten vorliegen, die vom externen Formularsystem verwendet werden.

Die Ausgabeoptionen für das XDF-Format werden durch das Setzen von Parametern in der Struktur `ssfcompop` gesetzt. Diese Struktur wird im Anschluss an den generierten Smart-Forms-Funktionsbaustein übergeben. Hierbei wird als Ausgabemedium ein beliebiges Ausgabegerät LOCM vom Typ PLAIN verwendet (siehe Listing 10.5):

```
DATA output_options TYPE ssfcompop.
output_options-xdfcmode  = 'X'.
output_options-xdf       = 'X'.
output_options-xdfoutmode = 'S'.
output_options-xdfoutdev = 'LOCM'.
```

Listing 10.5 Optionen für XSF-Ausgabe

Im Gegensatz zum XSF- ist das XDF-Format rein datenorientiert. Ein XDF-Datenstrom enthält nur die Daten der Formularschnittstelle. Das XDF-Doku-ment enthält auch nicht den Namen des Smart Forms, das den Druck erzeugt hat. Den Beginn eines XDF-Dokuments sehen Sie in Listing 10.6.

```
<XDF>
  <ARCHIVE_INDEX TYPE="TOA_DARA" OBJECT="TABL"
    TIMESTAMP="19981105040741">
    <DEL_DATE>0000-00-00</DEL_DATE>
  </ARCHIVE_INDEX>
  <ARCHIVE_INDEX_TAB TYPE="TSFDARA" OBJECT="TTYP"
    TIMESTAMP="20001108192953" />
  <ARCHIVE_PARAMETERS TYPE="ARC_PARAMS" OBJECT="TABL"
    TIMESTAMP="19980828090300">
    <ACHECK>0</ACHECK>
  </ARCHIVE_PARAMETERS>
  <CONTROL_PARAMETERS TYPE="SSFCTRLOP" OBJECT="TABL"
    TIMESTAMP="20031106185609">
    <NO_DIALOG>X</NO_DIALOG>
  </CONTROL_PARAMETERS>
  <MAIL_APPL_OBJ TYPE="SWOTOBJID" OBJECT="TABL"
    TIMESTAMP="19971104105624" />
```

Listing 10.6 Beginn eines XDF-Dokuments

Die Nutzdaten werden zusammen mit einer Typinformation im XML-Attribut TYPE gespeichert. In Listing 10.7 sehen Sie Kundeninformationen aus Kapitel 9.

```
<PWB_DATA TYPE="EFG_STRN_PWBFLIGHT_CUSTOMER" OBJECT="TABL"
  TIMESTAMP="20031107101926">
  <WA_CUSTOMER>
    <MANDT>099</MANDT>
    <ID>00000001</ID>
    <NAME>SAP AG</NAME>
    <FORM>Firma</FORM>
    <STREET>Neurottstr. 16</STREET>
    <POSTCODE>69190</POSTCODE>
    <CITY>Walldorf</CITY>
    <COUNTRY>DE</COUNTRY>
    <TELEPHONE>06227-34-0</TELEPHONE>
    <CUSTTYPE>B</CUSTTYPE>
    <DISCOUNT>010</DISCOUNT>
    <LANGU>D</LANGU>
    <E-MAIL>info@sap.de</E-MAIL>
  </WA_CUSTOMER>
</PWB_DATA>
```

Listing 10.7 Nutzdaten im XDF-Format

XDF2

Mit XDF2 existiert noch ein weiteres XML-basiertes Ausgabeformat für Smart Forms. XDF2 ist ebenso wie XDF ein Format, in dem die Datenformularschnittstelle ohne jegliche Formularprozessierung und auch ohne Layoutinformationen übermittelt wird. XDF2 ist eine XML-Repräsentierung der Daten der Formularschnittstelle in einem durch die SAP standardisierten XML-Format: asXML. In asXML können Sie jeden beliebigen ABAP-Datentyp in XML darstellen, der sogenannten kanonischen XML-Repräsentation, die durch den ABAP-Befehl CALL TRANSFORMATION erzeugt wird. Den Beginn eines XDF2-Datenstroms können Sie in Listing 10.8 sehen.

```
<asx:abap xmlns:asx="http://www.sap.com/abapxml"
  version="1.0">
  <asx:values>
    <ARCHIVE_INDEX>
      <FUNCTION/>
      <MANDANT/>
      <DEL_DATE>0000-00-00</DEL_DATE>
      <SAP_OBJECT/>
      <AR_OBJECT/>
      <OBJECT_ID/>
      <FORM_ID/>
      <FORMARCHIV/>
      <RESERVE/>
      <NOTIZ/>
    </ARCHIVE_INDEX>
```

Listing 10.8 Anfang eines XDF2-Dokuments

[»] **Weitere Informationen**

Das asXML-Format wird z. B. im SAP PRESS-Buch »XML für ABAP-Entwickler« von Tobias Trapp beschrieben (SAP PRESS 2010).

Listing 10.9 zeigt dieselben Daten des XDF-Beispiels von Listing 10.7, dieses Mal in XDF2.

```
<PWB_DATA>
  <WA_CUSTOMER>
    <MANDT>099</MANDT>
    <ID>00000001</ID>
    <NAME>SAP AG</NAME>
    <FORM>Firma</FORM>
```

```
        <STREET>Neurottstr. 16</STREET>
        <POSTBOX/>
        <POSTCODE>69190</POSTCODE>
        <CITY>Walldorf</CITY>
        <COUNTRY>DE</COUNTRY>
        <REGION/>
        <TELEPHONE>06227-34-0</TELEPHONE>
        <CUSTTYPE>B</CUSTTYPE>
        <DISCOUNT>010</DISCOUNT>
        <LANGU>D</LANGU>
        <E-MAIL>info@sap.de</E-MAIL>
        <WEBUSER/>
    </WA_CUSTOMER>
</PWB_DATA>
```

Listing 10.9 Nutzdaten in XDF2

Format für hochperformante Druckszenarien [«]

Da das XDF2-Format mittels Kernelfunktionen erzeugt wird, ist seine Erzeugung um Faktor 8 schneller als die Generierung des XSF-Formats.

10.11.3 Weiterführende Aspekte

Auf den ersten Blick unterscheiden sich XDF- und XSF-basierte Verfahren nicht grundlegend. Beide werden ebenso wie OTF-Ausgaben durch die Druckinfrastruktur wie das Korrespondenz-Tool unterstützt (siehe den kommenden Abschnitt). Dennoch gibt es bei dem Implementierungsprozess eines Druckprozesses Unterschiede, die ebenso erläutert werden.

Ausgabe von XSF- und XDF-Formaten in der Transaktion FPCOPARA

In Abschnitt 9.5, »Korrespondenzmanagement«, haben Sie das Korrespondenz-Tool kennengelernt. Sie können mit ihm sowohl XSF- als auch XDF-Ausgaben erzeugen, wobei die Transaktion FPCOPARA nur das XDF2-Format unterstützt.

Sie müssen lediglich auf der Registerkarte DRUCKPARAMETER das Ausgabeformat für das SmartForm auf X für XSF bzw. D für XDF wählen, um das entsprechende Ausgabeformat zu erzeugen (siehe Abbildung 10.72).

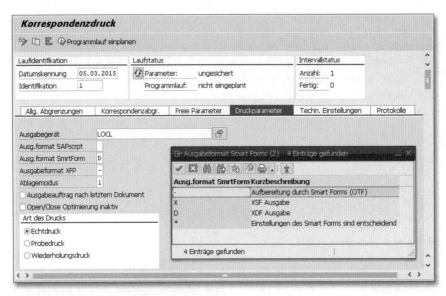

Abbildung 10.72 Wahl des Ausgabeformats

Besonderheiten bei Implementierungsprojekten

Eine Herausforderung bei einem Projekt mit externem OMS sind die unterschiedlichen Organisationseinheiten und Spezialisten, deren Aktivitäten koordiniert werden müssen:

▸ Der Fachbereich bestimmt Inhalt und gegebenenfalls Layout der Briefe in Hinblick auf ein unternehmenseinheitliches Layout.

▸ SAP-Spezialisten für ein Fachmodul nehmen das Customizing im SAP-Modul für einen Druck vor. Ebenso realisieren sie gegebenenfalls die Datenbeschaffung, da nur sie das Datenmodell der Fachanwendung kennen.

▸ Smart-Forms-Spezialisten erstellen dagegen Anwendungsformulare und Smart-Forms-Formulare. Dies muss in Abstimmung mit den Fachexperten für das Modul geschehen.

▸ Spezialisten für das externe OMS erstellen Formular-Templates.

▸ Systemspezialisten für Dokumentenmanagementsysteme erstellen zusammen mit SAP-Spezialisten eine Lösung für die Archivierung und Archiv-Verlinkung der extern erzeugten Dokumente im SAP-System.

Da die zu druckenden Dokumente in einem externen System erzeugt werden, kann es notwendig werden, dass dem XSF-/XDF-Datenstrom Metainformationen hinzugefügt werden. Typische Informationen sind Informationen für Mediensteuerung, durch welchen Ausgabekanal (Brief, SMS, E-Mail etc.) der Druck erfolgen soll und weitere steuernde Informationen für den Archivierungsprozess.

Ein wichtiger Erfolgsfaktor der Implementierung XSF- bzw. XDF-basierter Korrespondenz ist ein einheitlicher Aufbau und eine Dokumentation des Datenstroms, die die Implementierung des Outputs im externen OMS erleichtert:

▸ Es sollte erkennbar sein, welche Felder des Datenstroms optional sind.

▸ Es sollten übergreifend über alle Datenströme die gleichen Informationen (z. B. Kundennummer) in den gleichnamigen Feldern in den Datenströmen zu finden sein.

▸ Aus Gründen der Eindeutigkeit ist es erforderlich, dass unterschiedliche Felder im Datenstrom auch unterschiedliche Namen besitzen.

Qualitätsstandards etablieren [«]

Um sicherzustellen, dass die Formulare im externen OMS leicht erstellt werden können, sind der Aufbau von Datenströmen sowie grundlegende Qualitätskriterien mit allen Beteiligten zu erarbeiten.

Ein weiterer Aspekt ist der Test. Während die Tests bei OTF-Smart-Forms direkt im SAP-Prozess erzeugt werden können, existiert bei OMS-Nutzung ein weiterer Verarbeitungsschritt in einem externen System, der auch getestet werden muss. Diese Testszenarien sind nicht nur einzuplanen, sondern sie sollten so vorbereitet werden, dass sie effizient durchgeführt werden können.

Die Anwendung zur Dokumentenerstellung von Smart Forms basiert auf einem Zeitpunkt im Geschäftsprozess. SAPoffice, SAP Business Workflow, SAP ArchiveLink und SAP Folders Management spielen vor und nach diesem Zeitpunkt eine wichtige Rolle.

11 SAP Smart Forms in dokumentorientierten Prozessen

In diesem Kapitel betrachten wir Smart Forms im Zusammenspiel mit anderen Technologien. In den folgenden drei Abschnitten machen Sie sich zunächst mit den drei relevanten Technologien vertraut:

- SAP Business Workflow
  (Benachrichtigung von Mitarbeitern)
- SAP ArchiveLink
  (Verknüpfung der neuen Dokumente mit einem Business-Objekt)
- SAP Folders Management
  (Integrationsoberfläche zur transparenten Darstellung von dokumentorientierten Geschäftsprozessen)

Anschließend lernen Sie anhand eines kurzen Projektbeispiels aus der Personalentwicklung mit SAP ERP HCM, wie die Technologien in der Praxis eingesetzt werden können.

11.1 SAP Business Workflow

SAP Business Workflow ermöglicht Ihnen, die Aufgaben/Schritte innerhalb eines Geschäftsprozesses in der richtigen Reihenfolge, mit allen notwendigen Informationen, zum richtigen Zeitpunkt an die jeweils zuständige Person zu liefern. Damit erreichen Sie eine Automatisierung von einzelnen Arbeitsschritten. Die Dokumenterzeugung über Smart Forms – z. B. die Erstellung einer Korrespondenz für einen Kunden – ist beispielsweise ein solcher Arbeitsschritt.

11.1.1 Grundlegende Arbeitsweise von SAP Business Workflow

Schauen wir uns zunächst die prinzipielle Arbeitsweise von SAP Business Workflow an (siehe Abbildung 11.1).

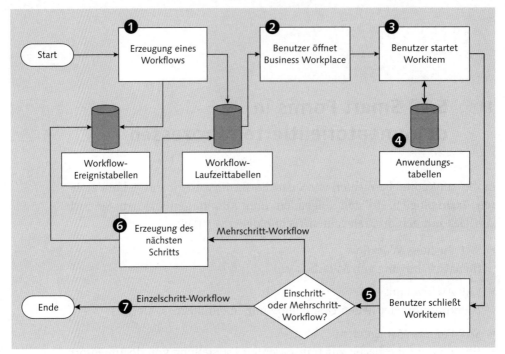

Abbildung 11.1 Prinzipielle Arbeitsweise von SAP Business Workflow
(angelehnt an: Ulrich Mende, »Workflow und ArchiveLink mit SAP«, S.125)

Ein Workflow durchläuft zu seiner Laufzeit folgende Schritte:

❶ Eine Anwendung startet meist über ein Ereignis einen Workflow, aber bei der Behandlung des Ereignisses passiert mehr, als nur den Workflow zu starten:

  ▸ Zuerst werden über den sogenannten Ereignismanager die Ereignistabellen gefüllt sowie eventuell die Ereignis-Typ-Kopplungen geprüft.

  ▸ Sind Ereignis-Typ-Kopplungen vorhanden, werden weitere Schritte durchgeführt, abhängig von den Einstellungen der Ereignis-Typ-Kopplungen. Dazu zählt z. B., einen weiteren Workflow zu starten oder einen Funktionsbaustein auszuführen, der als Verbraucher eines Ereignisses hinterlegt ist.

  ▸ Zum Abschluss werden die Workflow-Laufzeittabellen mit den übergebenen Daten des Ereignisses sowie den Daten aus der Definition des

Workflows gefüllt (siehe Abschnitt 11.1.2, »Definition von Workflows«). Ein Eintrag in den Tabellen des Laufzeitsystems wird dabei als Workitem bezeichnet.

❷ Ein Benutzer startet den SAP Business Workplace (Transaktion SBWP). Währenddessen werden die Workflow-Laufzeittabellen gelesen und die Workitems (die durch die Ereignisse aus dem ersten Schritt erzeugt werden) auf Basis des Datums und der Bearbeiterzuordnung gefiltert und angezeigt (siehe Abschnitt 11.1.3, »Bearbeiterfindung«, und Abbildung 11.2).

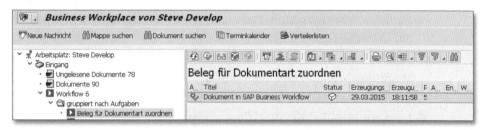

Abbildung 11.2 Workitem im SAP Business Workplace anzeigen

❸ Durch einen Doppelklick startet der Benutzer das Workitem. Damit hat er das Workitem angenommen, d. h., sollten noch weitere Bearbeiter für das Workitem in Betracht gekommen sein, sehen diese es jetzt nicht mehr. Beim Start wird die Methode der Workflow-Aufgabe angesprochen. Die Methode kann auf zwei Weisen hinterlegt sein, entweder als Methode eines Business-Objekts (BO) aus dem Business Object Repository (BOR) oder als Methode einer ABAP-Klasse. Die Möglichkeit der Klassenimplementierung ist erst ab Release 6.40 von SAP NetWeaver AS ABAP möglich.

❹ Nach dem Start des Workitems wird die hinterlegte Funktionalität der Workflow-Aufgabe (Näheres dazu finden Sie in Abschnitt 11.1.2, »Definition von Workflows«) ausgeführt.

Hinterlegte Funktionalität wird ausgeführt [zB]

Wenn es sich z. B. darum handelt, dass ein Geschäftspartner angelegt wird (`Create`-Methode des Business-Objekts `BUS1006`), werden nach Abschluss und Speichern der durchgeführten Aktionen die Anwendungstabellen des Geschäftspartners gefüllt.

---

❺ Mit dem Schließen des Workitems durch den Benutzer verlässt die Programmlogik die fachliche Logik der aufgerufenen Methode und kehrt in das Workflow-Laufzeitsystem zurück. Das Workflow-Laufzeitsystem prüft nun gegen die Definition des Workflows, ob es sich um einen Einzelschritt-Workflow (nur ein ausführbarer Schritt) oder einen Mehrschritt-Workflow (mehrere ausführbare Schritte) handelt.

❻ Hat die Definition des Workflows mehrere ausführbare Schritte, prüft das Workflow-Laufzeitsystem, von welchem Typ der nächste Schritt ist. Ist der nächste Schritt vom Typ »Ereignis senden«, wird der Ereignismanager angesprochen, Ereignis-Typ-Kopplungen werden geprüft und wie im ersten Schritt beschrieben ausgeführt. Beinhaltet der Folgeschritt nicht das Auslösen eines Ereignisses, werden die Workflow-Laufzeittabellen mit den aktuellen Parametern des Workflows sowie den Definitionsdaten des nächsten Schrittes gefüllt. Der Status des vorangegangenen Schrittes wird auf COMPLETED gesetzt.

Falls es sich bei dem Schritt um den letzten Schritt handelt, wird der Workflow beendet, und der Status des Workflows wird auf COMPLETED gesetzt.

❼ Liegt ein Einzelschritt-Workflow vor, wird der Workflow beendet, nachdem der Benutzer ihn geschlossen hat, und der Status des Workflows wird innerhalb der Workflow-Laufzeittabellen auf COMPLETED gesetzt.

Nachdem wir uns nun den Ablauf eines Workflows angeschaut haben, betrachten wir uns die Vorgehensweise der Definition von Workflows.

11.1.2 Definition von Workflows

Grundlage der Workflow-Ausführung (siehe Abschnitt 11.1.1, »Grundlegende Arbeitsweise von SAP Business Workflow«) ist die vorherige Definition eines Workflows. Diese nehmen Sie im *SAP Workflow Builder* (Transaktion SWDB) vor. Innerhalb des SAP Workflow Builders kann der Ablauf des Geschäftsprozesses als Workflow über eine grafische Oberfläche modelliert werden. Grundlage des Ablaufs sind Schritte, die mithilfe sogenannter *Schritttypen* modelliert werden, ähnlich der Erstellung eines Programmablaufplans (PAP). Es gibt z. B. folgende Schritttypen:

- ▸ Aktivität (Ausführen einer Workflow-Aufgabe mit einer definierten Methode)
- ▸ Benutzerentscheidung (Benutzer entscheidet weiteren Ablauf)
- ▸ Warten auf Ereignis (Warten auf ein definiertes Ereignis)
- ▸ Bedingung (definierte Bedingung entscheidet weiteren Ablauf mit zwei Wegen)
- ▸ Mehrfachbedingung (Wert eines Containerelements entscheidet weiteren Ablauf mit mehreren Wegen)

▶ Paralleler Abschnitt (Parallelisieren des weiteren Ablaufs)

▶ UNTIL-Schleife (weiterer Ablauf wird ausgeführt, *bis* die Abbruchbedingung erfüllt ist)

▶ WHILE-Schleife (weiterer Ablauf wird ausgeführt, *wenn* die Bedingung erfüllt ist)

▶ Ablaufsteuerung (Steuerung über die Funktionen »Workitem abbrechen« oder »Workitem obsolet setzen« von anderen Workflows)

▶ Containeroperation (Verändern eines Containerelements durch Zuweisung)

▶ Ereignis senden (Senden eines Ereignisses an den Ereignismanager)

Für die Datenübergabe zwischen den einzelnen Schritten ist ein allgemeingültiges Konzept notwendig. SAP hat dafür das Konzept der Container und der Definition eines Datenflusses zwischen den Containern definiert. Dementsprechend ist es notwendig, im Rahmen der Definition eines Workflows Containerelemente und den Datenfluss zwischen den einzelnen Containern festzulegen. Containerelemente können dabei als Variable des Workflows betrachtet werden.

Abbildung 11.3 zeigt den Aufbau der Container sowie einen möglichen Datenfluss zur Laufzeit:

❶ Eine Anwendung löst ein Ereignis aus. Dabei füllt sie einen Ereigniscontainer mit den Variablen der Anwendung. Containerelemente sind die Variablen der Anwendung des Workflows.

❷ Das Ereignis wird vom Ereignismanager gesteuert, um darauf basierend einen Workflow zu erzeugen. Dabei werden Containerelemente über den definierten Datenfluss vom Ereigniscontainer in den Workflow-Container überführt.

❸ Beim Start des SAP Business Workplace durch einen Benutzer werden die Containerelemente des Workflow-Containers in den Aufgabencontainer des ersten Schrittes gestellt. Die übergebenen Elemente können dann in den Spalten des *SAP Business Workplace* angezeigt werden. Der Aufgabencontainer kann nur die per Datenfluss übergebenen Containerelemente nutzen.

❹ Führt der Benutzer das Workitem aus, werden die Containerelemente über den definierten Datenfluss zwischen Aufgaben- und Methodencontainer überführt. Nun stehen sie der gerufenen Methode des Business-Objekts zur Verfügung. Am Ende des Durchlaufs der Methode werden eventuell geänderte Containerelemente wieder über den Datenfluss an den Aufgaben- und, falls definiert, auch an den Workflow-Container zurückgegeben.

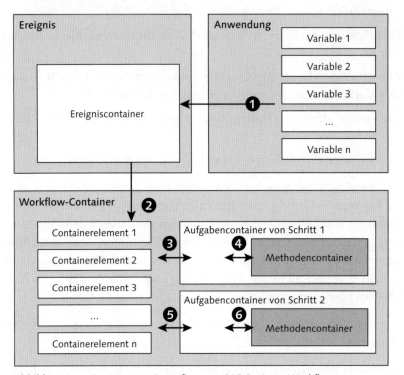

Abbildung 11.3 Container im Datenfluss von SAP Business Workflows

❺ Es erfolgt, wie beim Start des ersten Schrittes durch den Benutzer, die Übergabe in den Aufgabencontainer des zweiten Schrittes entsprechend dem festgelegten Datenfluss.

❻ Beim Ausführen des Workitems wird vom Aufgabencontainer jedes definierte Containerelement des Datenflusses weiter an den Methodencontainer übergeben. Dieser kann dabei ebenfalls nur die vom Datenfluss definierten und übergebenen Containerelemente nutzen.

Auf Basis der Schritttypen, der Container, der Containerelemente sowie des Datenflusses findet die Modellierung eines Workflows also statt.

11.1.3 Bearbeiterfindung

Ein wichtiger Aspekt bei der Zustellung eines Workitems ist die Bearbeiterfindung. Bei der Bearbeiterfindung wird grundsätzlich zwischen folgenden Arten von Bearbeitern unterschieden:

▸ mögliche Bearbeiter

▸ zuständige Bearbeiter

▸ ausgeschlossene Bearbeiter

In einem Unternehmen arbeiten 30 Sachbearbeiter (siehe Abbildung 11.4). Diese 30 Sachbearbeiter arbeiten in sechs Abteilungen. Jeder Abteilung sind vier Kollegen und ein Auszubildender zugeordnet. Per Post kommt eine Reklamation zu einem Vertrag eines Großkunden:

▸ Es könnte jeder der 30 Mitarbeiter angesprochen werden (mögliche Bearbeiter).

▸ Es gibt aber eine spezielle Abteilung für die Betreuung der Großkunden (zuständige Bearbeiter).

▸ Da es sich um einen wichtigen Kunden handelt, soll der Auszubildende den Fall nicht bearbeiten (ausgeschlossene Bearbeiter).

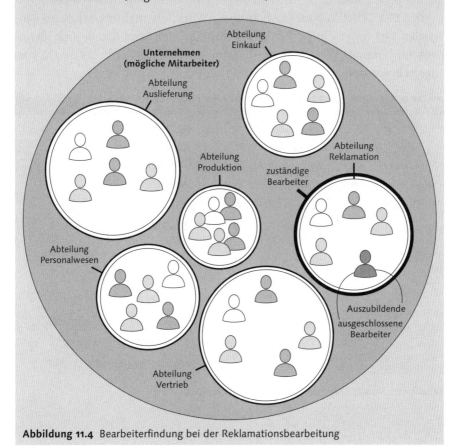

Abbildung 11.4 Bearbeiterfindung bei der Reklamationsbearbeitung

Die Bearbeiterfindung kann auf unterschiedlichen Wegen abgebildet werden. Zum einen können Sie über das Organisationsmanagement entsprechende Zuordnungen durchführen; dazu werden sogenannte Regeln in der Workflow-Aufgabe hinterlegt. Die Workflow-Aufgabe ermittelt über die gepflegte Organisationsstruktur eines Unternehmens und auf Basis von Regeln die entsprechenden Bearbeiter. Eine Regel könnte z. B. lauten: Ermittle den Abteilungsleiter des aktuell angemeldeten Benutzers.

Ein anderer Weg der Bearbeiterfindung ist die Übergabe von Bearbeitern von außen beim Starten des Workflows. Dabei wird an der Workflow-Aufgabe für die Bearbeiterzuordnung ein *Ausdruck* in Form eines Containerelements hinterlegt.

11.1.4 Programmatische Ansteuerung

Für die programmatische Ansteuerung aus SAP-Anwendungen wie beispielsweise SAP ERP HCM bietet SAP Business Workflow mehrere Schnittstellen. Tabelle 11.1 zeigt einige Funktionsbausteine der Schnittstelle und deren Funktionsgruppe. Allen Funktionsbausteinen muss das Präfix SAP_WAPI_ vorangestellt werden.

Funktionsgruppe	Funktionsbaustein	Beschreibung
SWRDLG – Dialoge	DIALOG_NOTES_DISPLAY	Anzeigen der Anlagen
	DIALOG_PROTOCOL	Anzeigen des Workflow-Protokolls
	DISPLAY_WORKITEM	Workitem anzeigen
SWRI – Infosystem	GET_DEPENDEND_WIS	abhängige Workitems lesen
	OBJECTS_IN_WORKITEM	Objekte in einem Workitem ermitteln
	WORKITEMS_BY_DEADLINE	Workitems nach Terminüberschreitung
	WORKITEMS_BY_ERROR	Workitems im Status Fehler
	WORKITEMS_BY_FREQUENC	Workitems nach Häufigkeit
	WORKITEMS_BY_TASK	Workitems nach Aufgabe
	WORKITEMS_TO_OBJECT	Workitems zu einem Objekt

Tabelle 11.1 Schnittstellen des SAP Business Workflows

Funktionsgruppe	Funktionsbaustein	Beschreibung
SWWR – Laufzeit	ASYNC_RULE_COMPLETE	Bearbeiter der asynchronen Regelauflösung setzen
	CREATE_EVENT	Ereignis erzeugen
	DECISION_COMPLETE	Beenden der Benutzerentscheidung
	DECISION_READ	Lesen der Benutzerentscheidung
	GET_EXCLUDED_FUNCTION	ungültige Funktionen berechnen
	GET_PROPERTY	Ermitteln der Eigenschaften des Schrittes
	GET_TASK_CNT_SCHEMA	Ermitteln des XML-Schemas für den Aufgabencontainer
	GET_WI_CNT_SCHEMA	Ermitteln des XML-Schemas für den Workflow-Container
	READ_CONTAINER	Lesen des Containers
	SET_ERROR	Workitem auf Status Fehler setzen
	SET_MESSAGE	Nachricht zu einem Workitem loggen
	START_WORKFLOW	Workflow starten
	WORKITEM_COMPLETE	Workitem beenden
	WORKITEM_CONFIRM	Ende des Workitems bestätigen
	WORKITEM_DELETE	Löschen eines Workitems
	WRITE_CONTAINER	Container schreiben
SWRS – Vertretung	SUBSTITUTES_GET	Vertretung ermitteln
	SUBSTITUTE_ACTIVATE	Vertretung aktivieren
	SUBSTITUTE_DEACTIVATE	Vertretung deaktivieren
	SUBSTITUTE_DELETE	Vertreter löschen
	SUBSTITUTE_MAINTAIN	Vertreter pflegen
	SUBSTITUTE_PROF_GET	Liste mit Vertreterprofilen
	SUBSTITUTIONS_GET	Vertretungen ermitteln
	SUBSTITUTION_ADOPT	Vertretung übernehmen
	SUBSTITUTION_END	Vertretung beenden

Tabelle 11.1 Schnittstellen des SAP Business Workflows (Forts.)

Weitere Informationen sowie Erklärungen zu weiteren Funktionen und Eigenschaften von *SAP Business Workflow* sind in der SAP-Online-Hilfe (*http://help.sap.com*) und im Buch »Workflow-Management mit SAP« von Dart, Keohan, Rickayzen et al. zu finden (SAP PRESS 2014).

11.1.5 SAP Smart Forms in SAP Business Workflow nutzen

Nachdem wir den grundlegenden Aufbau von SAP Business Workflow angeschaut haben, betrachten wir nun den Einsatz von Smart Forms im Umfeld von SAP Business Workflow. Dabei kann man zwei Vorgehensweisen unterscheiden:

- ▸ Dokumenterzeugung für spätere Freigabe
- ▸ Geschäftsprozess zur Dokumenterzeugung

Dokumenterzeugung für spätere Freigabe

In Kapitel 8, »Rahmenprogramm, Datenbeschaffung und Formularausgabe«, haben Sie die Erstellung von Rahmenprogrammen kennengelernt. Bei bestimmten Arten von Dokumenten wie z. B. der Bestellung einer externen Dienstleistung kann es notwendig sein, dass das erzeugte Dokument vor dem Druck und dem Versand einen Freigabeprozess bei einem Vorgesetzten durchläuft. Der Prozess kann wie folgt definiert sein (siehe Abbildung 11.5):

❶ Eine Anfrage zu einer externen Dienstleistung wird vom Sachbearbeiter erstellt.

❷ Nach der Dokumenterzeugung durch Smart Forms wird die Anfrage an den externen Dienstleister versendet. Der externe Dienstleister erstellt ein Angebot und sendet dies zurück.

❸ Das Angebot kommt in der Poststelle des anfragenden Unternehmens an und wird dem Sachbearbeiter digital (z. B. über das Business-Szenario »Ablegen für spätere Zuordnung« von SAP ArchiveLink) oder per Hauspost zugestellt.

❹ Der Sachbearbeiter prüft und bewertet das Angebot auf Basis der unternehmensinternen Randbedingungen.

❺ Nach Abschluss der Prüfung erzeugt der Sachbearbeiter die Bestellung per Druckprogramm über Smart Forms.

❻ Der Prozess im Unternehmen sieht vor, dass Bestellungen eine Bewertung immer automatisiert und abhängig vom Bestellwert durchlaufen und dass beim Überschreiten von bestimmten Werten eine Freigabe gestartet wird.

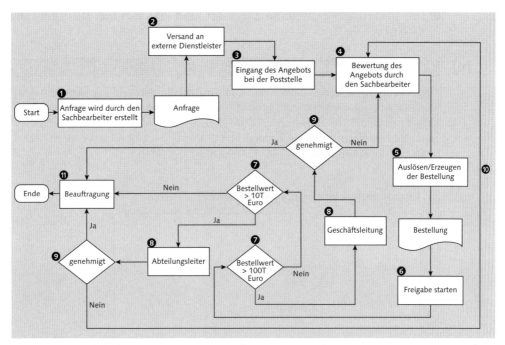

Abbildung 11.5 Ablauf der Dokumenterzeugung für spätere Freigabe

❼ Im Beispiel der Dokumentfreigabe gibt es zwei Grenzwerte, die geprüft werden. Aus diesen Grenzwerten leiten sich drei Prüfungen ab.

▸ Bestellungen über 100.000 EUR müssen von der Geschäftsleitung genehmigt werden.

▸ Bestellungen über 10.000 EUR müssen vom Abteilungsleiter genehmigt werden.

▸ Bestellungen unter 10.000 EUR können ohne Freigabe beauftragt werden (direkt zu Schritt ⓫)

❽ Abhängig von der Genehmigung wird die Geschäftsleitung oder der Abteilungsleiter per SAP Business Workflow informiert. Technisch benötigen Sie zum Starten eines Workflows aus dem Druckprogramm heraus den Funktionsbaustein SAP_WAPI_START_WORKFLOW.

❾ In einer Genehmigungsoberfläche bekommt der Freigebende das Dokument (mit Smart Forms erzeugt) und die Auswahlmöglichkeiten »genehmigt« und »abgelehnt« angezeigt.

❿ Der Sachbearbeiter wird über die Ablehnung informiert und kann nun die notwendigen Anpassungen durchführen.

⓫ Die Beauftragung wird durchgeführt und die externe Dienstleistung bestellt.

[»] **Genehmigungsoberfläche**

Die hier beschriebene Oberfläche ist abhängig vom Anwendungskontext meist eine Eigenimplementierung im Projekt (siehe Abbildung 11.6) und setzt auf dem Konstrukt der BOR-Objekte bzw. ABAP-Klassen mit entsprechenden Methoden auf. Die Oberfläche nutzt zur Anzeige von Dokumenten SAP ArchiveLink als Technologie (siehe Abschnitt 11.2, »SAP ArchiveLink«).

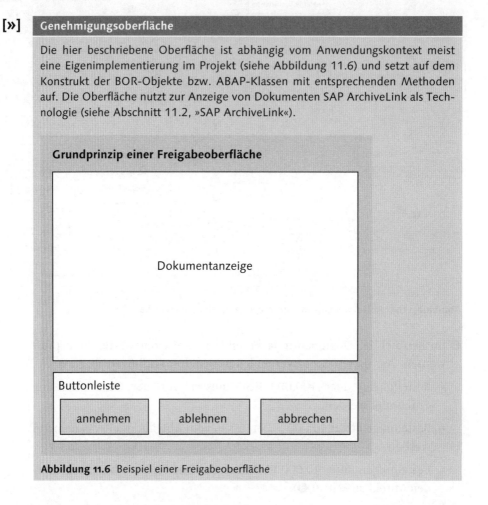

Abbildung 11.6 Beispiel einer Freigabeoberfläche

Geschäftsprozess zur Dokumenterzeugung

Im Gegensatz zum vorherigen Abschnitt werden bei dem Geschäftsprozess zur Dokumenterzeugung die Daten, die in das Dokument aufgenommen werden, mittels SAP Business Workflow ermittelt und daraus ein oder mehrere Dokumente erzeugt.

Wir schauen uns das Vorgehen am Beispiel des Einstellungsprozesses eines Mitarbeiters an. Dabei betrachten wir den Prozess, der vor dem ersten Arbeitstag in einem Konzern erforderlich ist, um alle notwendigen Rahmenbedingungen für die Arbeit am ersten Arbeitstag zu schaffen.

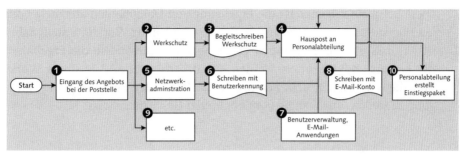

Abbildung 11.7 Ablauf des Einstellungsprozesses inklusive Dokumenterzeugung

Jeder hier aufgeführte Prozessschritt kann abhängig vom jeweiligen Unternehmen weitere Einzelprozesse beinhalten (siehe Abbildung 11.7).

❶ Die Personalabteilung startet den Einstellungsprozess.

❷ Der Werkschutz wird über eine Neueinstellung informiert und aufgefordert, die notwendigen Zugangskarten für die Gebäude zu erzeugen.

❸ Nach dem Abschluss der Arbeiten wird automatisch ein Begleitschreiben für die Zugangskarte erzeugt. Technisch wird hierbei innerhalb von SAP Business Workflow das Druckprogramm gestartet.

❹ Das erzeugte Dokument geht per Hauspost in die Personalabteilung.

❺ Parallel zum Werkschutz wird die Netzwerkadministration über die Neueinstellung informiert und aufgefordert, den entsprechenden Benutzer inklusive aller notwendigen Rechte einzurichten.

❻ Nach dem Abschluss der Arbeiten wird automatisch ein Schreiben mit der Benutzerkennung des neuen Mitarbeiters und dem initialen Passwort erzeugt. Technisch wird hierbei innerhalb von SAP Business Workflow das Druckprogramm gestartet. Das Dokument wird an die Hauspost (Schritt ❹) übergeben.

❼ Parallel zur Weitergabe an die Hauspost wird die Benutzerverwaltung über die Neueinstellung informiert und aufgefordert, ein E-Mail-Konto und Zugänge zu Anwendungen wie dem SAP-System einzurichten.

❽ Nach dem Abschluss der Arbeiten wird automatisch ein Schreiben mit dem E-Mail-Konto und den Zugängen zu den Anwendungen erzeugt und ebenfalls an die Hauspost (Schritt ❹) übergeben. Technisch wird hierbei innerhalb von SAP Business Workflow das Druckprogramm gestartet.

❾ Abhängig vom Prozess und den notwendigen Schritten des Unternehmens können beliebig viele Teilprozesse dazukommen.

❿ Nach und nach kommen alle erzeugten Dokumente/Materialien durch die Hauspost in der Personalabteilung an, und diese kann das Einstiegspaket für den neuen Mitarbeiter erstellen.

Diese Beispiele zeigen, dass die Erzeugung von Dokumenten abhängig vom jeweiligen Kontext ist. Die Nutzung von SAP Business Workflow stellt dabei sicher, dass die Prozesse immer gleich ablaufen und zudem die Ergebnisse der Prozesse dokumentiert werden. Zusätzlich bietet SAP Business Workflow die Möglichkeit, dem Benutzer eine gleichartige Bedienung zur Verfügung zu stellen, unabhängig vom konkreten Geschäftsprozess.

11.2   SAP ArchiveLink

Bevor wir das Thema »SAP ArchiveLink« näher betrachten, ist es wichtig, allgemein den Umgang mit Dokumenten im SAP-System zu betrachten. Danach schauen wir uns das Grundprinzip von SAP ArchiveLink an. Abschließend untersuchen wir die Möglichkeiten des Customizings für die im Umfeld von Smart Forms benötigten Szenarien.

11.2.1   Was ist ein »Dokument« im SAP-System?

Bevor wir auf SAP ArchiveLink eingehen, soll der Begriff *Dokument* erläutert werden, der Grundlage für das Verständnis der dokumentenbezogenen SAP-Architektur ist. In Abbildung 11.8 wird der grundsätzliche Aufbau eines Dokuments in SAP gezeigt.

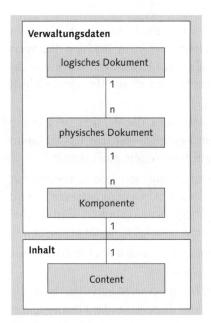

Abbildung 11.8 Dokumentenbegriff

594

Zentrale Bestandteile sind das logische Dokument, das physische Dokument, die Komponente und der Content.

▶ Das *logische Dokument* ist die Klammer des Dokuments in all seinen Ausprägungen. Ein logisches Dokument kann ein oder mehrere physische Dokumente enthalten.

▶ Die *physischen Dokumente* enthalten wiederum eine oder mehrere Komponenten.

▶ *Komponenten* verweisen eindeutig auf den Content.

▶ *Content* ist dementsprechend der eigentliche Inhalt.

Somit stehen das logische, physische Dokument und die Komponente für die *Verwaltungsdaten*. Durch diese Definition können alle Arten von Dokumenten beschrieben und technisch abgebildet werden. Veranschaulichen wir den Aufbau eines Dokuments am Beispiel einer Bewerbungs-E-Mail mit drei Anhängen (siehe Abbildung 11.9) an das Unternehmen heckcon.

Abbildung 11.9 Bewerbungsmail mit drei Anhängen

Übertragen wir den Aufbau der E-Mail auf den Basisbegriff des Dokuments, könnte das Dokument, wie in Abbildung 11.10 dargestellt, abgebildet werden.

▶ Die E-Mail ist dann ein logisches Dokument »Bewerbung Nina Fischer«.

▶ Diesem ist ein physisches Dokument »Bewerbung Nina Fischer« mit den vier Komponenten zugordnet.

- ▸ Diese Komponenten sind Mailbody, Lebenslauf, Passfoto und Bewerbungsschreiben.

- ▸ Die Komponenten verweisen auf die entsprechenden Inhalte (Content) *Mailbody, lebenslauf.doc, passfoto.bmp* und *bewerbungsschreiben.pdf.*

Sie fragen sich nun wahrscheinlich, warum der Content vier Elemente enthält. Die E-Mail in Form des Mailbodys wird hier als eigene Komponente mit entsprechendem Inhalt abgebildet. Hinzu kommen die drei Anhänge der E-Mail.

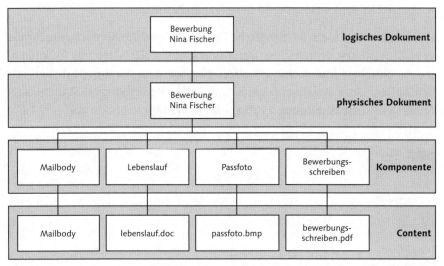

Abbildung 11.10 Bewerbungsmail mit Attributen und mehreren physischen Dokumenten

Da das Unternehmen im Laufe der Zeit viele Bewerbungen erhält, wird ein Bewerbermanagement eingesetzt, das jedem Bewerber eine Nummer zuordnet. Diese Nummer ist unabhängig von der Art der Information und soll als Recherchekriterium für die E-Mail dienen.

Die *Bewerbernummer* findet im logischen Dokument als Attribut ihren Platz. Schickt der Bewerber diese Mail mit aktualisierten Daten erneut, wird die Mail als zweite Version und somit als eigenes physisches Dokument mit eigenen Komponenten im logischen Dokument abgebildet. Die Komponente verwaltet dabei technische Daten wie die Dateigröße (siehe Abbildung 11.11).

Dieses Beispiel kann man beliebig auf Basis der fachlichen Anforderungen der Personalabteilung erweitern. Es ist auch eine ganz andere Sicht auf das Dokument möglich.

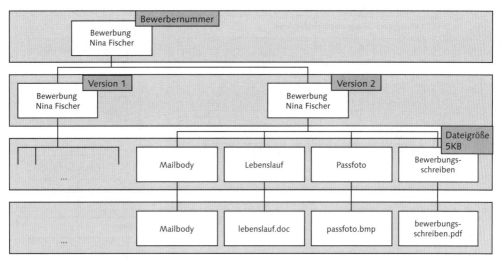

Abbildung 11.11 Bewerbungsmail mit Attributen und mehreren physischen Dokumenten

Diese Definition der gewünschten Sicht ist eine der vielen Aufgaben in Projekten.

11.2.2 Technische Abbildung des Dokuments im SAP-System

Nachdem wir den Begriff *Dokument* in einem SAP-System erörtert haben, verschaffen wir uns nun einen Überblick über die darunter liegende technische Basis. Der Aufbau der technischen Dokumentinfrastruktur von SAP ist in Abbildung 11.12 im Vergleich zum Verständnis des Dokuments bei SAP dargestellt.

SAP hat bei der Dokumentinfrastruktur das Konzept des Dokuments aus der Dokumentendefinition eins zu eins umgesetzt. Zu jedem Element des Dokuments gibt es eine korrespondierende Technologie (siehe Tabelle 11.2).

Die in den folgenden Abschnitten genutzte SAP-ArchiveLink-Technologie setzt auf den Knowledge Provider Content Management Services (KPRO CMS) auf.

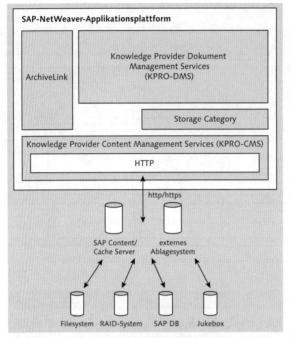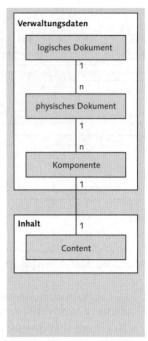

Abbildung 11.12 Aufbau der Dokumentinfrastruktur

Dokumentelement	SAP-Technologie
logisches Dokument	KPRO DMS (Logische Dokumentenklasse)
physisches Dokument	KPRO DMS (Physische Dokumentenklasse)
Komponente	KPRO CMS
Content	externes Ablagesystem/SAP Content Server

Tabelle 11.2 Dokumentelement gegenüber SAP-Technologie

Externes Ablagesystem/SAP Content Server

Der Content (sprich die Binärdatei) des Dokuments wird in einem externen Ablagesystem abgelegt.

In den meisten Unternehmen ist bereits ein externes Ablagesystem vorhanden. Sollte das nicht der Fall sein, können zwei kostenfreie Server genutzt werden, die SAP im Rahmen der SAP-NetWeaver-Auslieferung bereitstellt:

▶ der *SAP Content Server*, der als eigenständige Instanz zur Ablage von Dokumenten eingesetzt werden kann und somit die Datenbank des SAP-Systems entlastet

▶ Zusätzlich wird der *SAP Cache Server* ausgeliefert, der die Reduzierung der Netzwerklast unterstützt und einen schnelleren Zugriff auf häufig genutzte Dokumente zulässt.

Knowledge Provider Content Management Services (KPRO CMS)

Der Knowledge Provider Content Management Service (KRPO CMS) hat folgende Hauptaufgaben: die Integration von externen Ablagemedien wie dem SAP Content Server und die Sicherstellung des Zugriffs darauf über die von SAP definierte HTTP-Schnittstelle. Dadurch ist eine Entkopplung zwischen einem SAP-System und den Anbietern von Ablagemedien sichergestellt.

SAP-ArchiveLink-Zertifizierung   [«]

Im Rahmen der SAP-ArchiveLink-Zertifizierung mit der Bezeichnung »ArchiveLink for Archiving Systems 6.20« (BC-AL 6.20), die jeder Archivanbieter für die offizielle Anbindung an SAP-Systeme durchführt, werden folgende Funktionsbereiche geprüft:

▶ **HTTP-Content-Server**
  Implementiert das Archiv alle Funktionen der HTTP-Schnittstelle für den Zugriff und die Verwaltung von Dokumenten aus SAP?

▶ **SAP-Content-Server-Cache**
  Implementiert das Archiv alle Funktionen, um als Cache Server eingesetzt zu werden?

▶ **OLE-Frontend-Kommunikation**
  Kann ein Client des Herstellers zum Scannen oder für die manuelle Ablage eingesetzt werden?

▶ **Barcode-BAPI-Funktionen**
  Kann der Client des Hersteller zum Scannen das Barcode-BAPI `BAPI_BARCODE_SENDLIST` aufrufen?

▶ **Solution-Manager-Ready-Funktionen**
  Erfüllt der Archivhersteller alle Randbedingungen für den Einsatz eines SAP Solution Managers in der Infrastruktur?

Voraussetzung für die Nutzung der HTTP-Schnittstelle ist die Pflege eines Content Repositories über die Transaktion OAC0. In Abschnitt 11.2.3, »Grundprinzip von SAP ArchiveLink«, wird dies im Rahmen des Customizings mit durchgeführt.

Knowledge Provider Document Management Services (KPRO DMS)

Hauptaufgabe des Knowledge Provider Document Management Services (KPRO DMS) ist die Abschirmung der SAP-Anwendung gegenüber dem Ablagemedium. Eine Vielzahl von Anwendungen setzen auf KPRO DMS auf. Dazu zählen SAP Folders Management, SAP Dokumentenverwaltung (DVS), SAP Knowledge Warehouse, SAP Business Document Services oder SAP Business Warehouse. KPRO DMS bietet die Möglichkeit, zusätzlich zu der Verknüpfung zu einem Dokument im externen Ablagesystem weitere Attribute direkt am Dokument abzulegen. Damit werden alle wesentlichen Anforderungen an ein Dokumentenmanagementsystem abgebildet.

11.2.3 Grundprinzip von SAP ArchiveLink

Für die Verwaltung von archivierten Dokumenten wird meist SAP Archive-Link genutzt. Die Technologie ist seit dem SAP-Release 2.1 verfügbar und kostenfrei in jedem SAP-System verfügbar. Die zentrale Aufgabe von SAP ArchiveLink liegt darin, eine Verknüpfung zwischen SAP-Business-Objekten und -Business-Dokumenten zu erzeugen (siehe Abbildung 11.13).

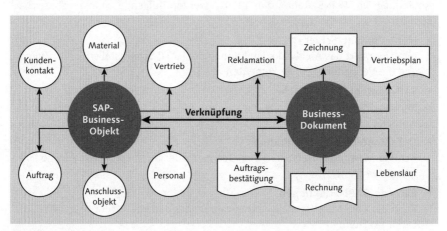

Abbildung 11.13 Grundprinzip von SAP ArchiveLink

Das Zustandekommen dieser Verknüpfung ist abhängig von den fachlichen Anforderungen und wird bei SAP ArchiveLink über sogenannte *Business-Szenarien* abgebildet:

▸ **Ablage eingehender Dokumente**
Der Umgang mit eingehenden Dokumenten wird in diesem Business-Szenario abgebildet. Dabei können Sie zwischen Ablegen mit SAP Busi-

ness Workflow, Ablegen mit Barcode und dem manuellen Ablegen von Dokumenten unterscheiden.

▶ **Ablage ausgehender Dokumente**
Alle aus einem SAP-System erzeugten Dokumente (wie bei Smart Forms) können mit diesem Szenario mit dem entsprechenden Business-Objekt verknüpft werden.

▶ **Drucklistenablage**
Die Erzeugung von Drucklisten wird im Rahmen des Monats- bzw. Jahresabschlusses genutzt, um die erzeugten Listen von Kontendaten revisionssicher abzulegen.

▶ **Dokumentrecherche**
Für die Recherche von Dokumenten, die von der Anwendung unabhängig ist, stellt SAP ArchiveLink verschiedene Möglichkeiten zur Verfügung. Oft wird dabei die Infrastruktur des sogenannten SAP ArchiveLink Document Finders genutzt.

Der Prozess eines Dokuments innerhalb von SAP ArchiveLink besteht grundsätzlich aus zwei elementaren Schritten: dem Ablegen des Dokuments im Archiv und dem Zuordnen zu einem Business-Objekt bzw. dem Erfassen eines Anwendungsbelegs. Fachliche Anforderungen beziehen sich dabei meist auf die zeitliche Abfolge dieser beiden Schritte. SAP hat aus diesem Grund die genannten Business-Szenarien definiert.

11.2.4 Grund-Customizing von SAP ArchiveLink

Unabhängig von den einzelnen Szenarien ist für die Nutzung von SAP Archive-Link ein Grund-Customizing durchzuführen. Dies kann über den Einführungsleitfaden (IMG) unter APPLICATION SERVER • BASIS SERVICES • ARCHIVE-LINK • GRUNDCUSTOMIZING vorgenommen werden. Es besteht aus folgenden Schritten:

1. **Content Repository pflegen (Transaktion OAC0)**
Ein *Content Repository* stellt eine Zusammenfassung gleicher Dokumente dar. Es ist somit ein Teilbereich des Archivs. Ob verschiedene *Content Repositorys* eine fachliche Trennung oder eine physikalische Trennung in Form von zwei Archiven darstellen, wird in Projekten je nach Infrastruktur entschieden.

2. **Dokumenttypen pflegen (Transaktion OAD2)**
Dokumenttypen sind das technische Format einer Datei (TIFF, PDF, DOC); das Format wird einer *Dokumentart* zugeordnet. Damit kann gesteuert

werden, mit welchem Programm die Anzeige des Dokuments gestartet werden soll.

3. **Dokumentarten pflegen (Transaktion OAC2)**
   Für verschiedene Dokumente ist eine unterschiedliche Verarbeitung denkbar. *Dokumentarten* stellen Untergruppen in den Dokumenten dar: Beispielsweise muss eine Abmahnung im Personalwesen nach drei Jahren gelöscht werden, die Bewertung eines Mitarbeiters sollte aber nicht nach drei Jahren gelöscht werden. Sie sollten also für eine Abmahnung und die Bewertung jeweils eine eigene Dokumentart anlegen.

4. **Verknüpfungen pflegen (Transaktion OAC3)**
   Ziel von SAP ArchiveLink ist es, eine Verknüpfung zu schreiben. Dazu muss ein Objekttyp wie z. B. der Geschäftspartner der entsprechenden Dokumentart, einem Dokumenttyp, einem Content Repository und einer Zieltabelle für die Verknüpfung zugewiesen werden. Dies erfolgt in diesem Schritt.

Für die verschiedenen Szenarien sind weitere Customizing-Einstellungen durchzuführen. Diese befinden sich im Einführungsleitfaden unter SAP NET-WEAVER • SAP WEB APPLICATION SERVER • BASIS SERVICES • ARCHIVELINK. Dort finden Sie eine Hilfe zu jedem Einzelschritt.

11.2.5 Business-Szenarien im Umfeld von Smart Forms

Im Umfeld von Smart Forms sind zwei Business-Szenarien relevant:

- Ablage eingehender Dokumente (Ablegen mit Barcode)
- Ablage ausgehender Dokumente

Diese beiden Szenarien werden wir Ihnen in den folgenden beiden Abschnitten im Detail vorstellen.

Ablage eingehender Dokumente (Ablegen mit Barcode)

Ein wichtiges Szenario für Massenzuordnung von Business-Dokumenten zum zugehörigen SAP-Business-Objekt ist das Ablegen mit Barcode. Die Erzeugung von Smart Forms mit Barcodes unterstützt dieses Szenario. Damit wird aber gleichzeitig die Möglichkeit geschaffen, dass zur Unterschrift versendete Dokumente (z. B. Versicherungsvertrag) nach der Rücksendung durch den Kunden dem richtigen Vorgang zugeordnet werden können. Der zugrunde liegende Ablauf stellt sich wie in Abbildung 11.14 dar.

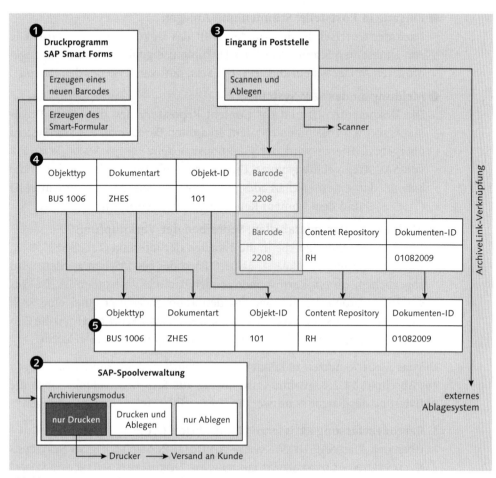

Abbildung 11.14 Ablauf des SAP-ArchiveLink-Barcodeszenarios

❶ Dokumenterzeugung

Die Anwendung erzeugt auf Basis eines Druckprogramms ein Formular unter Smart Forms. Dabei wird im Rahmen der Datenermittlung ein interner Barcodewert erzeugt. Dieser Barcodewert beinhaltet die Informationen des Business-Objekts »Geschäftspartner« (BUS1006), die Dokumentart »Vertrag« (ZHES) sowie die Geschäftspartnernummer (101) und wird in die Tabelle der internen Barcodes (BDS_BAR_IN) geschrieben. Im Formular wird an zuvor definierter Stelle der Barcode zum Barcodewert erzeugt.

❷ Übergabe an Spool

Nach der Erzeugung wird das Dokument an die SAP-Spoolverwaltung übergeben, der zugeordnete Drucker gibt das Dokument aus. Zum Abschluss wird das Dokument an den Kunden versandt.

603

❸ Eingang in Poststelle; Scannen und Ablegen

Nach der Unterschrift des Kunden trifft das Dokument in der Poststelle ein. Über einen Scanner wird das Dokument digital erfasst und im zugeordneten Ablagesystem abgelegt. Die Scan-Software erkennt den Barcode.

❹ Meldung an das SAP-System

Die Dokumenten-ID und das Content Repository des abgelegten Dokuments werden zusammen mit dem erkannten Barcode an das SAP-System übergeben. Hierzu wird der Funktionsbaustein `BAPI_BARCODE_SENDLIST` von SAP ArchiveLink genutzt. Durch den Aufruf wird ein Eintrag in die Tabelle der externen Barcodes (`BDS_BAR_EX`) mit der Dokumenten-ID (`01082209`) und dem Content Repository (`RH`) geschrieben.

❺ Abgleich derBarcodetabellen; Schreiben der Verknüpfung

Auf Basis der Einträge, die in die Tabellen der internen (Tabelle `BDS_BAR_IN`) und externen (Tabelle `BDS_BAR_EX`) Barcodes geschrieben werden, wird abgeglichen, ob ein korrespondierender Barcode vorhanden ist. Ist dies der Fall, werden die Einträge aus den Tabellen gelesen, und eine SAP-ArchiveLink-Verknüpfung wird erzeugt. Als letzter Schritt werden die Einträge aus den Tabellen des internen und externen Barcodes gelöscht.

Um das Szenario nutzen zu können, ist zusätzlich zu den Grundeinstellungen aus Abschnitt 11.2.4, »Grund-Customizing von SAP ArchiveLink«, noch die Aktivierung der Barcodes notwendig. Dazu zählen folgende Einstellungen:

1. **Barcodeerfassung aktivieren (Transaktion OAC5)**

   Über den Pfad SAP NETWEAVER • APPLICATION SERVER • BASIS SERVICES • ARCHIVELINK • CUSTOMIZING EINGEHENDE DOKUMENTE • BARCODE-SZENARIOS • BARCODEERFASSUNG AKTIVIEREN haben Sie die Möglichkeit, pro Objekttyp und/oder Objekttyp/Dokumentart die Barcodeerfassung zu aktivieren. Dabei haben Sie folgende Einstellungsmöglichkeiten (siehe Abbildung 11.15). Nähere Informationen zu den Einstellungen finden Sie in der SAP-Online-Hilfe unter dem Thema SAP ARCHIVE LINK, BUSINESS SZENARIO BARCODESZENARIO:

   ▸ Objekttyp (aus dem Business-Objekt-Repository)

   ▸ Dokumentart (aus der Definition der Dokumentarten)

   ▸ Benutzer

   ▸ Barcodetyp (Code 2/5, EAN13 etc.)

   ▸ Barcodeeintrag aktivieren/deaktivieren

   ▸ Barcodeprüfung möglich (nur bei zugeordneten Barcodetypen)

   ▸ Abbrechen der Barcodeeingabe ist möglich/nicht möglich

- Mehrfacheintrag eines Barcodes ist möglich/nicht möglich
- Halten R/3-Eintrag
- Halten externer Eintrag
- Pop-up trotz Verarbeitung im Workflow aktivieren
- Dokumentart kann im Pop-up verändert/nicht verändert werden

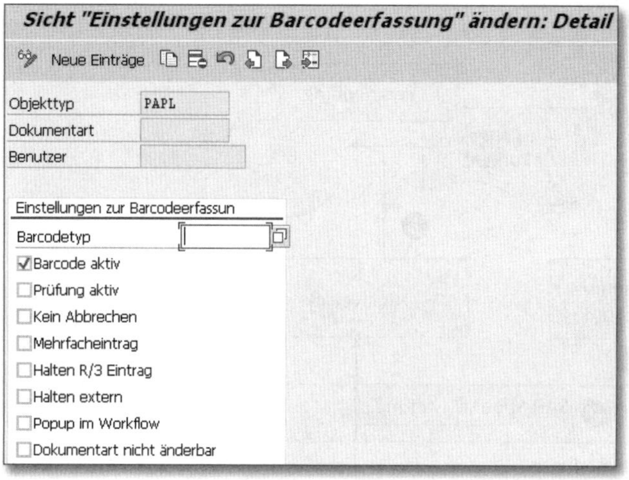

Abbildung 11.15 Barcodeszenario aktivieren

2. **Barcodetypen registrieren (Transaktion OAD4)**

   Über den Pfad SAP NetWeaver • Application Server • Basis Services • ArchiveLink • Customizing eingehende Dokumente • Barcode-Szenarios • Barcodetypen registrieren können zusätzlich neue Barcodetypen und deren Funktionsbausteine zur Prüfung auf deren Richtigkeit hin hinterlegt werden (siehe Abbildung 11.16). Nachdem neue Einträge angelegt wurden, stehen diese im Customizing zur Verfügung, um das Barcodeszenario als Barcodetyp zu aktivieren.

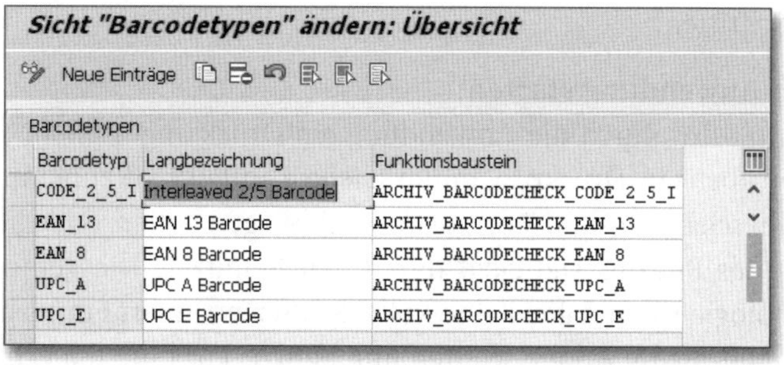

Abbildung 11.16 Barcodetypen pflegen

605

Ablage ausgehender Dokumente

Mit SAP-ArchiveLink-Szenarien für Ausgangsdokumente können Sie Dokumente, die über den Spoolprozess ausgegeben werden, mithilfe einer SAP-ArchiveLink-Verknüpfung mit einem Business-Objekt verknüpfen (siehe Abbildung 11.17). Voraussetzung ist, dass die jeweilige SAP-Anwendung die Möglichkeit zur Ablage von ausgehenden Dokumenten unterstützt.

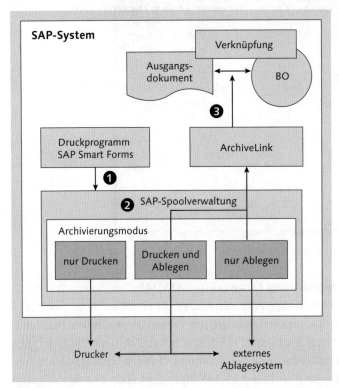

Abbildung 11.17 Ablauf des SAP-ArchiveLink-Szenarios für Ausgangsdokumente

Der Ablauf eines SAP-ArchiveLink-Szenarios für Ausgangsdokumente besteht aus drei Schritten:

❶ **Druck aus der Anwendung starten**

Im ersten Schritt wird durch die Anwendung ein Druck angestoßen. Das kann entweder über ein Druckprogramm (siehe Kapitel 8, »Rahmenprogramm, Datenbeschaffung und Formularausgabe«) geschehen oder über die Betätigung des Buttons DRUCKEN durch den Benutzer. Die genutzte Formulartechnologie spielt dabei keine Rolle, SAPscript, Smart Forms und SAP Interactive Forms by Adobe werden unterstützt. Für eine fehlerfreie Funktion muss die Anwendung die Dokumentart sowie das Business-

Objekt kennen. Es wird ein Spoolauftrag in der SAP-Spoolverwaltung erstellt.

❷ **Druck auf Basis des Archivierungsmodus ausführen**

Die Ausführung des Spoolauftrags wertet den Archivierungsmodus aus.

▶ Wird NUR DRUCKEN gewählt, wird ausschließlich das Dokument an den Drucker übergeben.

▶ Wird DRUCKEN UND ABLEGEN gewählt, wird das Dokument auf den Drucker gesendet. Danach wird auf Basis der Dokumentart und des Business-Objekts das Content Repository ermittelt und die Archivierung über die HTTP-Schnittstelle angestoßen (siehe Abschnitt 11.2.2, »Technische Abbildung des Dokuments im SAP-System«). Zum Abschluss meldet die SAP-Spoolverwaltung die Dokumentreferenz an SAP ArchiveLink.

▶ Bei NUR ABLEGEN wird auf Basis der Dokumentart und des Business-Objekts das Content Repository ermittelt und die Archivierung über die HTTP-Schnittstelle angestoßen. Zum Abschluss meldet die SAP-Spoolverwaltung die Dokumentreferenz an SAP ArchiveLink.

❸ **SAP-ArchiveLink-Verknüpfung schreiben**

Im letzten Schritt wird die Dokumentreferenz wie bei allen anderen Szenarien an SAP ArchiveLink übergeben. Dort wird auf Basis des Customizings die Verknüpfungstabelle ermittelt und die Verknüpfung geschrieben. Ab diesem Zeitpunkt kann das Dokument in der Anwendung angezeigt werden, mithilfe des Zugriffs über die Anlagenliste der generischen Objektdienste (in Abbildung 11.18 und Abbildung 11.19 am Beispiel des Geschäftspartners in der Transaktion BP).

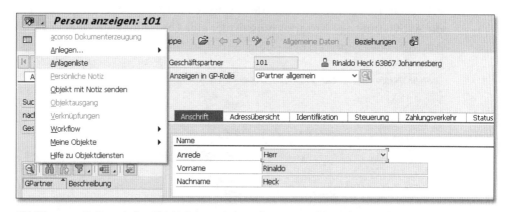

Abbildung 11.18 Generische Objektdienste, Anlagenliste starten (Transaktion BP)

Abbildung 11.19 Generische Objektdienste, Anlagenliste mit verknüpftem Dokument

Für dieses SAP-ArchiveLink-Szenario ist zusätzlich zu den Grundeinstellungen aus Abschnitt 11.2.4, »Grund-Customizing von SAP ArchiveLink«, noch ein Anwendungs-Customizing notwendig. Dies unterscheidet sich entsprechend in den einzelnen Anwendungen.

Ein Beispiel für eine Art der Verknüpfung zwischen einer Anwendung und SAP ArchiveLink ist die Pflege im Umfeld der SAP-ERP-Financials-Komponente FI oder der SAP-ERP-Komponente Sales and Distribution. Diese Pflege erfolgt auf Basis der Nachrichtensteuerung (NAST). Hierbei wird in den Einstellungen der Nachrichten eine Verbindung auf die zugehörige Dokumentart hergestellt, die bei der Ausgabe des Dokuments entsprechend dem zuvor beschriebenen Szenario genutzt wird. In Abbildung 11.20 sehen Sie die Nachrichtenart »Angebot« (AN00), der aktuell die Dokumentart »Angebot« (SDOQUOTAT) zugeordnet ist. Die Einstellung ist über den Pfad VERTRIEB • GRUNDFUNKTIONEN • NACHRICHTENSTEUERUNG • NACHRICHTENFINDUNG ÜBER KONDITIONSTECHNIK • NACHRICHTENFINDUNG FÜR VERKAUFSBELEGE PFLEGEN • NACHRICHTENARTEN PFLEGEN und dann per Doppelklick auf ANGEBOT zu erreichen. Im Standard ist der ABLAGEMODUS auf NUR DRUCKEN gesetzt. Für die Aktivierung des Szenarios müsste hier eine Umstellung auf DRUCKEN UND ABLEGEN oder NUR ABLEGEN erfolgen.

Abbildung 11.20 Beispiel der Nachrichtenart »Angebot«

11.3   SAP Folders Management

Durch SAP ArchiveLink haben Sie die Möglichkeit, archivierte Dokumente mit einem Business-Objekt wie z. B. dem Geschäftspartner zu verknüpfen. Geschäftsprozesse haben aber meist die Eigenschaft, dass sie über die Grenzen eines Business-Objekts hinweg verlaufen. Dementsprechend entstehen an verschiedenen Business-Objekten Verknüpfungen zu archivierten Dokumenten. Genau hier setzt SAP Folders Management an (auch unter der alten Bezeichnung SAP Records Management bekannt). Es bildet nicht nur eine fachliche Klammer um mehrere Business-Objekte und deren Dokumente, sondern geht sogar noch einen Schritt weiter und bietet eine offene serviceorientierte Integrationsplattform, die es Ihnen ermöglicht, beliebige Anwendungen, ob SAP-Systeme oder Nicht-SAP-Systeme, in einer Oberfläche zu vereinen. Zudem bietet es einen zentralen Einstieg in den Geschäftsprozess und unterstützt dessen Transparenz. Dabei setzt es auf fast alle Dokumenten-Basistechnologien von SAP auf. Einen Überblick über diese Basistechnologien liefert Ihnen das Buch »Geschäftsprozessorientiertes Dokumentenmanagement mit SAP« von Rinaldo Heck (SAP PRESS 2009).

11.3.1   Architektur

Die serviceorientierte Architektur von SAP Folders Management setzt auf dem Folders Management Service Provider Repository (Transaktion SRMRE-GEDIT) auf. Dienste wie z. B. die Funktionalitäten eines SAP-ArchiveLink-Dokuments werden dort als sogenannte Service Provider registriert. Unter einem Service Provider ist eine Menge von Klassen zu verstehen, die bestimmte Interfaces implementieren und eine Art Klammer um die genutzte Technologie darstellen. Die Interfaces sind auf Basis ihrer Funktionen in Klassenrollen zusammengefasst; die Klassen unterscheiden sich in Backend- und Clientrollen. Das schafft eine klare Trennung zwischen Funktionalitäten, die frontendunabhängig und frontendabhängig sind, und bietet die Möglichkeit, Massenoperationen auf Service Providern auch als Hintergrundaufgaben in Zeiten durchzuführen, in denen Benutzern weniger Performance zur Verfügung gestellt werden muss.

Abbildung 11.21 zeigt das Zusammenspiel von Klassenrollen, Interfaces und Service Provider schematisch in der Folders Management Registry. Für Service Provider kann zudem eine Parametrisierung über Connection-Parameter definiert werden. Die Pflege der Connection-Parameter erfolgt bei der Anlage einer Elementart, die damit eine Ausprägung eines Service Providers ist. Die

Elementart muss zusätzlich über eine Klassifikation weiter kategorisiert werden und steht dann für die Verwendung in einer Akte zur Verfügung.

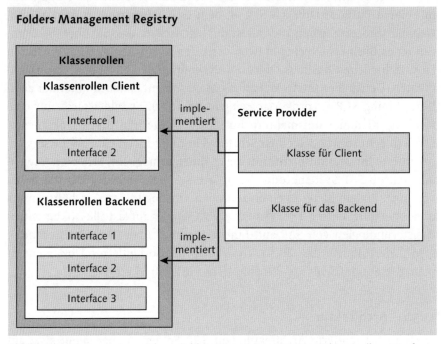

Folders Management Registry

Klassenrollen

Klassenrollen Client

Interface 1

Interface 2

imple-
mentiert

Service Provider

Klasse für Client

Klassenrollen Backend

Interface 1

imple-
mentiert

Interface 2

Interface 3

Klasse für das Backend

Abbildung 11.21 Zusammenspiel von Folders Management Registry, Klassenrollen, Interfaces und Service Provider

Für die Koordination der einzelnen Service Provider ist das *Folders Management Framework* (FMF) zuständig (siehe Abbildung 11.22), das sich ebenfalls in ein Client- und ein Backend-Framework unterteilt. Die Kommunikation zwischen zwei Service Providern findet ausschließlich über das FMF statt. Damit semantische Daten, wie z. B. die Geschäftspartnernummer einer Akte, zwischen zwei Service Providern transportiert werden können, ist im FMF ein Kontextkanal vorhanden, der diese Kommunikation ermöglicht.

SAP liefert viele Standard-Service-Provider aus. Dazu zählen unter anderem Service Provider für folgende Elemente:

▸ Akten

▸ Vorgänge

▸ Office-Dokumente

▸ SAP-ArchiveLink-Dokumente

▸ URL

▸ Business Workflow

▸ Reports

▸ Notizen

▸ Aktenmodelle

▸ Transaktion

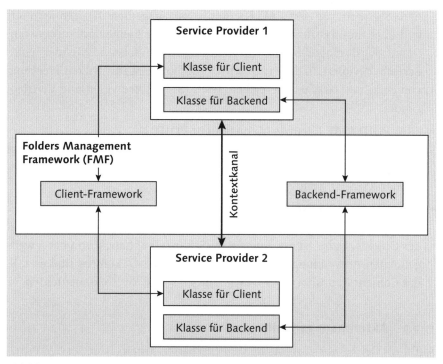

Abbildung 11.22 Koordination zwischen zwei Service Providern

Praxistipp zum Service Provider [«]

Die Arbeit in Projekten ist mit SAP Folders Management effizienter als die Erstellung von eigenen Anwendungen. Es sind zum einen viele Service Provider vorhanden, die einfach genutzt werden können, sodass Anforderungen des Kunden relativ schnell umgesetzt werden können. Durch die strikte Einhaltung der Objektorientierung kann dies zum anderen erfolgen, ohne dass Modifikationen durchgeführt werden müssen. Somit ist die Wartung einer Lösung mit SAP Folders Management leichter zu gewährleisten.

Sind diese Funktionalitäten der Standard-Service-Provider nicht ausreichend, haben Sie die Möglichkeit, einige Klassen des SAP-Standards über die Registrierung eigener Service Provider auszutauschen. Zusätzlich besteht die Möglichkeit, komplett eigene Service Provider zu entwickeln.

11.3.2 Identifikation eines Objekts

Innerhalb des FMF ist eine eindeutige Identifikation eines Objekts notwendig. Dies erfolgt über den Persistent Object Identifier (POID). Er setzt sich aus der AREA POID, der SRM POID und der SP POID zusammen.

- **AREA POID**

  Die AREA POID ermöglicht die Verwaltung übergeordneter Informationen. Sie wird von der RMS-ID (Records-Management-ID) repräsentiert und über die Klassifikation bei der Anlage einer Elementart zugewiesen. Damit wird eine Obermenge der möglichen Service Provider eines Bereichs definiert. In der Praxis wird dieses Konzept zur strikten Trennung von einzelnen Geschäftsbereichen, wie z. B. Personalwesen und Vertrieb, genutzt.

- **SRM POID (SAP Records Management POID)**

  Die SRM POID definiert einen Service Provider innerhalb von SAP Folders Management (früher Records Management). Als Schlüssel wird die Elementart (SPS-ID) genutzt.

- **SP POID (Service Provider POID)**

  Im Gegensatz zur SRM POID liefert die SP POID den konkreten Schlüssel des Objekts. Dabei ist der Aufbau des Schlüssels abhängig von der jeweils genutzten Anwendung. Für ein SAP-ArchiveLink-Dokument sind es z. B. das Content Repository, die Dokumenten-ID und der Dokumententyp.

11.3.3 Aktenmanagement

Auf Basis der bisher vorgestellten Eigenschaften arbeitet der Service Provider »Record«. Er nutzt als Persistenz die in Abschnitt 11.2.2, »Technische Abbildung des Dokuments im SAP-System«, vorgestellte Dokumentinfrastruktur und speichert Instanzen einer Akte in einer XML-Form. Seine Funktionen sind darauf spezialisiert, andere Service Provider des Folders Management Service Provider Repositorys einzubinden und deren definierte Funktionalität zur Verfügung zu stellen. Um den Service Provider »Record« zu nutzen, ist es zuvor notwendig, den Aufbau einer Akte in Form eines Aktenmodells zu definieren. Dies erfolgt über den sogenannten Record Modeler, der ebenfalls ein Service Provider ist. Nach Abschluss der Modellierung kann das Aktenmodell über den Connection-Parameter `MODEL_ID` mit der Elementart der Akte verknüpft werden. Im Anschluss lässt sich auf Basis dieses Aktenmodells eine Akte generieren, die diese Struktur bzw. diesen Aufbau sowie die Funktionalitäten zur Verfügung stellt.

Informationen sowie Erklärungen zu vielen weiteren Funktionen und Eigenschaften von SAP Folders Management sind in der SAP-Online-Hilfe unter *http://help.sap.com* und im Buch »SAP Records Management« von Norbert Schroeder, Ulrich Spinola und Joachim Becker zu finden (SAP PRESS 2009).

11.3.4 Im Einklang: SAP Folders Management und Smart Forms

Die Dokumenterzeugung ist immer Teil eines Geschäftsprozesses. Hinzu kommt die Ablage der erzeugten Dokumente, um die rechtlichen Rahmenbedingungen, Richtlinien und Verordnungen zu erfüllen. Beides kann in SAP Folders Management ideal und in sehr geringem Projektumfang umgesetzt werden. Das Ergebnis ist eine transparente, nachvollziehbare Sicht auf den gesamten Geschäftsprozess. Die Druckprogramme von Smart Forms können über den Standard-Service-Provider »Reports« an jeder Position der Akte bzw. des Vorgangs eingehängt werden. Nach der Erzeugung kann über das SAP-ArchiveLink-Business-Szenario »Ausgangsdokumente« die entsprechende Verknüpfung erzeugt und in die Akte eingefügt werden. Das erzeugte Dokument wird dabei über den Service Provider »SAP ArchiveLink« repräsentiert und steht ab dem Einfügen zentral zur Anzeige zur Verfügung. Ein technischer Ablauf könnte wie folgt aussehen (siehe Abbildung 11.23):

❶ **Start der Dokumenterzeugung**
Der Anwender befindet sich in der Geschäftspartnerpflege (Transaktion BP) des SAP-Geschäftspartners und springt über den generischen Objektdienst von SAP in die definierte Kundenakte in SAP Folders Management ab. Dort navigiert er zum Knoten der Vertragsbestätigung (Elementart des Standard-SAP-Service-Providers »Report«) und startet auf Basis der übergebenen Geschäftspartnernummer die Dokumenterzeugung über Smart Forms.

❷ **Erzeugung der Vertragsbestätigung**
Die Erzeugung der Vertragsbestätigung wird über das Druckprogramm abgebildet. Auf Basis der übergebenen Geschäftspartnernummer werden die notwendigen Daten ermittelt und dem Formular zur Verfügung gestellt.

❸ **Drucken und Ablegen**
Das erzeugte Dokument wird der SAP-Spoolverwaltung übergeben. Abhängig vom Ablagemodus (hier: DRUCKEN UND ABLEGEN), wird das Dokument gedruckt und über das eingestellte Content Repository an das externe Ablagesystem übergeben.

❹ ArchiveLink-Verknüpfung

Nach Abschluss der Ablage des Dokuments wird es an SAP ArchiveLink übergeben. Basierend auf dem Business-Objekt »Geschäftspartner« (BUS1006) und der Dokumentart (ZHES) kann jetzt der Verknüpfungseintrag in der Tabelle TOA01 erzeugt werden.

❺ Einfügen in die Kundenakte

Das Erzeugen der SAP-ArchiveLink-Verknüpfung löst das Ereignis AS-SIGNED des Business-Objekts »Geschäftspartner« (BUS1006) aus. Über die Ereignis-Typ-Kopplung kann nun das Einfügen in die Akte angestoßen werden. Mehr dazu finden Sie im Buch »Geschäftsprozessorientiertes Dokumentenmanagement mit SAP« (SAP PRESS 2009).

❻ Anzeige des Dokuments

Nach dem Einfügen des Dokuments in die Akte kann das abgelegte Dokument dort per Doppelklick aus dem externen Ablagesystem angezeigt werden. Hierzu wird der Standard-SAP-Service-Provider »ArchiveLink« genutzt. Bei der Anzeige kommen alle Einstellungen in SAP ArchiveLink zum Einsatz.

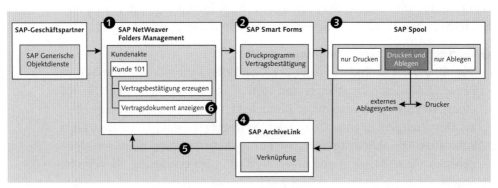

Abbildung 11.23 Zusammenspiel von SAP Folders Management und Smart Forms

11.4 Projektbeispiel: Trainingstyp in SAP ERP HCM erstellen

Nachdem Sie sich die Nutzung von Smart Forms in dokumentorientierten Prozessen theoretisch angeschaut haben, möchten wir Ihnen ein real durchgeführtes Projekt vorstellen. Elektronische Personalakten auf Basis des SAP Folders Managements kennt man mittlerweile. Im personalwirtschaftlichen und organisationalen Kontext (z. B. bei einer Organisation des öffentlichen Bereichs) besteht jedoch häufig der Bedarf, Akten auch zu anderen Objekten als Personen zu generieren (z. B. zu Planstellen, Organisationseinheiten). Auf Basis von verschiedenen SAP-Technologien wie SAP Learning Solution, SAP Folders Management, Smart Forms sowie SAP ArchiveLink und einem integrativen Add-on konnte der umfangreiche Entstehungs- und Änderungsprozess von Objekttypen der SAP Learning Solution prozessgesteuert nachgehalten und in elektronischen Akten an Trainingstypen gespeichert werden.

11.4.1 Fachliche Prozesse und Anforderungen

Eine Organisation verwaltet ihre umfangreiche Ausbildungslandschaft mit der SAP Learning Solution. Entstehung, Planung und Änderung von Schulungen, Trainings und Ausbildungen sind in dem Unternehmen an einen aufwendigen Prozess gekoppelt. In diesem Prozess werden die einzelnen Ausbildungen Schritt für Schritt von verschiedenen Stellen und Personen über einen längeren Zeitraum hinweg gemeinsam erarbeitet. Im Rahmen dieser Entstehungs- und Änderungsprozesse werden Ausbildungsziele ausgeprägt und beschrieben, Rahmenbedingungen festgelegt, strategische Vorgaben definiert oder Genehmigungsgänge durchlaufen. Dabei entstehen neben den eigentlichen Planungs- und Verwaltungsdaten (Bezeichnung, Dauer, Ablauf, Preise etc.) auch Dokumente (Word, Excel, PDF), Protokolle, Vermerke oder Notizen.

Die fachliche Anforderung ist es in diesem Beispiel, diese Prozesse gebündelt in einem SAP-System abzubilden und alle Daten inklusive der Dokumente in der Standardanwendung SAP Learning Solution zu integrieren.

11.4.2 Herausforderung

In SAP Learning Solution werden Trainings, Schulungen und Ausbildungen im Wesentlichen mit sogenannten *Objekttypen* dargestellt. Diese Objekttypen sind über *Verknüpfungen* miteinander verbunden und ergeben eine Struktur der Ausbildungslandschaft. Die notwendigen Planungs- und Verwaltungsdaten werden als Infotypen an den jeweiligen Objekten gespeichert. Eine Ausbildungsart wie z. B. eine Microsoft-Outlook-Schulung wird über den Objekttyp »Trainingstyp« definiert. Am Trainingstyp werden allgemeine Daten hinterlegt, die für die Administration der Schulung notwendig sind. Im Standard von SAP Learning Solution wird ein Trainingstyp über eine sogenannte *Maßnahme* angelegt bzw. geändert, bei der die einzelnen Infotypen nacheinander zur Pflege durchlaufen werden.

Maßnahmen haben den Nachteil, dass sie ausschließlich Infotypen prozessieren. Dokumente oder Genehmigungsroutinen können nicht eingebunden werden. Außerdem ist es notwendig, Maßnahmen am Stück und in einer fest definierten Reihenfolge zu durchlaufen. Zudem können Maßnahmen nicht von mehreren Personen gemeinsam bearbeitet werden. Prozessrelevante Dokumente sind nicht ohne Weiteres direkt an Trainingstypen speicherbar, und Genehmigungsläufe lassen sich gegebenenfalls nur über die Nutzung von *SAP Business Workflow* realisieren.

11.4.3 Realisierung

Die beschriebenen Anforderungen können mit einer kundenspezifischen Projektlösung des Add-ons HE-S Integration Suite (HCM) realisiert werden, die am besten als zeitraumunabhängige Maßnahme mit Dokumentenverarbeitungs- und Aktengenerierungsfunktion beschrieben werden kann.

Dazu wurden die benötigten Prozessschritte zu einem Gesamtprozess zusammengefasst (etwa die Anlage eines Trainingstyps oder die Evaluation eines Trainings). Als Prozessschritte wurden entweder Infotypen, Dokumentvorlagen oder Formulare definiert (vom Typ Smart Forms oder SAP Interactive Forms by Adobe). Die über das Customizing hinterlegten Prozesse und ihre einzelnen Schritte werden dann mit der Anwendung des Add-ons ausgeführt. Eine übersichtliche Anwendungsoberfläche in der Benutzeroberfläche SAP GUI listet die definierten Prozessschritte in einer tabellarischen Darstellung auf und bietet die Möglichkeit, die Schritte (d. h. die Infotypen oder Dokumente) anzulegen und zu ändern. Jeder Prozessschritt kann einem anderen SAP-Benutzer zur Bearbeitung zugeordnet werden. Über einen separaten Arbeitsvorrat können zugeordnete Benutzer dann *ihre* Schritte zugriffsgesteuert abarbeiten.

Die Anwendungsoberfläche bietet darüber hinaus noch eine Statusverwaltung, eine Notizfunktion, eine Protokollierung und einzeln definierbare Freigabeprozesse. Sobald alle erforderlichen Infotypen, Dokumente, Mitzeichnungen und Freigaben erfolgt sind, wird der Gesamtprozess abgeschlossen.

Dabei werden in diesem Prozess alle entstandenen Dokumente (Protokolle, Notizen, Microsoft-Office-Dokumente, Smart Forms etc.) in einer elektronischen Akte zu dem Trainingstyp in SAP Folders Management gespeichert. Diese elektronische Akte wird automatisch generiert. Die (Trainingstyp-)Akte kann u. a. über SAP-Anwendungen, z. B. das dynamische Auskunftsmenü der SAP Learning Solution, direkt aufgerufen werden. Die Infotypen werden, wie im SAP-Standard auch, in der Datenbank der SAP Learning Solution (PCH) gespeichert. Administrative Tools wie z. B. eine Recherche-Transaktion sowie ein eigenes Berechtigungsobjekt, komplettieren das Add-on.

11.4.4 Technik

Das Add-on ist eine einfach zu nutzende Technologie. Nach der Installation über die SAP-Transportlandschaft kann das Customizing sofort starten. Die Anbindung an Objekttypen der Personalentwicklung und der Personaladministration ist möglich. Die Prozesse und Prozessschritte sind in einem eigenen Customizing je nach Bedarf frei definierbar und können mit umfangreichen Parametern und Variablen (Infotypvarianten, Klassen, Mussschritt- oder Freigabedefinitionen etc.) detailliert ausgeprägt werden.

Als technische Grundlage werden SAP-Standard-Technologien zur Ablage der Dokumente genutzt – SAP-Formulare (wie z. B. SAPscript, Smart Forms oder SAP Interactive Forms by Adobe), SAP Business Workflow, SAP ArchiveLink und SAP Folders Management (siehe Abschnitt 11.2.2, »Technische Abbildung des Dokuments im SAP-System«). Gemeinsam mit der fachlichen Kernanwendung SAP Learning Solution werden diese Technologien in der Oberfläche von HE-S Integration Suite (HCM) integriert. Dadurch wird ein Werkzeug zur Verfügung gestellt, das eine hohe Effizienz zur Prozesssteuerung bzw. Prozessdokumentation für jede Fachabteilung ermöglicht (siehe Abbildung 11.24).

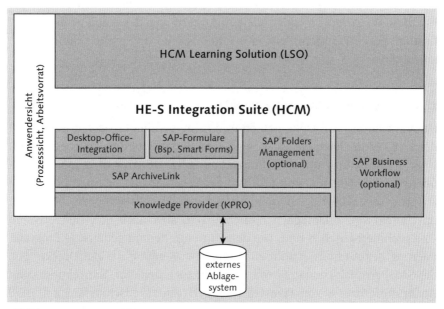

Abbildung 11.24 SAP-Add-on HE-S Integration Suite (HCM)

Die Benachrichtigung der Sachbearbeiter kann auf zwei Arten erfolgen, passiv oder aktiv. Die passive Benachrichtigung erfolgt auf Basis von sogenannten Sichten, die es jedem Sachbearbeiter ermöglichen, über den Arbeitsvorrat einen zentralen Einstieg in »seine« Prozesse zu gewährleisten. Je nach Organisationsstruktur des Unternehmens kann eine aktive Benachrichtigung genutzt werden. Dabei wird über SAP Business Workflow und das Organisationsmanagement in SAP ERP HCM die Zuweisung der Prozessschritte realisiert. Dadurch ist es möglich, Standardfunktionalitäten von Business Workflow wie Vertreterregelungen, Mailinformation etc. zu nutzen.

Die Erstellung der Dokumente kann auf Basis von SAPscript, Smart Forms, SAP Interactive Forms by Adobe oder auch mit Produkten der Dokumentenerstellung von Drittanbietern erfolgen. Die Verwaltung der Dokumente über SAP-Standards wie SAP ArchiveLink oder SAP Knowledge Provider stellt die revisionssichere Ablage sicher (vorausgesetzt, es wird ein revisionssicheres Ablagesystem genutzt). Grundsätzlich sind die Dokumente in den Prozessen von HE-S Integration Suite (HCM) direkt aufrufbar. Optional steht über eine Aktenschnittstelle von HE-S Integration Suite (HCM) die prozessübergreifende Nutzung von SAP Folders Management oder auch von Nicht-SAP-Infrastrukturen, wie z. B. *aconso* für Akten, zur Verfügung.

Durch die konsequente Nutzung der Objektorientierung wird eine hohe Flexibilität für Anpassungen mit klar abgrenzbaren Aufwänden geschaffen. Auf diese Weise ist es möglich, viele Anforderungen des Kunden ohne Modifikation des SAP-Systems und des Add-ons HE-S Integration Suite (HCM) umzusetzen.

11.4.5 Fazit/Ausblick des Projekts

Die Verzahnung von Dokumenten und Infotypen bei Prozessen im Umfeld der SAP-Personalplanung ist wesentlicher Bestandteil der täglichen Arbeit. Über die Abbildung mit HE-S Integration Suite (HCM) wird es möglich, die übergreifende Nutzung von SAP-Standardtechnologien in einer Oberfläche zu integrieren. Dabei werden die Anforderungen vollständig abgebildet, die im Umfeld von öffentlichen Einrichtungen, aber auch in vielen privaten Unternehmen gegeben sind. Die objektorientierte und generische Programmierung des Add-ons erlaubt auch eine Verwendung für alle Objekttypen der SAP-Personalplanung. So wäre es z. B. auch denkbar, Entstehungs- und Änderungsprozesse von Planstellen und Organisationseinheiten mit HE-S Integration Suite (HCM) abzubilden und die entsprechenden Dokumente in elektronischen Akten direkt an diesen Objekttypen abzulegen.

Mit dem HR-Formular-Workplace ist die ansprechende Gestaltung von Formularen in der Personalabrechnung und in der Zeitwirtschaft möglich.

12 Formulare in SAP ERP HCM

Nachdem Sie in den vorigen Kapiteln die Grundlagen und die Anwendung von Smart Forms kennengelernt haben, wird in diesem Kapitel die spezielle Anwendung im Umfeld von SAP ERP HCM aufgegriffen. Die Integration der Basistechnologie Smart Forms in das Personalwesen erfolgt dabei zusätzlich zu Druckprogrammen über den HR-Formular-Workplace. Diesen werden wir Ihnen im ersten Abschnitt kurz vorstellen. Anschließend zeigen wir Ihnen, wie Sie Formulare mithilfe des HR-Formular-Workplaces entwickeln, konfigurieren und aktivieren. Dies alles wollen wir anhand eines Beispiels aus der Zeitwirtschaft betrachten.

Generell stehen bei Erstellung der Zeitnachweise zwei Möglichkeiten zur Verfügung:

▶ **Zeitnachweis über den Report RPTEDT00**
Bei dieser Option wird das Zeitnachweisformular über den Zeitwirtschaftsformular-Editor (Transaktion PE50) erstellt. Diese Transaktion hat eine grafische Oberfläche und wurde zur Erstellung von Zeitnachweisformularen und zur Pflege der damit verbundenen Customizing-Tabellen entwickelt. Diese Tabellen können auch direkt im Customizing gepflegt werden. Die so erstellten Zeitnachweise werden mit dem Report RPTEDT00 (Zeitnachweis) ausgegeben.

▶ **Zeitnachweis über den HR-Formular-Workplace**
Bei dieser Option wird das Zeitnachweisformular über den HR-Formular-Workplace erstellt, der die SAP-Smart-Forms- oder SAP-Form-Builder-Technologie nutzt. Mithilfe dieser Technologie können die Formulare sowohl im Layout als auch in der Art und Weise, wie die angezeigten Daten zusammengesetzt werden, wesentlich flexibler gestaltet werden als mithilfe des Reports RPTEDT00.

Wir stellen Ihnen im Folgenden die Erstellung aus dem HR-Formular-Workplace heraus im Detail vor.

12.1 HR-Formular-Workplace

Zum Nachweis der Entgelte aus der Personalabrechnung und zum Nachweis der Zeiten aus der Zeitwirtschaft werden für Mitarbeiter Formulare gedruckt bzw. im Intranet bereitgestellt. Diese Formulare können seit Release SAP R/3 Enterprise 4.6C mit dem HR-Formular-Workplace erstellt werden.

Während hierbei für die Personalabrechnung nationale Besonderheiten beachtet werden müssen, ist die Unterscheidung von Länderversionen für die Zeitwirtschaft dagegen nicht notwendig. In diesem Kapitel betrachten wir den HR-Formular-Workplace daher anhand eines Beispiels aus der Zeitwirtschaft näher. Die Erläuterungen der Formulare der Zeitwirtschaft sind aber weitgehend auf die Formulare der Personalwirtschaft übertragbar. Innerhalb des HR-Formular-Workplace wird der Metadaten-Workplace als Grundlage für die Datenbeschaffung verwendet.

12.2 Erstellung von Formularen

Die Erstellung eines Formulars besteht aus den in Abbildung 12.1 dargestellten wesentlichen Teilschritten:

❶ Aufbau eines Katalogs mit den erforderlichen Stammdatenangaben und den Ergebnissen der Zeitwirtschaft

❷ Auswahl der Daten aus dem Katalog für die Verwendung in den speziellen Formularen

❸ Gestaltung und grafische Aufbereitung der Daten

Im ersten Schritt ist das verwendete Werkzeug der HR-Metadaten-Workplace (Transaktion HRFORMS_METADATA), für den zweiten Schritt wird der HR-Formular-Workplace genutzt (Transaktion HRFORMS). Die grafische Aufbereitung erfolgt über SAP Smart Forms (seit Release SAP R/3 Enterprise 4.6C) oder über den SAP Form Builder (alternativ zu SAP Smart Forms ab Release SAP ERP 2004).

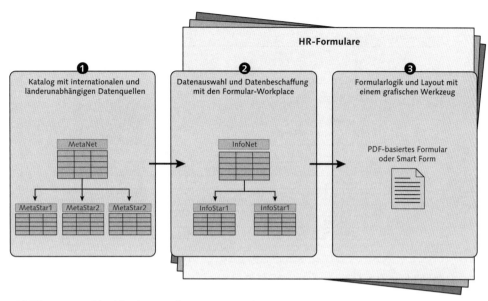

Abbildung 12.1 Ablauf für die Erstellung von Formularen

Diese Schritte sind notwendig, um ein Formular von Grund auf neu zu erstellen. Darüber hinaus haben Sie natürlich auch die Möglichkeit, ein im SAP-Standard ausgeliefertes Formular zu kopieren und entsprechend Ihren Kundenanforderungen anzupassen. Dieser Ansatz ist dann sinnvoll, wenn das Standardformular weitgehend den Anforderungen entspricht und nur *wenige* Anpassungen gemacht werden müssen. Wenn wesentlich andere Anforderungen als im Standardformular vorhanden realisiert werden sollen, empfiehlt sich die Neuerstellung.

Hierzu betrachten wir ein Beispiel mit folgender Ausgangssituation: Für einen Mitarbeiter soll ein Formular erzeugt werden. Dieses Formular enthält folgende Elemente (siehe Abbildung 12.2):

▸ In einem Adressfeld werden Name und Anschrift angezeigt.

▸ Das Firmenlogo wird eingefügt.

▸ Ein zusätzliches Feld MONATLICHE ARBEITSZEIT, das nicht im Standard-MetaNet vorhanden ist, wird im Bereich INFORMATIONEN STAMMDATEN erstellt.

▸ In einer tabellarischen Darstellung werden die Zeitereignisse und die Dauer der erfassten Zeiten für die ausgewählten Tage aufgeführt.

Die erforderlichen Arbeitsschritte zur Erzeugung dieser Ausgabe werden in den folgenden Abschnitten dargestellt.

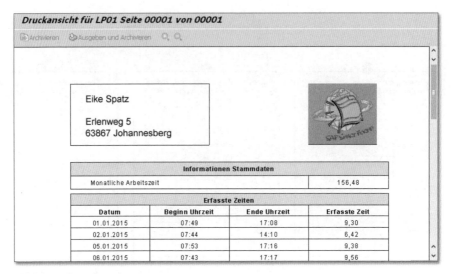

Abbildung 12.2 Formular anzeigen

12.3 Anlegen der Metadaten mit dem HR-Metadaten-Workplace

Die Metadaten beschreiben die Daten und die Art ihrer Beschaffung in Form eines Katalogs. Dieser Katalog wird in der Transaktion METADATEN-WORK-PLACE (Transaktion HRFORMS_METADATA) bearbeitet. Im Metadaten-Workplace werden die Metadaten definiert, und es werden alle erforderlichen Leseinformationen angegeben, um daraus später die ABAP-Dictionary-Strukturen und das Druckprogramm eines HR-Formulars zu generieren. Es werden hier folgende Metadaten (Objekte) gepflegt: MetaNet, MetaStar, MetaDimension, MetaField und MetaFigure. Im Folgenden betrachten wir diese Objekte ein wenig näher.

Ein *MetaNet* ist eine Sicht auf die druckbaren Daten der Personalwirtschaft, die zur Formularerstellung verwendet werden. Alle Daten, die auf einem Formular erscheinen sollen, müssen im MetaNet vorhanden sein. Ein Meta-Net enthält auch die Beschreibungen zu den Tabellen, die später im Formular ausgegeben werden. Diese konkreten Beschreibungen werden *MetaStars* genannt.

MetaNets sind länderabhängig. Damit die länderunabhängigen Komponenten nicht bei jeder Länderversion redundant gepflegt werden müssen, besteht die Möglichkeit, ein internationales MetaNet mit der Ländergruppierung zu definieren. Die MetaStars eines nationalen MetaNets können vom internationalen MetaNet durch Vererbung übernommen werden. Bei der Bearbeitung der Landesversion eines MetaNets können dann einzelne länderspezifische MetaStars hinzugefügt werden. Entsprechend können auch MetaStars ausgeschlossen werden, die von der internationalen Version geerbt wurden und Datenquellen darstellen, die in der eingesetzten Landesversion der Personalwirtschaft nicht verwendet werden. Da Formulare der Zeitwirtschaft nicht länderabhängig sind, genügt zur Anlage der Metadaten in unserem Beispiel die Länderversion 99.

Im Standard wird das MetaNet `SAP_DEFAULT` ausgeliefert. Möchten Sie ein eigenes MetaNet erstellen, können Sie MetaStars mithilfe der Vererbung aus dem Standard-MetaNet in Ihr kundeneigenes MetaNet übertragen. Dieses Vorgehen hat sich in der Praxis als der beste Weg etabliert.

Die Bearbeitung des MetaNets und der weiteren Metaobjekte erfolgt mit dem HR-Metadaten-Workplace, den Sie über Transaktion HRFORMS_METADATA aufrufen (siehe Abbildung 12.3). Die Metadaten werden hier in den vier Übersichtsbäumen MetaFigure, MetaDimension, MetaStar und MetaNet dargestellt.

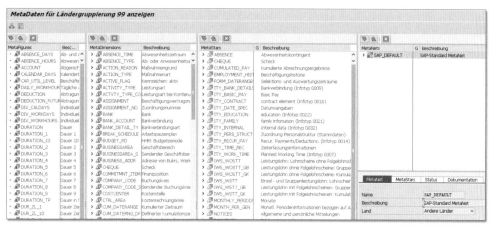

Abbildung 12.3 Pflege der Metadaten

Beim Verlassen des Metadaten-Workplace werden die aktuellen Einstellungen zu den Übersichtsbäumen gespeichert. Über das Menü BEARBEITEN • BAUM AUSBLENDEN kann der aktuell markierte Baum ausgeblendet werden. Ausgeblendete Bäume sind beim nächsten Aufruf des Metadaten-Workplace nicht sichtbar, können aber bei Bedarf über das Menü BEARBEITEN • BAUM EINBLENDEN wieder eingeblendet werden.

Im hier verwendeten Beispiel wird das MetaNet ZHR_DEV angelegt. Dazu gehen Sie wie folgt vor:

1. Starten Sie die Transaktion HRFORMS_METADATA, geben Sie im Feld METANET »ZHR_DEV« ein, und klicken Sie auf das Symbol ▯.

2. Im Folgedialog geben Sie im Feld BESCHREIBUNG den Text »Beispiel Meta-Net« ein, und bestätigen Sie die Eingabe mit ☑ (siehe Abbildung 12.4)

Abbildung 12.4 Anlegen eines MetaNet

Als Ergebnis erhalten Sie das MetaNet in Abbildung 12.5.

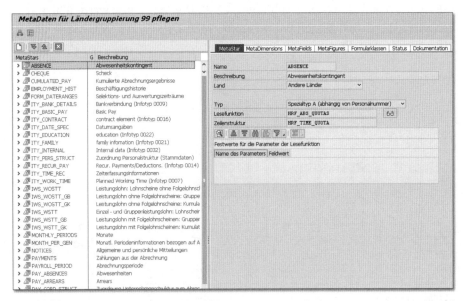

Abbildung 12.5 Neu angelegtes MetaNet

Informationen, die in diesem MetaNet verwendet werden, sind in den MetaStars ITY_PERS_STR, TIM_TP und ZHR_WS beschrieben. Die ersten beiden MetaStars sind bereits im Standard vorhanden, der letzte MetaStar ist kundendefiniert. In Abschnitt 12.3.4, »Kundeneigener MetaStar«, zeigen wir Ihnen, wie Sie den MetaStar anlegen. Die MetaStars stellen die Grundlage für die Datenermittlung im Formular dar.

12.3.1 Typen von MetaStars

In Abbildung 12.6 sehen Sie im Feld Typ, dass der MetaStar durch einen bestimmten Typ gekennzeichnet ist. Folgende MetaStar-Typen sind erlaubt:

▸ Stammdaten

▸ Abrechnung

▸ Zeitauswertungsdaten

▸ Spezialtyp A

▸ Spezialtyp U

Bei dem MetaStar TIM_TP aus Abbildung 12.6 liegt der Typ *Zeitauswertungsdaten* vor. Je nach Typ sind unterschiedliche Leseinformationen für die Programmgenerierung notwendig, auf die wir in Abschnitt 12.3.2, »Leseroutinen«, näher eingehen.

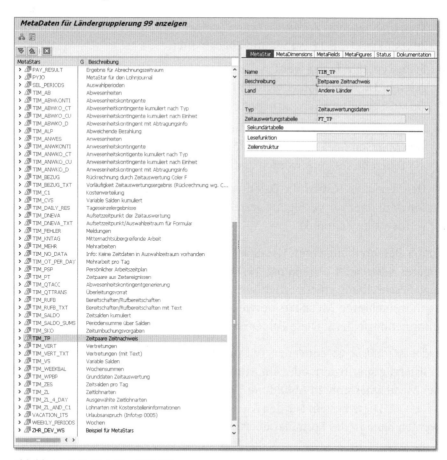

Abbildung 12.6 MetaStar TIM_TP

Wenn ein MetaStar im Formular verwendet wird, wird beim Generieren des Druckprogramms eine interne Tabelle für den MetaStar erstellt. Die Leseinformation, die im MetaStar angegeben wird, bestimmt die Zeilenstruktur dieser Tabelle sowie das Coding, das die Tabelle mit Daten füllt. Nachdem das Druckprogramm die MetaStar-Tabelle gefüllt hat, muss es aus jeder Zeile dieser Tabelle die MetaDimensions, MetaFields und MetaFigures lesen. Die Informationen hierfür werden auf den Registerkarten METADIMENSIONS, METAFIELDS und METAFIGURES angegeben.

12.3.2 Leseroutinen

Je nach Typ des MetaStars sind weitere Informationen zum Lesen der Daten aus den Infotypen erforderlich:

▸ Beim Typ *Stammdaten* werden die Daten mit dem Funktionsbaustein HR_READ_INFOTYPE direkt aus einem Infotyp gelesen. Die MetaStars dieses Typs und des Typs *Zeitauswertungsdaten* werden im Druckprogramm zum Zeitpunkt GET PERNR gefüllt und abgearbeitet.

▸ Beim Typ *Abrechnung* werden die Daten aus den Abrechnungsergebnissen gelesen. Diese MetaStars werden im Druckprogramm zum Zeitpunkt GET PAYROLL gefüllt und abgearbeitet.

▸ Für personenabhängige Daten, die nicht mit den erwähnten drei Typen von MetaStars gelesen werden können, ist der *Spezialtyp A* vorgesehen; die Daten dieses Typs werden zum Zeitpunkt GET PERNR selektiert.

▸ Der *Spezialtyp U* wird für Daten verwendet, die unabhängig von der Personalnummer zur Verfügung gestellt werden sollen. Die Daten dieses Typs werden zum Zeitpunkt START-OF-SELECTION gelesen.

In der Beschreibung eines MetaStars werden MetaDimensions sowie MetaFigures verwendet (Abbildung 12.7). Die *MetaDimension* ist eine vollständige Beschreibung eines betriebswirtschaftlichen Objekts oder Konzepts; sie kann in mehreren MetaStars verwendet werden und besteht aus mehreren Informationsfeldern. Diese Felder werden *MetaFields* genannt.

Jedes *MetaField* ist entweder Teil des Schlüssels, der die MetaDimension vollständig spezifiziert, oder ein Attribut und damit eine weitere Eigenschaft der MetaDimension. In Abbildung 12.8 sieht man die MetaDimension TIME_INTERVAL. Diese besteht aus den MetaFields BEGIN_TIME und END_TIME. Diese werden dann in das Formular übertragen.

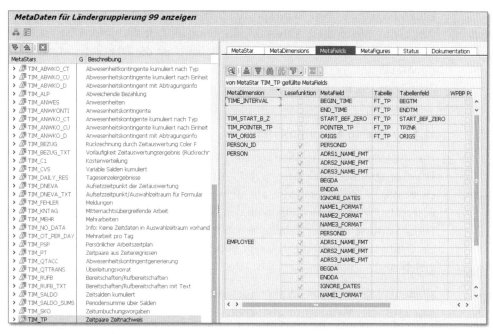

Abbildung 12.7 MetaDimensions des MetaStars TIM_TP

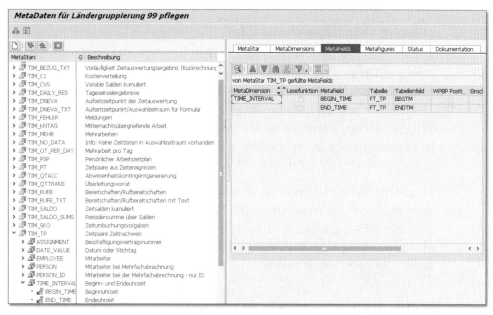

Abbildung 12.8 MetaFields der MetaDimensions TIM_INTERVAL

Die *MetaFigure* ist eine Kennzahl, die in mehreren MetaStars verwendet werden kann. Wenn diese Kennzahl mit einer Einheit verbunden ist, ist diese Einheit auch Teil der MetaFigure. Im Beispiel ist die Dauer die MetaFigure des MetaStars `TIM_TP`. Diese wird später im Formular in der Spalte Erfasste Zeit ausgegeben.

12.3.3 Werte aufsummieren

Die auf Basis der MetaStars erzeugten Tabellen werden im generierten Druckprogramm durch eine `COLLECT`-Anweisung gefüllt. Wenn das Kennzeichen Werte aufsummieren auf dem Reiter MetaFigure der MetaFigure gesetzt ist, wird die *MetaFigure* in der `COLLECT`-Anweisung als nummerisches Nicht-Schlüsselfeld der Tabelle behandelt. Zwei Werte werden mit der `COLLECT`-Anweisung summiert, wenn alle Schlüsselfelder der internen Tabelle gleich sind.

Wenn das Kennzeichen Werte aufsummieren wie im Beispiel nicht gesetzt ist, wird die MetaFigure als Schlüsselfeld der Tabelle behandelt. Unterschiedliche Werte dieser MetaFigure werden nicht summiert, sondern führen zu getrennten Zeilen in der Tabelle.

12.3.4 Kundeneigener MetaStar

Das MetaNet in unserem Beispiel enthält als zusätzliche Information die Arbeitszeiten (pro Woche und pro Monat) aus dem Infotyp 0007. Neben den Arbeitsstunden sollen auch Beginn- und Enddatum von Infotyp 0007 im MetaStar enthalten sein. Diese Information wird als kundeneigener MetaStar `ZHR_WS` angelegt. Bevor dieser MetaStar angelegt werden kann, müssen die hier erforderlichen Informationen in den MetaDimensions mit den entsprechenden MetaFields definiert werden bzw. bestehende gewählt werden.

In unserem Beispiel wird keine MetaFigure verwendet, da lediglich eine Einzelinformation (die Arbeitsstunden) zur Verfügung gestellt werden soll, mit der nicht weiter gerechnet wird. Wenn eine Berechnung stattfinden soll, ist die Verwendung einer MetaFigure zu empfehlen, da hiermit mehr Freiheitsgrade abgebildet werden können.

12.3.5 Kundeneigene MetaDimension

Die MetaDimension `ZHR_SMARTFORMS` (siehe Abbildung 12.9) soll die gewünschten Informationen zu Feldern des Infotyps 0007 enthalten und wird direkt aus dem Übersichtsbild der Metadaten mit einem Klick auf das Symbol ☐ im Baum MetaDimensions angelegt. Die MetaDimension für das Beginn- und Enddatum ist bereits im Standard als DATE_RANGE definiert und kann bei Bedarf auch übernommen werden.

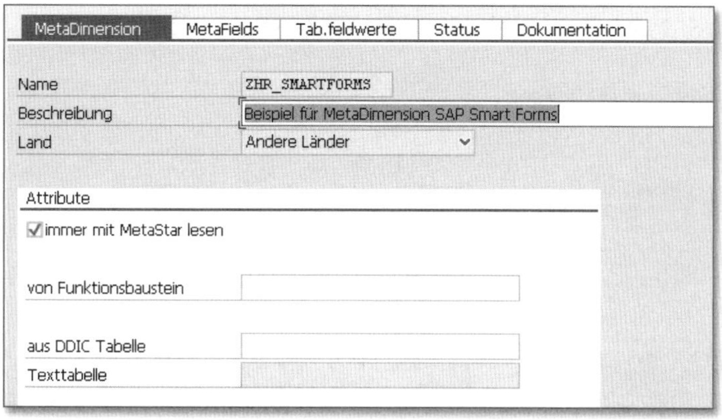

Abbildung 12.9 MetaDimension ZHR_SMARTFORMS

Die MetaFields werden im Baumbereich MetaDimensions als Knoten unterhalb der MetaDimension angezeigt. Um ein MetaField anzulegen, markieren Sie die MetaDimension ZHR_SMARTFORMS und öffnen Sie mit einem Klick auf die rechte Maustaste das Kontextmenü. Wählen Sie anschließend die Funktion FELD ANLEGEN im Kontextmenü aus. Nach der Anlage kann das Feld genutzt werden. Es dient im fertigen Formular als Datencontainer, der durch das Druckprogramm (welches vom HR Workplace generiert wird) gefüllt wird.

Abbildung 12.10 zeigt das Ergebnis: Die MetaFields ZHR_SM_MOSTD und ZHR_SM_WOSTD wurden angelegt.

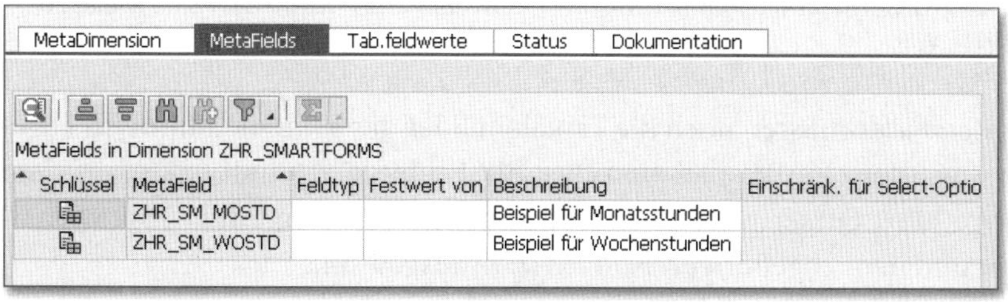

Abbildung 12.10 MetaDimension und MetaFields angelegt

Für das Lesen der Daten werden die Routinen des Typs *Stammdaten* verwendet. Dazu wird im MetaStar auf dem Reiter METASTAR entsprechend eine Lesefunktion (Angabe einer Tabelle) eingetragen. In Abbildung 12.11 sehen Sie im Übersichtsbaum die verwendeten MetaDimensions TIME_INTERVAL und ZHR_SMARTFORMS im MetaStar ZHR_DEV_WS. TIME_INTERVAL kommt aus dem gelieferten SAP-Standard und wird hier wiederverwendet.

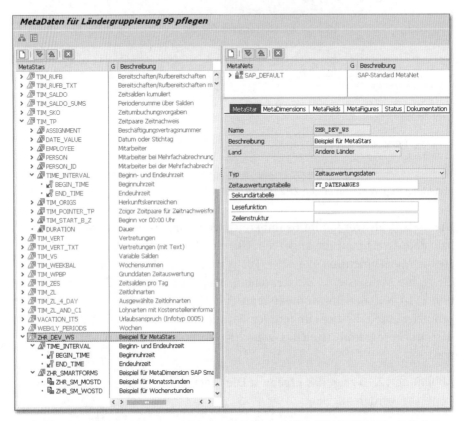

Abbildung 12.11 MetaDimensions TIME_INTERVAL und ZHR_SMARFORMS im MetaStar ZHR_DEV_WS

Den *MetaFields* müssen noch die Tabellenfelder des gelesenen Infotyps zugeordnet werden. Im Beispiel sind dies die Felder MOSTD und WOSTD aus dem Infotyp 0007. Dieser wurde bei Anlage des MetaStar mit dem Typ STAMM-DATEN und dem zugehörigen Feld INFOTYP ausgewählt.

Mit diesem einfachen Beispiel wurde der grundsätzliche Umgang mit dem HR-Metadaten-Workplace gezeigt. In der Praxis sollten Sie versuchen, soweit es geht, auf die Standarddaten zurückzugreifen und bei Neuerstellung einfache Wege zu beschreiten, um die Komplexität niedrig zu halten.

12.4 Erstellen eines Formulars mit dem HR-Formular-Workplace

Ein HR-Formular wird im HR-Formular-Workplace (Transaktion HRFORMS) erstellt und besteht aus den folgenden Komponenten:

▶ Das *InfoNet*, das den Inhalt des Formulars definiert. Ein InfoNet legen Sie an, indem Sie die Daten, die auf dem Formular gedruckt werden sollen, aus dem verwendeten MetaNet im HR-Formular-Workplace auswählen.

▶ Eine *geschachtelte ABAP-Dictionary-Struktur*, die auf der Basis des InfoNets generiert wird. Diese Struktur wird vom HR-Formular-Workplace automatisch erstellt und dient als Schnittstelle zur Formulardefinition.

▶ Die *Formulardefinition*, in der das Layout des Formulars festgelegt wird und die automatisch vom HR-Formular-Workplace angelegt wird.

▶ Das *Druckprogramm*, in dem die Datenbeschaffung und die Datenaufbereitung realisiert sind. Das Druckprogramm wird vom HR-Formular-Workplace automatisch generiert.

Im hier dargestellten Beispiel (Formular ZHR_TME) werden die folgenden Namen für die einzelnen Objekte erzeugt (siehe Tabelle 12.1).

Objekt	Name
InfoNet (Formularname)	ZHR_TME
ABAP-Dictionary-Struktur	/1PYXXFO/ZHR_TME
Formulardefinition	ZPYXXFO_ZHR_TME
Druckprogramm	/1PYXXFO/ZHR_TME_PRNT

Tabelle 12.1 Erzeugte Objekte

Die Erzeugung und Bearbeitung der ersten beiden Objekte wird in diesem Abschnitt dargestellt, die der letzten beiden Objekte im nächsten Abschnitt 12.5, »Grafische Ausgabe«.

Im Übersichtsbaum des MetaNets wählen Sie die Daten, die im Formular benötigt werden, in Form von MetaStars mit den zugeordneten MetaDimensions und MetaFigures. Diese Daten ziehen Sie per Drag & Drop aus dem MetaNet (links in Abbildung 12.12) in das InfoNet (oben rechts in Abbildung 12.12). Dabei werden aus den Objekten im MetaNet die korrespondierenden Objekte im InfoNet erzeugt (siehe Tabelle 12.2).

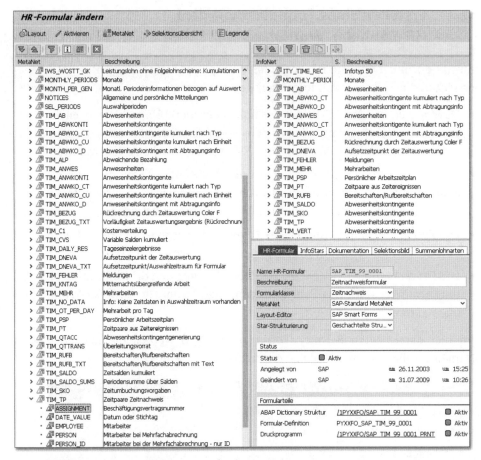

Abbildung 12.12 Auswahl der Daten für das Formular

MetaObjekte (Daten im MetaNet)	InfoObjekte (im Formular verwendete Daten)
MetaNet	InfoNet
MetaStar	InfoStar
MetaDimension	InfoDimension
MetaField	InfoField
MetaFigure	InfoFigure

Tabelle 12.2 Vergleich zwischen MetaObjekte zu InfoObjekte

In Abbildung 12.13 sehen Sie z. B., dass aus dem MetaStar ITY_PERS_STRUCT des MetaNets ZHR_DEV der InfoStar ITY_PERS_STRUCT des InfoNets ZHR_TME erzeugt wurde.

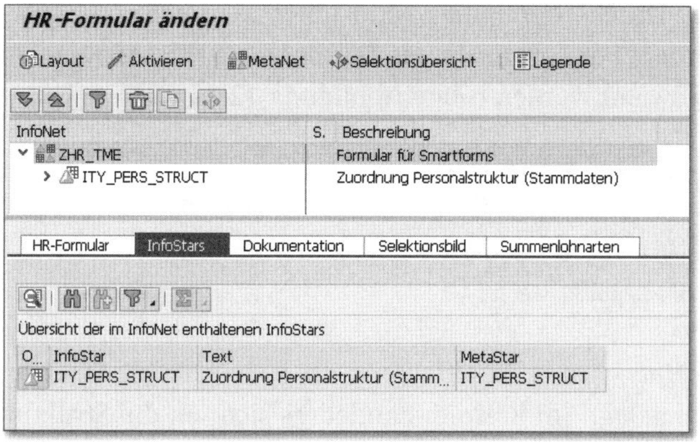

Abbildung 12.13 HR-Formular-Workplace

Unter dem Reiter HR-FORMULAR (siehe Abbildung 12.14) sind generelle Angaben wie das MetaNet, der Layout-Editor oder die Formularklasse einzugeben bzw. allgemeine Informationen verfügbar. Hier wird z. B. die Formularklasse angegeben (ENTGELTNACHWEIS, ZEITNACHWEIS, SONSTIGE FORMULARE), ebenso erfolgt hier die Auswahl des verwendeten MetaNets. In unserem Beispiel muss das MetaNet ZHR_DEV (MetaNet für einfache Auswertung TIME) ausgewählt werden. Im Bereich STATUS werden Informationen über die erste Anlage und die letzte Änderung angezeigt. Im Bereich FORMULARTEILE sehen Sie die Namen und den Generierungsstatus der bereits erwähnten Objekte. Wie Sie sehen, wurden noch nicht alle oben erwähnten Schritte erfolgreich durchgeführt. Bisher wurde nur die ABAP-Dictionary-Struktur angelegt, die Formular-Definition und das Druckprogramm wurden hingegen bisher noch nicht angelegt bzw. generiert.

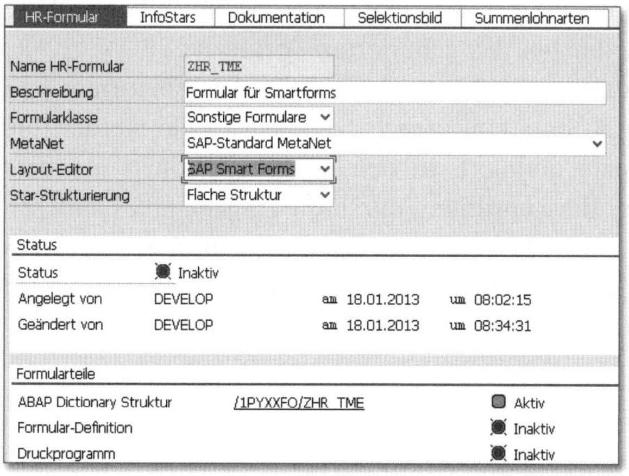

Abbildung 12.14 Allgemeine Eigenschaften des Formulars

Das Selektionsbild des Druckprogrammes kann unter dem Reiter Selekti-onsbild angepasst werden. Für Formulare der Zeitnachweis-Klasse kann hier eine Reportklasse ausgewählt werden (siehe Abbildung 12.15).

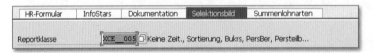

Abbildung 12.15 Auswahl der Reportklasse

Nach Anlegen des InfoNets wird beim Aktivieren des Formulars die Struktur im ABAP Dictionary angelegt, im Beispiel handelt es sich um die Struktur /1PYXXFO/ZHR_TME mit den entsprechenden Unterstrukturen. Hierbei werden die InfoStars und InfoDimensions als Tabellentypen erzeugt, die wiederum generierte Zeilentypen beinhalten.

Die Hierarchie der Struktur kann auch aus dem HR-Formular-Workplace direkt durch Doppelklick auf die Struktur im Bereich FORMULARTEILE angezeigt werden.

12.5 Grafische Ausgabe

Für die grafische Aufbereitung steht ab Release SAP R/3 Enterprise das Werkzeug SAP Smart Forms und ab Release SAP ERP 2004 ECC 5.00 das Werkzeug Form Builder als Alternative zur Verfügung. Wir erläutern die grafische Ausgabe mithilfe von SAP Smart Forms.

Der Aufruf von SAP Smart Forms erfolgt über den Button Layout im HR-Formulare-Workplace. In Abbildung 12.16 sehen Sie die Formularattribute unter den globalen Einstellungen des generierten Formulars ZPYXXFO_ZHR_ TME. Unter dem Reiter Ausgabeoptionen werden das Ausgabeformat und der verwendete SAP Smart Style eingegeben, im Smart Style werden die Absatz- und Zeichenformate definiert. In den Ausgabeoptionen mancher Formular-Teilobjekte kann die Zuordnung durch die Angabe eines anderen Stils übersteuert werden. Dieser Stil gilt dann für alle Unterknoten des Teilobjekts so lange, bis wieder ein anderer Stil gewählt wird. Im Beispiel wird der im Standard ausgelieferte Smart Style HRFORMS_TIME verwendet.

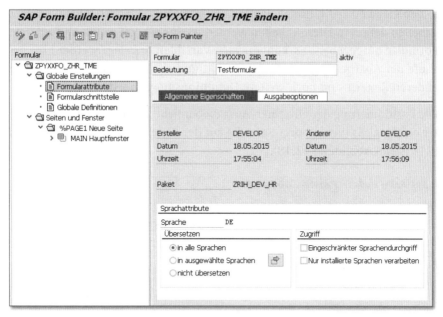

Abbildung 12.16 Aufruf von SAP Smart Forms

In der in Abbildung 12.17 gezeigten Formularschnittstelle ist die bereits oben beschriebene generierte Struktur /1PYXXFO/ZHR_TME als Typ des Importparameters HRDATA definiert. Dieser Parameter wird bei der Datenbeschaffung gefüllt.

Formular	ZPYXXFO_ZHR_TME		aktiv
Bedeutung	Testformular		

Import	Export	Tabellen	Ausnahmen

Parametername	Typisierung	Bezugstyp	Vorschlagswert
ARCHIVE_INDEX	TYPE	TOA_DARA	
ARCHIVE_INDEX_TAB	TYPE	TSFDARA	
ARCHIVE_PARAMETERS	TYPE	ARC_PARAMS	
CONTROL_PARAMETERS	TYPE	SSFCTRLOP	
MAIL_APPL_OBJ	TYPE	SWOTOBJID	
MAIL_RECIPIENT	TYPE	SWOTOBJID	
MAIL_SENDER	TYPE	SWOTOBJID	
OUTPUT_OPTIONS	TYPE	SSFCOMPOP	
USER_SETTINGS	TYPE	TDBOOL	'X'
HRDATA	TYPE	/1PYXXFO/ZHR_TME	
LAST	TYPE	XFELD	

Abbildung 12.17 Formularschnittstelle

In den globalen Definitionen werden die Arbeitsbereiche als Zeilentypen der Tabellen definiert. Diese Tabellen werden in einem Loop gefüllt und auf dem Formular ausgegeben. Es können hier Variablen angelegt werden, die im Laufe der Abarbeitung der Knoten gefüllt und abgefragt werden. Unter den anderen Reitern sind noch weitere Definitionsmöglichkeiten nutzbar.

Die Positionierung der einzelnen Ausgabebereiche kann mit dem Form Painter erfolgen. Es werden drei Bereiche auf der Seite angelegt: LOGO, NAME und MAIN (siehe Abbildung 12.18).

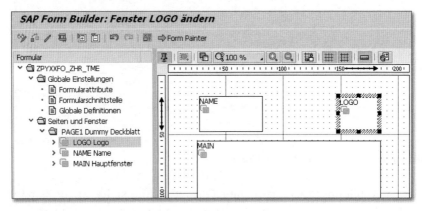

Abbildung 12.18 Ausgabebereiche im Formular

Für das Logo wird hier exemplarisch ein Standardlogo verwendet (siehe Abbildung 12.19). Der Ausdruck der Grafik kann von verschiedenen Bedingungen abhängig gemacht werden, die unter dem gleichnamigen Reiter angegeben werden.

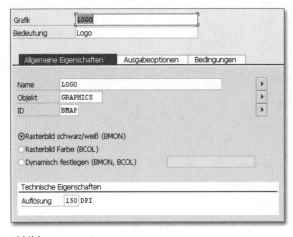

Abbildung 12.19 Logo

Im Knoten NAME werden die Eigenschaften dieses Ausgabebereichs festgelegt, z. B. die Gestaltung des Rahmens. Unterhalb dieses Knotens erfolgt ein Loop über die Tabelle HRDATA-DIM_EMPLOYEE in den Arbeitsbereich W_DIM_EMP. Über den Menüpfad HILFSMITTEL • FELDLISTE EIN/AUS lässt sich die Liste der Felder aus der Formularschnittstelle und den globalen Definitionen einblenden und per Drag & Drop in das Fenster ALLGEMEINE EIGENSCHAFTEN ziehen. Es werden die vier ersten Adresszeilen verwendet und einem frei definierbaren Absatzformat zugeordnet.

Im Fenster MAIN werden die Stammdaten ausgegeben. Entsprechend sind in diesem Fenster die Ausgabeinformation für die monatlichen Arbeitsstunden des Infotyps 0007 anzugeben. Für die Ausgabe der Zeitdaten wird eine Smart-Forms-Tabelle verwendet. Hierfür werden zwei Zeilenformate angelegt: das erste mit einer Zelle und hinterlegter Schattierung, das zweite mit vier Zellen.

Während oder nach dem Anlegen des Layouts kann das generierte Druckprogramm im HR-Formular-Workplace zum Test ausgeführt werden. Die Ausgabe erfolgt über den Menüpfad FORMULAR • DRUCKPROGRAMM (TEST). Dabei werden die Tabellen, die aus den InfoStars und InfoDimensions erzeugt worden sind, mit der Anzahl der Zeilen aufgelistet. Durch Klick auf eine einzelne Zeile wird der Inhalt der betreffenden Tabelle angezeigt. Starten Sie das Druckprogramm über den Menüpfad FORMULAR • DRUCKPROGRAMM, erhalten Sie das am Anfang des Kapitels abgebildete Formular (siehe Abbildung 12.2).

Sie haben nun alle wesentlichen Bestandteile des HR-Formular-Workplaces kennengelernt. Weitere Informationen zur tieferen Verwendung finden Sie in der SAP-Online-Hilfe. Die Anwendung macht in Projekten einen schnellen Einsatz von Formularen möglich und ist deshalb zu empfehlen.

Dieses Kapitel zeigt die Unterschiede und Gemeinsamkeiten zwischen Smart Forms und SAP Interactive Forms by Adobe, dem neuen Formularstandard von SAP. Sie erfahren, wie Smart-Forms-Formulare migriert werden, und Sie erhalten Empfehlungen für die Entwicklung von Smart-Forms-Formularen, um die Kompatibilität mit SAP Interactive Forms by Adobe zu gewährleisten.

13 Migration zu SAP Interactive Forms by Adobe

SAP liefert in den aktuellen Releases die neue Standardtechnologie SAP Interactive Forms by Adobe für Formulare aus. Obwohl diese Technologie in erster Linien für die Erstellung von interaktiven elektronischen Dokumenten im PDF-Format entwickelt wurde, ist sie mittlerweile auch zum Standard für SAP-Druckformulare geworden. Alle wesentlichen SAP-Formulare sind mittlerweile ebenfalls in SAP-Interactive-Forms-Varianten verfügbar. Die Technologie SAP Interactive Forms by Adobe nutzt Server- und Designkomponenten von Adobe. SAP und Adobe sind seit 2002 durch eine Technologiepartnerschaft verbunden. Voraussetzung für die Nutzung von SAP Interactive Forms by Adobe ist die Installation des SAP NetWeaver Application Server Java sowie die Konfiguration der Adobe Document Services (ADS). Ferner benötigt man zur Formularentwicklung die Installation des Adobe LiveCycle Designers in der aktuellen Version. Auch wenn die Technologie der SAP Interactive Forms by Adobe mit den ausfüllbaren PDFs neue Möglichkeiten für SAP-Kunden bereitstellt, gibt es im Bereich der Druckformulare eine Funktionsüberlappung mit der Smart-Forms-Technologie. Dadurch wird in Zukunft die Frage auftreten, mit welcher Technologie Druckformulare umgesetzt werden sollen. Es gibt eine Reihe von funktionalen Unterschieden in beiden Technologien, die in den weiteren Abschnitten dargestellt werden, um die Entscheidung für die eine oder andere Technologie zu erleichtern.

Um den Umstieg auf SAP Interactive Forms by Adobe zu erleichtern, bietet SAP einen Migrationspfad an, der es ermöglicht, Smart-Forms-Formulare in SAP-Interactive-Forms-Formulare zu konvertieren. Darüber hinaus gibt es die Möglichkeit, die Laufzeit (das jeweilige Druckprogramm) von Smart

Forms auf SAP Interactive Forms by Adobe umzustellen. Da die Technologien nicht vollständig kompatibel sind, kann diese Migration keine 100%-Ergebnisse liefern; es muss immer manuell nachbearbeitet werden. Der Grad der Nachbearbeitung ist in der Regel von der Komplexität der Formulare abhängig.

Die Möglichkeiten der Migration sowie deren Grenzen werden im Folgenden im Detail erklärt, anschließend wird eine Migration beispielhaft durchgeführt. Zum Schluss des Kapitels widmen wir uns noch einmal der Frage, wie kompatibel die beiden Technologien sind.

13.1 Migrationspfad

Bei der Entwicklung von SAP Interactive Forms by Adobe wurde schon eine gewisse Technologiekompatibilität mit Smart Forms berücksichtigt, um eine Migration von Smart Forms zu SAP Interactive Forms by Adobe zu erleichtern. So wird auch für SAP Interactive Forms by Adobe ein Laufzeitobjekt in Form eines generierten Funktionsbausteins erstellt, das von einem Rahmenprogramm aufgerufen wird. Das bedeutet, dass bei einer Migration das Smart-Forms-Druckprogramm ohne große Anpassungen wiederverwendet werden kann. Dies ist ein wichtiger Vorteil, da bei der Formularentwicklung häufig mehr Aufwand in die Anpassung des Druckprogramms als in die Entwicklung des eigentlichen Formulars investiert werden muss.

SAP bietet ein in die Transaktion SMARTFORMS integriertes Tool, das Smart-Forms-Formulare in PDF-basierte Druckformulare vom Typ SAP Interactive Forms by Adobe migriert. Aufgrund der beschriebenen Technologiekompatibilität ist es möglich, das vorhandene Smart-Forms-Rahmenprogramm weiterhin zum Formularaufruf zu verwenden.

Bei der Migration eines Smart-Forms-Formulars wird ein Interactive-Forms-Formular sowie ein Objekt vom Typ »Schnittstelle« erzeugt. Die Schnittstelle repräsentiert das Interface des generierten Funktionsbausteins zum Formularaufruf und ist – anders als bei Smart Forms – ein eigenständiges Repository-Objekt, das mit der Transaktion SFP bearbeitet werden kann.

Die erzeugte Schnittstelle setzt sich aus der vorhandenen Smart-Forms-Schnittstelle und den *globalen Definitionen* zusammen. Sie beinhaltet Folgendes:

- ▸ Importparameter
- ▸ Exportparameter

- Tabellenparameter

- Ausnahmen

- globale Daten

- Typen

- Feldsymbole

- Initialisierung (ABAP)

- Formroutinen (ABAP)

- Währungs-/Mengenfelder

Das Interactive-Forms-Formular wird in der Transaktion SFP bearbeitet und besteht aus zwei Teilen:

- **Kontext**
  Der Kontext umfasst die Datenlogik des Smart-Forms-Formulars. Hierhin werden alle Ordner, Schleifen, Alternativen, Bedingungen und Texte migriert.

- **Layout**
  Die eigentlichen Formatierungsanweisungen werden in ein Layout migriert, das mit dem Adobe LiveCycle Designer bearbeitet werden kann. Dieser ist in die Transaktion SFP eingebettet und wird dort über die Registerkarte LAYOUT aufgerufen.

Objekte, die migriert werden müssen   [«]

Nicht zum Formular gehörende Objekte müssen migriert werden. Die Inhalte von *Textbausteinen* (ITF-Format) und *SAPscript-Texten* (Include-Texte) werden zur Laufzeit des PDF-basierten Formulars automatisch in das Adobe-kompatible Format XHTML/CSS konvertiert und dem Formular übergeben.

Zur Formatierung von Textbausteinen und SAPscript-Texten sind *Smart Styles* erforderlich, die bei der Migration und Laufzeitkonvertierung von ITF-Formaten zu XHTML/CSS-Formaten verwendet werden.

13.2 Beispielmigration

Im Folgenden führen wir eine Beispielmigration als Übung durch und beschreiben sie in Einzelschritten. Um das Prinzip und das Ergebnis der Migration anschaulich darzustellen, führen wir sie wieder am einfachen Beispielformular der Flugdatenrechnung durch.

13.2.1 Migration durchführen

Starten Sie den Datenbeschaffungsreport SF_EXAMPLE_01 in der Transaktion SE80, und führen Sie diesen mit den Defaultparametern aus. In Abbildung 13.1 sehen Sie das Ergebnis, das mit der normalen Smart-Forms-Aufbereitung erzeugt worden ist.

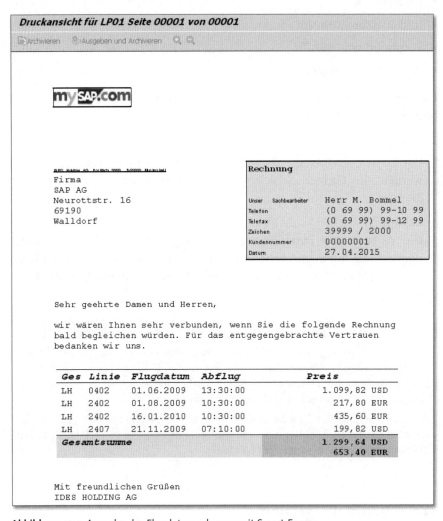

Abbildung 13.1 Ausgabe der Flugdatenrechnung mit Smart Forms

Die Standardmigration wird nun wie folgt durchgeführt:

1. Suchen Sie in der Transaktion SMARTFORMS das Formular SF_EXAMPLE_ 01, oder geben Sie diesen Formularnamen direkt ein. Öffnen Sie das For-

mular aber nicht, sondern wählen Sie stattdessen HILFSMITTEL • MIGRATION
• INTERACTIVE FORM • EXPORTIEREN im Menü (siehe Abbildung 13.2).

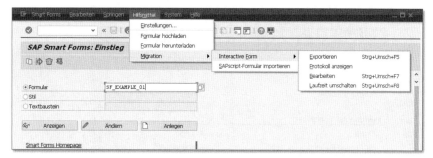

Abbildung 13.2 Migrationstool aufrufen

2. Geben Sie im folgenden Dialogschritt für das Quellformular den Namen
   des zu migrierenden Formulars ein (SF_EXAMPLE_01). Den Namen des Zielformulars und der Schnittstelle können Sie frei wählen. Wir verwenden in
   diesem Beispiel für die Benennung beider Objekte ZSF_EXAMPLE_01 (siehe
   Abbildung 13.3).

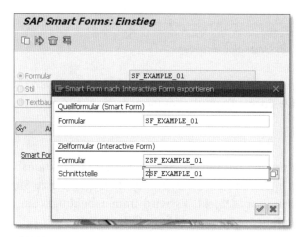

Abbildung 13.3 Quell- und Zielformular auswählen

3. Der nächste Dialogschritt ermöglicht eine genauere Steuerung des Migra-
   tionsumfangs. Mit den hier angebotenen Parametern sollten Sie sich
   besonders bei komplexen Formularen intensiver beschäftigen, um ein
   optimales Migrationsergebnis zu erzielen. Die in Abbildung 13.4 dargestellten Einstellungen stellen eine gute Ausgangsbasis dar.

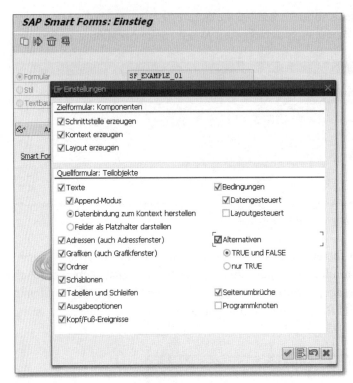

Abbildung 13.4 Optionen für die Migration festlegen

Es werden im Bereich ZIELFORMULAR: KOMPONENTEN im Fenster EINSTELLUN-GEN folgende Interactive-Forms-Formularkomponenten zur Generierung angeboten:

▶ **Schnittstelle**
Die Schnittstelle repräsentiert das Interface des generierten Funktionsbausteins und ist bei SAP Interactive Forms by Adobe im Gegensatz zu Smart Forms ein eigenes Repository-Objekt. Es wird immer benötigt, um ein Formular aus einem Rahmenprogramm aufzurufen.

▶ **Kontext**
Der Form Builder (Transaktion SFP) verwendet den Kontext zur Definition der auszugebenden Daten. Die im Kontext hinterlegten Objekte (Felder, Strukturen, Tabellen, Texte, Grafiken und Adress-Knoten) werden zur Laufzeit vom generierten Funktionsbaustein in das XML-Format umgewandelt. Im nächsten Schritt erzeugen die Adobe Document Services auf Basis dieser XML-Struktur den eigentlichen Ausgabeauftrag. Zur Entwicklungszeit stehen die XML-Daten zur Formulargestaltung zur Verfügung.

Ferner haben Sie als Entwickler die Möglichkeit, Kontextobjekte mit datengesteuerten Bedingungen zu versehen, Alternativen einzufügen sowie SAPscript- oder Smart-Forms-Texte zu referenzieren. Nicht nur optisch, sondern auch funktional ist der Kontext mit der Baumstruktur auf der linken Seite der Smart-Forms- Entwicklungsumgebung verwandt.

▶ **Layout**
Die Komponente *Layout* ist bei Interactive Forms für die eigentliche optische Formularausprägung verantwortlich. Diese entspricht grob der rechten Seite der Smart-Forms-Entwicklungsumgebung. Für die Ausprägung des Layouts wird der Adobe LiveCycle Designer verwendet, der zwar lokal installiert sein muss, aber immer nur eingebettet in der Transaktion SFP genutzt wird.

Für Druckformulare werden in der Regel alle diese Komponenten benötigt, deshalb sollten sie auch alle ausgewählt werden. Die Bearbeitung dieser Objekte wird dann nach der Migration in der Transaktion SFP (Form Builder) durchgeführt.

Über die im Bereich QUELLFORMULAR: TEILOBJEKTE zur Verfügung gestellten Optionen kann genau gesteuert werden, welche Smart-Forms-Formularbestandteile migriert werden sollen. Die meisten Optionen sind selbsterklärend und sehr gut in der F1-Hilfe dokumentiert. Wir möchten Ihnen jedoch noch einige zusätzliche Informationen geben:

▶ **Texte**
Wenn Sie die Option TEXTE wählen, werden alle Text-Knoten (Textelemente, Textbausteine und SAPscript-Texte) des Smart-Forms-Formulars migriert. Dabei werden Texte vom ITF- ins XHTML-Format konvertiert. Bei Textbausteinen und SAPscript-Texten erfolgt diese Konvertierung zur Laufzeit.

Textbausteine und SAPscript-Texte werden als Textfelder im Layout dargestellt. Sie sind an entsprechende Text-Knoten im Kontext gebunden, welche Referenzen auf den jeweiligen Text enthalten.

▶ **Programmknoten**
Die Option PROGRAMMKNOTEN ist der einzige Weg, Programmknoten in den SFP-Formularkontext einzufügen. Grundsätzlich ist die Verwendung von ABAP-Coding im Interactive-Forms-Formular nicht möglich. Letztmalig in der Schnittstelle existiert die Möglichkeit, in einem Initialisierungsblock ABAP zu programmieren. Dies ist neben der Verwendung von BAdIs (siehe Abschnitt 8.7, »BAdIs für die kundeneigene Datenbeschaffung nut-

zen«) ebenfalls eine gute Möglichkeit, releasefeste Zusatzdatenbeschaffung zu implementieren, da das SAP-Standard-Druckprogramm nicht modifiziert werden muss.

> **ABAP im Formular-Coding**
>
> Aus Gründen einer übersichtlichen Architektur und der damit verbundenen Wartungsfreundlichkeit hat SAP auf die Möglichkeit von ABAP-Knoten im Formular-Coding verzichtet. Deshalb sollte von dieser Möglichkeit in einer Formularmigration nur im Ausnahmefall Gebrauch gemacht werden.

13.2.2 Migrationsergebnis

Nach Bestätigung der Optionsauswahl wird die automatische Migration durchgeführt. Da neue Repository-Objekte generiert werden, erscheinen nun die üblichen Dialoge zur Eingabe eines Pakets und des Transportauftrags. Natürlich können Sie hier auch die Option LOKALES OBJEKT wählen und die Verwendung eines Transportauftrags verhindern. Über das Ergebnis der Migration informiert Sie nur eine einfache Statusmeldung (siehe Abbildung 13.5).

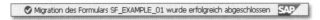

Abbildung 13.5 Statusmeldung zum Migrationsergebnis

13.2.3 Formular nachbearbeiten

Um das migrierte Formular auszugeben, sind einige Nachbearbeitungsschritte im Form Builder, der Entwicklungsumgebung für SAP Interactive Forms by Adobe, erforderlich. Wechseln Sie hierzu in die Transaktion SFP. Durch die Migration sind zwei neue Repository-Objekte erzeugt worden: ein Formular und eine Schnittstelle. Beide haben den Namen ZSF_EXAMPLE_01.

Öffnen Sie das Formular ZSF_EXAMPLE_01_, und wählen Sie die Registerkarte SCHNITTSTELLE. Wie in Abbildung 13.6 ersichtlich ist, wurde die Schnittstelle zwar angelegt, aber nicht aktiviert. Dies müssen Sie nun nachholen: Klicken Sie hierzu auf das Symbol ✏, und folgen Sie den Anweisungen. Schließen Sie nun die aktivierte Schnittstelle durch Rückwärtsnavigation, und öffnen Sie das Formular ZSF_EXAMPLE_01 im Änderungsmodus. Abbildung 13.7 zeigt den durch die Migration generierten Formularkontext.

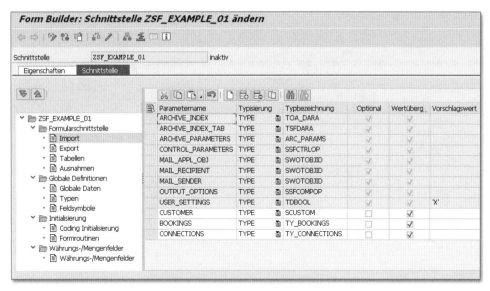

Abbildung 13.6 Inaktive generierte Schnittstelle

Auch in Abbildung 13.7 können Sie erkennen, dass das Formular nur in einer inaktiven Version vorliegt. Bevor Sie es aktivieren, können Sie das Layout begutachten. Klicken Sie hierzu auf die Registerkarte LAYOUT.

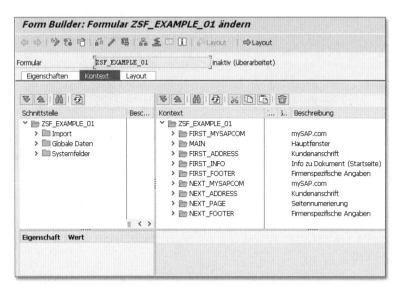

Abbildung 13.7 Kontext-View des migrierten Formulars in der SFP

Nun sehen Sie das migrierte Formular im eingebetteten Adobe LiveCycle Designer (siehe Abbildung 13.8).

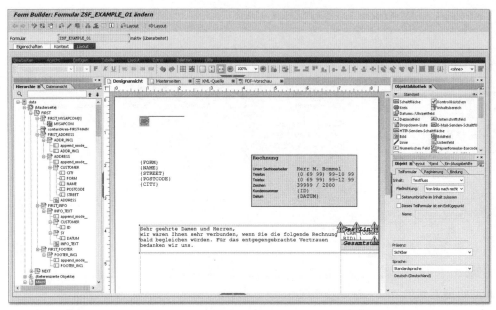

Abbildung 13.8 Migriertes Formular im Adobe LiveCycle Designer

Hier besteht die Möglichkeit, das Formular umfangreich zu bearbeiten.

[»] **Nähere Informationen rund um SAP Interactive Forms by Adobe**

Allerdings erfordert die Bedienung des Form Builders und des Adobe LiveCycle Designers umfangreiche Kenntnisse, die hier nicht vermittelt werden können. Wir empfehlen an dieser Stelle das Buch »SAP Interactive Forms by Adobe« von Jürgen Hauser, Andreas Deutesfeld, Stephan Rehmann, Thomas Szücs und Christina Vogt (SAP PRESS 2015), das einen guten Einstieg in das Thema ermöglicht.

Um beurteilen zu können, mit welcher Umsetzungsqualität bei der Nutzung des Migrationspfades gerechnet werden kann, soll das Formular hier nur minimal nachbearbeitet werden.

Positionieren Sie hierzu den Cursor in der linken Palette HIERARCHIE auf den Knoten MAIN. Ändern Sie nun den Textfluss im Feld FLIESSRICHTUNG in der rechten Palette OBJEKT, TEILFORMULAR auf VON OBEN NACH UNTEN (siehe Abbildung 13.9).

Danach muss das Formular lediglich aktiviert werden, was durch Klicken auf das Symbol ✎ geschieht. Die entsprechende Erfolgsmeldung entnehmen Sie bitte der Statuszeile.

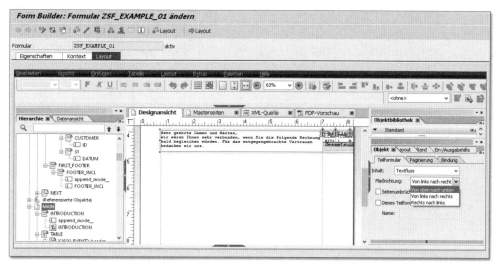

Abbildung 13.9 Anpassen des Textflusses im Adobe LiveCycle Designer

13.2.4 Ausgabe des migrierten Formulars

Um das migrierte Formular auszugeben, gibt es zwei Möglichkeiten:

▸ Erstellung eines entsprechenden Druckprogramms für die Ausgabe von SAP Interactive Forms by Adobe

▸ Umschalten der Laufzeit im bestehenden Druckprogramm

Wir erläutern die beiden Optionen nun nacheinander.

Druckprogramm für die Ausgabe von SAP Interactive Forms by Adobe erstellen

Wie beschrieben, ist der Aufruf von SAP Interactive Forms by Adobe und Smart Forms durch das jeweilige Rahmenprogramm sehr ähnlich; er wird in der Praxis durch die Verwendung einer Reihe von Funktionsbausteinaufrufen realisiert (siehe Tabelle 13.1).

Um nun ein Interactive-Forms-Druckprogramm zu erstellen, genügt es, in einer Kopie des Smart-Forms-Druckprogramms die korrespondierenden Funktionsbausteine auszutauschen und deren Schnittstellen entsprechend anzupassen.

649

Smart Forms	SAP Interactive Forms by Adobe	Bedeutung
SSF_OPEN	FP_JOB_OPEN	Spoolauftrag öffnen (optional)
SSF_FUNCTION_ MODULE_NAME	FP_FUNCTION_MODULE_NAME	generierten Namen des Funktionsbausteins ermitteln
fm_name	fm_name	generierten Funktionsbaustein aufrufen
SSF_CLOSE	FP_JOB_CLOSE	Spoolauftrag schließen (optional)

Tabelle 13.1 Funktionsbausteine zum Aufruf von Smart Forms und SAP Interactive Forms by Adobe

Anschließend erzeugt das Rahmenprogramm nach Aktivierung und Aufruf – hierbei sollten Sie die Eingabe des Formularnamens ZSF_EXAMPLE_01 nicht vergessen – eine Interactive-Forms-Ausgabe (siehe Listing 13.1).

```
*&---------------------------------------------------------&*
* Austausch des Funktionsbausteins SSF_FUNCTION_MODULE_NAME

**   Funktionsbaustein auskommentieren
**   call function 'SSF_FUNCTION_MODULE_NAME'
**        exporting   formname          = p_form
***                   variant           = ' '
***                   direct_call       = ' '
**        importing   fm_name           = fm_name
**        exceptions  no_form           = 1
**                    no_function_module = 2
**                    others            = 3.
**
** entsprechenden Interactive-Forms-Baustein einfügen
CALL FUNCTION 'FP_FUNCTION_MODULE_NAME'
  EXPORTING
    i_name      = p_form
  IMPORTING
    e_funcname = fm_name.
IF sy-subrc <> 0.
** Aufruf des Formulars braucht nicht angepasst zu werden
* now call the generated function module
  call function fm_name
       exporting
*                archive_index     =
*                archive_parameters =
*                control_parameters =
*                mail_appl_obj     =
```

```
*               mail_recipient      =
*               mail_sender         =
*               output_options      =
*               user_settings       = 'X'
                customer            = customer
                bookings            = bookings
                connections         = connections
*     importing document_output_info =
*               job_output_info     =
*               job_output_options  =
      exceptions formatting_error   = 1
                internal_error      = 2
                send_error          = 3
                user_canceled       = 4
                others              = 5.
*&- - - - - - - - - - - - - - - - - - - - - - - - - - - - - - - - - - - - - - - - - - - - - - - - - - - - - - - - - - -&*
```

Listing 13.1 Funktionsbaustein zur Namensfindung austauschen

Laufzeit im bestehenden Druckprogramm umschalten

Mit der zweiten Variante stellt SAP eine ungewöhnliche Möglichkeit zur Verfügung: Das unmodifizierte Smart-Forms-Druckprogramm erzeugt die Interactive-Forms-Ausgabe nach Registrierung der Laufzeitumstellung in der Transaktion SMARTFORMS. Um diese Möglichkeiten zu nutzen, gehen Sie wie folgt vor:

1. Öffnen Sie im Einstiegsbildschirm der Transaktion SMARTFORMS den Menüpfad HILFSMITTEL • MIGRATION • INTERACTIVE FORM • LAUFZEIT UMSCHALTEN (siehe Abbildung 13.10).

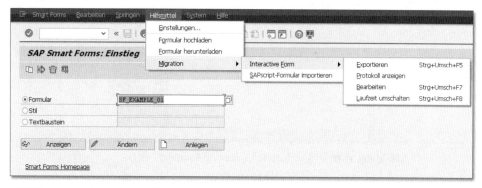

Abbildung 13.10 Laufzeit umschalten

2. Im anschließenden Dialog können Sie zum gewählten Smart-Forms-Formular das korrespondierende Interactive-Forms-Formular wählen und

bestimmen, welches Formular zur Laufzeit verwendet wird. Stellen Sie nun die Laufzeit auf SAP Interactive Forms by Adobe um (siehe Abbildung 13.11).

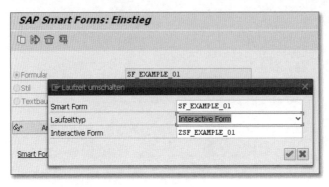

Abbildung 13.11 Laufzeittyp wählen

3. Öffnen Sie dann zur Kontrolle das Smart-Forms-Formular `SF_EMAPLE_01` in der Transaktion SMARTFORMS (siehe Abbildung 13.12).

Sie sehen in Abbildung 13.12, dass die Laufzeitumschaltung im Formular dokumentiert ist. Das entsprechende Interactive-Forms-Formular wird ebenfalls genannt.

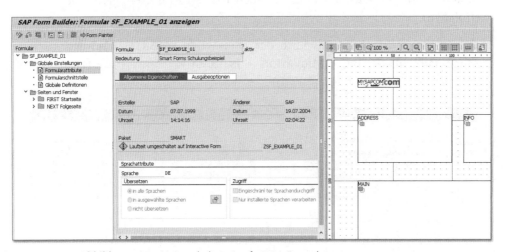

Abbildung 13.12 Umgeschaltete Laufzeit im Formular

4. Im nächsten Schritt starten Sie wieder das Programm `SF_EXAMPLE_01` und führen es mit den Defaultwerten aus. Obgleich hier das Smart-Forms-Formular zur Formularausgabe angefordert wird, wird die Laufzeitumschal-

tung erkannt und das migrierte Interactive-Forms-Formular zur Formularausgabe verwendet (siehe Abbildung 13.13).

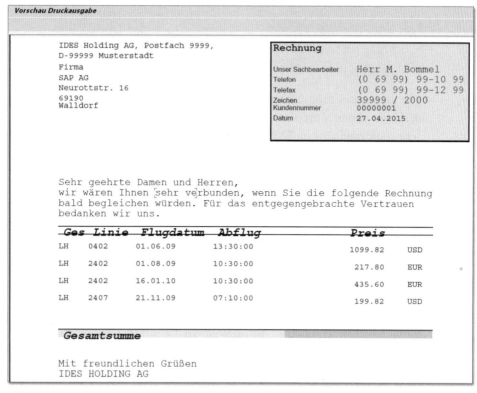

Abbildung 13.13 Ausgabe des migrierten Formulars mit SAP Interactive Forms by Adobe

Sie werden sich nun fragen, wie das funktioniert. Die Funktionalität steckt in dem Funktionsbaustein `SSF_FUNCTION_MODULE_NAME`, der den Namen des generierten Funktionsbausteins liefert. Bevor der Baustein den Namen beschafft, wird zunächst geprüft, ob für das jeweilige Formular eine Laufzeitumschaltung vorliegt. Ist das der Fall, liefert der Baustein den generierten Namen des Interactive-Forms- anstelle des Smart-Forms-Formulars. Aufgrund der Gleichartigkeit des Formularaufrufs selbst braucht das Rahmenprogramm nicht weiter angepasst zu werden.

Obwohl dieser Lösung eine gewisse Eleganz nicht abzusprechen ist, werden Sie in der Praxis doch eher Smart Forms und SAP Interactive Forms by Adobe entkoppeln und mit ihren jeweiligen Druckprogrammen getrennt voneinander aufrufen, da es nicht sinnvoll ist, das gleiche Formular über verschiedene Technologien parallel zur Verfügung zu stellen und zu warten.

Werfen wir nun noch einen kurzen Blick auf das Migrationsergebnis. In weiten Teilen entspricht das Ziel- dem Quellformular. Eine Reihe von Bestandteilen müssen nachbearbeitet werden:

► Logo

► Schriftarten und Schriftgrößen

► Summenzeilen

Die Praxiserfahrung hat gezeigt, dass die Migration von Smart-Forms-Formularen immer dort sinnvoll ist, wo es sich um vollkommen eigene oder sehr stark modifizierte SAP-Standardformulare handelt. In allen anderen Fällen ist es häufig sinnvoller, Interactive-Forms-Formulare bei Bedarf auf der Basis der von SAP ausgelieferten Standard-Druckprogramme und Standard-Formulare auszuprägen und dabei die Prinzipien releasefester und modifikationsfreier Programmierung zu beherzigen (siehe Abschnitt 8.7, »BAdIs für die kundeneigene Datenbeschaffung nutzen«).

13.3   Technologiekompatibilität

Zwischen Smart Forms und SAP Interactive Forms by Adobe gibt es eine Reihe von Unterschieden, die sich nachteilig auf den Erfolg der Migration auswirken und manuelle Nachbearbeitung erforderlich machen. Wir nennen hier die wichtigsten Unterschiede; eine vollständige Liste finden Sie in der SAP-Online-Hilfe.

13.3.1   Allgemeine Einschränkungen

Bei der Migration von Smart Forms zu SAP Interactive Forms by Adobe muss man mit folgenden Einschränkungen rechnen (siehe auch SAP-Online-Hilfe):

► Die Ausgabe eines Deckblattes wird von PDF-basierten Formularen nicht unterstützt.

► Die Rohdatenformate XSF, XDF und HTML werden nicht unterstützt. Für XSF und XDF gibt es jedoch eine vergleichbare Rohdaten-Schnittstelle mit der Bezeichnung XFP.

► Bedingungen innerhalb einer Schablone werden nicht unterstützt, wenn sie die Zeilen- bzw. Zellenordnung beeinflussen.

► Die Verwendung von SAP-Zeichen (<123>) ist nicht zulässig.

▶ Formatierungen in Text-Knoten (SAPscript-Include-Texte, Textbausteine), die von dem durch Adobe festgelegten XHTML-Subset abweichen, werden nicht unterstützt und gehen bei der Migration verloren.

▶ Befehle und Anweisungen in SAPscript-Texten werden nicht ausgeführt und gehen verloren.

▶ Verschachtelte Text-Includes in SAPscript-Texten werden nicht aufgelöst.

▶ Die Bedingungen »Nur vor Ende des Hauptfensters«, »Nur nach Ende des Hauptfensters«, »Nur auf Seite ...« im Hauptfenster sind nicht verfügbar.

▶ Kopien- und Seitenfenster sowie deren Eigenschaften werden nicht unterstützt.

▶ Druckersteuerungssequenzen in Kommando-Knoten werden nicht unterstützt.

Druckjobs kontrollieren   [«]

Die Aufrufe SSF_OPEN und SSF_CLOSE, um Druckjobs zu kontrollieren, werden nur teilweise unterstützt. Die Anwendungsprogramme sollten auf die neuen entsprechenden Funktionsbausteine FP_JOB_OPEN und FP_JOB_CLOSE umgestellt werden.

Sollten Sie auf diese Anpassung verzichten und stattdessen die Option LAUFZEIT UMSCHALTEN aktivieren, stellt das System dennoch sicher, dass die Ausgabe weiterhin funktioniert, z. B. werden dann die Druckparameter übernommen. Allerdings ist es nicht garantiert, dass die Formulare in einen Spoolauftrag gestellt werden. Eine Vermischung von Smart-Forms- und PDF-basierten Formularen ist nicht möglich.

13.3.2 OTF-Ausgabeformat

Das Ausgabeformat OTF wird nicht unterstützt und kann mit SAP Interactive Forms by Adobe nicht erzeugt werden. Hierfür gibt es folgende Alternative: Es ist möglich, den generierten Funktionsbaustein für SAP Interactive Forms by Adobe – analog zum Smart-Forms-Ausgabemodus »Anwendung« – so aufzurufen, dass er die erzeugte Ausgabe als PDF an das Rahmenprogramm zurückgibt. Dieses PDF kann dann nach Belieben weiterverarbeitet werden (z. B. in Workflows, als Download oder zur Weiterverarbeitung durch externe Anwendungen). Für Anwendungen, die das OTF-Format einfach nur an Strategy Enterprise Management – Business Consolidation (SEM-BCS) weiterleiten, ist eine Programmanpassung nicht zwingend notwendig, weil die das OTF-Format weiterverarbeitenden Komponenten SEM-BCS und FB_

`CONVERT_OTF` angepasst wurden, um auch PDF in einer OTF-Tabelle verarbeiten zu können.

13.3.3 Weitere Hinweise zur Kompatibilität

Folgende Hinweise sind ebenfalls zu beachten (Quelle: SAP-Hinweis 1009567):

▶ Abschlussfenster werden zwar nicht direkt unterstützt, oftmals ist jedoch eine Realisierung über Scripting und die verschiedenen Events möglich.

▶ In SAP Interactive Forms by Adobe lassen sich nicht wie in Smart Forms Stile zentral definieren und in mehreren Formularen verwenden. Lediglich die inkludierten SAPscript- oder Smart-Forms-Texte lassen sich wie gewohnt über zentrale Smart-Styles formatieren

▶ Der Modus der Seitennummerierung hat sich verändert. Einstellungen des Zählers (z. B. initialisiere oder erhöhe Zähler) differenzieren in beiden Versionen, gegebenenfalls ist Scripting erforderlich.

▶ Gliederungsabsätze werden nur teilweise unterstützt. Es besteht keine Möglichkeit, den Nummernrand unterschiedlich zum linken Rand des Textes zu definieren, die Nummerierung ist immer Teil des Textes. Die Nummerierung im Formularkontext zu definieren, ist auch nicht möglich.

▶ ABAP-Coding-Knoten im Kontext werden grundsätzlich nicht unterstützt. Gleichwohl erlaubt die automatische Formularmigration, die wir in diesem Kapitel diskutiert haben, die Übernahme von ABAP-Knoten in den Kontext. Es wird jedoch empfohlen, von dieser Möglichkeit nur im Ausnahmefall Gebrauch zu machen, da es unter Umständen zu Problemen mit dem Zeitpunkt der Programmausführung kommen kann.

▶ Die Ansteuerung unterschiedlicher Druckerschächte ist möglich.

▶ Eine Duplexausgabe ist möglich.

▶ Die von SAP Interactive Forms by Adobe unterstützten Ausgabeformate sind: PDF, PCL, PostScript, ZPL und verschiedene andere Etikettendrucker-Formate. Das Ausgabeformat ASCII wird nicht direkt unterstützt, insbesondere werden keine Matrixdrucker/Nadeldrucker direkt unterstützt. Ein Ausdruck ist jedoch mithilfe der SAP-Komponente PDFPRINT möglich. Auch die Formate Prescribe, DPL und IGP lassen sich nur auf diese Weise ansprechen (siehe SAP-Hinweis 1444342).

▶ Ein Teilausdruck eines Formulars ist nicht möglich, weder direkt noch nachträglich aus der Spool-Übersicht.

Technologieunterschiede berücksichtigen [«]

Wenn Sie Smart-Forms-Formulare auch im Hinblick auf eine mögliche spätere Migration zu SAP Interactive Forms by Adobe entwickeln wollen, ist es sinnvoll, die hier dargestellten Technologieunterschiede zu berücksichtigen und von nicht kompatiblen Optionen nur sparsam Gebrauch zu machen. Insbesondere die Möglichkeit in Smart Forms, während des Formularprozesses mithilfe von Coding-Knoten ABAP-Routinen durchlaufen zu lassen, ist mit der Philosophie von SAP Interactive Forms by Adobe schlecht vereinbar. Die Praxis hat gezeigt, dass es auch unter Wartungsgesichtspunkten sinnvoll ist, ABAP-Coding im Formular zu reduzieren, da sonst die Fehlersuche bei komplexen Formularen erheblich aufwendiger ist. Im Sinne einer klaren und wartungsfreundlichen Funktionstrennung ist es empfehlenswert, ABAP-Coding auf das Rahmenprogramm zu beschränken.

Anhang

A   Weitere Informationen

A.1   SAP-Hinweise zu SAP Smart Forms

Tabelle A.1 zeigt eine Auswahl nützlicher Hinweise zu Smart Forms im SAP Service Marketplace, auf die wir uns teilweise auch schon im Text bezogen haben (siehe *http://service.sap.com/notes*, Themenkreis Anwendungskomponente BC-SRV-SSF).

SAP-Hinweis	Inhalt
1009567	funktionale Unterschiede zwischen SAP Interactive Forms by Adobe und SAP Smart Forms
430621	ausgelieferte Druckprogramme und Formularvorlagen (Zusammenstellung ist allerdings nicht vollständig)
201307	TrueType-Fonts im SAP-System
1626370	Smart Forms: PDF-Vorschau
1562096	Smart Forms PDF Print Preview
1557674	Übersicht Barcodedruck aus dem SAP-System
645158	neue Barcodetechnologie für Smart Forms
197177	Druck von 2D-Barcodes
497380	maximale Barcodelänge 70 Zeichen (inkl. Tipp zu Workaround für Barcode mit mehr als 255 Zeichen)
791199	MS Word als Standardeditor unter SAPscript und Smart Forms
742662	
323736	PDF-Konvertierung Smart Forms
489334	Implementierung PPF

Tabelle A.1 SAP-Hinweise

Alle Entwicklungen für Smart Forms sind im Paket SMART zu finden. Wenn Sie nach Komponenten wie z. B. Tabellen suchen, kann es hilfreich sein, dieses Paket anzugeben.

A.2 SAP-Schulungen

SAP-Schulungen im Umfeld der Formularentwicklung zeigt Tabelle A.2.

Nummer	Name
BC470	Formulardruck mit SAP Smart Forms
HR280	Smart & Adobe Forms in HCM
BC480	PDF-basierte Druckformulare (Adobe PDF Forms)
BC481	Interactive Forms
BIT615	Ablegen von Originaldokumenten mit SAP Archive Link
BIT640	SAP NetWeaver - SAP Folders Management Grundlagen

Tabelle A.2 SAP-Schulungen

B   Das SAP-Flugdatenmodell

Im Rahmen dieser Dokumentation verwenden wir als Beispielformular eine Flugrechnung, die auf dem SAP-Flugdatenmodell basiert. Das SAP-Flugdatenmodell ist ein besonderes SAP-Modul, das nur im Rahmen von Schulungen oder Präsentationen verwendet wird. Das Flugdatenmodell mit den zugehörigen Datenbanktabellen ist in jedem Kundensystem enthalten: Deshalb können Sie alle Übungsbeispiele direkt an Ihrem eigenen SAP-System nachvollziehen (verwenden Sie aber trotz allem besser einen Test-Mandanten als das Produktivsystem).

Das Flugdatenmodell beschreibt auf einfache Weise den Flugbetrieb verschiedener Gesellschaften mit Kunden, Flugplänen, Buchungen etc. (siehe Abbildung B.1)

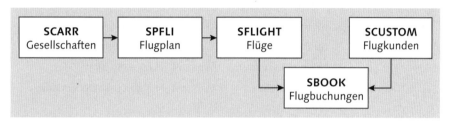

Abbildung B.1 Flugdatenmodell (vereinfachte Darstellung)

Wir wollen an dieser Stelle das Flugdatenmodell nur insoweit vorstellen, als es für die Anwendung der Beispiele in diesem Buch sinnvoll ist.

▶ Die Datenbanktabelle SCARR enthält die Kennungen und Bezeichnungen der Fluggesellschaften.

▶ Jede Fluggesellschaft bedient eine Reihe von Flugverbindungen. Diese Flugverbindungen sind in der Tabelle SPFLI hinterlegt.

▶ Die konkreten Flugdaten für jede Flugverbindung mit Tag, Abflugzeit etc. stehen in der Tabelle SFLIGHT, auf die wir im Rahmen der Flugrechnung aber nicht zurückgreifen.

▶ Für alle in SFLIGHT angelegten Flüge kann es Buchungen geben, die dann in Tabelle SBOOK abgelegt sind. Auf diesen Datensätzen basieren dann auch die Positionen der Flugrechnung.

Die Daten eines Kunden (Name, Adresse ...) sind in der Tabelle SCUSTOM abgelegt. Die Nummer eines Kunden, der eine Buchung vorgenommen hat, ist ebenfalls in der Datenbanktabelle SBOOK hinterlegt.

Datenbanktabellen und zugehörige Schlüsselfelder

Wie bei der Speicherung in Datenbanktabellen üblich, sind alle Einträge in den einzelnen Tabellen über Schlüsselfelder eindeutig identifiziert. Um einen speziellen Datensatz zu lesen, müssen die Inhalte dieser Schlüsselfelder bekannt sein. Sind nicht alle Schlüsselfelder bekannt, liefert eine Datenbankabfrage eine Liste aller Einträge, die den jeweiligen Kriterien entspricht (siehe Tabelle B.1).

Datenbanktabelle	Beschreibung	Schlüsselfelder (Key)
SCURX	Währungen	Währungsschlüssel
SBUSPART	Geschäftspartner	Mandant, Partner
STRAVELAG	Reisebüros	Mandant, Reisebüro
SCUSTOM	Kunden	Mandant, Kundennummer
SCARR	Fluggesellschaften	Mandant, Fluggesellschaft
SCOUNTER	Verkaufsstellen	Mandant, Fluggesellschaft, Verkaufsstelle
SPFLI	Flugplan	Mandant, Fluggesellschaft, Verbindungsnummer
SFLIGHT	Flüge	Mandant, Fluggesellschaft, Verbindungsnummer, Flugdatum
SBOOK	Flugbuchungen	Mandant, Fluggesellschaft, Verbindungsnummer, Flugdatum, Buchungsnummer, Kundennummer

Tabelle B.1 Tabellen zum Flugdatenmodell

Felder der Datenbanktabellen

Über das ABAP Dictionary (Transaktion SE11) können Sie sich jederzeit die hinterlegten Felder der einzelnen Datenbanktabellen anzeigen lassen. Wir haben auf den folgenden Seiten zusätzlich als schnelle Übersicht die wichtigsten Felder der Tabellen zusammengestellt, die in unserer Flugrechnung angesprochen werden (siehe Tabelle B.2).

Feld	Bedeutung	Anmerkung
Tabelle: SCUSTOM = Kunden		
MANDT	Mandant	
ID	Kundennummer	eindeutig zusammen mit Mandant
NAME	Name des Kunden	Zeile 1 der Adresse
FORM	Anrede zum Kunden	Zeile 2 der Adresse
STREET	Straße des Kunden	
POSTBOX	Postfach	
POSTCODE	Postleitzahl	
CITY	Stadt	
COUNTRY	Land	
REGION	Region	
TELEPHONE	Telefonnummer	
LANGU	Sprachenschlüssel	
Tabelle: SCARR = Fluggesellschaften		
MANDT	Mandant	
CARRID	Kürzel Fluggesellschaft	eindeutig zusammen mit Mandant
CARRNAME	Name Fluggesellschaft	
CURRCODE	Kürzel Währung	
Tabelle: SPFLI = Verbindungen		
MANDT	Mandant	
CARRID	Kürzel Fluggesellschaft	
CONID	Code Flugverbindung	
COUNTRYFR	Abflug-Länderschlüssel	
CITYFROM	Abflug-Stadt	
AIRFROM	Abflug-Flughafen	
COUNTRATO	Ankunft-Land	
CITYTO	Ankunft-Stadt	
AIRTO	Ankunft-Flughafen	
FLTIME	Flugdauer	
DEPTIME	Uhrzeit Abflug	
ARRTIME	Uhrzeit Ankunft	

Tabelle B.2 Inhalt ausgewählter Tabellen zum Flugdatenmodell

Feld	Bedeutung	Anmerkung
Tabelle: SBOOK = Flugbuchungen		
MANDT	Mandant	
CARRID	Kürzel Fluggesellschaft	
CONNID	Code Flugverbindung	
FLDATE	Flugdatum	
BOOKID	Buchungsnummer	
CUSTOMID	Kundennummer	
FORCURAM	Preis der Buchung in Fremdwährung	abhängig vom Buchungsort
FORCURKEY	Fremdwährung	
LOCCURAM	Preis der Buchung in Hauswährung	
LOCCURKEY	Hauswährung der Fluggesellschaft	
ORDER_DATE	Bestelldatum	

Tabelle B.2 Inhalt ausgewählter Tabellen zum Flugdatenmodell (Forts.)

Im SAP-System ist das Flugdatenmodell als Datenmodell BC_TRAVEL hinterlegt. Lassen Sie sich bei Bedarf über den Data Modeler (Transaktion SD11) ausführliche Details darüber in Ihrem System anzeigen.

[»] **Daten generieren**

Für das Flugmodell stehen spezielle Programme zur Verfügung, über die Sie automatisiert eine Vielzahl von Datensätzen erzeugen lassen können. Koordinieren Sie dies bei Bedarf mit der Basis-Administration in Ihrem Hause.

C   Beispielformulare zur Flugrechnung

C.1   Ausgelieferte Musterformulare

Die Standardauslieferung zu SAP NetWeaver enthält die folgenden Muster-formulare für Smart Forms (mit zugehörigem Datenbereitstellungspro-gramm, siehe Tabelle C.1). Die Formulare basieren auf dem Flugdatenmodell und unterscheiden sich nur geringfügig im Formularinhalt.

Beispiele für druckorientierte Anwendung zeigt Tabelle C.1.

Programm	Formular	Inhalt
SF_EXAMPLE_01	SF_EXAMPLE_01	Standard-Schulungsbeispiel
SF_EXAMPLE_02 SF_EXAMPLE_02SF_ EXAMPLE_03	SF_EXAMPLE_02 SF_EXAMPLE_02SF_ EXAMPLE_03	wie 01, aber zusätzlich sortiert nach Fluglinie
SF_XSF_DEMO	SF_XSF_DEMO1	Beispiel zu XSF-Ausgabe (XML-Daten und Style Sheet)
SF_XSF_DEMO_MAIL	SF_XSF_DEMO1	Ausgabe als HTML und Versand per E-Mail (wahlweise Versand an SAP Business Workplace oder Internet-E-Mail)
SF_SUBTOTALS	SF_SUBTOTALS	Berechnung von Zwischensummen
SF_TOTALS	SF_TOTALS	Berechnung Gesamtsumme über ver-schiedene Währungen

Tabelle C.1 Musterformulare

Beispiele zur Anwendung als Webformular zeigt Tabelle C.2.

BSP-Applikation	Formular	Inhalt
SF_WEBFORM_01	SF_EXAMPLE_01	einfacher Aufruf eines Formulars im Web
SF_WEBFORM_02	SF_WEBFORM_02	Auswerten von Formular-Eingabe-feldern
SF_WEBFORM_03	SF_WEBFORM_03	Auswahlfelder und Scrollbereich
SF_WEBFORM_04	SF_EXAMPLE_01	PDF-Anzeige eines Formulars im Web

Tabelle C.2 Beispiele zur Anwendung als Webformular

C.2 Musterausdruck zur Flugrechnung (SF_EXAMPLE_01)

Die Übungsbeispiele in diesem Buch basieren auf dem Musterformular SF_EXAMPLE_01 (siehe Abbildung C.1).

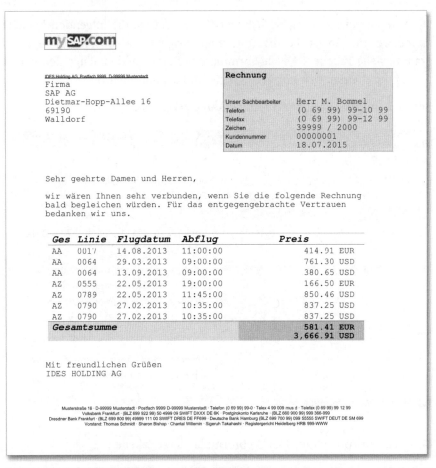

Abbildung C.1 Beispielausdruck zur Flugrechnung SF_EXAMPLE_01

C.3 Musterausdruck zur Flugrechnung nach Anpassungen bis Kapitel 6

Im Buch sind verschiedene Übungsbeispiele vorgesehen, die anhand einer Kopie des Musterformulars durchgespielt werden können. Abbildung C.2 zeigt einen Musterausdruck, der die wichtigsten Änderungen enthält. In Abbildung C.2 sehen Sie z. B. die folgenden Änderungen.

** *Flying.Dog* **			
Lufthansa	American Airline	Kuwait Airlines	
Mozartstrasse 7 12345 Neustadt	Fon (49) 3333 / 4444-0 Fax (49) 3333 / 4444-99		

Firma
SAP AG
Neurottstr. 16
69190 Walldorf

Rechnung	
Unser Sachbearbeiter	Herr M. Bommel
Telefon	(0 69 99) 99-10 99
Telefax	(0 69 99) 99-12 99
Zeichen	39999 / 2000
Kundennummer	00000001
Datum	02.07.2015
eMail Kunde	info@sap.de
Gewicht Gepäck	174,5000 KG

Sehr geehrte Damen und Herren,

wir wären Ihnen sehr verbunden, wenn Sie die folgende Rechnung kurzfristig und **vollständig** begleichen würden. Für das entgegengebrachte Vertrauen bedanken wir uns.

Ges	Linie	Flugdatum	Abflug	Preis	
AA	0017	29.11.2013	11:00:00	380,65	USD
Verbindung:		NEW YORK	SAN FRANCISCO		
AZ	0555	14.06.2013	19:00:00	1.604,05	SEK
AZ	0555	14.06.2013	19:00:00	166,50	EUR
AZ	0555	09.08.2013	19:00:00	166,50	EUR
Verbindung:		ROME	FRANKFURT		
AZ	0788	05.09.2013	12:00:00	2.781,00	EUR
Verbindung:		ROME	TOKYO		
AZ	0789	04.10.2013	11:45:00	575,06	GBP
AZ	0789	27.12.2013	11:45:00	575,06	GBP
Verbindung:		TOKYO	ROME		
AZ	0790	14.06.2013	10:35:00	2.737,80	EUR
AZ	0790	12.07.2013	10:35:00	912,60	EUR
Verbindung:		ROME	OSAKA		
Gesamtsumme				380,65 1.604,05 6.764,40 1.150,12	USD SEK EUR GBP

Mit freundlichen Grüßen
Flying.Dog

Musterstraße 16 · D-99999 Musterstadt · Postfach 9999 D-99999 Musterstadt · Telefon (0 69 99) 99-0 · Telex + 99 009 mus d · Telefax (0 69 99) 99 12 99
Volksbank Frankfurt · (BLZ 699 922 99) 90 4999 09 SWIFT DXXX DE 6K · Postgirokonto Karlsruhe · (BLZ 660 900 99) 999 399-999
Dresdner Bank Frankfurt · (BLZ 699 800 99) 49999 111 00 SWIFT DRES DE FF499 · Deutsche Bank Hamburg (BLZ 699 700 99) 099-99999 SWIFT DEUT DE 9M 699
Vorstand: Thomas Schmidt · Sharon Bishop · Chandi Willemin · Sigeruh Takahashi · Registergericht Heidelberg HRB 999-WWWW

Abbildung C.2 Flugrechnung nach Anpassungen in den Kapiteln 1 bis 6

▸ geänderte Formatierung im Kopfbereich mit Tabelle

▸ INFO-Fenster mit Tabelle inklusive E-Mail und Gesamtgewicht (Abschluss-fenster)

- Einleitungstext als Textbaustein
- Summierungsstufe bei den Positionen mit Angabe der Verbindungen

Die Änderungen zum Formular beinhalten u. a. die tabellarische Darstellung im Kopf des Formulars, den Umbau und die Erweiterung des INFO-Fensters sowie die zusätzlichen Sortierstufen bei der Ausgabe der Positionen.

D SAP Smart Forms und E-Mail-Versand

In diesem Abschnitt wollen wir Ihnen verschiedene Wege zeigen, um ein unter Smart Forms entwickeltes Formular per E-Mail zu versenden. Zieladresse kann sowohl eine Anwenderadresse im SAP-internen Business Workplace (Transaktion SBWP) als auch eine externe E-Mail-Adresse sein (Verbindung erfolgt in diesem Fall über SAPconnect, Transaktion SOST).

> **Formulare elektronisch versenden** [«]
>
> Die Ausgabe von Formularen zum elektronischen Versand der Inhalte an einen Partner ist zweifellos eine gängige Nutzung von Formularen, ohne dass damit auch interaktive Prozesse verbunden sein müssen, also Rückmeldungen zum Sender erfolgen.
>
> Wir beschreiben hier den Versand über E-Mail-Funktionalitäten; der elektronische Austausch könnte aber natürlich auch per FTP oder über sonstige Tools erfolgen. Vorteil solcher Lösungen: Der zeitaufwendige Ausdruck und die Verteilung von Papier entfallen. Falls der Partner eine gedruckte Version benötigt, kann er diese selbst anfertigen (also Ausdruck ganz nach eigenen Anforderungen).

Bei den Musterprogrammen zu Smart Forms in Anhang C haben wir bereits das Programm `SF_XSF_DEMO_MAIL` erwähnt: ein Beispiel dafür, wie Sie ein Formular im Format HTML erzeugen und versenden können. Das Programm nutzt dazu die Klassenschnittstelle des SAP Business Communication Services: Abhängig davon, ob Sie einen SAP-Anwendernamen oder eine externe E-Mail-Adresse eingeben, erfolgt der Versand an den SAP Business Workplace oder über SAPconnect. Auf diese Variante wollen wir aber hier nicht weiter eingehen, sondern stattdessen zwei andere Lösungen vorstellen.

In Abschnitt D.1 zeigen wir, wie Sie ein Formular in das PDF-Format umwandeln und dann als E-Mail-Anhang versenden können. Wir nutzen dazu SAPconnect.

In Abschnitt 10.7 hatten wir zur generellen Erläuterung des E-Mail-Versands über Smart Forms bereits ein Übungsbeispiel genannt. In Abschnitt D.2 finden Sie nun eine Anleitung, um das zugehörige Programm aus einer SAP-Vorlage zu entwickeln. Im Abschnitt danach ist der gesamte Quelltext ausgedruckt. Bei diesem Beispiel wird direkt das Kommunikations-Interface von Smart Forms angesprochen.

D.1 Formular als PDF-Anhang in einer E-Mail

Im Folgenden möchten wir skizzieren, wie Sie aus dem SAP-System heraus eine E-Mail erzeugen, der ein Formular im PDF-Format angehängt ist. Wir gehen hier den Weg über SAPconnect (Transaktion SOST): Achten Sie gegebenenfalls darauf, dass SAPconnect auch korrekt auf Ihrem System eingerichtet ist, wenn Sie das Programm testen wollen. Für den Versand der E-Mail nutzen wir einen SAP-Standardfunktionsbaustein.

[»] **Versand von HTML-Daten**

Im Szenario, das wir hier beschreiben, werden die Daten der Formularausgabe zunächst in ein PDF umgewandelt. Alternativ ist es natürlich auch möglich, die Formularinhalte als HTML-Daten zu versenden, wie sie beim Ausgabeformat »XSF + HTML« erzeugt werden (siehe Abschnitt 10.10) – zumal dann keine zusätzliche Konvertierung erforderlich ist. Originaltreue und Druckqualität dürften bei HTML-Daten aber geringer sein.

Um den Inhalt eines Formulars im PDF-Anhang einer E-Mail zu versenden, sind in unserem Beispiel drei Schritte erforderlich (alles Aufgaben des Rahmenprogramms):

1. Ausgabe des Formulars mit Rückgabe der Daten im OTF-Format

2. Umwandlung der Daten vom OTF- in das PDF-Format

3. Aufruf des Funktionsbausteins `SO_NEW_DOCUMENT_ATT_SEND_API1`, um den Versand per E-Mail zu starten (alternativ lassen sich auch die Methoden der Klasse `CL_BCS` verwenden).

Wir wollen für die drei Schritte jeweils ein entsprechendes ABAP-Coding vorstellen und kurz erläutern.

Schritt 1: Ausgabe des Formulars mit Rückgabe der Daten im OTF-Format

Um das Formular im OTF-Format zu erhalten, müssen Sie den entsprechenden Schalter im Schnittstellenparameter `control_parameters` setzen (Komponente `getotf`). Nach dem Aufruf des Funktionsbausteins zur Formularausgabe stehen die OTF-Daten dann im Rückgabeparameter `job_output_info` zur Verfügung. Wir kopieren den Inhalt in eine interne Tabelle `gt_otf` für die weitere Bearbeitung. Ansonsten dürfte Ihnen der Aufbau des folgenden Programmteils bekannt vorkommen (siehe Listing D.1).

```
*&--------------------------------------------------------------&*
DATA wa_return         TYPE ssfcrescl.
DATA gt_otf            TYPE itcoo OCCURS 0 WITH HEADER LINE.
DATA wa_control_param TYPE ssfctrlop.
DATA wa_output_opt     TYPE ssfcompop.
wa_control_param-getotf    = 'X'.
wa_control_param-no_dialog = 'X'.
wa_output_opt-tdnoprev     = 'X'.
* call the generated function module
CALL FUNCTION fm_name
  EXPORTING
    control_parameters   = wa_control_param
    output_options       = wa_output_opt
    user_settings        = 'X'
    customer             = customer
    bookings             = bookings
    connections          = connections
  IMPORTING
    job_output_info      = wa_return
  EXCEPTIONS
    formatting_error     = 1
    internal_error       = 2
    send_error           = 3
    user_canceled        = 4
    OTHERS               = 5.
IF sy-subrc <> 0.
  MESSAGE ID sy-msgid TYPE sy-msgty NUMBER sy-msgno
          WITH sy-msgv1 sy-msgv2 sy-msgv3 sy-msgv4.
ENDIF.
gt_otf[] = wa_return-otfdata[].
*&--------------------------------------------------------------&*
```

Listing D.1 Ausgabe des Formulars mit Rückgabe der Daten im OTF-Format

Schritt 2: Umwandlung der Daten vom OTF- in das PDF-Format

Für die Umwandlung der OTF-Daten in der Tabelle gt_otf ins PDF-Format bietet SAP Funktionsbausteine. Ein kleiner zusätzlicher Aufwand besteht darin, dass wir nach der Umwandlung in PDF die Zeilenlänge von 132 Zeichen auf 255 Zeichen erweitern müssen (denn diese Länge wird vom nachfolgend aufgerufenen Funktionsbaustein als Eingangsformat erwartet, siehe Listing D.2).

```
*&--------------------------------------------------------------&*
* Convert to PDF
DATA gt_tline    TYPE TABLE OF tline WITH HEADER LINE.
DATA v_len_in    TYPE so_obj_len.
```

```
DATA v_len_out    TYPE  so_obj_len.
DATA v_len_outn   TYPE i.
DATA v_lines_txt  TYPE i.
DATA v_lines_bin  TYPE i.
CALL FUNCTION 'CONVERT_OTF'
  EXPORTING
    format                = 'PDF'
    max_linewidth         = 132
  IMPORTING
    bin_filesize          = v_len_in
  TABLES
    otf                   = gt_otf
    lines                 = gt_tline
  EXCEPTIONS
    err_max_linewidth     = 1
    err_format            = 2
    err_conv_not_possible = 3
    OTHERS                = 4.
IF sy-subrc <> 0.
  MESSAGE ID sy-msgid TYPE sy-msgty NUMBER sy-msgno
          WITH sy-msgv1 sy-msgv2 sy-msgv3 sy-msgv4.
ENDIF.
* convert from 132 to 255 char per line
LOOP AT gt_tline.       " Convert to String
  TRANSLATE gt_tline USING '~'.
  CONCATENATE wa_buffer gt_tline INTO wa_buffer.
ENDLOOP.
TRANSLATE wa_buffer USING '~'.
DO.                     " Convert to Table 255
  gt_record = wa_buffer.
  APPEND gt_record.
  SHIFT wa_buffer LEFT BY 255 PLACES.
  IF wa_buffer IS INITIAL.
    EXIT.
  ENDIF.
ENDDO.
*&--------------------------------------------------------------&*
```

Listing D.2 Daten vom OTF- in das PDF-Format umwandeln

Schritt 3: Aufruf des Funktionsbausteins für den Versand per E-Mail

Die PDF-Daten stehen jetzt versandbereit in der internen Tabelle gt_record. Im letzten Schritt muss der Funktionsbaustein, der den Versand der E-Mails übernimmt, über Folgendes informiert werden:

▸ wer Sender ist und vor allem wie die E-Mail-Adresse des Empfängers lautet

▸ was im Betreff und im Haupttext der E-Mail stehen soll

▸ dass die Daten in `gt_record` vom Typ PDF sind und in den Anhang gehören

Diese Aufgaben übernimmt das ABAP-Coding in den kommenden Zeilen (siehe Listing D.3). Insbesondere müssen dafür einige Parameter des Funktionsbausteins belegt werden, über den der Versand der E-Mail erfolgt (diese Parameter sind aber in der Hilfe zum Funktionsbaustein `SO_NEW_DOCUMENT_ATT_SEND_API1` ausführlich beschrieben).

```
*&---------------------------------------------------------------&*
* Internal Table declarations to send mail.
DATA gt_receivers TYPE TABLE OF somlreci1 WITH HEADER LINE.
* Objects to send mail.
DATA gt_objpack   TYPE sopcklsti1 OCCURS 0 WITH HEADER LINE.
DATA gt_objtxt    TYPE solisti1 OCCURS 0 WITH HEADER LINE.
DATA gt_objbin    TYPE solisti1 OCCURS 0 WITH HEADER LINE.
DATA gt_reclist   TYPE somlreci1 OCCURS 0 WITH HEADER LINE.
DATA wa_doc_chng  TYPE sodocchgi1.
DATA wa_data      TYPE sodocchgi1.
gt_objbin[] = gt_record[].
* Create Title and Body Text Description
gt_objtxt = 'Smart Forms with PDF-Attachment'.  " Title
APPEND gt_objtxt.
DESCRIBE TABLE gt_objtxt LINES v_lines_txt.
READ TABLE gt_objtxt INDEX v_lines_txt.
wa_doc_chng-obj_name   = 'smartform'.
wa_doc_chng-expiry_dat = sy-datum + 10.
wa_doc_chng-obj_descr  = 'smartform'.
wa_doc_chng-sensitivty = 'F'.
wa_doc_chng-doc_size = v_lines_txt * 255.
* Create Main Text
CLEAR gt_objpack-transf_bin.
gt_objpack-head_start = 1.
gt_objpack-head_num   = 0.
gt_objpack-body_start = 1.
gt_objpack-body_num   = v_lines_txt.
gt_objpack-doc_type   = 'RAW'.
APPEND gt_objpack.
* Attachment (pdf-Attachment)
gt_objpack-transf_bin = 'X'.
gt_objpack-head_start = 1.
gt_objpack-head_num   = 0.
gt_objpack-body_start = 1.
```

```
DESCRIBE TABLE gt_objbin LINES v_lines_bin.
READ TABLE gt_objbin INDEX v_lines_bin.
gt_objpack-doc_size    = v_lines_bin * 255 .
gt_objpack-body_num    = v_lines_bin.
gt_objpack-doc_type    = 'PDF'.
gt_objpack-obj_name    = 'smart'.
gt_objpack-obj_descr   = 'test'.
APPEND gt_objpack.
* Add receiver eMail address
CLEAR gt_reclist.
gt_reclist-receiver = 'info@kern.ag'.
gt_reclist-rec_type = 'U'.  " Internet eMail
APPEND gt_reclist.
* now trigger sending
CALL FUNCTION 'SO_NEW_DOCUMENT_ATT_SEND_API1'
  EXPORTING
    document_data              = wa_doc_chng
    put_in_outbox              = 'X'
    commit_work                = 'X'
  TABLES
    packing_list               = gt_objpack
    object_header              = wa_objhead
    contents_bin               = gt_objbin
    contents_txt               = gt_objtxt
    receivers                  = gt_reclist
  EXCEPTIONS
    too_many_receivers         = 1
    document_not_sent          = 2
    document_type_not_exist    = 3
    operation_no_authorization = 4
    parameter_error            = 5
    x_error                    = 6
    enqueue_error              = 7
    OTHERS                     = 8.
IF sy-subrc <> 0.
  WRITE:/ 'Error Sending eMail with PDF Attachment', sy-subrc.
ELSE.
  WRITE:/ 'Mail sent without error'.
ENDIF.
*&--------------------------------------------------------------&*
```

Listing D.3 Aufruf des Funktionsbausteins für den Versand per E-Mail

Mit den hier im Buch erworbenen Kenntnissen sollte es Ihnen gelingen, den beschriebenen Versand einer E-Mail mit PDF-Anhang zu starten: Erstellen Sie dafür am besten wieder eine Kopie des Rahmenprogramms Z_SF_EXAMPLE_01, und ergänzen Sie das oben gezeigte Coding.

Sollten Sie diese Funktionen häufiger nutzen wollen, empfiehlt es sich, die aufgeführten Programmteile in Unterprogramme aufzuteilen, die dann flexibel nach den jeweiligen Anforderungen eingebunden werden können.

D.2 Programmerstellung für E-Mail über BCI-Interface

In Abschnitt 10.7 haben wir zur Erläuterung des E-Mail-Versands über Smart Forms ein Übungsbeispiel genannt, das direkt das Kommunikations-Interface von Smart Forms nutzt.

Wenn Sie das Beispiel bei sich installieren möchten, können Sie zur Vereinfachung der Eingabe auf vorhandene Musterprogramme im System zurückgreifen. Der folgende Abschnitt beschreibt das Vorgehen.

Die Grundlage bildet der Report RSSOKIF2, der die E-Mail-Ausgabe über SAPscript an einem Beispiel erläutert und der sich auch in Ihrem System befindet. Auf dieses Beispiel haben wir uns ebenfalls bezogen.

In Abschnitt D.3 finden Sie das komplette ABAP-Listing zum E-Mail-Versand, das wir in den jetzt folgenden Schritten erzeugen wollen.

Schritt 1: Quellcode kopieren

▸ Öffnen Sie das Programm RSSOKIF2 im Anzeigemodus mithilfe des ABAP Editors (SE38).

▸ Öffnen Sie des Weiteren Ihr bisheriges Rahmenprogramm zur Flugrechnung. Legen Sie dort am Ende des Quellcodes ein neues leeres Unterprogramm MAIL_OUTPUT an (zunächst nur als Gerüst; die Übergabeparameter folgen später).

▸ Kopieren Sie den gesamten Quelltext aus RSSOKIF2 in das neu angelegte Unterprogramm. Entfernen Sie dort auf jeden Fall die erste Zeile mit der REPORT-Anweisung sowie die beiden folgenden PARAMETERS-Anweisungen. Nutzen Sie auch den Pretty Printer, um die Übersichtlichkeit etwas zu erhöhen.

Schritt 2: Auf E-Mail-Versand anpassen

Wenn Sie sich den eigenen Quellcode ansehen, gibt es gewisse Abweichungen zu unserem Ausdruck in Listing D.3. Das Originalbeispiel in RSSOKIF2 ist auf den Faxversand ausgelegt. Die Vorgabe finden Sie bei der Anlage der

Empfängerdaten. Um auf E-Mail-Versand umzustellen, könnten Sie jetzt die vorhandenen Zeilen zum Empfänger an unsere Version anpassen.

Doch auch dafür gibt es noch eine kleine Erleichterung: In Ihrem System existiert ein weiterer Report RSSOKIF1, der auf eine E-Mail-Ausgabe vorbereitet ist. Einziger Nachteil: Er läuft nicht über SAPscript, deshalb haben wir den ersten Report vorgezogen.

Hier also die nächsten Schritte:

- Da RSSOKIF1 die gleichen Variablen verwendet wie unsere bisherige Kopie, können Sie von dort die Anweisungen zur Anlage des Empfängers (zwischen Empfänger und Anwendungsobjekt) kopieren. Kommentieren Sie den bisherigen Code aus, oder löschen Sie ihn gleich.

- Ergänzen Sie am Ende des Hauptteils zum bisherigen Rahmenprogramm den Aufruf über PERFORM MAIL_OUTPUT.

- Jetzt sollten Sie für das Programm einen Gesamt-Syntaxcheck durchführen. Das Ergebnis müsste »Fehlerfrei« lauten.

- Starten Sie jetzt das Rahmenprogramm.

Es erscheint zunächst das bisherige Smart-Forms-Formular am Bildschirm. Im nächsten Bild sehen Sie die Ausgaben zu den Write-Anweisungen ganz am Ende des neuen Unterprogramms. Diese gehören noch zur Faxausgabe und passen jetzt nicht mehr. Diese Zeilen werden wir aber ohnehin im nächsten Schritt entfernen.

Wenn Sie dieses Bild angezeigt bekommen, wurde intern bereits eine E-Mail an Sie selbst versandt. Gehen Sie mit der Funktionstaste F3 zurück. Eventuell erhalten Sie eine Express-Meldung, die Sie fürs Erste ignorieren können. Sie zeigt jedoch, dass der Versand wirklich schon angestoßen wurde (im SAP Business Workplace (Transaktion SBWP) können Sie das ggf. auch selbst überprüfen).

Schritt 3: Formular zur Flugrechnung aufrufen

Bleibt als letzter großer Schritt noch der Umbau auf die Flugrechnung als Formular unter Smart Forms.

- Ergänzen Sie zunächst die Übergabeparameter des Unterprogramms sowohl bei der Programmdefinition als auch im Aufruf.

- Wandeln Sie die bisherige Ausgabe zum SAPscript-Formular in einen Kommentar um: beginnend beim Aufruf von OPEN_FORM bis zum letzten WRITE der Protokollausgabe.

▸ Setzen Sie stattdessen den Funktionsbaustein zum Formular ein (als Kopie aus dem bisherigen Aufruf zur Druckausgabe, dadurch erzeugen wir also zunächst Druckausgabe und E-Mail noch gleichzeitig).

Wenn Sie das Programm jetzt als Test ausgeben, erhalten Sie zweimal nacheinander die gleiche Druckansicht. Es bleibt also noch die Umstellung des zweiten Teils auf die E-Mail-Ausgabe.

Schritt 4: Auf E-Mail-Versand umstellen

▸ Definieren Sie im Unterprogramm die Kontrollstruktur CONTROL_PARAMETERS über den Datentyp SSFCTRLOP.

▸ Weisen Sie dort dem Feld DEVICE den Inhalt MAIL zu.

▸ Ergänzen Sie die Formularschnittstelle, wie im Quelltext abgebildet. Die Einträge zu den E-Mail-Parametern befinden sich übrigens zuvor schon im Aufruf von OPEN-FORM zum SAPscript-Formular.

Wenn Sie jetzt das Formular testen, sollte nur noch eine Druckansicht erscheinen. Nach dem Schließen der Druckansicht erscheint zusätzlich eine SAP-Statusmeldung mit dem Text »MAIL-Auftrag xxx wurde erfolgreich angelegt«. Kontrollieren Sie den Eingang der E-Mail in Ihrem eigenen Postfach über den SAP Business Workplace (Transaktion SBWP).

D.3   Beispiel zum E-Mail-Versand über SAP Smart Forms

Den ABAP-Quelltext zum E-Mail-Versand (entwickelt aus SAP-Musterprogramm) zeigt das folgende Listing D.4:

```
*-------------------------------------------------------------*
* Aufruf aus Hauptprogramm
Perform   mail_output
  USING   fm_name
          customers
          bookings
          connections .


*-------------------------------------------------------------
*       FORM MAIL_OUTPUT
*-------------------------------------------------------------
FORM      mail_output
  USING   fm_name      TYPE rs38l_fnam
          customers    TYPE ty_customers
```

```
            bookings     TYPE ty_bookings
            connections TYPE ty_connections.


*****************************************************************
*  Verwendung des Kommunikations-Interfaces über Smart Forms:
*  Dieser Report zeigt an einem einfachen Beispiel, wie man
*  auch über Smart Forms von der Funktionalität des
*  neuen Kommunikations-Interfaces profitieren kann.
*  Hier gezeigt am Beispiel des internen E-Mail-Systems.
*****************************************************************
  TABLES: soud.
* PARAMETERS: land LIKE soxfx-rec_state DEFAULT 'DE' OBLIGATORY.
* PARAMETERS: number LIKE soxfx-rec_fax OBLIGATORY.
* Makros für Zugriff aufs BOR
  INCLUDE <cntn01>.
* Datendeklaration
* * (BOR)
  DATA: sender_id      LIKE swotobjid,
        appl_object_id LIKE swotobjid,
        recipient_id   LIKE swotobjid,
        recipient      TYPE swc_object,
        sender         TYPE swc_object,
        recipient_tab  TYPE swc_object OCCURS 0
                               WITH HEADER LINE,
        folder         TYPE swc_object,
        BEGIN OF sofmfol_key,
            foldertype   LIKE sofm-foltp,
            folderyear   LIKE sofm-folyr,
            foldernumber LIKE sofm-folno,
            type         LIKE sofm-doctp,
            year         LIKE sofm-docyr,
            number       LIKE sofm-docno,
            forwarder    LIKE soub-usrnam,
        END OF sofmfol_key,
        bor_key        LIKE swotobjid-objkey,
        address_string LIKE soxna-fullname.
* * (SAPscript)
  DATA: header LIKE thead,
        result LIKE itcpp,
        lines LIKE tline OCCURS 0 WITH HEADER LINE,
        otfdata LIKE itcoo OCCURS 0,
        options LIKE itcpo.
* Deklaration eines Containers
  swc_container container.
* Smart Forms (neu)
  DATA control_parameters TYPE SSFCTRLOP.
  control_parameters-device = 'MAIL'.
```

```
***************************************************************
*              Sender (BOR-Objekt-ID)                         *
***************************************************************
* Objektreferenz auf ein RECIPIENT-Objekt erzeugen
  swc_create_object sender 'RECIPIENT' space.
* Container leeren
  swc_clear_container container.
* Adresse (aufrufender interner Benutzer)
  swc_set_element container 'AddressString' sy-uname.
* Adresstyp (interner Benutzer)
  swc_set_element container 'TypeId' 'B'.
* Aufruf der Methode RECIPIENT.FindAddress
  swc_call_method sender 'FindAddress' container.
* Ausgabe der zur Ausnahme gehörigen Fehlermeldung
  IF sy-subrc NE 0.
    MESSAGE ID sy-msgid TYPE 'E' NUMBER sy-msgno.
  ENDIF.
* Ermittlung der BOR-Objekt-ID
  swc_object_to_persistent sender sender_id.


***************************************************************
*              Empfänger (BOR-Objekt-ID)                      *
***************************************************************
*** 1.1 Objektreferenz auf ein RECIPIENT-Objekt erzeugen
SWC_CREATE_OBJECT RECIPIENT 'RECIPIENT' SPACE.
*** 1.2 Importparameter für Methode RECIPIENT.CreateAddress
***     in Container schreiben
SWC_CLEAR_CONTAINER CONTAINER.
* Adresse (aktueller interner Benutzer)
SWC_SET_ELEMENT CONTAINER 'AddressString' SY-UNAME.
* Adresstyp (interner Benutzer)
SWC_SET_ELEMENT CONTAINER 'TypeId' 'B'.
*** 1.3 Aufruf der Methode RECIPIENT.CreateAddress
SWC_CALL_METHOD RECIPIENT 'CreateAddress' CONTAINER.
* Ausgabe der zur Ausnahme gehörigen Fehlermeldung
IF SY-SUBRC NE 0.
  MESSAGE ID SY-MSGID TYPE 'E' NUMBER SY-MSGNO.
ENDIF.
*** 1.4 Belegen Sendeattribut "Express" über RECIPIENT.SetExpress
*** 1.4.1 Importparameter in Container schreiben
SWC_CLEAR_CONTAINER CONTAINER.
* SendExpress-Flag
SWC_SET_ELEMENT CONTAINER 'SendExpress' 'X'.
*** 1.4.2 Methodenaufruf
SWC_CALL_METHOD RECIPIENT 'SetExpress' CONTAINER.
IF SY-SUBRC NE 0.
```

```
* Ausgabe der zur Ausnahme gehörigen Fehlermeldung
  MESSAGE ID sy-msgid TYPE sy-msgty NUMBER sy-msgno
    WITH sy-msgv1 sy-msgv2 sy-msgv3 sy-msgv4.ENDIF.


****************************************************************
*          Anwendungsobjekt (BOR-Objekt-ID)                   *
****************************************************************
* Parameter (MAIL_APPL_OBJECT) sollte mit der BOR-Objekt-ID
* des Anwendungsobjekts (z. B. Rechnung, Bestellung), von dem
* das Senden initiiert wird, gefüllt werden. Beim Senden wird
* das Anwendungsobjekt automatisch mit dem Dokument verknüpft.
* In diesem Beispiel wird als Anwendungsobjekt-ID die BOR-ID
* des Eingangs des Reportaufrufers genommen.
* Lesen der Eingangs-ID des Aufrufers
  SELECT * FROM soud
          WHERE sapnam LIKE sy-uname AND deleted = ' '.
  ENDSELECT.
  IF sy-subrc NE 0.
* Aufrufer besitzt kein Office => wird angelegt
    CALL FUNCTION 'SO_USER_AUTOMATIC_INSERT'
          EXPORTING
                sapname        = sy-uname
          EXCEPTIONS
                no_insert      = 1
                sap_name_exist = 2
                x_error        = 3
                OTHERS         = 4.
    IF sy-subrc NE 0.
*   Office nicht angelegt: Inbox-ID = SPACE
      CLEAR soud.
    ELSE.
* * Neuer Versuch: Lesen der Eingangs-ID des Aufrufers
      SELECT * FROM soud
              WHERE sapnam LIKE sy-uname AND deleted = ' '.
      ENDSELECT.
    ENDIF.
  ENDIF.

* Anlegen eines Anwendungsobjekts (hier vom Typ SOFMFOL)
  CLEAR sofmfol_key.
  sofmfol_key-type   = 'FOL'.
  sofmfol_key-year   = soud-inbyr.
  sofmfol_key-number = soud-inbno.
  bor_key = sofmfol_key.
  IF NOT bor_key IS INITIAL.
    swc_create_object folder 'SOFMFOL' bor_key.
    IF sy-subrc = 0.
```

```
* * Ermittlung der BOR-Objekt-ID
      swc_object_to_persistent folder appl_object_id.
      IF sy-subrc NE 0.
        CLEAR appl_object_id.
      ENDIF.
    ENDIF.
  ELSE.
    CLEAR appl_object_id.
  ENDIF.

****************************************************************
* Anlegen des Textbausteins, d. h. des zu faxenden Textes     *
* gedacht für SAPscript, Anpassen auf Mail unter Smart Forms  *
****************************************************************
  REFRESH lines.
  CLEAR lines.
  lines-tdline = 'FAXen über SAPscript mit Device = MAIL,'.
  APPEND lines.
  CLEAR lines.
  lines-tdformat = '* '.
  lines-tdline = 'd. h. über das neue Kommunikations-Interface.'.
  APPEND lines.
* Füllen des Text-Headers für SAPscript
  CLEAR header.
  header-tdobject = 'TEXT'.
  header-tdname   = 'Testfax'.
  header-tdid     = 'ST'.
  header-tdspras  = sy-langu.
  header-tdform   = 'SYSTEM'.
  CLEAR options.
  CONCATENATE 'Senden über SAPscript' sy-datum sy-uzeit
              INTO options-tdtitle SEPARATED BY space.

****************************************************************
*     Aufruf des Formulars unter Smart Forms                  *
****************************************************************
* Auflösen des Recipient-Objekts in "flache" Recipient-Objekte
* mit Hilfe der Methode Expand.
* Bei diesem Beispiel (Recipient = genau eine E-Mail-Adresse)
* ist diese Auflösung eigentlich nicht nötig. Allgemein
* wird diese Vorgehensweise aber dringend empfohlen und daher
* in diesem Beispiel vorgeführt.
  swc_clear_container container.
  REFRESH recipient_tab.
  swc_call_method recipient 'Expand' container.
  IF sy-subrc NE 0.
```

683

```
          MESSAGE ID sy-msgid TYPE 'E' NUMBER sy-msgno.
      ENDIF.
* "Flache" Recipient-Objekte aus Container lesen
    swc_get_table container 'ResultTable' recipient_tab.
    IF sy-subrc NE 0.
      REFRESH recipient_tab.
    ENDIF.
* Loop über die "flachen" Recipient-Objekte.
    LOOP AT recipient_tab.
* * Für jedes "flache" Recipient-Objekt ein Aufruf von SAPscript:
* * BOR-Objekt-ID des Handles ermitteln
      swc_object_to_persistent recipient_tab recipient_id.
* neu: Formular unter Smart Forms aufrufen
      CALL FUNCTION fm_name
          EXPORTING
                        control_parameters    = control_parameters
                        mail_appl_obj         = appl_object_id
                        mail_recipient        = recipient_id
                        mail_sender           = sender_id
                        customers             = customers
                        bookings              = bookings
                        connections           = connections
*         importing   document_output_info  =
*                     job_output_info       =
*                     job_output_options    =
          EXCEPTIONS  formatting_error      = 1
                      internal_error        = 2
                      send_error            = 3
                      user_canceled         = 4
                      test                  = 5
                      test1                 = 6.
    ENDLOOP.
ENDFORM.
*-----------------------------------------------------------------*
```

Listing D.4 Quelltext für den Versand per E-Mail

E   Transaktionslandkarte

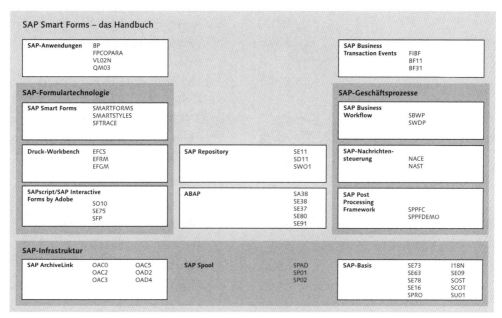

Abbildung E.1 Transaktionslandkarte

Die Transaktionslandkarte in Abbildung E.1 ordnet alle Transaktionen des Buchs den entsprechenden Bereichen zu. Tabelle E.1 listet die Beschreibungen der Transaktionen auf.

Bereich	Transaktion	Beschreibung
Business Transaction Events	BF11	BTE Ordnungskriterien
	BF31	Anwendungsbausteine pro Event
	FIBF	Pflegetransaktion BTE
ABAP	SA38	ABAP/4 Reporting
	SE37	Function Builders
	SE38	ABAP-Editor
	SE80	Object Navigator
	SE91	Nachrichtenpflege

Tabelle E.1 Transaktionen

Bereich	Transaktion	Beschreibung
SAP-Anwendungen	BP	Geschäftspartner bearbeiten
	FPCOPARA	Korrespondenzdruck
	QM03	Anzeigen Qualitätsmeldung
SAP ArchiveLink	OAC0	CMS Customizing Content Repositories
	OAC2	SAP ArchiveLink Dokumentarten global
	OAC3	SAP-ArchiveLink-Verknüpfungen
	OAC5	SAP-ArchiveLink-Barcodeerfassung
	OAD2	SAP-ArchiveLink-Dokumenttypen
	OAD4	SAP-ArchiveLink-Barcodetypen
SAP-Basis	I18N	Internationalisierung
	SCOT	SAPconnect – Administration
	SE09	Transport Organizer
	SE16	Data Browser
	SE63	Translation: Initial Screen
	SE73	SAP-Fontverwaltung
	SE78	Grafikverwaltung
	SOST	SAPconnect Sendeaufträge
	SPRO	Customizing – Projektbearbeitung
	SU01	Benutzerpflege
SAP Business Workflow	SBWP	SAP Business Workplace
	SWDB	Workflow anlegen
SAP-Druck-Workbench	EFCS	Druck-Workbench: Formularklasse
	EFGM	Druck-Workbench: Massenbearbeitung
	EFRM	Druck-Workbench: Anwendungsformular
SAP-Nachrichtensteuerung	NACE	WFMC: Einstieg in das Customizing
	NAST	Nachrichtensteuerung
SAP Post Processing Framework	SPPFC	PPF: Einstieg in Customizing
	SPPFDEMO	PPF: Demo-Anwendung

Tabelle E.1 Transaktionen (Forts.)

Bereich	Transaktion	Beschreibung
SAP Repository	SD11	Data Modeler
	SE11	ABAP Dictionary Pflege
	SWO1	Business Object Builder
SAP Smart Forms	SFTRACE	SAP Smart Forms: Trace
	SMARTFORMS	SAP Smart Forms
	SMARTSTYLES	SAP Smart Styles
SAP Spool	SP01	Ausgabesteuerung
	SP02	Anzeigen von Spool-Aufträgen
	SPAD	Spooladministration
SAPscript/SAP Interactive Forms by Adobe	SE75	SAPscript-Einstellungen
	SFP	Form Builder
	SO10	SAPscript-Standardtexte

Tabelle E.1 Transaktionen (Forts.)

F   Musterformulare Automotive

Sie finden hier beispielhaft drei Formulare der Branchenlösung SAP Best Practices for Automotive. Sie zeigen einige Gestaltungsmöglichkeiten unter Smart Forms.

Die Formulare zum Lieferschein und zum Frachtauftrag sind aus Originalformularen des SAP-Standardsystems entwickelt worden. Zum Vergleich mit den Originalausführungen können Sie also im eigenen System nachschauen. Es wurden auch keine Änderungen am Rahmenprogramm vorgenommen; zusätzliche Daten werden also bei der Ausgabe direkt im Formular beschafft.

Die Formulare beinhalten eine Vielzahl unterschiedlicher Ausgabebereiche, die natürlich über Fenster abgebildet sind. In den meisten Fenstern befinden sich Überschriften, die als Textbausteine im System hinterlegt sind. Da diese Formulare auch bereits unter SAPscript existieren, werden dafür die vorhandenen Standardtexte weiterbenutzt. Damit ist eine zentrale Pflege für beide Technologien gewährleistet.

F.1   Warenanhänger nach VDA 4902 (KLT-Label)

Das Formular entstand über eine SAPscript-Migration. Es zeigt insbesondere die Möglichkeiten zur Einbindung von Barcodes unter Smart Forms (siehe Abbildung F.1).

Abbildung F.1 KLT-Warenanhänger in Best Practices Automotive

F.2   Lieferschein nach DIN 4994/4992

Der Lieferschein ist geprägt durch eine Vielzahl kleiner Ausgabebereiche. Die Formatierung erfolgt über einzelne Fenster und teilweise auch Schablonen.

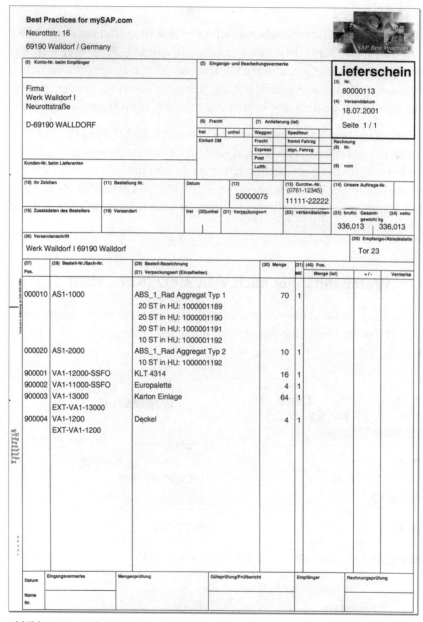

Abbildung F.2 Lieferschein Best Practices Automotive

Eine Besonderheit ist die Darstellung der Spalten im Hauptfenster. Die zugehörigen senkrechten Linien gelten für die gesamte Höhe des Hauptfensters. Ihre Länge ist folglich nicht abhängig von der Anzahl der Lieferpositionen. Deshalb können die Linien auch nicht über die Ausgabetabelle erzeugt werden, die für die Formatierung der Positionen verantwortlich ist (bzw. über ein dort hinterlegtes Muster).

Die Lösung für dieses Problem bietet eine zusätzliche Schablone, die über das MAIN-Fenster gelegt ist. Bei dieser Schablone ist dann wiederum ein passendes Muster hinterlegt: Mit jeder neuen Ausgabeseite wird auch diese leere Schablone mit ihren Rändern ausgegeben (es sind dort keine weiteren Text-Knoten für Ausgaben zugeordnet, siehe Abbildung F.2).

F.3 Frachtauftrag nach VDA 4992

Das Formular zeigt Möglichkeiten zur individuellen Formulargestaltung, die Smart Forms über Rahmen und Schattierungen bietet.

Im Formular sind mehrere breite Ränder mit unterschiedlichen Graustufen hinterlegt. Jedes dieser Ränder ist über ein eigenes Fenster realisiert, das selbst keine weiteren Inhalte für Ausgaben enthält (siehe Abbildung F.3).

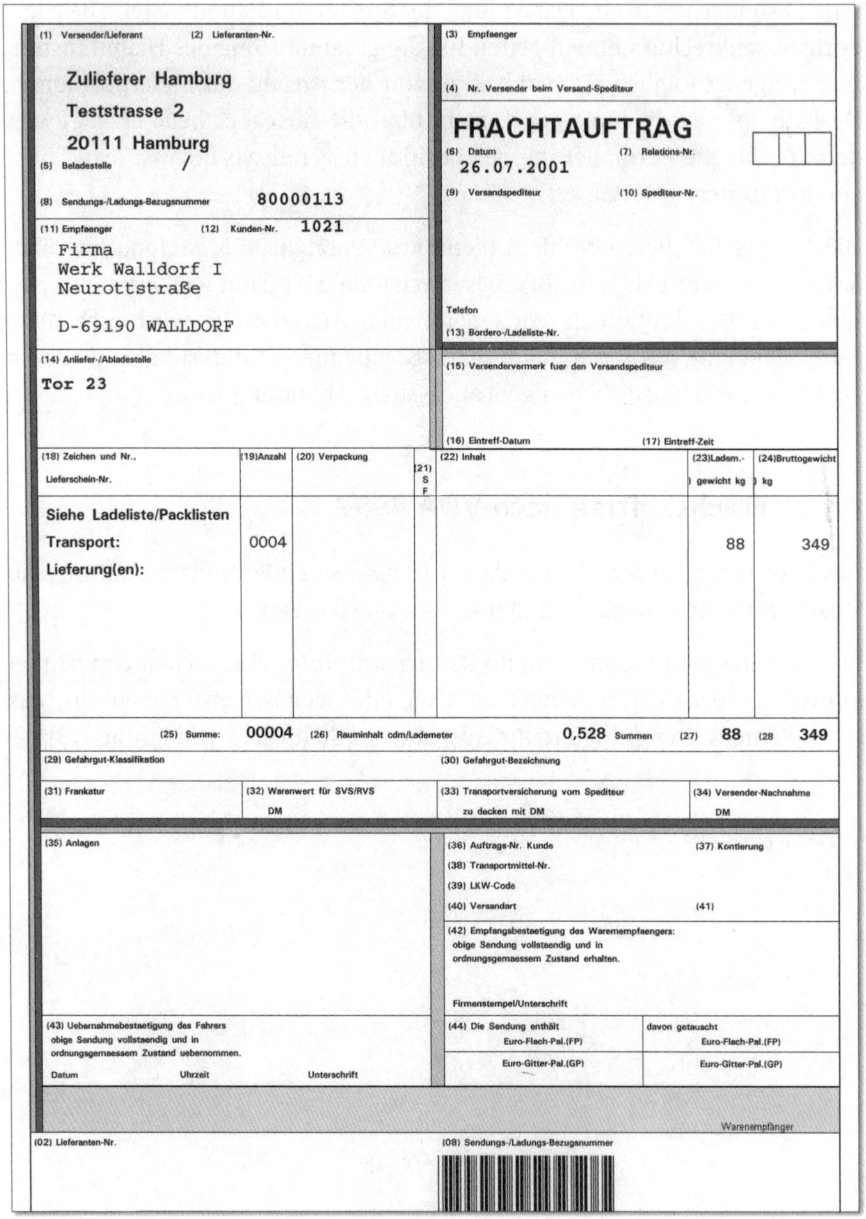

(1) Versender/Lieferant (2) Lieferanten-Nr.	(3) Empfaenger

Zulieferer Hamburg

Teststrasse 2

20111 Hamburg

(5) Beladestelle /

(4) Nr. Versender beim Versand-Spediteur

FRACHTAUFTRAG

(6) Datum **26.07.2001** (7) Relations-Nr.

(8) Sendungs-/Ladungs-Bezugsnummer **80000113**

(9) Versandspediteur (10) Spediteur-Nr.

(11) Empfaenger (12) Kunden-Nr. **1021**

Firma
Werk Walldorf I
Neurottstraße

D-69190 WALLDORF

Telefon

(13) Bordero-/Ladeliste-Nr.

(14) Anliefer-/Abladestelle

Tor 23

(15) Versendervermerk fuer den Versandspediteur

(16) Eintreff-Datum (17) Eintreff-Zeit

(18) Zeichen und Nr., Lieferschein-Nr.	(19)Anzahl	(20) Verpackung	(21) S F	(22) Inhalt	(23)Ladem.- gewicht kg	(24)Bruttogewicht kg
Siehe Ladeliste/Packlisten **Transport:** **Lieferung(en):**	0004				88	349

(25) Summe: **00004** (26) Rauminhalt cdm/Lademeter **0,528** Summen (27) **88** (28 **349**

(29) Gefahrgut-Klassifikation | (30) Gefahrgut-Bezeichnung

(31) Frankatur	(32) Warenwert für SVS/RVS DM	(33) Transportversicherung vom Spediteur zu decken mit DM	(34) Versender-Nachnahme DM

(35) Anlagen

(36) Auftrags-Nr. Kunde (37) Kontierung

(38) Transportmittel-Nr.

(39) LKW-Code

(40) Versandart (41)

(42) Empfangsbestaetigung des Waremempfaengers: obige Sendung vollstaendig und in ordnungsgemaessem Zustand erhalten.

Firmenstempel/Unterschrift

(43) Uebernahmebestaetigung des Fahrers obige Sendung vollstaendig und in ordnungsgemaessem Zustand uebernommen.

Datum Uhrzeit Unterschrift

(44) Die Sendung enthält	davon getauscht
Euro-Flach-Pal.(FP)	Euro-Flach-Pal.(FP)
Euro-Gitter-Pal.(GP)	Euro-Gitter-Pal.(GP)

Warenempfänger

(02) Lieferanten-Nr. | (08) Sendungs-/Ladungs-Bezugsnummer

Abbildung F.3 Frachtauftrag in Best Practices Automotive

G   Die Autoren

Werner Hertleif ist Mitarbeiter der Kern AG in Freiburg und arbeitet seit über 15 Jahren als SAP-Berater und ABAP-Anwendungsentwickler.

Schwerpunkt seiner Tätigkeit waren lange Zeit Themen der Logistik, insbesondere der Transportabwicklung. Beispielhafte SAP-Projekte: Schnittstellen zu Dienstleistern der Transportlogistik, Einführung eines Crossdocking-Prozesses über externe Auslieferungslager, Track-&-Trace-System für Transporttemperatur, Implementierung von SAP GTS für das neue Ausfuhrzollverfahren. Formulare waren häufig Bestandteil dieser Projekte, vorzugsweise entwickelt mit Smart Forms.

Heute leitet Werner Hertleif die Softwareentwicklung der Kern AG. Schwerpunkt ist *Allevo*, ein SAP-Add-on zur direkten Integration von Microsoft Excel in SAP-ERP-Planungsprozesse, das vor allem im Controlling Anwendung findet (*www.kern.ag*).

Rinaldo Heck ist Gründer und Inhaber zweier Firmen, in die seine langjährigen Erfahrungen als Spezialist für zahlreiche SAP-Technologien einfließen: Die Firma heckCon (*www.heckCon.com*) hat sich als unabhängiges Full-Service-Unternehmen auf die Optimierung von (dokumentorientierten) SAP-Geschäftsprozessen spezialisiert. Die Kernkompetenz der HE-S Heck Software GmbH (*www.HE-S.com*) ist die professionelle SAP-Add-on-Entwicklung.

Rinaldo Heck ist Master of Science in Informatik und tätig als Berater, Softwarearchitekt und Anwendungsentwickler. Seine weitreichenden Kenntnisse erstrecken sich unter anderem auf die Bereiche SAP Folders Management (vormals SAP Records Management), SAP Business Workflow, SAP ArchiveLink, SAP Interactive Forms by Adobe, SAP Gateway, etc.

Darüber hinaus hat Rinaldo Heck einen Lehrauftrag an der Hochschule Darmstadt im Fachbereich »Informatik« und ist als Dozent für Kundenschulungen zu SAP ArchiveLink oder SAP Business Workflow für SAP in Walldorf tätig. Als stellvertretender Sprecher innerhalb des Arbeitskreises »Dokumentbasierte Prozesse« arbeitet er als Funktionsträger bei der Deutschsprachigen SAP-Anwendergruppe e. V. (*www.dsag.de*) mit.

Thomas Karas ist geschäftsführender Gesellschafter der koan-solution Gesellschaft für Unternehmensberatung mbH. Er beschäftigt sich seit mehr als fünfzehn Jahren mit SAP-Formularentwicklung und Output Management. Aktueller Themenschwerpunkt seiner Arbeit sind Drucklösungen mit SAP Interactive Forms by Adobe sowie SAPscript- und Smart-Forms-Migrationsprojekte.

Tobias Trapp ist Softwarearchitekt bei der AOK Systems GmbH. Seine Spezialgebiete sind die ABAP-Entwicklung und XML-Technologien. Er verfügt über mehr als zehn Jahre Erfahrung in der Softwareentwicklung zu verschiedenen Plattformen und Programmiersprachen, sowohl im Bereich der Individual- als auch der Standardsoftware. Seine derzeitigen Arbeitsschwerpunkte sind Unternehmensarchitekturen sowie Anwendungsdesign und -entwicklung auf Basis des SAP NetWeaver Composition Environments. Darüber hinaus gilt sein Interesse allen Aspekten der SAP-Programmierung, agilen Entwicklungsmethoden, dem Wissensmanagement, Operations Research und Semantic-Web-Technologien.

Man trifft ihn oft im SDN, als Referenten beim SAP Inside Track und SAP Community Day oder bei Vorträgen über SAP-Programmierung für Studenten an. Darüber hinaus nimmt er am SAP-Mentor-Programm teil.

 **Christoph Wachter** hat langjährige Erfahrung als technischer Redakteur und verantwortete bei der SAP SE das Produktmanagement sowie das Information Development für den Formulardruck (SAPscript und Smart Forms). Er arbeitete in dieser Funktion an den Smart-Forms-Spezifikationen, dem Design und der Dokumentation bis zur Produktreife und leitete die globale Markteinführung von Smart Forms, beginnend mit dem R/3-Release 4.6D. In diesem Rahmen unterstützte er die ersten Smart-Forms-Kundenprojekte.

Bereits Mitte 2000 entwickelte er die ersten Ideen und Strukturen für ein Smart-Forms-Buch, das dann gemeinsam mit Werner Hertleif Ende 2001 verfasst wurde und bei Galileo Press Anfang 2002 in der ersten Auflage erschien.

Christoph Wachter betreut zurzeit, nach weiteren Stationen im Produktmanagement, Produktmarketing, Projektoffice und Partnermanagement, die Produkt- und Entwicklungsintegration von Zukäufen im Mergers & Acquisitions Bereich der SAP SE.

Index

T

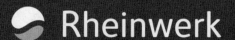

Wie hat Ihnen dieses Buch gefallen?
Bitte teilen Sie uns mit, ob Sie zufrieden waren,
und bewerten Sie das Buch auf:
www.rheinwerk-verlag.de/feedback

Ausführliche Informationen zu unserem aktuellen
Programm samt Leseproben finden Sie ebenfalls
auf unserer Website. Besuchen Sie uns!

 Rheinwerk
www.rheinwerk-verlag.de